国家出版基金项目
NATIONAL PUBLICATION FOUNDATION

中国社会科学院近代史研究所中华民国史研究室

总编 李 新

中华民国史

大事记

第十卷

(1943—1944)

韩信夫 姜克夫 主编

中 华 书 局

编著者名录

1905—1910 年　韩信夫　刘明逵

1911 年　郭永才　王明湘　齐福霖　范明礼

1912 年　张允侯　张友坤　章伯锋　胡柏立
　　　　耿来金　刘寿林　钟碧容

1913 年　胡柏立　耿来金

1914 年　章伯锋　张允侯

1915 年　钟碧容

1916 年　郭永才　王明湘

1917 年　韩信夫　范明礼

1918 年　刘寿林　钟卓安　章伯锋

1919 年　张允侯　张友坤

1920 年　钟碧容

1921 年　齐福霖

1922 年　陈崧　王好立

1923 年　朱信泉　任泽全

1924 年　蔡静仪

1925 年　韩信夫　丁启予　陈永福

1926 年　严如平　柏宏文

1927 年　吴以群　罗文起

1928 年　查建瑜　韩信夫

1929 年　娄献阁　白吉庵

1930 年　李静之　张小曼

1931 年　任泽全

1932 年　石芳勤　徐玉珍

1933 年　江绍贞

1934 年　熊尚厚

1935 年　吴以群　刘一凡

1936 年　郭　光

1937 年　郭大钧　王文瑞　李起民

　　　　　　李隆基　常丕军　刘敬坤

1938 年　陈道真　韩信夫

1939 年　李振民　张振德

1940 年　梁星亮

1941 年　陈仁庚　梁星亮

1942 年　董国芳

1943 年　李振民　张守宪

1944 年　梁星亮　张振德

1945 年　齐福霖　王荣斌

1946 年　查建瑜　任泽全

1947 年　陈　敏　章笑明　汪朝光

1948 年　卞修跃　贾　维　陈　民

1949 年　江绍贞　朱宗震

审　订　李　新　韩信夫　姜克夫　齐福霖　吴以群

　　　　（以下按姓氏笔划为序）

　　　　王学庄　江绍贞　刘敬坤　朱宗震　朱信泉

　　　　孙思白　汪朝光　李振民　严如平　杨天石

目 录

第十卷

1943 年（民国三十二年）……………………………………………… 7025
1944 年（民国三十三年）……………………………………………… 7299

1943 年(民国三十二年)

1 月

1 月 1 日 国民政府举行元旦团拜会,林森致词称:"当务之急在彻底打击敌人,争取最后胜利。而加强管制物资,平定物价尤为重要,列为本年度中心工作。"

△ 蒋介石拨款 600 余万元,派员慰勉荣誉军人,官佐每名 100元,士兵每名 50 元。同日,并训示高中以上学校军训学生"恪守纪律、服从命令,诚恳听受管制"。

△ 何应钦宴请在重庆的盟国军官,"期望加强合作,今年击溃公敌暴日"。

△ 中共中央办公厅在延安举行新年干部晚会,进行团拜庆祝新年,并欢迎刘少奇从华中回到延安。毛泽东讲话,指出 1943 年在前方敌后抗日根据地的任务是战斗、生产、学习,在后方陕甘宁边区的任务是生产和学习。号召大家努力工作,发展生产和教育,援助前方,争取胜利。同日,延安《解放日报》发表《新年献词》,强调陕甘宁边区发展生产尤为中心的中心。

△ 周恩来、董必武、林彪、邓颖超在重庆八路军办事处招待沈钧儒、张申府、刘清扬等,并为沈钧儒祝寿。

△ 国民政府司法院长居正发表《告司法界同仁书》称："由于英美宣告撤废在华特权,我整个法权乃复完好如初","这是我司法史上近百年来的一个新纪元。"同日,司法行政部改隶行政院,部长仍为谢冠生。

△ 《现代妇女》在重庆创刊,主编曹孟君,编委均为中共地下党员和进步人士。

△ 川康公路正式通车。

△ 日伪军集中苏中各地武装 3000 多人,对驻东台县西的江苏保安第三旅张星炳部、泰县以北的鲁苏皖边区总指挥李明扬部、税警团陈泰运部发动"扫荡"。五天之内,张星炳部被歼两个支队,陈泰运部被歼三个支队,数百人被俘。

△ 日机 12 架袭江西赣县,其中九架在市区滥掷燃烧弹,三架在儿童新村低飞扫射,市区多处起火,《正气日报》社全部被毁。

△ 在华日人反战同盟太行支部为向日本广大士兵随时报道真实消息,将原出版之机关杂志《反战》改为日文《同胞新闻》。

△ 日方在上海严格限制米粮入口,居民凭证购米,米价昂贵,贫民饿死日有所闻。是日街头发现饿毙尸体达 300 余具。

△ 汪精卫发表广播讲话《今年新国民运动之要点》,声称要积极实行《新国民运动纲要》,并把努力的目标集中于协力大东亚战争,与友邦"同安共危","同生共死"。

1 月 2 日 军事委员会任命方靖为暂编第九军军长。

△ 国民政府派端木恺为国家总动员会议副秘书长。

△ 大别山战事吃紧,安徽战时省会立煌失陷。日军进攻立煌城途中,在青山乡茅坪村抓到村民、旅客多人,用刺刀一一捅死。日军进入立煌城后,亦大肆焚杀,民众死伤多人。4 日,陷桐城。5 日,陷商城、固市。

△ 豫南西路口、新店、商城战斗,第八十四军张光伟率第一七四师牛秉鑫部、第一八九师张文鸿部与日军第三师团激战,战斗持续六日。

　　△　日机 30 架空袭福建,在永安城郊投弹 150 余枚,毁屋百余栋,死伤 20 余人。

　　△　罗斯福总统复电劝告蒋介石不要轻率退出缅甸作战,应收复缅北以开辟陆上交通,并不必依赖英国在缅甸南部的行动。8 日,蒋介石再电罗斯福,坚持英国必须在南缅投入行动,否则中国在缅北将冒很大风险,万一失败,其后果不堪设想。

　　1 月 3 日　中国科学总社在重庆召开社友会讨论社务,到竺可桢、曾昭抡、严济慈等 30 余人。

　　△　第三十集团军王陵基部在鄂南、赣北加紧"进剿"新四军李先念等部,是日密电部下以主力猛攻新四军,旋又于 4 日、7 日、8 日、11 日、12 日、13 日、17 日连续密电所部"以全力积极行动索匪主力攻剿"。

　　△　美国务院发表题为《和平与战争》的白皮书,记述 1931 年至 1941 年间美国的对外政策。该书多章涉及日本对中国的侵略和美国对日、对华政策。其中第 14 章详细披露 1941 年美日谈判情况,在首次谈判中,日方提出全面解决之提议有关中国部分:一、美国担任请求蒋介石政权与日本谈判和平;二、美国停止援助蒋介石政权;三、阐明日本对华态度,包括睦邻、不吞并土地、无赔款、"满洲国"独立及互相尊重彼此领土主权等原则;四、承允日方将依照中日所签订之协定自中国撤退其军队;五、规定联合防御共产主义,承认日本有权驻扎军队于中国之领土。

　　1 月 4 日　晋冀鲁豫边区政府举行欢迎会,招待敌占区青年参观团。八路军第一二九师师长刘伯承、政委邓小平,边区政府主席杨秀峰、副主席戎伍胜参加。邓小平在回答参观团提出的问题时指出:"抗战胜利的先决条件是团结,国际和平和人民的意向将决定中国内部的和平,国共两党要互助互让,求得更亲密的团结。"

　　△　豫南潢川、光山战斗。第七军张淦率第一四三师黄樵松、第一七三师栗廷勋等部与日军第三师团在潢川、光山激战。第七军退守罗山、信阳。

△ 日机空袭韶关，死 19 人，伤数十人。翌日中午，日机 24 架又来轰炸，韶关五里亭、十里亭、志锐中学以及市中心区，落弹似雨，四处起火燃烧，尤以黄田坝受害最巨，计炸死 74 人，炸伤 300 余人，毁房屋 2000 余间，市内精华损失及半，为抗战以来最大浩劫。李汉魂即日视察灾区并召开善后会议，电请中央拨给法币 200 万元以资赈济。

△ 日机 21 架空袭广西，在桂林西南郊投弹百余枚。

△ 美中学会宣布：纽约中国留学生于是日、11 日、18 日及 25 日举行圆桌会议，研究战后太平洋秩序问题。会议由武汉大学教授周鲠生及中国新闻社社长夏晋麟主持。

1 月 5 日 南非联邦、美国、澳洲、比利时、加拿大、中国、捷克、英国、苏联、希腊、印度、卢森堡、荷兰、新西兰、挪威、波兰、南斯拉夫及法兰西民族委员会 18 国在伦敦联合发表宣言，声明同盟国决心反对和打击轴心国掠夺暴行，对轴心国在占领区掠夺之资产，保留宣告无效之权，并负赔偿责任。

△ 国民党中宣部部长张道藩在重庆招待外籍记者，列举中外领导人的新年讲话称：这些讲话可以归纳为两个重要点，一是加紧打击共同敌人使其早日溃败，一是着手战后之和平问题。

△ 行政院抄发修正本年度推行储蓄业务计划纲要，规定本年度储蓄总额增至 80 亿元，其中"劝募方面"55 亿元，"强制方面"25 亿元。

△ 重庆各学术团体举行牛顿诞辰三百周年纪念，朱家骅以国立中央研究院院长身份发表讲话，教育部次长顾毓琇讲《从苹果到月亮》，英人瓦德逊讲《牛顿之生平》，严济慈教授讲《牛顿与光学》。

△ 延安科学界集会纪念牛顿诞辰三百周年，徐特立演讲《我们对牛顿应有之认识》。

△ 第九战区司令长官薛岳电令王陵基部进攻鄂南新四军，14 日再电称："查鄂南剿匪各部队作战不力，成绩毫无，希严厉令饬务必迅速索匪主力剿灭，以限肃清。"

△ 日军对山东开始春季大"扫荡"，是日起，6000 余日伪向莱芜、

新太之间的新甫山区进行"蚕食"。

1月6日　军事委员会任命李楚瀛为第十五集团军副总司令，侯镜如为第九十二军军长，杨勃为第九十四军副军长，李棠为第三十七军副军长。

△　国民政府视察员陈瀚致电军政部兵役署署长程泽润，报告福建龙漳师管区卖放新兵、贩卖鸦片、枪杀壮丁、受贿换丁等情严重，要求严令制止。

△　安徽广德产销税所所长胡孟伯在任内侵吞税款九万余元，经皖南行署逮捕，是日执行枪决。

△　日军在安徽岳西柳畈等村杀害村民21人，伤残15人，奸污妇女六人，烧毁房屋150余间。

△　山西临汾、洪洞一带日军猛攻洪洞西北光棍岭不逞，忿而大量施放毒气，适风向逆转，日军中毒者数百名。同日，日机五架轰炸我军阵地，炸弹误落日军阵内，炸死日军百余名。

△　鹤岗煤矿南岗三坑瓦斯爆炸，日方强行封闭坑口，致使96名矿工丧生。

△　美第七十八届国会开幕。7日，罗斯福总统在国会发表演说，宣布将增加对华物资援助，称在滇缅路被切断的今天，我们决心克服一切不可克复的障碍，将作战装备运往中国，以增强粉碎我们共同敌人的力量。

1月7日　《大公报》发表社评《中国必须收复台湾》，指出："美国《幸福》、《生活》、《时代》三大杂志合草的《太平洋关系备忘录》的第四章，提议战后在太平洋建立一条防御地带，列入台湾，划为国际共管，把台湾看作单纯的日本的殖民地，忘记它的历史。"24日，中央社电称：闽粤台湾归胞协会在福州致电国民政府和国防最高委员会，要求明令宣布台湾为中国沦陷区。

△　旅居重庆的台湾同胞集会商议台湾光复问题，讨论要点为：一、加强台湾国民党党务工作；二、台湾划省之筹备事宜；三、台湾义勇

队改建正式军队等。

△ 重庆市第三区火柴工业同业工会呈报财政部,揭露川康火柴专卖公司垄断火柴业、摧残厂商事称:自去年5月1日火柴施行专卖以来,各厂停工约计四个月,减产7000箱以上,专卖机关收购价格过低,造成各厂存货堆积,消化不良,借款维持亦已穷尽,纷纷停工坐待倒闭。吁请彻查改善,以救工业,而解厂商倒悬。

△ 陕甘宁边区政府副主席李鼎铭发表谈话,号召边区人民拥护边区政府新颁布的租佃条例,认真减租,尊重农民佃权;减租之后依法交租,尊重地主地权,以发展生产,争取抗战的最后胜利。

△ 第一战区一部收复豫南固始。

△ 日驻汪伪大使重光葵会见汪精卫,转告日本政府要求汪政府提前对英、美宣战,汪表示定1月9日实行宣战。

△ 美国务院派遣来华的会计、统计专家赖满抵重庆,受聘为中国工业合作协会顾问。

1月8日 国民参政会驻会委员会举行例会,听取外交部关于外交工作的书面报告,财政部长俞鸿钧关于财政设施状况及本年度施政方针与预算编制情形的报告。

△ 第七军收复大别山区立煌、商城。

△ 台湾总督府宣布本年度预算5.142亿日元。

△ 伪华北政务委员会委员长王揖唐发表声明,宣布华北即日起全面开展"东亚解放新国民运动",集中华北总力于完成大东亚战争,并特别注意实现治安强化,努力增产和革新生活。

△ 抚顺老虎台矿瓦斯爆炸,死伤数十人。

1月9日 周恩来、林彪与张治中晤谈。张治中转达国民党方面意见,认为中共去年12月18日所提四项与国民党中央及何、白1940年10月"皓电"要求相距甚远,解决问题须根据"皓电"提示精神,正式谈判须由何、白主持;关于承认中共合法和边区政府无问题,第十八集团军人太多不行,并且必须遵照"皓电"限期开动。周恩来、林彪表示须请示延安。次日,周、林致电毛泽东及中共中央书记处请示办法,并提出具体谈判意见。

△ 军事委员会任命盛世才兼第八战区副司令长官,佟毅为第五十军军长、吴鹤云为副军长,岳新明为第二十一军副军长,赵恭为第三十四军副军长。

△ 国民政府明令嘉奖龙纯曾经募忠义献机捐款 100 余万元、董澄农捐款 20 万元、杨文炳捐款 10 万元,并各颁给金质奖章一枚。

△ 重庆中苏文化协会致电苏联对外文化协会,祝贺苏联名作家托尔斯泰六十寿辰及绥拉菲莫维奇八十诞辰。

△ 平西八路军在永定河北之大村,伏击由隍村出犯之小股日军,将其大部歼灭,俘日军四名、伪军二名,八路军伤亡六人。

△ 日机再袭韶关,投弹 32 枚,志锐中学学生宿舍半数被毁。同日,梧州市亦遭空袭。

△ 南京汪伪政府发布《宣战公告》,宣布“与英美进入战争状态”。同日,日、汪联合发表《日华共同宣言》,宣称日、汪“为完成对美国及英国的共同战争,将以坚定的决心与信念,在军事上、政治上、经济上进行完全的合作”。

△ 日、汪缔结《归还租界及撤废治外法权协定书》。声明交还在华专管租界、公共租界,并撤销在华治外法权,宣布所谓“对华新政策”开始。

△ 日政府、伪满政府发表声明,对汪伪与英、美“宣战”表示支持。10 日,日本《东京每日新闻》称:“国府参战之实质”乃在于“大东亚战力的培养”,其任务“完全在于加重经济的物质的方面”的负担。日同盟社称:“增强生产力,借以增大大东亚战争之战力,乃战斗国府之最大任务。”

△ 汪伪政府中央政治委员会临时会议通过设立最高国防会议,“凡关于战事上一切事物,均由最高国防会议决议施行”。

△ 美国外交政策协会向美全国播讲战后远东问题,一致主张日

本必须从中国撤退,东北必须归还中国。

1 月 10 日　军事委员会在赣北召开东南各省军需会议,19 日结束。

　△　军事委员会任命黄杰为第六军军长。

　△　八路军第一二九师政治部发布《关于 1943 年敌伪军工作的新方向》及《关于敌伪军工作几个具体问题的决定》的训令。

　△　第八十四军克复豫南潢川。

　△　中国空军袭击襄河以西日军荆门机场,毁日机八架,同时毁坏机场燃料库、弹药器材库及其他军事设施。

　△　苏联大使潘友新返国述职后回到重庆。17 日,蒋介石接见潘友新。19 日,潘友新招待国民政府要员及驻渝外交使团等。

　△　延安地质学会召开会议,由武衡、汪鹏报告绥德煤炭蕴藏及延长石油生产情形,继讨论本年度工作计划,决定组织两次考察团,研究延安煤炭分布及延安附近地质构造并赴神府调查煤矿。

　△　日伪军到天津李庄骚扰,村中大刀队击毙日军二人,日军进行报复,屠杀大刀队员及群众近 30 人,并烧毁民房多间。

1 月 11 日　中英、中美分别在重庆和华盛顿签订《关于取消英国在华治外法权及其有关特权条约》、《关于取消美国在华治外法权及处理有关问题之条约》,正式宣布英、美废除在华特权。

　△　蒋介石分电罗斯福总统、丘吉尔首相,对中英、中美新约签订表示感谢。外交部长宋子文亦同时电美国务卿赫尔、英外相艾登致贺。

　△　教育部长陈立夫在重庆国民政府中枢纪念周报告教育设施近况,说明全国现有中学生 64 万人,高中生 11 万余人;大学生五万余人,教员最缺者为国文、数学两门。全国高等工程师仅二万余人,50 岁以下的文盲约 1.7 亿人,占 38%。他说:抗战以来“教育事业不仅维持旧观,且较前更多进展”。战区学生每年救济金 8000 万元,教职员及家属救济费去年达 1.6 亿余元,“国民教育之蓬勃发展为年来极大收获”。

　△　军委会新闻检查局在江西泰和召开东南区新闻检查会议,浙

江、福建、广东、广西、湖南、江西六省新检人员代表参加,13日结束,通过议案24件。

△　国民政府决定是日至16日为全国限价宣传周。主管当局责成各省、市、县组织宣传队,讲解管制物价之要义与方法。

△　江西省经济检查委员会正式成立,15日起开始检查,凡囤积居奇以及违反工、商、矿管理规程者将予惩处。与此前后,浙江、甘肃、河南、贵州等省均讨论实施物价管制问题。

△　日本运粮船60艘在日舰七艘护送下,在吴淞口近百里之海面遇盟国潜艇袭击,运粮船及日舰五艘全部炸沉。

△　英、苏、中驻美大使与美国务卿赫尔在华盛顿商谈战后建设及赈济等问题。

△　上海日本陆海军最高指挥官公布限制粮食运输办法,规定:非经日军许可,所有市区内的食米、麦类、玉米、豆类、小米等粮食及其制成品,不论数量多寡,一律不准由清乡地区搬出,亦不得运入本市封锁线内。翌日,伪上海市政府发布布告,规定13日起,实行上述粮食统制新办法。

△　丘吉尔首相复函中国国民外交协会,略谓:"余信今日所签订之条约,将给予全世界一种楷模,使此基于大西洋宪章原则之国际关系,可以引用于一切有关系国家获得相互之利益。"

△　美国产业职工会与公共救济事业基金委员会援助中国16.6万美元,帮助沦陷区工人内迁。该计划由中国劳动协会实行。

1月12日　国民政府为中英、中美签订平等新约昭告全国"淬励奋发,自强不息,冀毋负友邦密切合作之期许"。晚,蒋介石对全国发表广播演说称:中英、中美新约的签订"不仅是我们中华民族在历史上为起死回生的最重要的一页,亦是英美各友邦为世界对人类的平等自由,建立了一座最光明的灯塔",是英、美政府"最光明最正大的举动"。

△　宋子文为中英、中美签订新约在重庆招待外籍记者,对美国务卿赫尔及英外相艾登备致推崇,"两友邦有如此之政治家主持外交,战

后新世界之缔造,必非不可能之工作也"。

　　△　中国空军侦察长江一带,在宜昌东南击落日机一架。

　　△　甘肃省政府致电重庆赈济委员会,报告该省水、旱、风、雹灾情严重,去岁以来受灾达 57 个县,占全省 80％以上,请求赈济。

　　△　重庆卫戍总司令部工程处技术科科长为美军事代表团汽车撞伤,美军官"仗势行强",不仅不予治伤,反以手枪威逼。14 日,重庆卫戍总司令部工程处处长庞国钧呈文重庆卫戍总司令刘峙,要求依法交涉。

　　1 月 13 日　蒋介石电复第七战区司令长官余汉谋,批准其上年底针对广东人民抗日游击武装呈报之惠(阳)淡(水)守备区第三期"清剿"计划。

　　△　晋察冀边区政府发出《严禁粮食资敌》通令,规定紧急办法三项。

　　△　横贯东西两半球、飞越美、非、亚三洲、直航六万华里之中国空军健将衣复恩,由洛杉矶返华飞行成功,安抵成都。同来者有外籍副驾驶员、通讯士、机械士各一人。

　　△　日军在浙江磐安烧毁县粮仓一座,毁粮三万余石,烧毁民房九间,烧死女孩一人。

　　△　汪伪最高国防会议通过改组行政机构,决定将行政院全国经济委员会、新国民运动促进委员会改隶政府,铨叙部改隶行政院,社会运动指导委员会与赈务委员会合并为社会福利部,粮食管理委员会改为粮食部;撤销边疆委员会,在内政部设边疆局;撤销侨务委员会,于外交部设侨务局;水利委员会与交通部合并,改设建设部;行政院秘书处参事厅与法制局合并为秘书厅。每部改设次长一人,辅佐部长处理部务。增补陈济成、岑德广为国民政府委员,任陈君慧为建设部长,顾宝衡为粮食部长,丁默邨为社会福利部长。

　　1 月 14 日　立法院院长孙科就中美、中英新约签订发表谈话称:此乃平等第一步之实现,"吾人所不可须臾忘者,即争得国际平等地位而外,尚应竭尽吾人之力量促使国内政治及经济平等之早日实现"。又称:"吾人于兴奋之余,不能忘记苏联为自动放弃不平等条约之第一人,对于美、英、苏三大同盟国家,吾人应求深切之认识,彻底之了解,而不宜存有若何之误会。"

△ 张治中约见周恩来,提出希望中共放弃军队,为周恩来拒绝。

△ 军事委员会任命刘和鼎为第二十一集团军副总司令,张义纯为第二十三集团军副总司令。

△ 经济部部长翁文灏就实施限价问题对重庆市商会全体理、监事发表谈话称:"限价办法系国家当前经济最重要政策,既经照令施行,纵有吃亏,亦必须忍受。此犹如前线作战时,一部分任左翼,一部分任右翼,不论左翼或右翼,明知不利亦必遵令勇往向前,经济作战之情形亦具是。"

△ 重庆市商会、工会及各业同业公会百余团体通电全国拥护限价政策。

△ 中国、中央、交通、农民四联总处理事会议通过《农贷准则》,规定贷款利率月息九厘至 1.5 分不等。2 月 4 日,复修正通过《农贷办法纲要》,凡 13 条,规定"各省农贷由中国农民银行与各省订立农贷协议书为办理各省农贷之依据"。

△ 白崇禧、冯玉祥、太虚、于斌等发起组织中国宗教徒联谊会,是日在重庆中国佛学会举行发起人谈话会,商讨筹备事宜。

△ 中共中央西北局高干会议闭幕。此次会议自上年 10 月 19 日起至是日结束,历时 88 天,参加会议县团级以上干部 300 余人。会议研究和解决边区党的历史教训、统一领导与当前任务等三个重大问题,并对近年来领导边区经济建设成绩卓著者王震等 22 人予以奖励。

△ 史迪威出任中印缅战区司令官,着手重开陆上供应线。

△ 日军攻占云南打洛地区。随后又于 26 日兵分三路进犯滇西边境:一路在蛮板、大猛之线,一路沿滇缅路,一路在腾冲之线。滇缅边战事激烈。

　△　由名艺人唐槐秋、唐若青父女率领的有八年历史的中国旅行剧团在平、津演出期间，为日宪兵扣押。是日，唐若青被毒打致死。

　△　南京新亚舞场发生定时炸弹爆炸事件，死四人，日伪当局悬赏一万元缉捕置弹人。

　△　伪国民党在南京召开伪六届五中全会。汪精卫讲话称：此次决定参战是"自由的决定"；参战后日本交还租界撤废治外法权"并非一种交换条件，而为根据中日基本关系条约之精神"。次日闭幕，发表宣言称："参加大东亚战争，实为当然之步骤，亦即最后之决心。"鼓吹"牺牲一切，以贡献于大东亚战争"。又称："重庆之少数分子执迷不悟，但其大多数处在徘徊观望之道路……将我们树立和平，东亚共荣的模范给他们看，使其更加信仰我们，这样其内部不久即可翻然悔悟。促进全面和平之希望亦在于此。"

　△　罗斯福总统和丘吉尔首相在摩洛哥卡萨布兰卡举行会议，23日结束。会议就中国抗战问题制定"安纳吉姆"计划（打破日本对中国封锁需采取的军事行动——收复缅甸作战计划的代号）。计划决定"联合参谋长委员会应于1943年夏季作出进攻的决定，不得晚于7月"，行动日期定为11月15日。会后，罗斯福和丘吉尔决定向蒋介石派出一个高级代表团，通报会议情况并谋求支持。

　1月15日　国民政府宣布即日开始实行全面限价，要求全国各重要城市一律实施。限价以1942年11月30日各地原有之价格为标准，对于粮食、盐、食油、棉花、棉纱、布匹、燃料、纸张等物品做到同一时间、同一地区、同一物品只有一个价格。四川、云南、甘肃、河南、绥远等省主席纷电国民政府表示拥护。

　△　重庆《中央日报·扫荡报》联合版发表社论《物价从此稳定》。次日，该报报道：限价首日情形"异常良好"，"商人明大义遵限价售物"，"衡阳、昆明物价开始下跌"。

　△　经济部西北工业考察团部分团员由副团长顾耀秋率领返回重庆，团长林继庸等仍留西北考察。

　　△　国民政府特任傅秉常为驻苏大使,原驻苏大使邵力子辞职照准。

　　△　国民参政会经济动员策进会西北区办事处与川西区办事处,分别在西安、成都成立。西北区办事处主任马毅,副主任刘景健、李芝亭,川西区办事处主任李璜。

　　△　陕甘宁边区政府、第十八集团军后方留守处联合发布《调整军政民关系维护革命秩序暂行办法》、《军民诉讼暂行条例》等四种法规。

　　△　陕甘宁边区政府公布《关于拥护军队的决定》,并定 1 月 25 日至 2 月 25 日为全边区拥军运动月。

　　△　晋察冀边区第一届参议会在阜平开幕,历时七日,到会参议员 288 人,包括共产党员、国民党员、无党派民主人士、地主士绅、科学技术专家及少数民族代表等。大会讨论并批准边区政府五年来工作报告,通过中共北方分局提出的施政纲领,以及边区政府组织法、参议会组织法、租佃债息条例、统一累进税则等法令多项。选举成仿吾、王力为参议会正、副议长;聂荣臻、宋劭文、吕正操、张苏、王承周、刘奠基、胡仁奎、刘皑风、王斐然为边区政府委员,组成边区政府,宋劭文、胡仁奎分任正、副主任委员。是时,边区辖有 13 个专区,98 个县,650 个区,1.53万个行政村,共约 2000 万人。

　　△　上年 12 月中旬开始之大别山战斗结束,卫立煌部收复大别山区麻城、罗田、浠水、黄梅等县,完全恢复战前态势。是役,据何应钦报告称,日方伤亡达万人,但据日方公布数字,第十一军方面战果:中国军队遗尸 3700 具,俘虏 820 人,日军死 50 人,负伤 160 人。第十三军方面战果:中国军队遗尸 450 具,俘虏 91 人,日军死 10 人,负伤 19 人。

　　△　晋西北崞县县长率警卫化装工人袭击石滩日军据点,冲入敌兵营房,毙日军十人、伪军一人,俘伪军六人。

　　1 月 16 日　国民党中央为庆祝中英、中美新约的签订,我国百年来不平等条约完全解除,是日公布《本党五十年来外交奋斗史》。

　　△　财政部决定:将进口税则的从量征税部分全部改为从价征税。

　　△　国民党新疆省党部成立,盛世才任主任委员、黄今如兼书记长。国民党中央派梁寒操为监誓人,参加宣誓就职典礼。

　　△　国民政府以贵州省贵阳县华高瑶涵及其子华仲麞捐助国立贵州大学田产约值 60 万元,特明令褒奖,颁给"热心教育"匾额一方。

　　△　毛泽东关于国共谈判问题复电周恩来、林彪,略称:彼方提出以"皓电"为基础及以何、白为主持人,是否有借以拖延之目的? 你们向张提改组华北地方政府,实行中央法令,是何内容? 我军驻地问题,似宜暂不移动。解决问题的时机是否成熟,可否再等一下更有利? 21日,周恩来致电毛泽东,说明顾及蒋的面子,是为的更站在有理的地位,不使谈判弄僵,明了国民党方面的条件,好让林彪带回延安。并以事实证明不是我们弄僵,而是他们故意为难。提议采取以下两种办法结束这次谈判:一、说明我方四条与"皓电"精神相合,只军队数目和移动时间之差,如不同意,要他们提出对案,由林带回延安;二、向他们直接要方案。2 月 8 日,收到毛泽东复电,同意周恩来所提的前一种办法,"可照来电所提办法进行"。随后,周恩来即会见张治中,逐条宣读最后意见,张治中逐字予以抄录、核对。

　　△　重庆中央图书馆是日举行敦煌艺术展览。

　　△　美国驻中印缅陆军总司令史迪威因 1942 年 4 月在缅作战有功,获美国陆军部高级立功勋章,是日在重庆举行受勋仪式。

　　△　美机在滇西与日机空战,击落日机七架。

　　△　美国纽约艺术博物馆举办近代中国画展,展期两个月。

　　△　伊拉克对德、意、日宣战。

　　1 月 17 日　中央社报道各地限价实施情况:重庆、成都物价平稳,洛阳各界举行拥护管制物价宣传大会,广东各县、市物价均依正常状态下降。西安市平价商店 15 日开幕,16 日起正式营业。安徽物价"日趋平稳"。山西物价"连日渐趋回跌"。贵州商会致电拥护管制物价方案。

　　△　蒋介石接见苏联驻华大使潘友新,商谈战局及新疆独子山油矿等问题。

　　△　河南省平粜委员会在鲁山成立,李培基为主任委员,是日召开首次会议,决议将当局拨给河南平粜基金一亿元,以 2000 万元为各县救济费或办理平粜之用。同日,鲁山电称河南灾情奇重,民食困难,各地耕牛多被宰食。

　　△　日伪军 1.2 万人对冀鲁边区进行"拉网合围"大"扫荡"。八路军冀鲁边区平(原)禹(城)大队等高度分散隐蔽,利用抗日沟突出重围。

　　1 月 18 日　河南焦作伪军团长杨周文率部携步枪 260 支、轻机枪五挺,毙敌百余名反正。

　　△　驻防山东之鲁苏战区新编第四师师长吴化文、副师长于怀安率部投敌,旋被改编为"和平救国军山东方面军"。同日,山东保安司令部参谋长宁春霖、苏北游击纵队第一支队司令吕其赓亦率部投敌。

　　△　日机六架侵入皖南宣城,在城郊盲目投弹数枚后逸去。

　　1 月 19 日　行政院通令各省,违反限价法令者,均按军法惩处。

　　△　财政部决定在陕西、河南、湖北、江西、浙江、安徽六省试办《大票行使奖励办法》,以解决接近沦陷区域小券缺乏,大小券发生差价问题。4 月 3 日,四行总处致函财政部转报西安分处,以该办法行使困难,"拟请在陕境内暂缓试办"。4 月 13 日,财政部复函称,该办法系蒋介石指示制订,指出解决途径为转催中央银行"在一定数额内就地印制五元、十元、二十元定额本票,发行以利流通"。

　　△　东北四省抗敌协会在重庆举行收复东北问题座谈会,针对联合国人士中散布"战后国际共管东北"等谬论表示意见:一、根据《大西洋宪章》之精神及罗斯福总统所呼吁之四大自由,东北必须由中国收复;二、从历史及民族方面证实,东北是不折不扣的中国领土,所谓满族乃系有满洲血统之中国人;三、东北人尤须努力于收复东北之武装准备。

　　△　周恩来告美大使馆秘书庄莱德称,三年半以来,中共军队未得国民政府军事或经济支持。

　　△　延安《解放日报》公布晋察冀边区军民 1942 年(缺 12 月)战绩:一、作战 2745 次,攻克与逼退敌据点 94 个;二、毙、伤、俘敌伪军

2.71万名;三、动员群众 9.7945 万人,破坏铁路 77 里,汽车路 354 里,平沟 569 里,毁墙 513 里,炸毁火车八列,毁车头一个,车皮 13 节,汽车 75 辆;四、炸毁铁、石桥各一座,木桥 74 座,土石堡垒 436 个,岗楼 535 个。

△　晋察冀边区国民党党务联合办事处主任郭飞天在晋察冀边区参议会发言,盛赞"边区的各种政策法令不仅是正确的,而且是能够贯彻下去的。边区参议会的召开,是值得历史上大书特书的",表示坚决拥护中共中央北方分局晋察冀边区目前施政纲领。

△　八路军第一一五师教三旅及山东地方武装进攻郯城,歼伪军 200 人,迫使日伪军撤出"蚕食"滨海区的全部兵力,粉碎日伪对该区的封锁计划。

1 月 20 日　财政部通令棉纱、麦粉统税改征实物。

△　汪伪政府任命李士群为伪江苏省省长,傅式说为伪浙江省省长,高冠吾为伪安徽省省长,杨揆一为伪湖北省省长,陈耀祖为伪广东省省长,余晋龢为伪华北政务委员会常务委员兼建设总署督办,王揖唐、周作人为新国民运动委员会委员。汪精卫兼经济委员会委员长,王揖唐、周佛海兼副委员长,陈君慧为秘书长。

△　智利宣布对德、意、日绝交。

1 月 21 日　八路军冀南军区第六分区部队攻入武城北之甲马营,歼伪军 200 余人。第二分区第二十五团第三连一部化装进入巨鹿县城,打死特务六人。

△　胶东区抗日根据地军民集会举行马石山惨案殉难军民公祭大会,并通电全国控诉日寇暴行,号召胶东军民为死难烈士报仇。按:马石山为牟海县山区高峰,去年 12 月 24 日,日军大"扫荡"时,以"拉网战术"包围该山,当时山中群众及八路军 20 余人扼守险要,与敌殊死拼战,先后击退敌人五次冲锋,掩护部分群众安然转移,直至弹尽援绝,20 余战士全部牺牲。日军进山后疯狂屠杀,事后发现尸体 500 余具,惨不忍睹。

△　日军 2000 余人分三路对晋察冀边区行唐、曲阳一带实行"扫荡",八路军第一一五师与敌展开激烈搏斗,至 2 月 10 日,战斗达百余次,毙伤日伪 1305 人,俘六人,反"扫荡"反"蚕食"斗争获胜。

1 月 22 日　立法院院长孙科应中美文化协会之请,在重庆中央大礼堂演讲中美新约。同日,监察院院长于右任在重庆中央广播电台播讲《中美、中英新约与新中国之前途》。

△　驻泊珠江内河日军千吨炮舰一艘,向广州方面开驶,行经顺德县属马宁附近被我布雷队击沉。

△　汪伪江苏省清乡区党务办事处为开展献金购机运动派定金额:吴县 16 万元,无锡 13 万元,武进 10 万元,常熟 10 万元,昆山、松江各八万元,太仓、江阴、吴江、青浦、嘉兴各七万元。

1 月 23 日　司法行政部部长谢冠生就中美、中英新约签订发表谈话称:以后涉及在华外人之民刑诉讼案件,概由普通法院按照依法制定公布之法令或规章处理,违警案件亦同样由警察局处理。

△　上年度第二次高等考试初试放榜,建设、普通行政、外交、司法、经济行政、社会行政、土地行政、卫生行政、统计、会计、审计等各科及格人员共计 155 名。

△　国际反侵略大会中国分会在重庆举行成立五周年大会,并改选、监事。到孔庚、黄炎培、邓初民、朱学范、董必武、邓颖超等 200 余人。副会长邵力子致开会词,通过宣言及致中、苏、英、美四国首脑致敬电。

△　画家赵望云在重庆中苏文化协会举行西北之行画展。先一日举行预展,冯玉祥、郭沫若、老舍、茅盾、王昆仑、关山月等前往观看。

△　日伪军偷袭山西省五台县大柏山、小柏沟,当场屠杀两村群众 196 人,40 多户被杀绝;附近村庄还有 24 人被杀,死于这次惨案的共 220 人。

△　美使馆秘书、驻华美军司令部政治顾问谢伟思回国述职期间,于是日向美国务院建议派代表团访问中共根据地。

1 月 24 日　八路军晋察冀军区司令部公布北岳区人民武装参战斩获处理修正施行办法,规定活捉日军一名奖 100 元,活捉伪军或特务一名奖 20 元。

△　重庆中国人事行政学会举行首届年会,推戴季陶为名誉理事长,孔祥熙、陈果夫、吴铁城为副理事长。

△　进占沁源日军被迫换防,由第三十六师团接替第六十九师团防务,并将安泽、绵上两县 10 余据点放弃。

1 月 25 日　宋庆龄在重庆为中英、中美新约签订发表谈话,强调:"英美历来所享受的不平等权利虽从此废除,但在实际上这种权利尚沦陷于敌寇之手,故非将敌人驱逐出国境,则不惟特权无法收回,而沦陷区同胞呻吟于敌伪双重压迫之下,仍将不获享受此等新约所给予我们平等解放的保证。因此我们于庆祝签订新约之余,更应扫荡敌寇,拯救沦陷区同胞于水深火热之中。唯有如此,真实的自由平等才能实现。"

△　中共中央发出《关于庆祝中美中英间废除不平等条约的决定》,指出废约之意义,号召"军民为驱逐日寇,完成中国独立解放而斗争到底"。

△　国民党中央执委会颁发《加强领导人民团体办法要点》,凡四项,训令各省、市党部对当地人民团体"切实控制"。

△　行政院公布施行《非常时期强制修筑塘坝水井暂行办法》,凡 10 条。

△　国民政府明令嘉奖贵州省普定县伍效高、福建省南安县陈存履、陕西省富平县路建人、江西省兴国县周子实等一批"慷慨捐资,热心教育"人员。

△　军事委员会任命朱鼎卿为第七十五军副军长。

△　军事委员会颁发奖金 7000 元,奖赏去年 12 月 18 日俘获坠落福州日机驾驶员之当地宪警。

△　伪满公布《商工金融合作社法》,决定成立商工金融合作社,由伪满政府出资 1000 万元组成。30 日,伪满经济部决定发行公债 1000

万元,作为伪政权向商工金融合作社出资的资金,公债年息四厘,1960
年 2 月 1 日前还清。

△ 罗斯福总统、丘吉尔首相联名致电蒋介石,告知已派美国陆军
空军总司令阿诺德及英国元帅迪尔来华,说明攻缅计划。

1 月 26 日 国家总动员会议举行第一次金融专务会议,讨论加强
吸收游资,紧缩生产放款,停止商业贷款及加强管制商业银行等有关
问题。

△ 交通部在重庆设立造船处,夏彦儒为处长,张乔啬为副处长,
接收原西江、川江两造船处,开始办公。

△ 国民政府任命张洪沅为国立重庆大学校长。

△ 汪伪政府任命马长亮为台湾总领事。

1 月 27 日 国民党中央执委会通知各直辖党部:党员"附逆降敌,
经调查确实者,不必经过答辩手续径行处分"。

△ 国民政府明令表彰 1941 年秋长沙会战中献身疆场的陆军第
五十七师指挥官李翰卿。

△ 邵力子在重庆中国新闻学会讲演《战时新闻的感想》。他说:
"一般社会上都是隐恶而扬善,但在新闻记者则须以太史公的精神去批
评社会的缺点;但这种批评的动机必须是光明正大的,为国家社会利益
的,在技巧上必须是有分寸,有限度的,必须虑及是否会发生反作用。"

△ 重庆中国劳动协会举行劳动问题座谈会,讨论"物价与工资"
问题。朱学范主持会议称,讨论目的在纠正一般社会人士认为"物价上
涨就是由于工资上涨的影响"。讨论结果认为:物价上涨是工资上涨之
因,而工资上涨是物价上涨之果。与会者举出抗战以来,物价上涨指数
均在 60 倍以上,而熟练技工工资上涨不过 40 倍,职业工人不过 30 倍,
工资上涨之速率远不及物价上涨之速率。提出限制工资必须以能维持
工人及其家庭起码生活条件为原则,抗战以来工人生活已较前困苦,呼
吁对工人福利事业应多举办。

△ 涪江航道工程完工,是项工程系就三台县柳林坝部分之涪江

施工。自 1940 年 11 月兴工,历时二年余竣事,除将柳林滩夷平,使航运畅通外,尚可供灌溉三台北坝 10 余万亩土地,再行利用水力发电,可供三台、绵阳、射洪、阆中、盐亭五县之电力。

△ 华侨兴业银行在重庆开业,董事司徒美堂,总经理邢有岩,副总经理孙云樵。

△ 中共山东分局发出《关于李仙洲部来鲁后的统战工作指示》,指出对李部以疏通团结为主,鼓励、推动其与敌积极作战;并要提高警惕,严阵以待,以防突然袭击。

△ 萨尔瓦多共和国宣布撤销对伪满洲国的承认。

1 月 28 日 军事委员会任命杜聿明为第五集团军总司令、黄杰为副总司令,邱清泉为第五军军长、余恺为副军长。

△ 中国战区参谋长史迪威拟就在云南训练中国军队的计划,并于当日呈报蒋介石。

△ 拉萨 500 余人举行庆祝新约大会,由蒙藏会驻藏办事处处长孔庆宗主席,会后献金万余元。

△ 中共中央山东分局向中共中央报告山东情况,内称:山东现有日军 3.7 万人,伪军 18.8 万人,国民党军由 17 万人降到九万人。敌据点达 3300 处(一年来增加 1200 处)。冀鲁边区、泰山区平均七八里一个据点,我各区联系较前困难。1942 年国共摩擦较少,主要原因是敌人压迫更甚和我疏通推动的结果。

△ 国民政府公布《财产租赁出卖所得税法》,凡 21 条。

△ 行政院院令颁行《战时管制工资办法》,凡 16 条。

△ 湖北咸丰县第二收粮所主任吉子贞、征收员罗敬甫,以 16 两秤 100 斤折合一担收进,以 95 斤折合一担交出,共同舞弊,经湖北省政府查明,依照《惩治贪污暂行条例》判处死刑,是日执行枪决。

△ 汪伪最高国防会议决议撤销行政院政务委员会,改设政务参赞。

△ 日本第八十一届议会复会,东条英机首相发言称:今年为"再

行扩大过去一年间所获战果,并充实必胜条件"进行决战的一年,鼓吹继续对英、美采取攻势。

1 月 29 日 国民政府为纪念中美、中英新约签订,通令各机关、学校 2 月 5 日至 7 日放假三天(工厂 5 日放假一天)。

△ 军事委员会任命郑洞国为新编第一军军长,刘嘉树为第八十八军军长,何绍周为第八军副军长。

1 月 30 日 国民政府立法院例会通过两项税法:一、改称《所得税暂行条例》为《所得税法》,"税率略为加重";二、《非常时期过分利得税法》。

△ 重庆国际妇女会、中美文化协会、中苏文化协会等团体,在重庆举行同盟国妇女联欢会。

△ 日本大本营、政府联络会议决定《关于对法措施问题》,要求"法国确认将日法关于共同防卫法属印支议定书的适用范围扩大到广州湾,以必要的军队进驻广州湾"。同日,日以《大陆命第 743 号》对中国派遣军总司令官下达"应与海军协同作战,以一部攻占雷州半岛要地,并进驻广州湾法国租借地"的命令。

1 月 31 日 国家总动员会议特设军法执行监理部开始办公。其任务为:一、关于妨害或违反总动员业务或法令惩罚案件之审判;二、关于国家总动员会议所属人员违反法纪之督察审判;三、关于徒刑五年以下罚金一万元以下之案件之核准实行。

△ 社会部统计处《社会调查与统计》第三号,公布 1942 年至 1943 年 1 月,重庆市四个产业的工时调查:机器业,最高工时 11.8 小时,最低工时 10 小时;印刷业,最高工时 11.4 小时,最低工时八小时;面粉业,最高工时 12.4 小时,最低工时 9.8 小时;纺织业,最高工时 11.4 小时,最低工时 7.4 小时。

△ 前第二十八补充兵训练处处长韩亮宇因盗卖军服罪,经军政部组织高等军法会审判处死刑,是日执行。

△ 日军袭击河南修武北睢村,屠杀该村及邻村的村民 530 人,北

睢村 20 余户被杀绝。

是月　教育部报请行政院批准,特拨专款 200 万元奖励久任教员,凡专科以上学校教员任职 20 年以上者每人发给 3000 元,10 年以上者每人发给 1500 元,春节前颁发完毕。

△　新四军浙东"三北"游击司令部宣布,淞沪游击队改称"三北游击队"。

△　行政院修正通过《行政院液体燃料管理委员会暂行组织规程》,凡 16 条。

△　周恩来、董必武等帮助谭平山、陈铭枢、王昆仑、郭春涛等发起组织民主同志座谈会,通过经常性的时事讨论方式,团结国民党内的民主进步分子和中间分子。1943 年 9 月,该会定名为三民主义同志联合会。

△　甘肃临洮千余回民暴动,反抗强迫征税、征粮、抓丁,提出口号"打倒谷正伦"(甘肃省府主席),首领为马步青一部下马富善。不久发展为八个支队,编成"富善救国军",人数扩至 10 余万。

△　伪满向热河省青龙县大量增派日伪军警,推行"集家并村",全县 1686 个村庄被拆毁 1219 个。16.6 万人被赶入 358 个"人圈",制造"无人区"。

2 月

2月1日　蒋介石任命陈诚为中国远征军司令长官,准备赴昆明组训新军。史迪威在昆明成立组训新军的办事处,负责训练及装备。

△　粮食部长徐堪在重庆中枢纪念周报告粮食施政概况,称:"三十一年度,除湖南歉收及云南少数地区情形特殊者外,全国各地粮价平稳,平均粮价涨率均低于物价。部订随赋征购办法,各省实行后均收预期效果,军、公、民粮得已充裕无虑。"并称"三十一年度全国征收征购截至昨天,已收足 5000 万余市石,前途大可乐观","目前渝市经常存储

粮食（包括米麦等）一个半月以上，供应充裕，无可忧虑。"

△　教育部制订《高中毕业生服务办法》，通令自本年 7 月起施行。办法规定：高中毕业生须依法在农场、工厂担任技术员、管理员或地方自治基层辅佐员、保甲长或国民学教员半年后始得升学。

△　军事委员会将铁道运输司令部改为铁道运输处，隶属后方勤务部，并以陇海铁路局长陆福廷兼任处长。

△　军政部驻川军粮局结束，改在重庆设驻川粮秣处，另在成都设办事处。

△　长沙警备司令部发布禁止赌博布告，文武官员犯禁者依抗命论处死刑；普通人民犯禁者，壮丁即提充兵役一年，老弱妇孺罚苦役一年。

△　平价购销处奉命改组，下令裁减人员，700 余名职工留用 100 余人，其余 500 余人均被限令解雇。被裁人员衣食无着，11 日起连续在报端发表请求紧急救济启事称："同人等或单身作客或家累綦重，际此天寒更岁，万里流亡之时，报国有心，效劳无路，瞻念前途，不胜惶恐"，呼吁援助。

△　重庆《大公报》今起连续发表《豫灾实录》及《看重庆、念中原》等文，报道河南灾情惨状。称受灾县份并非官方所报 80 余县，实乃 100 余县，整个河南已"变成人间地狱"，尖锐抨击当局救灾及限价抬价失当，在社会引起强烈反响。3 日，该报被罚停刊三日。

△　八路军北岳区一部袭击曲阳西小口头日军，全歼敌福井大队第四中队及机枪小队。

△　日伪军警在承德县 14 个村庄实行"一齐逮捕"，400 至 500 人被捕，100 余人被处死。

△　日军从所罗门群岛的瓜达尔卡纳尔岛撤退，从此在太平洋战场丧失了战略主动权。

2 月 2 日　国民政府下令褫夺万毅、孙立基之陆海空军甲种一等、二等奖章。

△ 经济部农本局经行政院批准移交财政部接管，改组为花纱布管制局。是日，财政部致函经济部，以该局组织成立尚需时日，决定先行接管，在花纱布管制局未成立前，所有花纱布管制事项即由农本局请示财部负责办理。

△ 国民党陕西省党部以该省"环境特殊，防奸工作重要"，呈请增拨活动经费。12日，国民党中央组织部同意从"特别费项下"拨给50万元，报请国民党中央批拨。

△ 第十五集团军李仙洲部先遣部队两个团，侵入八路军第一二九师所辖冀鲁豫边区丰县地区。

△ 日机狂炸福建永安，死伤数十人，流离失所者四五百人。

△ 斯大林格勒战役胜利结束，是役苏军全歼德军22个师，俘获德军9.1万余人，成为第二次世界大战的一个重大转折点，世界反法西斯战争从此转入战略反攻。

2月3日 日机四架两次空袭鄂北老河口，在城内外投弹40余枚，伤平民五人。9日再袭老河口，毁新建桥一座。

△ 伪华北政务委员会决定自本月9日起一律悬挂青天白日满地红国旗，禁止用五色旗。

△ 汪伪最高国防会议议决，特派周佛海、陈群、李圣五、梅思平、林柏生、丁默邨、陈春圃、罗君强、周学昌、赵尊岳、张仁蠡、何庭流、周隆庠、徐季敦、刘仰山、钱慰宗、陈昌祖、郝鹏举、戴英夫、黄自强、冯节、樊仲云、林汝珩、郭秀峰、袁殊为新国民运动促进委员会委员，王揖唐、周佛海、陈群、李圣五、梅思平、林柏生、周作人、丁默邨、陈春圃为常务委员，林柏生为秘书长。

△ "中国——最初之十字军"展览会，在英国利物浦开幕，展期10天，展品为唐、宋等代文物。

2月4日 国民政府批准《中美新约》及换文。11日，美参议院通过《中美新约》及换文。

△ 延安各界二万余人集会庆祝"废约"大会，毛泽东、朱德、贺龙、

叶剑英、徐特立等组成主席团。朱德在大会发表讲话称："只有打倒全世界的法西斯,完全击溃日寇,才能达到废约的目的。"大会向全国发出通电,并举行盛大游行。

　　△　延安《解放日报》发表社论《中国共产党与废除不平等条约》,指出:"在今日废约成功之时,中国共产党却并不以此自炫。它深知在这事业上政党倡导之力固然不可淹没,然而这个成功总的说来是全国人民努力奋斗的结果。人民,唯有人民乃是这一光荣史诗的作者。"废约"固然是中华民族独立解放斗争的一个重大成功,可是这还不是民族解放的彻底实现"。

　　△　四联总处理事会修正通过《农贷办法纲要》,凡 13 条。

　　△　八路军总政电影团摄制反映南泥湾大生产运动的影片《生产与战斗结合起来》,在延安举行首次试映。

　　△　山东博山敌占区群众 2000 余人举行武装起义,攻占博山第四区岱庄、黑山等三据点,杀死日军中队长等多人。事后博山日伪军增至 1000 余,大肆镇压,群众 600 余人自动武装奔赴鲁中抗日根据地。

　　△　日军乘春节夜袭山东清丰县张村,杀害群众 108 人,26 家绝户,烧毁房屋 500 多间。

　　2 月 5 日　重庆各界为中英、中美新约成立举行有五万人参加的庆祝大会,全市张灯结彩,一片欢腾,会后举行盛大游行。大会分电罗斯福总统、丘吉尔首相申贺,电林森、蒋介石致敬。全国各大城市亦同时举行庆祝大会,并定是日起放假三日以示庆祝。

　　△　国民政府定是日为农民节,重庆市农会召集各区农民代表百余人举行纪念会。

　　△　中伊(拉克)友好条约批准书在土京安哥拉互换。

　　△　大同日军宪兵司令部以"皇军"敌对分子名义,逮捕当地知识分子 397 名,全部活埋在郊外五条深沟里。

　　△　日满在兴隆县进行"大检举",是日起五天内逮捕约 5000 人,仅半壁山伪警察署所辖各村即被捕 2000 人,10 天之内惨杀 400 余人,

其余除一部关进承德、锦州监狱外,大部分被送到东北当劳工。

　　△　罗斯福总统、丘吉尔首相派遣以美空军总司令阿诺德和英元帅迪尔为代表的高级军事代表团,由北非抵达重庆,向蒋介石传达卡萨布兰卡会议详情。蒋介石同意卡萨布兰卡会议决定的"安纳吉姆"计划,答应参加11月的缅甸战役,但提出了三项要求:一、要在蒋的指挥下,由陈纳德率领一支驻华独立空军;二、每月飞越驼峰的空运援助物资从3000吨增加到一万吨;三、到11月,中国要有一支500架飞机的航空队。事后罗斯福基本同意了蒋的要求。

　　2月6日　陕甘宁边区政府任命罗迈为边区政府秘书长,李景林为副秘书长;免去李景林延属分区副专员兼延安市市长职务;任命延属分区专员曹力如兼延安市市长,副专员马豫章兼副市长。

　　△　巴西接受《大西洋宪章》,宣布对日绝交。

　　2月7日　何应钦由重庆启程赴印,视察中国驻印军、参观英陆空部队及商谈有关军事问题。美、英军事代表团阿诺德、迪尔等亦同机前往。

　　△　毛泽东、朱德、王稼祥、叶剑英向各战略区发出对统战工作的指示,指出主动地加强局部统战工作,改善关系,以求更加促进国内整个形势的好转。

　　△　重庆中国劳动协会召集纪念"二七"二十周年纪念会,到朱学范、张剑白等多人,由经历"二七"惨案之杨德甫报告"二七"经过。

　　△　延安工人2000余人集会纪念"二七"二十周年,会议号召以加紧生产、开展学习赵占魁运动的实际行动纪念"二七"。

　　△　八路军冀东军分区司令员李运昌代表冀东700万人民,通电控诉日军在长城内外(东起山海关,西至古北口)制造无人区,普遍实行集家并村,烧毁房屋,人民惨遭屠杀与冻饿者不下数万人的大罪行。

　　△　日机30余架分批由湖北窜扰陕、豫边境,其中11架侵入陕西安康、富平等地,在安康郊外投弹后逸去。

　　△　晨起重庆普降瑞雪,至晚雪量已达3.7厘米,为1930年以来

之第二次。

2 月 8 日　国民党中宣部密查重庆文化出版界活动情报称:"查渝市与奸伪有关之书店计有生活书店、大陆图书公司、读书出版社、新知书店等四家,平日除出版少数书籍外,兼售奸伪理论丛书,此项丛书之来源均系第三国际驻华文化宣传机关之苏联粮食出口贸易协会所供给,各该书店彼此间均有联系",并详列各书店职员姓名及有关情况,要求图书杂志审查委员会"切实注意"。

△　社会部致函教育部称:"山东淄博矿区学生前往延安求学者为数颇巨,应予阻止,设法招致送往阜阳或西安就业升学。"

△　伪华北政务委员会改组,朱深任委员长,汪时璟任常务委员兼财务总署、内务总署督办,齐燮元任常务委员兼治安总署督办,苏体仁任常务委员兼教育总署督办,王荫泰任常务委员兼实业总署督办,张仲直为政务厅长,刘玉书为北京特别市市长。华北绥靖军总司令由齐燮元兼。

△　日机 60 架自晨 8 时至下午 2 时分三批空袭桂林,在西南郊投弹百余枚,第三批窜入市区,在贫民区投弹数十枚。同日,湖南衡阳、陕西南郑亦遭日机轰炸。

△　美副总统华莱士在太平洋学会发表演说强调以飞机援华,称:"吾人希望更多之飞机尽速运往中国。"国务院政治顾问贺恩伯克说:"中国获得足量之飞机,固需若干时日,但必须将飞机运抵中国。"

2 月 9 日　中、美、英三国军政高级官员集会印度加尔各答,进一步研究"安纳吉姆"计划决定的缅甸攻势,并达成若干协议。参加会议的中国方面代表有何应钦、宋子文,美国方面有阿诺德、萨黔维尔、比斯尔、史迪威,英国方面有迪尔、韦菲尔。

△　毛泽东致电在重庆的周恩来、林彪,略称:陕甘宁边区财政难关已经渡过,现在党、政、军蓄积的资产值边币五亿元以上(合法币 2.5亿元以上),今年决定大发展农、工、盐、畜生产,提出丰衣足食口号,如不遭旱大有办法,人民经济亦大有发展,可达到丰衣足食。边区高干会

展开彻底的自我批评,对过去历史,当时任务(生产与教育),整顿"三风",精兵简政,统一领导诸问题都获圆满解决,气象一新,各事均好办了。

　　△　日军第三十二师团主力一部配合伪军约4000余人,为解除八路军对津浦铁路、临淄公路之威胁,并阻止第十五集团军李仙洲部北上、东来,发动对鲁南山区大"扫荡"。八路军鲁南军区各部队猛烈展开反"扫荡"作战,至22日,日伪军"扫荡"被粉碎。

　　△　美合作金融及供销专家斯蒂芬斯偕助理赖满,由重庆抵达兰州,考察工合事业。

　　△　日军在冀东兴隆的秋木林、大磨盘峪两个"人圈",屠杀青壮年男子180多人。

　　△　晨,日机五架空袭歙县,投弹20余枚。同日,湖南芷江、零陵亦遭空袭,在零陵投弹多系燃烧弹,毁房200余间。

　　△　汪伪设"接收租界委员会",主任褚民谊,委员李圣五、吴颂皋、周隆庠;并设"撤废治外法权委员会",主任褚民谊,委员罗君强、李圣五、吴颂皋、周隆庠、汤应煌。

　　2月10日　军事委员会任命邓鄂为第六十四军副军长。

　　△　财政部发表年来为救济各省难民及归国侨胞国库支出情况,截至是日共拨救济难民款5720万元,拨归国侨胞救济款4430万元,两项共1.015亿元。难民救济款分配情况是:河南省1930万元(内旱灾赈款1900万元),陕西省850万元,浙江省500万元,广东省450万元,湖北省400万元,江西省300万元,山东省300万元,安徽省280万元,广西省150万元,湖南省150万元,青海省50万元,福建省20万元,贵州省30万元,云南省40万元,鲁皖豫边区100万元,山西省200万元。

　　△　财政部举行民国二十五年统一公债甲种债票,二十七年美金公债、关金债票、英金债票、美金债票,二十九年军需公债第一期债票、第二期债票,二十九年建设金公债第一期英金债票、第二期英金债票暨

第一期美金债票、第二期美金债票等十种及该部接收之省公债二种等
12 种债票,还本抽签。

　　△　中共中央书记处发出致周恩来、林彪的指示信,提出通过与张
治中谈话,要求重庆方面去电迪化,释放被盛世才诬加罪名扣留的徐杰
(陈潭秋)、毛泽民等 140 余共方人员,并准许他们经由兰州、西安返回
延安。

　　△　日军为歼灭以湖北峰口为中心的三角地带的中国军队,并占
领长江南岸要地以改善和加强其战略态势,发动对守备该地的第五战
区第二十九集团军王劲哉部第一二八师的春季攻势,是为湘鄂西战役
的第一阶段(日军称之为江北歼灭战)。是日前后至 14 日,日军第十一
军所属第四十、第十三、第三十四等部主力集结完毕。

　　2 月上旬　日军第十二军两个旅团"扫荡"山东抗日根据地,逮捕
我军政人员和群众 800 余名,就地杀害 650 余名,其余 150 余名被解至
济南,其中有 115 人在"琵琶山万人坑"被杀。

　　2 月 11 日　何应钦抵新德里检阅中国远征军,并与韦菲尔商谈援
华物资运输问题。

　　△　中央赈济委员会专员赵则诚视察豫、皖灾情,自立煌抵漯河,
在漯河发表谈话称:所经界首、周口、漯河等处,老弱饿毙,婴孩被弃,确
为目见事实,已将情况电呈中央,并建议豫、皖当局,第一步扩大收容灾
童,第二步移民去皖北就食。

　　△　延安《解放日报》载:据有关方面统计,全国已向财政部登记领
照之县银行 28 家,未领照而开业者 51 家,筹备中即将成立者 80 家,总
计 159 家。以省别论(其中包括领照、开业而未领照及筹备中者):四川
65 家,陕西 40 家,河南 32 家,广东 12 家。其余湖北、江西、甘肃、浙
江、福建、贵州、山西、西康等省各一二家不等,已设立之各行以陕西长
安县银行实收资本 100 万元为最多,四川蓬溪县银行实收资本 4.25 万
元为最少,一般均以 10 万至 50 万间者居多。

　　△　日机 24 架袭桂,在桂林市西南郊投弹 40 余枚,并低飞扫射。

又有 18 架日机空袭柳州。同日,日机袭击河南平顶市擂鼓台南一座小山,投掷炸弹、燃烧弹,居民 275 人遇难,五家绝户。

　　△　丘吉尔首相在英下院宣讲卡萨布兰卡会议精神,重申先击败德国后合力击败日本的主张,并称中、英、美三国对日作战计划已有一致意见,将以最大规模之动作援助苏联。同日,路透社发表快报,对卡萨布兰卡会议后英、美高级军事代表在重庆与蒋介石、在印度与韦菲尔会谈情况作了报道,并称在配合进攻日军方面,已获得完全一致之协议。

　　2 月 12 日　军事委员会任命张琼为第十五军副军长。

　　△　毛泽东致电林彪并告周恩来,可以答应以"皓电"为谈判基础。可以你的名义提出李先念部与于学忠对调作为委曲求全的表示,并说此点回来商量。可以准备答应少编一二个师,只说回来商量。

　　△　重庆市举行一元献机集团命名典礼,参加命名飞机 30 架,价值合计 450 万元。孔祥熙任大会主席并致词谓:"一元献机运动于民国三十年七月七日开始,迄今已捐献飞机三百余架,除曾在各地分别命名外,在重庆此为首次集团命名。""一元献机之意义,在表示人民爱国之热忱,表示人民对协助空军建设运动之积极",要求各界继续"努力捐献"。

　　△　重庆《中央日报·扫荡报》联合版载:教育部决定近期内各大学或独立学院非经核准筹设有案,不得增加任何研究学部。同日,该报还就教育部核发专科以上久任教员奖金事发表社论《奖励久任教员》,表示:"政府对于久任教员所表示者,在物质方面虽不丰富,然在精神方面却甚优厚",强调"眼前的教育困难不在物质,而仍在心理","安贫乐道是中国儒家固有的精神。教育界在全国困苦之中,必须拿精神来创造自己的环境"。

　　△　经济部西北工业考察团返回重庆(按:该团系 1942 年 9 月 27 日出发,历时 143 日)。18 日,该团团长林继庸呈报考察报告,略称:"陕、甘、宁、青、新五省均感有同一之困难:一、除陕西外均工业幼

稚,地广人稀;二、除甘肃之天水外妇女界均不肯入工厂操作;三、各省均系盐碱地;四、能产极佳之甜菜、甜萝卜而尚未能利用制糖,故食糖均仰给于四川或苏联;五、水利农田草场均尚须再为扩充;六、畜牧兽医血清制造,优种等多需再加推进;七、尤感觉困难者,则为交通之不能畅达。"各省之优点为"可供水力发电之地区甚多",石油及其他矿产蕴藏丰富等。

△ 国民党中宣部密函图书杂志审查委员会查扣《谁革命,革谁的命》(封面为《忠孝贤》)等书称:"奸伪最近印行各种内容荒谬之宣传小册,书用《群英会》、《九更天》、《柜中缘》、《忠孝贤》等伪装名称邮寄各地,军委会特检处迭有检获,足见其为数甚多",要求转饬各地"严密查扣"。

△ 访问回教各国之中国回教联合会代表离巴格达赴安哥拉,并将续访叙利亚、巴勒斯坦、约旦及埃及。

△ 滇西日军分路进犯怒江。

△ 日轮"三亚丸"华籍船员林玉奇等 18 人,乘该轮由香港装运军需物资赴海南岛,在开往海口途中智歼敌寇,开船回国。

△ 日本众院续开大会,紧急通过昭和十八年度(1943)总预算及增税案 12 件。按:本年度日政府预算总额连同一般会计、47 个特别会计及临时追加军费在内共达 474.1 亿日元,较上年度增加 123.66 亿日元。

△ 美总统罗斯福发表广播演说,指出决在此次战事中作战到底,直至联合国家之军队在柏林、罗马、东京之街头作胜利游行为止。

2 月 13 日 何应钦在新德里发表演说,略称:目前主动地位确已转入联合国家之手,胜利之期已逐渐逼近,严重之时日确已过去,中国战场牵制日军近百万。

△ 国民政府下令褫夺附逆有据通缉在案之田岫山华胄荣誉奖章,及张俊升之陆海空军甲种二等奖章。

△ 日军第十二独立混成旅团主力及第十七师团全部,配合伪军

数千,并附骑兵一个联队共约三万人,在淮安、宝应地区集结完毕。次日,在飞机掩护下,向鲁苏战区于学忠部发动进攻,激战一周,连陷东沟、益林、凤谷、车桥等地。随后又与转向阜阳、淮泗地区的于学忠部主力连战十余次,双方伤亡均重,至 3 月 18 日战斗结束。是役,据军委会公布战果,计毙敌 5000 以上,我军阵亡旅长二人、伤团长一人、官兵伤亡及失踪者约 4000 余人。

　　△　夜,日军第四十师团自临湘、白螺矶附近渡过长江,分左、右两个纵队,经米家、上车湾附近,于 16 日占领湖北监利。

　　△　军事委员会任命李明灏为第九十七军军长。

　　△　汪伪最高国防会议召开临时会议,通过关于战时经济政策纲领,关于注重增产与保产并重农案、实施物资统制案。加派褚民谊、陈之硕为全国经济委员会常务委员,特派余晋龢兼任筹堵黄河中牟决口委员会主任委员。

　　2 月 14 日　苏北淮阴战斗。第八十九军顾锡九、第一一二师王秉钺与日独立第十三混成旅团激战,日军欲消灭淮阴抗日根据地,战事持续一个月又两天,双方伤亡均在 4000 人以上。

　　△　鄂北日军第三十四师团突破奉新东南第五战区守军阵地,以后至 20 日,一面向高安方面进攻;一面佯作向长沙方面第九战区进攻的假象。

　　△　滇西腾冲日军约七八千人分路北犯。一路经马站街向顺江街攻击,17 日在马面关与守军发生激战。另一路沿龙川江东岸北犯,15 日占领江苴街;19 日在双虹桥施放烟幕,强行渡江,被守军击退。21 日窜抵蛮蚌。经月余激战,至 3 月中旬,日军退至腾冲附近,双方恢复原来态势。

　　△　日机一架在赣北一带上空低飞窥察,被击落于奉新东南之阳仙岭,人机俱毁。

　　2 月 15 日　外交部宣布:中荷两国公使相互升格为大使,现任中国驻荷公使金问泗为首任驻荷大使,荷兰战时调整部秘书长罗芬克为首任驻华大使,原驻华公使白鲁格调任驻苏大使。

△　交通部部长曾养甫在重庆中枢纪念周作一年来交通施政报告,称今年交通部中心工作为协助限价、便利军运、准备复员。

△　国民党中宣部部长叶楚伧以《我的过去,你的将来》为题,对重庆新闻界发表讲话称:报纸"不是利用来责难政府的工具,它应该与政府处于一致的立场";强调"勿作破坏性的批评,多作建设性的建议",不可对政府法令打问号而减成效。

△　国民政府明令公布《新闻记者法》,凡 31 条,规定凡"背叛中华民国证据确实者"等,"不得给予新闻记者证书,其已领有新闻记者证书者,撤销其证书",并规定记者应加入其执行职务地之新闻记者公会或联合公会,强调发表言论要"于法律允许之范围内","不得有违反国策不利于国家或民族之言论"。

△　波兰首任驻华大使朴宁斯基抵达重庆。

△　鄂西沔阳、新口、监利战斗。第一二八师王劲哉部与日军第四十六师团主力及第六、第三十六、第十三师团各一部激战。日军欲铲除此一根据地发动大规模"扫荡",我军向后撤退。

△　汪伪召开第三次"全国"军事会议,讨论参战后各项军事问题,发表宣言,鼓吹"参战期间应积极强化'国军'实力","加强训练,充实装备",以期"自由平等之获得,共荣建设之实现"。于 17 日结束。

△　中央社讯:日本将其国内无法销售之剩余公债向各殖民地摊派,台湾摊派达 28 亿日元,平均每人被强派勒缴 56 日元。

2 月 16 日　左舜生、章伯钧在重庆特园鲜英宅举行晚宴,鲜英、罗隆基、杨耿光、韩兆鹗、史良、刘清扬、张申府、陶行知、陈启天、沈钧儒、邓初民、冷遹、黄炎培、周恩来、董必武、邓颖超等应邀参加,谈论世界战局问题。

△　重庆《大公报》报道:海外中华海员待遇问题之外交交涉已获得两项成就:一、海外中华海员得在其服务口岸组织中华海员公会取得正式资格;二、海员组织及各项活动,由所在地中国领事馆指导,受合理

之法律保证。

△ 陕西山阳县农民为抗粮抗丁发生大规模暴动,并迅速蔓延至湖北交界一带。陕西省政府主席熊斌于 2 月 26 日、3 月 2 日及 3 日连电行政院请示。3 月 11 日,行政院电熊斌"仰责成地方主管人员限期妥为措置,毋使滋蔓",并电令湖北省府主席陈诚协同防堵以免流窜。3 月 26 日,熊斌电报行政院称:枪支已收缴,首要分子正在追捕,并督饬实施清乡,以靖地方。

△ 安徽去年迭遭水、旱、寇灾,严重情景为百年所未有。旅渝皖籍人士发起组织救灾委员会,推冯玉祥、张治中、许世英、吴忠信、方治等 20 余人为常务委员。是日,在重庆招待新闻界,要求急拨赈款 1000 万至 2000 万元。

△ 晨,日军独立混成第二十三旅团 4000 余人在广东雷州半岛登陆,当日陷雷州县城,随后又陷遂溪、海康两城。21 日,日、法两方在据称"极为友好的气氛中"签订占领广州湾的现地协定。25 日,广州湾法国租借地州长官德麦克来到日军舰"桥立号"拜会日本陆海军最高指挥官,并举行签字仪式。至此,雷州半岛及附近岛屿尽陷敌手。

2 月 17 日 宋美龄抵达华盛顿访问,次日,在美国会发表演说。19 日,宋与美总统罗斯福联合招待记者,宋称:"美国可以运送更多武器之方法予中国以最佳之援助。"并称:"中国现已训练驾驶员,但既无飞机又乏汽油,中国不能赤手空拳作战。"罗斯福表示美国将竭力为之。

△ 国民政府公布《所得税法》,凡六章 22 条,《非常时期过分利得税法》,凡 14 条。税率最高达 80%。

△ 华中日伪军 1.4 万余人,采取拉网战术和梳篦式战术,开始对苏北盐阜地区进行"扫荡"。苏北抗日根据地军民以内外线斗争相结合的办法,坚持内线斗争,同时在外线攻袭日伪据点。新四军第一、第二、第四师也向当面之敌发动攻势,策应第三师的反"扫荡"作战。日伪不但到处扑空挨打,且侧背也受到严重威胁,自 27 日起改为分区"扫荡",又遭打击破产。3 月 11 日开始撤退。3 月 25 日起,新四军全面反攻,

至 4 月 10 日,历时 50 余天的反"扫荡"作战胜利结束。是役共歼日伪军 1800 余人,攻克据点 50 余处。

△ 日机 80 架,是日至 20 日,狂炸湖北洪湖百于桥、峰口、三官殿等地,投弹 800 多枚,死伤 1300 多人,毁房 1520 栋。

△ 日本大本营报道部部长谷荻那华雄发表演说称:"以前对华处理方针均系大东亚战争发生前制定,故尽量考虑避免与美英冲突或诱导以利解决事变,那种方策有不彻底处。当大东亚战争之今日,帝国即须举全大东亚之民族,以所有之资源集中于贯彻战争一途。""依日华提携之基本精神以加强国府之政治力,覆灭重庆抗日之根据地及军队,统一中国,以期贯彻圣战。"

2 月 18 日 蒋介石为纪念新生活运动九周年发表广播讲演,称新生活运动是中国"自立自强的起点","新生活运动能够切实推行,然后建国事业才能如期成功"。

△ 蒋介石电各地确立"行政三联制"基层制度,要求中央党政各机关至迟于本年 3 月底,省市党政各机关至迟于 6 月底,县市党政各机关至迟于 9 月底以前,一律成立设计考核委员会,以加强实施"行政三联制",为此并颁发《党政各机关设计考核委员会组织通则》,凡 10 条。

△ 国民参政会在渝参政员张一麐等 56 人集会座谈中英、中美新约,蒋介石出席并致词称:新约之成立得力于参政会诸君之协助不少,惟不平等条约虽已废除,建国工作尚待完成,东北四省及其他沦陷区同胞之痛苦亟待解除,深望参政会同人继今以往益加奋发,以竣抗战建国之全功。

△ 新四军为中英、中美新约签订发表通电,号召全国人民再接再厉,加强团结,为争取抗战的最后胜利和获得中华民族的彻底解放而奋斗。

△ 军事委员会任命张雪中兼第三集团军总司令,陈大庆为第三十一集团军副总司令,马励武为第二十九军军长,赵公武为第五十二军军长,张华棠为第三十军副军长,傅翼为第七十二军军长,倪祖耀为第

八十五军副军长。

△　山西辽县召开公审汉奸特务大会,判处近在该县桐峪一带进行破坏活动的汉奸特务机关新民会首要分子三人死刑。

2月19日　林森为新生活运动九周年发表广播讲演,略称:新生活运动虽然得到相当的成功,究还没有收到预期的效果,今后必须再接再厉,继续努力。

△　新生活运动委员会为纪念新生活运动九周年,定是日至24日在重庆举办新运讲座:19日,黄仁霖讲《一年来新运工作之检讨》;20日,张继讲《开发西北》;21日,谢冠生讲《新约与新运》;22日,李德全讲《妇女职业问题》;23日,邵力子讲《限价与节约》;24日,张治中讲《伤兵之友》。

△　国民政府任命蒋介石为国立中央大学校长,原校长顾孟馀辞职照准;任命吴南轩为国立英士大学校长,免去其原任复旦大学校长职;任命章益为国立复旦大学校长。

△　毛泽东邀请枣园村24位年过60岁的老人来做客,为他们集体祝寿。

△　日伪军进占苏北阜宁、东坎,并以舰艇封锁沿海港口。20日,又在飞机配合下,向八滩、六合庄地区合围。

2月20日　日军独立第五混成旅团主力及伪军一部共千余人,在空军掩护下由山东安丘、管师、沂水分别出动,对鲁中根据地八路军及鲁苏战区第一一三师发动"扫荡"战。

△　鲁苏战区第二纵队司令厉文礼在山东潍县被俘投敌。

△　山西沦陷区不断发生饥民暴动。是日起,阳泉饥民300余将日驻军司令部包围三天,迫使日军不得不将其掠夺的粮食退出一小部分。正太路阳泉车站为日军运粮集中地,各地灾民先后成群涌来者达17万余人,纷纷索粮,车站粮库被灾民捣毁数所。长治城内居民200余人,因敌抢粮,颗粒无存,齐集伪县公署要求发还。

2月21日　中共中央主席毛泽东为庆祝苏联红军建立二十五周

年与红军反攻的伟大胜利致电斯大林、联共中央和全体红军将士称:红军和苏联人民是抵抗法西斯暴力的中流砥柱。我们相信,由于中国人民的团结奋斗,由于苏联、英、美的胜利和对于中国的援助,我们也一定能够转入反攻并取得最后胜利的。

　　△　蒋介石致电斯大林祝贺苏联红军节。

　　△　鲁苏战区政治部主任周复中将,在安丘张家溜陡沟督率部属与日伪军搏战时,身中数弹,伤重殉职。蒋介石特给恤金五万元,通令全国将士及全体政工人员以周为楷模,称周"为国军中将级政工主官抗战阵亡之第一人",由军委会转呈国民政府明令褒扬。

　　△　军事委员会任命裴昌会为第四集团军副总司令,米文和为第十四集团军副总司令。

　　△　中国社会经济研究社在重庆成立,毛庆祥为理事长。

　　△　日军占领广州湾。

　　△　日军第十一军塘支队于薄暮时分从余家埠出发,隐蔽前进。22 日黎明进入万福寺附近,遭到第六战区守军的猛烈反击,经过激烈战斗,占领北口街。至 24 日,与先后行动的第十三、第四十师团及各大队联合构成对峰口方面第一二八师的包围态势。

　　2 月 22 日　司法行政部长谢冠生在重庆中枢纪念周报告中英、中美新约签订后司法行政设施改进情况,透露全国现有各级审判机构、监狱、看守所 3736 个。

　　△　何应钦自孟买返抵新德里,英军司令部举行盛大欢迎酒会。

　　△　国民党中常会议通过《中央宣传部文化运动委员会组织大纲》,凡 15 条,修正《县各级干部人员训练大纲》,凡 24 条。

　　△　宋子文外长为主持中国国防物资供应委员会事宜经印抵美。次日,会见罗斯福。25 日,会见国务卿赫尔及副国务卿威尔斯。要求美国援助飞机,他说:只须美机数百架,即可使中国军队开始进攻,将日军驱逐出中国国境。

　　△　以熊式辉为团长的中国政府军事代表团抵达伦敦。24 日,英

政府宴请该代表团。

　　△　延安各界集会庆祝苏联红军节,叶剑英、吴玉章、徐向前等出席大会。大会通过延安各界致斯大林及全体红军将士贺电。次日,又分别举行各种庆祝集会、游艺会。

　　△　淮海区新四军进袭淮阴北日伪据点,并于中途伏击,共毙伤日伪224名,俘伪军600名,获步枪600支。

　　△　日军侵占山东曹县吕楼村,杀死、烧死村民138人,其中10岁以下儿童30人。全村130户中有108户罹难,31家绝户。

　　△　河北遵化南伪治安军第十七团一个营向南出扰,被八路军一部击溃,计毙敌伪少校副团长韩国斌以下40余名,生俘伪军28名。

　　2月23日　国民政府公布陕、赣、渝、闽、湘等省、市参议会第二届议长、议员名单:计陕西省临时参议会议长李元鼎、副议长王宗山;江西省临时参议会议长彭程万、副议长王有兰;重庆市临时参议会议长康心如、副议长李奎安;福建省临时参议会议长邹祖荫、副议长林希谦;湖南省临时参议会议长赵恒惕、副议长肖忠贞。

　　△　苏大使馆在重庆举行盛大茶会,庆祝苏联红军节。蒋介石特派军委会办公厅主任商震前往祝贺。同日,程潜代表国民政府军委会宴请苏联在重庆顾问、武官。

　　△　军事委员会任命黄琪翔为中国远征军副司令长官,孙连仲为第六战区代司令长官,刘汝明代第二集团总司令、孔令恂为副总司令,区寿年为第三十六集团军副总司令。

　　△　英驻美大使哈里法克斯奉英王、王后命邀请宋美龄访英。

　　△　淮北新四军一度攻入淮阴县城,毙伤日伪军百余名。

　　△　日机10余架由鄂窜川,旋北飞陕,在安康投弹后逸去。

　　△　四川合川县石龙乡乡长文智因"借端勒索"和侵占军谷尾款6000元,被判处死刑,是日执行。

　　△　汪伪外交部长褚民谊为法国维琪政府"放弃租界及治外法权"发表谈话称:这一行动是"法国贤明当局高瞻远瞩","中法之关系必更

形友好,本人至深欣慰"。次日,褚民谊致电维琪政府驻汪伪大使戈思默表示感谢。

△　法国维琪政府发表公告称:"为增强中法邦交起见,法国决定取消在华治外法权,并废止其在北平使馆界暨在上海、鼓浪屿两公共租界,与在上海、天津、汉口、广州法国租界内之各项行政权,法国政府对于上项决定,一俟时机许可即予实施。并对于其有关各项问题,亦将计及,兹特公布此项决定。"

2 月 24 日　外交部向法政府提出照会,对法方同意日占领广州湾表示抗议。照会称:根据"1899 年 11 月 16 日中法广州湾租借地条约第一条中明白申明,保留中国对于该地之主权,故非得中国政府同意,法国不能片面允许由第三国占领或使用该租借地,尤不应将其交与中国之敌国"。照会说:法方同意日占领,即等于该条约"已失其效力"。"中国政府特向法国政府郑重声明,保留采取必要与适当之措置,以保留领土主权之行动自由及向法国政府要求赔偿损失之权"。

△　经济部制定开发新疆工业计划,拟开设棉纺织、毛纺织、代水泥、炼铁、轧钢、炼油等 18 类工厂。

△　国民政府明令给予钱泰景星勋章。

△　军事委员会任命罗广中为第十八军副军长,王卓凡为第五十七军副军长。

△　国民政府赴印教育文化访问团一行四人,由团长顾毓琇率领由重庆启程。

△　宋美龄在美发表谈话,称中国为同盟国之一员,有权要求美供给军火。

△　苏北新四军分三路强袭江苏宿迁县洋河镇日军据点,生擒日伪队长、翻译官以下 50 余名,毙伤伪军 200 余名,摧毁碉堡 20 余个。同日晚,新四军主力另一部直逼淮安城郊,全歼城郊伪保安大队。

△　上午,日机 10 余架由鄂袭川,分别在梁山、万县两处投弹后逸去。

　　△　汪伪政府财政部与日本正金银行上海分行签订《借款契约书》,总额 18.1838 亿元,以 1942 年度华北各海关收入为抵押。

　　2 月 25 日　蒋介石以中国童子军总会会长身份出席该会三十一周年纪念大会,并主持荣誉裁判及褒奖礼。

　　△　三青团广东省第一次代表大会开幕,中央团部派程思远代表参加。18 日闭幕,李汉魂等当选为干事。

　　△　国民政府派遣第一任中国驻教廷公使谢寿康在梵蒂冈向教皇呈递国书。

　　△　鄂西日军第十一军下令压缩对峰口的包围圈。凌晨,日第四十、第十三、第五十八师团及各支队同时发动进攻,第五战区守军第一二八师未作抵抗,仓皇撤退。中午,日军顺利占领峰口,师长王劲哉被俘投敌。据日方公布,峰口之役至 26 日,共击毙中国军队 2200 人,俘虏 3750 人;缴获迫击炮 30 门,重机枪 16 挺,轻机枪 66 挺,步枪 1480 支。

　　△　军事委员会任命梁得奎为第五十八军副军长。

　　△　经济部核准《开采金矿使用土地补偿规则》备案施行。

　　△　曼谷华侨区大火,毁房 500 余栋。

　　△　冈村宁次秘密飞往山西长治,在日军第三十六师团驻地召集师团长等会议,部署“扫荡”华北抗日根据地。

　　△　汪精卫通令伪清乡委员会执行 1940 年 6 月 24 日与日本签订之《治安协定》。

　　△　日本政府发表自 1939 年至 1943 年岁出概况:1939 年为 168.06 亿日元;1940 年为 188.31 亿日元;1941 年为 331.10 亿日元;1942 年为 436.08 亿日元;1943 年为 474.10 亿日元。

　　2 月 26 日　蒋介石对泰国军民发表广播讲演,略称:中国只把泰国看做日本军队的占领地,并不看做中国的敌国,希望泰国军民以忠勇爱国的行动速起自救,与中国军队并肩作战,驱逐共同敌人。

　　△　外交部长宋子文晤美总统罗斯福,讨论亚洲战局。

△　国民政府公布《非常时期公务员考绩条例》。

△　日军万余人为掩护伪军孙良诚部北上,对冀鲁豫边区东明、曹县、菏泽地区进行"扫荡"。

△　汪伪政府经济顾问石渡庄太郎返东京,接见"大东亚记者团"称,汪伪经济"颇多困难",但"既已参战,无论如何亦必须实行统制经济",又称,"由中国人实行而由日人予以协助之方法为最佳"。

△　汪伪政府召开教育行政会议,讨论战时教育方针,发表宣言称:"际此非常时期,唯有以精神克服物质","要求社会对教育力量加以重新估量,予以有力督促与扶持。"于 28 日闭幕。

△　伪满洲炭矿株式会社改组,阜新、鹤岗、西安、北票四大煤矿独立经营。

2 月 27 日　全国公路总局商车指导委员会成立,主任龚学遂,委员虞洽卿、陈光甫等 31 人。

△　日军自是日起对苏北阜宁、滨海、淮安等县进行分区"扫荡"。

△　日本大本营发布大陆命第 757 号,指示中国派遣军总司令官要努力粉碎中国"继续抗战企图",扼制和严格监视"敌在华空军势力,及时将其歼灭,并努力防止敌空袭帝国本土"。同时要确保各占领要地,"实行对敌封锁"。

2 月 28 日　经济部公布上年度国内工业技术发明之物品及方法,核准专利者共 77 案。

△　顾颉刚、徐炳昶、钱穆等 100 多人共同发起组织中国史学会,是日在重庆举行筹备会议。

△　军事委员会任命李仙洲为第二十八集团军副总司令。

△　八路军第一二九师政治部发出《1943 年敌伪军工作方针》的指示,确定敌伪军工作由各级政治部统一领导。

△　国民党河南省扶沟县党部报告该县灾情严重,吁请速施救济。函称:该县去岁"麦秋未收,十室十空,一入冬季即闹春荒",本岁更趋严重,全县"每日饿死约在 350 人以上,如再无法救济,则麦前百日内饿死

当在 35000 人以上矣"。报告称:他如灾民焚烧死童,争食人肉,弃婴盈市,已进入人食人阶段,"若无救济良法则惨局演变,不知伊于胡底"。

△　中韩文化协会为纪念"三一"韩国革命二十四周年,在重庆新运礼堂举行演讲大会,该会名誉理事冯玉祥、韩籍常务理事金奎植、韩外务部长赵素昂等发表讲演,并展出韩国革命照片,高唱韩国歌曲。

是月　国民党各工厂、矿场及各大学党部为庆祝中美、中英新约,发起铸铜鼎九座向蒋介石献礼。九鼎式样筹备会聘请故宫博物院院长马衡主持设计,鼎铭请顾颉刚撰就,一切铸造事宜均由民生机器厂承办。

△　周恩来根据中共中央 2 月 12 日指示,同林彪见张治中,表示如国民党有具体办法,愿继续谈,或由蒋召见周、林谈,以便回延报告。张治中答,如承认"皓电"精神,尚可继续谈。3 月 3 日,周恩来电告中共中央,国民党对共产党的态度于他有利时相机解决,否则是拖。要求我们更要机动策略谨慎地处理各事。

△　国家总动员会议通过《战时管制工资办法》,凡 16 条,公布施行。

△　财政部宣布采取人寿保险国家专业化政策,在民间普遍实施强制人寿保险。规定除前后方军人外,凡年龄在 20 岁至 50 岁间有职业之国民,一律强制为保险人,保险额最高为一万元,最低为 2000 元。

△　交通部拟定《西北交通建设方案》。10 年内拟完成之具体方案为:一、赶筑铁路 5840 公里,最初一年完成天宝铁路,二年内将所计划之各线测量完竣并开始修筑;二、建立中心电信网;三、加强邮政设施;四、积极开辟新航线,增强国外物资之输入;五、利用原有大道辅助民间运输,并设法打通国际路线。

△　教育部制定《部聘教授服务细则》,凡九条,规定部聘教授"以讲学研究为主,并担任审议视察咨询事项"。

△　教育部通令研究可兰经,以回教教义与儒家学说暨三民主义思想共通点之研究极关重要,特电国立成达师范,约集该校回教师生及对该教义有研究兴趣之非回教师生共同研究,以期教义学说与立国主

义融会贯通,并定可兰经为该校基本经典,组织专人着手译述。

△　黄炎培、冷遹到重庆曾家岩 50 号访周恩来、董必武、林彪,共同讨论世界局势的有关问题。

△　伪满北票煤矿台吉"报国寮"的特种工人 100 余人暴动逃跑。4 月,又有 40 余人集体逃跑,个别被抓回者均遭杀害。

3　月

3 月 1 日　国防最高委员会常务会议决议设新疆省监察区监察使署,罗家伦、王籍田分任正、副监察使。次日,国民政府明令公布。

△　国民政府特派刘建绪为福建省县长考试典试委员长兼试务处处长。

△　交通部公路总局成立,兼总局长曾养甫宣布工作方针。

△　中央训练团征募经购飞机九架、滑翔机 20 架,是日上午在重庆珊瑚坝机场举行献机命名典礼,礼毕各机升空散发标语并表演飞行技术。

△　宋美龄抵纽约访问。次日,在纽约麦迪逊广场发表演说,参加者 1.7 万余人。3 日,美国纽约州、新泽西州等九个州州长代表访宋。5 日,宋招待记者,促请美国派遣远征军赴华,宋谓对华援助必须考虑两种因素,一即军事,一即道义。以飞机、军火援华是军事上之援助,但若能派遣远征军赴华,甚至数目微小之远征军,亦可向世界表示美国系认真从事。

△　顾毓琇率领的中国文化教育访印团抵新德里。

△　行政院公布《植树节举行造林运动办法》,凡 12 条。

△　中共晋察冀分局发出《关于进一步开展对敌斗争与加强根据地建设的决定》,决定成立晋察冀边区经济委员会,由程子华兼任主任。

△　鲁苏战区总司令韩德勤部为接应第十九集团军王仲廉部东进,乘日军向新四军大"扫荡"之际,侵占新四军淮北抗日根据地,双方

发生严重磨擦。是日,韩德勤部在"南返原防收复失地"的口号下,突然向西侵占淮北根据地里仁集、陈家口地区。新四军规劝无效。中旬,韩德勤又亲率第八十九军、独立第六旅、保安第三纵队等部偷渡运河,侵入淮北根据地中心区之金锁镇、界头集、山子头一带,扣留根据地的区长,收缴区队的枪械,公然提出建立所谓洪泽湖畔新的反共根据地。

△　侵占江苏涟水日军在该县盐西区的十里、红窑、亚东、金圩等六个乡进行大屠杀,361人遇难。

△　拂晓,河北上北泉据点之日伪军100余人包围刘庄,以"开会"为名,将该村居民全部驱至一处,纵火焚烧,计烧死村民243名,灭门35家。次日,又将附近村庄前往慰问及收尸者打死七名,制造"刘庄惨案"。事后,晋察冀边区行政委员会拨款2000元,进行救济。

△　日机六架轰炸湖南华容县梅田湖镇的扇子拐,投弹40余枚,并用机枪扫射一小时,炸死当地守军及居民30余人,毁房300余间。

△　在延安的朝鲜友人集会举行朝鲜独立运动二十四周年纪念大会。同日,华北朝鲜独立同盟、华北朝鲜义勇军及华北朝鲜革命学校各团体,亦在太行举行纪念会。

△　山东灾情严重。鲁灾筹赈会为此招待重庆新闻界报告称:山东"连年天灾兵祸,愈演愈烈。敌寇之扫荡固属变本加厉,三十年秋冬以来之旱灾,尤属不可言状,草根树皮均已食尽,因此瘟疫流行,人民逃亡,壮丁铤而走险,致资敌用者尤不可胜计",呼吁募集100万元之款救灾。

△　日伪加紧统制上海金融市场,实行经济封锁。工部局布告,自本日起任何报刊广告均不得刊登任何商品的售价及关于物价与商业趋势的文字或消息。

△　伪满洲国建国节,汪精卫发表广播演说,称:"友邦满洲,自大东亚战争发动之始,即与友邦日本协力,'中华民国'最近要由同甘共苦之声明进一步而参加战争","今后自更加紧密提携,并注意文化之交流,经济之联系,使彼此之受其益。"

△　日本大本营召集中国派遣军、关东军及南方各军总参谋长会议,宣示《昭和十八年度帝国陆军综合作战计划》、《昭和十八年度兵备实施要领》等及本年度大本营意图,并就各方面的作战进行座谈,至 3 日闭会。

3 月 2 日　国民政府派马君武任国立广西大学校长,原任高阳辞职照准。

△　日军第十一军"为彻底实现占领江南要域和确保对江北的安定",部署第十三、第四十师团等部主力,自鄂北渡江发动对湘西的进攻。

3 月 3 日　国民政府宣布没收中德合组之欧亚航空公司德方股本,改组为中央航空运输公司,派陈卓林任总经理。

△　何应钦访印后复在云南视察军事,是日偕史迪威返渝。

△　教育部医学教育委员会徐诵明等一行三人,奉命视察各大学卫生设备及学生健康情形,是日由成都抵乐山,视察武汉大学。徐诵明称:在资金颇感困难情况下,教育部正考虑二点,一提倡学生生产(如养猪、养鸡、养兔、种菜等)以补益膳食;二通盘筹算膳食,"务使常人所需各种养分皆不缺乏,亦不致过多而浪费"。

△　陕甘宁边区政府政务例会决定,本年度救国公粮 18 万石。

△　英国上院进行援华辩论,斯特拉鲍齐勋爵指出:如中印航线上有战斗机 500 架,运输机 1000 架,即可以将中国所需之装备完全运往中国;又称:日本之大工业都市与海军根据地均可由中国海岸加以轰炸。4 日,继续辩论,艾丁敦勋爵敦促政府,予中国以一切可能之援助。

3 月 4 日　蒋介石以中央大学兼校长身份赴校就职视事,邀集教职员 50 余人谈话,强调对学生"尤须注意于广义的教育","即不仅传授学识知能,而应切实指导学生之日常生活,整饬其仪容,严肃其纪律,振作其志气,培养其人格,期造成术德兼修之青年,堪任建国之干部,而后始克尽教育之责任"。随后参观校舍,并在食堂与师生共进餐。7 日,复至该校对全体师生训话。14 日,第三次至中大视察。

△ 河北满城附近日伪 600 余人,押解民工 1.5 万余人,于满城以西之黑山至塘湖段挖沟修堡,企图分割与蚕食冀东抗日根据地。冀东八路军予以猛击,毙伤一部。7 日晚,八路军又夜袭该敌,驱散民工 8000 余名,敌被迫停修。10 日,日伪军千人,掩护民工二万余人再度在该地挖沟筑堡。八路军夜以继日,予以扰袭,解救民工 1.5 万人,并将所修沟壕全部平毁,碉堡公路悉予破坏,掩护修路的日伪军被击毙 270 余人。

△ 青岛一群饥民高呼"宁愿打死,不愿饿死"等口号,将市内某处日伪所藏大米 600 包全部抢光。月中,烟台亦发生饥民抢粮事件,邮局、当铺均被抢,市内混乱达七日之久。

△ 伪江苏省省长李士群与日方签订《关于镇江地区清乡工作之中日协定》,规定:汪方应积极为分驻各地之日伪军搜集和提供各种情况,日军作战或"讨伐"时需征用劳力者,汪方应迅速提供之。

3 月 5 日 宋美龄在纽约招待记者,促请美国派遣远征军赴华。

△ 新任波兰驻华大使朴宁斯基向林森呈递国书。

△ 重庆市日用必需品管理处处长熊祖同谈重庆食油供应问题称:"本处掌握食油数量至巨,渝市食油供应绝无问题。"15 日又称:食油供应"渝市每年约需 7.2 万担,现该处存底颇丰,每月以 6000 担供应市需,四月内当不虞缺乏","至以后来源问题,合川一带产量有限,恐不能完全解决本市之需要"。

△ 湖北省监利县县长黄向荣,因"擅挪粮款"罪被处决。

△ 抗联小分队在哈尔滨郊区滨洲线庙台子站西 46 公里处,拔掉道钉若干,使由哈尔滨开往满洲里的一列日本军用货车脱轨翻车。

3 月 6 日 国民政府令外交部长宋子文出国期间派政务次长吴国桢代理部务。

△ 陕甘宁边区政府公布《简政实施纲要》。

△ 伪满公布《矿业警察规则》,加强对煤矿工人的法西斯统治。

△ 日本大本营以大陆指第 1454 号指示发布《中国方面武装团

体事务指导纲要》，要求汪伪政府增强"独立担负维持肃正"及其辖区"治安的实力"，将其"直辖部队由 11 万人增加到 25 万人"，华北伪治安军保持 10 万人以内，伪蒙军一万人以内。"将原来以地方自卫安民为重点的武装力量，逐次加以统一整备"，使之大力"协助日本军作战"。

3 月 7 日　国民政府派朱经农为国立中央大学教育长。

△　中央社报道各省、市实施限制工资情况称："综观各省市自实施限制工资以来为期短暂，一般情形均甚良好，尤以工人团体深明大义，纷纷来电拥护。""社会部为加强限制工资，以收全面管制之实效起见，复拟具第二步办法，经已分电各省市办理。"

△　中国地质学会在重庆举行第十九届年会，理事长朱家骅主持，到会 200 余人，收到论文 105 篇。9 日闭幕。

△　日伪军 3500 余人开始"扫荡"冀南武邑、景县地区。

3 月 8 日　军事委员会任命王公亮为第十三军副军长。

△　军委会政治部在重庆召开第一次全国各军事学校政工会议，由张治中主持，至 16 日闭幕。决议统一各校政训教材，并经该部决定分为初、中、高、超四级。会议期间蒋介石曾前往"致训"。

△　重庆各界妇女 4000 余人集会庆祝"三八"节，英、美、苏驻华使馆妇女代表亦出席。大会发起举行献金捐购"妇女号"飞机，新疆妇女总会来电捐献 50 万元，重庆各界当天捐献收入达 120 万元。

△　宋庆龄为纪念"三八"节题词："平等自由，声气相通，精诚奋斗，共建大同。"

△　绥远省三十二年度第一次行政会议开幕，省主席傅作义主持并致开幕词称：会议检讨去年工作得失，决定今年施政计划，安排各级工作进度，加强联系，促进效率。会期七日。

△　驻苏大使傅秉常抵莫斯科，当日与莫洛托夫会晤。次日，在克里姆林宫向加里宁呈递国书。

△　河南各界救灾会正式成立，呼吁抢救灾民。决议：一、电请中

央及各省设法救济;二、电交通部及陇海路局协助运粮;三、电陕、鄂、皖三省接济食粮;四、电国内外各慈善团体、各地同乡会援助。

△　国民党便衣特务 10 余人,以逮捕"奸党"为名,闯入巴县人和镇重庆私立淳化高级商业学校,绑架学生二名,抢去现银八万余元。该校学生激于义愤派代表向镇公所请愿,复被指为"奸党",并遭毒打,交押县府。

△　鄂北日军第十一军各主力部队发动渡江作战。晚,樱井支队分南北两队,分别从窑头铺、新关庙隐蔽渡江,于 9 日晚攻入布河、东岳观地区。

3 月 9 日　实业计划研究会组成之国父实业计划研究委员会第一考察团,团长叶秀峰等一行,由重庆飞抵兰州,考察大西北。

△　美国大使馆秘书戴维斯致高思大使备忘录,称中国政府不愿采取攻击,意在保持实力,以备战后与中共作战,而依赖美国进攻日本。又称:国军士气低落,贪污腐败,政治派系纷争,史迪威处境困难。

△　日军攻占湖北公安县新口,杀死镇内 200 人,旋又侵入闸口,杀死居民 50 人。

3 月 10 日　蒋介石《中国之命运》一书出版发行。该书宣扬"一个政府、一个党、一个领袖"的"国家中心论",诬蔑中共及其领导下的人民军队和抗日根据地是"变相的军阀和新式割据",声言要在两年内解决中国内政问题。是日,《中央日报·扫荡报》联合版发表社论《读〈中国之命运〉》,称:"这部大著中,已经指示了中国革命建国的南针,已经照耀了中国独立自由的大道",要求各机关、团体、军队、学校一律"通读"。11 日,中央社报道:该书首批万卷"瞬息售罄"。

△　中共中央文委和中央组织部联合召开党的文艺工作者会议,贯彻文艺为工农兵服务的方向。会后,延安文艺界提出"到农村、到工厂、到部队中去,成为群众的一分子"的口号。

△　陈诚与史迪威在重庆晤商军队训练计划,初步决定在昆明陆军训练基地调集各部队干部 8000 至 9000 人,分批训练。另在印度蓝

伽训练六个团。

　　△　国家总动员会议常委会通过《战时取缔奢侈行为办法》,凡15 条。

　　△　驻英大使顾维钧、驻比大使钱泰,乘机启程分赴任所。美驻华大使高思奉召回国,亦同机离重庆。

　　△　一批中国空军留美生学成毕业,是日在美西部空军基地举行毕业典礼。罗斯福总统与宋美龄致电祝贺。

　　△　李仙洲第二十八集团军一部进入鲁南,强占八路军滕(县)峄(县)边区,宣称:"剿共重于抗战",制造国共摩擦。

　　△　湘鄂西日军占领华容、藕池口、江波渡等地。第六战区所部为夺回藕池口等地,12 日起与日军展开激战,均遭失败。

　　△　日本银行对汪伪联合准备银行提供贷款二亿日元。周佛海对此发表谈话,表示"对友邦协助,敬致谢忱"。

　　△　英市长会议决定,自本月 23 日起,全英举行中国国旗日,募集捐款 20 万英镑,并通过邀请宋美龄访英。

　　3 月 11 日　蒋介石为国民精神总动员四周年纪念发表广播讲演,认为精神总动员"实在没有彻底做到,更没始终如一地做到"。他说:"战时的生活没有能厉行,新生活的信条还不能普及,国家总动员的法令还不能贯彻,经济管制的办法更没有普遍实施,这些都是我们无可讳言的事实。"要求"全国同胞从此统一建国的信仰","运用精神力量加强经济建设,纠正一切缺点,彻底革新生活"。

　　△　宋庆龄在重庆对记者发表谈话,主张并呼吁"实现总理的三大政策,开国民会议,在绝对民主的原则下动员全国民众,使他们都有同等的机会参加抗战建国工作。对各党各派也应给予同等机会,使他们的党员尽个人的能力参加工作,争取最后胜利"。

　　△　国民政府公布《修正国家总动员会议组织条例》及《房捐条例》14 条。

　　△　军事委员会任命马继援为第八十二军代军长,杨震南为第五

十一军副军长。

△ 美驻中缅印派遣军总司令部致函军事委员会称:根据蒋介石指示之方针,与陈诚司令长官面洽,拟即"在昆明设立训练班,以训练现在云南的部队,并在各部队中配置联络军官,以利工作进行"。

△ 美驻华空军改编为第十四航空队,该航空队在驻中缅印美国陆军总司令之下,由陈纳德指挥。同时,晋升陈纳德为少将。是日,美陆军部长史汀生正式宣布该航空队成立。15日,国民政府设宴祝贺陈纳德就任新职。为支持陈纳德的空袭计划,罗斯福总统答应给该航空队充实到500架飞机,并且让它每月从供应中国的4000吨物资中获得1500吨。

△ 英皇接见中国军事代表团团长熊式辉。同日,国民政府驻英、荷使节分别宴请熊式辉。

△ 成都国际电台与伊朗德黑兰电台开放直达通报。

3月12日 国民参政会驻会委员会举行例会,听取王世杰代读外交部报告及交通部部长曾养甫交通设施报告。

△ 陈诚偕史迪威自重庆飞抵昆明,赴滇西、滇南一带视察。

△ 四川省广汉县仓库仓储股长林约樵就四川省粮政机关贪污腐败的情况,密函粮食部,归纳弊端八项为:征购混淆,实物转移,量器差异,衡器各别,标色虚伪,包商狡诈,运商昧骗,同类尴尬。函称:"上陈不过举其概略,如此为公服务,不啻为私造孽,国运艰迍,人心难挽,赡念前途,刻刻自危。"

△ 重庆16名违反限价奸商,被国民精神总动员委员会下令押解戴高帽游街示众。

△ 为纪念国民精神总动员四周年,江西、陕西等省奉令于是日在纪念大会会场当众焚毁"禁书"一批,计江西焚毁书籍有何干之著《转变期的中国》等36种160册,陕西焚毁书籍有李富春著《抗战与军队工作》、孙冶方著《全面抗战的理论基础》等41种322册。

△ 日本宣布将去年轰炸日本所俘之美飞行员判处死刑。

　△　英国外相艾登抵华盛顿会商战时、战后有关问题。13 日,艾登在华盛顿宣称:美、英、中、苏四国之合作,实为稳定和平不可少之条件。15 日,艾登与在美之中国外长宋子文会谈。26 日,艾登在马利兰州议会发表演说,保证英将协助中国对日作战,直至获得最后胜利。30日,艾登离美赴加。

　3 月 13 日　国民政府明令嘉奖贵州省三都县胡嚣,表彰其捐赠该县民教馆图书价值 30 余万元。

　△　波驻华大使朴宁斯基转交波兰政府赠予蒋介石之陆军最高勋章。

　△　国民党河南鲁山县党部书记长赵广心报告该县灾荒严重,饿殍载道,烹杀灾童,煮食人肉,请求迅予设法救济。同月,河南郑县、太康、确山等县亦相继报告各县人食人肉,甚至食其死亡之亲生女儿的人间惨剧。

　△　日机八架趁雨扰桂,在桂林市郊低飞扫射约半小时。

　△　汪伪军委会发出关于扩充苏、浙、皖伪军的密令,扩充兵力总计为 10.83 万人。

　△　日本首相东条抵南京访问,先听取畑俊六军事报告,继与汪精卫晤谈。翌日,又与汪晤谈一次,即赴上海与日驻华舰队司令吉田善吾等商谈军情,于 15 日返日。据日政府公报称:东条此行系回拜汪精卫去年之访日,并感谢汪伪对英、美宣战及商讨"共同贯彻战争之方案"。

　3 月 14 日　军事委员会调整战斗序列,撤销第三集团军建制(9 月28 日又宣布重建)。同日,任命曹福林为第二集团军副总司令,张雪中为第四集团军副总司令;任命张际鹏为第十四军军长,汪之斌为第七十三军军长,李用章为第一军副军长。

　△　军委会发表公告:抗战六年来敌使用兵力 116.8 万人,为我方击毙、俘虏者达五分之一。

　△　在安徽和县裕溪镇罚做运煤苦工的上海四行孤军一行 88 人,是日工毕返队途中,由团附雷雄率领,乘机向敌兵猛扑,夺得轻机枪两

挺,步枪九支,与敌肉搏血战,逃生者 50 余人,于 6 月 3 日徒步到达叶县,受到各界热烈欢迎。

　△　华侨教育协进会在重庆成立,主席余俊贤。

　△　延安教育界集会纪念生活教育运动十六周年。吴玉章、徐特立、罗迈、赵毅敏等出席。边区教育厅长柳湜讲话中说:纪念生活教育运动就是要接受过去全国教育工作中的一切优良经验,尤其是陶行知先生的经验,以继续改进边区教育。

　△　鲁苏战区副司令韩德勤部乘新四军反"扫荡"作战之时,侵入淮北泗阳县西南山子头莫塘坝地区,图谋抢占新四军根据地。

　△　鄂中渡江之日军因受我军打击全线崩溃,向北回窜。

　△　驻山西省汾阳县日军宪兵队长土井纠集交城、文水、汾阳三县日伪军到各地大搜捕群众 284 人,在汾阳临时监狱用酷刑屠杀近 200 人。

3 月 15 日　蒋介石赴贵州视察。22 日,出席贵阳各界扩大总理纪念周讲话说:"现在的贵州是我们中国最快乐的神仙境地",提出贵州建设的急务是"提倡教育以培植人才","广植森林以开发地利",如此"不出十年,我们贵州一定是遍地黄金,成为人间福地"。27 日,返回重庆。

　△　航空委员会宴贺陈纳德晋升美第十四航空队司令,白崇禧致词,请美增派飞机 500 架来华。他说:如是则敌之第一线空军必可完全击溃,而其第二线亦因打击过重无法补充,这样即可达成卡港会议后罗斯福总统"以空军击溃日本"之希望。

　△　重庆至宝鸡公路联运通车。

　△　中印双方达成开辟蒲犁至米斯嘎邮路协议,中方以蒲犁为互换局,印方以季尔吉脱为互换局,自本日起开始办理。

　△　汪精卫为东条访问南京对记者发表谈话称:"如果重庆方面民心向我,则问题已解决大半,他们对我们的和平运动曾经半信半疑。如果他们知道我们的和平运动步步前进,中国能这样达到独立自主,他们即将衷心向我,此点我甚为乐观。"

△　伪满滨江省警务厅纠集哈尔滨等地日伪军警 500 余人,对巴彦、木兰、东兴实行"一齐大检举"、"大搜捕"。至 5 月 25 日,共进行两次大逮捕,破坏巴、木、东三县抗日救国会 14 处,青年义勇队 13 支,622 人被捕。

△　英国议会访华团团员泰弗亚在伦敦英上院发表演说,要求英政府增加对华贷款并不附限制。

3 月 16 日　周恩来再告美国大使馆秘书戴维斯,说明美国派员访问延安之必要,并盼在陕北建筑机场。戴维斯即书面向美国务院报告。

△　四联总处制定《战时各行局代购生产原料办法纲要》及《四联总处原料购办委员会代购生产原料实施办法》。

△　中苏文化协会主办之苏联版画展览开幕,展期一周,至 22 日闭幕,观众达五万余人。嗣后又在兰州、昆明、桂林等地分别展出。

△　军事委员会任命张德能为第四军军长。

△　重庆实行凭证购肉。市民须先参加各镇合作社为社员(至少认一股,股金 50 元),然后凭户口保结单、户口身份证及镇合作社社员证等,始能领得购肉证。

△　日机 24 架袭川,在万县上空分批投弹,并用机枪扫射,弹多落郊外,损失甚微。

△　日本大本营将在东京由独立步兵联队为基础编成的第六十一师团调往南京,编入第十三军战斗序列。

△　汪伪行政院会议决定,派陈君慧为接收天津日本专管租界委员;吴颂皋为接收汉口日本专管租界委员;陈群为接收厦门日本专管租界委员;傅式说为接收杭州日本专管租界委员;李士群为接收苏州日本专管租界委员。

3 月 17 日　国民政府特派驻美大使魏道明为互换中美条约批准约本全权代表。

△　军事委员会任命彭位仁为第三十集团军副总司令,陶柳为第二十八军军长,刘尚志为第三十九军军长,王甲本为第七十九军军长。

　　△　墨西哥首任驻华代办卡斯托瓦尔抵渝。31日,往外交部拜会外交部副部长吴国桢、胡世泽。

　　△　聂荣臻、萧克等致电中共中央军委、八路军总部,报告晋察冀军区北岳区(包括冀中军区转至平汉铁路以西之部队)重新改编后主要领导成员名单:第一军分区,司令员杨成武,政治委员罗元发;第二军分区,司令员郭天民,政治委员赵尔陆;第三军分区,司令员黄永胜,政治委员黄平;第四军分区,司令员兼政治委员邓华;第十一军分区,司令员黄寿发,政治委员刘道生。

　　△　新四军第四师主力在第二、第三师一部配合下,对侵入淮北山子头地区的韩德勤部进行自卫还击。至18日上午,胜利结束战斗,计歼韩总部、独立第六旅、保安第三纵队,生俘韩德勤以下官兵1000余人,击毙保安第三纵队司令王光夏、独立第六旅旅长李仲寰等。山子头战役后,根据中共中央指示,新四军为顾全大局,发还人枪。31日,韩德勤被礼送出境。

　　△　日伪6000余人"扫荡"皖中巢无地区。新四军第七师乘敌后空虚攻克无为以东日伪据点多处,歼敌300余人,迫其于30日撤回。

　　△　日军在山西平定大批逮捕知识分子,是日山西大学毕业生李炽亭、老教育家梁玉麟及平定中学毕业生多人被捕,押赴阳泉车站。

　　△　晨,日机24架由鄂袭川,中途一部分折返,余八架飞梁山,以机枪扫射后逸去。

　　3月18日　陕甘宁边区政府颁布《优待移民难民垦荒条例》,凡15条。20日,延安《解放日报》公布,五年边区移民已达10余万。

　　△　八路军第一一五师和山东军区合编为新的山东军区,对外仍保留第一一五师的名义。罗荣桓任第一一五师代师长兼政委和山东军区司令员兼政委,黎玉任副政委。新的山东军区部队共九万余人。

　　△　华北中国人民反日大同盟就南京伪警卫第二师及独立第十四旅被日军强迫调赴南洋参战事,向华北伪治安军、伪警备队等发出紧急通报,说明日伪此举是日汪密约的具体实施,号召伪军"官兵相约,死不

离开本地,不出外洋给日寇当炮灰;监视日籍顾问、指导官行动,事若紧迫,即枪杀他们然后反正;赶快找抗日政府、八路军商讨对付办法"。

△　日军 3000 余人从淮阴出发向北"扫荡",企图一举扑灭驻六塘河沿岸的淮海抗日根据地首脑机关。新四军第三师第七旅第十九团第二营第四连奉命在刘老庄英勇抵抗,激战终日,毙日军 170 余人,伤 200 余人。该连指战员 82 人全部壮烈牺牲。战后,当地军民在刘老庄修建了"新四军抗战八十二烈士墓",八路军总部命名该连为"刘老庄连"。

3 月 19 日　国防最高委员会决议:英如交还香港,我可自动宣布香港及九龙区为关税自由港,但不能以此作为交还香港条件。

△　国防最高委员会经济委员会主委兼中国地政研究所所长萧铮,视察东南各省经济及地政,自桂林抵耒阳。20 日,与湖南建设厅、动员会议各方面谈湖南经济情况,当晚赴广东。23 日抵江西。

△　军事委员会任命罗卓英为第三战区副司令长官。

△　国民政府明令嘉奖甘肃靖远县段守福"慷慨捐资,兴办学校",并准颁"热心教育"匾额一方。

△　交通部次长徐恩,曾于视察粤汉路支线及杨梅山矿区后抵韶关,访余汉谋并约集党务人员晤谈。20 日,离韶赴桂,25 日公毕返渝。

△　军政部兵役署批准给予冀、察各县 14 支地方武装,包括独立活动以冀察区挺进纵队支队等名义之"潜伏武力",并自 2 月份起月发"活动费"8000 元,以"与敌奸争取各种武力,借以配合将来大军反攻,兼相机建立游击根据地"。

△　苏联雕刻艺术作品在重庆中苏文化协会展出;画家徐悲鸿亦于同日在重庆举行画展,展出作品 200 余幅。

△　中国、伊朗无线电直接通报。

△　鲁南峄县伪军李学明率部 200 余人反正。

△　英国首相丘吉尔在伦敦接见中国军事代表团团长熊式辉,双方交换关于军事问题及战略问题的意见。

△　美布莱恩夫人捐赠美金10万元救济中国难童。

3月20日　中共中央召开政治局会议,通过《关于中央机构调整及精简的决定》,推定毛泽东为政治局主席、中央书记处主席。决定在中央政治局及书记处之下,设立宣传委员会与组织委员会,是政治局和书记处的助理机关。毛泽东任宣传委员会华北党政军民书记,刘少奇任组织委员会书记。并决定华北党政军民工作统归王稼祥负责,华中党政军民工作统归刘少奇负责管理,陕甘宁、晋西北党政军民工作统归任弼时负责管理,大后方工作归陈云负责管理,敌占区工作归杨尚昆。书记处重新决定由毛泽东、刘少奇、任弼时三同志组成之,毛泽东同志为主席,并规定书记处会议所讨论的问题,主席有最后决定之权。中央党校由毛泽东兼任校长。

△　驻印军新编第三十八师孙立人部第一一四团,在卡拉卡、唐家卡救援被日军袭击的英印军1000人,并接替该线防务。随后,由利多东南方进入缅甸北部、中印缅边境人烟稀少、地形复杂的野人山,担任掩护修筑中印公路的任务。

△　顾祝同关于苏南新四军的情报称:截至是日,新四军"集结于丹阳西南延陵镇者约千余,集结于溧阳西北白马桥附近者万余"。同时,皖南新四军与之呼应,"大有由铜繁窜扰泾县、旌德,恢复二十九年(1940)前之趋势"。情报称,已奉蒋介石"特电意旨"命第二十三集团军副总司令陶广"负责统一剿办"。

△　波兰驻华大使朴宁斯基宴请重庆新闻界,外交部情报司司长邵毓麟、中宣部秘书长吴士英等作陪。

△　广东伪潮阳县自卫大队长郑忠顺率部143人投诚。

△　日本陆军省任命松井太久郎中将为中国派遣军总参谋长,柴山兼次郎继任最高军事顾问。

△　英国际青年大会电中国青年致敬,表示希望携手前进,"直至人类公敌轴心法西斯主义被完全毁灭"。

3月21日　宋美龄在芝加哥举行首次记者招待会,回答有关中国抗战与盟国作战目标等问题,强调中国需要"更多之飞机"。随后视察唐人街,受到侨胞及当地居民热烈欢迎,交通为之阻塞二小时。

△ 冀东八路军在热南发起支持群众反"集家"斗争的战役,至 5 月底,共进行战斗 20 余次,歼灭日伪军 500 余名,缴炮二门、机枪 17 挺,毁汽车 10 辆。

△ 驻天津近郊伪军齐燮元部发生内讧,日方派兵缴械,齐部与日军发生冲突。

3 月 22 日 何应钦在重庆中枢纪念周报告国内各战场敌我态势及赴印视察观感。

△ 军事委员会任命彭善为第十一集团军副总司令。

△ 新任绥蒙副指导长官傅作义就职视事,原绥蒙副指导长官朱绥光卸职南下,向绥蒙指导长官阎锡山复命。

△ 汪伪外交部长褚民谊与日驻汪伪大使重光葵签订《北平公使馆区域收回实施条款及了解事项》。

3 月 23 日 蒋介石核定云南练兵具体计划,命令有关部队向云南集中。按计划参加训练的军队共 11 个军 31 个师。随后,蒋介石与史迪威在指挥权限及提供人力、武器上发生分歧。

△ 国民党中央组织部通告各级党部,规定厉行新生活运动为本年度中心工作之一,要求各级党部"将办理情形列入工作报告中,按月具报,以资考核"。

△ 行政院例会通过《保障出征抗敌军人婚姻暂行办法》,并决议将省立重庆大学、英士大学、山西大学改为国立及恢复国立北洋工学院。

△ 上海四行孤军施彪等九人脱险抵重庆。26 日,三青团重庆团部举行欢迎会,由施彪等报告与日伪搏斗经过。

△ 四川彭县民众因反抗国民党强拉壮丁发生暴动,与当地驻军发生武装冲突,直至 28 日,双方均有严重死伤。5 月 24 日,四川军管区政治部主任骆德荣致军政部的报告称:此事"远因系过去失意乡镇保

长、在乡军人纠集哥老欲攫取地方权位,借以发端。近因是驻县属之书经台警察中队奸淫掳掠,引起人民痛恨,致被共党利用"。报告称,此次"暴动前有组织有计划,暴动时指挥亦属得法"。"现匪患虽平,其他相机待动之分子,尚潜伏各乡镇,倘不严密清查,加强组织,难免重演事变"。

　　△　罗斯福总统宣称,将调查日军在华使用毒气情形。

　　△　美红十字会宣布,以美金五万元捐赠中国红十字会,"以协助应付其战时之责任"。

　　3 月 24 日　内政部发表全国保甲统计:全国共计 30 余万保,400余万甲,其中四川计 6.2843 万保,72.3372 万甲。

　　△　中国史学会在重庆召开成立大会,到会顾颉刚、金毓黻、黎东方及浙江大学教授方豪、中山大学教授陈安仁、西南联大教授姚从吾、陈雪屏、西北大学教授黎锦熙、武汉大学教授吴其昌等百余人。顾颉刚任主席并致开会词,黎东方报告筹备经过,通过会章并选举顾颉刚、吴敬恒等 28 人为理、监事。

　　△　中央国术馆举行十五周年纪念会。馆长张长江昨日发表谈话称:国人体格素弱,抗战前教育部曾检验公私立 41 所大学 1.2955 万学生,完全无病者仅 10% 强。抗战军兴,同胞流离转徙,生活水准更行降低,发展国术实为健全国人体格所必需。

　　△　李仙洲部第一四二师主力侵入冀鲁豫边区丰县东北十字河地区。

　　△　在华"日本人反战同盟"在晋冀鲁豫边区召开代表大会,山田松井、水野为主席团成员。八路军第一二九师师长刘伯承,边区政府主席杨秀峰出席祝贺。会议就日本士兵如何开展有组织的活动等问题进行讨论。

　　△　日本华北方面军召开所属兵团参谋长会议,下达 1943 年度华北方面军作战警备纲要。提出重点指向共军,以期消灭中共势力。

　　△　日军决定自 4 月 1 日起,停止在华中、华南占领区发行新军

票。日在华国库支出及其银行存款、借款、汇兑等项支付,不再使用军票。

3 月 25 日　国家总动员会议秘书长沈鸿烈飞桂林,视察粤、桂、湘、黔等省限价及经济建设。次日,召集广西省主席黄旭初等座谈限价实施方法,当晚离桂赴湘。28 日,由衡阳抵耒阳,视察限价实施情形及农林建设。31 日抵江西太和。

△　军事委员会电令制定《限价议价物品种类补充办法》五项及《各省市重要物品价格联系调整办法》六项。

△　国民政府任命任建鹏为内政部警察总队总队长、王广庆为国立河南大学校长。

△　国民政府明令褒扬中正大学教授姚名达、学生吴昌达,因参加战地服务团在江西新淦县(今新干县)被日伪包围,同时遇难。

△　行政院为中华基督教全国青年协会美籍干事兼美国援华救济联合会驻华总干事艾德敷来华工作届满 36 年,设宴祝贺,并由孔祥熙面授奖状。

△　伪满北安省明水县明水街居民 500 余人包围伪县公署,要求配给粮食,遭县公署镇压。

△　日、"满"驱使大批中国劳工修建的松花江丰满水电站建成,是日发电。

△　美驻苏大使馆参事杜门向美国务院报告与中国驻苏大使傅秉常谈话:傅称如苏联参加对日作战,其军队将进入新疆、蒙古及东北,必会支持中共部队反叛中央政府。一旦苏联军队占领东北,势将难以使其撤离。

3 月 26 日　国民政府任命涂允檀兼驻萨尔瓦多特命全权公使,免去沈觐鼎原兼公使职。

△　国民政府公布《竹木皮毛瓷陶纸箔税条例》,凡 12 条。

△　财政部呈送行政院关于中美第四次借款修正合约,商定将原借款合约之借款动用期限,由 1942 年底延展至 1943 年 12 月 31 日。

　　△　国家总动员会议致电财政、经济、交通、农林等部及各省府主席，转发政府制定之《各省市重要物品价格联系调整办法》六项，要求"通力合作，切实遵行"。

　　△　农林部公布《强制造森林办法》，凡23条。

　　△　宋美龄抵旧金山访问。29日在旧金山招待记者，称其访美并非有所恳求，惟望美人增强了解。

　　△　彭德怀电告毛泽东、朱德：蒋鼎文令第二十四集团军庞炳勋部之第十四、第二十七军、新五军，及由地方民团编成之游击队约10个团，准备向北推进，收复平顺、武安和涉县；向西收复中条山之所谓"丧奸区"（指八路军辖区）。蒋鼎文企图以反共和缓敌进行大进攻。根据目前情况，拟在自卫原则下给其一部以打击。翌日，毛泽东、朱德电示："蒋、庞挑衅以事先设法消弭，不致引起冲突为上策"，仅在万不得已时，方可在严格自卫的原则下，给向我进攻之部队以部分打击。

　　△　河南省主席李培基发表告全省殷商富户书称：河南灾情未减，"目前严冬虽过，粮食更属缺乏，粮价益复高涨，非特待救之户无力购买，即自足之户，亦将无以自济，辗转相因，灾民困苦，势将更趋严重"。呼吁富户"酿集粮款，贷予灾民"。并称：贷予之粮款，"灾民有不动产者，即以不动产作抵押品，无不动产者，应由县政府以散放急赈性质贷予灾民，并按贷借数目给以凭证，将来由县政府负责偿还"。27日，国民政府赈济委员会发表赈济豫灾经过称：已先后拨发赈款7400万元。

　　△　绥远伊盟蒙胞因反对当局开垦伊金霍洛圣地，发动武装"都贵"（蒙语联合请愿之意），包围沙王府及绥境蒙政会，并有蒙兵1000余参加，双方冲突，蒙民死伤30多人。事后据处理该事件之绥蒙会参事任秉钧称：此次事件纯为蒙旗一种"都贵"事件，绝无其他背景，故绥蒙会同人希望和平解决。

　　△　汪伪行政院派日本顾问海口守三常川驻南京任财政经济咨询及联络工作，船津辰一郎等分别驻上海、杭州、蚌埠等地任财经咨询及联络工作。

△ 日本第八十一届议会闭幕。此次议会已历时两月余,共通过法案 89 件,其中包括战时非常权力法案、修正战时特别刑法案、1943 年至 1944 年之收支预算案以及 360 亿日元之非常军事支出预算案等。

△ 英国外相艾登在美演说,保证英决对日作战到底,战后中、美、英、苏四强分担和平责任。

△ 澳大利亚人士是日起在墨尔本举行援华募款运动三周。同日,路透社电称:驻澳公使徐谟接受墨尔本市赈济中国灾民捐款 2.5 万镑。

3 月 27 日 中华全国文艺界抗敌协会在重庆举行第五届年会,主席邵力子致词,舒舍予报告会务,郭沫若、茅盾等演说。30 日闭幕,通过致前方将士电及演剧募捐,严禁盗印,救济贫穷作家生活等提案,并改选理事、监事。选出在渝理事舒舍予、茅盾、郭沫若、姚蓬子、张道藩、王平陵、邵力子、胡风、夏衍、孙伏园、宋之的、阳翰笙、徐霞村、姚雪垠、叶以群、曹禺、陈纪滢、冯乃超、马宗融、李辰冬、梅林 21 人;外埠理事巴金、张天翼、洪深、朱光潜、沙汀五名;候补理事臧克家、戈宝权、孙罗荪、徐盈、陈白尘、黄芝冈、陆晶清、王亚平、黎烈文、曹聚仁、张骏祥、葛一虹 12 名;监事冯玉祥、叶楚伧、华林、郑伯奇、曹靖华、潘梓年、谢冰心、张西曼、顾一樵九名;候补监事马彦祥、徐仲年、崔乃秋、张恨水四名。

△ 中美举行供应会议,以滇西及西南方广大地域只靠滇缅公路为惟一供应路线,不敷应用,决定组织 18 个运输团、四个驮马大队(4000 匹骡马),用人力、兽力补汽车之不足。

△ 国民政府令追赠周名琳为陆军少将。

△ 汪伪外交部长褚民谊与日驻汪伪大使重光葵签定《关于交还厦门鼓浪屿公共租界的实施条款》及《了解事项》,定 30 日由汪伪"实施收回",但须"按照现状尊重并确认日本国政府及臣民在上述租界内"之一切特权。

3 月 28 日 何应钦会见周恩来、林彪,周、林就韩德勤被新四军俘获一事作出解释,同时提出国民党军队在鄂东、苏北、皖东、广东等地的进攻问题。要求再见一次蒋介石，并给准备返回延安的百余人发护照。何同意由张治中答复。

△　陈诚自重庆飞抵云南楚雄（远征军司令部驻地），正式就任中国远征军司令长官，副司令长官黄琪翔已先期到任。

△　重庆市疏散督导委员会成立，市长贺耀组任主任，决定4月1日起实行疏散。4月1日至15日为劝导期，4月16日至30日为督促期，5月1日起为强迫期。

△　新西北建设协进会在重庆成立，主席于右任致词称：该会"旨在研究西北问题与协进西北建设事业"，以期"建设新西北"。

△　中国农民经济研究会第四届年会在重庆开幕，通过提案要求提高收购农矿产品价格，对农民、矿民平价配给生活必需品，以维持再生产。

△　中国县政学会第二届会员大会在重庆召开。内政部部长周钟岳主持并讲话称：各省对于新县制之推行，有待努力者甚多，如新县制实施后地方负担太重，而财政收入反而减少，以及征兵、征工之流弊与政教合一之困难等。会议推蒋介石为名誉理事长，戴季陶、孔祥熙、朱家骅、谷正纲、何成濬等为名誉副理事长，周钟岳为理事长。

△　四川郫县、彭县一带，"壮丁千余，聚资换帖，饮血酒反抗抽丁"。

△　日方"移交"上海申新等24厂，梅思平为此发表谈话，表示"不胜感激"。

△　汉奸王揖唐为华北第四次"治安强化运动"发表广播讲话，宣称：自3月30日开始实行华北第四次"治安强化运动"，为期两个半月。

3月29日　三青团第一次全国代表大会在重庆开幕，到会代表400余人，蒋介石主持开幕式。会期两周，于4月12日闭幕。

△　重庆各界集会纪念黄花岗节，并赴遗爱祠先烈墓地举行公祭典礼，刘峙、邹鲁讲话。同日，于右任在重庆中枢纪念周讲话，号召以黄花岗烈士革命精神鼓励前进。国民党中央党史编纂委员会主任委员张

继播讲《为抗战胜利应效法先烈精神》。

　　△　延安青年集会,纪念黄花岗七十二烈士殉国,朱德、吴玉章、凯丰发表讲话,号召全国青年加强团结,不受任何利诱威胁,分辨是非,坚持真理,发扬先烈牺牲奋斗精神,为战胜日本帝国主义奋斗到底。大会致电三青团全国代表大会称:"我们始终希望贵团教育青年能以有利抗战,有利团结,有利青年自身为标准。我们更始终希望与贵团在为祖国生存的奋斗中亲密携手,盖如三民主义的青年,在此时此地犹不能与共产主义的青年携手,于理既不可解,於事尤不可通。"

　　△　国民政府明令褒扬抗战以来"或以倡率义旅奋斗牺牲,或以被执不屈从容就义,或经备受摧残抑郁以殁,或为执行任务惨遭狙击"之各省、市党部委员及县党部书记长朱坚白、刘承瑞等 35 人。

　　△　教育部定是日起至 4 月 4 日在全国举行第二届师范教育运动周,以推进师范教育。

　　△　旧金山华侨盛大集会欢迎蒋夫人宋美龄,并呈献 35 城华侨之捐款。

　　△　汪伪政府与意大利政府签订《交还北平使馆区域行政权协定》,汪伪外交部长褚民谊,意大利驻汪伪大使戴良谊签字。

　　△　伦敦《泰晤士报》发表社论《中国之旱灾》,呼吁与中国缔盟国家救济河南灾民,称此乃"当前迫切问题"。

3 月 30 日　国民政府令定《水利法》4 月 1 日起施行。

　　△　国民政府明令陆军少将马崇六晋任陆军中将。

　　△　中国劳动协会第四届年会在重庆开幕,朱学范致开幕词。会议三大任务为:号召工人增加生产,增强国际劳工团结,共谋改善工人生活。4 月 1 日闭幕,通过宣言及决议案 20 余项,并改选理、监事,朱学范等 31 人当选为理事,陶百川等九人为监事。

　　△　墨西哥首任驻华代办卡斯托瓦尔抵达重庆。次日,前往外交部拜谒代理部长吴国桢及常务次长胡世泽。

　　△　日机 10 架分四批轰炸浙江丽水,投弹 60 余枚,死伤 20 多人。

　　△　汪伪政府在南京举行"还都"三周年纪念,汪精卫发表《敬告全国国民》,称:当前任务是要集中全部心力物力,协力日本完成大东亚战争。

　　△　日、汪双方分别在汉口、天津、苏州、北平、杭州,举行交还接收日本专管租界及北平使馆区仪式。

　　△　伪满公布《战时学生体育训练要纲》。同日,伪满兴农部、治安部制定《饭用米谷配给要纲》,对食用米谷一律实行配给制,特别对家庭用米谷采取通帐、特配通帐及外食券等办法,严加控制。

　　3月31日　三青团第一次全国代表大会举行第二次大会,听取中央团部组织处、秘书处、视察室、编审室工作报告,并由戴季陶讲话。戴提出"立大志、发大愿、做大事、成大业,为国家尽大忠、为民族尽至孝"等做人方法20条。

　　△　宋美龄抵洛杉矶访问,洛杉矶市政府宣布是日为"蒋夫人日",市长以卷轴赠宋美龄。

　　△　国民政府公布《公证法》。

　　△　湘鄂西日军占领藕池口、米积台、石首、华容等地之后,停顿于上述一线,湘北鄂西作战第一阶段结束。这一阶段日军动用兵力五万余,中国投入兵力约30万人左右。中国军队伤亡惨重,据日方公布数字:遗尸8604具,俘虏2.3214万人,缴获迫击炮118门,重机枪54挺,轻机枪303挺,步枪7879支;日方自称损失,死254人,伤891人。

　　△　英艺术家援华展览会在伦敦开幕。

　　△　台湾总督府解散已历时48年的全台壮丁团。

　　是月　行政院核准教育部国立礼乐馆成立,馆长陈果夫。该馆任务为"掌礼制乐典之厘订及音乐教育事项"。

　　△　教育部中央民众教育馆在重庆正式成立,内分民范民俗及戏剧、教育三部,每年经费及事业费共百万元。

　　△　中华海员工会特派员办事处前在香港发行之《海员通讯》,因太平洋战事发生停刊,本月改名《中华海员季刊》重行出版。

△　中共中央华中局城市工作部正式建立,刘晓任部长,刘长胜任副部长。机关设在淮南抗日根据地的盱眙县大王庄。主要任务是领导上海、江苏敌占区中共党的工作,开展敌占区的地下斗争,恢复和整顿组织,审查和保护干部等。

△　苏联驻华大使馆以西安出版的《力行》杂志第七卷第三期《苏联外交政策之史的观察》一文,对苏外交政策进行歪曲和攻击,向国民政府提出抗议。

△　华北沦陷区发生严重粮荒,日军四出抢粮,平、津一带饿莩遍野,仅北平一市每月饿死者平均 300 人以上。

△　伪江苏省长李士群与侵华日军签订《关于苏州第三期清乡地区扩张工作之协定》,规定:自 4 月 1 日开始,在无锡县第八区许舍乡、王塔乡等未清乡地区开始"清乡",预期两个月,5 月后完成。该地区清乡负责者,日军为第六十师团长,汪伪方面为李士群。

4　月

4 月 1 日　中国农民银行举行成立十周年纪念仪式,兼董事长孔祥熙报告该行十年来业务开展情况,董事陈果夫、来宾徐堪等相继致词。是日起至 3 日,举办与该行有关之农田水利模型、农业产品等展览。

△　三青团第一次全国代表大会是日起至 3 日举行第三、第四、第五次会议,听取中央团部监察会及各省、市地方团部工作报告。

△　国民政府公布《中国红十字会战时组织条例》。

△　四川省物产竞赛会在成都青年宫开幕,设工业、手工业、农林、水利、矿业、交通、教育卫生等馆。各县参加者 60 个单位,迁川工厂、机关、学校参加者 74 个单位,竞赛品 4730 件,会期半月。省府主席张群致开幕词,叙述青年宫花会历史,及利用花会习俗举行此次竞赛会意义,谓一方面要从各个具体竞赛中来增加生产数量与改良产品品质,一

方面要使与会各从业同胞了解限价法令之意义,更加努力,以期达到省府本年施政计划之重要要求。

　　△　重庆市临时参议会第二届第一次大会开幕,13日闭幕。通过实施公开审判、施行职工福利金条例、改善新兵待遇、改善物价管制等多项提案。

　　△　中央图书杂志审查委员会举办本年度三民主义论文竞赛,定本年举办两次:第一次4月1日开始征求,7月底截止,8月评选,9月1日公布结果;第二次6月1日开始征求,11月评选,12月1日公布结果。第一次论文竞赛题目为:"一、我为什么信仰三民主义;二、三民主义与战后世界之建设;三、三民主义与新中国图案。"

　　△　中共中央向各根据地发出建立交通线问题的指示,要求北方局、华中局、山东分局及晋绥分局必须不惜人力财力选派强的、有组织能力的、有交通经验的可靠干部立即建立交通局。今后各地派来延安的干部必须在交通路线有把握的条件下,按指定路线出发,不得自由行动,以保障安全。

　　△　第十八集团军副总司令彭德怀号召全军节食助赈,即日起每人每天节约小米一两。

　　△　西北公路酒泉至敦煌线通车。

　　△　湖南空战。日战斗机12架,空袭衡阳、零陵,中美空军起飞迎战,击落日机四架,亦被击毁四架。同日,日轰炸机在九架战斗机掩护下,轰炸建瓯机场,破坏了该机场飞行跑道。

　　△　日伪对苏中通如、海启地区开始"清乡",新四军及苏中根据地人民进入艰苦的反"清乡"斗争。

　　△　汪伪中央政治委员会通过该会第四届委员名单:当然委员:汪精卫、陈公博、温宗尧、梁鸿志、江亢虎。延聘委员:王揖唐、王克敏、齐燮元、朱琛、汪时璟、赵正平、诸青来、赵敏松、岑德广、王荫泰。指定委员:周佛海、褚民谊、陈璧君、梅思平、陈群、林柏生、刘郁芬、任援道、焦莹、陈君慧、陈耀祖、李圣五、叶蓬、丁默邨、傅式说、杨揆一、鲍文越、肖

叔宣、李士群、高冠五、缪斌、陈春圃、罗君强。

△ 汪伪在南京举行中日文协第二届大会,发表宣言称:"今幸两国贤达幡然觉悟,此后共存共荣,尤须先谋中日文化之沟通与东亚文化之创造,各以所长,互匡所短,此则本届大会主席(指汪精卫)所训示之大旨。"于 3 日结束。

△ 伪满民生部教育司改为文教部;撤销治安部,设军事部和警务总司。卢元善任文教部大臣,邢士廉任军事部大臣。

△ 台湾总督府宣布全台实施义务教育。6 月 29 日,宣布台籍学龄儿童就学率达 89%。

△ 东条英机抵长春访问伪满。4 日午后返日。

△ 日本大本营第十五课长松谷城大佐就中国方面情况向大本营作专门报告,其中关于中共问题称:华北共产党实难对付。现正从事土地革命、社会革命。中原会战、浙赣作战以后,共产党新四军全部开来,虽经扫荡战,但治安紊乱状况正在恶化。共产问题严重,华北的现状可以看做变相的日苏战争。

4 月 2 日 国民参政会驻会委员会举行第九次会议,王世杰代读外交部书面报告,参政员黄炎培、陶百川、邓飞黄、许德珩、王云五等提出询问案数起。

△ 中国劳动协会召开第四届第一次理监事会议,推朱学范、水祥云、易礼容、程壮、刘兆洋五人为常务理事。陆京士、王宜声、张剑白三人为常务监事。并决定增设国际联络委员会、劳动文化委员会、劳工福利委员会、生产技术研究委员会等组织。

△ 八路军晋察冀军区冀东军分区司令员李运昌代表冀东 700 万人民,通电全世界控诉日军暴行。电称:日军在"长城线内外 30 里,东起山海关,西至古北口,普遍实行集家并村,房子尽行烧毁,人民遭惨杀与冻饿者,不下数万人,灾情之严重、情景之凄惨,人民之痛苦,形势之迫切,非笔墨所能尽言,非语言所能形容,种种罪恶令人发指"。通电列举大量事实,指出:"日寇不但是我冀东及全国人民之公敌,乃全世界人

民之公敌,我等谨以敌寇在冀东一切罪行,向全世界人士控告并誓与全国全世界人民共同努力,早日消灭此蟊贼,并迫切企望给我处在水深火热之冀东人民以有力声援。"

△　长江北岸日军由湖北江陵南渡,在沔市东强行登陆,次日晨侵入沔市。

△　汪伪军委会参谋总长、原国民党第七方面军总指挥、甘肃省府主席刘郁芬在北平病死。7 日,汪伪最高国防会议任命鲍文越为参谋部长,叶蓬为陆军部长,黄自强为陆军编练总监。

△　伪华北政务委员会情报局宣布成立"华北剿共委员会",朱琛兼委员长。

4 月 3 日　四川省丰都县商会等团体反对摊派同盟胜利公债及同盟胜利美金公债,致电国民政府主席林森称:此次奉派两项公债合共301.3333 万元。"下县遽听之余不胜惶悚,盖丰都原有人口 40 余万,年产租额仅 30 万石,每年民食尚感不敷,仰给于邻"。"而农村破产,城市奇窘,正不堪问,依据丰都直接税局之调查,全县营业资金不及千万,全年所收营业税款不过 50 万元……产业落后,商业萧条,随时均有捉襟见肘之虞"。丰都去岁被列为次重灾区,"至今购粮代金犹未收齐","实难以购公债",呈请予以减免。

△　经济部抄发监察院战区第一巡察团关于湖南省限价弊端的报告称:"自平价命令发布以后,本来严重之湘省物价问题反发生下列诸种不良之严重现象。"主要为:市面物品缺乏,"暗盘实价仍高出平价数倍无法查禁"。驻军"假借武力常于乡间及城市附近强迫以平价购买民间物资","转售贸易,借图渔利","一切货物产销之税捐反日形加重"。报告称:"因上述诸种原因遂致湘省平价工作徒有其名,而实价反日趋飞涨,物资日形恐慌,人民倍增痛苦,农村日形穷困,半年而后,湘省物价恐将与重庆、昆明等地同一昂贵情况矣。"

△　中共中央发出《关于继续开展整风运动的决定》,决定自是日起至翌年 4 月 3 日,继续深入开展整风运动。同时,进行一次普遍的审

查干部的运动。

△　名画家徐悲鸿为助赈豫灾,特将其画马题为"哀鸣",是日起在重庆义卖三日。

△　日本中国派遣军向大本营报告在华美空军动向:"自 2 月中旬积极实施作战准备的美空军,到 3 月 31 日下午,其战斗队主力(战斗机约 40 架)及部分轰炸机(七架 B—25)进入桂林、零陵,同时要求提供 4 月 1 日以福州为中心的福建省沿海一带气象通报等,有对中国沿海地带发动攻势以及空袭日本本土的明显征兆。""担负空袭日本本土的B—24 仍在云南一带。判断有以该地为基地进攻之企图。"

4 月 4 日　蒋介石主持三青团第一次全国代表大会期间第一次总理纪念周,讲话强调:"今后整个教育方针,应以《中国之命运》一书之内容为其依据,应以造就心理建设、伦理建设、社会建设、政治建设、经济建设五种建国干部为重点。"

△　全国各地庆祝儿童节。重庆市庆新小学学生发起节省糖果费救济河南灾童,募得 3000 余元。桂林儿童慰问征属,兰州儿童集会通过造植儿童林,延安儿童举办儿童作物展览。

△　国民政府令定黄帝诞辰为音乐节,以资"纪念黄帝制礼作乐之意"。

△　由社会部发起组织之保护童婴运动委员会在重庆成立,社会部部长谷正纲任主席。同日,筹备数月之胜利托儿所亦宣告正式成立,主任李德全、所长刘王立明,截至本月 1 日,该所已募得各方捐款49.2565 万元。

△　中国滑翔总会为纪念该会成立四周年,特举行"空中列车"试航表演。该列车为飞机二架各拖曳滑翔机二架,升入 3000 英尺高空,然后脱离滑翔机,由滑翔机在渝市上空表演约一刻钟之久,然后徐徐降落。

△　中华职业教育社举行第九届理监事改选大会。新当选理事:黄炎培、江恒源、钱永铭、王正廷、张嘉璈、蒋梦麟、杨卫玉、张群、潘公

展、黄旭初、陈辉德、顾树森、穆湘玥、张一麐、朱经农、沈鸿烈、康心如、冷遹、沈恩孚、贝祖贻、王志莘。候补理事：顾翊群、程其保、郑通和、李任仁、刘王立明、郭有守、刘航琛、何北衡、欧元怀、刘攻芸。监事：王云五、潘序伦、贾观云、卢作孚、廖世承、胡庶华、陈鹤琴。候补监事：钟道赞、黄陆、章益。

4月5日 恭祭黄帝陵大典在陕西中部县（今黄陵县）桥山隆重举行。国民政府特派中委王陆一及陕西省主席熊斌代表主祭。同日，陕西省政府派员谒祭周陵、茂陵、昭陵。

△ 三青团第一次全国代表大会举行第六次大会，听取学校团部工作报告。6日，举行第七次大会，各分团部工作报告完毕，开始讨论各项提案。

△ 八路军第一二九师师部及太行各界人民，在河南涉县石门村举行抗战以来殉国烈士公墓奠基礼。师长刘伯承讲话，号召"战胜日寇，为死者复仇"。

△ 沦陷区山东泰安车站发生4000多饥民大规模抢粮事件。

△ 日伪军三万余人分10路同时向太行区黎城、端城、榆社、武乡、襄垣等地"扫荡"。在八路军总部指挥下，根据地军民经10天激战，粉碎敌人的"扫荡"。是役共毙伤日伪大队长以下官兵2000余人，解放民伕1300余人，摧毁"维持会"300多个。

△ 日伪强迫天津各校中国学生组织所谓"天津学生增产奉仕队"，进行"食粮增产运动"。规定是日起，每天至少一小时以上为"勤劳奉仕时间"，将一切生产所得供奉日军。

4月6日 军事委员会任命傅仲芳为第二十九集团军副总司令。

△ 荷兰首任驻华大使罗芬克抵达重庆。

△ 伪满制定《产业开发五年计划的重点》，提出加紧对日本战时物资的供应，着重发展钢铁和粮食生产。

△ 美援华救济联合会拨款91.3万美元，救济河南及其他省区灾荒，连同前汇重庆之救济豫灾款57.3万美元，共计收到救济款148.6

万美元。

4 月 7 日　蒋介石电豫、陕当局借拨军粮赈济豫灾。

△　三青团第一次全国代表大会举行第八、第九次大会。8 日,举行第十、第十一次大会,继续讨论提案。

△　西北工业资源展览会在重庆开幕,展出新、宁、青、甘、陕、川等省矿物、农产、工业产品、文物样品与资料约千数种。12 日闭幕,参观者约三万人以上。

△　甘肃省府公布去年轰动兰州之大囤积案。主犯前中国银行兰州分行经理郑相丞及该行所属西北货栈经理尹慎之,二人囤积日用必需品及各种器材达千万元以上,经上级核准郑相丞撤职,尹慎之拘押法办。

△　英国政府派遣来华商讨农作物病害防治问题之真菌专家柏德威抵达重庆。

△　日军在安徽贵池县东门外三阳墩处,用刺刀戳胸、剖腹、砍头等残酷手段,杀害村民 100 多人。

△　陈公博赴日活动抵东京,会东条陆相、杉山参谋长及青本大东亚相。8 日,拜会天皇,9 日与日首相东条会谈。14 日结束在日活动抵北平,18 日返回南京。陈离东京前曾发表谈话表示决心:“誓以举国一致尽力之所有,不惜政治、经济、文化上的贡献,以完成大东亚战争。”

4 月 8 日　蒋介石召见重庆市参议会正、副议长康心如、李奎安,说明政府对限价政策之新决定。同日,重庆市参议会举行第六次会议,通过提案多项,其中针对屠业公司之统制制度及凭证购肉办法之流弊,建议:一、撤出屠业公司之官股;二、废止猪肉限量办法纲要;三、由主管机关督饬屠业公司供应猪肉及集中屠宰,实行卫生检查等。

△　军事委员会任命覃异之为第五十二军副军长。

△　国民党中执会海外部训令驻海外各总支部、直属支分部,扩大征求党员。规定本年 6 月 1 日至 11 月 30 日为第一期扩大征求党员期,并为此制定《战时海外党部征求党员实施办法》,对介绍满 20 人、50

人、100人以上者,分别情况予以奖励。

　　△　伪江苏省长李士群与日方签订《苏北地区第一期清乡工作实施之协定》,规定苏北"清乡"自4月10日开始,9月底完成。

　　△　汪伪行政院长兼财政部长周佛海,由日方经济顾问冈田岛次率领启程访问伪满,随员有汪伪财政部总务司司长、伪中储银行总务处长、副秘书长等。19日,结束在伪满活动返回北平。

　　△　伪满制定《金属献纳强调要领》,下令回收金属,以支援"大东亚圣战"。溥仪带头将伪宫中一部分金属制品拿出炼造。11日,全伪满展开金属类献纳运动。24日,伪满宣布废铁回收,强迫人民交出一铁一钉。7月20日,溥仪又将宫内60余件金属用具献出。8月23日,伪满公布《金属类回收法》,并设立金属回收本部。

　　△　法国维琪政府照会汪伪政府,宣布交还厦门鼓浪屿公共租界行政权。

　　4月9日　三青团第一次全国代表大会举行第十二、第十三次大会,通过《团章修订案》、《团务工作改进案》及《为增进党团联系本团应参加各级党政联合机构案》等。

　　△　傅作义、陈长捷为上月26日伊盟蒙胞武装请愿事件电邓宝珊、高双成,请派员营救沙克都尔札布。是日,邓派秘书彭玺、高派副官长王兆丰,偕同蒙政会参事任秉钧赴乌审旗慰问沙王,并请其去榆林暂住。

　　△　国立中央研究院举行茶会欢迎来华讲学之英国牛津大学教授陶德斯及剑桥大学教授尼德汉,翁文灏、黄炎培、杭立武、张西曼、张道藩、程沧波等出席。

　　△　陕甘宁边区劳动英雄赵占魁向边区工人提出新的友谊生产竞赛书,陕甘宁边区"赵占魁运动"开始出现新高潮。

　　△　汪伪政府特使周佛海抵长春,就追随日本帝国主义进行所谓"大东亚战争"与伪满大臣李绍庚会谈,18日取道北平返回南京。

　　4月10日　蒋介石建议罗斯福总统召见陈纳德,听取陈纳德关于空中袭击的详细计划。4 月底,陈纳德回到美国,向罗斯福陈述其计划。罗斯福当即批准第十四航空队的两个目标:第一,在中国击毁相当数量之日机,使其全部空军力量丧失战斗力。第二,袭击日方沿华南海岸上的海上航路,在夏、秋两季至少击沉敌人船舶 50 万吨。

　　△　三青团第一次全国代表大会举行第十四、第十五次大会,通过《发动青年建设新中国案》、《增进青年福利案》、《发展团务十年计划总纲案》等。

　　△　军事委员会任命梁华盛为第四集团军副总司令,曾甦云为第四十一军军长、陈宗井为副军长,刘翼峰为第八十七军副军长。

　　△　第八战区司令长官朱绍良、副司令长官胡宗南以密切联络为由派参谋胡公冕、副师长侯声抵延安,12 日、13 日分别拜谒毛泽东、朱德、林伯渠等。

　　△　全国慰劳总会在重庆举行慰劳上海四行孤军脱险九壮士大会,九壮士代表萧益生报告脱险经过及沦陷区同胞受敌压迫情况。同日,全国慰劳总会决定是日起至 6 月底止,在全国开展鞋袜劳军运动。并定 4 月为鞋袜劳军宣传月,5 月为鞋袜劳军竞赛月。

　　△　国民政府明令嘉奖甘肃渭源县张文栋捐助平凉女子师范校址价值 8.2 万余元,并颁发"热心教育"匾额一方。

　　△　国民政府令:吴化文着即免去陆军少将原官,前授之四等云麾勋章及五等宝鼎勋章一并予以褫夺。

　　△　重庆、昆明无线电传真开放。

　　△　苏联驻迪化总领事普式庚通知盛世才,撤退 1937 年入新、现驻哈密之苏红军第八团与苏联在新之锡矿考察团,以及飞机制造厂等。28 日,盛世才将此事正式电告蒋介石。

　　△　上海日本使馆事务所发表《华中华南与日本或华北间旅客携带货币办法》,规定伪储备券可直接与日本银行券或联银券交换,比率为伪储备券 100 元兑日银券 18 元。

　　4 月 11 日　国家总动员会议秘书长沈鸿烈在桂林主持湘、桂、粤、赣四省限价会议,四省主管厅长、委员及各该省中央机关代表 40 余人到会。

△ 重庆市政府调整限价办法,米、煤等八种主要日用品,继续限价;其他各种日用品改为议价;非日用品暂缓议价。凡议价物品,经物价评议会议定后,再由社会局核定。物价评议会改组,由市商会、工会、参议会、市党部及重要之同业公会组成。

△ 国产双座滑翔机在成都试飞成功。

△ 晋西太行山、林县、临淇、陵川战斗,第二十四集团军庞炳勋率新五军孙魁元、第四十军马法五、第二十七军刘进等部与日第三十五、第三十六师团及独立第四、第八混成旅团激战。日军由华北方面军冈村宁次指挥,企图摧毁我太行山根据地,战事非常激烈。新五军溃散,第二十四集团军伤亡 4000 人,日军伤亡约 5000 人。第二十四集团军总司令部少将处长邵恩三殉职。

4 月 12 日 三青团第一次全国代表大会闭幕。蒋介石主持并致训词称:同盟会为第一次全国青年大结合,创办黄埔为第二次大结合,这次三青团全代会为"第三次全国革命青年大团结"。大会通过宣言并宣布当选人名单:吴敬恒、戴季陶、孙科、何应钦、李宗仁、白崇禧、叶楚伧、张伯苓、蒋梦麟、陈果夫、顾孟馀 11 人为指导员。周鲠生、李任仁、严立三、陈豹隐、杨端六、卢作孚、傅斯年、顾颉刚、李蒸、陈策 10 人为评议员。张治中、陈诚、陈立夫、朱家骅、陈布雷、胡宗南、谷正纲、王东原、汤恩伯、贺衷寒、康泽、蒋经国等 72 人为中央干事会干事。杭立武、李俊龙、杨尔瑛等 24 人为候补干事。王世杰、胡庶华、邵力子、吴铁城、罗家伦、薛岳、谭平山、李汉魂、翁文灏等 49 人为中央监察会监察。韦永成、吴南轩等 19 人为候补监察。大会还通过决定,以 3 月 29 日黄花岗烈士纪念日为中国青年节。会后全体代表入中央训练团受训。

△ 国民政府公布《公务员叙级条例》。

△ 航空委员会主任周至柔、兼外事局局长商震,因开辟中印定期航运事,呈报蒋介石、何应钦称:"查英方所请专为军用性质,以运输物

品供给在华工作机关为主,倘任其以军用机名义自由飞行国境,我方势难探知其内容,更无法限制其数量,殊碍我方权益,为便利双方运输,并确定航线,限定时间,便于控制约束起见,似以组织中英航空公司为宜。"并拟具中英航空公司草约一份,作为与英方谈判之依据。提出在未决定前英机来华"暂以《外国航空器飞航国境统一办法及检查暂行办法》办理。4 月 27 日,行政院致电蒋介石"拟请准如所议办理"。

△　数十年久悬未决的湘黔边境划界问题基本解决。内政部民政司科长王政诗奉命主持是项工作,是日,会同两省所派之委员屈开诚(黔)、黄元友(湘)及晃县县长刘惕王、玉屏县县长李世家等一行五人,同时出发,实地踏勘地形。约 10 日后,划界问题基本商定,双方均表示接受。

△　福建省税警第十一团第三营营长郭梦熊致福建缉私处,报告闽东盐务弊端情形称:盐局视察员与所属职员通同作弊,视察员"出巡一次妄报之旅费逾万","职员贪污,法纲废弛"至为严重。报告揭发闽东盐务视察张铭勋等勾结奸商,营私舞弊,仅过秤盖章一项"办理不及逾年,而若辈所获之赃款则不下数十万元"。此案虽经破获,复为盐局包庇,要求财政部派员彻查。同月,福建缉私处以此报告转报财政部缉私署。

△　语言学家黎锦熙等发起组织中国语言文字学会。是日,召开发起会议,推定吴敬恒、黎锦熙、罗常培等 19 人为筹备委员。

△　文学家万迪鹤患肺病三年,贫病交集,是日,病逝四川巴县。郭沫若、茅盾为之筹措安葬费,并拟募款抚育万迪鹤遗孤。

4 月 13 日　国防最高委员会颁布《党政各机关工作计划及概算配合编造通则》。

△　国民政府以西康省西昌县郭仲西"慷慨捐资,嘉惠边疆学子",特明令嘉奖,并准题颁"热心教育"匾额一方。

△　重庆市警察局长唐毅召集全市各分局所长及承办户籍员生、保长等 500 人,举行户籍扩大会议,商讨举行居民身份证总检查及清理

各镇保发证事宜。

　　△　中共中央宣传部发出《宣传要点(第七号)》,指出:由于苏联对德反攻空前的胜利,由于美国军事力量的巨大发展,由于中国人民的坚持抗战坚持团结,日寇现时的政策是,集中力量巩固太平洋的既得阵地,准备对美决战,同时对中国进一步压迫,并有发动新进攻的可能。在这一情形下,日寇对中国沦陷区的政策发生了很可注意的变化,即竭力帮助汪逆进行所谓"统一"华北,以朱深代王揖唐,以青天白日旗代五色旗,并开始撤退伪组织中的日本人员,停发军用票,玩弄所谓"交还财产"、"归还租界"等。指出这是日本欺骗沦陷区人民的新阴谋,要求各级宣传部门,将敌伪的欺骗宣传加以针锋相对的揭穿和痛斥,号召沦陷区人民不受欺骗继续坚持斗争,帮助抗战;号召全国加强团结,准备反攻,粉碎敌伪阴谋。

　　△　中共中央政治局会议讨论《中共中央关于继续开展整风运动的指示》草案第一号、第二号、第三号。指出:整风是一伟大的党的思想斗争,实行此种斗争的武器就是自我批评。

　　△　第三十二集团军副总司令陶广奉顾祝同令,指挥第五十二、第一九二师、挺进第二纵队、苏保第四纵队及忠义救国军主力,开始"围剿"江苏溧阳、溧水地区之上兴埠、上浦埠、白马桥、曹山一带新四军,至20日,共毙伤新四军约1300余名,俘100余名,是为国民党军本年度对苏南新四军第一次之"剿办"。5月以后,因当地新四军复又活动,6月6日,陶广又指挥进行第二次之"剿办",历时两昼夜,毙伤新四军100余名。

　　△　日本大本营以大陆指第1501号,指示日防卫总司令官东久迩大将:"迅速将飞行第54战队的一个中队派往台湾",以防在华美军的空袭。同日,台湾总督长谷川赴华南视察日军占领区。

　　4月14日　国民政府明令改组新疆省政府,原省政府委员马绍武(兼民政厅长)、胡寿康(兼财政厅长)等九人免职。新任命李溥霖、彭吉元、林继庸等10人为省府委员,李溥霖兼民政厅长、彭吉元兼财政厅长、林继庸兼建设厅长。

△　湖南、广西、广东、江西四省限价会议在桂林闭幕。通过以湘米25万石济桂等决议案多项。会后,广西省粮政局长严海峰即赴湖南接洽,望能由此使广西米价平抑。

△　宋美龄返抵纽约对记者发表谈话,主张中、美、英、苏四国应首先成立一战后世界委员会。次日,美副国务卿威尔斯发表演说称:"惟有成立国际组织,世界和平始能确保。"

△　八路军冀南军区部队攻克馆陶以东门庄据点,全歼伪军一个中队。同日,冀鲁豫军区军民粉碎日伪军4000余人对冠县地区的"扫荡"。

4月15日　孔祥熙在重庆主持中央银行及中央信托局十周年纪念仪式,蒋介石亲往致词称:十年来"中央银行业务之进行,均能配合军事政治之需要,举凡法币政策之推行、战时金融之稳定及一般经济之充实与发展,成绩昭昭,贡献甚大,此皆孔总裁苦心领导及各同人一致努力之所致,深堪嘉慰"。

△　中国军事代表团团长熊式辉一行由英返国抵达重庆。朱家骅、张治中等前往机场欢迎。当日下午,熊式辉晋谒蒋介石述职。

△　军事委员会任命刘多荃为第二十五集团军副总司令,梁恺为第五军副军长,柴济川为第九十二军副军长。

△　美海军部长诺克斯和中国外交部长宋子文,在华盛顿签订《中美特种技术合作协定》。

△　经济部公布《奖励仿造工业原料器材及代用品办法》,凡11条。

△　中共中央书记处会议通过关于继续清查特务、进行防奸教育问题的决定。

△　旅美华侨统一义捐救国总会电告中央海外部,自广播中得悉请赞助文化劳军运动,特向中国银行汇解国币50万元。

△　沦陷区太原铁工厂工人举行大罢工,许多工人逃离工厂,仅炼

钢厂逃出者即达 1400 人。

4月16日　国民参政会驻会委员会举行例会,雷震代读外交部书面报告,陈立夫讲解最近教育设施。参政员黄炎培、杭立武、许德珩、江一平等提出关于沦陷区青年、华侨教育、高中学生服务、膳食贷金、会考招生合并举行及采购外国书籍等询问案数项。

△　甘肃油矿局巨型羊皮筏三艘,满载煤油,由广元抵渝,为嘉陵江航业史开一新纪录。

△　日军三个师团五万余人在空军配合下分路进犯太行山区。17日,陷陵川,22日,陷林县、临淇。

4月17日　蒋介石在三青团全体代表聚餐会上致词称:“今后学校团务应采感召与领导方式,务使学校青年咸能欣然入团,绝不可有强迫意味。”要求团员“重义气,有血性……充分认识中国伦理之基本精神,而身体力行,尤以五伦中之‘兄弟’、‘朋友’二伦实为团员所应具之德性”。

△　台湾革命同盟会在重庆集会纪念《马关条约》签定四十八周年,并发表宣言及告中国同胞书说:“本会领导台湾革命之方针素以归宗祖国为中心,今后尤为坚决本此方针而努力,无论任何异族统治台湾,均为吾人所反对,誓必反抗到底,虽再牺牲百万头颅,十年岁月亦必争取民族之自由解放,今当《马关条约》四十八周年纪念日,本会同志于悲惨痛恨之余,特此宣言。”

△　日军第十五、第一一六师团及伪军各一部共 6000 余人,分八路对安徽巢县南部新四军进行奔袭“扫荡”,新四军经过一周反“扫荡”作战,将敌击退。与此同时,活动于巢县外围之新四军,乘敌“扫荡”巢南之际,积极配合内线部队发动进攻,至 25 日与日伪战斗 23 次之多,歼敌 350 余人。

△　军事委员会任命石觉为第十三军军长,黄祖埙为第七十六军副军长。

△　日本大东亚省大臣青木一男抵香港,与香港总督矶谷廉介及

驻华南海军司令晤谈。21 日后,又飞西贡、曼谷、新加坡等地活动。

4 月 18 日　夜,日本华北方面军以 12 个大队的兵力向冀西平山县回口地区八路军进行合击,20 日构成以回口为中心的直径约 50 公里的包围圈,至 21 日夜将包围圈压缩到直径约 16 公里的范围,22 日拂晓发起总攻。但该地八路军早已转移,日军扑空。

△　日本联合舰队司令长官山本五十六大将在所罗门群岛上被美空军击落座机,坠海身亡。6 月 5 日,日本为山本举行国葬。

4 月 19 日　三青团召开新任干事、监察首次联席会议,蒋介石主持并"致训"。通过修订中央干事会、中央监察会组织条例及第一次全国代表大会决议案、整理委员会报告案等多项。

△　国民政府公布《交通部公路总局组织法》,凡 19 条。

△　交通部电政司改为邮电司,是日成立。

△　公路总局联运汽车管理处与西北公路运输局商定,是日起举办渝、兰旅客联运,每星期对开一次,各在广元换车。

△　国立中央研究院呈文行政院,报告美军要求拍摄该院气象所绘制之 1925 年至 1936 年中国逐月天气图,以"事关军航机密"请示核办。5 月 21 日,行政院函复:"似可准交美空军拍摄,惟须由美方负保守机密之责。"

△　西藏高僧东木格西应重庆汉藏教理院及成都佛学社之请,赴内地弘扬佛法,于 1942 年 6 月由拉萨启程,是日,与蒙藏委员会委员格桑泽仁联袂抵达康定。

△　日伪军集中 1.2 万余人向晋察冀抗日根据地北岳区进行"辗转扫荡",八路军晋察冀军区主力部队采取分散活动的方法,积极开展游击战,打击"扫荡"之敌。至 5 月 17 日,经 29 天作战,攻克敌人碉堡五座,毙、俘日伪军 2700 余人,粉碎日伪军"扫荡"。

△　日军第一一〇师团主力、独二、独三、独四、独十五旅团及第二十六师团与太原守备队等部约万人,向冀西地区的平山、灵寿、房山、涞水和涿州进行"扫荡",历时一个月,至 5 月 18 日"扫荡"被粉碎。是役

八路军地雷战发挥巨大威力,共毙伤日伪军 3000 余人。

　　△　河北行唐、灵寿、平山等据点日军 4000 余人,向冀中根据地滹沱河两岸"扫荡",该区军民分头迎击,恶战旬日,至 26 日来犯敌军被各个击退。

　　△　伪满新京首都警察全部出动,昼夜两次在全市进行大搜捕,两次共抓捕 3160 人,最后将其中 1287 人强迫劳动。

　　△　周佛海由长春抵北平,对记者发表谈话,表示希望华北能统一在汪政府下,以调整支离涣散的形态。

　　△　英援华会在伦敦举行"中国讨论会",中央社驻伦敦特派员林成让等人在会上讲战时与战后中国建设及中国之社会与文化等问题。

　　4 月 20 日　经济、教育两部在重庆联合召开工业建设计划会议,讨论从"技术眼光商定战后工业建设计划",各重要厂矿、各大学工学院、各工业学校负责人共 135 人与会。蒋介石主持开幕式并致"训词"。会议历时 10 日,至 30 日闭幕,通过《战后工业建设纲领》等决议案。

　　△　日军二万余自白晋、平汉、道清线分 10 余路向冀南、豫北地区发动大"扫荡"。此次进犯系由冈村宁次指挥,事前曾有秘密布置,一个月前即秘密集结,本月 7 日开始调动,是日出犯。日军进攻态势:白晋线第三十六师团万余人,自潞城、长治、壶关、高平、晋城向东包围前进,一部当日窜抵平顺城郊;另一部 2000 余人由壶关向东南进犯,入夜窜抵龙溪、阳威。平汉线日军独立第一、第三、第四混成旅团各 3000 余人,其一部 1000 余人自安边观台西犯,另一部 5000 余人自安阳、汤阴以西以南地区西犯。道清线为第三十五师团,亦同时分道北犯。

　　△　驻山西省朔县日军继续在城内大肆屠杀,居民遇难者达 160 余人。

　　△　伪满调任于镜涛(原滨江省长)为奉天省长,任王子衡为滨江省长,原奉天省长徐绍卿辞职。

　　△　日本内阁局部改组:原任驻华大使重光葵任外相,原任国务相藤纪三郎任内相,东条原兼陆相复兼文相,天羽英二任情报局总裁,大

麻唯男任国务相。

　　△　美国宣布去年 4 月炸日经过,称美机系自一航舰起飞,航员 80 人,其中 64 人降落中国,五人降落苏联被扣。同日又宣布:4 月上半月西南太平洋盟机毁日机 128 架、日舰船 19 艘;盟机损失 25 架,与日机相较为 1:5。

4 月 21 日　三民主义青年团第一届中央干事会第一次全体会议在重庆举行,蒋介石主持并宣布国民党中央执委会、中央监委会常务委员及国民政府五院正、副院长均为该团当然指导员,同时宣布该团常务干事、常务监察及各主管人员名单。中央常务干事:张治中、陈立夫、朱家骅、张厉生、段锡朋、梁寒操、谷正纲、王东原、贺衷寒、何浩若、张霭真、刘健群、倪文亚、袁守谦、黄宇人,书记长张治中、副书记长胡庶华。中央常务监察:王世杰、邵力子、吴铁城、罗家伦、谭平山、朱经农、甘乃光、李士珍、李曼魂,书记长王世杰。会议还通过总决议案及专案多项,其中以统一全国青年组训纲领、发展团务十年计划、发动青年研读《中国之命运》等为"最重要者"。

　　△　浙江省主席黄绍竑密电蒋介石,报告该省召开第九次党政军联合反共会议,称当地共产党力量"何静、连柏生等自组三北游击司令部,拟夺取四明山为据点","若不及时肃清将蔓延为患"。要求拨给经费,"提高官兵待遇","统一指挥集中权责",并调配"精良部队"进行"痛剿"。5 月 3 日,蒋介石批转何应钦核办。

　　△　鄂东新四军攻入长江北岸日军据点蕲春,毙、伤、俘日伪军 400 余名,新四军亦伤亡 111 名。

　　△　雁北灵丘县刘庄、雁翎、岸底、张家湾等村民兵密布地雷阵,是日炸死北泉据点出动之日伪军 30 余人。

　　△　以徐培根为首的中国军事代表团一行抵土耳其首都安哥拉。

　　△　罗斯福总统为日方杀害去年空袭日本之美飞行员发表声明,斥责此种行为野蛮已极。同日,宋美龄在纽约亦就此事发表谈话,称此为日本违反人道之又一罪行。

4月22日 全国国民兵举行第二次献机典礼。军政部兵役署发起之国民兵一元献机运动,自去年"七七"捐献"国民兵第一号"飞机后,又收到各省捐款140余万元,共购"湖北号"、"湘南号"、"安徽号"、"河南号"、"陕西号"、"贵州号"、"江西号"、"重庆号"等驱逐机各一架,连同伊盟沙克都尔札布筹募之"蒙古号"一架,于是日同时举行献机典礼。据蒙旗代表、伊盟保安长官公署参谋长褚大光谈:今日蒙古所献飞机,可以说是蒙古第一号,以后蒙古第二号、第三号将接踵而来。

△ 宋子文抵加拿大访问,商讨对华军队援助问题。次日,返回华盛顿。

△ 中国全国工业协会在重庆成立。该会系由工业界庞赞臣、潘仰山、傅汝霖等发起。经济部长翁文灏在会上宣布政府已决定拨款一亿元,定做值洋二亿元之机器,以扶植后方工业。

△ 红军将领刘志丹灵柩运抵延安,延安万人举行迎灵典礼。次日,延安1.5万人举行公祭大会。24日,移往志丹县。5月2日,在志丹县公葬。

△ 豫北济源伪军薛玮堂率部1000余人,向太行区抗日人民武装部队投诚。

△ 日军独立第五、第六、第七等混成旅团及伪军一部共约二万余人,配合兵舰一艘、汽艇300余只,以山东广饶、博兴、蒲台、利津为基点,南沿小清河,北依老黄河,西凭博(兴)蒲(台)公路,东临大海,由鲁北清河中部地区构成大规模之"拉网合围"。八路军转移外线,以游击战争给敌以打击后乃分散突围,多次使敌扑空。28日、29日敌分路撤回。

△ 军事委员会免去罗卓英第三战区副司令长官职务。

4月23日 国民党中央发出关于普遍印行蒋介石著述训示办法,称蒋介石"著述及各种训词小册均为现代政治经典",要求各省、市、县学校、党部"大量翻印"、"大量廉价发售",各团体购买"除照定价廉售外,并可再酌予折扣,以示优待,借广宣传"。对翻印"成绩卓著者得呈请奖励之"。

△　军事委员会任命刘汝珍为第七十八军军长。

△　荷兰驻华大使罗芬克向林森呈递国书。

△　新德里举行中国战时照片展览,展期一周。

4 月 24 日　蒋介石主持中央警官学校正科第十期、警官班第三期毕业典礼,及特科外事警察讲习班开学与正科第十二期入伍升学典礼,并致训词。

△　国民政府特派陈立夫为三十二年度第一次高等考试初试典试委员长,派夏勤、叶秀峰、洪兰友、沈士远、吴大钧等 19 人为委员。

△　中国经济学社举行第十六届年会,讨论战后经济问题,次日闭幕。决定组织战时经济研究委员会,并成立重庆分会。

△　陪都妇女福利社举行成立典礼。该社常务理事张岫岚报告成立宗旨及现行工作,略谓:本社以解决职业妇女之困难及增进一般妇女之福利为宗旨,工作共分妇女福利、生产事业及辅导事业三项。

△　重庆《新华日报》报道:任教湖南宁乡北平民国学院之著名文学家张天翼贫病交加,境遇惨淡,医疗中辍,病况转危,该院同学特发起募集医疗费,并向各界呼吁。此消息发表后各界读者纷纷响应,截至 4 月 30 日,新华日报社已收到读者捐款 5720 元,并建议发起成立"作家生活保障同盟会"。

△　新编第五军军长孙殿英在河南林县临淇地区作战中被俘投敌。

△　美驻华第十四航空队首次袭缅。次日,日机一批空袭湖南,第十四航空队起飞迎战,击毁日机五架。

△　日战斗机 44 架空袭零陵美空军基地。29 日,复以战斗机 22 架、轻轰炸机九架再次空袭,迫使桂林地区美空军向后方转移,截至 30 日晚,衡阳、零陵两地仅留战斗机七八架,轰炸机数架。

4 月 25 日　陕甘宁边区政府颁布条例一批,计有《陕甘宁边区各级政府干部任免暂行条例草案》(10 条)、《陕甘宁边区政纪总则草案》(28 条)、《修正陕甘宁边区县政府组织暂行条件草案》(21 条)、《陕甘宁边区各级政府干部管理暂行通则草案》(六条)、《陕甘宁边区各级政府干部奖惩暂行条例草案》(11 条)。

　　△　拥有会员 120 余万人的晋察冀抗日根据地北岳区各民众团体,在阜平召开代表大会,历时 7 日,正式成立了北岳区抗日救国联合会,选出执委 49 名,常委九名,杨耕田当选为主任,岳志坚任组织部长,沙可夫任宣传部长,王文兴任工人部长,赵国屏任农民部长,李宝光任妇女部长,李开信任青年部长,顾德任秘书长。

　　△　军事委员会任命张耀明兼第五十四军军长,韩文英为第二十五军副军长,唐子长为第四十九军副军长,唐冠英为第一〇〇军代副军长。

　　△　延安蒙族青年、民族学院各族学生及各机关代表百余人集会公祭成吉思汗,吴玉章宣读祭文并讲话。

　　△　虞洽卿由贵阳抵桂林,考察西南工商业。

　　4 月 26 日　八路军冀南军区第三、第四分区军民,在馆陶、临清地区粉碎日伪军 1300 余人的“扫荡”。次日,第六分区军民又粉碎日伪军 2000 余人对枣南、故城地区的“扫荡”。

　　△　李仙洲部第九十二军第一四二师师长刘长春率师部及第四二五团,由鲁西进入鲁南,向八路军驻地进犯。

　　△　日军包围太行山守军第二十四集团军总部,总司令兼第四十军军长庞炳勋被俘,胁往新乡。

　　△　日机空袭云南会驿机场,28 日复袭该机场。5 月 1 日,日大本营发表战报称:击落美机五架,地面击毁并焚毁 41 架。

　　△　汪伪政府赠送日本天皇裕仁“同光”勋章,派褚民谊为专使呈送。

　　4 月 27 日　蒋介石邀集工业建设计划会议全体会员聚餐,并发表《中国工业建设之途径》的讲演,要求“工业家都必须有热烈的国家观念和政治认识,必须与政府发生密切的联系,必须以达成国家整个的工业建设引为自身的责任”。

△　国民政府教育部呈文行政院，严令各级学校学生"除国家纪念日外"不得参加群众集会或游行，"以重学业"。

△　国民政府公布《财政部花纱布管制局组织规程》，废止《农本局组织规程》。

△　行政院决议各省、市地方普遍设立田赋粮食管理处。

△　四川省政府发表该省国民教育概况称：川省国民教育之推行，始于二十九年 8 月，目前共有乡镇中心小学 4401 所，国民学校 3.9399 万所，小学部 4.4416 万所，民教部 6.954 万班。小学部入学儿童 243.724 万人，民教部入学成人 571.0867 万人，培养师资 3.4281 万人。

△　国民政府明令嘉奖昆明市黄美之捐资兴学，达国币 14.5 万元。

△　江西省赈济会宣布，因广东难民来赣者突有增加，原划定新淦等 19 县不敷收容，特重新划定全省 69 县为收容区，预定收容难民 10.95 万名，饥民 3.3159 万名。

△　进犯太行山日军分路由陵川、晋城发动新的攻势。第二十四集团军第四十军副军长马法五率部，在第一战区司令长官兼冀察战区总司令蒋鼎文指挥下，苦战多日，突破日军围截安全南撤。

△　汪伪军事委员会派军事视察团赴日，是日抵东京，团长叶蓬，副团长孙良诚、胡毓坤。

△　伪满司法部刑事司扩大为司法矫正总局，由原刑事司司长中井久二任局长。该局除接管原刑事司所掌管的伪满监狱行政外，主要指挥与监督"保安矫正制度"中的"预防拘禁"执行情况。当天，仅奉天一地即有 3576 人被捕，送往该地矫正辅导院。

4 月 28 日　云南空战大捷。日机 45 架袭击美第十四航空队云南基地，双方发生激烈空战，盟机以少胜多，击毁日机 18 架。中缅印空军司令部在欢迎第十四航空队宴会上称：是日空战所表现之技术勇气及守职精神，殊堪嘉许，战果极为卓越。

　　△　河南省政府主席李培基向记者报告救济豫灾情形,略称:河南省府已先后派各厅长委员驰赴灾区视察,并考核各区县救灾成绩之优劣。并称数月以来各方汇豫捐款为数甚巨,已分配各救济单位。

　　△　广西省举行救济饥荒紧急会议,民政厅长朱朝森报告说:截至20日止,已有邕宁、同正、扶南、绥渌、上思、迁江、果德、都安、隆山、横县、贵县、宾县、永淳等13县电报饥荒。

　　△　国民政府颁给张群、庞炳勋一等云麾勋章,孙魁元(殿英)三等云麾勋章。

　　△　周恩来致电毛泽东、朱德:根据各方情况和刘为章信,估计国民党有在报上公开反共可能。请即将最近八路军、新四军作战和配合友军的情况以及他们进攻我军情况电告,以便将前者在《新华日报》上发表,并向外国记者宣传我们的战绩。

　　△　新四军第十六旅旅长王必成、政委江渭清,为第三十二集团军陶广部"围剿"两溧(溧阳、溧水)地区发表《为反对进攻新四军,残害江南人民,破坏团结抗战,向友军提出的严重抗议书》,希望该部以国家民族利益为重,放弃反共成见,改善苏南地区国共两党关系,互相合作,坚持共同抗战。

　　△　重庆《新华日报》刊登读者来信《从贫病魔掌中援救张天翼先生》及捐款情况报告,呼吁"集腋成裘",不要让被贫病吞食文坛巨匠和前途无量的艺术家的悲剧的继续扮演。

　　△　史迪威、陈纳德抵华盛顿与马歇尔会商。史迪威、陈纳德离职期间,缅、印军事由惠莱中将负责,驻华空军由葛纳少将负责。

　　4月29日　国民政府公布四川省临时参议会议长、副议长、参议员、候补参议员名单:议长向传义,副议长唐昭明。

　　△　新任驻荷兰大使金问泗在伦敦向荷兰女王威廉明娜呈递国书。

　　△　蒋介石手令查禁《新华日报》援救张天翼稿件称:"查本月28日《新华日报》第三版读者园地栏载有《援救张天翼先生》之函件及捐款

报告等,此种记载应予取缔。又同版左下角有'陕甘宁边区学生电英学生联合会'之大字标题新闻,殊属不合,以后不许有陕甘宁边区字样登载,希即切实注意为要。"

△ 国民政府公布《印花税法》,凡四章 24 条。

△ 日本天皇裕仁诞辰,东京举行阅兵式。同日,汪伪亦在上海等地举行庆祝式。

4 月 30 日   以顾毓琇为团长的国民政府赴印教育文化访问团返国抵渝。该团访印期间,与印方交换互派教授、学生等文化合作事宜。

△ 国民参政会驻会委员会开会,由熊式辉作访问英、美军事情形报告。

△ 新任加拿大驻华公使欧德伦少将抵达重庆。

△ 上海租界警务局及各伪警务机关,"以五月份纪念日甚多",决定是日起至 6 月 1 日止,实行"特别戒严"。

4 月下旬   日军为打开长江上游航线,夺取中国船舶及洞庭湖谷仓,歼灭该地区中国军队主力,威胁重庆门户,抽集六个师团,分别集中于枝江、弥陀市、藕池口、华容、白螺矶、宜昌一带地区;同时于汉口、荆门、当阳等地集结飞机 248 架,准备向鄂西发动进攻。

是月   国民政府颁布《各省市重要物品价格联系调整办法》,凡六项。

△ 行政院颁布《非常时期厂矿工人受雇解雇限制办法》,凡 18 条,原经济部《非常时期工业技工管理规则》即行废止。同日,又制定《非常时期奖助必需品商业同业公会办理共同购运办法》,凡 12 条。

△ 经济部核准工业技术发明专利案数件,计有张选荣之合成胶制造电木粉及绝缘漆,陈厚封之陈氏微电器,杜春宴等之金沙铬提制棕色染料,陈宏伟之不锈弹簧皮鞋带等。

△ 教育部通知各国立院校及全国性学术团体,本年度部聘教授拟再增聘 15 人,分由中国文学、外国文学、史学、哲学、教育、数学、物理、化学、农科、工科、医科、政治、法律、经济、艺术各遴选一人。

△　福建省拟定护林办法,规定放火烧毁他人山林者处死,放火烧毁自己山林者处无期徒刑或七年以上有期徒刑。

△　福建行政区重新调整,福建省原为七区辖 63 县及周墩、柏洋两特种区,福州、厦门两直辖市。现改划八区,周墩、柏洋改设县治,共 65 县又两直辖市。

△　昆明市人口激增,据市府本月初整理户口复查结果:全市居民有籍者合计 5.2714 万户,20.2125 万丁口,与 1942 年 9 月调查数目比较,半年间增加 9564 户,2.0124 万丁口。

△　戴笠偕同美军马德斯少校等,抵达第三战区所属敌后武装忠义救国军指挥部视察,决定在安徽歙县雄村成立军委会特种干部训练班(后改称中美技术合作所第一训练班),训练忠义救国军干部。

△　周恩来致电毛泽东,说明目前蒋的政策是向各方施行各种突然袭击和压迫,企图挽救其危机。所以,我们的对策,似宜非常灵活,以揭破其阴谋。

△　中共广东军政委员会决定成立珠江指挥部,坚持五桂山根据地抗日斗争,林锵云任指挥,罗范群任政委。

△　日伪在滦平县完成"大集家",将 4.3576 万户、24.5 万余人赶进 543 个"人圈",并划出 230 平方公里的"无人区",占全县总面积的 8.7%。

△　苏联驻华大使为时与潮社出版《波兰沦亡恨》(贾午著)、中国文化服务社出版《政治艺术论》(邓公玄著)等反苏反共书籍,向国民政府提出抗议。

5　月

5月1日　宋子文向罗斯福总统致送备忘录,称中国全力支持陈纳德空袭计划,为了集中所有战时资源作空中攻击之准备,中国拟以 5 月、6 月、7 月三个月空运吨位全数供应汽油及飞机器材。并称,"蒋委员长并嘱予声明：敌人如以地面部队攫我飞行基地，中国陆军力能应付"。2 日，史迪威向罗斯福提出应继续加强中国陆军的战斗力。称如果照蒋的建议，中断空运三个月，只向空军提供物资，那么 1944 年 1 月以前中国军队就不可能参加缅甸作战，也守不住空军的基地。罗斯福表示他同意陈纳德的空袭计划，但也不能因此中断对云南受训部队的供应。在收复缅甸问题上，罗斯福同意在缅北采取行动，不必在南部及仰光采取行动。

　　△　中共中央书记处作出关于何时打败日本问题的宣传工作的指示，内称：当苏联根据英美约定 1942 年开辟第二条战线，提出当年打败德国的口号时，我党亦提出 1943 年打败日本的口号，这是不但可以而且应该的。但当英、美没有履行诺言因而 1942 年打败德国没有实现时，我党即不应该继续宣传此种口号，而应向群众解释，并鼓励群众坚持努力，争取胜利。指示要求各中央局及分局作长期抗战的打算，准备再作两年至三年的极端艰苦斗争，并须准备或有的意外变化。

　　△　全国各地工人分别纪念"五一"。重庆决定五一节加紧生产，概不放假，各厂派出女工代表 2000 人举行集会。谷正纲在会上讲话称："工人应努力增加生产及拥护限价政策，彻底实行新生活。"朱学范讲话勉励工人应为争取抗战胜利奠定世界和平基础而努力，并呼吁急速拯救沦陷区工人于水深火热之中。

　　△　中央信托局致函财政部报告投资事业情况：共计投资 15 处，金额 4170 余万元，已达其实收资本 5000 万元的四分之三以上。其中除中国兴业股份有限公司 1800 万元系中央银行资金，由该局出面代办外，其余均系运用该局资金。

　　△　国民政府明令嘉奖曾言枢捐赠西康省理化小学建筑费二万元，并准题颁"热心教育"匾额一方。

　　△　中央银行存款额达 270 余亿元。

　　△　国际劳工局中国分局局长程海峰向重庆市新闻界报告国际劳工组织状况，及中国分局 1934 年成立以来的工作情况。

　　△　中美文化协会定本月为"美国军人月",拟在本月内由该会若干会员为东道主,指定日期在各人私宅举行招待美国军人小组联谊会,每组以外宾二人至八人为原则,"主人得自行另约友朋中仕女参加"。

　　△　进犯太行山日军再次发动对该地区守军的"扫荡"。5日,第二十四集团军总司令庞炳勋投敌,庞部第四十军马法五部避开日军主力转移。日军进攻重点随即转向以涉县为中心的八路军抗日根据地。

　　△　日军以独立混成第十二旅团为基干编成第六十四师团,师团长船引正之中将。该师团定员1.3637万人,马1131匹,汽车75辆,驻江苏扬州地区。

　　△　日伪军1000余人开始"扫荡"岳南抗日根据地。5日,岳南军民粉碎日伪军的"扫荡"。

　　△　汪伪在上海开始进行第二期"清乡",清乡地区为崇明、宝山、嘉定三县,修筑封锁线长221公里。

　　△　日本陆军省宣布:航空总监土肥原调任东部军司令官,遗缺由安田继任。

　　5月2日　湖南空战获胜。日机47架空袭湖南,盟机起飞迎战,在衡山、零陵上空与日机遭遇,当即击落日机两架,复尾追截击于长沙、营田及洞庭湖上空,共计击落日机七架,击伤七架,盟机损失一架。

　　△　河南省救灾运动委员会致电《中央日报》,感谢各方救济豫灾。电称:综合各处捐款,截至4月底,已收到300余万元,粮食300余万斤,已惠捐而未汇到者尚近300万元,值此春荒,灾情益重,望各方贤达继续解囊相助。

　　△　伪满中央银行总裁阚潮洗、副总裁大泽菊太郎任期届满退职,由西山勉接任总裁,徐绍卿任副总裁。

　　5月3日　张治中在重庆中枢纪念周报告三青团第一次全国代表大会概况,蒋介石讲述"五三"惨案对国家民族及抗战之关系。

　　△　宋美龄再度访问白宫,与美总统罗斯福就反攻缅甸及加强中国战区空军与中印空运等问题进行商谈。

　　△　国民政府教育部学术审议委员会召开第四次大会,次日闭幕。通过应予给奖作品,调整大学学系及大量派遣留学生等案。受奖者共48 人,计一等奖四人(周培源、苏步青、吴大猷、吕凤子)各 1.5 万元,二等奖 19 人各 8000 元,三等奖 25 人各 4000 元,另请部酌予奖助者13 人。

　　△　广东灾荒严重。是日,省主席李汉魂与第七战区司令长官余汉谋联名电请蒋介石饬令湘、赣、桂急速拨粮救济粤灾。5 日,电旅渝粤人孙科、邹鲁、吴铁城、林云陔、曾养甫、俞鸿钧等,"促请委座核准救济办法"。7 日,又电桂、赣、闽、湘当局,从速拨粮,并允许粤民入境自由购粮。报载粤东各县粮价已涨至每石 4000 元。

　　△　教育界人士吴贻芳、晏阳初、桂质廷、陈源、吴景超、李卓敏等飞抵华盛顿,研究战后教育问题。20 日,史密斯学院授予吴贻芳荣誉法学博士学位。

　　△　国民政府令追赠故员杨特为陆军少将。

　　△　军事委员会军法执行总监部以调查统计局特检处航检股中校股长俞浩兴"假借审核旅客申请飞行职权,间接图利及借端勒索中国工业服务社总经理钟元昭钱财",判处死刑,是日执行。同日,冒充经济检察队人员勒索商民财物 1.75 万元之人犯何均池,亦被处决。

　　5 月 4 日　重庆《中央日报》发表社论《国民革命与五四运动》,说:五四运动是国民革命运动中"一个支流",全国青年纪念"五四""惟当竭尽全力,服从领袖,贡献能力,就是爱国的最大表现,也就是发扬五四的精神"。

　　△　延安青年分别集会纪念"五四",边区青救会在各地举行给奖会,奖励青年劳动英雄、模范青年工作者及模范青年学生。

　　△　三青团重庆支团主任包峰国主持陪都青年"五四"纪念大会,段锡朋、郑彦棻主讲青年问题。晚,罗家伦在中央广播电台对全国青年播讲《五四纪念与全国青年第三次大团结》。

　　△　重庆空袭服务总队举行成立三周年纪念日,到会 4000 余人,

总队长谷正纲致开会词,陪都空袭救护委员会委员长许世英等演说,吴铁城向该队队员颁赠纪念章。

　　△　中巴(巴西)公使馆互相升格为大使馆。

　　△　中央设计局组成以罗家伦为首的西北建设考察团,准备出发考察甘、新、青、宁四省水陆交通。

　　△　山东各界在鲁中根据地集会追悼1942年反"扫荡"斗争中英勇牺牲的山东文化界先进、前大众日报社社长李竹如及青年领袖钟效培。

　　△　第九十二军李仙洲部约万人,侵入八路军冀鲁豫抗日根据地单县、砀山地区。

　　△　日伪在奉天开展所谓"抓浮浪",当日326人被捕。

　　5月5日　国民政府通令《县参议会组织暂行条例》、《乡镇民代表选举条例》、《县参议员选举条例》等,即日起施行。

　　△　国民政府令给予张定璠二等云麾勋章,魏益三、郑冰如、孙立人各三等云麾勋章,孙蔚民七等云麾勋章。

　　△　教育部在重庆召开师范教育讨论会,会期三日。据统计,全国现有在校师范生10.3985万人,与战前4.8793万人比较,已增加5.5192万人,但全国国民教育所需师资约30万人,相差甚巨。

　　△　荷兰首任驻华大使罗芬克晋谒蒋介石。同日,驻中印缅美军总参谋长赫恩中将与美代办范宣德拜见蒋介石,面交美国务院赠送之中国在美受训空军学生照片。

　　△　陈诚拟定中国远征军作战计划,预计8月底完成整备后,以恢复中、印、缅水陆交通,及协助英、印盟军收复缅甸为目的,向缅甸日军发动攻势。

　　△　印度援华医疗队巴苏华大夫离开延安,动身回印度。行前,毛泽东、朱德等分别向他介绍中国抗日战争和抗日民族统一战线的经验;并托他带回中共中央致印共中央的信和毛泽东、朱德致印度国民大会的信,信中对印共积极致力于全民族反法西斯统一战线和谋求民族独

立的工作表示关切和支持，对印度国民大会派遣医疗队来华表示感谢。

△　长沙手工业产品展览会开幕，展期 10 日，展品达数千种。市民对在战区瓦砾场中的长沙举办展览，均甚为兴奋，是日赴会参观者即达二万余人。

△　全国慰劳总会拨款 10 万元，电汇前方慰劳太行山守土将士。

△　凌晨，日军以第三师团主力、独立混成第十七旅团及第四十、第三十四师团各一部，由藕池口、华容、白螺矶向洞庭湖北岸发动进攻，当日渡过藕池运河。驻该地之第六战区第二十九集团军第七十三军等部，依照预定计划逐次抵抗，鄂西会战（日军称之为"江南歼灭战"或"宜南作战"）开始。

△　罗斯福总统通令：6 月 14 日为联合国国旗日，要求美国人民于是日向英国、苏联、中国、比利时、南斯拉夫等数十个国家人民致敬，并悬挂各该国国旗。

5 月 6 日　外交部为苏联准备撤回中苏共管之飞机制造厂及独子山油矿设备事，向苏驻华大使潘友新致备忘录表示诧异。

△　国民政府公布《防止私运及携带金银出口暂行办法》，凡八条。同时宣布废止《防止水陆空私运特种物品进口办法》。

△　经济部为加强管制棉、铁，封锁解放区事致电财政部称："查第二战区毗连奸伪，近据报奸伪有在该战区收购棉、铁情事，特电希以后对该战区在后方采购棉、铁须加限制，以免资敌。"

△　中华职业教育社成立二十六周年纪念会在重庆巴蜀礼堂举行，黄炎培报告社务，新当选理、监事宣誓并举行第一次理监会。同日，举办历年成果展览，周恩来亦来参观。

△　重庆职业指导所发表该所五年来职业介绍概况称：五年来求职人数共 2.3542 万人，介绍职业成功者共 3000 人，求职者多系青年，都在"应受教育的时期"，但因经济困难，不得不离开校门，到社会上来挣扎，这的确是一个严重的现象"。

△　出席国际粮食会议的国民政府代表团，由团长、财政部次长郭

秉文率领抵达纽约。

　　△　八路军晋察冀军区平北骑兵大队出袭日伪军,逼退敌据点四处,毁碉堡十多处,毙伤日伪军 200 余人。

　　△　日伪军乘河北省永年县何营村庙会之机进行大烧杀,被杀群众 169 人,其中 110 人是看戏的群众,烧房 770 间。

　　△　汪伪中央政治委员会决议设置江西省政府,任邓祖禹为省长,另任李诇一兼任南京警察总监。

　　△　美国援华委员会救灾捐款 110 万元,由重庆汇至河南,分配至郑州、漯河、洛阳、鲁山、南阳等教会救济区。按:此项捐款自上年 9 月开始,此为第八批,合计达千万元以上。

　　5 月 7 日　国民政府派外交部政务次长、代理部长吴国桢为互换中英条约批准约本全权代表,驻古巴特命全权公使李迪俊为互换中古友好条约批准约本全权代表,派李仲公为内政部禁烟委员会主任、黄为材为副主任。

　　△　重庆《大公报》报道:政府将创设博士学位,实施办法已经草定。博士学位由国民政府直接授予;博士学位评定会以行政院院长、考试院院长、中央研究院院长、教育部长、考选委员会委员长及国立大学校长二人为当然委员组织之,委员 16 人至 22 人,须为专门研究之学术界权威,或学术研究机关之主持人;博士学位分文学、理学、法学、教育学、农学、工学、医学七科。另对申请条件、申请程序、博士学位之考试(论文审查、笔试、口试)等,均有明确规定。

　　△　中央文化运动委员会、国民外交协会、各报联合委员会、中华职业教育社等团体,在重庆举行第一次文化界联谊会,邀请最近归国之文化教育访印团顾毓琇、吴文藻、吴俊升报告印度文化教育事业现状。

　　△　财政部定三十二年度全国契税收入为七亿元,川省分配数额为 1.977 亿元。

　　△　原国民党中央执行委员、组织部副部长吴开先抵达重庆。朱家骅、潘公展、杜月笙等百余人前往机场欢迎。中央社发出消息谓:"吴

氏本其革命信仰，坚贞不屈，近得乘间与上海统一会秘书长袁文彰相偕脱险返抵重庆。"三四日后，蒋介石亲予接见。

△　晚，鄂西日军进抵南县、安乡一线。第十集团军所部与日军血战一昼夜，以地形不利，向后转移。8 日，南县、安乡沦陷。

△　驻保定、唐县一带日伪军合击晋察冀抗日根据地完县，将该县野场村 200 余人赶到一起，用机枪扫射，未死者用刺刀捅死，计 118 人惨遭杀害，54 人身受重伤。在野场惨案中，村长王三群领导群众坚决斗争，其妻张竹子、子王朴，在日军威胁下，坚贞不屈，同时遇难。23 日，完县县政府发布《通令》，表彰王三群全家为"模范家庭"，王朴为"完县的民族小英雄"，张竹子为"完县模范母亲"。

△　日机八架侵袭江西赣县，在城区投弹 30 余枚，辅助医院被毁，市民略有死伤。

△　美总统罗斯福、陆军部长史汀生赠蒋介石以最高统帅勋章、证书和奖状。另赠何应钦、商震、俞大维、林卫生以司令及将官两种勋章。

△　盟军占领北非"轴心国"最后阵地突尼斯、比塞大两大港，取得重大胜利。12 日，北非盟军总部宣布："轴心军"已于当日晚 8 时 15 分在北非全境停止武力抵抗，北非战事至此结束，总计两年来盟军歼敌达 37 师，俘房 40.6 万人。蒋介石于 10 日电罗斯福总统、丘吉尔首相祝捷。14 日、16 日，丘吉尔、罗斯福先后电蒋致谢，表示将助华攻日。

5 月 8 日　蒋介石电令宋子文，要他在罗斯福、丘吉尔会谈期间，坚持力争收复全缅，否则只收复缅北，无英海空军配合，无异让中国白作牺牲。电称："反攻缅甸计划，必须照卡港会议及重庆会议完全实施，倘仅占取缅北至曼德勒为止，不特无补中国战场，且徒牺牲士兵，中国决不再蹈去岁覆辙，望以坚决反对之意，通知英美当局。"

△　重庆区专科以上学校联合运动会在沙坪坝南开中学运动场开幕，参赛运动员共 792 人。比赛项目除田径赛外，并有各项器械运动。次日闭幕，蒋介石出席闭幕式并向优胜运动员颁奖。

△　陕甘宁边区政府颁布《陕甘宁边区政务人员公约》，凡 10 条。

　△　湖南南县、安乡陷后,第二十九集团军第七十三军主力退至酉港、渡口等地,一部移至三仙湖、红庙继续抵抗,旋因伤亡甚重被迫分股突围,日军乘势进迫津市、澧县,虽经守军堵击,其主力仍逐渐西进。

　△　日军占南县后于是日至12日,出动3000人大肆进行烧杀。在厂窖周围50华里的地区,共计惨杀撤退军人和当地民众及外地难民3.2万人,200多户被杀绝,摧残致伤者3000多人,被奸妇女2000多人,毁房3000多间,焚烧民船2500多艘,造成震惊全国的南县"厂窖大惨案"。

　△　八路军第一二九师第二分区部队袭入晋中太谷县城,歼灭伪警备队一个排。

　△　八路军鲁南军区一部攻克临沂埠阳西南日伪据点。毙、伤、俘伪军百余名。

　△　日机多架分六批袭湘,其中第五批七架窜入长沙,投燃烧弹数十枚,毁市区及岳麓山民房、商店百余栋、死伤平民20余人。同日,日机六架由浙江袭福建省建瓯县,在城郊投定时炸弹19枚。

　△　汪伪外交部为日方强制收买申新第一、第八纺织厂及和兴铁厂、中国植物油厂事,呈报汪伪政府请示核办。汪精卫批示:"(一)申新厂如厂主愿意卖给日方,可听其自由;(二)和兴铁厂,惟此属国防物资,以参战之见地尊重日方要求;(三)植物油厂,允许日方收买。"

5月9日　太行山反"扫荡"战猛烈进行之际,荫城(属长治)、陵川等地日伪军2000余,向壶关西南第二战区第二十七军预备第八师进行合击。八路军为策应第八师脱出包围圈,当即抽调主力一部协同作战。翌日,在郭家佗附近坚强阻击,恶战终日,掩护该师官兵脱险后撤出,是役计毙伤日伪军百余名,八路军伤亡20余名。战斗结束后复帮助友军掩埋尸体,急救伤员,友军官兵多感动流泪。

　△　美国第十四航空队飞袭广州日军之天河及白云机场,炸毁地面所停飞机4架至6架,机场数处起火,其中一处大火,百英里之外犹清晰可观。同日,日大队战斗机与第十四航空队驱逐机发生空战,16

架被击落,美空军损失中型战斗机一架。

△　蒋介石在重庆接见西北建设考察团成员。

△　日军攻陷湖北公安县城南平,在城内放火烧三日三夜,杀死百姓 58 人,奸杀妇女 35 人。

△　苏州大戏院发生定时炸弹爆炸案,日军死伤多人,无辜青年被捕甚众,数旬后仍未破案。

5 月 10 日　国民政府训令驻比大使钱泰、驻荷兰大使金问泗,向比利时、荷兰两国抗战三周年纪念表示祝贺。

△　中山大学教授会发表宣言,呼吁改善生活。略谓:节衣缩食于兹三年矣,所谓三十一年 10 月份增加薪俸与生活补助费者,率皆未能实现。

△　黔桂铁路铺轨到贵州独山。

△　汪伪财政部通令:自即日起,江苏、浙江、安徽、江西、武汉及华北、华南各地区,一律禁止以美金、英镑、港币及以上项货币为期票、支票之买卖交易或汇入。如有携带及持有或保存上项货币情事,从严取缔。

5 月 11 日　宋子文在罗斯福总统、丘吉尔首相"三叉戟会议"前夕访晤罗斯福,就中国军事形势提出详细报告。翌日,又访丘吉尔,力陈中国被困数年,处境艰难,迫切要求收复全缅,开通滇缅路,以解危局。丘吉尔表示滇缅路运量有限,攻缅对援华并无实际意义。

△　行政院例会决议颁给美国医药助华会代表贝克曼及郑宝南以人民荣誉奖章,通过任命王怀明为山西大学校长,杜佐周继吴南轩为英士大学校长等任免事项。

△　国民政府明令嘉奖西康省西昌县马焕文、马纯卿"慷慨捐资,嘉惠边疆学子",并准各颁"热心教育"匾额一方。

△　中华医学会第六届年会在重庆开幕,到会各地代表 400 余人,并有来自沦陷区者。中国红十字会会长蒋梦麟讲话称:国家问题亦如请医生看病,中国病在贫、笨、病三字,治贫须工业化,治笨顺办教育,治

病则宜多设卫生院。13 日,大会闭幕,通过宣言及议案 16 件。

△　北岳区中心阜平县民兵队长李勇巧布地雷阵,是日阻击由沙河败退的日伪军,一次爆炸毙伤敌 36 名,创地雷战新纪录。

△　国民党军开始部署进攻陕甘宁边区。是日,第九十军、第五十三师由河防前线韩城开抵陕北洛川。13 日,第一军第六十七师亦撤离河防由大荔开到邠县,形成闪击边区之势。

△　日军万余分路进犯山东沂蒙山区,鲁中根据地反"扫荡"战展开。经过周余激战,各路敌人于 19 日分别退出,北沂蒙山反"扫荡"获胜。

△　天主教主教于斌在美众院外委会秘密会议,发表关于中国战时情况的长篇演说称:"余兹重申前言,中国富于人力,愿在疆场上与倭寇作殊死战,由中国进攻日本,实为胜利之捷径","故联合国家尤以美国为然,切应供给大批重军器接济中国,使其得以对日再取攻势,实为当务之急。"

5 月 12 日　晨,国民政府主席林森准备接见外宾时,忽觉右肢屈伸不便,原定之外事活动取消。迨至 26 日,心脏渐呈衰竭。29 日,国民党中央常务委员会临时会议决议:修改《国民政府组织法》第 13 条,规定"国民政府主席因故不能视事时,由行政院院长代理"。当日,国民政府明令公布。

△　粮食部部长徐堪接见记者,谈本年度各省粮食收成情形及今后军公民粮之配备问题。略称:四川省本年小春收获形势良好,即稍有歉收,其生产量比较上年为多。陪都方面所需之食米,95％以上为本部负责供应,现本部已控有足额之量,存底充裕,今后绝不至发生问题。其他各省,如豫省上年受灾固重,本年因雨水及时,麦秋可望丰收,鲁山等地粮价已大跌,严重时期已属过去。粤省因上年水旱为害,今春亦苦旱,近来间有数县发生缺粮情形。江西等省粮产情形,大致均属良好。

△　荣誉军人职业协导会举行三周年纪念会,副会长谷正纲报告该会三年来业务进展情形,并提出今后荣军职业运动要法律化、生产

化、技术化,达到理想之最高境地。

△　江西泰和国立中正大学学生百余人,因国民党江西省党部机关报《民国日报》和《捷报》批评该校上演宣传法西斯思想之《野玫瑰》"成绩欠佳",于是日及次日先后捣毁两报,两报改出联合版。正大学生复散发告社会人士书,双方互相指责,轰动泰和。江西省政府主席曹浩森下令"严禁正大学生一切非法行动,如有违背,概以暴徒论罪"。并饬校方将此次参加暴动学生"全部查出交政府严惩"。正大代理校长以无法执行使命宣告辞职。至 28 日,该报登出"正大等学校党部,已决定改隶省党部",风波暂告结束。

△　太行八路军收复河南林县。

△　鄂西日军分路进攻,其独立混成第十七旅团向新安攻击;第三师团向暖水街攻击;第十三师团一部约 3000 余人,由弥陀寺向新江口、班竹垱攻击。

△　驻河北曲阳日军 1400 余人,在飞机掩护下,突袭阜平县城。阜平县五丈湾村民兵中队长李勇率领游击组,将 500 余名日伪军诱入布雷区,用步枪同地雷相结合,三天内先后炸死炸伤日军 130 余人,迫使日军经东、西下关溃逃。21 日,八路军晋察冀军区司令员聂荣臻等通令嘉奖。6 月 6 日,晋察冀边区参议会发布《告同胞书》,号召"开展李勇爆炸运动"。

△　罗斯福总统、丘吉尔首相在华盛顿举行"三叉戟会议",研究西西里作战及反攻缅甸计划。会议拟缩小反攻缅甸的行动。17 日,宋子文应邀出席会议阐明中方立场,宋依据蒋指示,力请履行"安纳吉姆"计划,增加空军攻击收复全缅,并扬言否则将有可能迫使中国退出战争。18 日,罗斯福会见宋子文,答应增加中国空运物资,并明确表示"反攻缅甸计划决定年底会同英国实行"。但丘吉尔却态度冷淡,仅表示他不反对进攻缅北并尽力向中国提供海空支援。会议历时 10 日,23 日结束。

△　台湾总督府开始实施"海军特别志愿兵制度"。

5 月 13 日　国民政府任命胡世泽为外交部常务次长。

△　冀东八路军击溃由抚宁出袭的日伪军 1500 余人,乘胜攻克榆关镇。是役毙伤日伪中队长以下 140 余人。

△　凌晨 1 时,鄂西日军第十三师团主力由枝江口、洋溪间强渡长江,防守公安之第十集团军第八十七军放弃公安西移。

△　汪伪最高国防会议决议,成立汪、日联合物资调查委员会,特任陈公博为委员长,袁愈佺、陈之硕、赵尊岳、陈允文、卢英、王志刚等为委员。日方委员为驻上海公使田尻、驻汪伪大使馆经济部长石井等。

5 月 14 日　国民政府明令公布修正《中华民国战时军律》第一条及第十条条文。第一条规定,本军律于军人、地方团队人员及文职公务员在战时犯罪者适用之。无前项身份之人,犯第六条至第八条、第十条第二项或第十六条之罪者,亦适用于本军律。第十条规定,军人或地方团队人员逃亡者,处死刑、无期徒刑或 10 年以上有期徒刑。其携带枪弹粮饷或其他重要军用物品者,处死刑。煽惑他人犯前项之罪者亦同。

△　陕、甘、宁、晋四省训导会议在兰州开幕,由教育部训导委员会主任方治及甘肃省教育厅厅长郑通主持。

△　重庆市电讯局招待新闻界参观重庆、昆明间无线电传真通报,称此在国内"尚属创举"。

△　第二十四集团军总司令庞炳勋与新编第五军军长孙殿英在豫北联名通电,叛国投敌。庞投日后就任伪军委会委员、晋冀鲁豫"剿匪"总司令等职。随同庞、孙先后投敌的还有第二十四集团军参谋长赵星彩、第一〇六师师长李震汾、冀察战区挺进第四纵队正、副司令侯如墉、于光辉,参谋长李志希,新编第五军副军长杨明卿,参谋长冯养田,暂编第三师正、副师长杨克友、王遂庆,暂编第四师正、副师长王廷瑛、王瑞亮等。

△　鄂西日军占领枝江城及洋溪南之高地,并继续向南猛攻,守军竭力抵抗,双方伤亡巨大。

△　日伪军 3500 余人分三路对河北易县狼牙山一带开始进行"扫荡",至 17 日,无辜群众被惨杀者 300 余名,伤 200 余名,烧毁房屋

7000 余间,抢去牲口 500 余头,抢劫粮食财物不计其数。狼牙山纵横 50 余里,70 余村尽成瓦砾焦土,尸体狼藉,惨不忍睹。八路军在抗击中,毙伤日伪军 390 余人。

△ 日本新任驻汪伪大使谷正之抵南京。17 日,向汪精卫递交“国书”。

5 月 15 日   蒋介石对美使馆参事范宣德及艾哲逊表示,如罗斯福总统、丘吉尔首相在华盛顿会议谈及中国及太平洋地区问题时,中国愿由宋美龄与宋子文代表参加。

△ 太行八路军反“扫荡”大捷,黎城、涉县、偏城等重要城镇均告收复。自 5 日至是日 10 天内,大小战斗 800 余次,毙伤日伪大队长以下官兵 2000 余人,俘伪军 500 余人,解放民工 1300 余人,攻克敌据点五处,摧毁伪维持会一二百处,敌被迫由太行根据地腹心区撤退。

△ 昆明市临时参议会成立,议长陈铸。

△ 国民政府公布《契税条例》,凡 25 条。

△ 重庆经检队督察罗大纯奉令赴江津调查案件期间,利用机会勒取财物,实得 2.5 万余元,经军法执行总监部讯办,于是日执行枪决。

△ 为河南特大灾荒,宋庆龄在重庆发起举办“赈灾足球义赛”,参赛者有中、英等国足球运动员。宋庆龄与英驻华大使等出席义赛开幕式与闭幕式。宋庆龄还亲自上场为球赛开球,并向参赛球队运动员赠送奖旗和纪念章。此次球赛盛况空前,轰动山城。

△ 日本第三航空军 75 架空袭昆明中美空军基地,美机截击,烧毁大型飞机 14 架,击落六架。日机被击落 15 架。

△ 共产国际执行委员会主席团作出《关于解散共产国际的提议书》,内称:以各国共产党政治领导业已成熟,原有的组织形式已不能适应各国工人运动继续增长的需要,为集中全力尽速摧毁法西斯,争取更加广泛与更加迅速的民族高潮和群众动员等原因,向各国共产党建议解散共产国际。

5 月 16 日   张自忠殉国三周年祭在重庆北碚墓地举行,蒋介石特派张治中主祭,冯玉祥、鹿钟麟致词,参加者 500 余人。同日,周恩来在《新华日报》上发表《追念张荩忱上将》一文。

△ 陕西省临时参议会议长李元鼎等揭发陕西省政府重大舞弊案,致电行政院称:"陕政黑暗,达于极点,上下交征,道同作弊,为数之大,实骇听闻。"电举该省建设厅"最近发生空前未有之盗卖大批卷宗及电讯材料、钢铁、筑路工具案",以及大宗变卖黄金、贬价收买小麦、囤积居奇、损公肥私等大量事实。要求派员来陕查究,"以肃法纪,而儆贪顽"。18 日,行政院批示:"是否即构成违法或失职之罪状,必须依法撤查,方能确定。"并电陕西省主席熊斌:"以正大坦白态度安慰各方,并负责彻查,依法办理,不可揣测。"

△ 拂晓,石家庄等地日伪步兵 1400 余人,骑兵 200 余人,向行唐县羊观村八路军晋察冀军区一个连合击,该连除一个排突出重围外,余均壮烈牺牲。

5 月 17 日 国家总动员会秘书长沈鸿烈在中央纪念周报告限价问题,略谓抗战以来物价之变迁,就重庆趸售物价指数言,约可分为三期。第一期自二十六年下半年抗战起,至三十年止,上涨速度较缓,即二十七年较二十六年上涨 1.5 倍,二十八年较二十六年上涨 2.9 倍,二十九年较二十六年上涨 9.3 倍,三十年较二十六年上涨 21.4 倍。第二期为三十一年,较二十六年上涨 82.5 倍。自本年采取限价政策后,1至 3 月与去年同期比较,尚未到一倍,可见限价政策已收效果。

△ 军事委员会任命石觉为第十三军军长。

△ 国民政府卫生署第二次全国防疫会议在重庆开幕,探讨一般防疫设施及对细菌战之防御,21 日闭幕。

△ 国立中山大学全体贷金学生 2000 余人,向校方请愿要求增发本月膳食贷金,并自下月起改为贷膳制度,径由校方供给学生膳食。

△ 前华北伪政务委员会委员长王克敏抵伪满访问,18 日会见关东军司令梅津和伪满"皇帝"溥仪。

△ 盟国联合参谋团开会,罗斯福总统、丘吉尔首相及蒋介石之代

表宋子文参加,此为中国第一次得到战略发言之机会。宋在大会上要求履行卡萨布兰卡会议有关中国事项的决议。

5 月 18 日 国民政府公布《边疆从政人员奖励条例》,凡 12 条。

△ 朱绍良密电蒋介石报告袭击晋绥边区乌旗八路军情况称:"经我节节进剿毙伤 300 余人,我收复乌旗府时,向西南昌汉脑包府蠡西亥庙退窜,灰(10)日经我包围扫荡击毙 45 人,残余逃窜,现已接近奸区。"

△ 法国维琪政府与汪伪政府签订《关于交还天津、汉口、沙面专管租界实施细则及了解事项》(按:本年 3 月末,维琪政府已将北平使馆界、上海公共租界及厦门公共租界行政权交与伪组织)。19 日,国民政府外交部政务次长、代理部长吴国桢召见法驻华代办彭固尔,面交对法政府之严重抗议照会,指出法国此种行为显属违背国际公法,并声明法国依照中法间不平等条约取得之在华特权已因此完全无效归于消灭,"中国政府不再受其约束"。

△ 国际粮食及农业问题会议在美国佛吉尼亚州正式开幕,44 个国家代表团出席会议。中国政府代表团 15 人,由郭秉文任首席代表,会期三周,主要研究世界粮食及农产品之需要及调剂等问题。

5 月 19 日 中国轰炸机群在驱逐机掩护下,联合进袭枝江、洋溪日军渡河点及其补给基地,投下炸弹多吨,给日军以重大杀伤。

△ 林森致电古巴总统柏蒂斯达,祝贺古巴共和国独立纪念日。

△ 英国援华会在伦敦举行中国展览会,展期至 6 月底,并将出售一部分展品作为援华基金。

△ 丘吉尔首相在华盛顿美国会发表演说,称他与罗斯福总统久图与斯大林及蒋介石晤面,并希不久即可实现。表示盟国决于 1943 年中尽力分担苏联之重荷,并强调对日作战到底之决心。

5 月 20 日 中国国民党中央政治学校举行十六周年校庆典礼,蒋介石主持并致训词,参加者计有该校校务委员陈果夫、陈立夫、张道藩、余井塘,教育长程天放及全体教职员学生千余人。纪念仪式后,蒋介石召见该校选派留印学生谈话,并参加全体教职员及学生聚餐,复对学生讲话称:"党是一个大家庭,诸生即党之子弟,故必须负起责任,努力服务。"

　　△　中英、中美新约同时在重庆、华盛顿、伦敦互换批准约本,批准手续正式完成,新约开始生效。

　　△　中国兼驻哥伦比亚公使李迪俊向哥伦比亚政府呈递国书。

　　△　鄂西战事吃紧,常德开始强迫疏散。城防部队发布命令,每甲只留三人,其余无论男女老幼,概须当日离境,否则严办。常德百姓在一片混乱中逃亡一空。据事后调查常德民众损失,单是被窃货物,总数在五亿元以上。

　　△　由长治起飞的日机一架,在白晋路东侧,被八路军当地驻军以机枪击落,残骸在榆社地区寻获,机中驾驶员三人毙命。同日晨,日机20余架侵袭川境,分批在梁山投弹后东去。

　　△　伦敦成立中英议会委员会,旨在促进和密切中英间之友谊与合作,并邀请中国名流对英议院演讲。

　　5月中旬　毛泽东会见国民党联络参谋徐佛观、郭仲容,同他们恳谈国共关系问题。

　　5月21日　中美驻军审判法互换照会。外交部政务次长吴国桢与美驻华代办艾其森就是项内容互换照会,规定对于驻华美军人员所犯刑事案件,由美军事法庭或军事当局单独裁判。美政府担保,将来如中国军队驻美辖区,亦享有美军在华之同等待遇。

　　△　国民政府明令废止《管辖在华外国人实施条例》。

　　△　国民政府令特赦杀人犯杨维骞。杨因其父被范石生使人杀害,蓄志复仇,于行刺获遂后投案自首,经昆明地方法院依法减处有期徒刑九年五个月。行政院以"其杀人行为固干法纪,而年少志纯,激于孝思,奋身不顾,衡情殊属可原",提请特赦获准,宣告将杨维骞原判之有期徒刑特予赦免。

　　△　四川省遂宁县民众因当地驻军枪杀壮丁家属一人,激起民愤。次日,群起包围驻军师管区,要求交出肇事祸首,又被毙伤十余人,造成严重流血事件。23日,该县民众再次包围驻军师管区,并捣毁直接税

局、食糖专卖局,焚毁福生庄(商号),"演成暴动"。该区专员程厚之等诬以"显有奸党作用",抽调大军进行镇压,当场捕获多人,并枪毙四人,为平民愤不得已又将肇事班长枪决,事态渐告平息。6 月 1 日,蒋介石手令:"迅速妥为处理。"

　　△　中国空军轰炸机群冒雨穿过云层,向宜昌日军司令部及军事仓库等重要工事俯冲轰炸,完成任务后从容返航。

　　△　鄂西日第十三师团陷王家畈后,以 3000 余人于是日晚由聂家河、庙滩渡洋溪河,与枝江日军会合夹击江防军第六十七师。同时,日第三十九师团主力在宜都北红花套附近强渡,与江防军第十三师展开激战。22 日,第十三师阵地被突破,日军继续猛攻。

　　△　罗斯福总统在华盛顿招待记者称:他与中国外长宋子文谈话之主题,乃系以各种军用材料运往中国,现此项工作进行甚佳。

　　5 月 22 日　中国宗教徒联谊会在重庆成立,于斌、太虚、白崇禧、冯玉祥等为常务理事,陈铭枢、唐柯三、黄仁霖等为常务监事。

　　△　日机两架在安庆失事坠毁,飞行员四人均殒命。

　　5 月 23 日　鄂西日军占领渔洋关,第十集团军第八十七军退守川心店、龙潭圩一线。

　　△　中国农民银行西安分行副经理夏实秋,因"图利扰乱金融"罪被判处死刑,是日执行。

　　5 月 24 日　国民政府教育部在重庆青木关召开各省市教育行政工作检讨会议,28 日闭幕。此次会议,一为检讨第二期国民教育推进问题;二为中等教育质量改进问题;三为高等教育与中等教育配合问题;四为社会教育扩大推行问题;五为战区学生招训问题;六为边疆教育问题。孔祥熙在会议闭幕式发表演说,强调"教育必须配合主义"。

　　△　四川省政府增列万县为国民教育示范区。

　　△　国民政府以四川大足县黄汉勋,捐助私立庆云中学基金及建筑设备等费达 150 余万元,陕西南郑县林春亭捐助私立兴国小学田产值 12 万元,特明令嘉奖。

　　△　鄂西日军集中第三十九师团与第三师团主力猛攻长阳,激战至午后,长阳失陷。江防军第八十六军退守长阳西北迄清江北岸一线。

　　△　伪满公布《物品贩卖业统制法》,规定对物品贩卖业进行整顿,由主管部大臣实行"统制";实行物品贩卖许可证,适当设置配给机构,进行消费者登录以及商店的疏散等。

　　△　罗斯福总统、丘吉尔首相核定攻缅计划,同意把"1943年雨季结束时在缅甸北部发动的战役作为打通滇缅公路的基本措施",并同意"在印度继续进行行政准备,以最终发动相当于'安纳吉姆'行动计划规模的海外作战"。25日,美方将计划交由宋子文转蒋介石。

　　△　纽约举行哥白尼逝世四百周年纪念。中国教育家晏阳初应邀出席大会,并与著名科学家爱因斯坦、飞机发明人赖特、汽车大王福特、美哲学家杜威等10位名人,获纪念波兰天文学家哥白尼之"现代改革家"奖。晏阳初的表扬状上书:"杰出的发明家:将中国几千年文字简化,且容易读,使书本上的知识开放给以前万千不识字人的心智。又是他的伟大人民的领导者:应用科学方法,肥沃他们的田土,增加他们辛劳的果实。"

　　5月25日　近日来渝之缅境果敢世袭土司杨文炳,呈函献金40万元,连同去年"七七"献金30万元,"双十节"献金10万元共献金80万元。是日,蒋介石特电嘉勉,电称:"台端一再捐献巨款,协助抗战军需,继卜式之风徽,过弦高之慷慨,眷怀忠忱,嘉慰良深。"

　　△　重庆各报发表国立中央研究院本年度杨铨奖金、丁文江奖金、蚁光炎奖金获奖人名单,计杨铨奖金:得奖人中研院史语所助理研究员傅乐焕、西南联大史学教员杨志玖。丁文江奖金(数、理、化学):得奖人西南联大数学系教授陈省身。(生物科学):西南联大生物系助教郑伟光、清华大学农业研究所助教薛廷耀等七人。蚁光炎奖金:得奖人南洋研究所研究员张礼千。

　　△　经济部公布:依照《奖励仿造工业原料器材及代用品办法》,第一批仿造成功呈请奖励之11件发明获准,主要有仿造新锉刀、仿造轮

带革、仿造植物染料等。

　　△　财政部公布《全国羊毛统购统销办法》，凡 10 条。

　　△　行政院根据广东省府主席李汉魂电报该省今春缺雨，南路复遭大风，粮价上涨，请予救济，决定赈济办法如下：先拨难民急赈费 1000 万元，并责令湖南、江西、广西三省协助购粮。

　　△　西康省民政厅长冷融一行五人，由成都乘包车赴大邑途中，在温江县属之公平村，突被暴徒五人枪击，冷融遇害，其随从曾仕明亦中弹死亡。省府闻报立派成都行辕总务处长驰往照料，并悬赏五万元限期缉凶。冷氏遗体，次晨运返蓉寓。省府主席张群与西康省主席刘文辉均亲往致唁。

　　△　周恩来同宗教界人士吴耀宗长谈，呼吁一切爱国党派和人士团结起来，为反对法西斯统治，建设独立、民主、自由的新中国而奋斗。

　　△　李仙洲部第二十一师向晋冀鲁豫边区城武以北李庙、申楼地区进攻，被击退。

　　△　日军向湖北黄安、麻城地区发动进攻，当地第五战区第三十九军暂编第五十一师林茂华部奉命对日军消极防御，却以主力于是日进攻新四军。当局密电部署中称："各部队应于 5 月 25 日前准备完竣，开始剿匪，至敌据点之攻袭，应候另令实施"，以集中力量对新四军"乘机剿除之"。此次行动至 6 月 7 日结束。事后该军报告称：毙伤敌伪 70 名至 80 名，毙伤新四军"在 5000 以上（另一处又称为 3000 余），其重要分子之被击毙，经证实者计有参谋主任、作战科长、兵站医院院长各一员"，俘获 300 余人。

　　△　鄂西日军第三、第三十九师团主力，在空军掩护下大举进攻，一部突入偏岩、津洋口间，企图攻占石牌要塞，威胁川东。蒋介石特令中国远征军司令长官陈诚由昆明返回指挥作战，并电江防守备军诸将领：石牌为本次会战转移攻势之枢纽，乃我国之斯大林格勒，全体将士应抱与要塞共存亡之决心歼灭来犯之敌。第六战区奉命随即调整部署，预定决战时间为 6 月初，决战线为石牌、曹家畈、木溪桥、资垱之线。

当即令第七十九军由石门向渔洋关前进,第七十四军由桃源向石门集结,第三十军第二十七师向榔树东南地区前进。

　　△　罗斯福总统正式通知国民政府外交部长宋子文,将增加对华空运吨位,并准备本年雨季后陆、海、空军同时发动对缅甸日军之攻击行动。

　　5月26日　国防最高委员会在重庆召开行政三联制检讨会议,蒋介石主持并致"训词",强调要在十年内将其"在《中国之命运》一书中提出的五大建设准期完成,非有现代科学的行政不能尽到这个使命"。他说:"行政三联制的精神在一个'联'字,设计、执行、考核三部分,不是三个分立的部门,而是整个过程中的三个阶段,也是行政体制中的三个方面。"会期四日,29日闭幕。

　　△　中共中央作出《关于共产国际执委会主席团提议解散共产国际的决定》,回顾共产国际对中国革命的帮助,指出:目前由于历史条件的变化,解散共产国际较之存在更为有利,因此,表示完全同意解散共产国际的决定。

　　△　中共中央在延安召开干部大会传达共产国际执委会主席团和中共中央关于解散共产国际问题的两个文件,任弼时主持会议,李富春宣读两个文件。毛泽东发表讲话,强调团结,指出党内团结及党和人民的团结,"这些就是战胜艰难环境的无价之宝,全党同志必须珍爱这两个无价之宝"。

　　△　八路军晋察冀军区公布冀西反"扫荡"胜利战果称:自4月19日开始,日军纠集第一一〇师团主力,独二、三、四、十五旅团及第二十六师团与太原守备队等约万人,陆空配合对晋察冀军区进行"扫荡",重点为冀西地区,从平山、灵寿一直到房山、涞水、涿州,历时整一个月,截至5月18日"扫荡"被粉碎,计作战250次,毙伤日伪3000人,内击毙日军大佐二名、中佐一名。此次反"扫荡"战中地雷战发挥巨大威力,使日军蒙受严重打击。

　　△　鄂西江防军与日军展开激战。渔洋关方面日军第十三师团北

攻鸭子口,为第三十二军第一三九师所阻;日军另一部经木溪桥向石牌渗透。迄 27 日江防军虽仍固守石牌、稻草坪、曹家畈、易家坝一线,但日军已将停泊宜昌的大小船舶约二万吨全部夺走,驶往沙市。

　　△　常德守军奉命开赴鄂西宜都、长阳前线,余程万部第五十七师接替常德城防。

　　△　日伪军千余人合击河北大名西漳河地区,八路军冀南军区第一分区参谋长郑前学、第二十团团长徐绍恩、政委李汉英等牺牲。

5 月 27 日　中国空军大编队机群轰炸湖北长阳日军司令部等军事目标,完成任务后安全返航。

　　△　中国空军少将林伟成参加盟机空袭西西里之役。

　　△　中国内河航运公司自制之煤气机浅水轮船"嘉陵十二号",装载砖茶六吨及其他杂货二吨,自重庆启航,中途在南充、阆中、昭化停留四天,经 15 天航行于 6 月 14 日抵达广元,较普通木船快达五倍,创嘉陵江航运新纪录,自是嘉陵江全线通航。

　　△　日军五六万人分路由陵川、晋城进犯太行山,第四十军马法五部奉令迅速南撤。

　　△　汪伪最高国防会议通过颁发《民国三十二年广东省短期库券条例》,定额一亿元,7 月 1 日起发行。

　　△　伪华北政务委员会协同伪满在关内征募劳工,迫令回教徒前往服役,第一批于是日自天津押赴阜新开矿。

5 月 28 日　鄂西守军在空军配合下开始反攻。同日,由资坵方面出击之第八十七军第一一八师攻克渔洋关,日第三十三师团等之后方联络线被切断,敌势受挫。

　　△　国民政府公布《战时紧急处置公有物资奖惩条例》,凡 12 条。

　　△　交通部设电信总局,朱一成任总局长。

　　△　山东清河胶东地区八路军一部进攻广饶附近三里庄伪军,击伤伪团长成健基以下百余名,毙伪团附、伪副官以下官兵 160 余人,俘150 余人,缴获迫击炮一门,并将伪军碉堡城墙彻底破坏。

△　鲁南八路军一部连克泗水东南日伪据点多处,至次日,共毙伤伪军 240 余名,俘伪军连长以下 375 名,解放被敌抓去民众 56 名。

△　盟机出动轰炸湖南岳阳、临湘日军设施。

△　日机 12 架由新乡方面起飞,在河南孟津、巩县等地投弹多枚。次日,洛阳又遭日机投弹扫射。

△　汪伪政府军事委员会宣布:改"苏北行营"为"苏北绥靖公署",汪精卫兼主任,张北生任参谋长。同时宣布今后"清乡"工作由伪行政院直接领导。

△　美国驻华代办艾哲逊电告美国务卿,称中国经济形势恶劣,士气逐渐低落,如能邀请蒋介石与罗斯福总统、丘吉尔首相会谈,可予以重大鼓励;如能予以空中支援,发动反攻,收复宜昌等地,则可扭转中国之经济、军事情势。

5 月 29 日　行政三联制检讨会议闭幕,通过议案 80 余件。会议秘书长王世杰发表谈话称:"这次会议对于预算与计划的配合,对于计划的成立应如何争取时间,对于计划在物价不断波动的情形下,应如何继续实施或改变以及其他相关问题,均有缜密的决议。"

△　国民政府发布褒扬令称:暂编第四十五师师长王凤山"督战前线,弹中腹部为国捐躯";江苏高等法院第三分院书记长官许家堃、上海第二特区地方法院推事何景岑等,"在金华遭敌惨杀","临难不苟","应予明令褒扬"。

△　国民政府任命宋润之兼最高法院庭长。

△　日军顾问高山率河北永年日伪军千余名,乘何营群众庙会之际包围何营,屠杀群众 169 人,毁房 770 余间。

△　日机 36 架由鄂袭川,途中在云阳投弹二枚,旋飞梁山投弹后逸去。

△　日本大本营、政府联席会议作出《大东亚政略指导大纲》的决定,强调加紧推行侵略亚洲各国的各项"既定方针",并拟定本年 10 月下旬在东京召开以日本"帝国为中心"的各国傀儡会议,"向中外宣布"

所谓"大东亚共荣圈业已建立和完成战争的坚定决心"。

5 月 30 日　鄂西守第军六战区所部全面转入攻势。迄 31 日,日军伤亡过重,全线动摇,开始后撤,第六战区部队乘胜追击,日第十三师团主力被围困于宜都附近。

△　国民政府修正公布《劳资争议处理法》,凡六章 43 条。

△　中华政治经济学会举行第七届年会,陈果夫讲《义务劳动制与工业资本》,略谓:"资本之来源,实基于人力,我国人力广布,不虞匮乏,应实行有计划有组织之义务劳动制度,使人力变成机器,变成资本,则工业资本可以无虞"云。

△　四川自流井盐商代表来重庆请愿,要求提高收购价格,是日招待新闻界。

△　日机 12 架分两批袭豫,在卢氏、灵宝等地投弹。翌日晨至午,复有日机 12 架分批沿黄河渡口侦察,并在偃师境内投弹。

5 月 31 日　中美空军联合轰炸日军荆(门)宜(昌)两机场,投下炸弹 10 余吨,返航时与日军战斗机数十架发生激烈空战,击落、击毁日机 23 架,击伤八架。

△　鄂西日军全线撤退,鄂西湘北战役大胜。次日,军事委员会发表战报称:是役日军伤亡在三万人以上。

△　第五战区第三十九军第五十一师一个团,以策应湘鄂西战事为名,进抵鄂东长堰新四军第五师驻地,突袭该师医院,击毙伤病员一人,俘三人,医院药品抢劫一空。6 月 1 日,新四军第五师为此发出抗议书,要求第五十一师:"一、立即将被俘人员全部放回;二、对被害人员予以抚恤道歉;三、不得再有同样事件发生;四、如不杀敌请即撤回原防。"同日,新四军第五师又发出争取国民党军之公开信《敬告一七四师五二一团及曹支队全体将士传单》,要求共同抗日,"坚持南下杀敌之初志,勿为反共阴谋所利用"。

△　李仙洲部第一四二师向冀鲁豫区丰县东北十字河以西地区进攻,被该地八路军第一二九师击退。

△　南京青年胡本兰、慈荣海等人密置炸弹于伪中央军校大礼堂讲案下，拟候汪精卫到校训话时使之爆炸，事泄被捕，胡、慈两人是日被日伪枪杀。

△　日本共产党代表团冈野进（野坂参三）抵达延安。次日，函答《解放日报》记者："完全同意共产国际执委会主席团解散共产国际的提议"，并建议组织反对法西斯军部的人民战线。

是月　蒋介石电复财政部整理省地银行有关问题：一、省地银行收归国有问题，应与其他省营经济事业一并研究核定；二、为逐步整理各省地方银行计或先由财部分派一常驻监察人驻各地方银行；三、省地方银行之业务应予限制。

△　中美特种技术合作所（简称"中美合作所"）在重庆成立，戴笠任主任，美海军中校梅乐斯任副主任。下设军事、情报、心理、气象、行动、交通、经理、医务、总务等组和总办公室、总工程处。该所在重庆磁器口渣滓洞设有庞大集中营，并在福建、安徽、湖南、贵州等地设有办事处、情报站和监狱。

△　军事委员会改滇西战时工作干部训练团为驻滇干训团大理分团，蒋介石兼团长，龙云、李根源任副团长。

△　苏北新四军以主力一部发动以塘沟（沭阳城东南）为中心的攻势作战，连克20个据点，歼灭日伪军5000余人，地方武装和民兵也攻克20余个据点，从而粉碎了"蚕食"，基本恢复苏北抗日根据地。

△　淮北新四军在被日军"蚕食"的淮阴、邳县等部分地区展开武装斗争，以主力一部发起反击，拔除日军据点26处，并派武工队深入敌占区，从而稳定了边缘区的形势。

△　八路军冀东分区第十一团团长赵文世带领五个连，在承德十一道河子与伪军一个营交战，打死伪军50余人，缴获枪30余支。

△　甘肃暴动的回民于上旬切断西兰公路。蒋介石以胡宗南为讨伐司令武力镇压，另以朱绍良进行"宣抚"。

△　四川省中江县烟业公会及卷烟生产合作社呈文国民政府社会

局,报告卷烟业破产情况称:该县借卷烟业维持生计者"不下数万人,往昔尚可勉度难关,自专卖机关设置以后,所订专卖利益按级课税,遵奉财政部通案,全国一律无问销场售价之畅涩,而税额无伸缩之余地,致使一般贫苦工厂,因而倒闭停业者不知凡几,失业工人之呼寒者比目皆是,形成本县当前之最大危机,隐忧堪虑"。

△　河南省府为便利救灾,宣布普查户口结果:调查之 68 县 250 万户,食粮不足待救者 220 万户,其余充足户 1.5116 万户,自足户 20.5426 万户。

△　行政院公布《全国生丝统购统销暂行办法》,凡七条。

△　日军以防止走私为名,拘禁平民多人,在海南岛劳动营集体屠杀。

△　日军在太行一带,自辽县的麻田至涉县的河南店约 25 公里的路上,向水井、水池投毒 20 多箱,并施放毒气,120 多人中毒。

△　日本大本营调整侵华日军战斗序列:以独立混成第四旅团和独立混成第六旅团一部编成第六十二师团;以独立混成第十五旅团和独立混成第六旅团一部编成六十三师团;以独立第十二旅团为基干编成第六十四师团;以独立混成第十三旅团为基干编成第六十五师团。同时,分别将第六十二师团编入第一军;第六十三师团编入华北方面军;第六十四、第六十五师团编入第十三军战斗序列。

△　印度共产党召开第一次全国代表大会,决议组织印度医疗队一队到中国前线、敌后与后方军队中工作。又截至本月底,印度各邦援华捐款已达 94.78 万卢比。

6 月

6 月 1 日　国家总动员会议召集第二次全国生产会议,在重庆开幕。参加会议代表为产业界企业家、主要负责人与有关部门负责人 270 余人,提案 351 件,主要研讨产、运、销等方面之有关问题。蒋介石主持开幕式并致训词。会期九日。

　　△　行政院例会通过《调整中央机关公务员生活补助办法》等决议案及免去河北省府委员兼主席庞炳勋本兼各职,任命马法五为河北省府委员并代理主席。

　　△　四川省临时参议会第二届第一次大会在成都开幕,省主席张群报告一年来施政工作,大会着重讨论田赋征实、四川经济建设及建立乡镇民意机关等问题。会期 17 天,18 日闭幕。会议决定本年度田赋征借总额不变,仍为 1600 万市石,计征额 900 万市石,借额 700 万市石,"各县征借实物后,除积谷外,其余一切以田赋或谷物为对象之摊筹派募,概须一切禁止"。同时决议购粮所发之三成现金改发粮食库券。

　　△　经济部公布 1938 年 1 月至 1942 年底,工业技术发明及核准专利之分类统计,合计五年中呈请专利之发明物品(或方法)共 581 案,核准专利者 245 案。各年核准专利情况:1938 年 16 案,1939 年 21 案,1940 年 49 案,1941 年 90 案,1942 年 69 案。分类情况是:化学物品 51案,机械工具 49 案,生活用具 41 案,印刷文具 36 案,电气器具 25 案,交通工具 18 案,矿冶四案,其他 21 案。

　　△　全国慰劳总会主办之鞋、袜劳军运动,开始在全国各地进行劝募工作,规定每甲至少献赠布鞋、袜各一双或折合代金 100 元。

　　△　毛泽东复电彭德怀,对国民党的现状和中共今后的工作方针作出指示,指出:国民党对敌、对外(英、美)、对共、对民、对党(中央与地方、CC 与复兴社)五方面均无妥善办法,危机日增。他们对东条扶蒋倒汪新政策毫无对策,国民党对日投降者增多,战斗力大损。目前英、美仍是集中力量对德,对蒋援助甚少。蒋对我党疑忌甚大,不愿解决两党关系问题。甘、黔、川、陕四省民变四起,蒋介石除镇压外,无他办法。国民党内部纠纷不绝,有增长趋势。凡此均使抗战局势处于困难地位。抗战还须准备三年,彼时中国情况如何,深堪注意。我党应在此三年中力求巩固,屹立不败。对敌应用一切方法坚持必不可少的根据地。对国民党应极力避免大的军事冲突,使彼方一切力量均用在对敌上。对

敌后解放区人民除坚持三三制外,应以大力发展农业、手工业,如人民(主要是农民)经济趋于枯竭,我党即无法生存,为此除组织人民生产外,党、政、军自己的生产极为重要。对党内政策,一是整顿三风(应坚持一年计划);二是审查干部(清查内奸包括在内);三是保存干部(送大批干部来后方学习)。如能实施上述各项,不犯大错,我党即可立于不败之地。

△ 中共中央军委总政治部发出《关于敌军工作的指示》,指出:凡有日人干部,这些干部在政治上又较成熟的地区,今后的敌军工作,应通过日本人民解放同盟(原名反战同盟)及日人干部去进行。各级政治部的敌工部门,则集中力量进行伪军工作。为更好培养日本革命力量,确定今后原则上不释放日本俘虏。

△ 中国空军中型轰炸机在战斗机掩护下,轰炸宜昌附近日军所积载之军需品与船舶,投下炸弹多吨,日机未能起飞应战。

△ 日机连日袭豫。是日日机二架窥洛后在孝义投弹。2 日晨,共五架在偃师周家山及孟津白鹤等地投弹。3 日,由晨至午,又有 14 架分九批在巩县、荥阳、郑州等地盘旋侦察,并在孟津、偃师一带投弹。4 日,复有 16 架分七批由新乡起飞,在偃师等地投弹,洛阳一日数惊,连发四次紧急警报。

△ 云南省姚安县县长段商贤因"包庇种烟"罪被处死刑,是日执行。

△ 汪伪行政院会议决定设"清乡"事务局,任汪曼云为局长。

△ 日大陆铁路运输协议会事务局在伪满新京(长春)成立。

△ 伪满决定发行第三次富国债券 1000 万元,每张 500 元,期限为四年四个月。

△ 伪满国务院、民生部、兴农部、经济部公布《通帐票配给统制规则》,规定一切重要物资均按票证进行"配给"。

6 月 2 日 国民政府公布《民国三十二年整理省债公债条例》,定额 1.75 亿元。

△ 国民政府明令嘉奖青海省循化县陈杰捐资兴学,并准题颁"热心教育"匾额一方。

△ 行政院副院长孔祥熙宣布:海关总税务司梅乐和辞职,遗缺由尚在美国的李特尔代理。

△ 全国慰劳总会奉令改组,举行改组后第一次全体委员会,推陈诚任会长,谷正纲任代会长,马俊超、郭沫若、黄少谷为副会长。决议组织鄂西慰劳团及成立战士之友社等。

△ 周恩来、钱之光在八路军重庆办事处招待途经重庆回国的印度援华医疗队员巴思。

△ 第六战区收复鄂西长阳,一部迫近宜都。重庆中央广播电台决定,自 4 日起对鄂西将士举办慰劳讲座。4 日晚,首由国民党中宣部长张道藩主讲。

6 月 3 日 国民政府公布《民国三十二年度同盟胜利公债条例》,定额 30 亿元。

△ 国民政府公布《高等考试及格人员县长挑选条例》。

△ 重庆各界举行"六三"禁烟纪念大会,并在较场口当众焚毁烟具。

△ 川康绥靖公署为畅通省会附近粮运,特召集驻戍省会部队长官,指示护送办法,并按各部队驻戍情形,将省各重要粮道划分为八个区段,分别指派部队担任护运工作。

△ 鄂西反攻顺利,第七十四军及第二十九军先后克复暖水街、三家厂、新安,进至公安附近。

△ 伪满文教部召开大学校长会议,"协议大学时局的推进体制"。同日,伪满文教部制定《学校勤劳奉仕规程》,强令中等学校在校学生"勤劳奉仕",按学校分编勤劳奉仕队,由校长任队长。省、市、县、旗设勤劳奉仕委员会,管辖学校的勤劳奉仕队。

△ 国际粮食与农业会议历时 16 日于是日闭幕。大会主要决议事项为创立国际农业统制机关,以保障各国在促进粮食生产、分配、消

费各方面之合作。会后,郭秉文率中国政府代表团全体成员访美国务卿赫尔,并开始在美各地参观农业设施。

6月4日　周恩来主持召开中共中央南方局会议,讨论共产国际解散后国民党对中共可能采取的方针和中共的对策。同日,将讨论意见电告中共中央。

△　财政部宣布原颁取缔黄金买卖各项法令停止施行,准许人民自由采售。

△　全国慰劳总会鄂西将士慰劳团组成,团长张继,副团长孔庚,定于周内赴鄂西前线慰问。

△　国民党中央组织部通告各级党部:"查近来各地每有敌伪奸伪潜伏,企图煽惑民众,扰乱社会秩序,破坏抗战建国",通知"凡遇地方上有临时事故或重大事件发生,务须一面妥筹应付办法,一面详报本部以凭处理"。

△　日军乘鄂中新四军配合鄂西正面作战之际,进扰天门、汉川湖地区,被新四军全部击溃,毙伪警备队长以下50余人。新四军乘胜进攻,复于8日、9日两日,全歼该区伪军李炳坤旅,击毙旅长李炳坤,俘虏伪官兵千余人。

△　日伪军一万多人对山东渤海区进行抢粮大"扫荡",渤海根据地以部分兵力与敌周旋,以另一部兵力深入敌后,袭扰和破坏敌交通运输线,并相机发动攻势。经一个多月的300余次大小战斗,粉碎了"扫荡",攻克或逼退据点132处,毙、伤、俘日伪军约3000人。

△　罗斯福总统建议举行中、美、英、苏四国首脑会议。6日,蒋婉拒罗斯福总统邀约。30日,罗斯福总统再邀蒋于今秋会谈。

6月5日　教育部次长顾毓琇、蒙藏教育司司长骆美奂飞新疆考察教育。

△　应美国国务院邀请,国立中央大学医学院生理教授蔡翘、西南联大哲学系教授金岳霖、云南大学心理学教授费孝通等六人赴美讲学。

△　延安举行欢迎日共中央代表冈野进(野板参三)大会,毛泽东、

朱德等中央领导人以及各机关干部 2000 余人出席会议。任弼时代表中央致欢迎词,冈野进讲话称日本党当前三大任务:打倒日本法西斯军部、立即结束战争、建立民主政府。

　　△　陇西剿匪总司令范汉杰、总指挥盛文率部进攻陇南礼县西和回民暴动区。26 日,暴动回民遭重大打击,7 月中旬暴动平息。

　　△　伪满军事部发布伪军司令官更迭令:第三军管区司令官、陆军中将吕衡派充第七军管区司令官;禁卫队司令官、陆军中将赵秋航派充第三军管区司令官;军事部附、陆军中将杨镇凯补禁卫队司令官。

6 月 6 日　晋东南八路军一部为粉碎日军抢粮计划,配合民兵在和顺、辽县等地广泛开展"护藏出击"运动,包围日伪据点,攻击出犯抢粮之敌,是日至 24 日 18 天中作战 120 余次,毙伤日伪军 492 人,俘 237 人,夺回粮食五万余斤。

　　△　新四军第五师第十五旅所部,在地方武装配合下,向驻湖北潜江地区的汪伪第十师第二旅朱秉坤部进行合击。战斗开始,朱部营长王启瑞率部反正,新四军迅速进入熊口地区,全歼朱部第二旅,俘 1000 余人,朱秉坤带随从脱逃。

　　△　日轰炸机八架、战斗机 12 架袭梁山机场,毁伤我 P—40 型机 15 架,车辆 10 部,死亡官兵六人。第四大队第二十三中队队长周志开于弹落之际,冒险起飞,击落敌轰炸机三架,创个人一次击落敌机之最高纪录。

　　△　日机八架分批轮番轰炸湖北江陵县长江大堤边的郝穴镇,炸死 158 人,毁房 53 间。

　　△　美第十四航空队分队长克拉克中尉,驾驶轰炸机与大队机群在袭击宜都、宜昌后,被多架日机拦击,众寡不敌,被迫降落荆门附近。克拉克于降落后将机身焚毁,携带手枪泅水脱逃,被当地中国驻军救起转送后方。12 日抵巴东,15 日抵恩施,16 日陈诚接见并赠慰劳金 5000 元,当日湖北省各机关、团体向克拉克献旗致敬。

　　△　鲁苏战区鲁南指挥部总指挥、第一一二副师长兼第三三四旅

旅长荣子恒在鲁南率部投敌,任伪鲁南战区司令兼暂编第十军军长。9日,荣子恒赴北平访日伪当局,日报大登其照片,宣称荣率部二万参加"和平阵营"。

△ 重庆工程学界集会庆祝工程师节,并分别在各处举办通俗科学及工程讲座。新疆工程师节纪念大会特电中国工程师学会转全国工程师,请"领导国人建设西北"。

6月7日 陈诚在湖北战时省会恩施各界庆祝鄂西大捷暨端阳节劳军大会上,报告鄂西会战经过及胜利原因,称此次会战是"以寡敌众,以劣胜优","战争的胜败是整个的,决不能单纯归功或诿过于军队,今后必须力求政治、文化、经济与军事整个之配合,作更广泛之努力,乃能争取最后胜利"。

△ 张治中告知周恩来:共产国际解散后,国民党研究对中共的办法,有两种意见:一为中共交出军权、政权,组织可合法;一为同国民党合并。现只等中共的意见。周恩来答:两党问题所以不能解决,主要是国民党政治不开放。

△ 宜都被围日军借飞机掩护并施放毒气突围,与聂家河日军会合,向东逃窜。

△ 西北建设考察团一行 20 余人,由罗家伦率领由成都出发赴西北各地考察。

△ 汪伪江苏省盐城县民众汤义厚等上书汪精卫揭露苏北税务黑暗情形,内称:苏北统治区"税务名目繁多",如大车税、民生税、扬子税、地方税、复兴税、附收行营军事补助税、县税、团税、枪杆税等等。

△ 日本大本营第二课就"适应情况变化对中国方面作战的研究",在课内进行审议。审议重点为遏制美机空袭日本本土及昆明作战、五号作战(进攻重庆)、纵贯大陆作战等实施问题。同日,日大本营以大陆命第 789 号,分别从关东军抽调战斗机一个战队,从南方军调重轰炸机两个战队,归中国派遣军总司令官指挥。同时指示关东军及南方军于 6 月下旬派出部队。

△ 美国医药援华会在纽约成立中国输血所,准备将所输之血制成血浆运往中国救济伤兵。该输血所职员均为中国人,其医务人员最后将被派回中国创办输血所。

6月8日 鄂西日军大溃退。第一二一师于是日克复宜都,续与第一八五师联合作战,次日克复枝江。11日夜,暂编第六师克复洋溪。12日,第一九四师先后克复磨盘洲、新江口。17日,第七十四军克复车家咀、申家渡;第一九四师克复班竹垱、米积台等地。日军退守华容、石首、藕池口、弥陀寺一线。双方恢复5月5日前原态势,鄂西会战至此结束。是役,据日方公布战果:中国军队遗尸3.0766万具,被俘4279人;日军死771人,负伤2746人。

△ 齐齐哈尔伪满当局强迫市民缴纳金属,在齐齐哈尔神社举行献纳式,计收钢铁类19吨,铜一吨,钢合金类五吨,其他金属72吨。

△ 美总统罗斯福再次警告德国、日本勿使用毒气。

6月9日 第二次全国生产会议闭幕,孔祥熙致闭幕词,通过提案400多件。

△ 全国慰劳总会通电全国各省、市,"七七"举行劳军大会,慰劳当地驻军、荣誉军人、在营壮丁及出征军人家属。

△ 经济部公布《自用动力厂登记规则》,凡10条。

△ 国民政府明令嘉奖青海乐都县徐马氏捐资兴学,并准题颁"兴学育才"匾额一方。

△ 加拿大驻华公使欧德伦访蒋介石。11日,访孔祥熙。

6月10日 中、美、英、苏批准关于成立联合国家救济复兴协定草案,经美国国务院分别送交各盟国及其他联合国家审批。中央社报道:联合国救济复兴处将作为联合国家战后善后处置之第一个执行机构,总处设华盛顿,首任处长将为美国对外救济复兴局局长李门,区域性之委员会则分设于伦敦及重庆。

△ 八路军冀鲁豫军区第三分区军民粉碎日伪军2000余人对莘县地区的"扫荡"。

　　△　名译作家伍光健病逝。

　　△　汪伪最高国防会议通过《战时文化宣传对策基本纲要》，规定方针要领为："认定大东亚战争之完遂为一切东亚理想实现之前提，国家集团主义为东亚新秩序建设之准则，中国文化为东亚文化之一环，应把握中日文化之实体，发扬东亚文化，巩固东亚轴心，完成战争之使命。"11 日，林柏生就汪伪公布此纲要，接见记者称：纲要基本内容在于"清理英美及共产主义之毒素思想"及"重建中国与东亚文化"。

　　△　共产国际执委会关于解散共产国际的建议获各国支部一致批准，是日宣布正式解散，并撤销执委会主席团、秘书处及国际管制委员会。另设一委员会，以季米特洛夫为委员长，负责清理共产国际结束事务及财产。

　　6 月 11 日　蒋介石手令，全国各部队、机关、学校，一律实施军需独立制度。

　　△　国民政府修正公布《战时火柴、烟、糖专卖暂行条例》。

　　△　农林部在重庆举行农林工作检讨会议，到会四川、湖南、湖北、江西、广东等 12 省代表及有关农林机关代表 60 余人，主要内容为确定下半年业务方案。

　　△　鄂西第六战区一部克松滋。

　　△　日机四架轰炸浙江镇海柴桥，死伤居民 31 人，毁房 100 余间。

　　△　重庆福华煤矿公司因矿坑通风不良，发生矿井爆炸事故，矿内工人及赶来营救之建川煤厂工人共 50 余人（内有工程师一人）全部焚毙。两矿工人"愤恨异常，准备聚众捣毁福华公司"。重庆卫戍司令部以孔祥熙"在该公司投有巨资关系"，派大批军警前往镇压，并饬宪兵团"严密查察注意工人行动"。

　　6 月 12 日　中共苏中区党委出发《关于减租工作的指示》，要求凡未减租地区开展减租工作；在已减租而不彻底的地区，则要求发动减租运动，以彻底解决减租问题。

　　△　西安劳动营训导处处长张涤非奉命召集西安 30 余"文化团

体"开会(实际到会者九人),宣布利用共产国际解散事打击中国共产党,然后假冒"各文化团体"名义,打电报给毛泽东。电文首述第一次欧战第二国际解散,第二次欧战第三国际解散,"证明马列主义破产"。次述为加强盟国团结第三国际解散;为加强中国团结,应"解散中国共产党","取消陕北特区"。

△ 伪满军事部大臣邢士廉及该部顾问楠本世隆中将视察福锦县东北五顶山伪军部队时,一名士兵突然冲出队伍向他们开枪行刺,然后脱逃。翌日,行刺士兵被追赶至江边,跳江身亡。

6月13日 蒋介石召集参加鄂西作战空军部队训话,褒奖有功人员,特别表彰救援盟机之驱逐机大队队员臧锡兰上尉及一人击毁日机多架之中队长周志开少校,并授予周志开以最高之青天白日勋章。

△ 外报记者一行九人离重庆赴前线参观鄂西大捷战绩,历时两周,26日返回重庆。

△ 军事委员会任命赖汝雄为第二十九军副军长。

△ 川江民船商业同业公会及船员工会联合会,在嘉陵江水上运动会之颁奖席上代表川江30万民众,向参加鄂西会战之盟军、中国空军、鄂西将士各献锦旗一面。

△ 八路军鲁中军区主力一部深入敌占区开展武装保卫麦收运动,是日攻克南高平伪据点,歼伪大队长以下150余人。15日,攻克三官庙,生俘伪军90余人。

△ 由豫北起飞之日机,少则一架,多则五架,连续袭击洛阳一带,投弹地点多为孟津县属之白鹤,洛市一日连发警报七次。

△ 日机六架空袭肇庆,在市区盲目投弹30余枚,炸毁民房数间。14日,日机15架分两批袭赣县,投弹40余枚,中有九枚未爆。

6月14日 重庆各界五万余人集会庆祝联合国国旗日,蒋介石致电英、美、苏各国元首祝贺,孔祥熙向联合国各国发表广播演说。

△ 经济部召开各省经济工作检讨会,翁文灏讲话说:"各省所办省营事业,固各有其自身需要,惟自整个经济建设着想,殊不宜过以省

界为主,自相分裂,亦不宜垄断商业与民争利。"

　　△　国民党中常会议通过《中国国民党员宣誓条例》,凡八条。7月 14 日,颁发各党部。规定誓词为:"余誓以至诚,遵奉总理遗嘱,信仰本党主义,严遵本党党章,服从总裁命令,如有违背,愿受本党最严厉之处分。"

　　△　国民参政会经济动员策进会西北区办事处,邀集专家学者及各厂商、机关代表,在西安召开座谈会,研讨开发西北问题。

　　△　盟机八架与日机 32 架在江西樟树遭遇,盟机以少胜多,击落日机六架。

　　6 月 15 日　蒋介石特电饬军事委员会及行政院,分别通令各军政机关,整肃花纱布管制纪纲。电称:"其有阳奉阴违,营私舞弊,或利用职务乘机牟利者,及一切机关团体套购渔利或冒领滥用者,一经查明,均以破坏管制论罪,交由军法机关从严惩办。"

　　△　国民政府明令免去河北省政府委员兼主席庞炳勋本兼各职,任命马法五为河北省政府委员、代理河北省政府主席。

　　△　宋美龄抵加拿大访问。次日,在加拿大国会两院联席会议发表演说,略称:日本在中国长城以内各占领区掠夺运往其国内之物资,去年平均每月为 280 万吨,运往东北及亚洲各地者为 230 万吨,运往供应其在华军队者约一亿吨。她说:"中国军民抗战之伟大意志,仅凭不充足之作战物质得以实现,不应任其过度劳伤,致越出人类所能忍受之程度。"17 日,返回纽约。

　　△　陕西长安斗门镇居民掘获古代铜器二件,经考古学家鉴定为周代中世礼壶酒器。

　　△　日伪分兵 10 余路,对晋西北抗日根据地文水、交城、阳曲等地进行"扫荡"。当地八路军协同民兵,与敌猛烈搏斗,至 21 日敌分股退回原防,"扫荡"即被粉碎。

　　△　沦陷区江苏省崇明区绅商陈佐时等"上书"汪伪政府要求制止苛捐杂税,文举该区捐税名目原有者五种:统税、所得税、屠宰税、印花

税、烟酒牌照税。新增者九种:纸张税、箔类税、猪只税、筵席捐、取缔迷信事业物品捐、保甲捐、营业税、牙税、房捐。

6月16日 上月31日宜昌空战中,因汽油用尽被迫降落洞庭湖畔日军占领区之美第十四航空队驾驶员五人,在当地中国游击队的帮助救护下,跋涉16日,于是日脱险抵达第六战区中国军队驻地。

△ 李仙洲部向冀鲁豫湖西地区发起全面进攻。21日,八路军冀鲁豫军区部队反击李仙洲部之战役开始。27日,在丰县东歼灭李部一个营,至8月10日共歼李部5000余人。

△ 苏联驻华大使潘友新致外交部节略,指责盛世才对苏措施为非法与仇视行为,并附1940年12月盛世才与苏联所订密约。

△ 日本议员赤尾敏在议会对东条作战报告提出质问,被大政翼赞会除名。

△ 驻英大使顾维钧在伦敦向记者发表其返任后之首次谈话,希望盟国以更多飞机援华。

△ 荷兰女王威廉明娜在渥太华访问宋美龄。同日,宋美龄在加拿大两院发表演说,翌日返回纽约。

△ 日本第八十二届临时议会在东京开幕,会期三日,"讨论划时代之工业调整问题,俾集中国力,完成大东亚之战"。东条在施政演说中强调时局严重,吁请国人"节约物资,加紧生产,确立及整备决战体制"。19日,议会闭幕,通过所谓"打倒英美"案,决定"强化与德意各盟邦之联系,借使东西相互提携,期以完成旷古罕有之大战"。

6月17日 何应钦为第四十军马法五部自太行山突破日军围截安全渡过黄河,特电嘉奖。电称:"此次太行会战,庞总司令与孙军长因个人戒备疏虞,致身陷于敌。而兄等统率所属各部,保持完整建制,努力杀敌,此乃我将士忠勇为国报仇雪耻精神之至高表现。"

△ 史迪威面谒蒋介石,报告"三叉戟会议"之决定。

△ 晋陕绥边区总司令邓宝珊奉电召赴渝路经延安,受到热烈欢迎,毛泽东、朱德、贺龙分别设宴招待。邓宝珊和毛泽东会谈数次,毛泽

东针对蒋介石正在发动的新的反共高潮,阐述中共政策,决心争取民主团结,把抗战进行到底,并希望邓宝珊给予合作。邓在延期间还会见中共中央其他领导人林伯渠、徐特立、吴玉章等。7 月,邓宝珊行抵西安。

△　台湾革命同盟会为台湾沦陷四十八周年纪念日,在重庆举行扩大宣传,并由吴铁城在中央电台播讲《台湾归来》。

△　川康兴业公司与西康省政府商定合股设立西康毛革特种公司,各出资 500 万元,以西康产牛羊皮毛为原料。现已组设雅安毛织、制革两厂,康定洗毛厂亦在办理改革事宜。

△　日本大本营将第十五师团由第十三军调归南方军第十五军战斗序列;将华北方面军的第二十七师团调归关东军战斗序列。

6 月 18 日　蒋介石电何应钦转国民兵团称:国民兵团已先后捐献飞机 10 架,"殊堪嘉慰","惟空军建设经纬万端,所望全国国民不断努力贡献其人力财力,协助政府始克有济"。要求扩大推行一元献机运动为一县一机运动。

△　重庆市府宣布调整管制物价,由限价改为议价。市长贺耀组在报告中说:"限价改为议价乃商会及各同业公会由被动地位转为主动地位,因之望与政府同策协力。"国家总动员会议秘书长沈鸿烈讲话说:"重庆 1 至 4 月物价较为稳定,5 月迄今物价波动变化甚烈。5 月份零售总指数竟涨至 8%,物价零售总指数竟涨至 12%。"次日,重庆市府正式公布《调整限价议价物品种类办法》。

△　第八战区副司令长官胡宗南在陕西洛川召开军事会议,参加者有第九十军和暂编第二十五师、新编第三十七师师长以上官佐,布置发动进攻陕甘宁边区。会后,河防军队纷纷西调。28 日,第十六军炮兵团第一营由郃阳开抵耀县。30 日,西安卫戍部队第五十七军第八师开抵同官(铜川)。同日,河东国民党游击纵队王裕民部渡河西撤开抵大荔,整装北上,包围陕甘宁边区。

△　绥西水利工程复兴渠竣工,举行放水典礼,全长 90 余里,可灌地 20 余万亩。

△　抵达加尔各答之孟买华侨小学师生约 30 人,赴中国驻印军区慰劳远征军将士。

△　日伪军在河北省永年县小北汪村屠杀 279 名无辜群众,800 多间民房被烧毁,400 多头牲口被抢走,制造"小北汪惨案"。

6 月 19 日　四川省临参会第二届一次大会第十六次会议通过省府交议之田赋征借实物案,即今年粮食征购部分改为征借,政府发给全部粮食库卷,不再搭发三成现款。21 日,粮食部长徐堪接见记者对此大加赞扬,谓"此系人民拥护政府热诚之表现"。

△　全国慰劳总会鄂西将士慰劳团出发赴鄂西劳军,携带慰劳金 200 万元、药品及各种慰劳品。

△　八路军冀南军区部队强袭临清南小辛庄、三十里铺两伪军据点,俘伪军 300 余人。

△　新四军苏中军区第三分区主力一部,在泰兴、泰州等独立团地方武装配合下,对占领泰兴县北新街之伪军第三十七师独立第三团发起攻击,击毙伪营长以下 52 名,生俘正、副团长以下 600 余名。

6 月 20 日　鄂西大捷,湘北平定,常德守军第五十七师命令开放所有城门,逃亡在外的常德民众开始大批返回。

△　中国经济学社重庆分社成立,孔祥熙致词说:"我国战时财政之基本问题不在财政技术之选择,而在如何能在微薄之国民生产中额外提出一部分,作为战时之特别支出,换言之,即如何进一步地降低人民的生活水准,除人民最低限度消费外,将其全部之富裕转入于政府之手,借以支持此长期之战争,要在无办法中想出办法来。"

△　中国童子军教育学会成立,戴季陶任名誉理事长,张治中、陈立夫、谷正纲任名誉理事。

△　山西离石穆村日宪兵队长驹泽邦男向中国方面投诚。

△　汪伪与日方签订《关于清乡工作之中日协定》,凡五条,规定"日本军以担当关于作战警备事项为主",汪伪"以担当关于政治工作事项为主"。汪伪"使用之军队、保安队、警察及其他武装团体",必要时得

"受日本军队指挥官之指挥"。

6 月 21 日　全国慰劳总会在重庆举行庆祝鄂西大捷、慰劳中美空军大会,由慰劳总会代会长谷正纲主席,周至柔、陈纳德、吴铁城、张道藩、张治中、贺耀组等讲话。

△　新四军一部再次袭击苏中兴化东北日伪据点,全歼驻守伪军,毙 60 余人,俘伪支队长以下官兵百余人。

△　日机三架在赣南遂川低飞扫射,被当地驻军以机枪扫射击落一架,驾驶员一名被俘。

△　台湾第二批陆军"志愿兵"1030 人入伍。

6 月 22 日　国民党中央执委会秘书处电各省、市党部协助办理"八一四"空军节,发动一县一机运动。

△　行政院会议决议,对四川省临参会通过该省本年度粮食征购部分,全部发给粮食库券,不另搭发现金。

△　中苏文化协会在重庆集会纪念苏联抵抗法西斯两周年,孙科代表该会致电斯大林表示祝贺。

△　日机轰炸江西光泽县西城,在西门外闹市区炸死居民 33 人,伤 52 人,毁民房、店铺 170 余栋,万寿宫一带繁华街道尽成焦土。

△　汪伪政府任命庞炳勋为伪第二十四集团军总司令,孙殿英为副总司令。

6 月 23 日　中共中央宣传部发出《宣传要点(第 8 号)》,指出:反法西斯战局日趋好转,英、美、苏团结更加巩固的国际有利形势,对于中国的抗战团结是有利的。中共的中心任务,仍是从反扫荡、反蚕食及开展对敌政治攻势中坚持根据地,仍是从发展生产及开展民主民生斗争、亲密军民关系中团结群众,仍是从整顿"三风"、审查干部、教育干部中巩固党。

△　西北建设考察团一行,由罗家伦率领到达西安。

△　胶东八路军一部攻克莱阳东蛇窝泊日军据点,毙伤敌中队长以下 48 人,俘伪警长以下 83 人。

△　日伪军对河北省定南区大举"扫荡",39 个村庄遭敌血洗,村村变成屠场,约 300 村民被杀。

6 月 24 日　湖北省各界欢迎全国慰劳团及慰劳鄂西将士大会在恩施举行,张继致慰劳词,陈诚致答词。

△　宋庆龄为募款赈济粤灾,在重庆举行国际音乐会。

△　宋美龄由纽约抵华盛顿,三度访问白宫,向罗斯福总统夫妇辞行,并就战后远东和平与善后处理诸问题,与罗斯福总统详加商讨。

△　中共中央作出《关于国民党的特务政策和我党反特斗争的指示》,指出:国民党特务政策是经过一个发展过程的。1927 年大革命失败后,对共产党是采取肉体消灭政策;1931 年顾顺章叛变后采取自首政策;1935 年一二九运动及抗战爆发后,采取有系统的内奸政策。今天斗争的主要形式是特务斗争。抗战以后的国民党(主要是 CC、复兴),已经不是大革命或内战时期的国民党,而是有丰富反动统治经验、破坏革命与中共的方法非常精明、很有组织的国民党。因此必须百倍地提高警惕性与巩固自己的队伍,才能在斗争中取得胜利,否则即无胜利之可能。

△　冀中定县日军黑田大队纠集附近 10 多个据点日军 3000 余人,包围定县 43 个村庄,实行为期七天的驻屯"清剿"。据 32 个村的统计,共抓捕群众 3000 余人,遭受毒打的 1189 人,被打伤致残的 568 人,被杀害的数十人。

△　驻潮安之伪第四十四师官兵一部携带武器反正。

△　美国大使馆秘书、驻华美军司令部政治顾问戴维斯建议美国政府在延安设立领事馆,并向中共控制地区派遣观察团。

6 月 25 日　国民政府明令褒扬西康省政府委员兼民政厅厅长冷融。

△　国民参政会驻会委员会举行例会,到张伯苓、莫德惠、王世杰、董必武等 20 人,谷正纲作最近施政情形报告。

△　汪伪全国经济委员会举行第二次会议,制定战时经济施策具

体方案。会议决定:增加工业品及农产品生产;贯彻物资统制,加强运输;强化国民储蓄,设置经济调查所。

6 月 26 日　孔祥熙以中美文化协会会长身份,宴请史迪威及在重庆美国军官,宋庆龄、吴铁城、何应钦等百余人出席。

△　孔祥熙、杜月笙、宋子良等人在上海开设的四明银行、中国通商银行、中国国货银行、中国实业银行,被伪中央储备银行强制管理。

△　国民党河北省党部代主任张宝树自太行山突围,绕道脱险归来抵陕。

△　顾祝同密电蒋介石报告在苏南一带部署重兵袭击新四军的详细计划。7 月 1 日,蒋介石复电:"准予备案,并饬肃清残余,加强地方自卫,以杜后患。"

△　新四军苏中军区第三分区部队,在苏中一带歼伪军一个补充团,俘伪团长以下 294 人。

△　日军在张家口火车站,对 2000 多名围住运粮列车的群众开枪射击,当场打死 270 多人。

△　汪伪最高国防会议召开临时会议,通过《华北扰乱经济统制紧急治罪暂行条例》。规定以营利为目的囤积重要物资,或未经许可私行移动大量物资,处五年以上十年以下有期徒刑,科以一万元以上至五万元以下罚金,并没收其物资。查有"资敌"之实据者处死刑,未遂犯处无期徒刑。同时决定华北政务委员会在南京设驻京办事处。

6 月 27 日　重庆《大公报》报道:派遣留学生出国计划业经国民政府主管当局核定,全国计划定为五年,每年 1000 人,分配美国 700 人,英国 300 人,其派遣学生采取考试与遴选各半办法,出国期间定为二年。

△　晋冀鲁豫边区临参会通过边府编送之《征收边区公粮预算》决议,决定本年度减轻公粮 16.56%。

△　八路军太行军区第三分区粉碎日伪军 2000 余人对襄垣地区的"扫荡"。

△　汪精卫接见日本同盟社记者并发表谈话称:东亚民族应精诚

团结,实践政治独立、军事同盟、经济提携、文化沟通四大纲领。并对东条改订日汪条约的谈话表示感谢。

6 月 28 日　重庆市教育局召集全市中小学校长举行座谈会,讨论学生营养及学校经费问题。教育局负责人称:近日最高当局对学生营养问题颇为关切,但因此问题与学校经费问题密切相关,故合并讨论。决定下学期伙食费缴纳 2000 元至 2400 元,伙食团由学生组织,学杂费下学期改缴 800 元至 1000 元,教员之伙食由学生负担。并决定严格学生纪律,不准教师同时接受数校聘书或同时在两校任课。

　　△　军令部长徐永昌透露盛世才电称:苏方驻哈密之第八团仍留哈,其出动之一部及坦克车九辆中途停留。独子山石油厂及迪化飞机制造厂,其官兵重武器等迄未离境,重要机器亦未拆除。哈密驻军尚约余 300 人,飞机 29 架,航空人员 144 名未撤等。

　　△　国民政府派李品仙为安徽省县长考试试务处处长。

　　△　周恩来离重庆回延安参加中共"七大"筹备工作和整风学习。同行有邓颖超、林彪、孔原、徐冰、高文华、伍云甫等共 114 人(包括家属),是日分乘五辆卡车从红岩出发。周恩来回延后,中共中央南方局工作交由董必武主持。

　　△　墨西哥驻华代办卡斯托瓦尔代墨总统赠蒋介石以神鹰勋章。

　　△　重庆市卫戍总部决定,今起实行居民身份证总检查,定期三日(后因雨延至 7 月 2 日)。与此同时,另组特检组配合实施治安检查。

6 月 29 日　国家总动员会议通过重新调整重庆粮价,自下月 1 日起实行。规定:一、每市石原售 240 元之官价米,涨为 380 元;二、每市石原售 380 元之官价米,涨为 570 元;三、每市石原售 520 元之中等熟米,涨为 780 元。面粉价格:一、每袋原售 190 元之特种粉,涨为 300元;二、每袋原售 170 元之统粉,涨为 260 元。

　　△　宋美龄离美回国,经巴西、南非、印度,于 7 月 4 日抵达重庆。按:宋自上年 11 月 18 日离渝赴美就医,本年 2 月康复,在美、加访问四个多月。

　　△　财政部田赋管理委员会内外勤工作检讨会在重庆举行,讨论土地税、契税等如何有效推行。有关方面宣称,本年度田赋征实征购总额为一亿石。

　　△　汪伪政府与日本正金银行及中央储备银行签订借款"变更契约书",决定将 1942 年 6 月 1 日原借款额"日通货 3500 万元"改为"4500 万元"。

　　6 月 30 日　国民政府公布《惩治贪污条例》,凡 14 条。

　　△　中华基督教联合救国会及各界节约献金救国运动会联合在重庆召开会议,决议扩大组织,更名为中华国民节约献金救国运动总会,推冯玉祥为会长。

　　△　军事委员会任命蒋鼎文兼第二十四集团军总司令,王文彦为第三十七集团军副总司令,李正先为第十六军军长,袁朴为第八十军军长,周志冕为第九十一军军长,张占魁为第三十六军副军长。

　　△　全国慰劳总会鄂西将士慰劳团由团长张继、副团长孔庚率领返回重庆。另一部分团员仍留前线劳军。

　　△　日伪军 4000 余人开始对冀鲁豫抗日根据地聊城、莘县地区进行"扫荡"。

　　△　日本与汪伪签订关于所谓归还上海公共租界的条款及了解事项,规定归还日期为 8 月 1 日。同日,汪精卫为此发表谈话,表示"吾人诚不胜其感谢","吾人并深望其他关系各国追随友邦日本之后,对于上海公共租界之交还迅速予以仿行"。

　　6 月下旬　空军总指挥部与美第十四航空队协议,在印度卡拉奇成立教练队,各部队轮流派往受训,以便接收美国之新飞机,并减少国内油料之消耗,而于完训后,由中美双方各派三个大队之对等人数,组成中美混合团,归陈纳德指挥。经奉批准后,即派第一、三、五大队前往印度。

　　△　日军对鄂豫皖根据地边缘区进行"蚕食"。新四军第五师一面以主力开展破击战,打击敌人的"蚕食"行动;同时组织武工队到敌

据点附近,进行政治、军事、经济斗争,从而遏止了敌人对根据地的"蚕食"。

是月 国防科学技术策进会正式成立,蒋介石任会长,翁文灏、陈立夫、朱家骅、周至柔、俞大维等五人为常务理事,陈立夫兼总干事。

△ 重庆市政府关于管制物价工作的报告称:各业市场交易"均有所波动","水上黑市充斥","渡船渡资各码头均已倍涨,职业工人工资亦多因粮、盐、油、布等价格上涨而有显著波动","警察局临检队查获违反限价及其他管制法令案件之当事人……辄因讯问、拟签、核判层层手续而遭受无谓之羁押有达一二十日之久者,致常为社会所诟病"。

△ 军委会派海军军官 50 名赴美国学习,由美海军翟瑞乐中校负责协助训练。

△ 军委会军政部调整裁减卫生机关,截至是月,前后方之各种卫生机关为 571 个,收容伤病官兵 6.5 万余人。

△ 西安警备司令部派出百余名军警,突然包围八路军驻西安办事处,强行没收电台。自此,八路军办事处与中共中央联系改用西安情报处的秘密电台。

△ 夏收将届,日伪加紧抢粮活动。太行、山东等北方各抗日根据地军民武装保卫夏收,开展"护藏出击"运动,坚决打击抢粮之敌,粉碎日伪抢粮计划。在山东、晋东南等地都取得保卫夏收、歼灭日伪的重大胜利。

△ 日伪在热河兴隆县经过四个月来灭绝人性的"大集家",计烧毁房屋七万余间,抢走牲畜三万余头,把 11.1 万余人赶进 199 个"人圈",制造"无住禁作"地带 1190 余平方公里,占总面积 43%。"人圈"内因病死亡达 6000 余人。

△ 伪满警务总局统计:1943 年 1 月至 6 月,各煤矿"特殊工人"死亡 1154 人。另外,兴安岭筑城工程中的四万名劳工,死亡 3000 余人。

△ 伪中央储备银行钞票发行额截至本月底超过 100 亿元。

△　日本华北方面军公布：自本年 1 月至 5 月，与共产党军队交战次数为 5524 次，其兵力达 56.7424 万人之多。

7　月

7 月 1 日　中共中央办公厅为纪念中国共产党成立二十二周年，在延安中央大礼堂举行干部晚会，到会千余人。毛泽东在会上作报告，总结抗日战争六年和中国共产党 22 年的经验，指出：今后的一年，是欧洲战场决战的一年。这一次的反法西斯战争，必然要造出一个更加进步的世界，一个更加进步的中国，这就是大方向。

△　晋冀鲁豫边区太行区党、政、军、民各界举行"七一"庆祝大会，邓小平代表中央讲话，提出共产党员要"保卫党"、"把风整好"、"继承优良传统"，号召全体党团员团结在党中央和领袖毛泽东周围，为完成战争、生产、教育三大任务而努力。

△　第一战区司令长官部中将参议、第二战区高级顾问、国民政府委员马君图在山西省晋城投降日军。

△　前运输统制局中缅运输总局下关总站少将总管薛文蔚，以贪污案被处死刑。

△　美水土保持专家罗德民暨中国农林水利专家一行九人，由黄河水利委员会副委员长李耕砚陪同抵陕西省泾阳，研究泾惠渠含沙问题。

△　伪广东省政府以"扩充生产经费"为名，发行"短期库券"，金额伪币一万元，年息六厘。

7 月 2 日　延安《解放日报》发表毛泽东起草的《中共中央为抗战六周年纪念宣言》，指出：在全国抗战的第七年，为了克服现有的困难和准备好将来反攻时的力量，中共中央向国民政府提出四项建议：一、应该加强作战；二、应该加强团结；三、应该改良政治；四、应该发展生产。宣言最后说：抗战的第六周年，同时即是中国共产党诞生的第二十二周年。22年的历史实践已经证明,中国共产党奋斗的方向,是使中华民族起死回生的完全正确的方向,并将在今后的历史实践中继续坚持下去,直到完全胜利而后已。

△　毛泽东电示彭德怀、陈毅等:近期形势极度紧张,国民党军似准备在我党中央讨论如何改进国共关系时发动闪击战式的军事行动,逼迫我党接受其交出军队、取消边区的条件。

△　八路军冀鲁豫军区第四分区部队进攻浚县、滑县地区伪第二十四集团军第二十七军杜淑部,歼敌1800余人。

△　伪华北政务委员会委员长朱深病死。4日,汪伪中央政府任命王克敏为华北政务委员会委员长。

△　日军分别在华北四省(河北、山西、河南、山东)和三特别市(北平、天津、青岛)召开"剿共"委员会成立大会。

7月3日　八路军副总司令彭德怀发表《我们怎样坚持了华北六年的抗战》一文,指出:"自39年起,黄河即被封锁,我军与大后方隔绝,孤悬敌后,粮弹两绝,靠着自己生产和民众协助,解决了粮食、被服,依靠指战员的英勇攻袭敌之据点堡垒以及反扫荡之胜利,夺取了敌人无数弹药武器,补充了自己。正因为如此,才能屹立敌后,坚持六年。"

△　国民政府派图布陞吉尔格勒代理伊克昭盟盟长和保安长官,并指定其为绥远省境内蒙古各盟旗地方自治政务委员会委员长。

△　重庆市社会局长包华国报告称:目前重庆市的生产和消费合作社在500所以上,社员25万人,股金700多万元。

△　美驻华空军总司令陈纳德在华南美空军基地主持美第十四航空队成立一周年纪念会,史迪威对该航空队有功人员授勋,中国空军上尉臧锡兰以在5月31日宜昌空战中保护美机并击落日机一架之功获银星勋章。

7月4日　为纪念美国独立一百六十七周年,何应钦设宴招待在重庆的美国陆、空军人员,史迪威、张治中、白崇禧、商震、贺耀组、贺国光、吴国桢等一百多人出席。

△ 美国总统罗斯福电约会晤蒋介石。8 日,蒋介石复电罗斯福,告以会晤时间以 9 月以后为最适宜。

△ 毛泽东急电董必武:蒋介石调集 20 余师兵力包围陕甘宁边区,战事有在数日内爆发的可能,形势极度紧张。请立即就上述情况向外传播,发动制止内战运动。特别通知英、美有关人员,同时找张治中、刘斐交涉制止,愈快愈好。

△ 朱德致电胡宗南:"自驾抵洛川,边境忽呈战争景象。道路纷传,中央将乘国际解散机会,实行剿共。我兄已将河防大军向西调动,弹粮运输,络绎于途,内战危机,有一触即发之势。当此抗战艰虞之际,力谋团结,犹恐不及,若遂发动内战,必至兵连祸结,破坏抗战团结之大业,而使日寇坐收渔利,陷国家民族于危亡之境,并极大妨碍英、美、苏各盟邦之作战任务。"

△ 第五十三师一部闪击陕甘宁边区鄜县峪口村,八路军留守部队一个班迎头痛击,毙该部副连长以下 30 余人。

△ 汪精卫派伪军事参议院院长肖叔萱去山东"点验"吴化文降部,并代汪宣读"训词"称:中共坚持抗战到底是"离间中日感情",鼓吹"吾人惟有并力一心铲共","复兴可期"。

△ 山东保安第二师师长张步云、副师长关庸投降日军,该师改编为伪皇协军第一师,张步云任代师长,与日军相配合,向八路军进行"扫荡"。

7 月 5 日 朱德致电蒋介石、何应钦、徐永昌等,呼吁团结,避免内战。指出:"当此抗战艰虞之际,力谋团结,犹恐不及,若遂发动内战,兵连祸结,则抗战之大业势将破坏,而使日寇坐收渔利。"

△ 王稼祥发表纪念中国共产党二十二周年与抗战六周年文章《中国共产党与中国民族解放的道路》,指出回顾中国共产党 22 年的历史,便是为中国民族解放正确道路的斗争史,中国民族解放整个过程中的道路就是毛泽东的思想,就是毛泽东在其著作中与实践中所提出的道路。毛泽东思想就是中国的马克思列宁主义。

△　八路军后方留守兵团主任萧劲光致电在陕甘宁边区周围驻军各将领,揭露国民党调动大批军队,准备进攻陕甘宁边区,重开内战的阴谋。呼吁团结,反对内战。

△　新四军代军长陈毅发表《新四军在华中》一文,指出:"1938年,新四军奉令东征,与江淮、江汉各地之人民武装汇合,更加强了敌后抗日阵线,由零星游击武装变为集团的抗日部队,指挥统一,地区联系,各种战争建设次第兴办,蔚为大观。"

△　冀鲁豫军区司令杨得志指挥第二、三、四分区部队,向盘踞在鲁西北朝城地区之伪第三十一师文大可部展开全面攻势,到11日,生俘伪第六十二旅参谋长郑文以下530余人,毙伤200余人。

△　中国儿童保健会在重庆成立,邵力子、谷正纲等31人为理事,洪兰友等九人为监事。

7月6日　八路军总部公布去年7月至今一年来战绩:大小战斗2.2735万次,毙伤日军5.5637万人,毙伤伪军6.2405万人,俘日军296人,俘伪军3.1161万人,缴获步、马枪3.6608万支。

△　新四军军部发表一年来战绩:大小战斗4822次,毙伤日伪军3.9879万人,俘日伪军9923人,日伪军投诚反正7921人。缴获步、马枪2.6672万支,破坏碉堡691座,攻克日军据点179处。

△　重庆中央社首发西安劳动营训导处处长张涤非反共电,并以其为重要新闻,在全国广为刊播。张电称:"西安各文化团体曾于第三国际解散后举行座谈会,讨论国际局势,并经决议联名电延安毛泽东先生,促其自觉,及时解散共党组织,放弃边区割据。"接着报导各地反共通电:7日所谓"陇海路员工七七纪念大会"、19日"皖省临时参议会"、25日"屯溪各法团"、27日"长沙文化界"、28日"桂市记者公会"、30日"洛阳记者公会"、31日"洛阳文化界"及"鲁山新闻记者公会"等致电毛泽东,要求"即日解除共党组织"、"取消边区政府"。

△　第九十军王应尊第二十八师撤离河防,由陕西郃阳开抵陕甘宁边区之洛川县交口河桥子镇,该军邓钟梅第六十一师开抵洛川东南

圪台镇；袁朴第八十军直属队由耀县进抵同官(今铜川)，该军严映皋新编第二十七师由富平西开至边区庄里镇、口头镇之线，张卓第一军直属队及许良玉第七十八师由陕西华县开抵彬县。各军换上英、美援助的新武器。此外，在宜川、洛川开设野战医院，在咸(阳)榆(林)公路沿线开设兵站，粮弹运输昼夜不停，准备大规模闪击陕甘宁边区。

△ 汪精卫以"七七"六周年发表"感想"，声称"彻底推翻"国民党的"丧心病狂的分子"、"叛逆分子"，"以扫除复兴中华，保卫东亚之障碍"。

△ 王克敏就任华北政务委员会委员长。7 日，兼任新民学院院长。

△ 丘吉尔首相致电蒋介石，谓："中英合作必能发挥适当力量。"

7 月 7 日 蒋介石发表《告全国军民书》，称："按照战时生活的标准来说，我们现在的生活实在不能说是苦"，今天能过着这样的生活，"不能不认为出乎意外的奇迹"。同日，又发表《告联合国民众书》，称："中国对于盟军完全胜利的信心，从来没有动摇。最近一年以来，这种信心尤其日趋强烈。""现在最值得我们注意的，便是日寇在今天是力量最脆弱的时机。"

△ 国民政府在重庆举行抗战六周年纪念会，何应钦作六年来抗战经过之报告。

△ 第三十三集团军总司令冯治安为纪念"七七"通电称："卢沟之血未干，破碎河山待复；袍泽之痛，军人之耻。"主张"提起精神，来打破难关，争取胜利"。

△ 重庆各界代表及市民 5000 余人，在新运广场公祭抗战阵亡将士。成都、昆明、贵阳、洛阳、长沙、西安、上饶等地，均召开"七七"纪念会。

△ 国民政府令：褒扬抗战以来"战区党部"死难人员 296 名，三民主义青年团员 37 名。

△ 美国总统罗斯福为纪念中国抗战六周年致贺词称：保证实行

诺言,正在组织军品运华。英国外相艾登在伦敦发表演说,称"英国始终希望强大而统一之中国之存在"。

　　△　史迪威代表美国总统罗斯福总统在重庆举行授勋典礼,授予蒋介石"最高统帅勋章",何应钦、商震"司令勋章",国民政府兵工署署长俞大维、国民政府远征军卫生总视察林可胜"将官勋章"。

　　△　上海战后复员计划委员会在重庆成立,吴铁城、俞鸿钧、杜月笙、虞洽卿等15人为委员,俞鸿钧为主任。该会另设上海市各项事业研究会,研究计划,建议实施。

　　△　晋察冀边区冀热边行署成立,李运昌任行署主任,朱其文为副主任。

　　△　第八十军何蕃第一六五师向陕甘宁边区关中分区警戒阵地发射迫击炮10余发。中共洛川特委和店头办事处被迫撤离。

　　△　李仙洲部投敌将领刘桂堂率伪新编第三十六师,于是日向鲁南八路军进攻,所到之处,烧杀奸淫,无所不为,仅草皮坡、南篦子一带村庄即被焚毁房屋300余间。

　　△　日本经济使节团一行12人,在团长、东京经济恳谈会会长小仓正恒率领下到达上海。12日,小仓正恒一行抵南京,会见汪精卫。13日,小仓正恒与周佛海、梅思平、顾宝衡会谈,讨论增加生产,沟通物资,安定物价及中储券对策等经济金融问题。18日,小仓正恒一行返回东京,并发表谈话说:中日两国于大东亚战争下,具有一体不可分之关系,汪政权表示努力供给日本战时物资,对此实堪告慰。

　　△　印度援华会在加尔各答举办"中国周"活动,义卖中国国旗及举行体育比赛等节目。同日,印度各地为纪念"七七",对华捐款总数达144.4万卢比,全部款项汇交宋美龄。

　　7月8日　中国战区统帅蒋介石致电中国战区参谋长史迪威:一、对于扩增阿萨姆机场设备及使用海空军策应作战,完全赞同;二、腊戍、保山、利多、英坊出发之陆军亦无异议,但希望美国陆军参加作战;三、使用战斗舰三艘、航空母舰八艘,为控制孟加拉湾之基础,以及使用海陆部队控制缅甸沿岸计划可予赞同。史迪威奉电后即集中精力于远征军之训练事务。其助手多恩准将指责中国军政部对远征军训练欠合作:一、未将所需火器移向昆明;二、对于兵员补充未即承办;三、补给制度未曾建立;四、军队编组未即办理;五、陈诚回鄂久未返昆明;六、学生翻译不得力。

△　国民政府令免谭绍华驻巴西国特命全权公使,特任陈介为驻巴西国特命公使。

△　军事委员会任命刘进为太行山游击区总司令。

△　中共中央向各中央局、中央分局发出关于向国民党发动宣传反击的指示,指出国民党乘共产国际解散机会,准备以武力进攻陕甘宁边区,迫我就范。同时发动宣传攻势,以造成反共舆论。中央决定发动宣传反击,同时准备军事力量,粉碎其可能的进攻。要求各地响应延安的宣传,在 7 月内先后动员当地舆论,并召集民众会议,通过要求国民政府制止内战,惩办挑拨内战分子之通电,造成压倒反动气焰之热潮,并援助陕甘宁边区之自卫斗争。

△　朱德再次致电蒋介石、何应钦、胡宗南等,揭露国民党第八十军第一六五师于 7 月 7 日下午 2 时炮击陕甘宁边区关中分区阵地的罪行,要求予以制止。

△　日舰一艘载 800 余名日军及大批弹药,在长江经安徽东流上驶,于马当附近触水雷沉没,日军全部溺死。

△　伪江苏省省长李士群向汪伪当局呈报南通特区拟定的《强化南通一、二、三、五、七区军事扫荡计划》和《工作方案》,规定运用全力"肃清新四军残余及不良分子,肃清新四军反清乡之各种宣传",在新四军活动地区编查户口,设置密告箱,实行联保联坐和加强封锁线。

7 月 9 日　　延安各界群众三万余人隆重集会纪念抗战六周年,林伯渠致开会词,朱德、贺龙、高岗、李鼎铭、萧劲光、刘少奇等 13 人发表讲话,号召全边区人民紧急动员起来,制止内战,保卫边区。大会通过《呼吁团结反对内战》通电,要求:一、国民党立即撤退包围边区的军队,开赴抗日前线；二、惩办挑拨内战的特务机关；三、讨伐33个投敌将领；四、审判日本奸细吴开先等。并提出坚持抗战，反对内战；坚持团结，反对分裂；坚持抗日民族统一战线，反对国民党调动河防部队进攻边区等14个口号。

△　中央大学举行成立二十八周年暨本届毕业典礼，蒋介石出席并讲话，指责知识青年受"个人自由主义影响"，"不知遵守秩序与纪律，此实为近代教育与学术发展之最大障碍，亦为抗日建国前途莫大之隐忧"。

△　国民政府公布《战时全国技术员工管制条例》，凡24条。

△　三青团中央团部在重庆举行该团成立五周年大会，到会有邵力子、王世杰、谷正纲、康泽和在重庆的干事、监察及各处、室负责人，干事会书记长张治中致开会词，指导员戴季陶发表讲话。决定从是日起，举行《中国之命运》一书研读征文竞赛。

△　三民主义青年团中央干事会决定，中央干部学校校长由团长自兼，派蒋经国为教育长。

△　四川省重庆区行政会议开幕，历时六日，15日闭幕。主要讨论重庆区田赋、粮食、兵役、保安等事项。

△　第三战区司令长官顾祝同密电向蒋介石报告，对浙东地区新四军进行围剿情形。7月19日，蒋介石复电："准予备案。"

△　朱德等连续致电国民党蒋介石及各军事要员，严正抗议国民党顽固派大举进犯陕甘宁边区，掀起第三次反共高潮，呼吁停止内战，团结抗日。同日，中共中央指示董必武，速将"七七"宣言，朱德总司令致蒋介石、胡宗南电，延安新华社揭穿西安特务假造民意的新闻及延安民众大会通电，秘密印发各报馆、各外国使馆、各中间党派、文化人士，并设法寄往成都、桂林、昆明各界及地方实力派。

△　滇西中国远征军一部收复孟定。

△　晚，日军第三十五、第三十六两师团各一部约万余及伪军数千、飞机20余架向太行山游击区刘进部发起猛攻。10日晚，刘进率部

突出重围,绕攻敌后。预八师师长陈孝强率部向西突进,13 日转至固县附近,损兵过半。

△ 伪军第二十四集团军庞炳勋、孙殿英部在日军第三十五师团三个联队配合下,分别沿新乡至安阳间平汉路西侧进犯八路军太行区,并攻入河南林县县城。次日进犯冀鲁豫区之卫河以南地区。

△ 汪伪军委会常务会讨论并修正通过陆军部拟定之《建立新军招募计划草案》,凡七项 17 条,计划本年 12 月末完成招募新兵 1.4 万名。

7 月 10 日 蒋介石调集 60 万人,准备分九路闪击延安,是日开始向陕甘宁边区关中分区推进。第八十军第一六五师自耀县、第一军第一六七师自彬县、第八十军新编第三十七师由富平、庄里镇同时向陕甘宁边区关中分区之马拦镇推进,扬言要八路军交出边区。

△ 朱德致电胡宗南:关中方面战机甚紧,若被攻击,势必自卫。

△ 陕甘宁边区陇东各界民众万余人召开紧急动员大会,表示:"如果顽固派敢来进攻,就坚决地消灭它!"誓以全力捍卫乡土。大会致电蒋介石、胡宗南,呼吁团结抗日,反对进攻边区,要求制止内战。

△ 农林部公布《公私有林登记规则》,凡 14 条及《农林部农业研究奖助办法》,凡 10 条。

△ 日本共产主义者同盟成立一周年暨在华日人反战同盟延安支部成立三周年,举行纪念大会。日共产党领导人冈野进在会上发表讲话,声讨国民党顽固派破坏团结抗战的罪行,表示留延日人将一致参加保卫陕甘宁边区为反对日本军部走狗而战!

△ 台湾总督府设立土地征用审查委员会。

△ 美国、英国、加拿大军队在西西里东南海岸开始登陆,揭开进攻欧洲大陆德、意法西斯的序幕。

7 月上旬 鄂东新四军一部与日伪军在黄冈地区激战三天,粉碎2000 名日军的"扫荡",毙伤日伪军 430 余人。

△ 绥西因黄河泛滥,造成 40 年来未有之大水灾,淹没田禾千余

顷,占绥西田禾四分之一。临河县城完全被水包围,狼山县几乎全部沉没。

7月11日　重庆84个民众团体举行大会,欢迎宋美龄访问美国归来。吴铁城、孔祥熙到会讲话,称宋美龄访美"为国家民族放出了光芒万丈的异彩,争取到永垂不朽的荣誉"。

△　西北建设考察团团员罗家伦一行九人抵兰州,17日,考察团与甘肃省主席谷正伦及民政、财政、建设、教育各厅长座谈建设西北意见。

△　陕甘宁边区庆阳分区党、政、军万余人举行大会,游行示威,声讨国民党顽固派炮击边区,破坏团结抗战的罪行,决心紧急动员起来,准备痛击顽固派的进攻。

7月12日　延安《解放日报》发表毛泽东写的社论《质问国民党》,历数国民党顽固派破坏团结抗战的罪行,警告国民党顽固派必须立即撤退进攻陕甘宁边区的军队。

△　国防最高委员会副秘书长甘乃光在重庆中枢纪念周,报告行政三联制实施概况。

△　国民政府任命李迪俊为兼驻多米尼加国特命全权公使。

△　陕甘宁边区关中分区全体民众致电胡宗南,要求立即撤退进攻边区之军队,重返河防抗日。呼吁制止内战,以挽救危亡。15日,又致电林森、蒋介石,要求立即停止内战,撤退包围陕甘宁边区部队,枪口一致对外。

△　英中协会与格塔尔研究所联合主办孔子生平事迹展览会,在伦敦开幕,驻英大使顾维钧主持开幕典礼。

△　伪满公布《矿业统制法》和《布业统制法》。

7月13日　蒋介石在四川省重庆区行政会议致词,称:当前四川省中心工作是"兵役之改进,粮政之进行,社会治安之确保,户籍行政与地方自治之完成"。

△　毛泽东分别致电彭德怀、董必武,指出我党宣传闪击已收效,

国民党第三次反共高潮已被击退。不但 7 日记者会上各国记者纷纷质问国民党中央宣传部长张道藩,而且英、美、苏各国大使警告中国政府不要内战,否则即将停止援助。史迪威并说,如中国内战他必将飞机带走等情。同时延安空气紧张,民众大会通电,10 日已达蒋介石处,因此蒋在 10 日不得不电胡宗南改变决心。11 日胡复朱德总司令电,言词为从来未有之谦和。12 日胡已下令部队调回。内战危机或可避免。延安民众通电已于 9 日用万万火急发蒋介石、胡宗南及各方要人,故你处仍应散发,表示共产国际解散后我方之强硬姿态,借以击退国民党之无耻反共宣传。

　　△　毛泽东关于在敌后抓紧实行六大政策给彭德怀及各中央分局发出指示。六大政策是:一、整顿"三风";二、精兵简政;三、统一领导;四、拥政爱民;五、发展生产;六、审查干部。在群众中提出经常任务,则是战争、生产、教育三项。

　　△　八路军第一二〇师师长贺龙、政委关向应、副师长萧克与全体官兵致电蒋介石及各战区长官,呼吁制止内战。

　　△　晋察冀边区军、政、民各界万余人举行制止内战挽救危亡大会,通电全国要求国民政府迅速制止挑动内战行径。

　　△　晋冀鲁豫边区文化界通电全国,呼吁制止内战,挽救危亡。

　　△　国民政府公布云南临时参议会第二届议长、副议长、参议长名单,龙云、李一平为正、副议长。

　　△　军事委员会任命胡琏为第十八军副军长,朱鼎卿为第八十六军军长。

　　△　暂编第五十六师一部劫掠镇原边境。次日,预七师第五七二团进攻陇东边境,八路军予以还击。

　　△　第一战区第二十七军预八师师长陈孝强率部在山西投降日军。

　　△　华籍海员潘麟于其所乘船只遭鱼雷击中后,改乘小船飘流 133 天后,卒得生还。英国政府是日在伦敦颁予英帝国奖章。11 月 4

日,潘麟领受奖章,并向英王报告海上冒险经过。

　　△　旧金山对外贸易协会举行"向中国致敬"之午宴,由会员百人招待祖籍中国之美国公民 50 人。美国产业职工大会旧金山分会秘书史纽尔代表工界致词,对中国人民之英勇抗战致敬。

　　7 月 14 日　国民政府公布广东、甘肃、河南三省临时参议会第二届议长、副议长、参议员名单:林翼中、吴鼎新为广东省正、副议长;张维、曹启文为甘肃省正、副议长;刘积学、张鸿烈为河南省正、副议长。

　　△　中共太行分局召开反对法西斯内战挑拨分子,援助陕甘宁边区紧急动员大会,到会千余人。邓小平在会上讲话,痛斥国民党顽固派挑动内战的阴谋,号召全区军民支援陕甘宁边区,用尽一切力量,制止内战,挽救民族危亡。

　　△　第一六七师炮击陕甘宁边区之陇东,驻陇东八路军为坚持团结未予还击。

　　△　驻英大使顾维钧在英国下院向中英议会委员会发表演说,强调战后中英建立合作之重要,并报告中国最近之形势。

　　△　英国政府决议拨款三万镑,交驻华公谊救护队、中国红十字会及中国医疗服务队,用以救护中国战区军民。

　　7 月 15 日　中共中央书记处向山东分局并华北局发出指示,指出对付国民党各派军队的原则是:对于友好者坚决团结之,对于顽固而暂时尚未向我进攻者则设法中立之,对于向我进攻者则坚决反击之。但一切摩擦仗均须将顽方攻我压我情形电告中央,以便通告国民党中央,杜绝其借口。

　　△　晋冀鲁豫边区太行区二万军民举行反内战示威大会,边区政府主席杨秀峰讲话,号召紧急动员起来,支援陕甘宁边区;八路军第一二九师师长刘伯承、中共太行分局代表李大章等 10 余人讲话,号召太行人民团结起来,反对内战。

　　△　新四军领导人发表《告全军将士书》、《告华中根据地同胞书》,号召军民为坚持团结、坚持抗战而奋斗。

△　陕甘宁边区三边分区各界举行万人大会,动员一切力量,反对内战,誓死保卫边区。

△　国民党重庆市党部举办户政法令宣传大会,重庆市市长贺耀组到会讲话,称:本市户政已经办理事项有:编练保甲、户口调查、举办身份证登记、身份证总检查等。

△　八路军冀热辽军区一部在河北喜峰口南,击溃日伪军 200 余名。

△　王克敏赴南京出席汪伪中央政府召开的政治会议,16 日对记者发表谈话,称:"华北政务委员会系属国府统治下之机构,今后一切庶政措施,自当秉承中枢意旨办理。"

7 月 16 日　外交部长宋子文与美总统罗斯福会商,事后双方告诉合众社记者称:"系为交换一般情报与见解。"

△　为纪念已故的国民党中央委员、国民政府委员杨沧白在重庆建立的沧白纪念堂是日举行落成典礼。张群在讲话中说:沧白纪念堂的建成"必能与丞相祠堂、工部草堂鼎足而三,相互辉映"。

△　周恩来、邓颖超、林彪等一行 100 余人由重庆回到延安,受到毛泽东、朱德、刘少奇、任弼时、叶剑英、张闻天等人的欢迎。

7 月 17 日　国民政府与挪威决定公使晋升大使,挪威首任驻华大使由现任公使赫赛尔升任。

△　重庆卫戍总司令部举行本年度临时卫戍会议,总、副司令刘峙、郭寄峤主持会议,提出"一切组织军事化,建设国防化,心理战斗化"。会议通过"要案"30 余件。

△　晋冀鲁豫边区临时参议会代表边区 2000 万人民,通电全国呼吁团结,制止内战,要求严惩特务匪徒。

△　八路军第一二九师一部在太行区武乡地区马庄,伏击向蟠龙增援之伪军,毙伤 130 余人。

△　八路军山东军区鲁中第一分区一部攻克淄川、章丘边境的日军据点水龙堂,毙伤伪军 30 余名,生俘伪军 170 余名。

△　苏中新四军在泰兴地区夹击伪第一集团军独立第十一旅,毙日伪军 500 余名,击伤伪旅长孔端五,俘伪军 105 名。

△　苏北阜宁伪保安第三总队长熊励仁率官兵 93 人向新四军反正。

7 月 18 日　晋绥边区晋西北各界民众万余人,在兴县举行坚持团结抗战、制止内战大会,发表《告晋西北同胞书》和致蒋介石通电,呼吁团结抗战。

△　八路军总政治部根据日本共产主义者同盟成立一周年与反战同盟延安支部成立三周年纪念大会的动议,决定冈野进任延安的日本工农学校校长。

△　八路军一部在山东诸城、莒县人民的配合下,全歼伪皇协军第一师第五旅,毙伪旅长以下 50 余人,俘 700 余人。

△　日军第三十六师团一部在伪军二个团的配合下,自白晋路东侧出击,向八路军太行军区第三分区“扫荡”,占领蟠龙镇一带。太行军区集中第一、第三、第四军分区部队和总部特务团,袭击蟠龙、武乡地区,经两昼夜激战,攻克碉堡 10 余处,歼灭日军二个小队、伪军 500 余人。同时,八路军一部向百村、武乡、蟠龙、辽县和平安之敌交通线展开全面大破袭,攻克碉堡八个,消灭伪军两个营。

△　日军纵火烧毁河南永城山集镇,该镇 6340 间民房全部被毁,一片断垣残壁。

△　中国科学社、中国植物学会等六团体年会在重庆召开,致电国民政府,要求:一、增拨经费;二、增强现在科研机关;三、科研应与国家建设及各种设计相辅相成;四、遴选科学人才出国研究考察。20 日会议闭幕。

△　上海《中国周报》发表社论《渝共火并与全面和平》,鼓动蒋介石对中共“用武力痛剿”,“以剿共为契机,而勇敢地坚决地走向全国和平的大道来”。

7 月 19 日　军事委员会任命徐启明为第七军军长,张光玮为第八十军军长。

△　水利委员会公布施行《水权登记规则》,凡 16 条。

△　陕甘宁边区绥德市举行万人大会,声讨国民党顽固派反共反人民的罪行,提出加强生产,整顿自卫军,提高政治警惕性,加强北线防卫。

△　陕甘宁边区边防军函谢中共中央西北局等单位的慰劳,宣布"我们一切作战准备工作都完成了。如果国民党内的反动派敢于进攻,我们将以无限的英勇、果敢、不怕牺牲、奋不顾身的精神,予以歼灭性的打击"。

△　赴美军事代表团参谋长徐培根,在国民党中枢纪念周报告《美国经济动员概况》。

△　冀南八路军一部配合当地民兵,强袭临清以南小辛庄伪军据点,俘伪军官兵 300 余人。

7 月 20 日　第六战区制定在湘、鄂地区采取守势作战的《第一号计划》,称:"战区以巩卫陪都之目的,应确保常德、石门、渔洋关、资兴山、歇马河、南漳各点及石牌、庙河两要塞。重点置于石牌、庙河要塞沿江南北两岸地区。"参战部队为第二十九、第十、第二十六、第三十三集团军、江防军和战区直辖部队等。

△　军事委员会任命施北衡为第二十集团军副总司令;宋肯堂为第二十六集团军副总司令。

△　八路军冀热辽军区一部在滦县西南毙伤日军 397 名,伪军460 名。

△　昆明空战,美机击落日机 12 架。

△　美国《纽约时报》军事评论官鲍尔温发表论文,抨击国民政府抗战不力及发动内战阴谋,指出:"过去二年内,日军没有消耗多大兵力,即占领了很大地方,虽然受到重庆军队之反攻,但均被击退。"重庆的军事公报"常常一半是假的,并且报告没有战斗的战役或将游击队的战斗大肆宣传"。

7 月中旬　军事委员会委员长西昌行辕主任贺国光奉蒋介石命

令,召开紧急秘密会议,决定 20 日开始"将西昌至祥云段公路彻底破坏","金沙江以南的公路照原计划破坏,限 8 月 15 日完成","金沙江以北暂缓实行但仍予作准备"。17 日,何应钦电呈蒋介石,请示延期破坏,称:"保山所存军需品尚有 6000 余吨须 7 月底方可抢运完毕,在抢运期间西祥公路尚且需用,故如情况许可,可否请展缓至物资抢运后再开始破坏。"蒋介石批复:"应限 8 月底以前彻底完成破坏。"

　　△　教育部订定奖励师范学校师生办法,将于本年度暑假后一律实施。同时,并公布本年度游击区高中毕业生及海外侨生升学办法。依照该办法凡战区高中毕业生及海外侨生来内地升学,可携带证件在指定地区集中登记,听候举行甄别试验或参加新生入学试验。集中地点为:福建建阳暨南大学,浙江泰顺英士大学,广东坪石中山大学,广西桂林广西大学,陕西城固西北大学,河南嵩山河南大学。

　　△　国民党统治区各地生活指数与 1942 年 12 月 30 日物价比较,重庆物价上涨 211%,成都 406%,桂林 325%,衡阳 240%,西安 392%。若与抗战前 1937 年相比,则生活费指数上涨更为严重,重庆为 123 倍,成都为 193 倍。

　　7 月 21 日　毛泽东致电董必武,指出:为彻底揭穿蒋介石企图以宣传攻势动摇我党,以军事压迫逼我就范的阴谋,除已发之通电及解放社论外,并于是日公布陈伯达为驳斥蒋著《中国之命运》一书而写的《评〈中国之命运〉》,以便在中国人面前从思想上理论上揭露蒋之封建的买办的中国法西斯体系,并巩固我党自己和影响美、英各国,各小党派,各地方乃至文化界各方面。同时指示南方局将《评〈中国之命运〉》一文印译为中英文小册子,在中外人士中散发,并搜集各方面的反应。董必武遵照党中央和毛泽东的指示,动员南方局、八路军驻重庆办事处和《新华日报》及地下党组织秘密印发中共中央"七七"宣言、朱德总司令致蒋介石、胡宗南电、《评〈中国之命运〉》等文件和材料。董必武等有公开身份的共产党员,还利用各种场合,向社会各界、各方面人士揭露国民党顽固派企图消灭共产党和加强法西斯统治的阴谋,说明中国共产党坚持团结抗战的主张。22 日,《新华日报》发表《希特勒墨索里尼怎么办》的短评。接着,又发表《彻底扑灭法西斯毒害》、《彻底消灭法西斯》等一系列反法西斯的社论和资料。

△ 四川省遂宁遂武师管区司令部卫兵枪杀壮丁家属酿成事变,数千名民众包围团部,发生冲突,互有伤亡。并将师管区合作社、食糖专卖局、直接税局、农本局等捣毁。当局当场逮捕民众 11 人,其中四人被枪决。四川省政府令该署保安司令"督饬切实宣抚,严缉首要。一面责成乡镇保甲制度严制居民擅离本境,以免聚集"。28 日,又致函军政部呈报民众暴动和镇压情形。

△ 日军一万多人在山东南部分路向滕县和费县进犯,遭到八路军和当地民兵的还击,战斗激烈,双方都有伤亡。

△ 日机 100 余架分四批袭击湖南境内美第十四航空队前方根据地二处,美机起飞迎战,击落日机 16 架,美机一架毁于地面,数架受损。

△ 太平洋作战会议召开,美总统罗斯福检讨最近情势,并报告日军船舶损失情况。会议决定增强对缅甸的作战,在北、中和西南太平洋展开逐岛进攻。

△ 英国伦敦市长宴驻英大使顾维钧。顾称:中国政府实现建国计划,急需友邦在资本、机器、技术各方面之合作。中国之市场具有无限之投资机会,对于财政、航运、贸易之世界,将大有裨益。

△ 联合国粮食与农业临时委员会在华盛顿成立,负责草拟战后的粮食计划,中国代表邹秉文被推为副主席。

7 月 22 日 军事委员会任命王雷震为暂编第三军副军长。

△ 新任河北省主席马法五抵重庆,对记者发表谈话,为庞炳勋投降日军作辩护。

△ 宋子文抵加拿大,要求参加英、美即将召开的魁北克会议,仅得于会议结束时表示意见之答复。

△ 新四军一部渡江进袭芜湖,当即攻入市内,与日军第一一六师团驻军及伪军展开激烈巷战,毁伪警察所一处。

　　△　汪伪外交部长褚民谊与法国大使馆参事鲍斯顿签订《关于交还上海专管租界实施条款》及《了解事项》。

　　7 月 23 日　蒋介石决定对中国共产党的态度是："一、第三国际解散以后,期望中共能照其解散之要旨,真正成为忠于民族之国民,共同致力于反法西斯之战争,而不再作破坏抗战、违犯国法之行动,如此方能达成中央对内和平统一之政策;二、中央对于中共,除对军令政令必须贯彻统一外,应采取宽大为怀的一贯方针。苟非妨碍抗战计划与扰乱社会行动,尽可任其自由,如果假借国民革命军名义,而不接受军事委员会命令,擅自行动;或借国民政府名义,而与敌寇暗中勾结,企图消灭国民政府者,皆认为有助于敌有害于国之行动,皆当以伪组织与土匪军队视之;三、中共内部问题,无论其解散或保留,皆任其自决,中央决无干涉之意,更无强制之事。惟望其能彻底服从政府命令,不假借抗战名义以削弱抗战力量,破坏国家统一。"

　　△　中国与墨西哥使节相互升格为大使。

　　△　立法院派出考察团分赴东南和西南考察立法情况,东南团主任楼桐荪,西南团主任吴尚膺,考察范围除一般立法情况外,并涉及经济、财政、税务、土地、行政及新县制实施概况。

　　△　国民政府通令施行《县市预算编审办法》,凡 15 条。

　　△　新四军一部在江苏如皋地区伏击下乡抢粮的伪军,毙伤 20 名,俘 88 名。

　　△　第五十三师突袭陕甘宁边区之郿县边境。朱德电胡宗南,请制止挑衅行动。

　　△　汪伪外交部长褚民谊与意大利大使戴良谊签订《关于交还上海公共租界实施条款》及《了解事项》,30 日正式实行。

　　7 月 24 日　中华法学会在重庆举行第二届年会,蒋介石致函赞扬该会"导扬正论,昌明法治,中正实寄予无穷之期望"。

　　△　外交部长宋子文抵达伦敦。26 日,同英外相艾登会晤,并访问副首相阿特里。27 日,英国王接见宋子文。28 日,英首相丘吉尔和

外相艾登分别宴请宋子文,宋在宴会上致词:希望英国"重开对华陆上交通,源源输入物资,使我们发动大规模的反攻"。29 日,宋子文访丘吉尔首相时,询问英方攻缅计划,丘吉尔答复含糊,反谓:攻击敌人必须出其不意,攻其不备为言,不愿宣露。

　　△　税务署长张静愚关于各省税务机构摩擦问题致财政部长孔祥熙的呈文称:此次税务机构改组"虽有合并之名,而无合并之实,未收合并之效,而受合并之害,若不急事补救,恐在本年下半年度统税所受损失不下二亿元"。请求按"各省设立税务联合办事处之原则速拟定实施办法"。28 日,孔祥熙批复:"此种办法原则早经决定并屡次指示,何以不能遵照办理,而且发生种种不合理之摩擦?殊不解。交主管署处切实查报。"

　　△　湘桂空战,盟机击落日机 13 架。

7 月 25 日　国民政府公布安徽省临时参议会第二届议长、副议长、参议员名单:江炜、石德纯为正、副议长。

　　△　国民党顽固派第一六七师第五〇〇团第三营 30 人进犯陕甘宁边区之旬邑。同日夜,便衣队在栒邑抢劫、绑击妇女。次日,复犯栒邑。

　　△　皖南驻军第一七六师第五二八团一部强占新四军庐江东北地区,杀死 50 余人,奸淫妇女多人。

　　△　日机 40 多架分批窜湖南邵阳、芷江、新化等地投弹,并用机枪扫射。

　　△　意大利法西斯头目墨索里尼倒台。意大利皇帝接受墨索里尼辞去意大利首相、政府首脑、总理及国务员等职,任命巴多格里奥为政府首脑、总理及国务员。意王自任三军统帅。

7 月 26 日　新四军一部在江苏兴化地区配合民兵,伏击伪军夏铄武部之补充团,击毙伪军 38 名,俘伪团长以下 297 名,日军 20 名溺死。

　　△　经济部和四行联合办事处总处联合发出《监督工矿贷款办法》,凡八条。同日,四行联合办事处总处致函财政部称:"中国机器铸

造厂等 10 余家于借款后或转存其他行庄,或转贷其他厂商,或未照原定计划推进业务,或存料过多等情形。"

7 月 27 日　八路军太行军区第五分区军民粉碎日伪军 2000 余人对林县、涉县之任村、达城地区的"扫荡"。

7 月 28 日　军事委员会任命吉章简为第八十军副军长。

△　四川都江堰溃决,川西受重灾,两岸田房庐舍多被冲毁,所受损失仅灌县即达 6000 万元以上。四川省参议会举行驻会委员会议,批评当局对水涨"事前疏于防范,事后又多推诿,责无旁贷"。"水利机关贪污成风,只知聚敛民财,对水利工程莫不关心"。要求政府"查明责任,严为究办"。

△　盟机六架空袭香港日军。次日,轰炸机 10 架再次袭击香港日军。

△　汪伪国民政府特派外交部长褚民谊、审计部长兼接收法租界委员会首席委员夏奇峰,前往上海监视接收公共租界。30 日,汪伪国民政府接收上海法租界。租界区域改称第八区公署,陈公博兼公署主任。

△　王克敏在北平会见中日记者团,对华北问题发表谈话,称:"华北当前唯一重要问题,厥为剿共问题。是以政府乃设置华北剿共委员会,倾全力以期肃灭匪共。"

△　美总统罗斯福广播演说,称盟军正向柏林、东京迈进,并谓对日消耗战已发生作用,对华决加强援助。

7 月 29 日　中、美、英、苏四国政府决定,德、日、意三国必须无条件投降。

△　军事委员会任命陶景奎为暂编第九军副军长。

△　国民政府公布《兴办水利事业奖励条例》,凡 13 条,同时废止《兴办水利奖励条例》。

△　安徽省宣芜师管区基干团黄孝笃报告称:皖省各县征兵中"拉替贿赂、包庇壮丁"等营私舞弊现象普遍。

△　八路军冀鲁豫军区主力一部，于山东武城以南小范楼歼灭国民党顽固派山东保安第七旅 700 余人。

△　汪伪最高国防会议召开第二十二次会议，决定：一、将山东方面军改为第三方面军，特任吴化文为总司令；二、通过国民政府政务参赞数额增为 22 人案，特任李宣倜、廖家楠兼任国民政府政务参赞。

△　汪精卫由南京抵上海，31 日接见唐寿民、周作民、吴震修等人，讨论如何通力合作，实现安定经济、平抑物价问题。

7 月 30 日　毛泽东就敌后的工作方针、政策和任务，向各中央局、中央分局、区党委发出指示。指出：蒋介石、胡宗南进攻陕甘宁边区计划被我及时揭破，见我有充分准备，被迫暂时停止，争取一年和平已有希望，但我军事防御准备绝不松懈。以前党中央所述敌后解放区六项政策，应加对敌斗争（反"扫荡"，反"蚕食"），再加阶级教育，成为八项政策。阶级教育即是统一战线中又团结又斗争的教育，不是离开统一战线的孤立的阶级教育。

△　蒙古革命领导人、陕甘宁边区政府委员那素海勒盖病逝。8 月 8 日，延安党、政、军、民机关代表及汉、回、蒙、藏各族同胞 1000 余人为其举行追悼会。

△　伪第二十四集团军杜淑部 8000 余人，向八路军冀鲁豫军区的卫（河）南（城）地区进犯。该军区第四分区发起卫南战役，至 8 月 19 日胜利结束，共歼灭伪军 5600 余人，在卫南新建卫南、滨河、滑县三个县的抗日民主政权。

△　新四军苏中部队在靖江、泰县、高邮一带与敌伪作战，毙伪副总队长以下 500 余名，俘伪副团长以下官兵 400 余名，缴获轻机枪 4 挺，步枪 500 余支。伪第十九师陈正才部几乎全部被歼灭。

7 月 31 日　国民政府令驻伊朗公使李铁铮兼驻伊拉克特命全权公使。

△　陕甘驻军第一六七师第五〇〇团第三营派出便衣队袭击陕甘宁边区关中分区新宁县第一区宋家坪地方工作人员，绑架群众。同日，

第三营全部出动向八路军警戒部队进攻,激战至晚,败退时抢掠群众牲畜 200 多头,打死打伤群众五人。次日,第五〇〇团第二营全部出动,窜至新正县第一区四乡张村等地,抢劫牲畜 200 多头和其他财物。

　　△　日机 10 余批先后由河南新乡起飞,沿黄河南岸各地投弹。

　　△　汪伪外交部长褚民谊与日驻汪伪大使谷正之签订《关于对在中华民国之日本国臣民课税之条约》及《了解事项》。《条约》规定:日本国臣民不受较次于中华民国国民之待遇,如侨民有应依据司法手续者,在服从中国裁判管辖权以前,由日本国领事官行之。8 月 1 日起实施。

　　7 月下旬　国民党河南省党部主任刘真如辞职,由邓飞黄继任。

　　△　晋西北八路军一部向日军进击 15 次,在静乐、忻县、宁武等地区,毙伤日伪军 500 余人,攻克据点几处。

　　是月　三青团中央团部常务干事兼组织处长康泽,宣传处长郑彦棻,常务干事倪文亚,视导室主任刘建群,国民党中训团教育长王东原和教育部长陈立夫等人先后去贵阳、成都、东江、桂林、西安、兰州等地"视察"团务,"督导"夏令营。

　　△　三青团直接举办之夏令营,计有重庆、南岳及上饶三处,训练专科以上学生。该团与教育部合办者,有兰州、贵阳、赣川等三处,训练高中学生。前者每营约计 500 人,后者每地约增 1000 人至 1500 人以上。

　　△　甘肃陇南地区民变蜂起,军事委员会派出五个师的兵力前去镇压。

　　△　据本月统计,至本月,国民党叛国投敌的文武官员中,有中央委员 20 人,旅长、参谋以上的高级将领 58 人,投敌军队达 50 万人,占伪军 80 万的 62%。

　　△　顾祝同部在袭击苏南、皖南地区新四军的工作报告中称:新四军"煽惑力特强、潜滋力颇大",提出应"加强军政力量,健全保甲","应不厌其烦,反复围剿","派遣有力挺进部队,进入其后与之斗争,以便为进剿之支撑"。

△　四川乐至县煮酒户倪和兴等为反对乱摊派呈文国民政府,称:
"近年以来税率加重,每月 2000 余元,较资本已占三分之一,销市又疲,
折本甚巨。迭次具呈请辞而收税机关又不允准。民等已无法可设。"兹
又奉派关金公债每户 30 元,"实难担负",请求"免除"。

△　粮食部通令颁行《粮食部粮食运输办法》,凡五章 23 条。

△　行政院指令饬遵《粮仓筹设及管理规则》,凡五章 34 条。

△　无锡、吴县、常熟沦陷区民众反抗粮管会采办军米。伪苏松常
嘉区米粮采销办事处长胡政给汪伪粮食部长顾宝衡电称:"职处近日收
购存米,益形紧张,无锡、吴县、常熟先后发生阻挠。各该地联营社及米
商行号所存待拨军米,人民指为假名囤积,纷纷要求配给。"

△　苏州四郊乡民因伪组织苛征田赋,发生抗租暴动,手持农具示
威游行,并与警察一队发生冲突。

△　水灾遍及西南六七省。每省受灾面积自数县至数十县不等,
湖南洞庭湖滨堤防大多毁于日伪,湖田积水甚深,稻谷损失甚巨。广西
西江、漓江流域亦有大水,仅桂林市东江镇损失财物即达 5000 余万元。
粤北亦大水,曲江灾民成千上万。福建遭两次大风袭击,福州成为泽
国。贵州、甘肃、四川等均大水成灾。

△　河南省西华、扶沟、尉氏、鲁山、南阳一带发生水灾。物价一日
三涨。河南省灾民逃荒至陕西境内有 40 万人。

△　日本增派 400 余架飞机来华发动所谓"航空决战攻势",分袭
西南各地,经中美空军协同反击,敌损失惨重,未及 10 天,即全部溃败。

△　日军在东北编成伪军 80 个旅,被迫往南太平洋作战的已有
10 个旅之多。其中我东北青年占三分之一到二分之一。

△　伪满"新京更生训练所"在长春成立。至 1945 年 8 月瓦解,约
有 7000 余人被当作"俘浪"收容监管,由伪满首都警察厅分批押送到密
山滴道炭坑、营城煤矿等处,组成"劳动报国队"服无酬之劳役。

8　月

8月1日　下午7时4分,国民政府主席林森在重庆山洞双河街官邸逝世。国民党中央常委会立即举行临时会议,决定蒋介石即日起代理国民政府主席。4日,中共中央致电悼唁。

△　军事委员会任命刘汝明为第二集团军总司令,马滕蛟为第八十一军副军长。

△　军事委员订定《抗战时期前线作战官兵寄交家书优待办法》,凡11条。

△　国民政府宣布与法国维琪政府断绝外交关系;并宣布收回滇越铁路中国段,派萨福均兼任该段管理处处长,陇体要为副处长。

△　是日至8日,重庆中央社连续发出反共电讯,刊载西安、立煌、泰和、洛阳、福建、永安、贵州、湖北、兰州等地所谓"民众团体",致电毛泽东,"要求解散"中共与陕甘宁边区政府。

△　新四军全体指战员致电毛泽东和中共中央,对国民党调动河防大军,阴谋围攻陕甘宁边区表示愤慨,宣誓为保卫边区而战斗。

△　新四军在安徽泾县云岭举行大检阅,参加检阅的部队数千人。是日晚,召开全体军人大会,陈毅、张云逸到会讲话,号召全军提高警惕,为坚持团结,坚持抗战而奋斗。

△　历史学家范文澜在延安《解放日报》发表《谁革命? 革谁的命?》,批判蒋介石的《中国之命运》。

△　伪上海市政府接收公共租界区,将租界区改为第一区,设立第一区公署,陈公博兼任署长。是日伪上海市政府召开收回租界庆祝会。同日,汪精卫发表文章《怎样建设新上海》,称:为了建设新上海,第一,要肃清英美有形与无形势力,实现新国民运动纲领;第二,增加生产,集中一切力量协助日本完成大东亚战争。

△　汪伪全国商业统制总会武汉分会成立,委员长杨揆一,副委员

长邓祖禹、张仁蠡。公布实施《长江上游地域物资收买及移动统制暂行规程》，规定：一、向敌区移动物资，除特定情形外，严行禁止。二、收买所规定的统制物资时，需经分会之许可。三、兵器弹药、火药及其原料、鸦片及麻药等，非经许可，严禁移动。其他物资移动，必须根据规定办理。

　　△　伪满设立兴农金库，资本 5000 万元，由伪政府全额出资。

　　△　日本大本营报道部长谷荻那华雄对《庸报》记者发表诱降谈话，称："倘中国同意停止抗战，参加反英美之东亚统一战线，则日军将从中国撤退。倘重庆停止反抗，中国将恢复和平，并获得独立，日本将承认中国之独立。"

　　8 月 2 日　中共中央办公厅在延安举行盛大的干部晚会，欢迎周恩来、邓颖超等由重庆回到延安，毛泽东和在延安的中共中央委员及其他高级干部共 2000 余人参加。任弼时代表中共中央致欢迎词；周恩来发表长篇演说，历述其离延安三年来国际、国内形势的变化和中国共产党取得的成绩。

　　△　三青团中央干事会常务干事仇文亚致电中央团部和教育部长陈立夫，称："洛阳招训战区青年不仅给养就业困难，即升学亦无出路"，"不少在洛阳沿街乞食或重返沦陷区。"

　　△　鲁北清河八路军一部包围伪军王文等据点，毙、伤、俘伪军520 余人。

　　△　汪精卫在上海接见记者发表谈话，称："除争取大东亚战争胜利，中国没有第二条生活的信念。"4 日，汪精卫回到南京。

　　△　德国新任驻汪伪国民政府大使韦尔曼抵南京，5 日，向汪精卫递交"国书"。

　　8 月 3 日　《中央日报》发表林森 1939 年写的《第二遗嘱》，表示将其银行存款 50 万元"拨为基金，以其每年利息，专作考选留学欧美研习自然科学学生固定经费，并手订定办法 24 条，嘱由能表同情于斯举者，恪守此方针而办理之"。同日，发表林森手订《资助留学生经费办法》，凡24 条。

△　军事委员会任命罗广文为第十八军军长,梁恺为第五十二军副军长,方天为第五十四军军长。

△　行政院公布《清查国有财产暂行办法》,凡 11 条。

△　苏北新四军一部袭击位于涟水县西部之老张集伪军据点。经四天围困战斗,该据点伪军动摇突围,新四军部队在运动中将其全部击溃,俘伪军 200 余人,伪自卫团团长率 60 余人投诚,老张集据点被攻克。

△　八路军第一二九师冀鲁豫军区部队于成武以南王花楼歼李仙洲部一个连。

8 月 4 日　宋子文在伦敦接见记者称:此次赴英系与英政府会商战时及战后关系。中国期望击败日寇后,收回东北及台湾,朝鲜应独立。战后中国"对于轻重工业建设有极大计划,而此伟大之发展自需外来之技术与资金之协助"。

△　国民总动员会议秘书长沈鸿烈和策进会西北区主任马曼卿,在西安召开陕、甘、宁、青、豫、晋、绥七省宪政会议,出席者 82 人,议决要案 140 件。

△　军事委员会任命王耀武为第五集团军副总司令,蔡洪范为新编第七军副军长。

△　云南省邮政管理局局长西密斯飞往印度,商讨沟通中印邮路事宜。

△　经济部部令遵照施行《营业预算编审办法》,凡九条。

△　美国驻中缅印空军司令斯特拉特梅野抵重庆,先后与蒋介石、陈纳德、史迪威及英空军高级军官举行会议。

△　鲁中八路军第一一五师一部配合地方武装,进攻蒙阴地区伪军,攻克全部据点,毙、俘 230 余名。同日,八路军第一一五师另一部围攻费县地区伪警备队第三营,俘伪营长以下 230 余名。

△　太平洋作战会议在伦敦召开,丘吉尔首相任主席,宋子文、顾维钧参加。

8 月 5 日　中共中央总学委发出有系统地进行一次关于国民党的本质及对待国民党的正确政策的教育问题的通知,指出教育全党同志把这些问题(国民党、三民主义、蒋介石)彻底弄清楚,都是有极端重大的意义的。

△　中共中央书记处关于精兵简政问题给晋察冀分局发出指示,认为晋察冀边区现在只有 90 万人口的比较巩固的根据地,其他能收公粮的 90 万人口是处在游击区中,而目前边区脱产人员仍有八万多人,这是决不能持久的。因此,指示边区应即下决心减去三万,只留五万,才能克服困难。同日,毛泽东亦电示聂荣臻:你们要下决心减去三万人,否则民困兵废,将来很危险。只要能保存三万精兵,就是了不起的成绩。

△　冀热边八路军发动两次恢复基本区的战役。战斗持续到 30 日,连克亮甲店、钱家沟、茨儿林、杨家套、珠树坞等据点,逼近唐山市郊,共毙、伤、俘日伪军近千人,恢复丰滦迁蓟平大片根据地。

8 月 6 日　历史学家吕振羽在延安《解放日报》上发表《国共两党和中国之命运——驳蒋介石著〈中国之命运〉》。

△　山东省建设厅长兼省府鲁西办事处主任秦启荣率反共军进攻鲁中根据地。八路军第一一五师一部被迫自卫还击,将秦启荣击毙。23 日,山东省政府发表反共电,称秦部系受共军袭击,秦启荣"壮烈成仁"。

△　四川师管区副司令、少将李世果利用职权贩卖鸦片,克扣公款、谋害人命,是日被处决。

△　周佛海在上海主办的《国民新闻》被爱国分子潜入将转轮印机破坏,停刊三天。上海各伪报社极感恐慌。

△　汪精卫抵上海与周佛海商谈关于经济、金融、物价等问题。次日,汪精卫在新国民运动促进会暑期集训营继续讲解《新国民运动纲要》。

8 月 7 日　重庆各界公祭林森,参加公祭者有国民党党、政、军各机关及各国驻华使节和民众团体。桂林、成都、贵阳、长沙、兰州、洛阳等全国各地，亦同时举行公祭。

△　宋子文在全英广播公司演说，称：中国拥有四亿五千万人民，战后可为工业先进国之投资与推销中国本身不能制造之消费品之市场，呼吁世界盟友"重开援华路线"。

8月8日　中共中央党校第二部举行开学典礼，毛泽东出席并讲话，号召全体学员认真整顿"三风"，学习党的历史，学习马克思列宁主义，使我们党坚固地团结起来。

△　冀鲁边区八路军第一一五师一部进袭济阳等处出扰之日伪军，俘伪营长以下135人。

△　重庆《中央日报》发表胡秋原文章《不合理者不存在》，把第三国际的解散和意大利法西斯头子墨索里尼之下台相提并论，说"共产主义和法西斯主义对于中国都不合理，所以在中国必然不能存在，对世界都不合理，所以在世界也不能存在"。

△　伪华北政务委员会在北平召开省市长会议，讨论关于粮荒，实施粮食收买、运输、分配和物资物价及加强反共等事项。参加会议的有伪山西省长冯司直，河北省长杜锡钧，山东省长唐仰杜，河南省长田文炳，北平市长刘玉书及天津市长王绪高、青岛市长姚作宾。

△　日伪军调集6000多兵力突然向平北地区发起"扫荡"。平北军民在反"扫荡"中，以小部队和民兵坚持中心区的游击战和地雷战，分散打击搜山之敌，主力部队则利用日伪军纵深兵力单薄的弱点，转战敌占区和游击区，积极配合内线作战，并相机在外线恢复或开辟部分新区，使八路军的活动一直延伸到张家口附近。

△　苏联塔斯社中国分社社长罗果夫在莫斯科《战争与工人阶级》杂志发表《对于中国政府之批评》一文，指责国民政府反共、破坏抗战、帮助日寇的错误。此文为英、美报纸所转载。14日，重庆《商务日报》发表社论，攻击罗果夫的文章是"恶意的宣传"。

8月9日　八路军第一二九师一部在曹县东南之刘庄集，歼灭李仙洲部 300 余人。

　　△　农林部公布《农林部农业问题特约研究办法》,凡 14 条。

　　△　汪伪最高国防会议在上海召开临时会议,决定收买棉纱棉布,并通过《收买棉纱棉布暂行条例》及《实施纲要》。《条例》规定:所有棉纱棉布由商业统制总会负责统买,其所有人或占有人拒绝或妨碍收买时,处一年以上五年以下有期徒刑,并科五万元以下罚金,货物没收。还规定:收买价格,棉纱以 20 支纱每包一万元为准。应付款的半数,一年内分两期付给标准金,另半数以储备券分三年付清。

　　△　伪华北政务委员会及北平日本大使馆事务处决定是日起开展"华北新建设运动",至 10 月 31 日为第一期,主要目的为"解决华北食粮问题,推进剿共工作"。

　　8 月 10 日　国民党中央设计局秘书长王世杰辞职,蒋介石派熊式辉继任。

　　△　国立湖南大学校长胡庶华辞职照准,教育部任命李毓尧继任。

　　△　第二十七军预八师第二十二团团长易惠致函八路军第一二九师师长刘伯承,感谢难中相助。函称:惠于上月 16 日,因作战负伤,辗转来到贵军第四分区疗养,承蒙热情招待,亲切逾恒,衷心感谢。

　　8 月上旬　中国派遣军畑俊六总司令官鉴于东亚整个战局及国际形势,认为必须对中国军队采取攻势,杀出一条血路是能最迅速地解决"中国事变"的惟一重要方策。为此,特派作战课高级参谋田野正一去东京,向大本营提出关于消灭重庆政权的作战指导计划,并请求批准予以实行。

　　△　第三战区长官司令部工作报告将新四军浙东游击队作为"主剿目标",决定"尽先清剿,务绝根株",并成立第三十二集团军前进指挥部于浙江天台,拟委派浙江保安处长竺鸣涛任该集团军副总司令,代行指挥部职权,与李默庵一起部署"剿共"。

　　△　日军在山西大同以"整顿市容"为名,活埋因饥饿沦为乞丐的我同胞 500 余人。

8月11日　毛泽东、周恩来致电董必武,告以国民党的法西斯统治正在步步加强,拟于八九月发动反中国的法西斯运动,通电全国,主张取消各种特务组织,严禁传播法西斯主义思想,以揭穿蒋记国民党实质,并教育自己。电报同意重庆、桂林的文化界进行反压迫的抗议,并指示重庆《新华日报》和《群众》杂志应"多登载反法西斯主义文章,以开展思想斗争"。

△　重庆市政府社会局向社会部报告猪鬃制造业工人罢工及其处理情况,决定将领导罢工的陈少平等三位工人开除,送重庆卫戍总司令部"按军法严办"。

△　中国飞机厂有限公司在美国加里福尼亚州成立,厂长胡声求。

△　太平洋作战会议在白宫举行,驻美大使魏道明代表中国出席。

△　中国派遣军总司令官畑俊六接到高级参谋田野正一电报,得悉日本大本营未批准进攻四川计划,在当天的日记中写道:"如此只能一直成为英美反攻对象,终将处于守势。没有杀出一条血路的打算,重庆屈服的时机是不会到来的,实乃可叹!"8月13日,田野返任向畑总司令官等人汇报与大本营联络的结果。

8月12日　国民政府令:因河南去年大旱,民困甚深,将该省各县民国三十一年(1942)上期及以前各年田赋实欠在民者一律豁免。

△　国民参政会驻会委员会召开例会,秘书长王世杰代读外交部书面报告,何应钦报告最近国内外军事情形。

△　中共中央政治局决定晋察冀分局及军政主要领导成员变动:以聂荣臻、程子华、刘澜涛、萧克、杜里卿(即许建国)、赵振声(即李葆华)、刘仁为分局委员,聂荣臻为书记,程子华、刘澜涛为副书记。聂荣臻仍为晋察冀军区司令员兼政治委员,萧克为副司令员,程子华、刘澜涛为副政治委员。聂荣臻赴延安参加"七大"期间,由程子华代理分局书记和军区政治委员,由萧克代理军区司令员。

△　毛泽东致电聂荣臻及中共晋察冀分局各同志,指出拥政爱民是红军以来优良传统,任何区域均须执行。你们必须执行拥政爱民政

策,特别是军队干部对于党、政、民的一种骄气、傲气,必须深刻检讨,开展自我批评,才能使军队与党、政、民打成一片,更好地对付敌人。

　　△　山东省临时参议会举行首届第二次大会,到会议员 49 人。大会总结三年的工作,讨论通过中共山东分局提出的山东省战时施政纲领,修正通过各级参议会暨各级政府组织条例,规定改山东省战时工作推行委员会为山东省行政委员会。选举黎玉、罗荣桓等 11 人为行政委员,黎玉任主任。28 日闭幕。

　　△　山东省胶东国民党员王一亭等 105 人,致电蒋介石和国民党中央委员会,反对内战,要求遵照孙中山遗教,整顿抗战阵容,严厉制裁汉奸吴开先、张涤非、赵保元等。

　　△　淮北新四军一部配合民兵,向睢宁西北之日军据点叶坊猛攻,经过七昼夜连续血战,毙伤日伪军 400 余人,其余全部投降。

　　△　八路军晋冀鲁豫边区太行区武东县万人集会,公审勾引日军侵占蟠龙的国民党特务分子肃芳亭等四人,公审后将其中三名立即枪决。

　　8 月 13 日　毛泽东电示各中央局、中央分局,指出蒋介石及国民党进攻边区的阴谋虽暂时停止,但他们的阴谋并未放弃,同时在全国广泛发动要求解散共产党的舆论。我党政策是尽一切方法避免和国民党破裂,避免打内战,同时揭露国民党的抗战不力与反共阴谋,对抗国民党的反共言论,并准备自卫实力。

　　△　宋子文由英抵美国华盛顿,18 日拜访美国务卿赫尔。

　　△　滇西惠通桥对岸日军偷渡怒江,被龙云所部击退。

　　△　重庆银楼业公会评定黄金价格:售出每两 12.4 万元,收进每两 10.4 万元。

　　△　交通部公布《战时国营公营公路机关代运邮件办法》,凡 10 条及《长途汽车代运邮件规则》,凡 12 条。

　　8 月 14 日　重庆各界为纪念空军节,开展献机运动,并举办航空展览。中国航空建设协会总会继一元献机运动后正式发出《为一县一机运动告全国同胞书》及经行政院通过之《一县一机推行办法》、《一县一机竞赛办法》,要求全国各地同时开展,最低限度募集 1000 架飞机。

　　△　军事委员会任命陈金城为第三十六军副军长,李忠毅为第四十二军副军长。

　　△　国民政府明令褒扬井勿幕。按:井勿幕陕西蒲城县人,同盟会员,先后任陕西同盟会支部长、国民党陕西支部长、关中道尹、陕西靖国军总指挥,颇多善政。1918 年 12 月 23 日在兴平县南仁村遇害。

　　△　重庆市警察局发表户口统计:全市共 15.5549 万户,88.548万人,其中男性 54.8153 万人,女性 33.7327 万人。

　　△　英美最高参谋长在加拿大魁北克举行会议,并就战争在 1943年和 1944 年的未来战略问题,草拟一份详尽的战争进展报告。

　　△　尼加拉瓜下院通过移民法案,取消华人入境限制条例,予中国人与各联合国家人民以同等待遇。

　　8 月 15 日　国防最高委员会电五院、军事委员会及中央设计局党政工作考察委员会,称:"中央派驻各地机关所有人员,往往有不尊重当地政府法令,如不报户口、拒绝检查等行动,且日常生活予地方以不良印象。"

　　△　国民政府任命黄季陆为国立四川大学校长,任李运华为国立广西大学校长。

　　△　延安各界千余人公祭林森,林伯渠讲话要求蒋介石实践承认陕甘宁边区的诺言,取缔封锁骚扰,解散特务机关。

　　△　中共中央发出毛泽东起草的《关于审查干部的决定》,提出"首长负责,自己动手,领导骨干与广大群众相结合,一般号召与个别指导相结合,调查研究,分清是非轻重,争取失足者,培养干部,教育群众"的方针。

　　△　八路军第一二九师师部为紧急救灾减轻人民负担,发出《准备明年部队生产计划》的指示,规定明年部队除种蔬菜外,每人至少种一亩到一亩半的粮食,每人要解决两个月的食粮。土地应以开垦荒地为主。

△　"中国回教救国协会"发表书面谈话,否认陕甘宁边区回教救国会。

8 月 16 日　周恩来在延安起草《论中国的法西斯主义——新专制主义》的报告提纲。提纲阐释中国法西斯主义的思想体系、历史根源、政纲策略和组织活动,指出:蒋介石国民党是法西斯主义,必须"公开地揭穿其法西斯实质"。"世界法西斯主义正走向死亡,中国的法西斯主义决难独存。中国的抗战有它胜利的前途","中国一定是新民主主义的"。

△　日机三批 51 架先后窜扰湖南浏阳、醴陵、湘潭等地及衡阳上空,在湘阴营田投弹。

△　第二次兴亚大会在长春召开,东亚联盟中国总会秘书长、伪南京市长周学昌等参加。

8 月 17 日　军事委员会任命刘振三为第五十九军代军长。

△　交通部任李吉辰为中国航空公司总经理。

△　淮南新四军一部在桂子山伏击日军,经过 14 小时激战,毙、伤、俘日伪军 250 余人,残敌狼狈窜回六合地区。

△　山西河曲巡镇对岸国民党特务 30 余人偷渡黄河,袭击晋西北第三区区公所及督察处,杀害马副处长,抢走白洋 1000 余元,并将工作人员 12 人虏往河西。

△　罗斯福总统和丘吉尔首相在加拿大的魁北克就盟军在法国北部登陆问题,正式举行会议(14 日起两国参谋长即开始会商),24 日结束。确定 1944 年 5 月 1 日开始实施在法国登陆的"霸王"作战计划。会议还签订美英共同研制原子武器的秘密协定,批准参谋长会议制定的西方盟国在亚洲对日作战的计划。

8 月 18 日　八路军太行、冀南军区部队共 13 个团,配合民兵及广大群众发起林(县)南(城)战役,至 26 日,歼灭庞炳勋、孙殿英伪军 7000 余人,攻克与收复据点 80 余处,解放人口 40 余万,开辟林县以南、辉县以北大片新区。

　　△　外交部长宋子文访美国务卿赫尔，并对魁北克会议事提出书面意见。

　　△　日本陆军报道部长谷荻再次发表诱降谈话，谓："英美完全不承认重庆在这一战争中的努力"，"重庆被侮辱"，"重庆人士应重新认识今天的实际情形，无论任何时候，不要再受英美欺骗，切勿一错再错"，"应觉悟到目前是在英美的桎梏之下，只有现在才真正是参加解放大东亚战争的时候。"

　　△　加拿大发起援华百万基金运动。

　　8 月 19 日　日军自江西贵溪撤退。撤退时纵火焚毁贵溪城内房屋 1900 多栋，屠杀居民 6658 人，其中男 3707 人，女 1928 人，儿童 1011 人，尸体不明 22 人。重伤 979 人，轻伤 1233 人。

　　8 月 20 日　国民政府与巴西合众共和国在里约热内卢签订《中巴友好条约》，凡六条。

　　△　四川川江民船商业同业公会船员工会联合会成立。据称拥有会员 30 万。次日，联合会举行第一次全体会议，讨论章程议案，分组会要求政府制止军队非法封船。

　　△　第一七一师以一个营以上的兵力，向新四军合肥东西山驿地区进行"清剿"，新四军忍痛退让，无辜群众惨遭屠杀者 200 余人，房屋被焚百余间。

　　△　日军川岛师团一个联队和伪军四五千人向沭阳、涟水一带的新四军发动进攻。同日，日军岩切旅团及伪军共 8000 余人，向苏中东台等地区之新四军第一师进攻，被粉碎。

　　△　日本大东亚相青木一男抵南京，随即会见汪精卫，讨论协力完成大东亚战争和最近国际形势问题。会见后，青木对记者发表谈话称：他来南京的目的，除了要与"国府当局恳谈外，并考察大东亚省成立后日本在华机关之活动状况。此外，与现地日本陆海军当局交换意见，并视察对华新政策实施后一般实情"。21 日，青木与褚民谊、陈君慧、周佛海、梅思平、顾宝衡等会谈，讨论共同建设东亚新秩序问题。22 日，

青木抵上海,对日本记者发表谈话称:在南京与汪精卫等人的会谈,结果均能深切理解日本之新方针。双方合作,共同完成大东亚战争的决心日益巩固。同日,青木与陈公博会谈,讨论建设上海问题。23 日,青木与唐寿民、吴震修、周作民等会谈,讨论复兴经济问题。24 日,青木结束在上海的活动,前往北平。9 月 5 日返回东京。

8 月 21 日　宋子文就《改组中国战区方案原则》一件,与罗斯福总统初步交换意见。其改组之要点,即拟将中国战区增设副统帅一人,由美国军官担任,参谋长一人,改由中国军官担任,增设副参谋长一人,由美军担任,其下处长、副处长,则由中美军官混合组织,至于英美参谋首长联席会议与军火分配委员会,则中国必须参加。如委员长以国家领袖之尊,不宜使受英美参谋首长联席会议之统驭,则中国战区统帅可由蒋委员长推荐中国军官担任,一切人选均如蒙巴顿之例,由中美当局互商同意,再付任命。谈话中,宋子文提出:"如史迪威不予变动,中美军事合作甚为可虑。"罗斯福表示他亦有此顾虑,且已有召回史迪威或派斯特莱曼或韦洛接任之拟议。9 月 15 日,宋子文又具一说帖,由霍泊金斯转呈罗斯福。略称:"目下此人(指史迪威)系中国战区参谋长,又系中印缅区美国空军总司令,兼中印空运补给司令,又兼蓝伽中国驻印军统带官,亦参与中国云南远征军之指挥,更握有美军部授予而未经中国同意之对华租借物资控制权;以如此错杂之任务,施五花八门之区域,将于未来战事深感危险。"罗斯福总统在说帖上批令马歇尔与宋子文一谈,此际马歇尔已不坚持史迪威留任之意见。但美国防部长史汀生仍欲史迪威再为最后之一试。

　　△　国民政府令免张含英黄河水利委员会委员长职,特派赵守钰为黄河水利委员会委员长。

　　△　中国卫生教育社召开第三届社员大会,决定组织民族健康运动委员会,由陈果夫任主任。通过"提倡健康运动"、"注重合理营养"等12 项工作目标。

　　△　日机 50 架分五批袭广东、湖南,遭美机痛击,被击落四架。次

日,日机 57 架分批经湖北袭四川,其中一批侵入澧县投弹。

△ 汪伪行政院秘书长陈春圃、军委会总参谋长鲍文越与日军登集团参谋长木下勇签订《关于扬子江下游地域清乡工作协定》及《附属谅解事项》,共同镇压扬子江下游地区人民的反日活动。

△ 日本御前会议制定《为完成大东亚战争而决定的处理中国问题的根本方针》,规定对华新政策的根本方针和具体政策,企图大力扶植和加强汪精卫伪政权,对蒋介石施加压力,促成蒋汪合流,以达到"以华治华"的目的。

8 月 22 日 宋子文由华盛顿抵加拿大魁北克,代表蒋介石参加罗、丘会谈,商讨太平洋战略及中国战区有关问题。

8 月 23 日 延安《解放日报》发表《国共两党抗战成绩的比较》和《中国共产党抗击的全部伪军概况》两个重要文件。用具体事实说明:共产党抗击全部侵华日军共 36 个师团 60 万人的 58%(35 万人),国民党抗击 42%。共产党抗击全部伪军 62 万人的 90% 以上(56 万人),国民党牵制伪军不足 10%。

△ 国民政府公布西康省临时参议会第二届议长、副议长、参议员名单,胡恭先、谭其襄为正、副议长。

△ 财政部公布《制糖厂商管理规则》,凡 11 条。

△ 浙东余姚南乡 3000 民众配合当地自卫队,从日军手中夺回被抢去的粮食 10 余万斤,运回山区隐藏起来。

△ 日机 73 架空袭四川,其中 23 架在万县投弹,47 架进入重庆市区轰炸,投弹 100 余枚,死伤近 50 人。

△ 伪满公布《金属类回收法》。旋又成立金属回收本部。

8 月 24 日 军事委员会令免陈瑞河第九军军长。10 月 23 日任命第三十七集团军副总司令韩锡侯兼第九军军长。

△ 日军太田师团及伪军四五千人,向新四军的江宁地区龙都一带"扫荡"。

8 月 25 日 罗斯福总统、丘吉尔首相联衔电蒋介石:为缅甸军事行动活跃起见,决在印度统帅部之外,另设一统帅部,以海军中将路易·蒙巴顿勋爵为统帅,直接受 C.C.S(英美参谋首长联席会议)之指挥,进行军事行动。

△　张道藩、吴国桢就罗斯福总统、丘吉尔首相魁北克会谈举行记者招待会,称:此次魁北克会谈对于远东战局之重视实较任何次会议为甚,对会议宣布"对暴日作战及予中国以有效之援助深感欣慰"。

△　农林部在陕西设立西北移民招集处,首批 38 人由西安出发,规定每日运送垦民一批,年终移至新疆哈密垦民可达 5000 人。

△　毛泽东给各中共中央局、中央分局的负责人发出指示,指出为彻底消除党内党外对于国民党及蒋介石的各种错误思想,应根据《解放日报》发表的各种文章、文件,在党内及群众中专门进行两个月的学习、讨论,并争取各中间阶层。某些重要文章,应各印成单行本,向解放区、敌占区人民广为散发。

△　第三战区一部克复浙西临安。

△　美机再袭武汉,击毁日机 19 架。

△　是日起,日伪开始实施本年下半年的"新国民运动",目标是"剿共建国","最重要施策"是抢劫中国人民的粮食和"蚕食"、"扫荡"抗日民主根据地。

△　伪华北政务委员会开展扩大"新国民运动"。王克敏为此发表声明,提出扩大"新国民运动"的四大目标:一、剿共建国;二、增产救民;三、肃正思想;四、革新生活。

△　磁渝航线"庆复"轮在磁器口沉没,死乘客约 200 人。

8 月 26 日　英美总指挥部宣布,成立东南亚盟军总司令部,由英联合作战部大臣蒙巴顿任总司令。

△　美机空袭广州、香港,击落日机 10 架。

△　军事委员会及行政院会同制定《调整战区缉私及经济封锁办法》,凡 14 条。

8 月 27 日　教育部以交通大学贵州分校教授罗忠忱、武汉大学教授张廷在该校连续任教满 30 年以上,特颁给教育奖状并发奖金二万元。另对民国三十年度及三十一年度学术奖励中膺一等奖之华罗庚、冯友兰、周培源、苏步青、吴大猷、吕凤子六人分别补发学术奖状或艺术奖状。

△ 外交部发表声明,正式承认在北非之法国民族解放委员会。

△ 驻巴西大使陈介赴巴就职,9 月 1 日抵巴京,9 月 6 日向巴西总统递交国书。

△ 国立礼乐馆在重庆北碚成立。

△ 根据中共中央和中央军委决定,原冀中军区所属的第十七、十八、二十二、二十六、二十七、二十九、三十二七个主力团,调往晋西北地区。同时,任命吕正操为晋绥军区司令员,林枫兼任政治委员,续范亭、周士第为副司令员。月底,吕正操率原冀中军区一部分军政干部开赴晋西北。

△ 第三战区一部克复浙江永康。

△ 太行区八路军第一二九师一部至 9 月 3 日连续攻克白晋铁路之洪水岭车站,榆社、武乡路之吴家脚炮台,辽县之文口塔等据点,全歼驻守日军。

△ 胡宗南部第五十三师第一五七团第二连以一个排兵力进扰陕甘宁边区郿县之平泉抢劫财物,八路军一部自卫还击,将其击退。

△ 安徽全椒、江苏江浦国民党特工人员 200 名袭击和县北塔山、洛山新四军部队。

△ 江苏省宿迁县县长时亚武率部袭击运河特区之新四军,杀害干部二人,扣留运河区办事处联络部长刘植武等二人,9 月 1 日将刘杀害。

△ 日本陆军报道部长谷获发表第三次诱降广播,称:重庆采取英明的决断,自己取消其存在,或是日本进兵消灭重庆的存在,这是现在大东亚剩下的最大课题。"中国是我们的兄弟,我们对重庆不愿以进兵演成流血惨剧的手段来消除它"。希望重庆由迷梦中清醒,迅速脱离

英、美而归还东亚，"至于归来后的问题，一于谈笑中解决之！我们期待重庆勇敢地下决断"。同日，汪伪经济顾问石渡发表谈话，称：日、汪将"坚定步伐"、"一步步使蒋屈服"，"或返大东亚或诛灭之"。

8 月 28 日　中国派遣军总部制定《昭和十八年（1943）秋季以后中国派遣军作战指导大纲》，提出：要确保在中国的占领区，在华北消灭中共的军队。在华中派第十一军和第十三军的主力进攻湖南的常德和安徽的广德；然后打通平汉路。同时使第三飞行师团协助地面部队作战，击溃在华的美国空军。

8 月 29 日　军事委员会任命甘登俊为第七十九军副军长。

△　晋冀鲁豫边区太行区辽县麻田镇军民召开公审特务汉奸大会，首犯刘三桂、王献林等因通敌叛国，破坏抗日根据地，危害人民罪，被判处死刑。

△　汪精卫到镇江视察"清乡"，并对"清乡"人员训话称：必须树立坚定之信念，认定"清乡"就是建国，就是参加大东亚战争。当晚，汪一行返南京。

8 月 30 日　财政部为呈送《战时经济持久政策具体实施办法》致电蒋介石，称："物价剧涨"、"金融钞券发行已达饱和"、"预算赤字与年俱增，民国三十二年度支出预算已达 262 亿余元，较抗战以前增至 30 余倍。"

△　国民政府训令核准《田赋征实及征购粮食审计规则》10 条备案施行。

△　八路军冀南军区第五分区司令员赵义京、副司令员陈耀元，在河北衡水东大江关战斗中牺牲。

△　朱德电复蒋介石、何应钦、徐永昌，呈报第二十七军预八师师长陈孝强投降日军实情；历数陈投敌前曾勾结日军，忘恩负义夹击八路军，要求明令讨伐。

8 月 31 日　国民政府特派吴国桢为民国三十二年高等考试外交官领事官临时考试初试典试委员长。同日，免去谢维麟驻挪威国特命全权公使兼职,特任钱泰兼驻挪威特命全权公使。

△ 第二战区暂三十七师史泽波部攻占晋西南汾城之南膏腴,9月1日袭入北贾岗,并将南城楼之敌全部歼灭。

8月下旬 粮食部起草对国民党中央执委会五届十一中全会关于粮食征实征购困难等情况的工作报告,称粮食应急措施收效甚微,粮政困难日益加甚;粮价"上涨之速殊堪惊异","人民对于粮食之输纳感觉苛重",各地要求减轻者纷至。

△ 山西省"剿共"委员会召开会议,决定对中共领导的敌后抗日民主根据地采取"蚕食"政策,并以榆次等五县作为"蚕食的模范县",洪洞等四县作为"蚕食的建设县"。上党道日伪训练大批特务组织武装宣传班,向抗日民主根据地抢粮,宣传日军的"对华新政策",叫嚣要抢粮70万斤。

△ 顾祝同向何应钦、蒋介石呈报皖南、浙东分别组织反共机构,攻击新四军"割据政权"之计划。提出"今后诚宜集中力量,统一指挥,以武力打击武力,以组织瓦解组织"。在江苏、皖南和浙西已令饬第二十三集团军陶广副总司令就该总部所在地,组织党政军联席会报,陶为会报主席,并增设党政督导处。浙东已呈请李默庵成立第三十二集团军前进指挥部,以浙江保安处长竺鸣清为副总司令主持其事。对共产党新四军"作有效之扫荡与清剿"。

△ 第一战区司令部发布秘密文件,声称:"除奸至为迫切要务,应分别轻重,首先从事剿共,如影响抗战,万不得已,则可略走曲线。"

△ 广东海南岛白沙县第一区汉、黎、苗各族人民数千人起事,中共组织派干部进入白沙开辟工作,建立白沙抗日民主根据地。

△ 浙江开化县农民代表致函军委会军政部,控诉金衢师管区司令部及其部下的罪行:一、招致恶吏,强借民食。二、多用私人,残害民物。三、经营商业,滥征民力。四、私纳眷属,占住民房。五、演戏聚赌,陷害青年。六、吸食烟土,流毒地方。七、抽丁供奉,妨碍农物。八、倚势劫抢,扰乱后方。九、擅用伪币,贻祸商民。十、吞殁借款,压迫良民。

十一、占民妻女,污辱房东。十二、田地园物,被毁尽净。

是月　根据中共中央和中央军委命令,八路军第一二〇师部分主力,由贺龙率领调赴陕甘宁边区,组成陕甘宁晋绥联防司令部,贺龙为司令员,高岗为政治委员。同月,山东分局书记朱瑞调往延安,罗荣桓任山东分局书记。

△　第一一四师师长黄德兴、副师长王松元、少将张春炎在山东作战殉职;广西省自卫军第二旅黄福臣少将在滇殉职。

△　兴隆县朱家沟民兵杨长起、王玉祥等,在沟口峭壁的山洞里阻击前来"扫荡"的日伪军 300 余人,坚持两天一夜,毙伤日伪军 200 余人。

△　日军田坂旅团在山东省陶尖冢镇决开卫河大堤,馆陶、临清、曲周、邱县、清河、威县、武城等七县受灾,二万人淹死,百万人无家可归。

△　日军在东北以"反满抗日"的罪名,将去年 12 月 30 日逮捕的 2700 余名教员和学生处死 1000 人,判处六年以上及无期徒刑的 1000 多人,其余 600 人继续扣押。

△　伪蒙各地日伪军在其占领区内,继续大举抢粮。大同一带,日伪军登记每户产粮,强行"收买"。大同收麦市价每斤 15.6 元,而日军定官价每斤 0.8 元。日军用刺刀威胁人民缴粮,藏粮一经发现,即被一抢而光,造成伪蒙遍地饥荒,饿死无数。口泉煤矿工人因过度疲劳和饥饿,一天之内就死去 200 多人。平绥路口泉一带铁轨上,每日都有十几人一同卧轨自杀。

△　日本外交杂志《世界周刊》8 月号撰文称:重庆逐渐由"抗战"向"观战"转移,可以看做是一个"深刻反省";并称《中国之命运》"论述方向是没有错的"。

9　月

9 月 1 日　延安《解放日报》为纪念第十届九一记者节发表社论《反对国民党的反动新闻政策》，揭露国民党当局摧残进步新闻事业的情况，指出 1937 年"据国民党政府统计全国有报馆 1031 家。到 1941 年 11 月，据国民党中宣部统计，报馆获得核准者仅余 273 家"。1942 年一年内，国统区报章杂志被封闭者达 500 种之多，被禁售之书籍达 1400 余种。同日，还刊载专文《国民党反动派十年来摧残新闻事业的罪行》。

　　△　中国政府接受英援华会赠款 12.5 万英镑，宋美龄与英大使会商分配办法。

　　△　日军第六十九师团、独三旅团及伪军一部共约万人，开始对晋西北抗日根据地军民进行"扫荡"。

　　△　日机 27 架经江西袭福建建瓯，在城郊投弹。4 日，日机约 70 余架分三批先后窜至柳州、梧州、桂林，在梧州市区投弹。

　　△　日本宣称战争进入决战阶段，强调增产钢、煤和增强航空战斗力是决定胜负的关键。

9 月 2 日　第三战区司令长官顾祝同密电蒋介石，报告浙东新四军实力及其活动计划。19 日，蒋介石电复顾祝同，称："据报浙东奸军实力远在该长官所报之数以上，仰即切实查明，彻底肃清，切勿轻忽贻误为要。"

　　△　中国国际经济协会成立，冀朝鼎任主席，会员 200 余人。会议通过会章，选举了理、监事。

　　△　重庆《中央日报》发表《河南救灾工作检讨》，称河南被灾民众待救者约 120 多万人，其中非救不活的至少也在 300 万人以上。

9 月 3 日　蒋介石致电丘吉尔首相对英向德宣战四周年表示敬意。午后，何应钦宴请英方在渝人士。

△　国民政府公布《违警罚法》，凡 78 条，定 10 月 1 日起施行。

△　八路军太岳军区第一分区一部配合安泽县大队，一度攻入安泽城，俘伪军 70 余人。

△　鲁中军区主力于沂水县陶沟一带伏击"扫荡"滨海抗日根据地之日伪军 2500 余人，激战 3 日，毙日军 300 余人、伪军旅长以下 1000 余人，俘日军 31 人、伪军 367 人，并缴获大批枪支弹药。

△　日军第五十九旅团出动 1500 人由山西汾阳等地兵分五路，采用分进合击战术，向晋西北八路军第八分区及第三分区米峪镇地区"扫荡"，被八路军第一二〇师一部迎头痛击，毙伤 50 余名。10 日，日军分三路进占临县等地。12 日、13 日，日机三四架数次轰炸大会坪等地八路军河防工事及渡口船只。

△　日本驻汪伪政府大使谷正之抵上海。7 日，会见记者发表谈话称：棉纱棉布以外之重要必需物资，亦有必要采取同样措施，故现在"国府"当局正草拟具体方案。

△　伪满阜新煤矿 400 名辅导工人暴动逃跑。

△　美底特律工会致电陕甘宁边区总工会，誓与中国兄弟携手战胜法西斯。

9 月 4 日　鲁南八路军第一一五师一部，在银厂、白山一带与日伪军 5000 余人激战五天，将其主力消灭。

△　新疆省政府主席盛世才飞抵重庆述职，30 日飞返迪化。

9 月 5 日　史迪威以中国战区参谋长名义署衔向蒋介石建议补足 30 师人数，速予调赴训练。9 月 27 日蒋介石批示同意。

△　晋冀鲁豫边区太行军区第五分区部队攻克安阳以西之公光、东庞佐两据点；第三分区部队攻克襄垣之五阳据点。

△　延安各界青年代表 1000 余人举行纪念国际青年节大会，朱德、林伯渠、吴玉章、邓发等出席大会并讲话。大会通过致世界青年电，呼吁全世界、全中国青年紧密团结起来，为消灭世界法西斯而斗争；并通过致国民政府及国民党中央电，要求国民党放弃危害青年的特务政

策,取消特务机关,恢复抗日团体和进步组织。

　　△　陕甘宁边区政府副主席李鼎铭在《解放日报》上发表《驳斥关于我被"撤职"的谣言》一文,揭露国民党顽固派印发造谣中伤挑拨离间的反共文件《告边区父老书》和《陕北边区人民致中共领袖毛泽东同志的一封公开信》。

　　△　驻准格尔旗之察绥挺进军游击第三支队司令张甲清、副司令张桂遂率200余人,乘八路军第一二〇师一部准备反"扫荡"时,在河曲以北之大口偷渡黄河,配合日军向八路军进攻,到处抢劫民财。次日,又派人与日军联络。7日,与日军200余人联合向八路军进攻,后投降日军编成伪军。

　　△　日本中国派遣军司令官畑俊六以预定使用于常德之战的兵力不足(30个大队),决定再令第十三军抽调兵力。是日派参谋宫崎到上海联络,第十三军参谋长木下少将表示:第十三军必须保护京、沪、杭三角地带,若再抽调四五个支队,实不可能,万不得已,至多只能勉强抽调一个大队,希尽可能向华北抽调兵力。

　　9月6日　国民党第五届中央执行委员会第十一次全体会议在重庆召开,到会中执监委和候补中执监委154人。蒋介石致训词,称:"民族危机确已渡过",此次全会宜多注意战后建国工作之研讨。又谓:政治建设应以促进宪政实施为目标,而实施宪政时,国民党任务要比别党特别重大,实施宪政后"国民党还政于民"。经济建设应一面自力更生,一面与国际合作。居正在会上作党务报告,何应钦作军事报告。

　　△　史迪威以中国战区参谋长名义署衔向中国战区统帅蒋介石建议:使用中共军队在晋绥方面牵制日军,以减轻平汉路、陇海路日军对国军之压力。蒋介石对此提案未予理采。同日,史迪威通知蒋介石,云南练兵计划将有改变。16日,提出要求蒋介石补足兵员缺额,改善给养与后勤工作。此后,又提出整编中国全国军队的计划和扩大远征军的指挥权限。蒋介石和史迪威间的矛盾加深。

　　△　南非为募集中国战时难民救济基金,举办的中国艺术展览在

比勒陀利亚开幕。

9 月 7 日　国民党五届十一中全会举行第二次全体会议,孔祥熙作政治报告。

　　△　国民政府令免林东海驻埃及国特命全权公使、李锦纶驻葡萄牙特命全权公使,任命许念曾为驻埃及国特命全权公使、张谦为驻葡萄牙国特命全权公使。

　　△　中共中央政治局召开会议,批评陈绍禹在十年内战时期的"左"倾机会主义错误和抗战初期的"右"倾机会主义错误,于 10 月 6 日结束。

　　△　军事委员会任命潘左为第二十一军副军长,田钟毅为第五十军军长。

　　△　中国劳动协会电贺英国工会大会与美国产业职工大会,表示中国工人学习英、美工人的奋斗精神,共同协力打败德、日法西斯。

　　△　汪伪财政部发布布告,宣布 9 月 10 日起汉口至宜昌间长江两岸地区实施新旧法币兑换,10 月 1 日起禁止使用旧法币。

　　△　美战时航运管理局宣布,以自由型货轮"中山号"及"中正号"二艘交给中国政府。

　　△　美国 21 州和哥伦比亚区 35 处战时救济机关的华侨代表 74 人,在纽约举行第一次联席会议,讨论侨胞支持抗日战争和战后回国就业、投资等问题。

9 月 8 日　国民党五届十一中全会举行第三次全体会议,听取关于实施宪政工作进程的总报告,通过《关于实施宪政总报告之决议案》和《文化运动纲领草案》及《战后社会救济政策》。《关于实施宪政总报告之决议案》主要内容为:一、加紧推行地方自治工作,确立宪政之基础,并以复员建国为中心工作。二、国民政府应于战争结束后一年内,召集国民大会,制定宪法而颁布之,并由国民大会决定实施日期。三、凡前次依法产生之国民大会代表,除因叛国或死亡等原因外,一律有效,未补者依法补选,至迟于大会召集之前三个月选出。四、由政府主管机关负责办理国民大会的筹备工作。

　　△　重庆市决定征用民伕 4000 人赴印度。

　　△　彭德怀从太行山区启程返回延安。此后直到抗战胜利，在延安协助毛泽东、朱德指导华北敌后抗战。

　　△　台湾总督府以重工业、化学工业为中心，召开企业整备方策协议会。

　　△　日本中国派遣军总司令部向第十三军下达关于进行广德作战的命令。该作战进行的时间由第十三军自行决定。

　　△　汉口日军与伪警冲突。是日，日军伍长与士兵三名，在清芬二马路借酒行凶，枪杀伪警三名，附近伪警驰援，亦将三名日军击毙，伍长重伤。日酋闻讯，立即紧急戒严，将全部伪警解除武装，并枪毙伪警 10 余名。一时伪警大起骚动，后被日军所压制。

　　△　意大利巴多格里奥政府及武装部队宣布向英、美、苏无条件投降。

　　9 月 9 日　　国民党五届十一中全会举行第四次全体会议，纪念孙中山领导的广州起义四十九周年。蒋介石讲话称："凡事都须有冒险犯难的精神。"接着，国家总动员会议秘书长沈鸿烈作关于简政工作报告。会议对简政和教育进行讨论并通过决议。

　　△　何应钦发表谈话，称：意大利的崩溃，实为德、日两国的丧钟。同日，孙科说：意大利无条件投降，同盟国提早获胜，当以此为重大关键，相信盟国必将动员陆、海、空军主力，予暴日本土以致命打击。

　　△　苏中新四军一部攻克如皋县东之丰利镇日伪军据点，将伪警察局、区公署全部摧毁，继攻下碉堡五个，毙、俘伪教导旅长以下官兵 130 余名。

　　△　汪伪国民党中央执行委员、江苏省省长、特工总部主任李士群被日军毒毙。李士群为汪伪集团内一大实力派，深为周佛海所忌恨，周乃同罗君强串通日本上海宪兵司令部特高科长冈村，于 9 月 6 日以请李吃饭为名，在食物中投毒，李食后中毒，是日死于苏州。

9 月 10 日   国民党五届十一中全会举行第五、六次全体会议,通过《修正国民政府组织法》和战后半年内召开国民党第六次全国代表大会等议案。

△   四川省政府主席张群布告全川粮民,要踊跃输粮,"倘有规避、阻扰、舞弊,将以军法从事"。

△   中共中央军委任命杨立三为八路军副参谋长(仍兼后勤部长),周文龙为后勤部副部长兼野战供给部政委,张际春为野战政治部副主任。

△   晋冀鲁豫边区临时参议会太行会议开幕,大会一致通过边区政府主席及委员、参议员任期延长一年。

△   南洋兄弟烟草公司在重庆《新华日报》上刊登广告,声明厂方出厂价格与市价相差甚远,本公司只有制造权而无营业权;并揭露烟类专卖局独获黑市利益。

△   汪伪最高国防会议举行临时会议,任命陈群为江苏省长兼保安司令,梅思平为内政部长,陈君慧为实业部长,陈春圃为建设部长,周隆庠为行政院秘书长,杨杰暂代调查统计部务

△   汪精卫发表声明,对意大利巴多格里奥政府无条件投降表示遗憾,并宣称:南京政府决心与日本同心协力,求得大东亚战争最后胜利。

9 月 11 日   国民党五届十一中全会举行第七次全体会议,通过《对于党务报告之决议案》、《对于政治报告之决议》、《对于经济报告之决议案》、《加强管制物价方案》、《确定战后奖励外资发展实业方针案》、《战后工业建设纲领案》等议决案。《确定战后奖励外资发展实业方针案》规定:今后中外合办实业,外国方面投资数额比例,不加固定之拘束,公司组织除董事长外,其总经理人选,亦不限定于本国,凡外人经中国政府核准,均可单独投资经营。

△   宋子文将魁北克会议中关于进攻缅甸的计划呈送蒋介石。计划中涉及中国军事部分是:"会战前先以突击队分三路出发:中国之云

南、印度之曼尼坡、印度之利多。每路派一大队或两大队,越过敌人阵线破坏其交通,并继续作游击战。数星期后,云南我军及伊姆法尔英印正规军,由大批飞机掩护,接踵前进。中路由蓝姆加进至利多之我军,稍后开始动作,云南及蓝姆加,我军出击兵力,均照预定计划实施。"

△　日本陆军报道部长谷荻为意大利投降盟国发表谈话,称:重庆在此国内外的情势下,纵使假定其停止抗战,当不是如巴多格里奥政权那样无条件的投降,应当和日军"光荣地合作,也可以说是荣誉地归返东亚"。

9 月 12 日　国民党第五届中央监察委员会举行第十一次全体会议,宣读常务委员会工作报告,并通过关于省、县监察委员会编制经费的比例和实施党务机关工作与经费的配合考核等案。补选程天放、邵力子为常务委员。

△　蒋介石密令第八战区副司令长官马鸿逵速派步兵两个师、骑兵两个旅布防宁夏灵武、平罗一带,准备袭击陕甘宁边区和八路军。

△　淮河中游之大沙洲,秋泛水涨到平堤,沿岸数百顷秋粮岌岌可危。驻堤两岸之新四军第四师与群众数千人前往抢修,不分昼夜加高围堤。

△　日军对河北平山县驴山周围 10 余个村庄进行"扫荡",计杀死村民:恶石沟 300 人,庙沟 200 人,百龙池 74 人,苇票沟等村 80 多人。

9 月 13 日　国民党五届十一中全会举行第九次全体会议,中央秘书处作《关于中国共产党破坏抗战危害国家案件总报告》,并作出反共决议。蒋介石在会上说:共产党问题是一个政治问题,应用政治方法解决。又说:"中央对于共党亦别无其他任何要求,只望其放弃武力割据,及停止其过去各地袭击国军、破坏抗战之行为,希望其实践二十六年共赴国难之宣言。"会议选举蒋介石为国民政府主席,孙科、居正、戴季陶、于右任、孔祥熙、叶楚伧、覃振、朱家骅、刘尚清为国民政府委员,通过蒋介石兼行政院长、孔祥熙为行政院副院长,孙科为立法院长、叶楚伧为立法院副院长,居正为司法院院长、覃振为司法院副院长,于右任为监察院院长、刘尚清为监察院副院长，戴季陶为考试院院长、朱家骅为考试院副院长。选举后全会闭幕。同日，国民党中央秘书处拟定《关于中国共产党破坏抗战危害国家案件总报告发表后注意事项》，提出："作全盘继续的宣传攻势"、"严密监视《新华日报》，切实注意其印刷机构，防止其发行小册子。"

△　国民党五届十一中全会反共决议《关于中国共产党破坏抗战危害国家案件总报告》有六个附件，其中有《奸伪实力与战时战后影响之说明》、《奸伪实力以有装备者约八万人为标准》、《国军对陕北第十八集团军设立封锁线之原因》等。附件提出"打下延安"、"消灭共产党"，制定对共产党"暂时拖、将来打"的方针。

△　陕甘宁边区绥德分区各界人士 2500 多人举行控诉国民党特务罪行大会，分区党、政、军领导习仲勋、袁任远在会上讲话，号召失足者向边区政府悔过自新。

△　福建省政府举行授奖典礼，对今年 2 月 12 日杀敌归来之"三亚丸"运输舰 18 名海员颁奖。

△　重庆卫戍区总司令部密函承认：自新兵役法颁布施行后，各地"即感人人自危"，"骚然十室九惊"，造成盗匪丛生，社会纷乱。

△　日本为加强控制中国沦陷区，强化驻华外交机构，自是日起，将许多领事馆升格为总领事馆，许多分馆及办事处升格为领事馆。设总领事馆的有北平、天津、上海、南京、张家口等 19 处，设领事馆的有包头、大同、汕头等 12 处，设领事分馆者有保定、扬州、安庆等七处。日本称此举是"适应对华新政策之开展及国府下层组织之整备"。

△　日军火烧天津田辛庄，烧毁民房 800 多间。

△　日军在山西浮山县乔家垣南山上，屠杀村民 73 人，在棉花庄杀害 22 人。

△　日舰"大和号"在台湾海面被盟军潜艇击沉。

△　国际教育会议在美国开幕，讨论和平计划及战后教育计划，国民政府代表吴贻芳出席。

9月14日　宋子文在美国华盛顿记者招待会上说：中、苏保持着良好友谊关系，"希望朝鲜及泰国于战后独立"。

△　日伪军1000余人奔袭太湖马迹山，新四军第十六旅一部和中共太滆地委机关遭到较大损失。

9月15日　国民政府公布修正《中华民国国民政府组织法》第八、十、十一、十三、十四及第十五条条文。《组织法》规定：国民政府主席及委员"由中国国民党中央执行委员会选任"；国民政府主席"为中华民国元首，对外代表中华民国"、"为陆海空军大元帅"；"国民政府五院院长、副院长由国民政府主席于国民政府委员中提请中国国民党中央执行委员会选任"；"国民政府主席对中国国民党中央执行委员会负责，五院院长对国民政府主席负责"。

△　国民党中央宣传部长张道藩在重庆招待外国记者，记者询以国民党中央常委会处理共产党所用什么政治方法？答："详为开导促其觉悟。"记者询以美国五亿元借款之用途？行政院参事张平群答称：一亿元作发行美金公债之基金，一亿元作发行美金储蓄之基金，二亿元在美国购黄金，余一亿元将作其他用途。

△　军事委员会任命何文鼎为第六十七军军长。

△　史迪威以中国战区参谋长名义向中国战区统帅蒋介石建议：提前准备第二批30师，设立后勤业务，并代拟十道命令，请蒋核审施行。28日，蒋介石批示同意。

△　重庆市轮船商业同业公会招待记者，该会理事长报告困难情形，称：近年来航业凋蔽，现有航线比战前缩短三分之二，公司收入少支出多，今民生公司就亏损100多万元，已经到了关门地步。轮船常出事故，码头秩序混乱，航行人才缺乏，船龄过长，公司年年亏本，没有修理更换的能力，一般船员生活困苦。要求政府资助和调整价格，希望社会谅解。

△　太行军区第八分区部队攻克陵川安阳村日伪据点。

△　河北承平宁第三区队在高桥、黄云指挥下，在平泉县平房东大

楼设伏,击毙日军 20 余人。17 日,在宁城山头下坡子,包围平泉县黄土梁子警察队,俘伪警 97 人。

△　日军第三、第五十九两旅团 3000 多人对晋绥边区兴县、保德地区进行反复"扫荡"。八路军第一二〇师一部自 10 月 5 日至 11 日,在甄家庄地区经过激战,歼灭日伪军 800 余人,创造了模范的运动战例。同时,在"把敌人挤出去"的方针指导下,全区挤掉敌人 58 个据点,把深入根据地的敌人赶了出去。

△　北平日军自是日起限六个月内,在北平收铜 40 万斤,每户平均约交二斤半。

△　日、德发表联合声明,称意大利投降,不影响三国公约。

9 月 16 日　　中国战区参谋长史迪威向蒋介石建议,调动国民党和共产党的军队共同进攻日军,并要蒋介石把美国援助的武器装备,拨一部分给共产党军队,被蒋介石拒绝。

△　军事委员会任命竺鸣涛为第三十二集团军副总司令,耿幼麟为第三十军副军长,余程万为第七十四军副军长,何基沣为第七十七军军长,萧冀勉为第八十八军副军长。

△　中共中央书记处致电董必武,"决定你出席此次国民参政会。会中如有反共报告、提案及决议,视情况或当场抗议或退席后再提书面抗议,由你依具体情况行之"。会前,董必武获悉国民参政会大会将通过反共决议,拟不出席,国民党派参政会秘书长王世杰前往敦劝,声明决无利用会议反共之意,董必武始报到出席。

△　平汉、正太、同蒲、平绥之日军四万余人,采取奔袭、合击、"清剿"战术,并动员一切汉奸特务组织,对晋察冀边区北岳区发动为时三个月的"毁灭扫荡"。次日,中共晋察冀分局发出《关于彻底粉碎敌寇对北岳区"扫荡"的指示》,指出敌军此次"扫荡"蓄谋已久,北岳区军民对此应有高度的警惕和准备,并向全区党、政、军、民提出五项要求。北岳区在三个月的反"扫荡"中,八路军主力部队共作战 2083 次,民兵作战 2192 次,歼灭日伪军一万余名,终于取得反"扫荡"的伟大胜利。

△　国民政府公布《屠宰税法》，凡八条。

9 月 17 日　军事委员会任命佟毅为第二十三集团军副总司令。

△　中国经济建设协会第五届年会在重庆开幕，会期二日，讨论国际贸易、外资、金融、财政、国营及民营事业等问题。

△　新任印度驻华专员梅农抵重庆。

△　夜，第二战区暂三十七师史泽波部袭占晋西南堡圪塔，22 日夜，袭占峪口，先后将日伪军击溃。

△　日军第十三军司令部召开兵团长会议。军参谋长木下勇反对从该军抽出一个支队，又谓：实在迫不得已，也只能抽出一个大队。第十三军司令部未予采纳，于 9 月 21 日答复中国派遣军总司令部说："一个由三个中队扩编为三个大队组成的支队，可以转用到十一军。"

△　汪伪最高国防会议召开临时会议，通过《长江下游清乡地区米粮封锁暂行办法》，规定：凡将食米及其制品，由清乡区运往封锁线以外地区，必须持有汪日有关当局发给的特殊运出证，否则处 10 年以下有期徒刑或拘役，或 7000 元以下罚金。如供给敌方米粮则处死刑，或无期徒刑，或 10 年以上有期徒刑。

△　韩国光复军成立三周年在重庆举行纪念大会，司令李青天谓：三年中虽然没有伟大成就可资报告，然而我们打回老家光复国土的信念，却与日俱增。

9 月 18 日　国民参政会第三届第二次大会在重庆开幕，到会参政员 192 人，党、政、军要员 200 多人列席。蒋介石在训词中提出要加强管制物价，稳定战时经济，战后发展建设，完成建国大业，推进地方自治，顺利实施宪政。接着，驻会委员会及主席团作报告，继之，翁文灏作经济报告，周钟岳作内政报告。

△　国民参政员张澜在成都发表《中国需要民主政治》一文，抨击国民党的一党专政，要求实行真正的民主政治。

△　东北四省抗敌协会为纪念"九一八"十二周年，在重庆举行广播周。

△ 延安各界代表 1000 余人集会,纪念"九一八"十二周年,朱德、林伯渠等参加大会,并发表演说。朱德指出,只有依靠共产党和民众才能收复东北,并提出必须坚决反对国民党顽固派的法西斯独裁。

△ 国民政府公布《合作金库条例》,凡 23 条。中央合作金库资本定为 6000 万元,县(市)合作金库之资本定 10 万元至 50 万元。

△ 重庆纪念节约建国储蓄三周年,宣布节储总额已由三亿元增至 60 亿元以上。

△ 川军一个团及皖南铜陵县地方部队,共约 2000 余人,围攻该地区新四军一个中队。该地群众协助新四军激战三昼夜后,将反共军击溃。

△ 张家口口里日军三个中队 1000 余人分三路,汇合口外七路伪军共 5000 余人,从东老岭东西向凌青绥工委驻地青龙县花厂峪分进合击,实行"三光"政策。敌"扫荡"17 天,杀害民众 20 余人。同日,凌青绥第七区第二连攻克青龙县东部周杖子赤矿,歼日伪矿警 40 余人。

△ 伪满公布《保安矫正法》、《思想矫正法》、《保安矫正手续令》、《思想矫正手续令》及《保安矫正护送规则》。

9 月 19 日 国民参政会继续举行大会,听取驻会委员会对政府施政情形报告,俞鸿钧、吴国桢、顾毓琇、谢冠生分别作财政、外交、教育和司法行政报告。参政员黄炎培在谢冠生报告后,提出质询称:"地方基层政治人员,如保甲长之类,很多滥用职权,欺压平民贪污横行,应立案法办。"继之大会补选王宠惠、王世杰、江庸为参政会主席团主席。

△ 中国民族工业家、棉业巨子穆湘玥(藕初)病逝。

9 月 20 日 国民参政会举行大会,听取曾养甫、沈鸿烈的交通、农林报告。交通报告谓:中国原有铁路 1.2 万公里,现在仅有 3112 公里。抗战前修筑一公里铁路成本 15 万元,现在要 800 万元。农林报告指出河南蝗灾、水灾严重,今年又是大荒年,全省的耕牛都杀尽了,饿死的人很多。

△ 经济部工矿调查处在《关于重庆市民营工矿业概况调查报告》

中称:本年1月至8月和去年同期比较,钢铁业、机器业呈减产趋势,重庆市共有机器厂364家,停闭者达52家,占总数的14%。工业原料匮乏,资金短绌。出口生铁仅为去年同期的63%。

　　△　财政部公布《中央银行委托各分局办理黄金存款办法》,凡13条。

　　△　昆明空战,美机击落日机12架。

　　△　晋东南八路军第一二九师一部在襄垣地区抗击突袭根据地之日伪军,经过约一周激战,将其全部击溃,毙伪"剿共"第一师参谋长以下百余人。

　　△　苏北盐城阜宁新四军第三师发起讨伐伪兴亚救国军第三军徐继泰部,激战四天,伪军主力被击溃,毙俘710余人,缴获步枪300余支,攻克据点21处,摧毁碉堡63个,收复滨海地区。

　　△　河北承平宁第三区队一部攻下驿马村日伪据点,毙日伪军20余人。同日,第三区队直属队等在宁城水泉梁被敌人包围。在敌人围攻下,五名指战员壮烈牺牲。

　　△　日军第六十四师团及伪军一部共万余人,开始对苏中军民进行"扫荡"。

　　△　日军在山西浮山县郭店乡柳树垣杀死、熏死村民68人,全村仅一人幸免。

　　△　汉奸江朝宗在北平病死。

　　9月21日　国民参政会举行大会,听取徐堪的粮食报告、谷正纲的社会报告和何应钦的军事报告。何应钦在报告中诬蔑八路军和中国共产党"颠倒是非,信口雌黄"。何报告毕,共产党参政员董必武依会议规则,向何提出质问,据实驳斥其造谣诬蔑,何应钦无言以对。有人乘机破坏会议规则,叫嚷捣乱,使会议无法进行。董必武当即向大会主席团声明退席,不再出席本次大会,以示抗议,并揭破国民党顽固派利用参政会进行反共之阴谋。会场内的非国民党参政员,亦表示极为不满。

　　△　国民政府令:国民参政会第三届参政员任期自本年10月1日

起延长一年。

　　△　日伪军 1.1 万余人由新乡、开封、商丘、济宁、兖州等地出动，向（微山）湖西根据地中心区单县东南地区合围。冀鲁豫军区第五军分区部队跳出合围圈，转入日军侧后的丰县、砀山及鱼台地区。

　　△　汪精卫、陈公博秘密访日抵东京。次日，会见日天皇，并与日首相东条及外相东乡、大东亚相青木、海相岛田等举行会谈，讨论国际形势及对国民党政府诱降，实现中日全面和平的条件等问题。东条表示，如果全面和平实现，日本不仅撤退在华全部军队，而且还要放弃《辛丑条约》所规定的驻兵权。目前，将努力取消各地特殊化的情况，以加强国民政府的权力。23 日，汪精卫、陈公博离日本回南京。

　　△　日本大本营、政府联席会议确定对重庆政治工作方案《指导国民政府（汪伪）对重庆（蒋介石政府）进行政治工作（劝降、诱降）》，降低与国民政府媾和条件。

　　9 月 22 日　国民党中央宣传部举行外国记者招待会，行政院参事张平群回答记者提出的西北移垦问题，称：西北数省地广人稀，极应将东部、中部的过密人口，设法西移，从事垦殖。农林部年来积极进行西北移垦，已在陕西的黄龙山、甘肃的岷县和河西等处，设有垦区管理局五处，有垦民和荣誉军人 600 余人。

　　△　军事委员会任命方天为第十一集团军副总司令，黄杰为第二十集团军副总司令，马敦静代理第十一军军长。

　　△　美驻华大使高斯返回重庆。

　　△　日机 40 多架分三批袭昆明，在市东南郊投弹。美军飞机迎战，击落日机 17 架。

　　9 月 23 日　国民参政会举行大会，听取国家总动员会议秘书长沈鸿烈限价经过的报告，透露重庆销售物价指数比战前上涨 130 倍，各地物价上涨比重庆更烈。

　　△　军事委员会任命曾戛初为第二十八军副军长。

　　△　行政院水利委员会与中国农民银行合组的中国农村水力实业

公司成立,孔祥熙为董事长。

　　△　汪伪行政院"清乡"事务局局长汪曼云起草《苏北地区第一期清乡工作视察报告》,内称:该区第一期"清乡"范围为 3600 公里,编组保甲大部完成,会同日本全面封锁,设置封锁管理所四个,大检查所 34 个,配备封锁人员 394 名。保安队现有六个大队,官兵 3377 名。同时警察 3871 名。同时供认"本地区武力不足"、"工作进度未能如期完成"。

　　△　汪伪米粮统制委员会划分苏、浙、皖三省汪、日采办米粮地区。上海、南京四周为日军方面收买粮食的主要地区,内地或接近敌区之地域为汪方收买粮食的地区。

　　△　意法西斯头目墨索里尼再次组织意大利政府,自任首相兼外长。29 日,汪伪外交部长褚民谊打电报给墨索里尼,承认墨索里尼政府。

　　9 月 24 日　军事委员会任命汤恩伯为第十九集团军总司令,陈大庆为副总司令,孙元良为第二十八集团军副总司令,王仲廉为第三十一集团军总司令。

　　△　新四军第五师一部攻克距武汉仅 60 里的日军据点阳罗,摧毁日军工事。武汉日伪震惊,即派飞机、军舰援救。

　　△　延安《解放日报》发表《国民党六十二个叛国投敌的党政要员概观》一文,介绍 62 个叛国投敌的党政要员的简历,揭露国民党"叛将如毛,降官如潮"。

　　△　晋冀鲁豫边区晋中太谷县政府破获日本侵略者特务组织"州八道新民总会",和榆(米)太(谷)"新民总会",首犯赵元亮、郭福喜被捕获。

　　△　日本陆军报道部长谷荻对记者说:国民党五届十一中全会宣布实施宪政,但实施宪政须以恢复中国秩序为前提,"重庆应停止抗战,乃时势之要求"。28 日,军委会发言人驳斥谷荻的谈话。

　　9 月 25 日　国民参政会继续开审议会,审议各项提案,许多参政员批评前几次讨论议案的方式太草率。是日,蒋介石到会报告内政和外交方针及实施经过,表示要着宪政实施和经济建设,希望由参政会设置宪政实施筹备的机构和经济建设策进会或期成会。

　　△　董必武致电毛泽东、周恩来,报告蒋介石今日在国民参政会上的讲演内容及实质。电报说,蒋今日在参政会讲演中,表示愿实行民主政治、组织宪政促进会与党派协进会。还竭力拉拢张君劢、左舜生、李璜,允派杨杰赴美研究军事等等。董必武说,蒋的目的是对中间党派采取组织拉拢,分化我党与中间党派的关系。29 日,毛泽东、周恩来复电董必武,指出《解放日报》日内发表评国民党十一中全会社论,当作我党表示。"告小党派不要过于乐观,要静观国民党事实表现。蒋及国民党每遇一次危机即来一次宪政欺骗,毫无诚意,不要上当"。"驻会委员第一次会请假去,以示对参政会通过反共决议之抗议"。

　　△　河北承平宁第三区队与第七区队在宁城卧龙泉子汇合,奇袭伪军一个连,缴获机枪 2 挺,步枪 30 余支。

　　△　日机一架由台湾飞赴广州途中,在番禺失事,坠落在北山乡,机中日高级军官多人毙命。

　　△　日本中国派遣军总部鉴于须从华北抽调第三十六师团转用到太平洋去,若再抽调兵力来增援武汉,困难也多,令第十三军迅速派遣第一一六师团主力(以六个大队为基干)到武汉地区。另外在 11 月上旬再派一个支队(以三个大队为基干)到武汉地区,并入第十一军司令官指挥之下。后又从第六十五师团派遣柄田支队去武汉地区。

　　9 月 26 日　国民参政会举行大会,通过慰劳前方将士、各战区和东北四省同胞、海外侨胞及抗战军人家属四电。讨论和通过国民政府交议的民国三十三年度国家施政方针和政府各部门工作报告的决议案。

　　△　晋西北八路军第一二○师一部出击窜犯临县之日军,白文镇遂告收复,日军分途回窜。

　　△　陕甘宁边区陇东分区骑兵旅参谋长、陇东回民领袖之一马继

先在延安逝世。30 日,延安各界代表举行公祭。

△　汪伪海军部次长、广州要港司令、福州维持会委员兼公安局长萨福畴,伪"协力"舰舰长何典燧等人,于本年 3 月间触雷被捕,是日伏法。

9 月 27 日　国民参政会举行大会,评议国民政府制定的《战后工业建设纲领案》和《确定战后奖励外资发展实业方针案》,选举本届驻会委员会委员林虎、褚辅成、王云五、董必武等 25 人。本届参政会通过了侮辱八路军的决议案。此外还通过关于促进实施宪政、组织宪政实施协进会以及组织经济建设策进会等决议案。是日会议闭幕。

△　参政员刘明扬等 52 人提出《请改进财政政策及经济统制办法,以稳定战时公私经济,争取最后胜利,并为战后民生主义建设建立其基础案》,揭露由于国民党实行法西斯独裁统治造成财政经济上的恶果:大多数民众生计窘蹙日甚一日,物资缺乏,物价狂涨,商业利润及地主利益激增,财富逐渐集中少数人之手形成暴利阶级。国民政府筹款方法使有钱者不出钱,无钱者出钱,钱多者出钱少,钱少者出钱多。田赋税发生赋多田少,赋少田多,有赋无田,大地主负担极轻,财富集中,土地兼并,自耕农半自耕农负担极重,日趋没落,逐渐失掉地权。通货膨胀,普遍征收人头税,即穷如乞丐亦须负担。

△　国民政府令免王世杰国民参政会秘书长、周炳琳副秘书长,特派邵力子为国民参政会秘书长、雷震为副秘书长。

△　国民党当局无理查封八路军驻重庆办事处电台。董必武致函蒋介石,要求恢复改为中共代表设置使用,并在谈判中多次提出,当局坚持不予启封。

△　中共驻新疆代表和八路军驻新疆办事处负责人陈潭秋、毛泽民、林基路在迪化被军阀盛世才秘密杀害。

△　张光嗣写《关于河南省旱灾情况及救灾情形的调查报告》一文,称:此次豫灾惨重为数十年所未有,民众十室九空,震骇中外之人吃人到处发现,20 余县死亡人口竟达 148 万多人,其中临汝县高达 36 万

多人。小麦市价较战前高数百倍,地价则低七八十倍。灾重之原因有"军需繁重"、政府"逼迫灾民缴纳征实征购",富户、军人、公务人员利用荒年"重利盘剥"。救灾中各县乡长、保长、甲长营私舞弊已成最普遍现象,各县县长虽明弊端百出,亦故作痴聋。省政府用人失当,办事迟缓,造成民怨沸腾。

　　△　驻华美空军猛袭东京湾,日油船一艘被炸。

　　△　日本大本营下达《大陆命第853号》,准予进行常德作战。命令说:"一、中国派遣军总司令官为执行现任务可在华中方面临时越过作战地区进行作战。二、有关作战细则,由参谋总长指示之。"9月28日,派遣军总部下达了以下命令:"一、第十一军司令官于11月上旬发起此次作战,进攻常德附近,摧毁敌人的战力。二、第三飞行师团长担负侦察部队主力,配合前项作战。"关于作战方针:"进攻敌人政略、战略要冲常德附近,追索敌中央军,予以痛击,以促使敌之继续抗战企图逐步衰亡;同时牵制敌人向缅甸方面调动兵力,以策应南方军作战。"关于作战要领:"一、第十一军主力(加上其他方面转用来的部队共35个步兵大队)由董市及石首附近向前推进,击败各地之敌,攻战常德附近。二、继而追索常德方面猬集反攻之敌,予以歼灭。三、作战目的一经实现,即视当时敌在缅甸反攻等形势,适时开始返还,剿灭残敌,恢复原来态势。"关于增加兵力:"第一一六师团主力一个支队由第十三军调来。"关于作战名称:"本作战称为'ヨ'号作战。"

9月28日　军事委员会决定重建第三集团军,任命李铁军为总司令,郭希鹏、於达为副总司令,马步芳为第四十集团军总司令、马步青为副总司令,周士冕为第二十七军军长,廖昂为第七十六军军长,贺光谦为骑兵第三军军长。

　　△　美国务院远东司长项白克会见宋子文,宋提出史迪威必须调动。29日,宋子文晋谒罗斯福,重申撤换史迪威及太平洋联合参谋团中国必须参加之意见。罗斯福总统均予同意。10月1日,宋子文与蒙巴顿、索姆威尔联袂离美,飞印转渝。

△　八路军冀鲁豫军区第五分区司令牛程,团长桑玉山,政委魏明伦在反"扫荡"战斗中牺牲。

△　汪伪军事委员会、行政院联合召开高级军政长官会议。日本中国派遣军总参谋长、最高经济顾问、最高军事顾问及陆海军专家等报告最近军政、外交形势及现阶段努力方针。汪精卫讲话称:抗战的意义早已失去存在,与会人员应与日本同心协力,坚定和平信念,促成全面和平早日实现。并说:"兄弟终是兄弟,重庆终必和我们走一条路的,不过我所盼望的,是愈早愈好,不要徘徊观望。"会议30日结束。

△　汪伪实业部接收日军管理工厂委员与日本陆海军管理工厂整理委员会,在南京签署《关于日本军移交江北十个工厂予中国政府约定书》。

9月29日　中国战区参谋长史迪威向中国战区统帅蒋介石提出整编中国全国军队,分国防军与地方警备队,并谓:委员长宜颁发军令,将全国军队重加整训,以达到:一、手续简化。二、归并现有军队50%,达到建立正规军两大集团,每集团各30个师之目的。整训之后装备充实,实力将比原有部队转增三倍,而且调动且能迅速,可备各地之缓急,至其裁汰之官兵,则可移供第二线警备地方及缉私之用。中国军队必须经过最严格之整训,始可立于世界各国之前。蒋介石对于此项提案未予理采。

△　国民政府特派顾孟馀为民国三十二年第二次高等考试初试典试委员长。

△　国民政府公布《社会救济法》。

△　中央社在伦敦设立分社,分社主任任珍逊是日由重庆赴伦敦。

△　苏北盐城、阜宁各界民众举行抗战烈士塔落成典礼,并追悼牺牲的新四军第三师参谋长彭雄、旅长田守尧及两千余指战员,第三师师长黄克诚、副师长张爱萍参加落成典礼仪式并致词。

△　汪伪浙江省长傅式说与日军内田孝行部队长签订《关于浙江省第二清乡区清乡工作之协定》及《实施要领》,规定第二清乡区于10

月 1 日起实行"清乡"。

△ 伪满政府宣化省划定松树岭、清安堡、松树洼、苏家河、五里坡、下河、关水沟、小庄科、降栅山、下栅、上栅、蒋口子、营盘沟、大融山、小融山等地区为集家并村区。

9 月 30 日 日第十三军开始广德作战(即"二十一号作战"),参加作战的部队有第六十一、六十四、七十师团主力及堤支队。是日黄昏后,日第六十一师团在湾沚镇东面及东南地区第一线,第六十四师团在金坛及天王寺附近的第一线,堤支队在宜兴的第一线,第七十师团在长兴、埭溪镇、石濑镇附近的第一线,分别向安徽省的广德方面发起攻击。10 月 2 日晚 8 时,日第七十师团占领广德。接着第六十一师团于 3 日晨也进驻广德。忠义救国军经过抵抗不支,向南方的天目山退却,日军各部队继续"扫荡"广德周围的地区,摧毁了忠义救国军的根据地。

△ 国民政府公布《药剂师法》及《助产士法》。

△ 日本天皇裕仁召集御前会议,决定《今后应采取的战争指导大纲》。《大纲》提出对于重庆国民政府"继续不断地加强压力","特别要制止从中国大陆到我国本土来的空袭和对海上交通的骚扰","乘机迅速设法解决中国问题"。

9 月下旬 盐阜区新四军和民众开始反击向潮河以南地区"蚕食"的日伪军,攻克据点 20 余处,扩大了根据地。淮北区新四军和民众于夏、秋两季,先后在泗宿公路沿线及邳县、睢宁、铜山地区开展攻势作战,拔除日伪据点 26 处,稳定了边缘区,巩固了根据地。

△ 日伪军以 2000 余人"扫荡"山西兴县、保德地区。27 日扑空后,向西进占黄河东岸的斐家川口、黑峪口,受阻退到赵家川口。

是月 毛泽东、任弼时、林伯渠等视察八路军第三五九旅驻地南泥湾的大生产运动,赞扬广大指战员的自力更生、艰苦奋斗的革命精神。

△ 云南省主席龙云提出请周恩来到昆明面晤,南方局即派华岗为代表到云南,与龙云建立直接联系,对龙云进行帮助。随后,并在龙云主持的滇黔绥靖公署内设立与南方局、中共中央直接联络的电台。

这部电台一直使用到 1945 年 10 月初。

　　△　日伪军 1.5 万余人，分十数路向苏中东台、盐城、淮安地区"扫荡"，新四军在汤家舍一役，毙日军 350 余名。

　　△　中印公路修至南荣河畔。新编第三十八、第二十二师先后开到利多附近。

　　△　宁夏省政府向国民政府报告：截至 8 月底，农田遭受七种灾害，"确为本省 30 年来之所未有"，"当前之民食军粮与来年之种料均成严重问题"。

　　△　上海小学教师迫于生活于教师节发起"教师金运动"，要求小学生将"平时节省下来的糖果费全部来作教师的安慰金"。

　　△　驻山西石楼、中阳地区的阎锡山第三十三军与日军勾结，派出 400 人侵入八路军第一二〇师之第三分区离石县，到处烧杀抢掠。第三分区军民奋起自卫，毙阎军 60 余人。

　　△　日军调集 2.5 万人向山东根据地发起轮回"扫荡"，历时三个月。日军声称此次"扫荡"是"对华六大战役之一"。

　　△　美国气象学家海军中校贝耶莱东参加中美合作所工作，积极搜集中国近 50 年的气象情报。

10　月

　　10 月 1 日　中共中央政治局发布《关于减租、生产、拥政爱民及宣传十大政策的指示》，说明今年减租、明年生产及明春举行拥政爱民运动的重要性。指出我党在各根据地所实行的各项政策中，最重要的有十项：即一、对敌斗争；二、精兵简政；三、统一领导；四、拥政爱民；五、发展生产；六、整顿"三风"；七、审查干部；八、时事教育；九、三三制；十、减租减息。只要全党认真地实行十大政策，就能达到克服困难迎接光明之目的。

　　△　日本华北方面军第一军集中第三十六、第六十二、第六十九等

师团的 16 个大队和伪军共二万余人,对太岳地区实行所谓"铁滚式三层阵地新战法"的大"扫荡",即厚集兵力,纵横配备,反复推进,杀尽人畜,毁灭一切资财,企图一举摧毁太岳区。八路军太岳军区以一部兵力对敌节节阻击,大部兵力转至外线,向日军运输线广泛出击。至 11 月 22 日,歼日伪军 3500 余人,迫使日伪军分路撤退。

△　皖南日军攻陷郎溪、泗安,犯新登。2 日,皖南日军侵入宣城,复向东南进犯孙家铺,并侵入广德城。3 日,皖南日军陷繁昌,宣城南犯之日军被阻于宁国。浙西日军犯北水。日军受阻后大部分窜犯孝丰,同时日军在占领区疯狂进行"清乡"。

△　美军第十四航空队轰炸海防,毁日机 29 架。

△　中美空军混合团在印度正式成立,中国空军有第一、第三、第五大队参加。中旬,各派往部队陆续接机返国,11 月初进驻桂林基地开始作战。

△　川湘、川鄂公路通车。

△　汪伪浙江省第二清乡督察专员公署,在杭州地区的崇德、桐乡、全县、海宁等县的大部分地区,嘉兴、嘉善、德清、杭县的一部分地区开始第一期"清乡"。参加"清乡"的伪军共 3700 余人。

△　伪满新设东满(牡丹江、间岛、安东)、兴安两总省。

10 月 2 日　军事委员会任命姚黎天代理骑兵第三军副军长。

△　蒙巴顿、索姆威尔携英王介绍书及丘吉尔首相致蒋介石函由印飞渝,转交给蒋介石。函中要点为:一、扩大对华空运路线与物资供应,使陈纳德之空军与云南方面之中国军队,皆得到适当之补给与装备。二、采用温盖特旅长在缅作战之游击战术,深入缅甸内地,与远征军携手作战,以打通滇缅路。三、南缅军事行动,须视北缅军事行动进行情形再作决定。四、孟加拉湾及印度洋,拟于明年 2 月间集中有力舰队,以锡兰为根据地,佐以有力空军,以应水陆包抄之行动;其出击地区,须蒙巴顿到印后提供意见始可决定。

△　三青团四川省支团部于是日成立,青海、湖南省支团部分别于

5日、6日成立,陕西、江西省支团部于31日成立。蒋经国当选为江西省三青团支团部第一届干事。

　　△　缅甸华侨战地服务团在广东梅县成立,李启我为团长。该团任务为随远征军从事抗战工作。

　　△　皖南日军侵入宣城,复向东南进犯孙家铺,被阻于宁国。浙西日军侵入安吉,续犯孝丰。

　　△　日机10多架两次由浙袭闽北,在建瓯投弹。4日,日机30多架分三批犯粤、桂、赣各地,在吉安和韶关投弹,伤市民数十人,烧毁民房多栋。6日,日机46架由广州分两批经粤窜赣,在遂川投弹并以机枪扫射。

　　10月3日　周佛海约见戴笠派往上海的情报人员刘百川,详细商谈沟通与重庆联系的办法,决定设立电台,以便与蒋介石侍从室直接通电。

　　△　日伪军向山东曹县西南地区合围,八路军冀鲁豫军区第五军分区机关及部队一部于王厂村陷入重围,遭到部分损失。但军分区部队一部却乘虚袭入东明、考城等日军城镇据点,予日伪军以有力打击。

　　10月4日　国民党中央常务委员会决议,选任张人杰、邹鲁、冯玉祥、阎锡山、宋庆龄、张继、熊克武、柏文蔚、李烈钧、李文范、章嘉、马麟、沙克都尔札布、王伯群、胡毅生、钮永建、刘哲、麦斯武德为国民政府委员。中央宣传部长张道藩辞职照准,梁寒操继任;海外部长刘维炽另有任用,任命张道藩为海外部长。

　　△　军事委员会任命方靖为第六十六军(由暂九军改编)军长,陈式正、宋瑞珂为副军长。

　　△　第三战区一部击退由皖南宣城、广德南犯之日军第十三军一部。6日,攻抵宣城近郊。

　　△　"扫荡"冀鲁豫地区之日军主力合击曹县、菏泽、定陶地区。

　　△　日伪军出动一万余人对冀东之迁安、卢龙、平泉等地进行报复性大"扫荡",妄图在冀东制造"无人区"。同时,又出动1000余人"扫

荡"西线兴隆以南地区,东西呼应,钳制冀东八路军主力部队。

△　日军第十三军按既定计划扩大占领地区,大致范围在安吉、广德、水东镇、宁国一线,划分各部队担当区域。5 日,转入新占领态势,并且继续在地区内进行扫荡。

10 月 5 日　延安《解放日报》发表毛泽东撰写的社论《评国民党十一中全会及三届二次国民参政会》,指出:国民党人在十一中全会以后,可能有三种发展方向:一是投降日本人;二是照老路拖下去;三是改变政治方针。走第一个方向是死路,走第二个方向也不是活路,走第三个方向才是蒋先生和国民党的生路。同时,中共中央宣传部通知各中央局、中央分局:这个文件就是党的方针,就是对于时局的总结。各地报纸要登载这篇重要社论,并大量印成小册子,广为散发。《解放日报》从次日起,暂时停止登载揭露国民党的言论,以示缓和,便于观察国民党是否有政治解决和缓和时局的行动。

△　毛泽东复电董必武,指出:延安对国民党已取缓和态度,并表示愿意恢复两党谈判。以后谈判由你担任。见蒋介石时除表示欢迎政治解决外,应指明"整个西北国民党军队备战甚急。延安不相信政治解决具有诚意,但延安欢迎政治解决不愿破裂,如继续合作,则延安保证继续实践四条诺言,要求撤退若干军队"。见王世杰或邵力子时,除申述上述意旨外,还应指明:内战必投降,这是死路,愿彼方善处。我党准备对付任何险恶局面,但首先愿意继续合作。着重指出国民党胡宗南令军长董钊率部开赴榆林对我威胁甚大,刺激最深,延安不能不准备自卫。11 日,董必武会见王世杰、邵力子,申述了中共上述意见。王、邵对此解释说:"中央决无对边区用兵之意",希望两党问题通过商谈作政治解决外,还提出了派人"到边区看一下"。

△　邵力子约见董必武说:"国共关系应当用政治方法解决,而且是可以解决的",希望董必武能出席在 10 月 15 日举行的国民参政会驻会委员会。董必武表示:"我党的基本态度,是希望坚持抗战、团结、进步、民主,两党关系是可以好转的",并提出改善两党关系的两条具体办

法。6日,董必武电毛泽东,请示是否出席参政会驻会委员会15日的会议问题。10日,毛泽东电复董必武:"你应出席国民参政会驻会委员第一次会议。"15日,董必武出席了三届二次参政会驻会委员第一次会议。

△　军事委员会任命张文清为第十集团军副总司令,徐梁为第十五集团军副总司令,李楚瀛为第三十一集团军副总司令,石祖黄为第十八军副军长,黄百韬为第二十五军军长,孙翮为第四十四军副军长,曹颜式为第四十八军副军长,吴绍周为第八十五军军长,陈武为第九十七军副军长,廖运泽为骑兵第二军军长。

△　八路军晋绥军区第二十一、二十六、二十七、三十六团奔袭驻兴县城内之日军第五十九旅团及伪军一部。日伪军在飞机掩护下进行五次突围,均被击退。接着又在甄家庄、郑家岔一带伏击溃退之敌,战至11日,共毙伤日伪军700余人,俘敌13人。

△　行政院决议:派蒋廷黻为出席联合国救济会中国代表。

10月6日　根据中共中央指示,中共太行分局与中共北方局、八路军第一二九师与八路军总部分别合并,撤销太行分局,保留第一二九师番号。太行、太岳、冀南和冀鲁豫等区直属中共北方局与八路军总部领导。邓小平代理北方局书记。同时,第一二九师与太行军区分开,李达任太行军区司令员,李雪峰兼政委,黄镇任副政委兼政治部主任,袁子钦任政治部副主任。杨得志任冀鲁豫军区司令员,杨勇任副司令员,黄敬任政委,苏振华任副政委,阎揆要任参谋长,崔田民任政治部主任。9日,晋冀豫区党委改名为太行区党委。

△　中国劳动协会在重庆举行欢送首批劳工出国服务仪式。劳协理事长朱学范,书记长水祥云先后讲话,说明此次劳工出国服务意义、任务、待遇以及该会在国内外设立出国劳工服务处之目的。随后又有第二批劳工出国,前后两次共约千余人。

△　日军第十一军司令部在汉口召集参加作战部队的参谋长进行干部演习,研究"ヨ"号作战要领;同时下达发动常德作战的指示,命令

各部队分别集中,准备作战。

10 月 7 日　军事委员会任命左世允为第二十二军副军长。

△　是日至 10 日,朱德、周恩来、刘少奇、张闻天、王稼祥等人赴南泥湾,参观考察八路军第三五九旅开展大生产运动的情况。

△　太岳区八路军第一二九师一部对同蒲路临汾、侯马间展开破击战,攻克临汾以南 20 里之鄯里车站,守备日伪军全部被俘。

△　鄂东国民党调统室主任尤建东密令该室专员夏南山、黄天觉与日方合作,在黄冈县阳逻刘集捕杀共产党。不久,鄂东伪和平救国军第八师师长鲁汉民委任夏南山为该师第一旅旅长。夏南山要求与日军及伪黄冈县政府"密切联络",组织"红学会",并指派黄天觉与伪黄冈县长面商合作"剿共"问题。

△　日军在冀东迁西县长河川屠杀居民 245 人,毁房 2800 余间。

△　汪伪中央政治委员会举行第一二八次会议,特任张岚峰为第三集团军总司令,撤销苏豫边区绥靖司令部,设立军事委员会驻华北办事处。

10 月 8 日　江苏省政府主席韩德勤在重庆报告苏北情况,历述处境之苦、军力薄弱、政治无人、经费缺乏,致"局势江河日下",省府撤至皖北阜阳。

△　八路军第一一五师一部急袭沂水青州准备抢粮的日伪军,一举毙伤 68 人,生俘 150 余人,缴获步枪百余支。

△　新四军淮海军分区第四支队进袭淮阴朱集之日伪军据点,毙伤 200 余人,生俘 110 余人,缴获步枪 156 支。

△　日军第五十九师团 3000 余人附汽车 200 辆,"扫荡"冀鲁豫边区第一分区茌平以东地区,越二日,被八路军军民击退。

△　日军第十三军一部侵占苏南溧阳城;另一部攻陷浙西孝丰城后,继续向龙河庙、流里庄、老石口进犯。该军还有一部分由皖南广德向柏垫进犯,由宣城沿江南铁路攻陷水东镇。

△　截至是日,河南省灾民 1500 人抵新疆迪化。

10月9日　国民政府授予陈诚、吴奇伟、罗广文、胡琏等青天白日勋章。10日，又授予何应钦、程潜、白崇禧、徐永昌、陈绍宽、俞飞鹏、阎锡山、李宗仁青天白日勋章。

△　军事委员会任命李善宝为第七十七军副军长。

△　宋子文由美国飞抵印度新德里，参加东南亚盟军总司令蒙巴顿主持召开的军事会议。驻中印缅美军总司令史迪威与美陆军后方勤务部长索姆威尔也参与会议。11日，宋子文返重庆。

△　晋西北抗日根据地军民，在反"扫荡"中取得兴县甄家庄战斗的胜利，共歼灭日第五十九旅团第八十五大队700余人。27日，延安《解放日报》发表贺龙写的《论甄家庄的歼灭战》，说明八路军不但善于进行游击战，而且也善于组织大规模的运动战。

△　日军第三师团命令所属部队准备出动参加常德作战，并完成步、炮各联队（各以二个大队为基干）、工兵（三个中队）、辎重兵（二个中队）及其他等部队的编成装备。14日，第三师团以步兵第六十八联队基干（桥本部队）为先遣队开始行动，至24日首先到达郝穴附近，并对该地周围地区进行"扫荡"。15日，第三师团其他主力部队开始集中行动，经过铁路运输及徒步行军（分成四个梯团）前进。31日晨，步兵第三十四联队基干、步兵第六联队基干（中畑部队）以及桥本部队分别到达朱家嘴、吴运河、周家厂附近集结，与第十三师团的警备部队交换警备，准备攻击。

△　财政部修正公布《熏烟叶管制办法》，凡16条。

10月10日　国民政府举行蒋介石就任主席典礼，并宴请各院、部、会长官、国民党中央党部、三青团中央团部各首脑、国民参政会主席团与驻会委员和各界知名人士200多人。同日，蒋介石发表《国庆纪念词——告全国军民》，宣称今后方针为：对内要促进全国的地方自治，巩固国家的统一，确立法治规范，完成民主政治；对外则敦睦同盟友盟，争取反侵略战争光荣的胜利，共策战后世界永久的和平。

△　八路军总、副司令朱德、彭德怀为纪念"双十节"发表《告沦陷

区同胞书》,指出:"八路军是你们的军队,抗日根据地是你们的家乡,抗日根据地的人民是你们的亲兄弟亲骨肉,是为了你们的解放而战斗着的。"还向沦陷区同胞致亲切的慰问,并提出四项要求:认清胜利的前途,揭露日本帝国主义一切挑拨离间阴谋;反对敌人的"华北新建设运动";保卫抗日根据地;用一切办法发展抗日的力量。最后号召准备在反攻时机到来时,配合反攻,夹击敌人,驱逐日本帝国主义出中国。

△　新四军司令部政治部在驻地安徽泾县召开新四军成立六周年纪念大会,到会军民数千人。全军指战员致电毛泽东和中共中央,表示要克服一切困难,坚持华中抗战。

△　淮北苏皖边区新四军第四师和各界民众 5000 人举行大会庆祝国庆、新四军成立六周年、第四师东征五周年,师长彭雪枫、政委邓子恢在会上发表演说。

△　中共中央决定党的高级领导干部重新学习和研究党的历史和路线问题。整风运动进入总结和提高的阶段。

△　新生活运动委员会总会在重庆举办国民党党史展览。

△　挪威驻华大使赫塞尔向蒋介石呈递国书。

△　八路军太行军区一部歼灭盘踞博爱县长坛庙之日伪军,毙、俘百余名。12 日,复将盘踞道清路百间房、中原里之伪军一个中队全部歼灭,同时击溃陵川出犯之敌。

△　苏北盐阜区新四军地方武装一部克复日伪军据点蒋营,毙、俘、伤伪军 80 余人,缴获步枪 60 余支。

△　八路军太岳军区第一二九师一部强袭冀南东南之上关据点,全歼伪军 140 余人。

△　苏联《莫斯科新闻》发表社论《中国以伟大孙中山精神向她的历史目标迈进》,指出:"不管反动势力怎么样把中国从她的真正目标上转移过去,她还是继续沿着孙中山所规划的道路前进。"

△　汪精卫发表"国庆"文告,继续鼓吹"努力参加大东亚战争",以"获得自由平等"。

10 月上旬　行政院政务处奉蒋介石手令负责编纂的《国民政府年鉴》出版,共 100 多万字,内容分中央和地方两大部。中央部分又分为五大篇,按五院排列,地方部分各省、市各占一章。定于"双十节"开始发行。

△　滇西腾冲、龙陵、拖角之日军万余,为防中国军队反攻,分六路先后蠢动,攻击腾北游击队。一路由镇安街沿怒江西岸北犯,一路由腾冲向龙川江进犯,一路由拖角向六库对岸进犯。另有三路分由腾冲、昔董、拖角会犯固东街。腾北游击队分别迎击,激战至 18 日,驻腾北远征军主力东渡怒江,与日军隔河对峙,仍留一部在高黎贡山一带继续游击该区之敌。

△　日本中国派遣军总部将皖南、赣北及武汉、随县、枣阳、信阳之军队陆续密向湘北、鄂西第六战区进发,计有第三、十三、三十四、三十九、四十、五十八、六十八、一一六师团,第十七旅团及伪军第五、十一、十二、十三、一二八师与日军第十一军部直属之田岛队、小山队等,共约 10 万余人(日方说是五万人)。

10 月 11 日　国民政府五院正、副院长、政府委员宣誓就职。蒋介石致训词,称要"实现三民主义,五权宪法,立民国千年万世之基"。宣誓者代表居正致答词,表示效忠国民党蒋介石。

△　军事委员会任命黄永安为第九军副军长,沈澄年为第七十五军副军长。

△　驻美大使魏道明拜访美副国务卿斯退丁纽斯。

△　全国医师公会联合会在重庆召开第五届代表大会,商讨推行全国抗日军人家属义诊运动办法。次日闭幕。

△　新四军淮海分区攻克沭阳南日伪军据点沙坝,毙敌 100 名。

△　罗斯福总统致国会咨文,表示无条件拥护撤废限制华人入美限制,并称此法案极为重要。

10 月 12 日　国民政府特派蒋廷黻为中华民国签订联合国救济善后总署协定及出席总署评议会暨中央委员会全权代表。

　　△　　日伪军集中 1.5 万余人,由泰安、济南、聊城、滑县、郓城等地出动,采取多路并进,步步为营的战法,对冀鲁豫抗日根据地中心区濮县、范县、观城地区实施"铁壁合围"和"拉网扫荡"。冀鲁豫军区部队适时跳出合围圈,并以一部于 18 日夜突然袭入东平城内,尔后又乘胜东进,五天内连克夏谢、大井等据点 11 处,至 10 月 24 日迫使日伪军撤出冀鲁豫根据地中心区。

　　10 月 13 日　湖南省政府主席、第九战区司令长官薛岳电交通部长曾养甫称:迭查粤汉、湘桂、黔桂各路用煤仍接济不上,一旦增加军运,则有中断之虞。现杨梅山每日仅出煤 300 吨,其原因:一、为主持人不得力;二、为工人太少;三、为工资太低。希迅速改善,以期每日能出煤 800 吨,则粤汉、湘桂、黔桂三路交通乃无中断之虞。

　　△　　国民政府前交通部长张嘉璈抵华盛顿,研究美国经济及铁路情况。11 月 12 日,张在美国中国协会称:中国可为美国过剩产品、机器及物资之一无限广大市场。

　　△　　林伯渠在延安《解放日报》撰文《边区生产展览会是一年来生产斗争的缩影》,总结一年来陕甘宁边区大生产运动所取得的成绩:100 万亩荒地变成良田,增产细粮 16 万石。池滩上打出 60 万驮的食盐,4000 多个二流子转变为生产者,一万名移民劳动力开到生产线上来,出现许多劳动英雄。

　　△　　八路军参谋长滕代远召集总司令部、政治部、后勤部干部,讨论上山开荒问题,强调各行政负责人要以身作则,领导生产与动员,以求所有干部战士积极参加。

　　△　　八路军山东滨海军区第一一五师一部截击台潍路沿线出动抢粮的日伪军 300 余名,全部击溃。

　　△　　占驻山东聊城、东阿、阳谷、寿张、莘县日军联合大"扫荡",打死打伤无辜群众近百人,强奸妇女三人、幼女一人。

　　△　　滇边日军陷片马。

　　△　　意大利首相巴多格里奥宣布意对德宣战。苏、英、美发表宣

言,承认意大利为共同交战国。

10 月 14 日 行政院呈报蒋介石《限期成立各省县参议会实施纲要》,凡七条,提出各省县参议会限期民国三十三年成立。"县参议员应为本党忠实同志,其未入党者应尽量介绍入党","县参议员及乡镇民代表人选,可由县党政秘密会议决定予以运用,并报省政府、省党部特别小组备案"。11 月 2 日,蒋介石复电称:实施纲要"大体可行,准即召集有关机关商讨实施","如何运用党的基层组织力量指挥选举,以避免不良分子之操纵,应特别注意研究"。

△ 毛泽东在中共中央西北局高干会议上作报告,指出当前各根据地最中心的任务:一是对敌斗争;二是发展生产;三是整顿"三风";四是审查干部。

△ 军事委员会任命阙汉骞为第五十四军副军长。

△ 国民政府公布《公有营业及公有事业机关审计条例》,凡20 条。

△ 成都光华大学学生代表到重庆请愿,要求教育部减低学费和将学校改为国立。教育部不作答复。

△ 新四军淮海分区攻克大兴日伪军据点,俘敌 70 余名。

△ 湖北省当阳伪保安队廖友三部 200 余人,携带各种枪支 200支反正抗日。后编为鄂西抗战自卫纵队,廖友三任副司令员。

10 月 15 日 国民参政会三届二次驻会委员会举行例会,邵力子代读外交部书面报告。接着,主席团报告:一、经济建设策进会组织大纲;二、设立协助宪政机构的筹备情形;三、筹备组织战后国际问题研究会。会议决定设置经济建设策进会,将经济动员策进会并入,仍由蒋介石任会长;并通过经济建设策进会组织大纲。蒋介石指定王云五等 47人为经济建设策进会常务委员,黄炎培等三人为经济动员组驻会常务委员,胡庶华等五人为经济建设组驻会常务委员。

△ 军事委员会任命胡伯翰为新编第八军军长。

△ 宋美龄主持的中国妇女慰劳自卫抗战将士总会创办之北碚澄

江村荣誉军人自治实验区成立。

　　△　太岳军区八路军一部及长子县地方武装,被"扫荡"岳南之敌包围于长子县团城村,与十倍于己之敌激战终日,歼敌 160 余人胜利突围。

　　△　八路军山东军区向各战略区发出反"扫荡"指示,山东全区进入紧张的备战状态。

　　△　日军第十三军广德作战结束。以后各兵团"扫荡"新占领地区内的中国军队。20 日,中国派遣军畑俊六总司令官乘飞机到达广德,听取现地部队长有关广德作战经过及其他一般状况汇报。

　　△　汪伪上海特别市市长陈公博呈文汪精卫,要求行政院批准"在本年度开征田赋时,带征军警米每亩一升五合,以维军警食粮"。并称市政"治安问题,殊属严重",军警食米"常有缓不济急之虞"。

　　△　东南亚战区总部任命英国潘纳尔中将为总参谋长,美国陆军魏第梅亚少将为副总参谋长。

　　△　美国总统罗斯福派后方勤务部长索姆威尔由印度飞抵重庆,向蒋介石报告魁北克会议经过情形及商谈中美有关事项。

10 月 16 日　国民政府特派宋子文为议订中比条约全权代表。

　　△　重庆《中央日报》社长陶百川辞职,国民党中央宣传部派胡健中继任。

　　△　东南亚战区总司令蒙巴顿抵重庆。次日,访何应钦、宋子文、孔祥熙及英大使薛穆、美大使高斯、美驻中印缅军总司令史迪威等。

　　△　晋西北八路军第一二〇师一部在阳会崖伏击战中,毙伤日伪军 150 余人。

10 月 17 日　晚,经宋美龄之约,中国战区参谋长史迪威访蒋介石于官邸,矢言赤诚卫护中国,如有误会皆出无心,此后极愿合作。蒋介石告以统帅与参谋长间之主属关系。史迪威表示:此后决不使委员长失望。于是,史迪威撤换之事,即不再提。次日,史迪威、陈纳德、索姆威尔于蒋介石之官邸叙茶,宋美龄亦在座。

△ 八路军太岳军区第二分区部队克日伪军大堡头据点,歼伪军100余人。19日,该部在团村歼灭进行合击"扫荡"之日伪军460余人。

△ 新四军淮海军分区一支队歼灭灌云县扬围子据点日伪军百余人。21日,该分区第四支队一部伏击由涧桥出扰日伪军400余人,将敌全部击溃。

△ 日机35架分五批窜扰广东省各地,在肇庆等地投弹。

10月18日 国民党中央宣传部拟定《对中共应采用之宣传策略》,把国民党自抗战以来对中共之宣传策略分为"放任"、"公开反攻"和"暗中防患"三个时期。称:"放任策略为最失败之策略","公开反攻之策略,在国内虽可收相当效果,在国际上则殊起反感,抗战期间不无顾虑","暗中防患之策略,虽较前二种策略为优,终嫌过于消极。"提出"今后对中共之策略为'开导'策略,今后之时期可称为开导时期"。"第一要多用事实开导而少用理论开导;第二应多用间接开导而少用直接开导"。并扬言"披露""中共破坏抗战之事实","实为开导中共宣告中外最有力之武器"。

△ 国民党中央训练委员会主任段锡朋在中枢纪念周报告,自1939年迄今,四年半中,各级训练人数共140万,其中1942年及1943年上半年中,受训人数为75万。中训团中,自治人员占70%,军事兵役占15%,行政占10%,技术占2.5%,教育占2%,党务占1.55%。受训人员文化程度,其中专科以上毕业者占70%,年龄平均在30岁至40岁。

△ 国民政府公布《妨害国币惩治条例》,凡七条。

△ 中国劳动协会举行第二次劳工出国欢送大会。此次出国劳工约500人。

△ 晋东南区八路军一部攻克邢台之羊范日军据点,歼全部守敌。20日,该部在河南林县以南歼伪军一个大队。

△ 晋察冀雁北地区八路军一部袭入浑源城,捕汉奸10名。21日,袭击应城龙泉村日军据点。23日,伏击由繁峙城出扰之日伪军。

△　八路军冀鲁豫军区第二分区部队袭入东平县城。

△　日荒井大队 500 余人，对河北阜平县平阳地区进行残酷"清剿"，用枪杀、火烧、刀刺、活埋等各种残忍手段，杀害民众 1000 多人，制造"平阳大惨案"。

△　日军在河北任邱县城召开"反共誓约"大会，历时 11 天，群众被枪杀、挑死六人，因遭殴打、饥饿而死的 200 多人，致残的 300 多人。

10 月 19 日　蒋介石以中国战区统帅名义在黄山官邸召集会议，出席者有蒙巴顿、史迪威、索姆威尔、何应钦、商震、刘斐、林蔚等。蒙巴顿在会上报告魁北克会议详情，史迪威报告 30 个师训练之计划。刘斐报告牵制敌人之战略及远征军出动时之部署，即拟在宜昌、汉口与黄河流域，同时发动攻势，以资牵制。会议决定：攻击日期照蒋介石提议于 1944 年 1 月 15 日开始。又驻印军在到达加迈以前，可由英将领指挥，并以蒙巴顿为反攻缅甸之总指挥。蒋介石在会上提出：一、对敌人军力之估计不宜过低。二、利多路方面之华军，须有预备队之配备。三、孟加拉湾必须有绝对优势之海空军，实行水陆夹击。四、中印空运，无论何时总应维持每月一万吨之运量。蒙巴顿谓大批英海军之增援不久可到。索姆威尔亦表示一万吨运量之维持大抵无问题。20 日，蒙巴顿返印，史迪威与其同行。

△　延安《解放日报》发表毛泽东 1942 年 5 月《在延安文艺座谈会上的讲话》，以纪念鲁迅逝世七周年。

△　行政院国务会议决议组织"敌军罪行调查委员会"。

△　日军"扫荡"晋西北，将抓捕的临县、离石地区几十个村的 108 名群众，杀害于离石县坪头村，制造血腥的"坪头惨案"。

△　汪伪行政院举行第一八三次会议，决定：一、改汉口特别市为普通市，任命石星川为汉口市长。二、成立行政院合作事业委员会，任命陈君慧为委员长，钟仁寿兼秘书长。三、任命张仁蠡为华北政务委员会委员兼天津市市长。

△　台湾总督府公布《台湾战时强化案》，主要内容为提高决战意

识,确保粮食生产及供应、整备防卫等。

　△　苏、英、美三国外长会议在莫斯科举行,莫洛托夫、艾登、赫尔率代表团出席。次日,美国务卿赫尔会见中国驻苏大使傅秉常。会议于 30 日结束。会议发表的公报称:此次会议最重要者为缩短对德及其欧洲附庸的战争问题。现已确切规定联合军事行动计划,以便战后继续合作,建立普遍安全。

10 月 20 日　国防最高委员会公布《宪政实施协进会组织条例》及名单。宪政实施协进会隶属国防最高委员会,蒋介石自任会长,会员人选由蒋介石指定 53 人,除周恩来、董必武、张君劢、左舜生、王造时、梁漱溟、黄炎培、张志让外,均为国民党员。并指定孙科、王云五、吴铁城、王世杰、黄炎培、董必武等 11 人为常务委员。

　△　黄炎培对中央社记者谈宪政实施协进会的任务凡五端,而沟通民间团体与政府间对宪政实施之意见尤为重要。实行宪政"最大之困难,在于土劣与不肖官吏之阻扰,盖凡利于民者,即有害于彼等也。故希望政府能采取相当严厉的方法,扫除一切障碍,俾宪政可顺利进行"。

　△　新任国民党中央宣传部长梁寒操招待外国记者谓:"中国以武器不如敌人,故不得不利用地理与兵员两种优越条件与长期抗战之决心,将敌人拖死。此为中国战略。"

　△　国民政府与比利时政府在重庆签订《中比新约》,规定比国放弃在华一切特权;双方在战后六个月内,开始谈判另订友好通商航海设领条约。

　△　国民党中央执行委员兼晋陕监察使王陆一在西安病故。

　△　苏北新四军一部克复淮阴西日军据点林桥,毙日伪军 80 名。

　△　八路军冀南军区第三分区政委萧永智、政治部主任袁鸿化于清河县陈官营战斗中牺牲。

　△　美众议院通过废止《限制华人入境法案》。

10 月中旬　新四军军部派谭震林率第二师前往皖中地区加强第

七师,并代理第七师师长职务。

10 月 21 日　重庆临时参议会二届二次大会召开。11 月 1 日,通过组织宪政实施及经济研究会、筹设市银行等案。11 月 2 日,讨论警保分治,市警察局长徐中齐极力反对,遂决定采取渐进办法。11 月 3 日闭会。

△　军事委员会任命李明扬为鲁苏战区副总司令。

△　中国工程师学会第十二届年会及专门工程学会联合年会在桂林开幕,26 日闭会。推曾养甫为中国工程师学会会长,翁文灏、陈立夫等 11 人为董事长。

△　蒋廷黻赴美出席联合国救济善后会议,11 月 2 日抵华盛顿。

△　经济部公布施行《经济部管理煤焦规则》,凡 10 条。

△　毛泽东、朱德、彭德怀致电邓小平、滕代远,指出蒋介石对陕甘宁边区军事布置仍在积极准备中,决由冀鲁豫边区调三个大团保证每团 2500 人到达陕北,今年年底补充准备完毕,明年 2 月底到达陕北绥德待命。无论情况如何变化,此计划决不改变。

△　中共中央宣传部关于进行阶级教育向各中央局、中央分局并各区党委发出通知,要求各地在干部和群众中有系统地进行阶级教育(即十大政策中的时事教育),提出阶级教育应该达到的目的是:在事实方面暴露国民党蒋介石顽固派特务机关之一切祸国殃民的罪恶;在思想方面说明封建买办法西斯主义之荒谬反动,严格区别蒋介石主义与孙中山主义,区别新三民主义与旧三民主义,区别三民主义与共产主义;在前途方面,说明世界前途与中国前途都是属于人民大众的,不是法西斯反共分子特务机关的。提高干部与人民对革命事业的胜利信心。

△　新四军淮海军分区一部在淮阴北吴老庄伏击出扰之日伪军,毙敌 70 名。

10 月 22 日　汪伪江苏省物资调查委员会成立,陈群任委员长,陈蜀寿等为委员。

10月23日 军事委员会任命王晋为第九十一军军长。

△ 中国驻印军新二十二师廖耀湘、新三十八师孙立人所部,在缅甸北部开始反攻,与日军第十五军牟田口廉也作战,胡康河谷战役开始。同时,美机轰炸缅北密支那日军。

△ 周恩来在中共中央党校作《中国的法西斯主义》的报告。说"官僚资本与特务政治的结合,是中国的法西斯主义的中心"。在当今世界潮流中,中国的法西斯主义不可能有前途,中国一定是新民主主义的。

10月24日 宪政实施协进会召集人王世杰对重庆《大公报》记者谈话,称:该会任务为"如何协助政府于一年之内完成各级民意机关之组织";"研究讨论因战时而产生之各种现行法令应如何调整,使其渐进于平时状态"。

△ 国民参政员张一麐在重庆逝世。10月26日,毛泽东、朱德、周恩来等联名致电吊唁。

△ 中国驻印军以新编第三十八师第一一二团由缅北野人山之唐家卡、卡拉卡之线,分三纵队向新平洋、于邦之线前进。当面之日军为第十八师团之第五十五、第五十六两联队之各一部。29日,第一一二团击破日军第十八师团之一部,攻取新平洋。

△ 八路军太岳军区一部在秋季反"扫荡"中,于临屯公路上的韩略村设伏,一举歼灭日华北方面军为推广"新战法"而组织的战地观战团军官120余人,打乱日军的"扫荡"计划。

△ 新四军一部配合淮安总队攻克淮安东伪军据点李圩,俘敌70名,毙59名。

10月25日 粮食部长徐堪在中枢纪念周报告粮政,称:本年粮食征收、征购、征借已于10月起开始,至明年9月底止,核定总额7700万市担。其中征收部分,田赋征实逐年增加;而征购则逐年减少,且多数省、市改为征借。现征购、征借结果,国库年可节支七亿余元。

△ 财政部缉私署在中枢纪念周作工作报告,称:全国有17个省

设立缉私处,各地设立查缉所 129 个,分所 449 个,共有职员 3956 人。1942 年缉案 2.4748 万件,今年 1 月至 8 月统计为 3.1589 万件,所获货物私盐 700 余万斤,黄金 2000 余两,白银百万余两,铜钱百万余斤。案送主管机关经处以罚金者有 365 万余元,没收变价者 162 万余元。8 月间在广东钦县缉获走私钨砂 30 余万斤,约值数千万元。总之,全国"私风炽盛"。

△　日机 23 架由缅境侵入云南,在下关投弹。28 日,日机九架由浙境南窜福建建瓯投弹。

△　日本第八十三届临时议会开幕,29 日闭幕。东条报告称:"政府面临严重的战局。"通过《加强国内战时体制》紧急法案 14 件及预算案三件;决定在台湾、朝鲜扩大征兵;议决本财政年度普通追加预算 1.29 亿日元,特别追加预算 703 万日元。会后,东条叫嚷"实行决战运营"。

10 月 26 日　国民政府以绥远省粮赋成绩卓著,明令嘉奖省主席傅作义。

△　日军第六十五师团主力配合伪军杜淑部共万余人,再度向八路军冀鲁豫第四分区濮阳、滑县地区猛攻,并大肆抢粮。30 日,日伪军 5000 人再度向第一分区茌平地区合围,八路军第一二九师和民众于 11 月 13 日击退日伪军,毙伤日伪军 1300 余人,俘伪军 2740 余人。

△　日军第三十九师团部署由步兵旅团长野地嘉平少将指挥留守部队担任当阳的留守警备。27 日黄昏后,该师团参加常德作战的部队主力开始行动,依次向李家埠(荆州西 10 公里)周边地区集结兵力,至 11 月 1 日集结完毕。师团战斗司令所 27 日从当阳出发,28 日与驻在沙市的第十三师团司令部建立联系,29 日到李家埠,30 日晚 12 时到达老厂,参加常德会战。

△　日本东方会领袖中野正刚忧时自杀。

10 月 27 日　顾维钧在伦敦帝国议会上发表题为《中国未来发展之若干趋势》的演说,称中国战后经济建设"将需输入各种机器极多",

"所需之消费品更多",所需外国货物之种类"总额必定增加"。

　　△　中国农业科学访印团团长潘简良等一行飞印。

　　△　军事委员会为确实明了第六战区当面敌情,特电令航空委员会饬即侦察岳阳、沙市间江运与汉(口)宜(昌)公路陆运情形;宜昌、荆门间之日军动态;并轰炸岳阳、沙市一带集结之日军。航空委员会即函知史迪威将军转饬第十四航空队,并令空军第一、二、三路司令部转饬所属驱逐、轰炸部队,待命出发。

　　△　是日及次日,日军第一一六师团主力在杨林子周围地区集结,并与作战地区内的警备部队(第四十师团步兵第二三四联队,即广田部队)交替警备,同时完成参加常德作战的准备。师团战斗司令所于10月6日从安庆出发前进,15日从武昌乘火车抵岳州,并从岳州乘海军炮艇于19日到达石首,其间一度返回监利。24日推进到大马河,28日推进到藕池口。

　　△　日军第十三师团为参加常德作战,开始行动。主力部队——步兵第一〇四联队、第一一六联队为基干,在10月30日至31日间,利用船舶部队机航,从太平口对岸附近渡过长江,于弥陀寺附近集结。部分兵力——步兵第六十五联队为基干,在其警备区黄金口附近集结。至此,该师团完成参加常德作战的准备。

　　△　广东省境内日军反战事件日增,日警宪连日侦察镇压。是日,50余名反战士兵被捕押解广州。

　　10月28日　军令部常德会战兵力部署如下:一、第六战区王敬久第十集团军第六十六、第七十九军,王缵绪第二十九集团军第四十四、第七十三军,以各军之一部于河沼地带阻击日军,各军之主力利用津澧河流及暖水街一带之山地,以侧击伏击方法击破进犯之日军。二、以王耀武第七十四军第五十一、第五十七、第五十八师驻常德桃源(其中第五十七师固守常德),军主力位置于太浮山附近准备机动。三、以驻浏阳之施中诚第一〇〇军第十九、第六十三师直接支援常德,准备挺进至益阳待命。以中美空军向沙市、监利、石首、华容之日军及沙市、岳阳间日舰轰炸。四、以第二十六、第三十三两集团军各以二三个师向当面日军之弱点深入攻击。第九战区以两个师兵力向岳阳以东地区日军之弱点深入攻击,第五战区以两个师兵力向京山皂市袭击。各策应部队应于 11 月 4 日以前移于第一线附近待命开始攻击。

　　△　军令部接蒋鼎文关于南京汪伪会议和庞炳勋、孙殿英投敌给蒋介石的电报后,由该部第一厅第一处提出研究意见拟办:一、对南京汪伪会议的政治诱降"亦呈报并抄中宣部注意防范";二、拟电蒋鼎文对庞部伪军"应密取联系,暗中掌握,可否?"何应钦批示:"第一项不必办,第二项如拟。"

　　△　第三战区一部克复浙江孝丰。

　　△　晋察冀边区五台民兵发明天雷阵,一次毙伤日军 37 人。

　　△　军政部学兵总队长李忍涛于印度定疆殉国。

　　△　日军第十一军司令官横山勇下达命令:决定以主力歼灭王家厂附近的守军第七十九军,以另一部主力歼灭安乡附近的守军第四十四军。各部队于 11 月 2 日薄暮时分发起攻击,执行作战计划规定的各项任务。

10 月 29 日　国民参政会驻会委员会举行第二次会议,听取主席团报告、邵力子代读外交部书面报告和孔祥熙作最近财政设施的报告。

　　△　教育部公布国外留学自费生派遣办法,规定:自费留学生经部考试及格,送往中央训练团党政训练班集中受训,受训完备后办理出国手续。自费留学生在国外一切思想行为,须绝对接受本部驻外留学生监督处及使馆之指导与管理。如有违背三民主义之言论及越轨行为,经查明属实报部后,立即取消其留学资格,并勒令返国。每年派遣最高额为 600 名。

　　△　北岳区八路军一部在唐县之南山伏击日伪军,毙伤百余人。

　　△　驻山西省阳城日军制造西南村惨案。其后 11 月 2 日又行屠杀,两天共杀害群众 110 余人。

　　△　土耳其驻重庆公使馆举行茶会庆祝土耳其共和国二十周年国

庆。外交部发表公报宣称,两国使节决定升格为大使。

△ 中国印度灾情筹赈会在重庆成立,宋美龄为名誉理事长,戴季陶为理事长,朱家骅、许世英为副理事长。决定筹捐 120 万元,由银行、工商各界认捐,并先由四联总处垫汇 20 万卢比给印度。

△ 日、汪调整合办公司:一、华中盐业公司日本所有股本让与汪方,并改组为中华盐业公司。二、解散华中蚕业公司,资本交还各股东。是日,汪伪商业统制总会在苏、浙、皖三省及南京、上海两市实行麻类及其制品统制。凡麻类及其制成品,非经商业统制总会许可,不准移动。

10 月 30 日 中、美、英、苏四国协定《关于普遍安全之宣言》,由傅秉常、赫尔、艾登、莫洛托夫在莫斯科签订。该宣言表示彻底击溃法西斯并"在尽速可行的日期,根据一切爱好和平国家主权平等的原则,建立一个普遍性的国际组织"。同日,英、美、苏三国外长会议公报在莫斯科发表,决定缩短对德战争。

△ 汪精卫与日本大使谷正之在南京签订所谓《日本国与中华民国同盟条约》,条约故意提高汪逆地位,作为对重庆国民党蒋介石的钓饵。其第五条宣称:民国二十九年 11 月 30 日签订之日汪条约失效,并在《附属议定书》上称:"日本国约定两国间恢复全面和平,战争状态终了时撤去其派在中华民国领土内之日本国军队;日本国根据北清事变(即义和团事件)北京议定条款及有关之文书所有之驻兵权,予以放弃。"签约后,东条、重光及汪逆纷纷发表谈话,叫嚷什么"现在需要重庆反省,恢复和平","希望重庆方面的将士民众明确的认识事态,迅速决定自己应走的道路,现在这样做还未过迟"。

10 月 31 日 国民政府为蒋介石举行祝寿活动,令各大城市张灯结彩,遍悬国旗、放爆竹,举行游艺大会,放映蒋介石之言行影片,组织庆祝游行。

△ 新四军第一师围攻苏中丰利镇,激战两昼夜,全歼伪军徐容部第三团,攻克丰利镇,是役俘副旅长以下官兵 400 余名,缴获长短枪 300 余支。

△ 中国派遣军总司令部令第十一军先攻常德以北的驻军。是日,日军各部队都已到达指定地点集中。

10 月下旬 第六战区长官司令部以护卫陪都、歼灭敌军为任务,以第二十九集团军之第四十四军,任滥泥沟子、南县、甘家厂(不含)之线及津、澧守备;第十集团军之第七十九军主力、第六十六军一部,任甘家厂、公安、新江口(不含)、宜都线之守备;江防军之第三十军,任茶店子亘平善坝及石牌西塞之守备;第二十六集团军之第七十五军,任三游洞、毡帽山、阎王口之线守备;第三十三集团军之第七十七军主力、第五十九军一部,任大木岭、票溪、转斗湾之线守备,主力分别控制于石门、暖水街、聂家河、三斗坪、窑湾溪、兴山、报信坡、刘侯集、安家集、建始各附近,整备歼灭侵入之敌。

△ 第九战区司令长官兼湖南省政府主席薛岳奉蒋介石命令,协助第六战区参加常德会战。薛岳令梁汉明第九十九军(并指挥暂编第五十四师)预守洞庭湖,击破进犯之日军;令方先觉第十军、鲁道源第五十八军、傅翼第七十二军和古鼎华暂编第二军赶赴沅江两岸作战;令鄂南新编第十六师、第三挺进纵队陈庚部、湘北杨汉域、第四十挺进纵队王剪波部,于会战全期,在岳阳、武汉铁路间寻隙牵扰愈敌,遥为策应。

△ 毛泽东、任弼时、彭德怀赴南泥湾,视察八路军第三五九旅开展大生产运动的情况。

是月 社会部在《关于限价后工人生活费与工资变动情形的报告》中承认,物价飞涨,工人生活困苦。是月同去年 11 月国民政府开始限价相比,米价各地平均上涨 11 倍,贵阳达 37 倍。各地盐上涨 12 倍,油 11 倍,煤 10 倍,柴 10 倍半,土布 10 倍半,房租 13 倍多。工人生活费用总指数平均上涨 9.8 倍。工人实际收入总指数仅涨七倍,"在其为维持生活所需支出费用之下"。

△ 中、中、交、农四银行联合办事总处在《关于湘粤桂赣四省工矿业状况及发展困难情形的调查报告》中,承认"原料问题严重","资金困

难者占绝对大多数”,“技工流动性太大”,“物价波动甚剧”,“售价不敷成本”。

△　国防最高委员会修正通过《封锁敌区交通办法》,凡八条。

△　国民党为加强对新闻的控制,从去年 10 月至今年 10 月,一年内增设直属新闻检查处、室七个。至是月,新闻检查处、室分布各省、市共 37 个单位,县(市)新闻检查室达 113 所,管制报社、通讯社达 600余种。

△　成都光华大学学生因反对增收学费而罢课,斗争结果,副校长谢霖辞职。校董会派向育仁维持,谋求解决办法,经谈判于 11 月 3 日复课。

△　宋美龄赠款 2.5 万美金充魏斯里学院宋美龄奖学金。

△　中共中央书记处编辑的《两条路线》一书出版。该书是延安整风运动中,中共高级领导干部研究和总结党的历史经验的主要的文件集。《两条路线》包括了从中共成立到 1943 年 22 年内党的重要历史文献 137 篇。

△　中美特种技术合作所第一次试用水雷封锁越南海防港的入口。

△　日军第十三军和伪军向苏浙皖边发动攻势,第三战区部队不战而逃。新四军第十六旅积极打击日伪军,开辟了郎溪、广德等广大敌后地区。

△　日军第十二军团首先以一万人兵力,对鲁中区进行冬季“扫荡”;尔后,又以 2.6 万余人兵力对清河区进行“扫荡”。八路军山东军区令鲁中、清河两区军民展开反“扫荡”作战,令鲁南、渤海、胶东、冀鲁边等区对敌展开攻势作战,策应鲁中清河区反“扫荡”。在各区有力配合下,于 11 月间粉碎了日军的冬季大“扫荡”。

△　日军在晋察冀选择任丘、高阳、潴龙河北岸的地区建立“联庄组织”,实行所谓“淘水战术”。此战术以八路军是鱼,老百姓是水,“要把水淘干了才好捉鱼”。

△　日军在香港、广东两地强拉壮丁 5000 余人,运往海南岛,实施军事劳工训练;又在海南岛强征劳工 2000 余人,共 7000 余人集中三亚港,等候轮船转押南洋。

△　日军"七三一"部队从海城、大石桥、锦州等地押送 800 名劳工到哈尔滨,全部拘押在平房正黄旗五屯的劳工棚里。不到两个月时间,竟有 600 人惨遭杀害,尸体全部被扔进该屯西门外的"万人坑"。

△　美国派陆军工程专家皮可少将为中印公路的美国工程队司令。

11　月

11 月 1 日　蒋介石接罗斯福总统电,拟于 11 月 20 日至 26 日间,在开罗附近与彼及英首相丘吉尔会晤。次日,蒋复电罗斯福,谓将如约前往开罗会晤。

△　行政院批准广东韶关市正式设立,任命萧冠英为市长。

△　国民政府任命王怀明为国立山西大学校长。

△　军事委员会任命姚北辰为第十五军副军长。

△　行政院指令试办《封锁线输出入商及货运登记办法》,凡 12 条。

△　驻印军新编第三十八师第一一二团攻占拉加苏、新平洋等地。

△　日军第四十师团一部向湘北华容南沙口、鲢鱼须进犯,被第九战区一部击退。

△　中国发明协会在重庆成立。选出陈立夫、王云五、顾毓琇、茅以升等 15 人为理事,陈果夫等五人为监事。

△　汪精卫抵东京,参加大东亚会议。次日,汪精卫、周佛海同日首相东条英机会谈。东条表示,日政府不直接同重庆接洽和平,希望南京对重庆劝和,并负责沟通日本与重庆的联系。

△　"满铁"将抚顺煤炭液化工厂移交给满洲人造石油株式会社。

　　△　日本另组防空总部代替防空事务局，并增设军需、运输通信、农商三省。

　　11月2日　常德会战开始。日军第十一军在司令官横山勇指挥下，开始向第六战区第十、第二十九集团军防守的第一线阵地展开全面进攻：右路第三十九师团全部及第五十八师团一部（古贺支队）由江陵、沙市向松滋方向进攻；中路第三、第十三师团由斗湖堤、闸口向公安方向进攻；左路第一一六师团、第六十八师团附第四十师团一部（户田支队）及宫胁支队（独立混成第十七旅团一部），由藕池口、石首、华容地区分别向澧县和南县进攻。第六战区守军利用沿江湖泊的障碍与工事，予日军以消耗。

　　△　军事委员会电令第五战区派遣两个师，以主力向钟祥及汉（口）宜（昌）路敌后方袭击；电令第九战区派两个师兵力，向岳阳以东地区之敌弱点深入攻击，以策应第六战区的作战。

　　△　驻印军新编第三十八师第一一二团向缅甸北部的新平洋推进，担任警戒。1月6日，日军第十八师团之第五十五、第五十六两联队主力增援到达新平洋。第一一二团进展受阻，陷于苦战。新三十八师调第一一三、第一一四团及炮兵一营前往增援。孙立人师长和驻印军总指挥史迪威均临亲指挥与督战。

　　△　新四军李先念部为阻止日军增援，配合正面战场作战，纷纷向天门、应城、安陆及平汉线、河汉线各据点出击，日军迭受重挫。

　　△　美机十余架飞临监利、石首地区袭击日军仓库及其他建筑物，日军损毁甚重。

　　△　日机十多架袭闽北建瓯、赣东玉山。4日，日机18架自台湾飞袭闽北，在永安、建瓯投弹。5日，日机20余架窜至闽西长汀、连城投弹。

　　△　军事委员会任命陈守锋为第七十五军副军长。

　　△　国民政府公布《改进国库款项支拨办法》，凡19条。

　　△　中国农业科学访印团离加尔各答赴新德里，18日开始参观印

度其他地区的农业,26 日自巴罗达赴孟买。

11 月 3 日 中美空军混合大队成立,由美第十四航空队司令陈纳德兼任队长。

△ 第七十四军副军长兼第五十七师师长余程万奉令率部进入常德附近的既设阵地,加强工事,严整战备。旋召开军事会议,制定防御作战方案。

△ 日军第一一六师团陷湖南南县,次日日军第三师团陷湖北公安。

△ 中国远征军攻占缅北宁边。

△ 上海大场机场日机五架被预置之定时炸弹炸毁。

△ 汪伪国民党中央宣传部长林柏生发表广播讲话,称:"全面和平早在重庆流行很广,而且很快,要求重庆立即停战,完成和平统一。"

△ 苏联驻华大使潘友新在重庆同孙科会晤,抗议国民党书刊杂志发表反苏文章。29 日,又致函孙科,并开列国民党统治区出版发行的《国防》《尖兵》等 11 种反苏书刊名单。12 月 13 日,中央图书杂志审查委员会电复中央宣传部长交办的查核潘友新所指之反苏书刊一案,根本否认国民党书刊登有反苏文章的事实。说:经查核没有发现"妨碍中苏友谊之文字",请孙科"向苏联大使详加解释,以免误会"。

11 月 4 日 中共中央宣传部向各战略区发布《关于目前时局宣传要点》,指出今后世界反法西斯的任务,就是发动对法西斯阵线的进攻,最后打败法西斯。日寇为了破坏我们的秋收正在整个华北进行他的秋季大"扫荡",我八路军及华北人民正在作英勇的反"扫荡"战斗,一定要粉碎日寇的计划。各根据地目前的宣传应集中于鼓励人民配合军队粉碎敌人的进攻,保卫秋收,打击敌伪的"蚕食"政策,扩大我们的根据地。

△ 黄河水利委员会委员长赵守钰、副委员长李书田,率英国顾问巴特里及工作人员十余名,沿河南尉氏、扶沟、西华、周口等地勘查后,是日抵皖北界首,继续勘查。

△ 重庆市党政联席会议决议筹建四川革命先烈纪念碑。前在中

央公园奠基者为总碑,另拟分建邹容、张培爵纪念碑。

11月5日　毛泽东致电苏共中央和斯大林庆祝十月革命二十六周年,称"中国人民将永远和苏联人民携手并进,团结一致,取得抗日民族解放战争的最后胜利"。6日,中共中央办公厅在延安召开纪念晚会。毛泽东发表讲话,高度评价莫斯科会议各项宣言的意义,表示中国共产党、八路军、新四军将同全国爱国的军民一齐努力,打败日本帝国主义,建立自由平等的新国家。

△　毛泽东、朱德、彭德怀致电邓小平、滕代远,告以冀南骑兵团拟抽调来延安。陕甘宁边区南、北、西三面皆国民党军队修筑的堡垒,我军仅有少数炮兵,作用不大。拟从太行抽调两个工兵连来延安,均望于明年2月底达到,愈早愈好。

△　鲁南八路军第一一五师一部发动讨伐汉奸惯匪刘桂堂(又名刘黑七)战役,在费县西南之柱子,击毙伪第十军第三师师长刘桂堂以下官兵百余人,俘千余人,缴枪千余支。次日,攻击费县刘家庄伪第十军独立旅旅部驻地,予敌以大的杀伤,并攻克埠下等据点。

△　日军第三十九师团渡过松滋河,占领松滋并分头西犯。

△　财政部公布《火柴烟类食糖专卖销售商管理规则》,凡20条。

△　大东亚会议在东京开幕。汪精卫在会上讲话,声称与日本互相尊重独立自主,同心协力,共存共荣。次日,会议闭幕。汪、日、"满"、泰、缅、菲等国共同签署《大东亚共同宣言》。《宣言》宣称:大东亚各国要互相敦睦,紧密提携,普行沟通文化,进而开发资源,建设共存共荣之秩序。9日,汪精卫及其一行返回南京,汪发表谈话称:大东亚会议是纯为强者对弱者扶助的会议,是东亚各民族为其生存独立而奋斗的会议,深望"重庆方面极加反省,将毅然来归,共为东亚之同志"。

△　英国首相丘吉尔派陆军中将魏亚特为驻中国战区统帅部特任军事代表。

11月6日　蒋介石电苏联最高苏维埃主席团主席加里宁,祝贺十月革命二十六周年。重庆各界人士集会,热烈纪念苏联国庆。中苏文化协会举行纪念大会,会长孙科发表演说,强调中苏加强合作。晚,何应钦宴请苏驻华武官及军事人员。苏驻华使馆茶会招待各界人士,蒋介石派魏怀、商震代表致贺。15 日,宋子文宴苏联驻华大使潘友新及使馆人员。

△　延安各界三万人集会纪念十月革命节,毛泽东、朱德等出席。毛泽东讲话,指出:在这一年之中,苏联红军的胜利转变了战争的全局,关系于整个人类的命运。朱德在讲话中赞扬苏、美、英三国会议所取得的成就。

△　蒋介石以宪兵学校兼校长身份主持该校学员队和军士大队毕业暨开学联合典礼,并讲话称:"现时建国必先建军,建军尤必须先建立宪兵。""宪兵为民众之保,军伍之师,责任重大。"

△　国民政府公布《公务员抚恤法》,凡 17 条及《公务员退休法》,凡 18 条。

△　军事委员会任命唐星为第二十八集团军副总司令。

△　史迪威由印返渝,向蒋介石报告蒙巴顿提案中之缺点和远征军之缺额要求改善;蒋介石令何应钦刻日照办,并嘱史迪威代拟中国出席开罗会议之军事提案。史所拟中国提案主要内容为装备与训练 90 个师之战斗部队,以充实其作战力量。此部队分三批,每批 30 个师,照预定计划参加收复缅甸的作战。三批军队所需武器装备应由美国援助。此草案在开罗会议上没有提出讨论。

△　交通部拟定《关于中美合作之意见》,提出战后铁路建设需 11.94 亿美元,"须举借长期外债"。水运五年内需资金 10 亿美元,"拟先借外债三亿美元"。空运资金三分之二即 1.3151 亿美元,"拟请美国借给"。公路"吸引外国厂家投资合办"。

△　农林部拟定《关于中美合作之意见》,规定美国如因作战需要中国之农牧产品或半制品,中国应尽量供给并努力增产改进品质,不计国内收购成本以期增加输出数量。希望在战后美国以大量新式农具贷予中国,欢迎美国著名厂商来华与中国合办各种农牧场。中国农业用

款希望美国长期贷予,对美国农产品输入中国,由政府酌量减免进口税鼓励其输入。

△ 粮食部拟定《关于中美经济合作之意见》,提出"希望美国在战时每月能供给我国乳粉 10 万磅至 30 万磅","战后关于乳类肉类等食品须由美国大量输入"。希望美国于战事结束之六个月内,每月能供给小麦 10 万公吨至 15 万公吨。中国对美输出之花生战后可大量供应。

△ 宁夏省政府主席马鸿逵关于该省农村衰落,请缓建仓积谷致行政院呈文称:宁夏地气异常潮湿,粮食不易久储,建筑材料缺乏,费用无着。今年收成歉薄,田赋未能如额征足,"势不克再从事于兴建积谷之仓,筹积备荒之谷也"。

△ 第十集团军第一线部队撤至王家厂、暖水街、刘家场、洋溪之线。日军南下攻取常德必须占领暖水街,方可保障右侧背之安全。第七十九军暂编第六师在暖水街与敌展开激战,终因不支而转守暖水街西南地区。

11 月 7 日 湘境第六战区第九十九军第一九二师一部克复南县,第六战区另一部在鄂西长江南岸与日军激战。

△ 日军偷袭河北崇礼县四台嘴乡芫菜坪村,自夜至翌日上午,共杀害村干部、村民 11 人,伤七人。

11 月 8 日 军事委员会电令:"第十集团军即刻集中兵力,击破暖水街方向突进之敌。"

△ 为驻印军准备向缅北发动进攻,军令部拟定《远征军反攻缅甸计划》,凡 29 条。方针是:"国军以恢复中、印交通之目的,以远征军一部攻略滚弄敌桥头堡,并固守车佛现阵地,掩护左侧;以主力强行渡过怒江,重点指向龙陵,攻略滕冲、龙陵一带敌阵地,进出蛮允、畹町之线。整顿态势,再与驻印军会师八莫,攻略腊戌。开始进攻之时期,兹定民国三十三年 3 月上旬。"

△ 新四军第三师一部攻入苏北海州以南之日伪军据点响水口,围歼伪江苏省保安团第一大队,俘伪军 220 余名。

△ 美军第十四航空队空袭厦门，击沉日舰五艘。

△ 日军为统一强化对华中地区的经济侵略，将其在华中地区的所有贸易机关，包括日军军部组织的联合运输配给联合组等，并入华中日本贸易联合会。

△ 伦敦市商会举行向中国致敬聚餐会，驻英大使顾维钧在会上讲话，要求英开放滇缅路，以便重武器及其他必要供应品输入中国。

11 月 9 日 中、美、苏等 44 国代表在华盛顿签署联合国《善后救济协定》。

△ 第十集团军正准备向暖水街进逼时，日军先发制人，在第六十六军左翼及高岩、王家畈、邓家畈等地发起猛攻。第七十九军正面之日军也向斗陵坡进犯。当晚，日军除以一部与中国暂编第六师对峙于万福桥以东、斗陵坡以南等地外，其主力迂回于暖水街以南地区西进。至 11 日夜，第十集团军与日军阵地已呈交错混战状态。

△ 日伪军近二万人对山东根据地鲁中北沂蒙地区进行冬季"扫荡"。坚守南岱崮、北岱崮阵地的八路军鲁中军区第十一团第八连 93 名指战员，抗击超过自己 40 倍之敌人。敌人用三个步兵大队、一个炮兵中队、一个空军中队和一个伪军团，一直疯狂地昼夜不断地进攻了 14 天，炸弹、炮弹花费了 40 万磅以上，还用了燃烧弹和瓦斯弹。八路军指战员浴血奋斗，坚持 20 余天，毙伤日伪军 300 余人，在伤亡上却造成了 1 与 15 之比，最后全部人员安全突围。这次南、北岱崮的保卫战，对粉碎敌人的"扫荡"起了决定作用。12 月 1 日，八路军山东军区通令嘉奖，授予该部队"英雄岱崮连"的光荣称号。

△ 日伪军向河北省井陉县老虎窝村"扫荡"，村中男女老少 100 余群众躲藏在附近山洞中，日军竟向洞内施放化学毒气弹，村民全部遇难。

11 月 10 日 中国政府与挪威政府在重庆签订新约，规定挪威政府放弃在华治外法权及在北平使馆界与上海、厦门公共租界之一切特权，并放弃在中国通商口岸及沿海贸易与内河航行等一切特权。

△　国民党中央宣传部长梁寒操同外国记者谈话时说:"有许多不明中国实情的人士,受了那些无知的或恶意的宣传,竟有发生中国现在是否民主,甚至将来是否民主之怀疑。"并谓"没有国民党的奋斗,则中国现在还是专制国家,不是中华民国","中华民国必须为三民主义共和国,此为不可动摇之基本最高原则"。

△　外交部发表公报宣布成立访英团,由王世杰、王云五、胡霖、杭立武、温源宁五人组成,团长王世杰。11 日,国民参政会举行茶会,欢送访英团即将出访。同日,国民党中央党部设宴钱行。18 日,访英团由重庆启程赴英。

△　蒋介石急电第一○○军即日向常德附近之桃源前进,归王耀武指挥,参加常德西北地区之作战。

△　湘北津市、澧县、石门战斗,第七十三军汪之斌、第四十四军王泽浚部与日军第三、十三、六十八、一一六师团激战。日军得空中支援,猛攻三地,15 日三地皆失陷。第七十三军损失惨重,死亡 136 人,被俘 138 人。

△　八路军太行军区第七、第八分区军民破击平汉路新乡、汲县段,战斗持续半个月。

△　晋察冀八路军一部击溃向太陵北石沟进犯之日伪军两个营,毙、伤、俘敌 80 余名。

△　晋察冀边区第三分区八路军一部猛袭完县陈侯日军据点,毙伤敌 50 余人。同日,完县太平区之日伪军进至筐子沟一带搜山时,遭八路军和民兵的地雷打击,死伤 80 多人。

△　中国空军与美军第十四航空队于是日至 21 日,先后出动百余架次轰炸机与战斗机,袭击澧县、津市、石门、王家厂、澧水、藕池口等地日军集结部队、日军仓库与江南运输船只,击沉日军木船 40 余艘。并与日机展开空战,配合地面部队战斗,击落日机四架。中国空军亦损失飞机四架。

△　伪华北政务委员会临时常务会议,通过改组机构并调整人事

案：一、撤销政务、秘书两厅，改设总务、内务、财务各厅。二、将原内务、治安、教育、财务、实业、建设六总署，改为绥靖、经济、农务、教育、工务五总署。三、任命王克敏、杜锡钧、汪时璟、王荫泰、王谟、苏体仁为常务委员，王克敏为委员长，王荫泰为总务厅长兼内务厅长，张仲直为总务厅副厅长兼财务厅厅长，杜锡钧为绥靖总署督办，汪时璟为经济总署督办，王荫泰为农务总署督办，王谟为教育总署督办，苏体仁为工务总署督办。

11 月 11 日　国民政府令免图布陞吉尔格勒代理绥远省境内蒙古各盟旗地方自治政务委员会委员长、伊克昭盟盟长、伊克昭盟保安长官各职，派其为伊克昭盟副盟长。

△　日军数千人在飞机配合下，在广州至九龙铁路东西两端之深圳、东莞及石龙、虎门分路向当地驻军发起进攻。第四战区司令长官部下令博罗、惠阳军民疏散。至 13 日，日军打通了广九路，并掠去大批壮丁和粮食。

△　财政部公布《布业商人营业登记办法》，凡九条。

△　毛泽东、朱德、彭德怀致电邓小平、滕代远，指出"敌正在加紧对华诱降，蒋仍未放松对边区军事准备，我为推迟内战，坚持敌后抗战，尽可能屯兵陕北，是十分必要的"。望以六个团单位补足 7500 人，由杨得志率主力 5000 人，年底或明年正月初出动来延安。

11 月 12 日　国防最高委员会宪政实施协进会在重庆举行成立大会，推选孙科、王云五、莫德惠、黄炎培、吴铁城、褚辅成、张君劢、左舜生、董必武、傅斯年、王世杰为常务委员，孙科、黄炎培、王世杰为召集人。蒋介石以会长身份出席致词，大会通过关于从速成立各级民意机关等七项决议案。

△　毛泽东、朱德参观延安市为促进陕甘宁边区经济繁荣、便利商品交易举行的为期一月的骡马大会。

△　军事委员会任命韩俊为第七十三军副军长。

△　第五十七师师长余程万下令常德人口、物资开始疏散。15 日

为疏散的最后一天,余又令贴出布告,城里不留一个居民。

　　△　凌晨 6 时起,日机六架空袭长沙、常德、宜都、恩施等地。

　　△　汪伪华北政务委员会委员长王克敏赴日本访问。

　　△　大东亚青少年指导者会议在东京召开,汪伪政府代表林柏生参加。

　　11 月 13 日　中共中央政治局召开会议,继续批评陈绍禹在十年内战时期的"左"倾机会主义错误和抗战初期的"右"倾机会主义错误,于 27 日结束。

　　△　中共中央直属机关、中央军委直属机关第二届生产展览会在延安开幕。展览会展现中直机关一年来所取得的生产成绩:种地 1.3 万多亩,收粮 1800 多石、蔬菜 539 万多斤。生产与节约总值 6.6 亿多元,超过计划任务六倍。粮食自给二个月,其他已做到全部自给,减轻人民公粮负担 4.441 万石。展览会 17 日闭幕。

　　△　八路军冀鲁豫军区军民秋季反"扫荡"历时 50 余天,作战 315 次,歼灭日伪军 4000 余人,于是日胜利结束。

　　△　美国总统罗斯福派赫尔利将军来华晋谒蒋介石,解释开罗约会之用意。

　　△　台湾总督府勒令农民将米谷增产奖励金 5100 万元之半数存入银行。

　　11 月 14 日　第六战区司令长官部调整澧水两岸兵团部署:以第四十四军坚守津市澧县。第七十三军以一部坚守石门,主力转移澧水南岸,逐次抵抗,最后确保太浮山、观国山之线阵地。第七十四军归第二十九集团军总司令王缵绪指挥,以第五十七师坚守常德,主力控制慈利、白鹤山、鸡公岩、燕子桥间地区,机动侧击敌人。又令第十集团军全线出击,先向曾家垭、河口、马踏溪、刘家场、茶元寺之线挺进,江防军即向宜昌两岸之敌相机攻击,并以小部攻击宜都。第二十六集团军即向龙泉铺、双莲寺之敌攻击,第三十三集团军即以一部向河溶突进,主力向荆门、当阳之敌围攻,施行牵制。

△　晚,蒋介石急电指令第六战区:"以一部确守常德,主力在慈利附近地区与敌决战","石门关系全盘战局之得失,望转告所部务须坚守。"15 日,战区司令部电复蒋介石:阵地已被日军突破,继续坚守,势不可能。

△　第五十七师师长余程万颁布守卫常德的作战命令:第一六九团第三营营长孟继东为德山守备队长,第一六九团团长柴意新为右地区队长,第一七〇团团长孙进贤为左地区队长,第一七一团团长杜鼎为河洑山守备队长,第一七一团和第一七〇团第三营为城垣守备队,归师部直接指挥,占领城垣的核心阵地河洑;第一七一团第一营为师预备队,位置常德城内。同时又令:炮兵团长金定洲指挥一个营主力进入常德南站附近,以一个连进入常德北门附近,工兵营协助左右两地区和德山、河洑两守备队地雷埋设,与城南北岸水面及城内障碍物的设置,一部担任船舶的监护;通信兵连担任各方面的通信联络。

△　夜,石门阵地正面逐渐缩小,终以全面被围,又复背水,态势不利,主力向西转移,仍留第七十三军第五师固守石门要点。该师师长彭士量率部自是日晚至 15 日黄昏,与日军激战一昼夜,彭师长以身殉职,全师官兵几乎全部牺牲。

△　东北大学学生 29 人在四川三台发动学生从军运动。从此学生从军运动在大后方各地开展。

△　豫北八路军一部在林县附近痛击抢粮之日伪军,毙敌 100 多人,活捉 100 多人。

△　苏中如皋县城五万民众,为反抗日伪军的横征暴敛,各携锄头、铁叉举行盛大示威游行,晚间举火炬开会,高呼口号"去年要钱,今年要粮,明年要命,要命就要拼","送粮上街等于养虎成害"。还提出肃清奸细,禁止与日寇接触,不进如皋城。

△　是日至 24 日,日军对河北省井陉抗日根据地发动大"扫荡",在老虎洞和黑水坪两天屠杀老百姓达千人。

11 月 15 日　中国远征军进攻于邦,缅北会战开始。

　△　军事委员会任命李宗昉为第四十七军军长。

　△　史迪威偕政治顾问戴维斯离渝，20 日抵开罗。

　△　日军第一一六师团陷津市、澧县，并强渡澧水南窜。守军第四十四军主力遂转慈利以西地区，侧击南下之敌。蒋介石电令方先觉第十军由衡山北上；并令罗广文第十八军由北斗坪向津市、澧县进击，求敌决战。

11 月 16 日　第五十七师师长余程万主持召开第二次军事会议，制定常德防御计划："加强工事而固守之，待敌攻势顿挫，及我外线各路友军反包围态势形成时，以主力由常德城西北郊转移攻势与友军协力将敌压迫于洞庭西畔而歼灭之。"

　△　八路军冀鲁豫军区第二、三、四、五军分区部队，奇袭伪军孙良诚总部所在地濮阳东南八公桥。17 日，激战 12 小时，将孙总部机关歼灭，俘伪军参谋长甄纪印以下官兵百余人。后又乘胜扩大战果，在 200 余里的范围内，拔除敌伪据点百余个，歼伪军 3000 余人，至 11 月 26 日迫使伪军退守濮阳城内。

　△　八路军太行军区第五分区一部攻克河北省磁县之峰峰煤矿，第七分区一部攻克河南辉县城北之高庄镇。

　△　为救济印度灾害，中国民众踊跃捐输，第一批捐款国币 120 万元，兑换成印币 20 万盾，全数汇至印度。

11 月 17 日　重庆举行林森安葬典礼，国民政府规定全国一律下半旗，停止娱乐、宴会一日。

　△　军事委员会任命王世和为第七十六军副军长。

　△　出席联合国救济善后会议之中国代表蒋廷黻接见记者称：战后中国人民需要救济者预计将达 8400 万人之多；所需物资 4000 万吨，其中约有 1200 万吨需要国外供给，总值约四亿至五亿元。

　△　蒋介石电令第九战区司令长官薛岳、第一〇〇军军长施中诚：常德已有第五十七师担任守备，第一〇〇军无一师开德山市之必要，仰全部遵照前令，仍向桃源集结。同日，又电令第五十七师师长余程万：

注意常德的防空，疏散居民，以便作战。

△　日军进抵慈利东北地区，与第七十四军进行激战，于 18 日攻陷慈利。慈利失陷后，常德西北已无险可守，从而揭开了常德保卫战的序幕。

△　美军第十四航空队轰炸香港日军事目标。

△　国民政府修正公布《国立中央研究院组织法》，凡 10 条及《国立中央研究院评议会条例》，凡 14 条。

11 月 18 日　蒋介石电第六战区代理司令长官孙连仲、第二十九集团军司令王缵绪、兵团司令王耀武，令王耀武指挥第七十四、第一〇〇军务于太浮山、慈利一带将敌击破，期收决战之胜利。令第四十四军以一部于津澧以南地区与敌周旋外，务集中主力协助第七十四军于太浮山以北地区作战。

△　日军分三路犯常德：第三、第一一六师团各一部为中路，经澧县南窜直趋城垣；第十三师团一部为右翼，经慈利进据桃源；第六十八、第四十师团各一部和独立第十七旅团扰汉寿、沧港、牛鼻滩侵陷德山。以左右翼的钳形攻势攻常德的侧背，企图以四面围攻占领常德。

△　日军为确保广（州）九（龙）路运输线，集中 8000 余人开始对东江抗日根据地东莞、宝安之大岭山、客家洞地区进行"扫荡"。广东抗日游击总队在莲花山、怀德等地给敌以杀伤后分路突围，使敌寻歼游击总队主力的计划落空。之后，敌转兵"扫荡"龙华、乌石岩地区，亦遭游击总队沉重打击。12 月 5 日，敌全部撤退。

△　山东滨海区八路军一部向赣榆城发起进攻。20 日收复该城，全歼伪和平救国军第三十六师第七十一旅及县伪警备队，攻克碉堡 40 座，俘旅长以下官兵 2000 余人，缴获步枪 2000 余支，粮食 20 万斤。

△　日军第十二军军长喜多诚一指挥第五十九师团及伪军共 2.5 万余人，配合骑兵 2000 余人、汽车近千辆、飞机 10 余架，向山东清河区实行大规模的拉网式的"扫荡"。清河区八路军在民兵配合下，破袭日伪后方交通。一周内作战 20 次，攻克据点四处，炸毁日军汽车九辆，火

车一列,破袭公路 200 里。

　　△　作家王亚平、舒舍予、茅盾等 53 人致函国民党中央宣传部、中央图书杂志审查委员会和重庆市图书杂志审查处并呈行政院、蒋介石、孔祥熙,提出改进文化事业出版工作之意见 14 条。批评当局"对于文化出版事业之规定多沿训政时代及抗战初期之成法","吾国言论均受政府之指使","将限制范围任意扩张而失规定原意"。建议"图书杂志审查标准应简单化","不再加其他限制","期刊杂志之呈请登记,应放宽限制并减省手续"。26 日,中央图书杂志审查委员会逐条"答复",拒不接受作家的合理意见。

　　△　美驻华使馆新闻处桂林分处举行茶会招待新闻界,美空军少校白兰地报告中美联合航空队成立及最近作战经过;又称:美国正大力帮助训练空军飞行员、机械员。

　　△　印度伪政府主席鲍斯抵南京访问汪精卫。

　　11 月 19 日　蒋介石偕夫人宋美龄暨王宠惠、商震、林蔚、周至柔、董显光等,由渝启程赴开罗参加开罗会议,21 日抵达开罗。

　　△　国民参政会驻会委员会举行第三次会议,听取外交部书面报告和翁文灏作的最近工业生产情形和调整办法的报告。

　　△　中央研究院西北科学考察团戈定邦等一行,考察新疆完毕返兰州。28 日,戈定邦在甘肃省党部主持召开的学术讲演会发表题为《新疆各宗族生活》的演说,认为融洽各族间情感之途径有:一、通婚;二、提倡教育文化;并谓"应提倡统一化,现代化"。

　　△　蒋介石电孙连仲、王缵绪、王耀武、王泽浚、余程万速转第一〇〇军军长施中诚:当面敌人补给之困难日增。我第十集团军正向敌之右侧背奋力压迫中。我第七十四、第四十四、第一〇〇军,应尽全力在常德西北地区与敌决战,保卫常德,而与之共存亡。功过赏罚,绝不姑息。希饬属奋勉为要。

　　△　第六战区司令长官部令第七十九军向石门、慈利间地区挺进,越过澧水南岸,攻击敌之侧背;并饬第十八军归第十集团军总司令王敬

久指挥,即日由聂家河、渔阳关间渡汉洋河,进出西斋、王家厂间地区,扰击敌之侧背,策应常德西北地区之作战。第九十四军即向长阳、木桥溪地区集结,归江防军总司令吴奇伟指挥,巩固江防。另令第七十三军一部向东岳观、石门一带袭击敌人。

　　△　第五十七师师长余程万为加强常德的外围和核心的守备力量,变更河洑山的布署:留第一七一团一个加强营防守河洑,其余两个营为城垣守备队;第一七○团第三营改为师预备队。并严令各团、营、连、排长沉着应战。

　　△　延安南泥湾驻军举行首届生产展览会,一个连种地 1722 亩,收粮 450 石,蔬菜七万斤,存草 23 万斤,喂猪、牛、羊 300 只。

　　△　豫北滑县伪军第十八支队四个大队共 350 人全部反正,向当地八路军第一二九师投诚。

11 月 20 日　湘北慈利、桃园战斗,王耀武军第五十一、第五十八师,施中诚军第十九、第六十三师与日军第十三、第三师团激战。日军投入伞兵,战事惨烈。

　　△　日军对山西省河津县小停村发动"扫荡",一天屠杀群众 158 人,其中妇女 75 人,儿童 40 人,河南逃难者 43 人。

　　△　中美空军联合奇袭攻击台湾新竹机场,炸毁日机 20 余架。

　　△　国民政府修正公布《工会法》,凡 13 章 65 条。

11 月 21 日　薛岳电第七十四军军长王耀武、第一○○军军长施中诚、第七十九军军长王甲本、第七十三军军长汪之斌,令其"排除万难,同心协力,指向常德城西北方猛力速攻,必歼此敌,建立大功","对临澧、澧县、石门、慈利四据点之敌,应以一部钳击,主力则胆大猛进,勿为小敌所掣,而误歼敌之机"。

　　△　由澧水南渡直扑陬市、桃源之敌第三师团于太浮山西侧与守军第四十四军一部展开激战,猛向沅水进犯。下午 5 时,日机 16 架于桃源上空投弹扫射,并降落伞兵百余与地面之敌呼应袭击。守军西移,桃源城失陷。第四十四军第一五○师师长许国璋率一部于陬市西北抵

御,作战中许国璋殉职。敌陷桃源后,一部向西北急进,一部渡沅水东窜。

△　日本中国派遣军总司令部命令第十一军司令官一经摧毁常德附近守军军事根据地,即适时恢复原态势。

11 月 22 日　日军第十一集团军第十三、第三师团主力,与守军第二十九集团军第七十四军在道水、黄石河、慈利以南地区展开激战。日军第三十九师团、古贺支队及宫胁支队,仍留置于枝江、宜都及其西南石门以北地区,阻扰中国第十八、第六十六、第七十九军等部南援常德。军事委员会为歼灭日军于常德附近地区,令第七十四军第五十七师以常德为核心竭力抵抗日军进攻;另调集第六战区主力及第九战区一部,以第十八军为第二线兵团,于沅水南北地区,由南、西、北三方面采取包围攻击。并令第九、第五战区对驻岳阳及其以东、荆门、大洪山地区及怀宁等地区日军加紧攻击,以策应常德决战。

△　日军冲到常德附近的岩垭后,岩垭阵地失陷。团长柴意新立率预备队一连反攻,军炮兵团团长金定洲复指挥炮兵支援,晚 9 时,岩垭夺回,毙敌 400 余。

△　冀鲁豫区八路军一部截击由豫东考城北开的伪军 600 余人,生俘其全部,缴获步枪 400 余支,及满载粮食、军用品之大车 69 辆。

△　太岳区八路军粉碎日军"铁滚式"的新战法和建立"山岳剿共实验区"的计划,歼灭日伪军 3500 余人。

△　苏南新四军围攻溧水南漆桥日伪军据点,次日全歼守敌 200 余名,生俘伪第三师副师长陈炎生。

△　日机八架袭湖南益阳,在市区狂炸,民房被毁者甚多。同日,日机九架轰炸宁乡县城,烧毁房 20 余栋,死伤军民 30 余人。

11 月 23 日　美、英、中三国政府首脑罗斯福总统、丘吉尔首相、蒋介石在埃及开罗举行会议(代号为"六分仪"会议),商讨联合对日作战计划以及击败日本后如何处置日本等问题。同日,美、英、中军事首长在开罗举行联合参谋会议,讨论缅甸作战问题。

△　军事委员会任命卫立煌代理中国远征军司令长官。

△　蒋介石电令:第五十七师应固守常德与该城共存亡;第六十三师应即攻击桃源方面之敌;第七十四军应以主力转移左外翼,继续攻击当面之敌;第九战区应加强策应作战,并注意湖防。同日,军令部令第四十四军第一六二师及第一五〇师除各以一部坚守太阳山、太俘山两据点外,该两师主力应南向河洑、黄土山间攻击敌之侧背,其第一一六师应位置于三阳港附近与第六十三师夹击玉皇殿、陆家庙附近之敌。令第七十九军排除万难,于石门以西强渡澧水,进至慈利东南地区。

△　日军第十一军司令官横山勇为攻占常德,作如下部署:第一一六师团从北方及西方全力攻击。第三师团以一个联队基干从南方进行攻击(军直辖)。第六十八师团以一个大队基干从东方进行攻击(军直辖)。攻击常德的起始时间预定在 25 日夜(细则待以后命令)。是日夜,日军第三师团长山本三男命令步兵第六联队主力参加攻击常德的作战,主要部署如下:由于常德守军(以第五十七师为基干,兵力约 1.3 万人)顽强抵抗,第一一六师团虽然全力强攻,但无进展。着中畑部队向常德南方地区前进,与户田部队交接任务,攻击常德之守军,分进后由军直辖。

△　拂晓,日军第十三师团炮兵集中对河洑地区的守军进行射击,飞机 24 架低飞轰炸,并施放毒气,同时出动密集部队猛扑。守军第五十七师第一七一团阮志芳营长率部冲出防线,实施逆袭,大部战死,仅剩下 20 余人,转移到黑家垱、南湖铺之线,逐次突至洛路口和长安桥附近。上午,西路河洑的日军 700 余在甲街市渡过沅江进到东岸的蔡码头。东路德山日军 1000 余人亦渡过沅江窜到乌峰岭。二路日军合流后同犯南站,常德城处在四面包围之中。日机 20 余架更番轰炸,储备仓库被焚烧。余程万师长偕同代参谋长皮宣猷指挥所部救火,击落日机一架。入夜,城郊日军增至万余人,炮 30 门,和守军在岩垭、指路碑、护国障、新堤、七星桥、沙港、羊铺市、白马庙、长安桥,迄洛路口的主阵地带,彻夜血战。

11 月 24 日　晨,蒋介石命王宠惠访艾登,12 时宴马歇尔,下午 2 时半遣商震等出席军事幕僚长联席会议,晚应丘吉尔首相晚宴。

△　蒋介石电令孙连仲、薛岳:无论常德状况如何变化,决以第六、第九两战区协力包围敌人于沅江畔而歼灭之;第九战区第十、第九十九军主力,暂五十四师归李玉堂副总司令指挥,速进攻洞庭湖南岸亘沅江右岸之敌。重点指向德山方面,支援常德第五十七师之作战;第六战区第七十四、第一〇〇军以一部扫荡桃源之敌,以主力进出陬市,攻击犯常德敌之右侧背;第十八军及第一八五师以一部扫荡子良坪、仁和坪一带残敌,另一部进出公安、津市、澧县,遮断敌后方,以主力渡过澧水向羊毛滩、临澧方向,求敌侧背而攻击之;第四十四军应仍在太浮山、太阳山一带攻袭犯常德敌之后方;第七十三军速夺回慈利。中美空军继续轰炸洞庭湖内敌船,并控制常德制空。

△　第五十七师师长余程万电第六战区司令长官部称:职师四面受敌,血战七昼夜,虽伤亡惨重,将所有杂兵均编入战斗,士气旺盛,咸抱决心愿与常德城共存亡。晚,第五十七师接第六战区代长官孙连仲电示:"常德存亡,关系全局,着激励官兵坚守待援,发扬革命军人牺牲之精神,努力战斗为要。"

△　日军第三、第一一六师团向常德全线猛攻,飞机 16 架狂炸,敌炮集中猛轰,并施放毒气,东西城郊搏斗惨烈。日军以密集部队向岩垭、指路碑阵地猛扑,遭守军第五十七师第一六九团一营抵抗。至中午,岩垭失而复得前后五次。入夜,阵地被毁,尽成焦土,旋转移到徒码头附近,继续和敌厮杀。第一六九团第三营和新堤、南坪岗、七星桥当面的日军自晨至暮竟日血战。敌由东、西、北三面向常德夹击,南坪岗阵地全毁,移守到七星桥。第一七〇团正面,沙港、羊铺市、白马庙、长安桥、洛路口争夺亦烈,团长孙进贤在长安桥指挥,敌以炮火和毒气掩护,配合向长安桥、洛路口猛冲,洛路口阵地全毁,守军伤亡殆尽,该地被日军占领。

△　湘北第六战区一部克复汉寿及石门县城。

△ 中国空军轰炸湘西日军,击沉敌供应船多艘。

△ 山东滨海沭河西岸赵家岭伪军 50 余人,携全付武装向当地八路军投诚。

△ 汪伪华北政务委员会划河北省霸县、永清、安次、固安四县为第一直辖行政区,作为"剿共"的重点地区。

△ 周佛海发表声明,宣称于 12 月 1 日起在苏淮特别区内,中储券和联银券并列行使,兑换比率为 100 元比 18 元。一切公用款项,均以中储券收付。

11 月 25 日 蒋介石会晤丘吉尔首相、蒙巴顿,再商南、北缅水陆夹击方案;并晤罗斯福总统长谈,内容为国共合作及中缅战场作战计划等。

△ 军事委员会任命马润昌为第八军副军长。

△ 中国代表邹秉文在联合国善后救济会议上提出,中国农业复兴需要农业技术人员及棉籽、饲养之家畜、化学肥料、农业机具等,要求美国与联合国善后救济总署供应棉籽 6000 吨、家畜 17 万多头、化肥 100 万吨、小型牵引机 5000 辆。

△ 由桃源东窜及陬市南渡之日军第三师团进至常德南站。一部 500 余人钻入城中沅庆街附近,和第五十七师第一七一团第三营巷战通宵。师长余程万率部拦截,经白刃肉搏,歼敌大部,击落日机一架、缴获机枪九挺、步枪 27 支。

△ 第七十七军吉星文第三十七师一部围攻湖北当阳,激战竟日,先后突入西关、祖师庙包围日军第三十九师团司令部及东关日空军指挥所,毙敌大佐以下 150 余人,并焚其仓库数所。第三十七师伤营长以下 60 余人。旋,敌 500 余人驰援反攻,第三十七师移至当阳城郊续战,另一部袭敌机场,焚毁日机一架。同日,第一七九师一度突入慈化寺、三星寺。

△ 中国空军第四、第十一大队和美第十四航空队于 7 时至 15 时,先后出动飞机 22 架次,于常德外围扫射日军的增援部队。日第三

师团第六联队长中畑护一大佐被炸死。并击沉江河水面敌汽艇五艘、木船 40 余艘，毙伤大量敌军。

△　拂晓，日军第三、第一一六师团陆续增至万余，在 30 门大炮、20 架飞机掩护下，全线猛扑常德城垣东、西、北三门的附近地区，往复搏斗极烈。三里港、七星桥南侧北门外附近地区拉锯搏杀往复冲锋八次。第五十七师代副师长陈嘘云亲临督战，迭挫敌之冲锋。驻守西门外的第一七〇团在船码头、兴隆桥、渔父中学附近地区战斗，敌冲锋 10 余次，均被击退。守军各种炮弹用完，迄至黄昏敌又反攻，守军沉着应战，阵地工事全毁，在工事外抵抗，第一六九、第一七〇团官兵争先赴难，营长郭嘉章、鄞鸿钧牺牲。下午 11 时，敌乘机迫近城垣。余程万令各部队于 26 日晨 2 时前调整部署如下：第一六九团（欠第三营二个连）为东门城垣守备队；第一七一团为北门迄大西门间城垣守备队；第一七〇团为上下南门城垣守备队；迫击炮营、工兵营、示范队担任城内街巷堡垒的占领。

△　美军第十四航空队与中美空军混合大队联合轰炸日军在台湾的新竹机场，毁日机 47 架。

△　国民政府公布《战时地价申报条例》，凡 16 条，即日施行。原《非常时期地价申报条例》同日作废。

△　日军严令浙江钱塘江大桥停止通行，开始修筑江底铁路，同时赶修金华至武义的铁路，妄想久踞浙江。

△　伪军古鼎新部及潘尚炎部配合日军，由湖北天门增援湘、鄂前线。新四军闻讯将其包围全部击溃，毙俘敌 200 人左右。27 日，日伪 600 余人由平汉线王家店出动进犯安陆、应城之大鹤山，当即被新四军击溃，敌伤亡 50 余人。

△　日本中国派遣军总司令部第三课（谋略）课长辻政信大佐，奉命携汪伪军事委员会军事参议院院长萧叔宣，往浙江奉化为蒋介石之母扫墓。辻政信对当地民众发表讲话，对蒋介石表示友好和善意之情。

11 月 26 日　蒋介石上午召集中美空运会议，下午向罗斯福总统话别,并谈及 10 亿美元借款案、90 个师装备案及藏、蒙问题。至此,开罗会议结束。次日,蒋介石在开罗接见北非联军总司令艾森豪威尔上将。晚,偕宋美龄一行启程返国。

△　第六战区转移攻势,部署如下:第二十九集团军之第四十四军第一六二、第一五〇师仍各留一部于太阳山、太浮山,主力应南向攻袭常德敌之侧背,第一六一师暂移于麦家河附近控置;王耀武指挥第七十四军及第一〇〇军,应以一部扫荡桃源之敌,主力进取陬市、河洑,攻击犯常德敌之右侧背,并先各以三四百人编成数支队,向常德附近挺进,以直接支援常德守军作战,第五十七师仍固守常德;第七十三军以全力迅速攻占慈利后,续向羊毛滩方向挺进。第十集团军之第七十九军应向羊毛滩、石板滩间地区挺进,在敌侧背攻击;第六十六军第一八五师,应以主力攻占石门而确保之,一部向临澧之敌攻袭,该军主力应继续扫荡子良坪、仁和坪一带残敌;第十八军应向津、澧、公安间进出,确实遮断敌之后方,依情况将主力转移于澧县方面。第二十九集团军与第十集团军之作战地境为慈利之黄家铺、寒渡桥、黄莲洞、白鹤山、青云桥、排头岗、北家山、石板滩线。当日,第七十九军已排除万难,渡越澧水,攻占明月山、菖蒲垭、五通市、羊毛滩、潘家铺各地要点。第七十三军亦收复慈利,予敌莫大威胁。

△　晚 8 时,薛岳电李玉堂、方先觉、朱岳,令第一九七师、暂五十四师必须夹歼向押东铺窜扰之敌,尔后进攻沧港、牛鼻滩,以确保汉寿。并谓常德危急,兄部必须于 27 日夜一二点急向德山猛进、解围,并以朱岳师经麻石桥、牛鹿滩急进。

△　方先觉第十军全部到达常德以南地区,开始与敌激战。该军第一九〇师经薛家铺、石门桥取苏家渡;第三师经赵家桥、八斗湾扑德山。预备第十师经兴隆街、下坡山、放羊坪取斗姆镇。

△　第五十七师参战人员由 18 日的 8315 名,至是日仅剩下战斗官兵 500 余名,弹药消耗已过大半。余程万下令:自即刻起,所有排、连、营长均不得变更位置。一面又将师直属部队和输送兵编入战斗,一

面由军炮兵团抽出 300 余名加入步兵战斗。并亲自出巡城防,动员官兵不分昼夜建筑坚固防线。

　　△　拂晓,常德东门外的日军增至 7000 余人,附炮 40 余门,向城内猛冲,第五十七师柴意新团长率部反复冲杀,下午五六时,敌复增援,施放毒气,柴团伤亡惨重,阵地已濒不保,幸得第一营副营长董庆霞和机枪连连长宋汝谦率部出敌不意冲杀,敌溃退,阵地稳定,董副营长、宋连长力战牺牲。同时,集结到常德西北城角外边的日军 7000 余人,炮 40 余门向城外猛轰,并抽调 400 余人扑向大西门,第一七一团第九连与其进行决死战斗,下午 2 时,敌再次发动攻击,一部 500 余人折向渔父中学附近向守军侧击,碉堡被毁。守军一个连除一人外全部战死。

　　△　进攻常德北门之日军以炮 20 余门频向城内贾家巷一带猛轰,并施放毒气 13 次,掩护步兵 500 余人用火牛阵冲锋,守军阵地被毁,一个排战死。

　　△　日机 20 余架更番轰炸常德守军第五十七师司令部——中央银行,被击落一架。中国空军出战,轰炸城垣四周的日军。

　　△　八路军太行军区第五分区一部攻克河北磁县日军据点马头镇。

　　△　行政院公布《战时医疗药品管理规则》,凡八条。

　　△　陕甘宁边区劳动英雄代表大会与展览会在延安开幕,185 位劳动英雄、三万余名群众参加。朱德、林伯渠等发表演说,称:一年来边区开荒 100 万亩,增产细粮 16 万石。延安机关生产 20 亿元。军民做到丰衣足食。

　　△　重庆中国宗教徒联谊会欢迎基督教前锋队总编辑兼世界基督教协会主席包森,并讨论战后世界和平问题。

　　△　皖中江浦苦工队 260 余人在江中英勇暴动,杀死日军六名,获步枪 34 支,安全到达含山、和县地区,参加新四军。

　　11 月 27 日　拂晓,日机 11 架向常德城内猛炸,日军展开炮击。8 时,日第三、第一一六师团全线猛扑,东门外的日军向城内猛扑三次,第一六九团团长柴意新率部将敌击退。北门外的日军窜到正街,400余日军向守军阵地猛扑,第一七一团第一营营长吴鸿宾和第三连连长马宝珍率部击退日军四次冲锋,第一七一团团长杜鼎率部击退敌人第五次冲锋。大、小西门亦有恶战,日军借炮火、毒气掩护向守军反复冲杀,大西门、西南城角争夺激烈,守军从侧翼截击,敌势顿挫。北门的日军第一一六师团黑濑平一第一三三联队500余人转向大西门,血战迄至晚上10时,日军前后放毒、猛扑十余次,均被第一七一团和第七十四军炮兵团合力击溃。南门外的日军400余人三次用木梯爬城,均未获逞。

△　薛岳电告余程万:望死守成功。孙连仲以第五十七师迭挫敌锋大胜,奖洋10万元。余程万传令第五十七师的将士,坚守待援。

△　日军第十一军司令官横山勇以常德守军坚强抵抗,下令用火烧毁城内房屋。

△　日军华中前线电讯谓:常德城内"敌人(指第五十七师)之抵抗极为顽强,欲为阻止我军(指日军)之夜袭,无片刻之休息,继续炮击。敌人依据铁丝网誓死抵抗,城壁到处都有手榴弹掷下,高八公尺之城壁,构成一大要塞。我军曾以飞机猛烈轰炸,然城中之敌始终顽强抵抗"。

△　八路军鲁中军区一部攻入安邱西南鼠山伪军据点,毙、俘伪军近百名。

11 月 28 日　蒋介石电令薛岳、孙连仲、方先觉、王耀武、王本甲,谓:常德如失陷,应由第十军、第七十四军、第七十九军负完全责任。29日晚,薛岳电李玉堂、方先觉谓:兹再限第十军30日晨确实攻占德山,以解常德之围,如再违误,常德失陷,应归该军负责。同日,又电转李玉堂兵团及第十军,令李兵团从速解常德围,将第十军主力保持重点于左翼,向德山及其以西地区突进,对于石门桥以东、以北、滨湖之敌,应另以一部攻击之。

△　薛岳在湘北前线接见记者谓:常德守将余程万师长及其所部全体官兵以寡敌众,以血肉之躯,阻挡敌陆空及化学兵器之连环猛攻,

苦战已历八昼夜,尚能确保名城,达成任务,此实为发扬我祖宗五千年来民族传统精神之崇高表现,本人闻之,引为无上光荣。并感觉无限快慰。

△　至是日第五十七师坚守常德城 11 天,各级指挥官伤亡已达595 人,杂兵编入战斗,亦相继牺牲将尽,重武器被敌击毁 90%,余众非伤即病,形势极为恶劣。是日,第五十七师师长余程万电呈蒋介石:"职师孤军血战 11 昼夜,官兵伤亡殆尽,人少弹罄,立恳驰援。"

△　日军久攻常德未下,天皇大怒,诏令第三师团主力于两天内进占常德。山本三勇师团长集合官兵及谍报人员训话,涕泪交流,下令猛攻常德。是日拂晓,常德周围的第三师团的炮火开始向城内攻击,日机20 余架随之轰炸、火攻,施放毒气,导以步、骑兵全面猛攻。东门外的日军 600 余人,借炮火的掩护,逐次钻进城和第一六九团激战,守军大部战死,日军乘隙窜到海月庵附近,第一六九团副团长高子日率 40 余人将突入之敌歼灭。敌改由 40 门大炮猛轰,阵地被轰平,守军战死。敌拥进到东门,一股六七百人沿着南墙城外河街窜到水星楼底下,一股四五百人在东门再分若干小股,由居民房废墟砖瓦堆里四处乱窜。第五十七师代参谋长皮宣猷指挥示范队封锁城东南角。余程万师长指挥第一六九团士兵,利用民房墙壁分点坚守。北门日军第一一六师团第一三三联队 700 余人在炮火、毒气掩护下向守军逼近,第一七一团第一营营长吴鸿宾率部和敌肉搏七八次,剩下士兵不足一班。敌又反攻,团长杜鼎率机枪连连长张凤奎与敌肉搏,守军全部战死。日军占领了天主堂、玛瑙巷和体育场。小西门的日军 300 余人和北门的日军黑濑部队同时猛扑,被守军所击退。大西门日军大炮 10 多门,拂晓即向小西门正面和大南门城角连续轰击,继而飞机导以步、骑兵千余密集猛扑。营长张照普、何鲁佩率部抵抗,坚守阵地。南门的日军 400 余人下午又向守军猛扑,第一七〇团副团长冯继异督部死守,双方死伤均重。

△　八路军山东滨海第二分区一部包围海州西北的石文港伪军据点,在军事打击和政治攻势的影响下,伪军 150 余人反正抗日。

　　△　太行八路军一部攻克陵川的附城县镇,直逼陵川城郊,毙、伤、俘日伪军 100 余人。

　　△　日本大本营将中国派遣军第一课高级参谋天野正一召回东京,向他说明整个战局情况,并传达大本营对于在中国进行积极作战,尤其是实行打通大陆作战的意图。

　　△　军事委员会训令:为联合英美反攻缅甸恢复中印交通之目的,应以英美由印发动攻势,同时先行攻占腾冲、龙陵整备态势,而后向密支那、八莫、腊戌、景东之线进击,保持主力于滇缅公路方面,与印度盟军协力歼灭缅北之敌,会师曼德勒。作战准备须于明年 2 月底以前完成。

　　△　台湾革命同盟会在重庆召开第三届代表大会,历时八天,是日闭幕。决议改组机构,设建军、建政、文化运动委员会。大会发表宣言,宣誓台湾归回祖国的决心,战后要建立民主的台湾地方政府。

　　△　美、英、苏三国首脑罗斯福、丘吉尔、斯大林在伊朗首都德黑兰举行重要会议,至 12 月 1 日结束。会议决定从东、西、南三面摧毁德寇,保证战后持久和平,并商议建立联合国的构想。斯大林在这次会上表示:一旦打垮德国法西斯后,只要给苏联一定时间,苏联将立即参加对日作战。

11 月 29 日　第五十七师师长余程万电蒋介石和第六战区司令长官部称:第五十七师弹尽援绝,人无,城已破,职率副师长、指挥官、师附、政治部主任、参谋主任等,固守中央银行,各团长划分区域扼守一屋作最后抵抗,誓死为止,并祝胜利,七十四军万岁!

　　△　蒋介石电示孙连仲,令第七十九军以两个团于明日下午 4 时前,进入常德城,限第十军于明日拂晓攻击常德东南之敌,并令第六十三师以六个连星夜驰入常德解救第五十七师。

　　△　薛岳电李玉堂、方先觉,谓:敌与第六战区作战将一月,无论如何利害,已成强弩之末;我军援救常德,生不能救,死不能雪耻,将何以对先烈! 本长官决心剩一兵一卒,誓歼此敌,望传令将士,坚决苦斗!

　　△　下午 5 时许,薛岳电方先觉,常德危殆,已到最后阶段,立令周(庆祥)、孙(明瑾)师限 30 日午夜确占德山,一部到常德城南面,支援友军,勿违误! 夜 11 时许,薛岳再电方先觉,谓:常德巷战已到最后关头,着该军已占德山部队立派一团,带粮、弹,迅到常德城西南面,支援守军及入城协助。

　　△　拂晓,日军在常德东门外舞花洞、坐梡后街、箭道街、局北街、三板桥、罗祖庙与第一六九团展开激烈的巷战。副团长高子日指挥两个排新编的杂兵战斗,日机 20 余架又在城区上空轮流轰炸、扫射,晚11 时,东门碉堡工事被敌炮击毁,守军全部战死。

　　△　晨,日军对常德城轰炸、炮击、放毒、火攻,城区大火蔽天,街巷民房碉堡工事俱毁,第五十七师残余官兵几无立足之地,凭城西南角与敌厮杀。

　　△　拂晓,第十军周庆祥第三师向德山奇袭,日军第三师团一部500 人仓皇应战,反复争夺十数次,敌受创不支渡江北溃。下午 6 时,克复德山。未几,敌急由苏家渡、二里港增援 800 人反攻,激战五小时,不遑,即在外围筑堡固守。苏家渡双方激战,朱岳第一九〇师旋以主力经鹿角坪,绕扑石门桥以南七姑庙、姚家冲一带。敌分路迎袭,复由石门桥增援千余名反扑。该地区丘陵起伏,森林稠密,黑夜搏斗,难辨敌我,遂成混战状态。朱岳师被敌阻遏,未获进展。孙明瑾预十师于益家冲东西线与敌争夺激烈,陈团长受伤,杜副团长战死。

　　△　薛岳电令嘉奖第五十七师和第三师,谓:余程万师血战保常德,周庆祥师血战克德山,忠勇表天地。特奖余程万师 20 万元,周庆祥师 10 万元。

　　△　第一〇〇军军长施中诚致电蒋介石报告战况:本军赵锡田师一团已开始向桃源之敌猛攻,申刻突破三里阪、烈女观、金龙庙、刷尧桥坪线上敌阵地,一部攻抵南门口,我便衣队已入城中,敌正向城西小河北岸退窜中。

　　△　第六战区各部继续向日军攻击。第六十六军第一八五师一度

突入石门城内,与敌白刃拼杀,歼敌甚众。第七十七军第三十师一部攻占宜都。第七十四军第五十一师与敌争夺漆家河,失而复得四五次。第五十八师续攻黄石市,血战至 30 日晨,占领该市。第一〇〇军第十九师迫河洑北高地与敌争夺。

　　△　八路军鲁中军区一部配合地方武装,在新泰东土门伏击日军,毙敌 80 余名。同日,另一部进袭蒙阴东北朱庄,毙、伤、俘伪军 60 余名。

　　△　八路军山东滨海军区一部,今昨两日先后攻克诸城东南之万家庄、石坡头伪军据点,生俘伪军 100 余人。

　　△　苏中新四军一部在南通石港附近击毙日军山本大队长,毙伤日伪军 30 余名。

　　△　蒋介石在卡拉奇召见远征军空军李大队长,询问空军训练状况。当夜与蒙巴顿将军同赴蓝溪。次日,对中国驻印军万余人讲话。夜,启程回渝。

　　△　中共中央在延安举行招待陕甘宁边区劳动英雄大会,毛泽东、周恩来、朱德等接见全体劳动英雄。毛泽东发表《组织起来》的讲话,指出“我们用自己动手的方法,达到了丰衣足食的目的”,使“边区的面目为之一新”。提出把群众组织在变工队、合作社里头,成为一支劳动大军。

　　△　中共中央举行晚会欢迎途经延安返榆林的晋陕绥边区总司令邓宝珊和由太行区来延安之晋冀鲁豫边区参议会副参议长邢肇棠,李富春代表中共中央致欢迎词。邓宝珊讲话称:深为边区没有闲人闲地、民生飞速进步、教育改造二流子三事所感动。

　　△　中国印度灾情筹赈会捐募的第二批赈款印币 50 万盾,是日由重庆汇到印度。

　　△　西康省慰劳抗战将士委员会成立,电全国慰劳总会,急转第五十七师师长余程万暨全体将士慰劳。

11 月 30 日　晨,日军飞机轰炸常德中央银行第五十七师师部,并投掷燃烧弹。日军步兵从东、北、西门分别向大、小高山巷、局北街、中山南路、体育场推进。各处守军士兵全部英勇战死在自己的散兵作战位置上。入夜,日军继续火攻常德城核心地区。火海一片,映红了茫茫苍穹。

△ 湘北德山、常德车站战斗,第十军方先觉率第三师周祥庆、第一九〇师朱岳、预十师孙明瑾与日军第三、第六十八师团作战。第十军为支援常德会战,奋勇攻占德山、常德车站。

△ 史迪威将中国驻印军派出一部,由利多出发沿途掩护修筑利多公路。新三十八师(师长孙立人)自新背洋向太洛、于邦线推进,先后占领拉家苏、新背洋、宁边等地。此际敌我双方对垒之兵力,中国为新三十八、新三十二师与第三十师之第六十六团及战车队一营;英国为第十五军团;美军有突击志愿队 3000 人;日军则以第十八师团驻缅北,第十五、三十一、三十三师团驻缅中,第二、五十四、五十五师团驻缅西南。中国之新三十八师一部进至于邦附近时,日军抵抗甚力,新三十八师第一一二营一度被围经月。12 月底,新三十八师渡大奈河、萨老铺河,进至敌后作战,克复于邦,造成缅北第一次大捷。是役新三十八师战死官兵 300 余人,伤 400 余人。

△ 中美空军混合团开始作战,至年底共出动飞机 215 次,击落日机 41 架,炸沉日舰艇五艘。

△ 日军侵占云南腾冲界头后,筹设维持会,派警察四出监视人民活动,勒令各乡保长运送粮食供其食用,并且召开民众代表大会,大量散发传单、画报。广大民众自动罢市,不以物资供给日军。

△ 八路军鲁南军区一部配合乡东独立营急袭邹县附近日伪军据点将军营,毙、伤、俘敌 200 余人。

△ 国民政府任命美国人李度出长海关总税务司,丁贵堂副之。财政部为增加战时税源,在新疆迪化设立海关分关,丁贵堂赴迪化筹设。

△ 山东临沭农民周绍周兄弟二人,自动将他家在清宣统年间埋

藏迄今已几十年的两箱子弹 163 排,献给八路军山东军区第三分区部队。

11 月下旬　国民政府拟定《中美战时及战后经济合作方案草案》,提出对美国所需农矿产品尽量供应。战后特别注重利用美国财力、物力、人力。对美国所需物品,当增多输出换取外汇。计划战后向美国借款 40 亿美元,并欢迎美国在华合股经营工商业。

△　全国慰劳总会代表全国同胞电慰余程万师长及全体将士,谓:"本会除发动湘北各地民众积极慰劳外,谨代表全国同胞特申敬意,至希察照。天寒岁暮,为国加珍,续企捷音,不尽万一。"

△　晋察冀八路军一部在易县阜平山区和滹沱河一带,与日伪军战斗 60 余次,毙伤日伪军 350 余人,俘伪军 190 人。

是月　中共中央军委调整八路军晋绥军区领导:第一二〇师兼晋绥军区机关,贺龙任师长、关向应任政委;吕正操任军区司令员、林枫任政委。

△　川北各地展开学生从军运动。兵役署长程泽润谈,对服役学生将予以特殊训练,使服务机械化部队,从事军事技术或充翻译。生活待遇尽量使其合理化,并设法酌予优待。

△　西南联大教授会决议,该校本年度四年级学生下学期起全部征调战地服务,以服务成绩为下学期学业成绩。服务地区以云南、缅甸、印度各战地为限,工作性质大部为随军翻译。

△　桂林保育院 3000 儿童因吃不饱、穿不暖、没书读,有病没药吃,还常遭毒打、罚跪罚站,甚至开除,给报社写信,呼吁当局和有关方面:"可怜可怜我们吧!""看看我们过的是什么日子,看看表面上所看不出的痛苦。"

△　日军在湖北荆门附近强征壮丁 100 余,开往武汉。

△　4 月至是月,日本投资 1.93 亿元开发华北之石炭、铅、化学产品和铁等工矿业。

12　月

12 月 1 日　美、英、中三国政府首脑罗斯福、丘吉尔、蒋介石签署的《开罗会议共同宣言》(简称《开罗宣言》),在德黑兰会议上征得了苏联政府首脑斯大林的同意,是日,在重庆、伦敦、华盛顿同时公开发表。《开罗宣言》指出:三国作战之目的"在于制止及惩罚日本之侵略……剥夺日本自 1914 年第一次世界大战开始以后,在太平洋所夺得的或占领之一切岛屿,把日本侵占的领土如满洲、台湾、澎湖群岛等归还中国。日本亦将被逐出于其以暴力或贪欲所攫取之所有土地,使朝鲜自由独立。《开罗宣言》表示,三大国"将坚持进行为获得日本无条件投降所必要之重大的长期作战"。

△　蒋介石偕夫人宋美龄及王宠惠一行返抵重庆。

△　美、英、苏三国政府首脑参加的德黑兰会议结束,同时发表《德黑兰宣言》和《关于伊朗的宣言》。

△　蒋介石电孙连仲转第五十七师,谓:"此次守卫常德,与苏联斯大林格勒之保卫相等,实为国家民族之光荣,各关系援军即到,务必苦撑到胜利为盼。"

△　上午 9 时许,薛岳电第十军第三师师长周庆祥,谓:"常德巷战危急,该师无论如何牺牲,立占德山,立派一团速到常德城西南岸,支援守军及入城协助"。上午 10 时许,薛岳电方先觉、周庆祥,谓:"常德巷战万急,着周师立派敢死队 1000 名限下午 5 时左右冲至常德城西南岸,支持守军及入城协助,决重赏!"下午 3 时许,薛岳电令方先觉立率朱岳、孙明瑾两师"击破石门桥、放羊坪附近之敌,急到苏家渡、三里港作战"。下午 5 时许,薛岳电朱岳迅速击溃薛家铺、石门桥间地区之敌,进占苏家渡,协力周庆祥师作战。

△　第五十七师师长余程万派代副师长陈嘘云率参谋一人、谍报员六人,乘夜秘密前往常德城外长岭岗和第七十四军第五十一师第一

五一团联络;同时派便衣偷渡南岸前往德山同第十军第三师联络。

　　△　拂晓,日军第十三、第一一六师团一部在 20 余架飞机掩护下,由四面向常德中央银行第五十七师司令部进扑,20 余门大炮对着民房猛轰,团长柴意新、孙进贤率余部向敌反击六次。常德城东、南、北三面均受敌人炮击、火烧,阵地俱毁,只有兴街口经中山西路和大西门这一片的城区归守军掌握。下午 2 时,日机盲目狂炸,被击落一架。下午 4 时,日军用平射炮推进到各巷口,步、骑兵猛扑,下南门警察局、关庙后街北端、法院正街、小西门内的碉堡和守军均同归于尽。敌占领下南门向兴街口中央银行第五十七师司令部猛扑,守军凭仅有的残破碉堡工事和民房据点同日军搏斗。日军彻夜放毒气。

　　△　晨,日军第三师团集步、炮兵千余人,二度反扑德山,并大放毒气助战。第十军第三师沉着固守,敌屡冲不逞。师长周庆祥根据薛岳的电令,以第九团(附第八团一营)固守德山,第七团急冲常德西南岸,支援第五十七师,相继入城助战。入暮,第七团钻隙夜行,突进常德汽车南站,准备渡江北上,遭敌急围猛袭,浴血奋战,伤亡过半,众寡悬殊,冲杀竟夜,仍未解围。

　　△　第十军左翼预十师进至益家冲,当面日军增至 4000 人,以飞机、大炮猛轰,继驱步兵全线猛扑,未几,敌主力直逼师战斗指挥所,师长孙明瑾率部冒弹雨冲杀,身中四弹,午后 3 时,于益家冲附近殉职,参谋主任陈飞龙亦阵亡,副师长葛先才受伤,参谋长何竹本受重伤阵亡。卒伍失去统帅后,仍各自苦战入暮,移据齐公咀,战况稍缓,全师仅存600 余人。

　　△　毛泽东在中央政治局会议上说:我们现在的纲领很简单,就是无产阶级领导的人民大众的反帝反封建的革命,一切政治、经济、军事、文化都是如此。

　　△　八路军太行军区一部攻克河南辉县白土岗据点,全歼伪军一个连。

　　△　伪浙东税警团第三营第八连 62 人击毙连、排长后,携带武器

投诚新四军。

　　△　日机五架由浙江飞往福建建瓯投弹。2日,日机40架分三批窜江西吉安、遂川,仓皇投弹。同日,日机20架分两批窜粤北南雄,在郊外投弹。

　　△　上海市第三期"清乡"开始。"清乡"地区为川沙、浦南、浦北三县区域。成立第三期"清乡"指挥部,杜益谦为指挥官,姜西园为副指挥官,修筑封锁线长56公里。

　　△　日本海军省任命近藤信竹海军大将为中国海日本舰队总司令。

　　△　伪满决定实行第三次战时增税。同日,发布《矫正辅导院令》。

　　12月2日　拂晓,进攻常德日第十三、第一一六师团陆续增加,轰炸、毒攻,兴街口北头的守军被烟火熏死。日军在废墟上继续推进,距第五十七师师部门口约80米,营长孔溢虞率余部40多人同敌肉搏,全部战死。守卫在北门和文庙相接防地的第一六九团第一营营长杨维钧率10余名士兵实施反袭,全部战死。大西门的守军在日机火炮轰炸下也大部战死。保卫兴街口的第一六九团第三营从南到北,把守师司令部面前一端街道,敌猛攻师部后墙,双方相距几十米。此时,常德仅存五座完整房子,日军仍集中炮火射击。下午4时,大西门守军炮兵团长金定洲率余部30余人,向中山西路北侧杨家牌坊的日军作逆袭,给敌以杀伤,金团长负伤,其余全部战死。大西门乃由杜鼎团长固守。下午7时,师部无线电对外联络中断,师长余程万以下40人被敌200人包围,第一七〇团团长孙进贤率官兵20余人在街上与敌砍杀,余程万守卫师部门口的机枪阵地,所部20余人在师部门前战死。晚,余程万令孙进贤团长守卫师部大门,自己率余部与敌进行巷战。

　　△　第五十七师守常德,从11月18日外围战开始,至是日,鏖战15昼夜,敌空炸、炮击、毒攻、火烧,屹不为动。枪不继,代以梭标、石头、徒手血肉搏;人马少,增以伙伕、马伕、卫生队、政工人员及城内警察一部。弹尽粮绝、碉堡毁、房屋烧、城墙破,常德夷为焦土。全师及配属

部队共计 8529 人,仅存者 321 人。此役共伤、毙敌一万以上,虏获机枪 50 余挺、步枪 370 余支。

　　△　上午 9 时许,薛岳电余程万:"我大军正力歼外围之敌,望兄等坚忍沉着,必死则必胜,岳救兄急于自救也。"上午 11 时许,薛岳电令周庆祥:"兄与程万协力作战,望就近协定,应机而行,以求力保常德、德山两战略据点,则战局全胜。"

　　△　日军第三师团反攻德山。周庆祥师官兵坚守德山,死伤三分之一,处在兵单力薄、孤立无援、弹粮不继境地。半夜以后,日第三师团与第六十八师团清水旅团之一部(泽多大队)相配合,又对据守德山附近阵地的第三师 1500 人发起强攻。

　　△　根据中共中央指示,广东人民抗日游击总队改名为广东人民抗日游击队东江纵队(简称"东江纵队"),下辖三个支队,七个大队。曾生任司令员,林平任政治委员,王作尧任副司令员兼参谋长,杨康华任政治部主任,全军共 8500 余人。是日,东江纵队公开发表成立宣言及领导人就职通电,宣布接受中共中央领导。

　　△　八路军冀鲁豫军区第一分区一部在堂邑地区攻克伪军据点黄新庄,俘伪军 350 余人,缴获长短枪 300 余支。

　　△　豫北八路军一部攻克淇县、辉县间白坡岗据点,歼伪军一个连。

　　△　韩国外交部长赵素昂在重庆发表声明,感谢开罗会议保证朝鲜独立。

　　△　台湾总督府设地下资源开发本部。

12 月 3 日　蒋介石电令孙连仲、薛岳:无论常德状况有无变化,决依既定计划围攻敌人。第九战区速肃清沅江南岸之敌并准备以有力部队进出沅江北岸,策应第六战区之作战。第六战区之第七十四、一〇〇、七十九军应以必要一部肃清各当面之敌,以主力围攻常德附近之敌。以上各军暂由王耀武副总司令指挥。第十八军应继续南下截击敌人。

　　△　第五十七师突围转入常德城郊,常德失陷。晨2时许,余程万令第一七〇团团长孙进贤将防守南墙的士兵渡河在鲁家河集中,向德山一带策应迎接友军。又令第一七一团团长杜鼎率该团和炮兵团及师直属部队由南墙渡过沅江,绕到河洑附近迎接友军,并在南岸与孙团取得联系,互相策应。过江的部队和敌人遭遇,发生激战,孙团长负伤。余程万又决定以第一六九团余部附第一七一团的一部由柴意新团长统一指挥,留置城内,牵制敌人。渡江部队到南岸后,即迂回江边,在公路、沅江之间钻隙南进,到达鲁家河时只有240人,无武器者占三分之一。余程万即令孙、杜两团余部各编成一连,向李家湖前进,在长堤遇到敌人2000余,经过激战,第五十七师余部又死伤过半,仅存108人。下午4时,向罗家岗开拔,入夜到达。留城牵制敌人的柴意新团长守卫兴街口上一个堡垒,后遭敌炮击,碉堡被毁,柴团长率余部向敌猛冲,中弹殉国,高子日副团长以下仅余的一排人,分为数股继续牵制敌人。晨,日军陷常德,进城日军约1.5万人。

　　△　全国慰劳总会会长孔祥熙在重庆发表谈话,谓:最近的常德一役,第五十七师余程万师长率领全体官兵于敌人四面围攻之中,血战10余昼夜,不但予中国人民以无限的兴奋,亦为盟国人士所关切。本会亦定日内推派代表携带慰劳金驰往前线慰劳。

　　△　英伦敦《新闻纪事报》电称:"华军第五十七师保卫常德的事迹是战史上的一个最光荣、最惊险的插曲。"

　　△　日军占领常德后,急调2000余人渡江南扑,又由赵家桥、斗姆镇第一一六、第十三师团增调部队共8000余人合攻德山,与第十军激战竟日。

　　△　上午11时,日本中国派遣军总司令部接到第十一军发表"完全占领常德"的电报。总参谋长松井根据命令急忙向第十一军参谋长小园江邦雄拍电:"关于从常德返还的时机,要暂时待命。"

　　△　日本中国派遣军总司令部第一课高级参谋天野归任,向派遣军总部汇报:一、大本营最近考虑并耽心美国驻华空军对海上交通的破

坏日趋严重,如果现在不研究对策,就会妨碍作战。二、中央方面对美国驻华空军给予极大关注,形势剧变,开始研究摧毁中国西南部空军基地和打通纵贯大陆铁路等问题。三、要求派遣军于 12 月 15 日前,就有关打通纵贯大陆铁路作战的计划提出意见。畑俊六总司令官指示总参谋长等:"这是一件大事,要进行充分的研究",要慎重从事。畑俊六总司令在日记中有如下记载:船舶的损失越来越大,如果对此不采取对策,将有妨碍作战之虞。中央方面提议打通粤汉线,联结法属印度支那铁道,以确保南方交通,要求派遣军研究打通粤汉线和打通京汉线作战,但是这必须从满洲及日本内地抽调必要的兵力。

　　△　财政部核准抄发花纱布管制局《奖助商人抢购棉花内运办法》,凡五条。

　　△　立法院政务视察团第三分团团长吴尚鹰在桂林举行的招待会上说:"今年广东灾害严重,台山县饿死灾民 20 余万人,开平县饿死灾民 10 余万人。"

　　△　中国访英团抵伦敦。5 日,英议会上下两院及政府机关分别招待该团。7 日,旁听英下院辩论战后经济计划。8 日,访伦敦市长。13 日,艾登接见访英团。14 日至 23 日,游历伯明翰、利物浦等地,参观工厂、学校、团体,与各界人士晤谈。24 日,返伦敦。29 日,英皇接见访英团。

12 月 4 日　军令部根据蒋介石的电令作如下部署:第四十四军第一六一师应确保桃源,其太阳山、太浮山部队,除各留一部外,太阳山其余部队即向石板滩、临澧间及鳌山、渡口一带,太浮山其部队即向临澧、澧县间及青化驿一带,破坏公路交通截击敌人。暂六师应继续先围攻常德,在桃源之施中诚军长即率第六十三师向陬市附近推进。第七十三军肃清当面之敌,即在羊毛滩附近整理待命。第一八五师攻占石门后,应速以一部向津市、澧县截击敌人。第十八军应仍渡澧水进击临澧附近;第六十六军应速将当面之敌扫荡后,向东进击,恢复原阵地。

　　△　下午 1 时许,薛岳电周庆祥,谓:"兄应血战,保守德山,战局已

全胜,我各路大军均已猛进歼敌。"

△　第九战区援救常德的后续兵团第五十八军,从兴隆街直攻二星岗和德山,第七十二军压迫日军在沅江南岸。同时,两个军渡江会攻常德。

△　晨,进攻德山日军第十三、第一一六师团与守军第三师厮杀愈烈,敌以枪炮疯狂轰射,又施放毒气。第九团南面阵地悉炸坏,营长周至清以下官兵阵亡。团长张惠民率杂役兵冲杀,张团长英勇殉职,所部战士亦战死。敌后续部队不断增加,守军兵单且无预备队,益感危迫,师长周庆祥急令师部传令杂役兵悉入阵,血肉搏斗。黄昏后,卒以粮弹不继,军援未至,阵地被敌突破。次晨,守军伤亡几尽,余部遂突围转战德山南,德山失陷。

△　中共太岳区党委决定派八路军第一二九师第十七、第七七二团各一部,开辟中条山西部地区。

△　日本中国派遣军总司令部继续就打通纵贯大陆铁路作战要领及确保常德要领等问题进行研究。午后,通过确保常德及其他有关决定。为了了解第十一军的意见,高级参谋天野由南京出发去观音寺军战斗司令部。5日,天野到达军战斗司令部,与第十一军司令官横山勇、高级参谋武居举行会谈。第十一军的意见是:关于确保常德,纵令把第三、第十三师团按原来由军隶属留下来(当是预定这两个师即将调往南方战场),由于兵力所限及其他原因,也是缺乏信心。因此,不希望确保常德。这次暂且回原驻地,等以后再出发,希望按预定于12月11日前后开始返还原驻地。天野按总司令部原来的指定原则暂时同意第十一军的意见,同时把这个意见电告总司令部。6日,天野回到南京,又向总司令部汇报同第十一军会谈的情况。于是总司令部不得不决定放弃常德,并向第十一军拍电,命令在适当时机开始从常德返还。

△　鲁中军区八路军一部向北沂蒙之日伪军发起进攻,经四天激战,收复东里店等20余处,攻克石桥等地据点,共毙、俘、伤日伪军1100余人,缴获轻重机枪21挺、步枪800多支。

　△　国民政府公布《国民义务劳动法》,凡六章 29 条,《国民工役法》着即废止。

　△　国民党中央执行委员、湖北省临时参议会议长石瑛在重庆病逝。

　△　日机五架轰炸扫射浙江定海东岙镇,死伤 28 人。

12 月 5 日　第二十七集团军副司令欧震指挥的后续兵团第五十八、第七十二、暂二军(欠暂八师)急抵沅水两岸战场。薛岳改变部署,以鲁道源第五十八军由兴隆街、放羊坪直扑二里岗、德山;傅翼第七十二军由发旺桥、兴旺桥、道林寺以取斗姆镇、裴家码头,压敌于沅水南岸,再渡江会攻常德。两军战斗地境为长茅岗、罗家冲、张家湾、蒋家湾、黄石港、鲁家河之线。又以古鼎华暂编第二军为总预备队,集结兴隆附近。

　△　晨 6 时,余程万率余部由毛家渡向西北迂回,下午 5 时到达毛湾附近,深夜 2 时与洞庭湖警备司令部的联络员取得联系。6 日拂晓,余部向毛湾前进。

　△　晚 9 时许,薛岳电令王耀武、施中诚、汪之斌、王甲本四军长:"排除万难,不顾一切,向常德急进,共歼此敌。"晚 11 时许,薛岳电令欧震:"此番歼敌关系最大,望立传鲁道源、傅翼、王作华诸兄,督励将士,奋勇杀敌,立功报国!"

　△　驻葡萄牙公使张谦向葡总统嘉慕那呈递国书。

12 月 6 日　第五十八军二路并进,萧本元新编第十师占赤岗碑、高家港线,侯镇邦新编第十一师占太平桥、放羊坪线,嗣即会攻詹家湾、芭茅堤、蒋家坪一带,激战二小时,压敌第三师团至八斗湾、七斗冲、二里岗、毛湾诸地。侯师又乘胜追进德山,萧师逼苏家渡;第七十二军新编第十三师挺进兴旺桥、道林寺、胜家桥。日军第十三师团进逼黄石港、沙市港、裴家码头,奋战至 7 时。晚,日军北渡沅水溃走。江涛新编第十五师推进枫林口、徐家坪、凤凰山附近。

　△　第五战区一部克复信阳。

　　△　八路军山东军区司令员兼政委罗荣桓、副政委黎玉、政治部主任萧华签署命令:褒奖鲁南军区和滨海军区及费西、赣榆两战役有功将士。

　　△　国家总动员会议奉令组织经济检查队,自是日起检查国内各公私银行仓库堆栈。当日查获四川江北县银行仓库内及该行公文柜内,藏有价值约在 200 万元以上之囤积货物。

　　△　夜,日军包围河北省平山县第四区柏叶沟,毒打威胁群众,要其说出八路军和粮食在何处,百余群众宁死不屈遭敌惨杀。

　　△　陈公博和日本公使田尻分别发表谈话,宣布上海市从 12 月 8 日起,开展回收废金属运动,第一期回收铁类三万公吨、铜类 500 公吨,以及铅、亚铝、钨等。

　　12 月 7 日　第五十七师余程万所部占领毛湾,下午 8 时与第二期增援的第五十八军新编第十一师第三十二团李团长相见,商讨反攻常德城的计划。晚 12 时由毛湾出发,第五十七师的百名官兵引路,由平原直线上行,深夜 1 时,摸到乌峰岭的山脚下,第三十二团的迫击炮对准敌机枪阵地猛轰,第五十七师余部加紧抢渡,主力直扑德山市,第三十二团续后,向岸边猛扑,全部登陆后于 9 日晨 1 时占领了德山市大街口。第五十七师余部,沿沅江北岸直袭黄木关,后冲进岩垭。

　　△　日军在常德战场任和坪用山炮、迫击炮向第十三师傅家庙阵地发射毒弹 500 余发,我军 100 余人中毒。

　　△　晋察冀八路军一部在河北省抚宁县曹西庄,与抢粮之日军展开激战,毁其坦克、汽车各二辆,毙日军十余人。

　　△　浙东宁波、余姚之日伪军 2500 余人,向四明山区"扫荡"。新四军一部予敌以猛击后,迫使日伪军于 12 日溃窜原防。此役毙伤日伪军 190 余人。

　　△　军事委员会任命张文清为第二十五集团军副总司令。

　　△　国民政府修正公布《敌国人民处理条例》,凡 22 条及《敌产处理条例》,凡 14 条。

△　　中共中央西北局决定关中分区成立友军工作核心领导小组，由张德生、汪锋、文年生三人组成。

△　　日军在河北省曲阳县贾口村"扫荡"，屠杀群众 120 余人，烧毁民房 800 间。

△　　日本中国派遣军总司令部向日本大本营电告打通大陆作战计划（又称《大陆纵横铁道作战指导大纲》）。计划分前言、作战指导大纲方案、说明要点等。"前言"中说："此次作战能否实行，对派遣军尔后作战意图影响至大，如果可能，请在 12 月 12 日前予以指示。""说明要点"最后部分是："为打通湘桂、粤汉作战，大本营希望在'ヨ'号作战结束后确保常德。研究结果确定，由于兵力及其他原因，仍按原定计划将其放弃，恢复原态势，在打通作战需要时，再从现占领地出发。"

△　　罗斯福总统在开罗致电蒋介石，谓：经过同斯大林元帅会商后，我们将于明年晚春在欧洲有一大战，可望能在明年夏末结束对德战事；但因是之故，遂使吾人不能供应足量登陆艇于孟加拉湾，实行两栖作战，以支持缅甸之战略（即以降落伞部队向印道进攻，以陆军自利多路取密支那，另以四团在更的宛河畔登陆）。在如此情形之下，阁下是否仍照原定缅甸计划进行作战，或将缅甸计划延至明年 11 月，庶大规模之两栖作战可以实现，至于越峰运输之陆空军供应，则在集中努力之中。17 日，蒋介石电复罗斯福总统，谓："所拟变更作战方案，已与史迪威将军商讨……倘登陆部队所需之舰只，不能依照原定计划集中，则依阁下之建议，将海陆全面攻势展至明年 11 月，较为妥适。"

12 月 8 日　　第五十八军侯镇邦新编第十一师猛袭德山，中美空军协助作战。敌十三、第一一六师团凭险顽抗，以重机枪、迫击炮阻射。侯师则以空、炮交压，助工兵先破除障碍，杀开冲锋路，步兵匍匐跃进、俟近距离掷手榴弹，敌伤亡甚重。午后，克复德山市。

△　　日本中国派遣军总司令部接到第十一军的电报，内称"鉴于常德南方已无敌人的冲击，决定返还"。同时又接到大本营参谋本部参谋次长的电报，斥责说："本作战对全军作战影响极大，因而不能简单决

定。而且有关如此重大作战意图,绝不可用电报形式报告。"9 日,中国派遣军总司令部电告参谋本部,表示接受上述批评。

　　△　盘踞浙江余姚日军窜扰大岚夏家岭,烧毁房屋 474 间,烧毁华山黄家庄民房 59 户,大岚蜻蜓岗村民房 18 户。此后,9 日、10 日、15 日又继续在余姚各村庄杀人、放火、奸污妇女。

　　△　新四军粟裕师一部猛袭苏中泰州运粮河,歼伪军四个连。次日,乘胜出击,在美堰附近,毙、伤、俘伪军 400 多人,缴获步枪 250 余支。

　　△　日军决定从即日起至 1944 年 1 月 9 日,在日本、伪满及中国其他沦陷区开展所谓"大东亚青年总蹶起运动",以榨取青年的劳动力,消除青年中的厌战反战情绪。

　　△　伪满实行所谓"协和必胜飞机献纳运动"。

　　12 月 9 日　蒋介石电薛岳、孙连仲,下达追击令:常德之敌已动摇退却,仰捕捉好机截击猛追,以收歼敌之效。追击间,两战区作战地域为河洑、石板滩、长岭岗、鳌山、新洲之线。两战区之追击目标,为长江沿岸之线。

　　△　拂晓,第五十八、第七十二军急渡沅江会攻常德。侯镇邦新编第十一师郑团分击常德东北门,别部击南门。江涛新编第十五师一部击常德西门,三面围击日军。上午 10 时,侯师一部突入东门,一部攀城入西街,敌竭力顽抗,炮火炽盛。江、侯部官兵激烈巷战,死伤甚重。黄昏后,侯、江部占领东南街,日军仓皇突围北逃。常德城在陷落六天后,重新为中国军队收复。

　　△　日军第十一军按预定计划作出决定,从 11 日开始返还,并向中国派遣军总司令部报告此项计划,同时下达返还的命令,即令各部首先于 12 日到达石门、合口、澧县附近的澧水南岸一线。

　　△　陈立夫在重庆约集军政部次长张定璠、政治部副部长袁守谦、三青团副书记长胡庶华、军训部处长杜心如、兵役署署长程泽润、青年干部学校教育长蒋经国,以及中央大学、武汉大学、西南联大等校在中

训团受训之负责人,共 40 余人,商讨学生从军及学校军训问题。陈立夫声称:曾因军事机关或部队之需要,征集在校大学生约 8000 余人,为倡导学生自动从军,将由军政部、军训部、政治部、航空委员会、青年团及教育部共同组织机构,商洽办理。

△ 毛泽东在延安邀请 17 位劳动英雄座谈生产经验,鼓励他们要将这些生产经验在群众中广泛宣传。

△ 甘肃省南部拉卜楞保安司令黄正清,率拉卜楞寺所属 108 寺藏族僧民向元首致敬团抵兰州。28 日,赴宝鸡转重庆。翌年 1 月 9 日向国民政府献飞机 30 架,向蒋介石献旗、致敬。

△ 国民参政员马乘风致函孔祥熙,斥责国民政府推行的烟类"统筹配销"等办法之弊病。函称:统制之害已使物价高涨民怨沸腾。今日又宣布烟类统筹配销办法。请问在今日人力财力困难条件之下凭什么办到?除了扰乱商人视听,破坏正常营运以外,连一点好的结果也没有。眼看着一群世故不通的书呆子凭空想玩花样,把商人制死,税源打断,真是痛愤万分。

△ 驻哥斯达黎加公使涂允檀到达圣约塞。17 日,向哥总统递交国书。27 日,哥国会通过废止限制华人移民律。

△ 日机 13 架窜扰桂林,在广西梧州投弹。次日,日机九批 60 多架经湘阴、长沙等地窜衡阳、零陵投弹,并与中美空军发生空战,日机一架被击落,三架负伤。

△ 第四集团军高级参议、共产党员许权中和第三十八军垦区主任任耕三(中共党员),在陕西省郿县槐芽洪水沟,被胡宗南部的特务暗杀。

12 月 10 日 中国政府和加拿大政府同意互将使节升格为大使。

△ 军事委员会任命马法五为冀察战区副总司令。

△ 重庆欢送首批参加赴英运输团的 2000 运输工人赴印度。

△ 侵占湖北公安石门咀日军马队 100 余人,在公安县三省桥杀死、烧死村民 73 人。

12 月上旬　蒋介石令童子军总会改隶三青团。

△　苏北新四军第三师一部猛攻日军第六十四师团第四十五大队，收复遭敌蹂躏将近 10 个月的阜宁城。

△　英国联合援华募款运动的第四批募款 15.5 万英镑汇交宋美龄。宋美龄设立以王宠惠为主席的顾问委员会，负责将捐款分配到各救济慈善机关。

12 月 11 日　日军第十一军各部开始返还。第三师团向新安、合口附近撤退，第十三师团向石门附近撤退，第一一六师团向澧县附近撤退，第六十八师团向津市附近等澧水南岸一线撤退。

12 月 12 日　中韩文化协会举行首次讲演会，邵力子主讲《韩国独立与世界和平》，赞成开罗会议保证朝鲜独立自由的声明。

△　中午，日军第十一军向中国派遣军总司令部电告，从常德开始返还。各部队都在没有受到守军大的追击情况下，有秩序地进行返还。第十三师团开始渡过澧水。下午 2 时 45 分，中国派遣军总司令部向大本营发电，告知"十一军已于昨夜（11 日夜）从常德开始返还"。晚 10 时 20 分，派遣军总司令部收到了大本营发来的有关确保常德的电令（"参电第 279 号"），其内容如下：关于打通作战问题，经研究结果认为，将来在进行该作战时，按"总参一电第 678 号"宗旨确保常德附近对我方是有利的。关于该项作战目前正在研究。至于第三、第十三师团的延期调出问题，也正予以考虑。当前务必努力确保常德附近。晚 11 时 30 分，派遣军总司令官畑俊六打电报给第十一军司令官横山勇（"总参一电第 720 号"）："中央的意图如参电第 279 号，派遣军目前准备确保常德附近，望将贵部之现状及根据上述意图的作战指导方案火速电告。"夜里，第十一军接到上述"参电第 279 号"的电报。接着，又在 13 日凌晨 3 时接到"总参一电第 720 号"电报，实感意外。被迫命令主力停止向澧水南岸前进，同时向派遣军总司令部拍电（"吕战参电第 X 号"）："军已于 11 日夜全面开始返还，主力正向澧水南岸，第十三师团正向王家厂前进中，接到总部来电，乃于 3 时下令停止前进。军主力在

澧水南岸整理态势,准备下一步的攻势。"

△　日黑田部队在河北省平山县东西岗南进行惨绝人寰的大屠杀,一天内杀我同胞 138 人,重伤 12 人。

12 月 13 日　王耀武致徐永昌电称:此次进犯常德之敌有日军七个师团,另伪军五个师,总共为十余万人。其目的在攻占常德,威胁长沙,规模浩大,不亚于历次长沙及前次鄂西会战。第七十四军以一师固守常德,以两师与敌搏战于常德外围,敌众我寡,实力为三与一之比。自 11 月 16 日即与敌发生激战,反复冲杀,争夺之烈,实所罕见。迄 30 日常德城内核心阵地,已悉数被敌之机炮炸毁,我官兵虽无立足之地,惟仍淬励忠愤,与敌继续肉搏。至 12 月 3 日因弹尽援绝,始移至城郊先占据有利地形,继续与敌冲击,血肉横飞。迄 6 日,敌以伤亡惨重,又因后方交通线绵长,且不时遭我截击,乃开始总崩溃,迄 12 日残敌已全部被我肃清。

△　第七十九军第六师克复盘林桥、羊毛滩、临澧,第一八五师克复石门。

△　军事委员会任命马步銮代理第八十二军副军长,谭何易为第八十四军副军长,顾锡九任第八十九军军长,王照堃为骑兵第二军副军长,马呈祥代理骑兵第五军军长。

△　八路军太行军区第七分区一部向河南辉县以西薄壁镇进攻,至次日晨,共歼伪军 200 余人。

△　日军在广东揭阳官硕血腥屠杀,杀死 400 多人,伤 300 多人,毁民房 1200 多间、大祠堂三座。

12 月 14 日　三青团中央团部在重庆举办知识青年从军运动讲演大会,是日起分别由陈立夫、梁寒操、邵力子、黄炎培等主讲。

△　军事委员会任命马润昌为新编第八军副军长。

△　中共中央书记处召开会议,决定由任弼时、刘少奇、朱德、彭德怀等组成政治工作委员会,以任弼时为主任。

△　西北建设考察团在甘肃武威、张掖、玉门、敦煌及新疆迪化、哈

密、伊犁及南疆各地考察后,抵达甘肃天水整理资料,编制报告。

12 月 15 日　国民政府明令嘉奖川、康、滇、皖、陕、浙六省,努力完成粮食征借。

△　教育部学术审议委员会举行会议,陈立夫报告教育设施。次日,通过决定部聘教授人选,审议学生志愿服役办法暨修正审查学术奖励作品及给奖标准等决议案 23 项。胡光炜、冯友兰、刘仙洲、徐悲鸿等 15 人被定为部聘教授。

12 月 16 日　陕甘宁边区第二届劳动英雄代表大会、边区生产展览会闭幕,朱德、林伯渠、李鼎铭等参加大会并讲话。25 名劳动英雄得到特等奖。大会通过宣言,指出一年来边区作到"猪羊满圈、骡马成群、瓜菜满地、粮食满囤",真正实现了丰衣足食,明年计划做到"耕三余一";决心"组织起来,加紧生产,保卫边区"。会议期间,毛泽东请 29 个县的劳动英雄到杨家岭聚餐,交谈如何完成明年的生产任务。

△　国民政府令:浙江省临时参议会第二届议长陈屺怀因病出缺,遗缺由朱献文继任。

△　第七十二军和新编第十五师追敌至新洲。至是日,第九战区援救常德之战结束。

12 月 17 日　国民参政会驻会委员会举行第五次会议,邵力子报告访英团在英活动情况,代读外交部书面报告,曾养甫报告最近交通设施情形并通过请行政院拨款救济湖北、湖南受灾人民的决议。

△　国民政府公布《战时地籍整理条例》,凡 18 条。

△　美国总统罗斯福签署《废除限制华人入境办法》。次日,签署《麦纽逊法案》,允许中国移民每年 105 人入美。

12 月 18 日　蒋介石授权美国将军史迪威指挥中国驻印度军队。21 日,史迪威到达胡康河谷的新平洋,视察中国驻印度新编第三十八师第一一二团。

△　中国政府与古巴政府《友好条约》在哈瓦那互换批准书。

△　军事委员会任命潘左为第五十军副军长,王光汉、孙启人为第

八十九军副军长,刘鉴秋为第九十二军副军长。

△ 退至澧水北之日军为掩护铜山山脉日军之北渡,复纠集三四千人由王家厂、暖水街分八路向第十八军迭施反扑,俱经挫败。第十八军乘势猛击。迄 20 日,将津市、澧县、合口、新安、王家厂、暖水街、任和坪、枝江、洋溪相继收复。日军遗尸东溃。其由赤溪河败退之敌,经卸家坪时遭第五十八军新编第十一师一部伏击,伤亡尤重。

△ 国民党中央执行委员、陆军上将、军事参议院院长陈调元病逝。12 月 31 日,国民政府特派李济深为军事参议院院长。

△ 日机 40 多架分两批窜入云南,在蒙自附近和昆明东南投弹射击。其中一批与美军发生空战,被击落四架。

△ 日本中国派遣军总司令部下达命令:第十一军自今日起,选择适当时机从澧水附近的现在战线撤离,恢复原态势。

△ 日军第十一军下令各部队再度开始返还行动。21 日、22 日各部队分别到达松滋河右岸地区。第十一军主力在第十三师团的掩护下,经过船舶部队的协助,于 23 日、24 日渡过扬子江,1944 年 1 月初分别返还原驻地,常德作战结束。

△ 日本中国派遣军畑俊六总司令在日记中供认:此次常德作战中国军队防备坚固,日军损失甚大,参战总兵力五万余众,而伤亡、患病达一万人。需要恢复战斗力,而且前后方补给线也只有一条,再夺回常德是很难立即做到的事。

△ 丘吉尔首相驻中国战区统帅部特任军事代表魏亚特中将抵重庆。23 日,在招待报界会上,谈来华任务是:传递丘吉尔首相与蒋介石之意见。答复询问是否有派盟军在中国与日军进行坦克大战之必要时称:“余以为中国适宜之地势甚多,中国军队可任意择地作战。”

△ 印度教授杜鲁瓦拉应中央政治学校的聘请到该校讲学,是日飞抵重庆。

12 月 19 日 史迪威电马歇尔,请由罗斯福总统电蒋介石,迫中国云南出兵。21 日罗斯福总统致电蒋介石:“余仍信在雨季开始以前,打通中缅陆路补给线之工作仍甚重要。蒙巴顿现在集其物力,发动大规模之空战","望贵国云南军,作战北缅,以支援英美部队由印度之前进。"

　　△　日机38架,自缅甸窜入云南空军基地,炸毁机场部分跑道。日机被击落九架。

　　△　汪伪政府周佛海系之税警总团第二大队百余人,与陈公博系在上海之税警团发生内讧。

　　△　汪精卫在南京日本陆军医院施行手术,取出八年前国民党四届六中全会时,被南京晨光社记者枪击的背部残留子弹。

　　△　伪满二龙山水库动工。

　　12月20日　晨9时,何应钦在中枢纪念周报告国内外战局及湘鄂战事概况,谓:就军事方面情况言,中外各战场敌我形势均已改观,尤以此次常德大捷,益使吾人倍愈兴奋。

　　△　苏中新四军粟裕师一部长途奔袭兴化东南之高家荡,将驻守该地之伪军独立团全部歼灭。

　　△　太行八路军一部在河南辉县的山怀村,歼灭伪军一个中队。

　　△　中外记者暨美、英、法盟邦武官一行30余人观战团抵常德。沿途所经农村均被日军焚毁,人民被杀者与妇女被奸者数以千计,常德城郊皆毁于日军魔掌。县长戴九峰对记者称:常德县城及近郊,平时居民约16万人,现已回家而经安顿者方3000人,均宿临时搭造的棚内。

　　△　行政院颁发《新年及春节节约办法》,禁止印寄贺年片。

　　△　张奚若教授在昆明西南联合大学讲演《中国宪政问题》,抨击国民党的所谓研讨宪法草案,指出:"宪政的目的是法治与民治,而尤其是民治这方面。宪政是要把人当人看,而不是当'奴隶',当牛马,当作政府的'工具'来看待的。""只有空洞的宪法而没有老老实实、货真价实的宪政,那怕是十个、百个宪法都没有一点用处的!我们所要的是宪政,而不是空洞的宪法!"

　　12月21日　蒋介石致电斯大林,贺苏联红军建军节,称:和平"必先摧毁东西轴心之武力"，中苏两国"必本同舟共济之精神，作呼应合作之努力"。

　　△　军事委员会任命高倬之为第三十四军军长。

　　△　重庆文化界、妇女界、律师界与上海法学院、育才学校师生及各党派人士 400 余人举行茶会，庆祝沈钧儒七十寿辰。董必武、郭沫若、陶行知、左舜生等出席并讲话。

　　△　日军退据敖家嘴、西斋、刘家厂之线，续图顽抗；中国军分途猛追，至 25 日，进占汇口、清水港、于家台；进抵澧县、孟溪市、彭家厂等附近，先后攻占公安、杨林市、狮子口、申津渡、茶园寺、松滋、磨盘洲、新江口、米积台、沙道观、百里洲，续向藕池、黄金口、斗湖堤、弥陀寺挺进，完全恢复会战前之态势。

　　△　重庆中央社报道：常德争夺战中，仅就湖南第四行政区（包括九个县 300 万人口）统计，受灾民众达三四十万，常德一隅损失财物达 47.5 亿元以上，被害、被奸、被掳之男女及儿童达万余人。另据长沙《大公报》记载：常德被杀民众约 3300 名，被奸妇女 5080 名，被掳妇女 180 名，因奸致死妇女 180 名，被掳男子约 3400 名，被掳儿童 320 名，总计 1.144 万余名；被毁民房约万栋，商家 7000 余户；连同常德附近死难民众共达 5.326 万人，重伤 1.0754 万人，轻伤 18.4907 万人。

　　△　美《纽约日报》特约记者电称：常德已经从地面上毁灭了。这里举目尽是烧焦的围墙、残留的砖瓦与积灰堆而已。城外两间西班牙修道院在中立的西班牙国旗掩护下幸而保存了。除此以外，要想在这个曾经有过 16 万人口六万家的城里寻一有未经摧残的东西，实在是难乎其难。

　　△　伪满公布《国民身份证法》，15 岁以上人员均领身份证。

12 月 22 日　自 11 月 2 日至是日，常德会战历时 50 余天，战斗非常激烈。据何应钦《八年抗战之经过》中公布的数字，日军伤亡官兵四万余人。中美空军以恩施、芷江、衡阳、白市驿、梁山为基地，集结各种轰炸机及驱逐机约 200 架，先后出动 261 次，使用轰炸机 280 架次、驱逐机 1467 架次,以轰炸及扫射常德、藕池口、石首、华容等处日军人马、物资、仓库、码头、船只。空战中击落日机 25 架。

△ 军事委员会任命王克俊为第四十九军军长,万保邦代理第六十军军长。

△ 中共中央书记处召开会议,讨论反特务斗争问题。毛泽东在会上指出:对特务分子也要分清重要的与普通的,自觉的与被迫的,首要的与胁从的。

△ 国民政府任命杜佐周为国立英士大学校长。

△ 昆明空战,盟军飞机击落日机 20 余架。

△ 伪满拟定《村建设纲要》。

12 月 23 日 蒋介石电复罗斯福总统:"缅战为中国生死存亡问题,如无南缅大军登陆协助,则驻滇部队入缅作战,只是自取灭亡。此种计划,予实不能同意。"

△ 军事委员会任命第二十九集团军副总司令彭位仁兼第七十三军军长。

△ 孙连仲致电蒋介石转报常德会战中第一〇〇军第六十三师第一八八团邓团长擅自携眷自德山撤逃,将该团化整为零向黄土店西南桃花溪一带活动,致使第五十七师陷于孤军苦战之不利态势,请将该团长"先行撤职解黔江军法执行监部依法审办"。1944 年 2 月 21 日,孙连仲再电蒋介石请求"议处"。

△ 第六战区一部收复松滋。

△ 汪伪最高国防会议决定撤销第一集团军,特任李长江为军事参议院上将副院长,何廷祯为国民政府政务参赞,特派项致庄兼第五集团军总司令。

12 月 24 日 蒋介石对全国伤病官兵发表广播讲演,称:决定从明年元旦起,约请各地教会的教士来对你们讲解"做人的真理","安慰你们的精神","我祷告上帝和耶稣基督,使你们能早日解除痛苦,恢复健康"。

△　军事委员会任命谢辅三为暂编第四军军长,张信成为副军长。

△　国民党中央党史史料编纂委员会是日起在重庆沙坪坝举行党史展览三天。

△　驻印军新编第三十八师第一一二、第一一四团及炮兵队攻击于邦日第十八师团第五十六联队的阵地,黄昏时占领于邦,为缅北反攻战开创胜利的记录。日方供认"损伤惨重"。

△　陕甘宁边区政府委员会举行会议,总结检查政府一年来施政工作,确定明年工作方针。到会有政府委员林伯渠、李鼎铭、萧劲光、高自立、刘景范、南汉宸、柳湜、贺连城、毕光斗、霍子乐、高崇珊、白文焕等,谢觉哉、崔田夫及各厅、处、院、行负责人 26 名亦列席参加。

△　美军第十四航空队出动飞机袭击广州附近日军机场,炸毁跑道设备。空战中击落日机 20 余架,美机损失一架。

12 月 25 日　军事委员会任命陈颐鼎为第七十军副军长,张言传为第八十六副军长。

△　国民政府授予宋美龄青天白日勋章。

△　中、中、交、农四行联合办事处总处向国家总动员会议检送《民国三十三年度(1944)推行储蓄业务计划纲要》及《全国节约建国储蓄运动三十三年度竞赛及核奖办法》,希望随时惠予协助俾利进行。计划纲要提出推行目标,三十三年度储蓄总额应增至 130 亿元。

△　国民节约献金救国运动总会会长冯玉祥在成都报告赴各地劝导节约献金情形,谓:自 11 月 8 日至是日献金总额已达 1400 余万元,"各界莫不热烈响应"。

△　行政院公布《战时保险业管理办法》,凡 25 条。

△　中国童子军总会在重庆举行创始三十一年纪念大会,蒋介石检阅并讲话。据称全国童子军已达 60 万人,约 4000 余团。

△　第六战区一部收复公安县。

△　四川革命先烈张培爵纪念碑在重庆市炮台街沧白堂外举行奠基礼。当日,炮台街命名为沧白路,新生路命名为邹容路。

　　△　日本召开第八十四届议会，日皇裕仁参加并发表讲话，谓："彼我之攻防愈急，战局非常严重"，号召臣民"万众一心"、"和衷共济"。东条报告陆军战况时称："敌人反攻日益走向大规模"，要求国人增产飞机与船舶，以挽救危局，28 日再次演说，要求国人"避免磨擦"。

　　12 月 26 日　蒋介石以中央政治学校校长身份，主持该校大学部第十二期学生开学典礼并讲话，要学生"特别注重精神之修养"。

　　△　第六战区司令长官部在《第六战区常德会战战斗要报》中，披露日军在常德会战中前后共使用毒气 74 次，其中在常德城及其附近就有 35 次，常德守军第五十七师被毒 32 次。

　　△　淮南新四军地方武装胜利出击，攻入盱眙城，摧毁伪县府，俘伪官员 47 名。

　　△　国民党山西省党部主任兼省政府主席赵戴文病逝。

　　12 月 27 日　军事委员会任命高建白为第十七军副军长。

　　△　中印公路利多至新平洋段完工。次日，新编第三十八师攻占孟关西北重镇于邦。

　　△　驻山西省汾阳、文水、交城、离石的日军，联合围袭三道川中庄地区，抓捕 133 人，全部用火烧或用石头砸死，烧房千余间。

　　△　日机 18 架窜袭韶关，在市内外投弹，市民数人伤亡。同日，日机 20 多架分批由粤境窜袭江西省遂川、泰和、吉安、临川等地，其中四架被击落。

　　12 月 28 日　中国驻印军分两路向缅北进军。新编第三十八师为左纵队，向太白家、甘家之线攻击；新编第二十二师之第六十五团（加强）为右纵队，向大洛攻击。12 月 31 日，第六十五团附工兵一营自新平洋出发，渡过大龙河，逐段开路，克服困难地形，沿途驱逐日军小部队，至翌年 1 月 21 日开始向大洛之日军攻击。

　　△　云南省赈济会向国民政府赈济委员会呈报关于云南省旱灾惨状，称：云南 130 多个县中有 90 余县遭受旱、霜、冰雹和虫害等灾，不少地区收成仅为去年的二三成，灾民数百万。"诚为滇省百年来未有之现

象"。思茅、陆良等县已发生"饿死百余人,饥民遍野,同类相食之惨况"。

　△　四川烟叶示范场就各区烟叶滞销烟农破产惨状致电财政部,略称:"烟农痛苦已臻极限,有地主索租不得迫令解佃几至悬梁投井者","有冷釜断炊惟对烟哭泣者,有愤激铲去翌年烟苗誓不再种者","近日米价飞扬,百物高涨,一般烟农惶恐异常",请求迅谋具体解决办法。

　△　伪满公布《临时邮政取缔法》。

12 月 29 日　行政院参事张平群在招待外国记者会上谈学生从军,称:此"似系一新的运动",过去数周来约有二万名学生自动投效,其中大学生二三千人。拟在重庆、成都设立两训练团,经初步训练,而后赴印度参加远征军。据统计,中国 4.5 亿人民中大学生仅有 6.4097 万人,高中学生 11.6771 万人,初中学生 58.6985 万人。

　△　国民政府免去沈鸿烈国家总动员会议秘书长,特派端木恺代理国家总动员会议秘书长。

　△　下午 3 时,日军第十一军以电报的形式("吕战参电第 639 号")向中国派遣军总司令部报告常德作战的战果及损失,内容如下:一、日军第十一军全歼中国军队 13 个师(第七十三军所属暂编第五、第十五、第七十七师,第十军所属第三、第一九〇、预备第十师,第四十四军所属第一六一、暂编第五十四师,第一〇〇军所属第六十三、第十九师,第七十四军所属第五十七师)。击灭七个师(第七十九军所属第九十八、第一九四师、暂编第六师,第六十六军所属第一八五、第一九九师,第七十四军所属第五十一、第五十八师)、击溃四个师(第十八军所属第十一、第十八、第一六二、第十三师)。二、至 12 月 8 日止,彻底摧毁了常德附近守军的军事根据地。三、至 12 月 8 日止,已查明主要战果是打死中国军队 2.9503 万人(其中师长六名)、俘虏 1402 人,缴获各种炮 151 门、轻重机枪 620 挺、步枪 5490 支。日军战死 1274 人(其中军官 116 人)、负伤 2977 人(其中军官 216 人)。

　△　罗斯福总统电蒋介石:"云南部队所需之大量重器材与教官,已经空运到华,予以为此项器材与教官需用之缓急,实以该部队最近使用为基准;如该部队最近不能使用,则耗费有限之运输力,交付此类器材与教官之措施,宜加避免。"

12 月 30 日　国民政府令授予卫立煌青天白日勋章、刘峙一等云麾勋章、俞济时三等云麾勋章。

　△　国民参政会驻会委员会举行第六次会议,邵力子代读外交部书面报告,粮食部长徐堪报告 1943 年度征实征购情形及 1944 年度粮政实施计划。

　△　国民党中央宣传部举行记者招待会,宪政实施协进会秘书长邵力子报告宪政工作,称:研究宪法草案办法连同告国人书一并于元旦发表。新闻检查局副局长李中襄对新颁《修正新闻禁载标准》作了说明。

　△　行政院公布《整理自治财政办法》,凡八章 46 条。

　△　国民党中央周刊社召开宪政问题座谈会,王造时、黄炎培、陶百川等人参加并发言。王造时主张"宪政要成立,一定要想方法得到各党派及一般国民的赞同,中国最好不需要斗争的方式来实现宪政"。黄炎培提出:一方面要积极提倡宪政,一方面要积极防止不法事件、用法律严厉制裁不肖官劣。

　△　新四军苏中第三分区部队今昨两天攻占古溪镇,进袭泰县运粮河镇,攻克运粮河,收复蒋垛,歼灭伪军一个营。

　△　重庆欢送第二批征雇赴印度运输工人 1700 人。

　△　重庆各界公祭在桃源战役中牺牲的第一五〇师师长许国璋。

　△　汪伪最高国防会议决议:一、特任高冠吾为江西省长兼军事委员会委员长驻九江绥靖主任,罗君强为安徽省长,张一鹏为司法行政部长,孙殿英为豫北"剿共"军总司令。二、将华北政务委员会治安总署改称绥靖总署,治安军改称绥靖军,所有"治安"机关二字,一律改称"绥靖"二字。

12 月 31 日 军令部长徐永昌在《关于常德会战失败之检讨》中称：一个多月中我军伤亡官兵五万余人,而日军伤亡只有四万人。常德会战失败之原因在于,"高级干部仍有不坚定者","擅自弃守常德","高级指挥官之位置仍多未能遵照规定推进","不能把握战机适切指导作战","陆空联络之训练不足"。

是月 国民参政员刘明扬等在关于改进交通统制办法的提案中,批评交通部门"近年来邮电之速率大为减低,寄达之时日愈延愈迟","中央航空运输公司随时误期"。管制检查运输机关"太多","手续繁难,夹杂不清耽延时日,浪费人力物力损失之大难以估量"。交通运输管理检查人员"贪污舞弊彰彰在人耳目","交通技术人才非常缺乏","处处发生黄金走私,漏油做生意","司机生活奢侈荒淫意神昏眩,随时翻车出险"。

△ 据统计,全国物价指数较 1937 年 12 月上涨 157 倍多。全国各大城市粮价猛涨,较 1 月份比,上涨 199% 者有桂林等八处,上涨 200% 至 299% 者有成都等五处,上涨 300% 至 399% 者有昆明等三处,上涨 400% 以上者有吉安等三处。

△ 全国各地银行仓库检查结果,发现银行囤积居奇颇多。重庆市 59 家银行仓栈中有 17 家的货物手续不合,确属违法者至本月底有 47 件,已撤销看管发还者 72 件,尚在追求证件者 32 件,有货无主者 63 件,全无证件者 21 件。本月下旬在昆明检查中发现私仓 78 所。

△ 各省节约建国储蓄总额已达 80 亿元。

△ 行政院公布《兴办建设事业地区地籍整理办法》,凡五条。

△ 晋察冀八路军在人民群众的支援下,经过两个月的战斗,击溃围攻边区的七万日伪军,毙、俘敌 8000 人。此次反"扫荡"战空前残酷,群众遭日伪军杀害者 7000 人,房屋被焚毁 5.4 万间,粮食损失 3000 万斤。

△ 新四军第五师发表《致鄂东各抗日友军各界同胞书》,列举鄂东国民党军与伪军夏南山部互相勾结,积极反共的事实。呼吁抗日军

民"团结一致,停止内战,一致对外","粉碎国民党顽固派勾敌反共","挑拨内战出卖抗战的罪行"。

△ 日本在华反战同盟领袖鹿地亘在贵阳对记者说:该同盟盟员由刚组织的几十人已发展到 1000 多人,正加紧团结、训练、宣传、作战,来消灭日本军阀,解放日本民族,希望成立日本民族解放委员会。

△ 阎锡山派代表与日军在太原签订秘密协定,其内容为:一、日本将沁源等 13 县让给阎军驻防;二、伪政府和军队中,阎锡山可派人充任要职;三、各交通要道重要据点由日军负责,对付共产党军队由阎锡山部负责,对共产党清剿后之地区由阎部接管。

△ 日军在晋中大批抓壮丁扩大伪军,榆次集中青年 120 人,打算成立伪保安中队,太谷、寿阳、昔阳成立四至六个伪保安中队,平定也要抓壮丁 400 人,打算成立 12 个保安中队。

△ 山西日军和汉奸将榆次、太谷等五个县作为特定"剿共"模范县。在政治上进行"清室",设立"惩戒机关",专门绑架杀害敌占区同胞,还加强乡村保甲自卫团的制度;军事上扩大伪军,派大批特务"督察员"去监视;经济上严格封锁抗日根据地,加强向根据地抢粮。在敌占区逼迫农民"农业增产",令合作社大批收买和抢夺粮食。

△ 日伪控制下的上海大、中学校学生数目,较太平洋战争前减少20%。据汪伪政府统计,现有中学生五万余人,大学生 7300 余人。

△ 掠夺华北沦陷区经济资源之枢纽《华北开发会社》总裁津岛寿一返抵东京声称:为使华北完全殖民地化,并迫使中国买办资本家在华北之 2.46 亿元之游资完全附属于该会社,只有军部的武力与财阀的资本结合起来才能办到。

是年 八路军作战 2.4847 万次,毙伤日军 6.4472 万人、伪军 7.1929 万人,俘日军 421 人、伪军 5.1273 万人。日伪军反正投诚 6680 人,缴获步、马枪 4.7824 万支,破坏铁路 397 里、公路 2.6472 万里、飞机五架、火车 84 列、汽车 468 辆、桥梁 569 座、封锁沟 2.7961 万里,攻克据点 743 处。八路军伤 2.1874 万人,亡 1.1981 万人。

△ 新四军作战 5327 次。毙伤日伪军 5.407 万人,俘虏日伪军 1.2357 万人,反正投诚日伪军 9357 人。缴获步、马枪 3.1317 万支,破坏公路 2512 里、铁路 102 里、桥梁 401 座、汽车 232 辆、飞机一架、碉堡 749 座,攻克据点 203 个。新四军伤亡 1.8997 万名。

△ 中共领导解放区和游击区的人口增加到 8000 多万,军队恢复到 47 万、民兵 27 万,共产党员发展到 90 多万。

△ 据财政部国库署公布,本年度国库收入为 145.63 亿多元,国库支出为 588.145 亿多元。

△ 据财政部设计考核委员会统计处公布,是年共发行内债 31.75 亿多元,较去年的三亿元增加 10 倍以上。

△ 本年度田赋征实 3360.917 万担,征购及征借 2955.95 万担,共计 6316.867 万担,较 1942 年度略有减少。

△ 国民政府修复和新建铁路 350 公里,接管铁路 288 公里,修复公路 3200 公里。铁路军运、客运 1600 万人。

△ 高射炮兵成立五个指挥区部,各负责其辖区所驻部队之作战,第一区部设重庆,辖四川省境;第二区部设巴东,辖鄂、湘省境;第三区部设桂林,辖鄂、赣、闽、桂省境;第四区部设昆明,辖滇、黔省境;第五区部设西安,辖陕、甘、宁、豫省境。

△ 本年度全国专科以上高等学校增至 133 所,在校学生 7.3669 万人,毕业学生 1.0514 万人,教师数 1.0514 万人,职员数 1.0536 万人,岁出教育经费 4.19852372 亿元。

△ 春,日政府在东京召开鸦片会议,决定以伪满洲国和内蒙为生产鸦片的主要地区,负责供应亚洲全域的鸦片需要。会后,伪满禁烟局长拟定了鸦片的增产计划,奉天、四平、吉林三省被指定为鸦片栽种地区,实行集团栽种。指定奉天省种 200 公顷,四平、吉林两省各种 400 公顷。原种植鸦片的热河省规定产量为 1000 万两,最高产量 1400 万两。是年,伪满与德国签订第三次经济协定,向德国输出鸦片 10 吨,其余向日本、香港输出。

　　△　日军1月至11月份向华北解放区军民千人以上"扫荡"87次,984天,出动兵力44.45万人。向华中解放区军民"扫荡"131次,1169天,出动兵力57.247万人。其中日军出动万人以上的大"扫荡"有21次,其中华中三次,华北18次。

　　△　日军在河北省张北县狼窝沟修筑巨大军事工程,为了工程保密,大批劳工遭秘密屠杀。仅在黑风口一个工地上,一次就有200多劳工被投入安固里淖冰湖里冻死。据统计有3000人被害。

　　△　在日伪军统治下,北平清华大学和燕京大学都变成日本的军管区。协和医院也驻上了军队。公立大学只有北京大学和师范大学,私立的也只有中国大学和辅仁大学。另有"中华新闻学院"和日本人一手炮制的"华北铁路学院"。北京大学校长换成亲日派钱稻荪,中国大学校长何其巩,辅仁大学教务长是德国人丰浮露。各校日文为必修课,北大、师大已有四分之一的日本人做教授,每校有一个日本顾问——太上皇校长,让学生们歌颂"大东亚圣战"。日伪为了镇压爱国师生,收买特务,把大批爱国师生当作思想犯投进监狱。日伪把大、中学生组成"青训团"进行法西斯训练。日伪害怕"民众"二字,把过去的民众学校都改为"简易小学",设"修身"课,强迫各中学学日文。地理、历史课大肆对日本歌功颂德。

　　△　河南省灾荒严重,灾民饿死300万人,流亡他省的也有300万人,濒于死亡边缘等待救济的有1500万人。

　　△　东南各省鼠疫流行。浙江云和为最猖獗,统计死者逾万。福建本年鼠疫传播地区达30余县,据卫生处发表死亡3844人。此外,江西省的光泽与广东省的大埔亦有鼠疫发生。

　　△　据《满洲帝国学事要览》对伪满20所高等学校统计:日本学生3717人,中国学生2716人,其中奉天工业大学,日本学生383人,中国学生85人;佳木斯医科大学,日本学生309人,中国学生九人;哈尔滨学院,日本学生660人,中国学生69人;新京工业大学,日本学生420人,中国学生180人;奉天商科学院,日本学生335人,中国学生27人。

日本教职员 777 人,中国教职员 263 人。

　　△　日军在塘沽建立华北地区最大的劳工转运站——塘沽劳工收容所。至抗战胜利前每年约有几十万劳工从这里转运出去。

　　△　日本为在吉林省梨树县属修筑二龙湖堤坝工程,毁掉村庄 50 多个,赶走居民一万多人。施工中,从关内和当地掳来近二万劳工,由于劳累、殴打、疾病折磨而死的 1500 多人。

1944 年(民国三十三年)

1 月

1月1日 国民政府举行元旦纪念典礼。蒋介石致训词,指出今年的主要任务是争取对日反攻的胜利。并训勉文武官员:一、加紧策动全国总动员;二、切实提高行政效率;三、忠心努力于本职;四、积极转移社会风气。同日,蒋介石又对全国军民发表广播讲词,提出全国军民工作的要点为:第一,加强军民合作,争取胜利;第二,各尽国民天职,贡献一切;第三,节约所有物资,补充前线需要;第四,人人自重自爱,实行新生活信条。

△ 国民政府颁布授勋令:给予孔祥熙、孙科、居正、戴传贤、于右任、王宠惠、何应钦、宋庆龄、宋美龄一等卿云勋章;给予张人杰、邹鲁、冯玉祥、阎锡山、张继、熊克武、柏文蔚、李烈钧、叶楚伧、覃振、朱家骅、刘尚清、钮永建、李文范、王伯群、单嘉、马麟、沙克都尔札布、胡毅生、刘哲、麦斯武德、宋子文、陈果夫、许世英、周钟岳、吴忠信、翁文灏、陈树人、陈立夫、陈大齐、贾景德、林云陔、魏怀、张嘉璈、熊式辉、蒋廷黻、商震、陈布雷、张伯苓、莫德惠、王世杰、邵力子、张群、龙云、陈诚、薛岳、吴鼎昌、顾维钧、魏道明、傅秉常一等景星勋章。

△ 国民政府公布受勋人员名单:宋美龄、何应钦、程潜、白崇禧、

陈绍宽、徐永昌、俞飞鹏各受青天白日勋章；何成濬、刘峙、商震、钱大钧各受一等云麾勋章。

△ 蒋介石特颁元旦犒赏，慰问伤病将士，并亲撰慰问词，称："七年来，我们所获光荣的战绩，首应归功于为国效命的武装同志，尤其是你们百战疆场的荣誉军人。"犒金金额计分荣（残）官 300 元，荣（残）士兵 150 元，伤官 200 元，伤士兵 100 元，病官 100 元，病士兵 50 元，由军事委员会伤兵慰问组派员分发。

△ 军事委员会参谋总长何应钦发表《元旦献词》，称当前切要工作有四：一、保持已获胜利，加强反攻准备；二、加紧全面生产，充实战力；三、加强人力动员，努力服行兵役；四、力行节约，严肃战时生产。

△ 军事委员会发言人谈一年来国内战事，称："常德一役日军死伤逾四万。"并称："综计一年来之战事，敌寇除占领太湖西岸之广德、广东方面之雷州半岛等地外，其余一切大小蠢动，均被我全部粉碎。"

△ 国民参政会宪政实施协进会发表《告全国人民书》，请自是日起至本年 5 月 5 日止，从事研究《五五宪草》提供意见，以供将来国民大会讨论宪法时之参考。并指定《中华民国宪法草案及说明书》、《约法》、《建国大纲》、《训政纲领》、《抗战建国纲领》等 17 种资料作为参考。

△ 国民政府明令各省自是日起一律施行《公证法》、《战时新闻违检惩罚办法》、《战时新闻禁载标准》。

△ 中共中央向敌后军民致贺电，赞扬他们在过去的一年里取得了巨大的成绩，勉励敌后军民在新的一年里，在对敌斗争、巩固根据地等方面取得更大的胜利。

△ 中共中央北方局发出《关于 1944 年的方针》，指出：1944 年全华北的方针是坚持华北抗战、积蓄力量、准备反攻、迎接胜利。根据中共北方局的指示精神，华北各抗日根据地开始了局部攻势作战，继续开展大生产运动和整风运动，为来年的战略反攻创造了条件。

△ 延安《解放日报》发表《新年献词》，指出："只要第二战场一开辟，这一年就是纳粹覆亡的一年，是希特勒就擒的一年，是法西斯的恶

势力及其造成的一切事物从欧洲大陆上扫除净尽的一年,是欧洲各民族与各国人民从死亡、饥饿、牢狱生活与专制独裁之下大翻身的一年。"

△　重庆《新华日报》发表题为《祝新年努力》的社论,指出:抗战胜利的关键,"在于人民得清楚时局的真象和发展,在于中国本身认真作到抗战、团结、民主,尤其是民主"。

△　全国高中以上学校军训学生在重庆举行大检阅,蒋介石特颁训词,宣称:"军事化即为现代化,军事训练与军事管理之主旨,即在造成全国青年为健全之现代国民。"

△　重庆《商务日报》载:国民政府去年财政收入,税收与专卖收入总计为 146.2 亿元。其中直接税为 72 亿元,盐税为 15 亿元,烟、糖、火柴税为 36 亿元,海关税为 4.2 亿元。

△　国民参政员李璜在成都《新中国日报》撰文《宣传民主,推进民权之年》,认为:"如果号称民主,而国家的大权还是握在一个人或少数人手里,人人只准服从命令,不准说话,此乃是假民主。"

△　由黄炎培发起出版的《宪政》(月刊)在重庆创刊。主编张志让,编委戴修瓒、褚辅成、杨卫玉、王芸生、傅斯年等。创刊号出版后,当日销售一空。

△　第四十集团军总司令马步芳在西宁宣誓就职。

△　在华日本人反战同盟晋冀鲁豫分会和太行分会发表宣言,表示要以实际行动唤起日本士兵的觉悟,为打倒日本军部,建立民主的新日本而奋斗。

△　汪精卫发表新年谈话,声称:对于今后前进的方针和步骤,"只有一本历来的政策,向着'肃正思想、保障治安、增加生产'三大工作,而更进一步的努力","以谋大东亚战争目的之完成"。

△　日军在河北正定、井陉、建屏、平山等地成立"剿共"委员会,由各县知事兼任委员长,其任务是配合"讨伐队""清剿"中共领导的抗日力量。

△　国立敦煌艺术研究所在敦煌千佛山成立,其工作对象为保管

与研究并重。

△　昆明月余来米价陡涨,富有机关、商号及市民大量抢购,云南省主席龙云是日下令制止抢购米粮。

1月2日　何应钦设宴招待在重庆的美、英、苏、法、加(拿大)、比、荷等国军官,称:"同盟国之胜利及战后共建和平之基础,均已于1943年中奠定,而1944年则为同盟国之胜利年。"

△　重庆《新华日报》发表题为《扩大民主运动》的社论,指出:"倘使不能立刻实行宪政,而只腐心于宪法的草拟,则其结果,恐怕是费力多而收效少。""目前首要应该做的是保障人民的自由权利,特别是言论、出版、集会、结社的自由权利。"

△　军政部在重庆召开1944年军需会议,历时四日。通过议案78件。9日,蒋介石接见与会代表,指示核实、节约为今后军需工作的方针。

△　经济部长翁文灏在《大公报》发表《建都济南议》一文,称:"济南对全国既有高瞻远瞩之益,对国外亦有密切注视之势,其胜与优皆有过于北平和南京。"

△　重庆市工业界义卖献金是日结束,共捐献国币100万元。

△　日伪军出动4000余人,对新四军苏南抗日根据地句容县东南地区进行"扫荡"。新四军第十六旅及地方武装英勇作战,经过12天的反"扫荡"斗争,毙、伤、俘日伪军340余人,取得了反"扫荡"作战的胜利。

1月3日　蒋介石在国民党中枢纪念周发表训词,训勉僚属"发扬革命精神,加强建国信念"。各机关应"联系合作,践履笃实,贯彻命令,达成任务"。各党员应"忠心及努力于本职,真正做到不浪费一钱,不妄用一人"。

△　由国民参政员左舜生、王造时、张君劢等发起之宪政座谈会在重庆举行,王造时、左舜生、董必武、王芸生、吕复、张申府、刘王立明等60余人参加。张君劢发言称:"要谈实施宪政,就要先保障人权。"董必

武发言称:"民主是讨论宪草的先决条件。没有民主,没有言论、集会、结社自由,就不能真正由人民研究宪草。"吕复提出抗战期间,应该在民治大道上有所设施:第一,切实改进地方自治;第二,改善司法制度;第三,取消特权阶层。

△　财政部盐务总局总办张绣之对中央社记者称:该局所属各单位共献金 68.5 万元,物品 88 件。转送陪都献金大会。

△　甘肃拉卜楞寺藏族僧民代表团一行 36 人,在拉卜楞保安司令黄正清率领下抵渝。下午,全体代表晋谒蒙藏委员会委员长吴忠信报告一切。旋参观重庆附近各工厂及教育卫生机关。

△　据中央社称:湘鄂会战期间,鄂中损失惨重,计人口伤亡 2.5 万人,财产损失达 100 亿余元。湖北省政府拨款 300 万元,给予紧急赈济。同时将灾情呈报中央,请求加拨赈款赈粮。

△　美陆军航空队总司令阿诺德将军书面报告美陆长史汀生,详述第十四航空队在中国战场的活动,内称:第十四航空队之飞行员在陈纳德将军统率下,自 1942 年 2 月 2 日至 1943 年 10 月 21 日,已击落日机 351 架,而本身损失仅 68 架,而可能击毁或击伤之敌机,尚不在内。并称:中国仍为吾人自空中进攻日本之最有效基地。

△　美国委任苏尔丹将军为美国驻中印缅陆军副总司令,归史迪威节制。

△　周佛海代表汪精卫发表广播讲话,声称:大东亚各国应共同努力,共同奋斗,共同克服一切困难,突破一切难关,实现共同理想。

△　汪伪第一集团军总司令李长江因受新四军不断打击,被汪伪撤职,转任"中央军事参议院副院长"。原第一集团军改为第五集团军,由伪军将领项致庄统率。

1 月 4 日　缅北中国驻印军新编第二十二师一部攻占孟普本,旋奉命向太柏卡进军。

△　国民政府明令未设绥靖公署的省份,应设省保安司令部。

△　行政院会议通过《盐务总局组织法》、《管理纱布买卖办法》、

《国民学校法》及《学龄儿童及失学民众迫令入学法》。

△　成都、昆明各大学教授纷纷撰文,发表演讲,对宪政问题发表意见。华西大学薛愚在《科学与民主》一文中指出:"不能有独裁与一党专政。苟有野心家强奸民意,人民可立起而驱之。"西南联大教授张奚若在联大讲演《中国宪政问题》时称:"只有空空洞洞的宪法,而没有老老实实的宪政,哪怕是十个、百个宪法,都是没有一点用处的。"

△　全国慰劳总会举行陪都各界献金大会,由社会部长谷正纲,军委会政治部长、国民党中央宣传部长梁寒操,重庆市长贺耀组等主持。是日共收入献金总额达 600 万元。

△　中央社讯:湖南常德各界为崇敬常德会战中守城殉职官兵,特集资建筑伟大公墓。沅陵各界滨湖抗战将士慰劳团并捐修墓款六万元。

△　中国访英团团员、《大公报》总经理胡霖以中国新闻学会名义致函英国报界,概述中国报界战时奋斗之状况。5 日,英议会议员及报人俱乐部主席阿斯特代表英国三新闻团体复函胡霖致意。此为中英报界的第一次接触。

△　中央银行在新疆迪化设立分行,是日正式开业。

△　经济部采金局因业务萧条,美黄金大量输入,生产成本增高,是日被迫裁撤。

△　海关副总税司丁景堂奉财政部令,以特派筹设新疆海关专员名义,率职员五人前往迪化,筹设迪化总关及边境关卡。按:此前新境关税,向由地方代征。

△　周佛海兼任汪伪政府中央税警团总团长。

△　安徽芜湖日军于拂晓向南陵以东珑瑯山、西河镇方面进犯,宣城日军亦同时向该县以西之寒亭镇窜扰。

△　美商务部长琼斯宣布:该部成立中国法律科,其工作为研究中国之商法及取消治外法权后中国商法对在华外商(尤其美商)之影响。由沙尔培克任科长。

△ 重庆《大公报》载:东南地区鼠疫严重,以浙江省云和区较为流行,已死亡百余人,疫情有向瓯江流域扩张之势。福建省已蔓延至 30 余县,已死亡 3884 人。江西光泽与广东省之大埔亦有疫情。按:此系侵华日军投放细菌所致。

1 月 5 日 军事委员会任命郭忏为第六战区副司令长官,吴剑平为第八军副军长,谢辅三为暂编第四军军长,张信成为副军长。

△ 国民党中央宣传部举行外国记者招待会,部长梁寒操、次长吴国桢、参事张平群出席。梁寒操致词宣称:中国数百万野战部队于今年内必将随时反攻,配合海上盟军军事行动,到处反攻。张平群答记者称:滇缅路打开后,大宗商品如衣料、车辆零件、电器、五金及药材可源源而来。军用品之接济,亦必大量增加。

△ 全国慰劳总会举行慰劳盟军将士大会,英、美、苏等国将士百余人参加。代会长谷正纲致词称:我各同盟国发动抗战之开始日期虽有先后,深信到达胜利之时期则将一致,而 1944 年且将为吾人胜利之年无疑。

△ 据中央社讯:1944 年度全国农贷总额为 38 亿元,其中 40% 将用于农田水利工程。

△ 伪军第三十四师副师长兼第一三五团团长施亚夫率部一个营在苏中如皋附近的加力镇起义,加入新四军。

△ 中央社据新德里路透社电:中印航空线抵华物资已超过滇缅公路。1943 年 12 月份的运输量为 1942 年同月份的 10 倍。

1 月 6 日 蒋介石指令三青团中央团部考选千名优秀团员出国留学,并成立团员留学生考选委员会主持其事。16 日,国民政府有关部特甄选 1200 名出国留学人员,计教育部 700 名,经济部 200 名,交通部 300 名。

△ 在常德会战中殉国的第一五〇师师长许国璋灵榇由重庆运抵成都。四川省、成都市党政军领导亲往车站迎灵。随即移榇忠烈祠。7 日,省主席张群代表蒋介石致祭。成都各机关、团体、学校暨民众将公

祭三日，成都市参议会建议为许国璋铸铜像，以资标勋千古。

△ 重庆《新华日报》载：大后方各地走私盛行，各重要关卡缉获财物充公、变价和罚金数额为：广东曲江1.27亿元；广东雷州1.16亿元；河南洛阳9500万元；四川重庆7500万元；湖南长沙8000万元；广西梧州6900万元；广西南宁1500万元；云南昆明2200万元；甘肃兰州2300万元。

△ 盟国军事代表及中外记者组成的常(德)桃(源)战绩视察团，历时27日，跋涉6000余里，是日返抵重庆。团员沿途至湘、桂各地，对参与常桃会战的将士备致赞扬。

△ 据中央社讯：上海日军大肆逮捕教育、文化界人士，指称其仍潜伏有抗日意识，旬日内被捕者达300余人。

△ 美国总统罗斯福向国会报告租借情况，称：美对中、印出口合计达8.5682亿美元，其中68％为军火。

△ 哥斯达黎加总统签署《限制华人移民案》。

1月7日 行政院通电全国各省、市政府，切实推行《国民义务劳动法》，并提出注意事项八点，要点为：征调人民服役时，以不妨碍人民本位工作及地方秩序为第一要义；党团员及士绅子弟尤应率先服役，以资倡导；兴办事业，应切实遵照该法之规定，以有裨于地方自治及地方公共造产，与其他公益事业为限；施工对象不必强求一致，务宜因地、因时、因人、因事制宜，妥善办理。

△ 国民政府明令《禁烟禁毒治罪暂行条例》施行期间，自1944年2月19日起延长一年。

△ 广西靖西县黄岑捐助龙津县国民中学20万元，国民政府是日以其"慨捐巨资，兴建学校，加惠士林"予以明令嘉奖。

△ 新四军黄克诚部袭击在江苏海安县抢劫的伪军陈才福部，毙伤其连长以下30余人，并将伪军抢劫财物全数夺回，退还群众。

△ 罗斯福以中印空运大队克服困难，以大量主要军事供应品运华成绩优异，是日授予该队司令霍格准将军"罗斯福奖状"。

△ 美国对外经济处对华空运科负责人在纽约对中央社记者谈话,称:中国人民需要吾人更多的援助,并已感觉吾人正设法赴援。目前有更多的军用物资源源运华,即其证明。

△ 驻印军总司令史迪威视察缅境胡康河谷中国远征军,与孙立人将军举行会议。

1 月 8 日 国民政府以福建省 1943 年度征购粮食改为征借,全部发给粮食库券,裨益粮政,特予明令嘉奖。

△ 军事委员会任命彭位仁兼第七十三军军长,张言传为第八十六军副军长。

△ 粮食部为防各乡镇盗卖积谷,特令四川省粮政局饬各县规定各粮仓积谷应于 15 日内表报上级机关转部备案,并应由省府随时派员分赴各县市仓库逐仓查验,以杜流弊。

△ 新四军浙东抗日游击队正式宣布成立,何克希任司令员,谭启龙任政治委员。

△ 据中央社讯称:日军进犯湘、鄂地区大量使用毒气,计达 74 次之多,其中常德地区共 35 次。毒气种类分催泪性、喷嚏性、窒息性、糜烂性等。中国官兵中毒者共 1300 余名,伤亡 31 名。

1 月 9 日 蒋介石接见拉卜楞寺代表团,并致勉词,盼各代表领导边地各寺院、各旗同胞发挥拥护政府、爱护国家之热忱,同心协力,完成抗战建国大业。同日,该团又分别晋谒孙科、周钟岳、张治中等,并向国民政府献机 30 架。

△ 蒋介石复电罗斯福,表示将尽力赶速完成各长距离轰炸机机场,并亟望将调派战斗机来华作战的数量告知,以作必需准备。

△ 军事委员会任命陈大庆为第十九集团军代总司令。

△ 行政院会议通过《管制花纱布办法》,规定:一、凡经营交易之商号、工厂,均须申请管理局或其分支机关核发执照;二、其交易应集中于核定之市场公开交易,按品质标准挂牌行之,不准有黑市;三、各商号、工厂应照实际需要作实物交易,不能有期货交易及套空之信用交易

情事；四、货物之交易及存储量，应陈报；五、运出仓栈，应报请管制局核准。

　　△　毛泽东在延安观看平剧院演出的《逼上梁山》后，致信该院表示祝贺，并说："历史是人民创造的，但在旧戏舞台上（在一切离开人民的旧文学旧艺术上），人民却成了渣滓，由老爷太太少爷小姐们统治着舞台，这种历史的颠倒，现在由你们再颠倒过来，恢复了历史的面目，从此旧剧开了新生面，所以值得庆贺。"

　　△　重庆《大公报》报道：新疆省建设厅长林继庸到职后，创办工厂均系官商合办，由省府出资，商家负责技术责任。计有天原电化厂、中国兴业公司设立的炼钢厂、裕丰纱厂等。机器、皮革、肥皂及轻工业等厂亦在筹建之中。

　　△　缅北中国驻印军新二十二师第六十五团渡过大奈河，与日军第十八师团第五十五联队一部遭遇，战至13日，敌不支向百贼河败退。20日，该团突破日军防御线，22日完成对百贼河南岸日军的包围，23日发起攻击，25日战斗结束。此役共歼敌300余名，俘敌二人。

　　△　日军800余名在四架飞机掩护下，进犯山东潍县，被八路军一部击退。

　　1月10日　国民党中枢举行纪念周，主计长陈其采报告1944年度主计中心工作要点：一、严格执行年度预算；二、节约经费，配合军事总反攻；三、切实推行国营机关预算决算；四、加强基层统计机构，扩大户口普查。

　　△　行政院规定：除蒙、藏僧人缓服兵役外，其余内地僧人一律依法应征入伍，已分令各省照办。

　　△　广西恭城县富源矿业公司捐助该县20万元兴学，国民政府是日以"裨益地方教育"予以明令嘉奖。

　　△　军政部教导第一团（即志愿从军学生）在重庆成立，约500人。蒋介石致训词，告以学生从军的意义与入营后应注意的事项。

　　△　八路军第一二〇师一部在晋西北离石与"扫荡"日军一部激

战,毙伤敌 50 余人。

△ 浙江东阳、武义日军一部分股窜犯,是日至永康县北之象珠市。11 日窜至马宅市、安文镇、南马市、四路口等地。

△ 湘桂铁路衡阳湘江大桥通车。

△ 英国克利普斯夫人主持的联合援华募款运动,再次汇 11.4 万英镑援华。

1 月 11 日 蒋介石在重庆召见军政部军需署所属各司、处、各地军需局厂主官,详询各战区军需补给业务实况,勉各员"以无名英雄自居,以军队保姆自居,以完成建军建国的使命"。

△ 国民政府明令褒扬故山西省政府主席赵戴文,交考试院转铨叙部从优议恤。生平事迹存备宣付国史馆。

△ 军事委员会任命刘位三为第五十九军军长。

△ 行政院命令各省、市、县参议会研究《五五宪草》。

△ 国民党中央党部、三民主义青年团团部欢宴拉卜楞寺代表团,朱家骅、梁寒操、马超俊、程中行、董显光等出席。

△ 司法院长居正在中央文化运动委员会演讲宪政问题,宣称"现在宪政的基础需要建筑在国民党身上,谈得更清楚一点,就是建筑在总裁身上"。

△ 四川丝业公司所属第一制造厂女工 500 余人不堪资方虐待举行罢工,要求增加工资,改善卫生设备。

△ 美国空军第十四航空队轰炸台湾高雄铝厂及东石港。

△ 日机 20 余架分八批袭赣,在赣县境内投弹数枚。同日,又 34 架从赣北南袭,与中国空军发生空战,被击落三架,坠万安、遂川附近。

△ 南京汪伪中央储备银行与日本帝国等银行签订《中央储备银行实施集中华中华南与南方地域汇兑要纲》。

1 月 12 日 国民党中央宣传部举行记者招待会,该部参事张平群答记者问,告抗战爆发以来政府赈灾情况:自 1938 年 4 月至 1942 年底,中央拨赈款共 3.45 亿元;自 1943 年初至 10 月,又拨款二亿元。最近湘、鄂战后,又拨 500 万元。

　　△　国民政府明令授勋:吴敬恒、丁惟汾、李石曾各给予一等卿云勋章;熊秉坤、吴铁城各给予一等景星勋章。

　　△　国民政府明令公布《特种刑事案件诉讼条例》。

　　△　据中央社讯:拉卜楞寺代表团集合飞机捐款国币 600 万元呈献国家。国民政府以该区同胞捐款献机,协助航空事业,给予嘉奖。

　　△　第一战区豫北挺进军重创河南焦作矿场,日军闻讯三次增援,均被击败。计攻破日军碉堡七座,炸毁铁道桥梁六处及焦作市内四大建筑物。

　　1 月 13 日　八路军冀东分区一部在河北遵化崔各庄战斗中,全歼日军两个小队 70 余人,俘伪军百余名,并毙伤增援部队 80 余人,缴获步枪 70 余支,迫使敌撤出夏家峪、张庆、河口、草场等据点。

　　△　交通部在重庆召开铁路会议,商讨战后铁路复员与复兴计划,并对当前技术标准问题、改善运输办法、训练技工等进行研讨。21 日闭幕。

　　△　边疆文物展览会在重庆开幕。展品内容分边民照片、边民用品、边民经文、边民图画及模型等四部分,包括了边民政治、交通、畜牧、宗教、建筑、风俗、教育、用具、器乐等各种文物 800 余件。

　　△　驻山西临县三交日军远袭招贤镇时,夜宿距镇五里的贺家湾村,时村内群众躲一洞内,日军把抢来的棉花蘸上煤油,放上辣椒面在洞口熏烧,将隐藏洞内的 200 余老幼妇孺全部熏死。

　　△　汪伪中央政治委员会举行会议,决定设立淮海省,辖徐州市及铜山、东海、砀山、萧县、睢宁、宿县、淮安、涟水等 21 县,任命郝鹏举为淮海省省长。会议还通过并公布《战时物价管理暂行条例》。

　　△　日本首相东条英机在东京发表演说,宣称每一日本公民"均需发挥最大之工作能力,从事军需生产,尤以飞机生产为最,俾供前线需要"。

　　1 月 14 日　国民参政会驻委会在重庆举行会议,与会者有张伯苓、孔庚、黄炎培、李中襄、董必武、许德珩、邵力子等 20 余人。农林部长沈鸿烈报告农林行政工作及 1944 年度施政计划。提出工作要点为充裕军用、安定民生,以适应战时需要,并准备战后复员。通过《调整经济机构,制定战后建设纲领》等案。

△ 教育部在重庆召开边疆教育会议,出席者计 25 人。会议通过议案 40 余项,并通过如下决定:一、从速培植台湾、澎湖各种人员;二、改进边疆教育师资;三、推行国语简体字;四、加紧训练边地实科人才;五、设立西北文化研究所;六、在边疆适当地方设立大规模国立民教馆,以为各该区文化、政治、经济、社会改进的中心。15 日闭幕。

△ 缅北中国驻印军新编第三十八师第一一二团攻占大班卡,毙日军 30 余人,残敌向太柏卡方向退却。15 日,第一一二团与乔卡日军交战,经多次攻击,于 16 日将该地攻克,歼敌 40 余人。

△ 据中央社讯:淞沪抗战四行孤军壮士刘辉坤、许贵卿、魏何成、吴炳泰等日前奉军事委员会令派至远征军工作,已抵昆明。

△ 八路军第一一五师一部袭击山东冠县北之赵固镇,毙伪中队长以下五名,俘伪小队长以下百余名。

△ 新四军粟裕师一部在江苏如皋南公路设伏,击溃进犯该地日军 800 余人及伪军一个团,毙伤百余人。

△ 原东北军第三支队参谋长石绍麟在率队进攻山东潍县战斗中为国捐躯,国民政府是日明令褒扬。

△ 汪伪政府发行建设公债,总额六亿元。同日,又任命郝鹏举兼任淮海省保安司令。

△ 重庆《大公报》讯:日军在上海抢购棉纱棉布,截至去年 9 月 6 日,登记数量达 26 万捆。

1 月 15 日 国民政府明令公布修正《国民政府组织法》、修正《非常时期战地公务员任用条例》。

△ 蒋介石复罗斯福本月 5 日电,表示不能同意美财政部有关阻抑中国通货膨胀的建议。

△　周谷城在《东方杂志》发表题为《世界民主政治之倾向与中国民主政治之创造》的文章，认为"人民言论限制之放宽，乃至完全撤销言论之限制，是实行民主政治之先决条件"。

△　八路军山东滨海军区以四个团的兵力及地方武装，向临沂、莒县、赣榆等地区的日伪军据点发起攻击。至 4 月 1 日，攻克鱼窝、大醋、柳树店、石沟崖、夏庄等日伪军据点。山东军区部队春季攻势从此展开。

△　八路军第一二九师一部在河北安新县南设伏，毙伪县长、保安队附、翻译、秘书以下 19 名，俘 40 多名。

△　日本人反战同盟华北联合会扩大执委会在延安开会，冈野进等参加。会议决定筹组日本人民解放同盟，并发表纲领，呼吁结束对华战争，撤退日军回国，严惩战争罪魁等。

△　是日至 23 日，山西汾阳、中阳、临县、离石等地日军千余人对柳林西北的石家峁方圆 20 里内的村庄进行反复"扫荡"，九天中屠杀民众 500 多人，制造了石家峁惨案。

△　重庆《大公报》载：豫北烽火连年，寇灾深重。去年复雨水失调，又有蝗灾，饥馑恐怖，尤以温县、孟县、济源、博爱等县最为严重，数万人流落他乡，百余里人烟绝迹。

△　国家总动员会议为平抑物价，通令各掌握物资机构配售存货，俾达到以物控价之目的。

△　中国访英团结束对英格兰、苏格兰、威尔士各大城市的访问，是日返抵伦敦。18 日访英团长王世杰向英上、下院发表告别演说，并以国民参政会名义致函英国议会答谢。

△　美驻华大使馆官员戴维斯上书美政府，陈请尽快与中国共产党建立联系，报告称："我们需要趁着还受欢迎的时候，立刻派一个军政观察员代表到共产党中国去搜集敌人的情报，协助并准备从那个地区开展一些有限的活动。"罗斯福表示采纳这一建议。

1 月 16 日　蒋介石致函美国总统罗斯福，要求美国向中国提供 10

亿美元的贷款,并称:如果美国拒绝上述要求,则"美国在华军队的支出应由美国政府负担"。美国表示同意承担在华美军的全部费用。26日,罗斯福通过高思致函蒋介石,表示愿意暂时每月支付 2500 万美元作为维持在华美军的费用。

　　△　军事委员会任命陈沛为第三十二集团军副总司令。

　　△　董必武、徐冰在重庆宴请各党派人士左舜生、邓初民、翦伯赞、张申府、张志让等,交换时局看法。

　　△　成都市各界响应冯玉祥发起的节约献金运动,是日献金收入约千余万元。

　　△　国讯社、青年会在重庆联合举行宪政讲谈会。黄炎培发言称:"抗战以来,人民尽了很多义务,所以应当把权利交给人民。"刘伯昌称:"政府应给人民言论自由。有舆论才能促成宪政的实施。"向乃祺称:"保甲制度是阻碍宪政实施的。"

　　△　缅北中国驻印军新编第三十八师一部进攻甘卡,歼敌 80 余人。20 日攻占丹般卡,30 日占领英恩卡,并分兵向茂林河北岸攻击。

　　△　日机 17 架袭击广东韶关,在市郊投弹 30 余枚。同日又袭击河南广武、巩县,投弹多枚。

　　△　张一鹏就任汪伪政府司法行政部部长。

　　1 月 17 日　　行政院采纳国民参政会经济动员策进会建议,实施《管制物价方案》,要点为:一、管制物资之上层机构,如有重复以及承转考核不负实际责任者,应按其性质尽量合并;二、各省、市限期成立物价管制委员会,统一办理有关管理物价事宜;三、国家总动员会议及各省、市物价管制委员会,应与经济建设策进会及该会驻各地办事处密切联系。

　　△　国民政府明令公布《中古友好条约》,规定中国、古巴两国以平等及互尊主权为基础,并简派全权代表以昭信守。

　　△　审计部长林云陔在国民党中枢纪念周报告 1944 年度审计工作计划,要点为:一、加强就地审计;二、扩大巡回审计;三、推行岁入直

接征收机关之就地审计;四、办理省、县、市公有营业事业机关财务之抽查;五、推进县财务之抽查。

△ 毛泽东致电祝贺山西省沁源县军民团结一致,抗击日寇所取得的胜利。指出沁源抗击日寇的胜利,是太岳抗日民主根据地的一面旗帜。

△ 缅北中国驻印军新编第二十二师一部向太柏卡发动攻击,毙日军 100 余人。26 日,史迪威亲赴太柏卡前线督战,战至 2 月 1 日,歼灭日军第五十八联队第二大队,攻占太柏卡,完全肃清大龙河及大奈河沿岸的日军。

△ 新四军粟裕师一部克江苏扬州东南长江北岸之霍家桥、大河口据点,并击沉日汽舰三艘。

△ 由薛明剑、章慧剑等发起组织的中国工业联合保险公司是日举行筹备会议,推选章慧剑等五人为常务筹备委员,决定资本为 2000 万元,并策动西南、西北两区的工业界参加股份。

△ 中国访英团在伦敦发表临别声明,称:"吾人对诸君之镇静安详,有条有理,及纵在战时亦能继续享有个人若干自由,表示钦佩。"

△ 日军一部分三路冲入广东南雄县城,将广东省银行、雄华书局、县银行等尽劫一空,损失不可数计。

1 月 18 日 军政部公布《学生自愿服役办法》,规定凡年满 18 岁以上的中等学校以上身体合格的学生均可申请登记。凡志愿服役的学生,如受军训合格者得选拔为军士,训练期满后,得择优送考中央陆军军官学校;凡服役学生训练期满后,得依其所习学科及志愿服任特种兵、特业兵、空军及适当之军事辅助勤务;服役中如有逃亡情形,除依法办理外,并开除其学籍。

△ 军事委员会任命史泽波为第十九军军长,董其武为第三十五军军长,刘赐熙为第三十九军副军长,袁庆荣为骑兵第四军军长。

△ 访英团团长王世杰向英国上下两院发表告别演说,论述中国自九一八事变以来 12 年的奋斗,以及中国的未来问题。

　　△　行政院会议通过甘肃省设置会川县。

　　△　中共中央书记处就有关对待国民党军队执行自卫原则问题电示各中央局、中央分局并转有关区党委:为保持国共两党间之平静,争取抗战最后胜利起见,要求有关部队对于国民党军队以自卫原则谨守防地,不得发生由我启衅之任何事件。仅在彼方进攻时,应执行自卫原则。如发生大的事件,须先行报告,待命处理。

　　△　八路军第一二九师一部出击山西阳城日军,歼灭该县潘庄伪军第二十四集团军独立旅赵振祥部一个营。

　　△　山东八路军一部攻克山东莒县石渤沟、潘村、醋大庄等 14 处日伪军据点,解放民众 30 余万人,生俘汉奸朱信斋以下伪军官兵 875 名,日军一名,毙伤日伪军 373 名。

　　△　新四军一部攻克江苏滨海县日伪军据点 14 处,击毁围寨 75 座,碉堡 200 多个,毙伤敌 300 余名。

　　△　日机一架由汉口东飞,行至安徽石埭县境被中国空军击落,机内 13 人,跌毙一人,伤二人,其余全部俘获,解送后方。

　　1 月 19 日　国民党中央文化运动委员会在重庆举行宪政座谈会,提出“天赋人权”时代业已过去,中国现在与将来为“革命民权”。

　　△　日军中型兵舰一艘在安徽贵池县前江口江面触水雷,当被炸沉,日军官兵约千人溺毙过半。

　　△　八路军一部克复秦皇岛西北之海阳镇。

　　△　据中央社讯:日军继续在上海拘捕文化人,计有交通大学教员若干人、作家夏丏尊、开明书局编辑章锡琛等,陷狱者尚有 200 余人。同时日军迫令上海同文书院学生 300 余人全体服役,补充缅甸驻军。

　　1 月 20 日　国家总动员会议宣布“本年除积极推进整个总动员业务外,将侧重于物资之管制及增产,召开各有关机关商讨花纱布、粮食增产问题”。决定在不妨碍粮食生产的原则下,本年于川、陕、湘、鄂、豫等省增产棉花 300 余万担。粮食方面,除注重灾区救济外,并注重灾荒之预防。且于甘、宁、青等省不单求军粮、民食之解决,并于牲畜饲料也为求供应无缺。

　　△　财政部长孔祥熙宣布:以前政府所规定由外国汇款来华之补助办法业经修订,其新办法为:凡为经济、传教、医药、教育、文化及其他慈善之汇款,中国政府可予以汇价百分之一百补助。

　　△　国民参政会经济建设促进会黔区办事处发起的贵州经济建设促进会是日正式成立。决议创办贵州林牧公司与发展贵州纺织事业。

　　△　西藏、蒙古、新疆三同乡会在重庆招待拉卜楞寺所属 108 寺致敬元首代表团,汉、蒙、回、藏各族人士 60 余人聚晤一堂,尚望各民族间加强团结,早日完成抗战建国大业。

　　△　湘省来渝人士向当局呈述常德会战期间所受倭寇灾害情形,计受灾者共 11 县,死亡 13.19 万人,伤 3.8 万人,焚毁房屋 7.3383 万栋,损失粮食 1658.94 万石,损失耕牛 8.65 万头。其中以常德受灾最为严重,死亡 1.23 万人,伤 3680 人,财产损失在 53 亿元以上。

　　△　新四军一部袭击苏中日伪军"实业垦区",毙敌 270 余名。同日,新四军另一部攻克苏北东台以北的新丰镇日伪军据点。

　　△　日军 2000 余人在河北丰润、滦县、迁安、遵化地区"扫荡"。八路军一部与敌激战六日,予敌重创,是日敌开始溃退。

　　△　伪满洲国召开省长会议,策划强制征购粮食问题。决定 1944 年向日本供出粮食量为 270 万吨。

　　△　国际合作会议在华盛顿开会,通过如下合作方案:一、尽快设立国际合作贸易及制造协会;二、请联合国救济善后总署设立基金,用于贷款各被灾国家之合作机构;三、发起募捐筹集自由基金,用以协助被灾国复兴其合作事业;四、努力于国际壁垒之清除,并促进各国人民间自由交易及各国间货物及货币之流通。

　　1 月 21 日　八路军第一一五师一部在山东堂邑县北之履东歼灭伪军吴连部一个营和团部,毙伪团长黄竹斋,俘伪营长以下 200 余人。

　　△　据《扫荡报》讯:军政当局倡办军需独立以来,成绩卓著,仅 1942 年度节省军费即达 10 亿余元,结存军粮达 100 余万大包以上。

本年度军需独立将以"核实"、"节约"为工作方针,以充实战时力量。

△ 日本首相东条英机发表演说,承认战局"空前严重","盟国攻势益见猛烈,日方交通大受影响",呼吁"以全力增产飞机和粮食,增加赋税"。

1 月 22 日 国民参政员莫德惠在重庆对《大公报》记者称:"《五五宪草》草拟十年来,时事更迭,潮流起伏,内外大势,均已丕变,宪草内容是否合乎时代要求,与夫实行后之坚韧性如何? 似有充分考虑之余地",并建议国都设于北平。

△ 内政部次长张维翰抵贵阳,途经独山、都匀、贵定等县,视察各该地推行"新县制"及行政实效,是日对中央社记者称:"目前全国实施新县制者已达 1036 县。"

△ 湖南省醴陵县陈盛芳捐助 280 万元,兴办湖南私立东方初级中学,国民政府是日以其兴办学校,培养人才,予以明令嘉奖。

△ 重庆《大公报》讯:交通部驿运管理处为开辟川、新间的移民工作,从四川广元至新疆哈密间设立 79 个驿站,全程 2322 公里,行程约 100 天。

△ 新四军地方武装一部乘驻苏北邳县伪军火并之际,予以袭击,毙敌 20 余名,俘 40 余名。

1 月 23 日 延安《解放日报》载:重庆《中央日报》社改组,原社长陶百川去职,新任社长为胡健中,总主笔为陶希圣,副总主笔方秋苇,总编辑陈训畬,副总编辑胡春水。

△ 国民政府明令定是日为中国妇女节。

△ 重庆《大公报》讯:各地先后设立专科以上学校公益互助社。该社以辅助各校师生生活并举办其他福利事业为主,依合作社方式经营。资金方面,教育部已与特约银行订立合同,以所需额四分之三低息贷予学校。

△ 八路军冀东军分区第六区队在崔各庄战斗后转移到遵化南部前稻地村,由于汉奸告密,日伪军 1800 多人施行报复围剿。第六区队

应战,毙伤日伪军 400 余人,缴获步枪百余支。

　　△　翦伯赞著《中国通史》在重庆出版发行。

　　△　纽约《先驱论坛报》发表关于游击战争的社论,称:"中国人的游击战术和游击队,在击败日本中所起的作用,比较大多数观察家估计的还要大。"中国游击队"向侵略者表示:他们愈是深入,灾难就愈加大"。

　　1 月 24 日　国民党中枢举行总理纪念周,铨叙部长贾景德报告本年度施政方针的重心在建立省、市地方及中央驻各地机关的人事机构,彻底管理财务、交通、金融人员之事。蒋介石指示建国首要在建立法律制度,并宜力求简单、快当、尽职。

　　△　丘吉尔接见中国访英团,王世杰向丘呈送蒋介石信件。本月 30 日丘吉尔给蒋介石作了礼节回函。

　　△　财政部长孔祥熙复函美国财政部长摩根索,申述中国在极端困难条件下努力建筑盟军机场,并因此负担庞大支出以致通货膨胀等情况。

　　△　据重庆《大公报》载:战后利用外资从事建设,国民政府已与英、美等国开始接洽,英国并有数大工业派出代表常驻重庆专事联络。据悉,初期利用外资办法,将以国家对国家形式出现。

　　△　据中央社讯:陕西省棉花开始实行统购统收,至是月中旬共收购棉花 38 万余担,力争完成 50 万担之目标。另还实行纱换布的办法,规定由三原、西安、宝鸡、南郑四处集中举办。预计可换布四万余匹。

　　△　日本议会通过政府提出的 1944 年、1945 年非常时期军费追加预算 380 亿日元。据统计,自 1937 年 7 月至今,日本非常时期之总军费将达 1000 亿日元。

　　△　占驻承德日本宪兵队在日伪军配合下,搜捕半壁山区村民900 多人,其中 100 多人被判死刑,由宪兵和警察就地进行集体屠杀。

　　△　山西沁县日军包围郭家庄,大肆烧杀,计被残杀的无辜群众共56 人,房屋被烧毁 480 余间。

1 月 25 日 孔祥熙在重庆《大公报》发表《研究宪草之要纲》一文，对国民讨论宪草提出如下要义：一、不能违反三民主义；二、要适合本国国情；三、要顾及国际上的应用；四、必须以整个国家的福利为前提，而不应杂以团体、学派的利害。

△ 美国第十四航空队及中美混合机队击沉停于东海海面的日货轮两艘及扫雷舰一艘。

△ 山西太谷、寿阳日伪军 2000 余名向太行山区八路军第一二九师根据地进犯，越三日，被八路军第一二九师一部击溃，窜回原地。

△ 日机昨、今两日轰炸福建建瓯、福州，在建瓯投弹 40 余枚。

1 月 26 日 缅北中国驻印军新编第二十二师第五十六团一部沿大奈河攻击大洛，战至 31 日，占领大洛，日军第十八师团第五十五联队残部向大奈河右岸逃窜。大洛作战先后歼敌 400 余名。

△ 驻美大使魏道明返国后，是日晋谒蒋介石、孔祥熙、宋子文述职。27 日，对中央社记者发表谈话，认为："国内物价情形与封锁甚有关系，倘封锁能早日打开，则国内经济状况必可大为好转，瞻望战局前途，极为乐观。"

△ 日机两架袭击广西梧州，在市区上空低飞扫射。同日另有五架在广东南雄肆虐，亦以机枪扫射。

1 月 27 日 立法院长孙科就宪政问题对记者发表谈话，认为"批评宪草必须根据三民主义"。在谈到中共对宪政有无影响的问题时称："一个独立、自立的国家断不许有两个政权同时存在的。"

△ 国民政府特派沈士远为民国三十三年第一次高等考试再试典试委员会委员长，派陈立夫、程天放、杨汝梅、赵琛、李超英、关吉玉等25 人为委员。

△ 中共中央西北局在延安招待党外人士，参加者有李鼎铭、李丹生、柳湜、贺连成、毕光斗等人。林伯渠、谢觉哉等发言，内容有关于肃清官僚主义、改进工作作风及保证完成 1944 年各项任务等。

△ 重庆《扫荡报》讯：军训部为加强军事教育，使全国青年有普遍

从军的机会,特自本年起办理全国军事学校统一招生。将来招考时,各种兵科班队同时考选,依照成绩,分发各校。

　　△　四川兴文县杨吴德成捐助兴文中学建筑费 25 万元国币,是日,国民政府明令嘉奖。

　　△　新四军一部袭击南京近郊日伪军据点官集,摧毁碉堡 11 个,毙伤敌 170 余名。

　　△　伦敦《每日电讯报》刊载中国访英团团长王世杰对记者发表的谈话,称:“中国希望战后联合国全力合作,尤其中英在经济方面的合作。”并称:“各联合国,至少为联合国中之主要国家,应在战争结束前成立将来合作之广泛机构。此事至为重要。”

　　△　中央警官学校派遣第一届公费留美学生五人。

　　1 月 28 日　国民参政会驻会委员会召开会议,到会有张伯苓、莫德惠、江庸、孔庚、许孝炎、李中襄、董必武、许德珩及秘书长邵力子等 20 人。首由邵力子代读外交部书面报告,次由教育部长陈立夫报告最近教育设施及 1944 年度施政计划。继黄炎培、李中襄等就大学课程、华侨教育、蒙藏教育、师范教育、技术教育等问题提出质询,陈立夫均作答复。

　　△　国民党中央宣传部举行记者招待会,部长梁寒操称:“本党对于国民大会会期长短殊无成见,但对另设机构行使最高政权,不能赞同。”又称:“现在省区过大,行政效率已受影响,又易造成封建割据,故应加以缩小。”

　　△　行政院核定公布《水陆驿运管理规则》,凡 15 条;《奖励民营驿运事业办法》,凡 11 条。

　　△　行政院颁布《推进乡镇公益储蓄办法》、《规定乡镇公益储蓄办法》,规定乡、镇机关应做到每年按户劝储一次,派额应达平均每户至少 100 元。

　　△　重庆文化界联谊会欢送拉卜楞寺代表团,主席刘文岛致欢送词,刘氏畅论佛教“无我、无常、无挂、无碍”之精神与抗战建国之关系,

对该团此行成就尤加赞许。

△ 国民政府儿童保育会总干事熊芷对中央社记者谈该会工作状况,称该会全国直属及分会所属儿童保育院共 34 所,现有儿童 1.9 万人。一年多来,因经费困难,故未再招收新儿童。

△ 中国访英团团员王云五、杭立武、温源宁结束访英活动,是日离伦敦赴土耳其等国访问,尔后返重庆。其他二员王世杰、胡霖则将访问美国,再返重庆。

△ 中国政府赴印度农业考察团一行四人返抵重庆。该团在印考察历三个月,行程 7000 英里,重点考察印度各级农业机构之彼此联系问题、农业增产之实际问题及农田水利与甘蔗制糖等项。

△ 日机三架袭击湖南汉寿县纸料洲,炸死民众 10 余人。

1 月 29 日 国民政府委员会在重庆召开第一次会议,到会委员有孔祥熙、居正、戴季陶、于右任、叶楚伧、朱家骅、刘尚清、刘哲、钮永建、邹鲁、冯玉祥、张继、胡毅生、李文范、李烈钧。蒋介石亲临主持。会议通过议案数项,蒋介石就党国大计作重要提示。

△ 蒋介石出席并主持中央警校开学典礼,蒋介石致训词称:"警察系代表国家政府,与民众最为亲切接近,政令赖以贯彻于社会,故其职责重大。"

△ 行政院政务处长蒋廷黻在纽约发表演说,主张完全解除日本武装,并令其交出一切征服之土地,称:日本必须交出全部空军,此后不得制造任何飞机,如彼需要商用飞机,必须向他国购买;日本海军如未完全歼灭,则应交与中国、菲律宾与澳洲等国,用以监视日本;日本陆军应完全遣散,军火工厂必须停闭;东北四省、台湾、澎湖必须交还中国;朝鲜必须恢复独立。

△ 由杨杰将军率领的中国军事考察团抵达英国伦敦,将参观各项军事设施。3 月 7 日访问英国南部海军设施。

△ 八路军一部克复河北省安新县城。

△ 八路军太行军区一、二、三分区军民粉碎日军第六十二师团及

伪军共 3000 余人的"扫荡"。

1 月 30 日　重庆《中央日报》全文发表 1936 年 5 月 5 日国民政府通过的《中华民国宪法草案》(即《五五宪草》),凡八章 147 条。

△　宪政实施协进会召开第二次全体会议,到会有张伯苓、莫德惠、孙科、吴铁城、陈布雷等 32 人。蒋介石到会指示国民应精诚团结,促进宪政。会议通过提案 10 项,重要者有:一、由本会遴派考察人员分驻各省地方,以便普遍切实执行本会考察之任务案;二、建议政府从速设法完成并充实地方各级民意机关案;三、人民基本权利三项之保障建议案;四、请成立晋、绥两省临时参议会案等。

△　行政院通令各省限于民国三十三年内一律依法成立县参议会,完成地方自治。对于事实上不能由乡、镇、保层层成立之县份,亦责成先成立临时参议会。

△　农林部发表统计:全国各省公营垦务机关团体共 153 个,以四川最多,占 53 个。垦民以陕西最多,四川次之。

△　罗斯福 62 岁诞辰。重庆《大公报》发表题为《罗斯福与中国》一文,称罗斯福"对于中华民族的复兴,始终表示最诚挚的同情,最友善的态度";"他不但是西半球一万万三千万人所爱戴的领袖,而且是人类和平与平等的支柱"。

1 月 31 日　蒋介石亲任蒋经国为三民主义青年团中央干部学校教育长。5 月,该校第一期正式开学。

△　缅北中国远征军一部在胡康河谷歼灭日军一个联队。其中毙日军联队长一名及大队长三名。

△　军政部发言人宣称:全国将继续开展青年学生从军运动,并拟将这一运动扩展至西康、青海、陕西等省。

△　国民政府派张公权为全国工业协会常驻美国代表,与美国各工业团体取得联系,共同研商战后工业复兴等问题。

△　陕西泔惠渠工程竣工,全长五公里,可灌溉耕地 3000 亩。

△　伪满协和会在"新京"召开全"满"会员大会,决定开展"战时紧

急国民储蓄增产运动"。3 月 16 日,伪满政府公布 1944 年度强迫人民储蓄目标额为 30 亿元。

　　△　中美工商协会在纽约成立,协会主席为国际机器事业公司总经理华特逊,会长为美国前商务部次长柏德生上校。该会的主要任务是:一、分析中国自然资源及商业之可能发展;二、与中美两国政府及中国私人企业合作,使两国经济计划取得联系;三、研究中国商法及经济组织;四、保护美国之公正利益;五、为中美两国作各种商业上之服务。

　　△　美国援华委员会驻华办事处捐款 5000 万元,交由该会鲁山教会区作为救济豫灾之用。

　　是月　缅北中国驻印军新二十二师突破畹达克山脉,攻击日军第十八师团主力侧背,并抵近至大洛地区之百贼河一带。

　　△　罗斯福致电蒋介石,拒绝蒋介石关于美国经济援华的请求,称:"根据已经得到的效果来看,给中国一笔贷款……是说不出理由的。我认为没有必要这个时候贷款,而且从中国和美国的角度来看,贷款也是不妥当的。"

　　△　毛泽东会见国民党驻延安联络参谋郭仲容。郭征询关于两党合作的意见,毛泽东答:中国共产党拥蒋抗战与拥蒋建国两项方针,始终不变。郭要求林伯渠、朱德、周恩来赴渝。毛泽东答:林、周或可先后赴渝。郭又提及何、白"皓电"和西北军事两点。毛泽东答:谈判可以何、白"皓电"为基础,反攻时胡宗南部与边区部队可按比例开赴前线。

　　△　行政院决定两项积谷专款办法:一、由田赋下附征 5%;二、营业税项下除原附征 5% 外,再附征 5%。

　　△　山西省政府主席赵戴文逝世后,第二战区司令长官阎锡山奉行政院令暂为兼理省政,阎是月遵令在防次兼理政务。

　　△　西康省李万华捐款 10 万元及代募款 30 余万元,徐健捐款五万元及代募款 20 余万元,胡玉隆捐款 26 万元,湖南省黄翠竹捐田 30 亩,兴办各种社会福利事业,社会部呈国民政府请予以褒奖。

△　戴季陶、朱家骅、翁文灏、陈立夫等发起组织川康采冶地质研究社，"从事川康矿业调查与研究，以期促进国防重工业建立"。

△　新四军第一师主力一部及地方武装，为打破日伪军对苏北高邮、兴化、宝应、海安、如皋、泰县、泰兴等地的"扩展清乡"，对日伪军发动攻势作战，先后攻克宝应附近的大官庄、王家营，如皋附近的左溪、运粮河以及东台附近的安丰等 17 处日伪军据点。

△　平、津《晨报》、《新北京报》、《新天津报》因发生纸荒被迫停刊。

2　月

2月1日　驻中印缅美国陆军总司令史迪威在新德里对中央社记者发表谈话，称：胡康河谷之华军已深入缅甸内部 100 英里。华军作战甚为得手，士气旺盛，在宛河上游阵地击毙日军 300 人，作战次数就欧洲标准观之实属不多。

△　第十八集团军总部命令所属各部，乘日军撤退据点集中兵力之机，适时出击日伪据点，迫其撤退，并消灭其一部。

△　八路军总司令朱德致电蒋介石、何应钦、徐永昌、胡宗南，告知驻甘肃镇原、西峰镇等地国民党新编第二师、暂编第五十九师及当地保安队，近日不断进犯陕甘宁边区，并声言将大举进攻，请转令各该部队，各返原防，勿开衅端。

△　国民政府决定本年度移新垦民名额为二万人，是日开始登记。主要区域为陕西华阴、大荔、蓝田和河南洛阳。

△　行政院会议通过《中国农民银行农业债券发行原则及条例》。

△　重庆《中央日报》讯：军事委员会决定从本年度起，公私立大学四年级男生学生，除医学院、师范学院外，一律调征充任译员。重庆各大学被征调学生总数近千人。

△　重庆《中央日报》讯：留居重庆的各国使节、军事代表团及侨民共 1431 人。其中人数最多者为美国 464 人；英国次之，共 330 人。

△　国民节约献金救国运动总会会长冯玉祥赴川省各地劝募献金,共历 10 余县,募得金额 2500 万元,是日返回重庆。

△　是日至 10 日,黄金及美金储蓄券价格突然高涨,黄金每两自 1.2 万元涨至 2.4 万元;美金储蓄券一元从兑换 60 元法币涨至兑换 140 元。原因之一为日伪抢购;之二为投机。黄金、美券涨价刺激物价飞涨。粮食涨 20%至 50%。重庆市评价委员会重新核定物价,最低增加 20%,最高达 150%。

2 月 2 日　蒋介石复罗斯福两次来电,提出法币对美元汇率改为 30 比 1,说这是在不危害中国经济战线崩溃,以及不危害中国民心继续抗战的原则下尽量满足阁下的期望。并允称只要缅南进行大规模两栖作战,本人即派驻滇部队入缅作战。

△　国民政府明令追赠陈调元为陆军一级上将。

△　军令部致电驻陕甘宁边区联络参谋郭仲容,称:"周、朱、林各位来渝,甚表欢迎,来时请先电告。"

△　国民党中央宣传部举行记者招待会,部长梁寒操发表谈话,对日军在菲律宾屠杀美军俘虏 7700 人,菲军俘虏 1400 人及香港、马来亚、缅甸等地英国战俘与平民,表示极大的愤慨。继之该部张平群答记者,详述战区内各省之县政情形,称:全国共有 1958 县,在战区各省内者,约有少半数,共为 924 县,其中县区完整者 422 县。

△　中共中央对敌后根据地发出指示,强调在敌后必须把战斗与生产结合起来,开展对敌斗争和大生产运动。

△　中国工矿业协进会在重庆成立。行政院副院长孔祥熙、重庆市市长贺耀组等到会。协会的中心工作称有:一、如何调整今日之生产情形;二、如何使大多数之商业资本逐渐转变为工业资本;三、技术顾问之组织,以求生产技术之标准化;四、工矿资源之调查、资料之收集与书报之刊行。陈其采、雷震等 31 人为理事,胡西园、陈华洲等 15 人为候补理事;毛庆祥、徐学禹等九人为监事。

△　汪伪国民党中央执行委员会决定成立党务工作人员训练团,

分期集训中央及各级党部人员。汪精卫兼任团长,陈春圃为教育长。15日开学。

2月3日　军事委员会任命蒋当翊为第十二军副军长,李伦为第四十七军副军长,王毓文为第八十五军副军长。

△　中央、中国、交通、农民四行联合办事处制定本年度《推行储蓄计划纲要》,决定继续实行节约竞赛,并发起乡镇公益储蓄运动。定本年度储蓄总额增至130亿元。

△　八路军第一一五师一部袭击山东平度麻兰伪军据点,俘伪中队长以下40余名,缴获各种枪支40余件。

△　重庆《扫荡报》发表《日寇在我国暴行汇志》一文,首次揭露上海日军虐待四行孤军俘虏的罪行:太平洋战争爆发后,孤军便被日军押赴南京集中营,名为严格管理,实则生杀由之。营中生活直牛马不如,每日仅二餐糠粥,而一切非人的劳役,则悉由其驱策,稍不听从,轻则令其裸体任意鞭挞,重则活埋。日军还不以此为满足,更时时抽调一批批所谓"不稳分子",集中枪杀,故押到南京时的460余壮士,现在仅剩120余人。

2月4日　蒋介石电令从优奖励宣导学生及公教人员志愿服役运动得力人员,其中有川省主席兼军区司令张群、川省军区参谋长徐思平、西康省军区参谋长王靖宇、成都市长余中英和四川大学校长黄季陆、燕京大学校长梅贻宝、复旦大学校长章益等。

△　国民政府特派戴季陶为高等考试及格人员县长挑选第一次定年挑选及第二次考试后挑选委员会委员长,派周钟岳、陈立夫、贾景德、张厉生、陈大齐、李宗黄、王德溥、程泽润等为委员。12日,挑选委员会举行会议,审查应选人成绩,计录取54人,并决定将此次录取人员予以短期训练后,分发各地工作。

△　考试院制定《考试及格人员署工作审查奖励办法》,根据该办法,组成审查委员会,史尚宽为主任委员。每年办理奖励一次,按照超等、优等、一等分别给予奖励。

△ 国民政府以农产促进委员会主任委员穆藕初"推广植棉,创办纱厂,成绩卓著",近年"奖进农业生产,提倡手工纺织,有裨战时衣食之筹给",是日予以明令褒扬。

△ 毛泽东就国共关系问题致电董必武,指出:"观察今年大势,国共有协调之必要与可能,而协调之时机,当在下半年或明年上半年。但今年上半年我们应做些工作。除延安报纸力避刺激国民党,并通令各根据地采谨慎步骤,力避由我启衅外,拟先派伯渠于春夏之交赴渝一行,恩来则准备于下半年赴渝。上月郭参谋见我,要求林、朱、周赴渝,我即以林、周或可以后赴渝答之。郭又提及何、白皓电、西北军事二点,我则答以谈判可以何、白皓电为基础,反攻时胡宗南部与边区部队,可按比例开赴前方。我并告郭:我党拥蒋抗战与拥蒋建国两项方针,始终不变。"

△ 据中央社讯:日军两度侵犯湘省滨湖各地,南县、华容、澧县、安乡、常德、桃源、慈利、石首、临澧、汉寿、沅江等县人民死伤、财物损失严重。据官方初步统计:人民死亡 13.19 万人,受伤 3.8085 万人,被奸妇女 3.5185 万人,奸毙妇女 4237 人,掳去男女 8.3497 万人,被焚毁屋宇 7.3383 万栋,损失粮食 1658.9484 万担,耕牛 8.6512 万头。湘省政府已电请行政院迅拨急赈 3000 万元,善后救济 7000 万元,以资救济。

△ 中国政府访英团团长王世杰及胡霖、李惟果结束在英国活动,是日离伦敦赴美。另一部分团员王云五、杭立武、温源宁抵达土耳其。

△ 美陆军部特许 35 架双引擎 P—47 式运货机一队,各载重五吨,自巴西出发,经非洲、印度、缅甸到达中国。该机队所载物资计有军火、炸药、食品、药物及飞机零件等。

2 月 5 日 国民政府决定本年度国家总预算保留 20%,此外中央及省、市机关均不得再额外追加。政府严令各机关尽量删减预算,节约开支,尤重要者在求国家预算之平衡。

△ 中国银行在重庆举行第二十一届通常股东总会,到会股东 511 户,股数 23.2021 万股,官股出席代表 96 户。董事长宋子文主持

会议,代理总经理贝祖贻报告自 1927 年起至 1943 年止之各年营业状况,并进行商股董事会及监察人改选。孔祥熙、宋子文等 12 人当选为商股董事,卢学溥等四人当选为商股监察人。同时,该行奉财政部令,派陈其采、徐堪等 13 人为官股董事,俞鸿钧等五人为常务董事,俞鸿钧为监察人会议主席。孔祥熙继宋子文任董事长。

△　是日为第三届农民节。农林部公布后方 15 省 1938 年至 1943 年 6 年间重要农作物生产总量统计:籼粳稻 40.58261 亿担、糯稻 2.72578 亿担、小麦 1.176254 亿担、大麦 5.11509 亿担、甘薯 16.89334 亿担、大豆 2.11162 亿担。并公布 1937 年至 1942 年六年间农村肉畜产量数字:猪 2.29935 亿头、山羊 4458.9 万只、鸡 8.05531 亿只。

△　据重庆《中央日报》讯:兵役署副署长陈凤韶日前对记者发表谈话,称:学生志愿从军运动遍及全国,教导第一、二团已超出定额,拟再成立第三、四团,负责训练入营学生。

△　据中央社讯:豫东黄河大堤去岁决口,泛滥成灾,黄河委员会委员长赵守钰亲赴豫东主持工务,并赴泛区督饬抢修,已将荣村及宋双阁口门先后修复。行政院特予嘉奖。

△　中国劳动协会理事长朱学范在重庆向全国劳工广播《劳工与宪政》,称:劳工是社会的主要生产者,与国家社会利益关系非常密切,必须提出自己的主张,要求自己的权利,要求早日实现宪政。

△　驻印军总指挥史迪威下达攻击孟关的命令:本军应确保太柏卡,以固大奈河以南之桥头堡,着新编第二十二师主力进出腰班卡、拉征卡至大奈河之线;新编第三十八师应驱逐大宛河之东及南方之敌,并肃清森邦卡西北地区之敌。

△　新四军一部攻克江苏淮安、盐城一带日伪军据点七处,毙伤敌 130 余人,俘连长以下 97 名,缴获长短枪百余支。

△　日机四架袭扰湖北老河口,在郊外投弹 10 余枚。

2 月 6 日　国民党当局对林伯渠到重庆谈判事,一面表示欢迎,一面密示特务人员监视,是日作出如下部署:"(一)普遍注意渝地奸伪动态;(二)注意外人对林来渝之舆论及活动;(三)注重各党派人士对林来渝之舆论及活动;(四)注意《新华日报》对林来渝事之宣传计划予以针对应付;(五)加紧注意争取奸伪工作。"

△　拉卜楞寺藏族代表团总领队黄正清在中央广播电台发表临别播讲,表示边区藏胞愿与内地同胞共同担负复兴国家民族的重大任务。

△　重庆《中央日报》讯:中国农民银行自 1941 年兼办土地金融业务以来,共对照价收买土地、土地征收、土地重划、土地改良、扶助自耕农、地籍整理及乡造产等放款 6673.8851 万元。本年度核定放款总额为四亿元。

△　八路军第一二〇师一部克复热河省宁城县城。

△　华侨代表周锦超在旧金山唐人街招待美国名流,副总统华莱士应邀出席并发表讲演,表示:"美中军队将永远摧毁自由威胁。"

△　伪杭州市长谭书奎在湖滨公园被刺毙命。

2 月 7 日　国民党中央执委会召开绝密会议,决定林伯渠到重庆后的应付对策:一、密令在西安特务人员监视;二、到重庆后借招待之机,指定住所,派宪兵任警卫;三、发动与林有关之党国元老,劝林脱离延安;四、派精通外语及有政治修养之干部充任对林招待,经常随林出入;五、控制其与外人接触,若与外人谈话,事先须予以劝导;六、请其到中央政校讲话,摘予发表并予以评论;七、利用国民党可掌握的人士劝告中共放弃军、政权,以谋国家之统一。

△　我国"中山号"自由轮首航驶抵美国马里兰州巴尔的摩港。驻美大使刘锴、驻纽约总领事于焌吉与中美人士百余人在巴尔的摩港举行庆祝会,欢庆首航成功。按:"中山号"自由轮系租借美国之巨轮,排水量 1.1 万吨。

△　四川省南充县奚致和捐助国币 50 万元、西充县鲜伯良捐助国币 20 万元、陕西省蒲城县许润生捐助国币 11 万元兴建学校,国民政府是日予以明令嘉奖。

△　监察院监察委员视察陕、豫、鄂、皖、冀等省归来,是日向记者

叙述沦陷区灾情。其中以河北省为甚,受灾区域已达三分之二,灾民2000余万;大名、长垣、束鹿、濮阳各县收获仅有二成,有达五成者,如静海、丰润等地。

△　缅北中国驻印军新编第三十八师第一一三团攻占卡甸渣加。16日又在太柏卡以东河套地区歼灭日军100余人。

△　新四军一部在苏北盐城附近设伏,将开赴该地的伪第三十六师第一○七团代团长张辛如以下12人击毙,生俘伪区长二名,士兵38名。

△　八路军回民支队司令员兼冀鲁豫军区沙河分区司令员马本斋因病在山东莘县病逝。3月17日,延安各界举行追悼马本斋大会,毛泽东、朱德、周恩来分别送挽联。

△　第二战区司令长官阎锡山指使第六十一军梁培璜部进犯太岳区浮山东南之西马、合鹿地区。8日,在赵城村、庞家垣地区被八路军击退。

△　《宪政》月刊社举行第二次宪政座谈会,由黄炎培主持。关于省自治问题,瞿绍伊及向乃祺认为,《五五宪草》中规定省长由中央任命而非由民选一项,与《建国大纲》不符。中央大学教授吴斐丹发言称:"实行计划经济又必须有民主政治,使人民了解、讨论以至于拥护此种计划经济政策。"

△　日本人民反战同盟扩大执委会在延安开会,决定成立日军暴行调查委员会,并通过《日本人民解放联盟纲领章程》、《粉碎军部特务政策声明书》等。

2月8日　宋庆龄发表《致美国工人们》一文,阐明中国抗战与美国工人利益的密切关系,呼吁美国工人"把他们自己制造出来的生产品和礼物平等分配给一切积极抗日的军队,不论他在什么地区"。

△　朱德致电阎锡山,指出阎部第六十一军的三个团与中共太岳军区的薄一波部队小有接触后,薄部即后退,而第六十一军仍节节迫近,请予制止。

△　重庆《时局新报》讯：中国华洋义赈救灾总会拟定华北灾区社会重建计划：一、工赈——修渠、探井、凿塘、筑堤等；二、农赈——组织互助社；三、急赈——散放粮食、衣物或设院收容妇孺老残；四、医药——组织巡回医疗队。其工作区域以山东、河北、河南三省接近及曾一度沦陷之地带为救济区域。

△　中央社记者从有关方面获悉：湘省滨湖各县灾情严重，中央及省当局已先后拨款 3460 万元，交由湘省府与赈济委员会第十救济区特派员何绍南会同发放。各县中以常德灾情特重，中央曾专案拨发急赈费 400 万元。

△　汪伪政府行政院举行会议，决定设置农业增产策进委员会，任命顾宝衡为委员长。

△　罗斯福在华盛顿宣布：彼已签署废除《限制华人入境案》之宣言，并规定本年及此后各年度之华人移民额为每年 105 人。

△　美联合援华运动委员会主席牟康诺吉在纽约发表谈话，称：1943 年度该会汇华 861.2155 万美元，较 1942 年多 350 万美元。

2 月 9 日　国民政府明令陆军中将、上将衔薛岳晋升为陆军上将，叙第二级。

△　外交部宣布：中国与伊朗互派使节，伊朗首任驻华公使为伊外交次长艾宁纳。

△　毛泽东、朱德、彭德怀致电邓小平、滕代远等，指出：日军有进攻西北之企图，阎部东进，目的在于挑起内部冲突，缓和日军进攻，我们万万不可中计。阎部东进无论多少，我们应该让出一块地方，坚持不打政策，至少六个月内不得发生冲突。

△　国民党中央宣传部举行外国记者招待会，部长梁寒操对记者讲述宪政促进运动称：去秋国民党中央全会决定于抗战结束后一年内颁布宪法，实施宪政，故于最高国防会议下成立宪政实施协进会。该会于今年元旦起，发动全国研究宪草。参事张平群答记者问，告中国劳工情况：截至去年底，已登记各种工会团体共有 2864 个单位，会员共有

102.7万余人;在大后方工作的工人大约有30万名。

　　△　宪政实施协进会第二次全体会议通过会员江恒源提出之要求政府从速设法完成并充实地方各级民意机关决议案。10日,又通过关于先在后方大都市试行完全自治决议案,并决定先在成都试办。

　　△　重庆《时事新报》载:四川矿业萧条,仅嘉陵江区域就有56家停业,近期又有嘉陵煤矿歇工,天府、宝源等大矿亦不胜赔累。

　　△　第一战区一部攻克河南滑县。

　　△　新四军第四师一部全歼伪淮海省剿共第一纵队第二总队刘夫庭部一个团,并攻克尤集据点。

　　△　日机14架由晋窜陕,在南郑县上空被中国高射炮射击,并在近郊投弹20余枚。10日,又有七架袭击西安,在西郊外投弹30余枚。

　　△　在华日本人反战同盟扩大执委会决定,成立日军暴行调查委员会,对日本法西斯的罪行进行调查,以备战后交人民公审。

　　△　罗斯福通过史迪威转告蒋介石,要求允许英、美军立刻向西北派遣代表团,理由是华北和东北是日军主要聚结地区,美军非常需要那里的情报。

　　△　美军尼米兹将军对中央社记者称:美军志在横渡太平洋,在中国获得基地,以最后击败日本。并称:吾人将设法在中国之任何可能地点登陆,此无庸保守秘密。

　　2月10日　军事委员会在湖南衡山召开第四次南岳军事会议,蒋介石亲临主持,第三、四、五、六、七、九战区高级将领参加会议。会议对常德会战进行了检讨,并对今后阶段的对日抗战进行了研究。蒋介石指出:"我们现在实已到了全面反攻的时期。我想在今年五六月的时候,我们第一、三、四、五、六、七、九各战区一定要实行反攻。"蒋还指出决战阶段的战略特点,就是要采取主动,把握机会,多用小部队,断然出击。蒋介石还提出了对敌反攻的两个方案,即当敌先发制人,轻举进犯时,各战区应精选两个军,纵深配备,蹈瑕抵隙,断然深入敌之基地;当敌军不动,严阵待攻时,各战区应精练选锋,加强战斗力,攻占敌人的重要据点。14 日会议结束。

△　国民党中央党部举行宪草座谈会，吴铁城认为："本党领导革命，以实施宪政为主要阶段。""我国宪政之渊源在于国民党所领导之革命，而深植其巩固之基础，则须对国民作普遍深入宣传。"

△　国民政府拟定利用外资方案，内称：全国中外工厂不过 3000 家，计每 1.3 万里或每 15 万人仅有工厂一家。若以产品价值与世界比较，每人每年所消费国货工业品不及二元半，与美之 344 美元，英国 785 英镑，苏联 287 卢布及日本 347 日元，皆相距甚远。我国应利用外资发展国力，对于国外的机器工具，尤应大量购置。

△　国民政府明令公布《捐资兴学褒奖条例》，并明令废止 1929 年 1 月 29 日公布实施的《捐资兴学褒奖条例》。

△　蒋介石向三青团中央发布指示，提出本年度该团的中心工作为推行新生活运动、实施国民义务劳动，并辅以展开青年学生从军运动及促进宪政。

△　三民主义青年团重庆支团部成立，该支团所辖除重庆外，尚有川东 40 县，共有 40 分团，三直属区队，团员 2.63 万余人。

△　重庆《扫荡报》记者走访中国驻印军新编第一军军长郑洞国，郑陈述中国军队驻印军作战情况称：我驻印部队士气高昂，莫不以打通滇缅路凯旋归国为其最大决心。如缅北丽都路之修筑以及目前缅北打罗、太白佳等处的收复，日军第五十五、五十六联队（一部）之被歼，敌联队长之被击毙，实为有力之见证。

△　内政部政务次长张维翰结束对东南及西南各省政务视察返渝，是日对中央社记者发表谈话，认为"县各级民意机关不难于成立，而要在如何切实指导，俾能熟谙《民权初步》及四权行使练习。否则，虽然成立也不过徒具形式而已"。

△　行政院政务处长蒋廷黻在纽约对美国工商界名流发表演说，称：国防与国民福利乃驱中国手工业化之途之两大动力。而中国军事力量及国民经济之弱点，即为不能得到科学技术与组织之助益。

△　重庆《大公报》发表《五五宪草中的中央政府》一文,建议:一、为使宪法有保障,立法院的职权要充实。二、为加强监察权行使,必须:(一)监察院得接受人民的诉愿,经调查有据而提出弹劾案。无须另设情报机关。(二)弹劾案得发表。(三)宪法中应将惩戒程序具体规定,保证监察院之弹劾权。三、在五权宪法中应对总统及行政院长之间的权责关系多加考虑,以免总统陷入院际纠纷中。

△　重庆《大公报》发表《论物价指数存款之建议》一文,提出解决物价上涨的办法"必须着眼于如何使其上涨的程度与速率减至最小限度,并充分打击囤积投机者,以消灭人为的物价高涨"。并批评物价指数存款是"表面上好看而实际上行不通的理论"。

△　新生活运动总会所属之盟军之友总社在重庆成立,孔祥熙任理事长。

△　新四军江都独立团一部在苏北高邮八字桥伏击伪军,全歼其一个营,俘虏260名。

△　琼岛旅渝同乡会开会纪念海南岛沦陷五周年,由新近来渝的琼崖行政督察专员吴道南报告全岛军民五年来的抗日事迹。

△　在华日本共产主义者同盟华中支部成立。

△　日机10余架乘夜分四批袭击江西赣县中国空军基地。中国空军即起机迎战,击落日机一架,驾驶员三人殒命。

△　汪伪政府行政院召开清乡工作会议,陈公博、梅思平、褚民谊、鲍文樾等参加,日军顾问紫山、前田亦出席。周佛海代读汪精卫训词,声称要把清乡地区作为"大东亚作战的前线"。11日会议结束,《中华日报》发表题为《今后的清乡工作》的社评,称:今后清乡工作要求更进一步,必须在军事与政治之外,特别注重经济。

2月11日　国民党中央宣传部举行记者招待会,由部长梁寒操、副部长程中行主持。交通部长曾养甫报告过去一年交通建设情况,共计修建完成铁路350公里;西北重要边区公路完成过半;增辟嘉陵江及金沙江航线;开辟中印空运;举办西北驿运站。

△ 军事委员会任命赵寿山为第三集团军总司令,张耀明为第三十八军军长。

△ 国民参政会驻委会举行常会,由张伯苓任主席,邵力子代读外交部书面报告。社会部长谷正纲报告该部最近的行政设施为:社会法规的制定与修正、人民团体之组织、社会救济之推进、合作事业之发展等。

△ 中美航空队袭击香港、九龙,击毁日机五架。

△ 朝鲜独立同盟华中分盟第一次盟员大会和朝鲜义勇队华中支队成立大会在淮北举行。支队长李成镐在大会上讲话称:"中国共产党的路线,毛泽东的路线,就是朝鲜人民的路线。"

△ 据中央社讯:日本驻汪伪政府大使谷正之在上海召开日军官联席会,决定掠夺华中物资的基本方针:一、利用"中日新关系",促进收买工作;二、尽量使用沦陷区人力、资源,配置各重要部门;三、加强联络,以有限资财收十分效果。

2 月 12 日 国民政府特派外交部长宋子文为互换《中比条约》批准约本全权代表。

△ 军事委员会任命黄杰为第十一集团军副总司令,梁华盛为第二十集团军副总司令。

△ 八路军第一二九师一部在山西辽县曹家寨附近伏击日伪军抢粮队,毙日军中队长以下 40 余名,俘 10 余名。

△ 拂晓,河北固安、永清、霸县、新城、雄县、高碑店等地日伪军1400 余人,分六路合击霸县西北之义店一带八路军冀中第十军分区部队驻地。八路军迎头痛击,共毙伤日军中队长、伪治安军营长以下官兵250 余人,伪治安军一团长负重伤。

△ 中国空军一队出动轰炸闽江口外日舰队,当即击沉、击伤六艘。同日,空军在浙东击沉日舰一艘。

△ 日机 17 架袭击广东南雄,在郊外投弹多枚,毁民房数间。

2 月 13 日 国民政府特派翁文灏为民国三十三年第一次高等考

试初试典试委员会委员长,派吴尚鹰、林彬、楼桐荪等 18 人为委员。又派定郭有守、黄朴心、黄麟书、程时煃、许绍棣、鲁荡平、郑通知、万昌言分别为重庆、成都、桂林、曲江、泰和、云和、鲁山、兰州、立煌八区高等考试初试典试办事处处长。

△　由邵从恩、张澜发起组织的成都市民主宪政促进会成立。邵从恩为主席,张澜、李璜为副主席。21 日,张澜发表谈话,认为"今天急切需要者为保障人民基本权利的实现,只有从这一点着手,民主宪政才能成功"。

△　国民党兰州市党部成立,张文郁为书记长。

△　汪伪"清乡"委员会副委员长周佛海命令汪伪军委会政治部保卫局副局长胡均衡,今后"移重点于对付共产党"。

2 月 14 日　重庆《中央日报》载:四川省田赋征借总额已达 1500 万担。省府除将收足配额及收达九成半以上各县征实出力人员汇报中央从优奖叙外,对于短收及成绩低劣县市特别派人前往宣传,各县市如再玩忽,定以贻误要政从严惩处。

△　重庆《中央日报》载战时陕西工业情况:工厂由战前 72 家增至 246 家。战前各厂资本总额为 1913 万元,动力总和为 1427 匹马力。现各厂资本总额已达 9639 万余元,动力总和为 1.1879 万匹马力,外加汉中、西京电厂 3570 匹马力,应有 1.6449 万匹马力。

△　以中国驻印军新编第二十三师第六十六团、第六十五团及新编第三十八师山炮连组成的左翼队,攻击缅北孟关,是日在山尼河附近歼灭日军第五十五联队一部。18 日继续进攻,直迫魁邦河附近地区。

△　苏北新四军一部克复涟水。

△　冀东八路军一部克复昌黎。

△　日军突袭山西榆次侯峪村,打死村民 14 人。

△　日机分四批分别袭击湖南湘潭、长沙、攸县、衡阳、零陵。同日,又有 20 架袭击广西平南,在郊外投弹多枚。

2 月 15 日　行政院会议决议通过设置抗战损失调查委员会,王正廷任主任委员。并通过《国民普遍储蓄运动规程》、《战时火柴专卖暂行条例》等。

　　△　资源委员会副主任委员钱昌照在招待记者会上宣布:该会所属厂矿共计 105 单位,其中工业 40 单位,矿业 42 单位,电业 22 单位,运输业一单位。

　　△　交通银行举行通常股东总会,由董事长钱永铭主持,总经理赵棣华报告自 1937 年起至 1943 年止各年业务状况。会议通过 1943 年财政增加官股国币 4000 万元案,并改选商股董事及监察人。钱永铭等 12 人当选为商股董事,徐柏园等四人当选为商股监察人。

　　△　缅北中国驻印军新编第三十八师第一一四团主力向胡康河谷东南地区挺进,先后歼灭日军第五十五联队 300 余人,并于大奈河西岸击退日军一个加强中队的阻击。

　　△　据中央社讯:湖北省主席陈诚指定专家多人会商战后大武汉建设计划,历时数月,基本拟就。其内容一为有关政策,包括经济、土地、独占事业、社会、劳动、文化、住宅等项;二为建筑规划,其宗旨要使武汉成为工业之中心。市区范围约为 60 平方公里,容人口 1000 万以上。

　　△　美东路空军指挥部司令斯特拉特梅耶少将对记者发表谈话,表示将在此战场以装甲之运货机、巨型新式运输机载大量物品自印度飞往中国。

　　△　是日为首届戏剧节。教育部优良剧本审查委员会公布《桃李春风》、《蜕变》、《杏花春雨江南》、《金玉满堂》四种剧本作者及导演均获奖。

　　△　英国科学家尼德汉博士及陶德思教授去年 2 月来华,商洽中英科技合作事宜已略具基础。尼氏将主持成立中英科学合作馆,加强中英间科技交流,俾互通有无。

　　△　新疆海关成立,下辖阿山、塔城、伊犁、乌什、喀什等分关。

　　2 月 16 日　何应钦与董必武谈判,表示欢迎延安来人谈判,说驻边区周围的国民党军已撤回四个师,并解释取消办事处电台是为防止泄密,各军办事处都停,不单对第十八集团军这样做。董必武则说,我重庆办事处名义上是军队电台,实际上是政治电台,不同于各军办事处电台。

△ 八路军第一二〇师一部袭击热河凌源伪军据点,将其新编行动队全部消灭,俘74名。

△ 外交部驻新疆特派员吴泽湘与苏联代表马克罗夫订约,以总价170万美元购买新疆乌苏县独山子油矿属苏方的建筑与设备,中国方面于2月21日接收完竣。

△ 重庆《中央日报》载:东北四省自去年以来旱、虫灾严重,吉林一省灾区达10余县,灾民约百万人以上。四省秋收仅占1941年的60%。入冬以来,灾民饿毙冻死者日以数千计。而日军自东北运至日本的大米达140万担。

△ 中央社讯:兰州西北师院教授何乐夫及学生数人在洮兰公路沿线山沟谷掘获新石器时代之古物百余件,计有彩陶、素灰陶、浅黑陶及石斧、石刀、石镰、陶弹、陶丸、石镯、骨针、骨料、火烧骨等,并发现灰层、灰坑洞穴及后汉遗址等。

△ 黔桂铁路独山至都匀段通车,计70余公里。至此,黔桂铁路通车四分之三以上。

△ 是日至20日,日机四次轰炸河南临汝县城,炸死炸伤居民甚重。

△ 太平洋学会秘书长卡德完成在中国和苏联的考察后,是日在重庆对记者盛赞中国人民与战士的英勇精神,称:"中国军士体格强韧,中国人民为伟大之民族,其爱国心尤超越常度。"

2月17日 重庆《中央日报》公布行政院、军事委员会核定的《严防粮食资敌要点》,规定:禁止输出国界及封锁线之粮食为米、谷、麦、豆、面粉、小麦、玉米、高粱、大粟等及其制成品;凡通谋敌国而供给贩卖或为购办运输粮食出国界或封锁线者,判处死刑或无期徒刑,并没收其粮食及财产,包庇纵容者一律同罪。

　　△　中国、加拿大使节升格为大使。国民政府是日特任原任公使刘师舜为驻加特命全权大使。26 日,刘向加拿大总督麦肯齐·金呈递国书。

　　△　据盟利社讯:伪满日军为加紧对蒙古文化侵略,特组织各种蒙古词调查委员会,拟以日语为根据,将现行各种蒙古语"整理"成为统一的混合式语言,在伪蒙一带推行。

　　2 月 18 日　蒋介石为纪念新生活运动十周年发表广播讲话,强调"新生活就是战时生活,亦就是现代生活。不能实行新生活,就不配生存于现在的时代,不能立国于现代的世界"。勖勉国人厉行普遍储蓄,实行义务劳动,人人成为现代的新国民,建设现代的新国家。

　　△　国民政府在全国发动各乡镇公益储蓄运动,旨在增进乡镇公益,配合新县制之推行。要求各地省、县、乡党部积极引导,率先认储,以树风声。

　　△　国民参政会主席、金陵女子文理学院院长吴贻芳访美归来,是日抵昆明,22 日抵渝。23 日对中央社记者发表谈话,盛赞美国战时生活之简朴,一切食用品皆由政府精密统制,定量分配。并告美国各大学未曾入伍的学生约占四分之一,女生应征者约七万人。

　　△　伪满政府决定将鞍山昭和制钢所、本溪湖煤铁公司、东边道开发株式会社合并,成立满洲制铁株式会社。4 月 1 日,该社成立,资金7.4 亿元。

　　2 月 19 日　汪伪政府内部矛盾重重,皖省主席高冠吾被排斥垮台,遗职由伪司法行政部长罗君强接任,罗之遗职由张一鹏接充。伪皖省会由蚌埠迁芜湖。

　　△　日本公布截至 1943 年 9 月止,在华日侨人数共 63.9909 万人。

　　2 月 20 日　粮食部奉蒋介石指示,拟订《县长办理粮政奖惩事项》,关于应奖事项规定共 29 项。要者有:办理征实征购超过数额者;征实征购提前办竣者;奉拨军粮如期、如数、如地拨清者;防止粮食资敌卓著成效者;管理市场得力,无囤积居奇、黑市操纵者;督导大户按时出售余粮而有成绩者;督导粮商营运使供销平衡者,等等。与本规定事项相反者,则应受惩戒。

△　外交部征得英国政府同意,中国在英辖殖民地锡兰首邑哥伦坡设立领事馆,并以翟凤阳为领事。

△　据中央社讯:各省田赋征实、征借、征购自去年9月陆续开征,至今各省征收数额平均达八成以上,宁夏、江西两省均已超出定额,河南、四川、绥远、福建、安徽等省已达九成九以上。

△　缅北中国驻印军新编第二十二师击溃魁邦河附近日军第五十五联队一部,敌伤亡百余人。21日后该师所部在腰班卡附近地区又歼灭日军200余名。

△　重庆《大公报》载:日人自1937年7月起在华投资共为15亿元。东北、华北、华中日方经营的厂矿计325家。资本额厂为5.4312亿元,矿为1.9685亿元。

2月21日　国民党中央执委会开会,吴铁城主持,何应钦、梁寒操、叶楚伧、潘公展等出席。决定责令何应钦、梁寒操草拟中共中央“违背诺言”(即1937年7月15日《中共中央为公布国共合作宣言》中提出的四项诺言)的声明,并决定以国民政府发言人谈话的方式发表。

△　国民党中枢举行总理纪念周,中央设计局秘书长熊式辉报告设计工作,提出1944年度设计工作的要点为:一、充实本局人员与资料设备;二、编订复员总计划;三、草拟国家战后五年建设计划纲要。

△　国民政府任命郭德华为外交部驻粤桂特派员。

△　梁寒操在重庆社会服务处讲演宪政问题,宣称:《五五宪草》的依据一是孔夫子的中庸之道,一是孙中山的三民主义。

△　国民参政员、成都市民主宪政促进会副主席张澜在成都发表谈话,认为只有从保障人民基本权利着手,才能使民主宪政成功。

△　史迪威再次下达攻击缅北孟关的作战令,以新编第二十二师为右翼,主力向南攻击,包围孟关之敌而歼灭之;以新编第三十八师为左翼,其主力渡过大宛河,向大奈河及南比河右岸地区之敌攻击;战车

第一营附第六十六团第一营于大奈河附近秘密集结,待命迅速向南沿孟关、瓦鲁班、沙杜渣出击。

△　美军飞行员克尔驾机在轰炸香港时被击落,克尔跳伞后被广东东江纵队港九大队营救。半月后安全归队。

△　蒋介石手令行政院,着将宝(鸡)天(水)路今年预算工款于两个月内提前拨足。

△　日陆军部宣布:天皇已亲任东条英机首相兼陆军参谋总长,后宫淳大将为参谋次长。同日,日海军部宣布:天皇已亲任岛田繁太郎海相兼海军军令部长。原陆军总长杉山元、海军军令部长永野修身调任日天皇之最高军事顾问。

2 月 22 日　行政院会议决议改组陕西省政府,委员兼主席熊斌免职,任命祝绍周为省府委员兼主席。29 日,祝抵西安。

△　蒋介石电复罗斯福,同意美国派遣军事视察团来华搜集敌情。

△　兵役署颁订《归国侨胞服役办法》,规定:一、凡被征召之侨胞,不使入营服任现役,另派以军事辅助勤务;二、生长于海外之侨胞,正在国内学校肄业者,仍从《兵役法》学生服兵役之规定;三、凡在太平洋战事发生后,单独一人携眷返国之侨胞,负家庭责任者,经查明确实,暂准缓役。

△　据中央社讯:民国三十二年度第一次高等考试初试及格人员,在中央政治学校受训期满参与再试及格后,已由铨叙部呈请考试院转呈国民政府核准,分发中央及地方各机关任用。计分发中央各机关者78 人,地方各机关者 13 人。

△　西北建设考察团任务完成,是日返抵重庆。该团于去年 6 月出发,历陕、甘、宁、青、新五省,历程 1.8 万公里,最后草拟报告书,计15 册。

△　拉卜楞寺所属 108 寺代表团团长黄正清及纳格苍活佛等五人离渝飞兰州。该团在渝近 50 天,曾谒党政机关要人,并与各文化学术团体取得联系。

　　△　中国合作事业协会举行第四届会员大会，到会会员 500 余人。通过《改善合作金融并建立合作金库制度》、健全合作社之组织并加紧社职员之训练等案。

　　△　缅北中国驻印军新编第二十二师第六十六团越过宛托克山，进入胡康河谷地区。同日，与日军一部发生激战，并逐次击溃日军第五十五联队冈田大队余部及余菊大队主力，攻占腰班卡。

　　△　新四军一部攻克苏中大顺集伪军据点，俘分队长以下 140 余名。缴获长短枪 120 余支。

　　△　日军在台湾设立台湾军总司令部，由谷正清任总司令。

　　△　丘吉尔在英下院作战局报告，宣称英、美、苏三盟邦现在都坚决团结一致，对我共同敌人采取一致行动，并且抱有争取最后胜利的决心。

　　2 月 23 日　敌人罪行调查委员会业经国防最高委员会核定饬行，是日召开第一次会议。决定对于日军之一切罪行作积极普遍之调查，详加审核，俾将来对于罪行者予以惩处。该会直隶行政院，设委员 11 至 15 人。行政院指定王正廷、谢冠生、管欧三人为常务委员，王正廷为主任委员。

　　△　国民党中央宣传部举行外国记者招待会，该部参事张平群在回答记者所提"中央训练团的组织目的如何"问题时称：中央训练团实为一教育机构，其目的在于集合各方具有相当学识、经验及办事能力之人员予以深造，使成为建国复兴及实施宪政事业中的干部。过去五年内该团毕业学员共有 2.2 万余人。全国各地有 1200 个训练单位，已受训者达 116 万余人。

　　△　蒋介石致电斯大林，祝贺苏联第二十六届红军节。同日，苏联驻华大使潘友新举行招待会，纪念苏联第二十六届红军节，蒋介石特派商震出席，孔祥熙、孙科、王宠惠、何应钦、冯玉祥等 300 余人应邀出席。

　　△　拉卜楞寺所属 108 寺代表团长黄正清在兰州对记者谈话称：中枢即将在夏河设立医院一所，在拉卜楞寺设立青年喇嘛职业学校及

汉藏文编译机构各二所,交通、畜牧等改进计划亦在分别举办之中。

△　缅北中国驻印军第三十八师第一一二团右翼队击退日军第五十五联队之阻拦,攻占大林卡。24 日进占贾昆并突破日本据点数处,歼敌数十人,渡过大宛河。

△　新四军一部攻克苏北涟水城北王集伪军据点,俘伪营长以下500 余人,缴获步枪 270 余支。

△　佛学大师欧阳渐(字竟无)在四川江津逝世。

2 月 24 日　军政部拟定学生军教育实施计划,其主旨为:一、以现行之典范令为基础,佐以必要之辅助学;二、熟悉战斗及射击动作;三、熟知步兵兵器性能与操作;四、精神教育以坚定意志,效忠党国,服从领袖为主。教育期为三个月。

△　陕甘宁边区政府主席林伯渠对新华社记者发表谈话,认为实施宪政必须具备三个前提:一、给全国人民民主权利;二、开放党禁;三、真正实行人民自治。同日,吴玉章向记者指出:欲进行对日反攻,争取抗战胜利,一定要实行民主,实行革命的三民主义即新民主义的宪政,这是我们历来的主张。真正实行民主政治,是抗战建国实行宪政的基本条件和必要前提。

△　经济部工矿业产品展览会在重庆开幕,部长翁文灏出席并亲自招待来宾,展览共分资源、煤矿、石油、钢铁、非铁金属、特种矿产、化工、电器、电力、机构 10 个馆。

△　驻古巴特命全权公使兼驻多米尼加公使李迪俊,是日向多总统呈递国书。

△　汪伪首都宪兵司令部改称中央宪兵司令部,陈皋、马啸天为正、副司令。

2 月 25 日　军事委员会任命王耀武为第二十四集团军总司令、彭位仁为副总司令,沈发藻为暂编第二军军长。

△　国民党中央宣传部举行记者招待会,粮食部长徐堪报告三年来粮政,称:三年来政府掌握之粮食,为数甚属可观。1941 年征集之谷

麦为 5200 余万石;1942 年征集数量为 7100 余万石;1943 年度估计征集可得 7600 万石左右。地方积谷一项,截至本年 1 月底止,有四川等 19 省、市已清理就绪,计谷 1537 万市石,麦 21 万市石,杂粮 34 万市石。本年度可望增储谷麦 200 余万市石。

△ 重庆《大公报》报道资源委员会抗战以来之成就:该会资金已达 10 亿元,事业单位 105 个,包括属于重工业范围的工、矿、电三大项目,分布在西南和西北大后方。其中技术成就有:机构专题研究 19 项;电机专题研究 13 项;化工研究 14 项;矿冶技术研究 11 项。

△ 国民参政会驻会委员会举行会议,张伯苓、江庸、莫德惠、郭仲隗、李中襄等 20 人出席,江庸任主席。首由国防最高委员会报告办理建议案情形;次由邵力子代读外交部书面报告;继由司法行政部长谢冠生报告该部工作及 1944 年度施政计划。

△ 中国驻印军新编第一军军长郑洞国在重庆对中央社记者发表谈话,告以中国军队在印度的作战、生活状况,称:驻印军中官兵生活较国内优良,军事由美军官予以训练。

△ 中国访英团团员王云五、温源宁、杭立武抵达安哥拉,对土耳其进行考察访问。

△ 联合国任命中国财政部次长郭秉文为联合国救济善后总署副署长,负责总署秘书处事宜。

△ 中国工矿建设协进会在重庆举行首次理事、监事联席会议,推选陈其采为理事长,并推选常务理事、总副干事。

△ 据中央社讯:中国驻印军力谋打通滇缅路,未足两月业将泰洛河谷全部及胡康河谷半部之敌肃清,使通华新动脉之利多公路更事伸展。

△ 盟机一队空袭芜湖,适有军用车一列由南京开来,当被盟机全部炸毁,内有敌军 1500 人全部毙命。旋敌机六架赶到,被盟机击落二架。

△ 日本内阁常会会议决定通过《决战非常措施纲要》,凡 15 条,

要点为：一、动员全国学生参加战时工作；二、加强防空；三、强制节约及促进与调整粮食供应办法；四、荒地利用；五、停止奢华娱乐；六、加强运输能力，以应急需；七、刷新并加强战时运输工作；八、授地方政府以中央行政权；九、现在资源之积极利用；十、加强行政考核与严格执行奖惩。

2 月 26 日　行政院通令各省、市、县政府及军事、交通等机关，以后凡有公共营造之修筑机场、铁路、公路等，倘遇古物发现，应电知中央博物院筹备处处理，并收归国有，以免散失。

△　八路军冀鲁豫军区一部在河南杞县宋吉屯歼灭日军一个小队。

△　美国《民族杂志》发表史蒂华撰写的《胜利须在中国争取》一文，认为："第十八集团军与新四军的正规部队除在装备上较差些，在组织上与指挥上和中国军队最精锐的部队相等。与正规军配合作战的游击部队，数量比正规军还大得多。他们指挥得力，纪律良好，能发挥最大的军事效果。"

△　据中央社讯称：日军对中国军队的战俘肆加虐待。被俘如身体强壮，堪充劳役；如受伤者均被就地刺死。在武汉之被俘者稍有小病即被隔离，既不医治，亦不予饭吃，直至奄奄自毙。

△　驻加拿大新任特命全权大使刘师舜在渥太华向加总督呈递国书。

2 月 27 日　延安各界人士举行宪政问题座谈会，周恩来、朱德、林伯渠、李鼎铭、吴玉章、续范亭、徐特立、贾拓夫、陆定一、周扬等 50 余人参加。一致主张实行宪政首先要实行三个必要条件：一、给全国人民以言论、出版、集会、结社的自由；二、开放党禁；三、真正实行各地方人民自治。

△　四川省政府命令各地切实检举囤积居奇、投机操纵者，并限令大户出售余粮，严禁非法交流。

△　缅北中国驻印军新编第三十八师师长孙立人亲率左翼队挺进

孟关敌后,是日偷渡大宛河成功,并夜袭中马高日军据点,日军猝不及防,仓皇逃遁。

　　△　旅美华侨中的中国国民党党员代表 37 人在纽约开会,讨论华侨教育及海外党务,并捐美金 1.5 万元救济祖国难民。

　　2 月 28 日　党政工作考核委员会秘书长陈仪在中枢纪念周报告 1944 年度党政考核的中心工作为:一、属于一般的,加强行政三联制之实施;二、属于中央的,加强国营事业、专卖事业及新兴事业之考试;三、属于地方的,考核党务基层组织,推进地方自治及实施新县制等。

　　△　财政部贸易委员会召集重庆商会、生丝、药材、猪鬃、牛羊皮等输出业同业公会代表会谈,讨论促进出口贸易问题,并决定组织进出口贸易协会,以在主管贸易机关指导下共谋发展。

　　△　重庆《中央日报》讯:兵役署以学生从军运动踊跃,拟成立教导第三、四、五、六团。第三团在重庆北碚筹设,主要容纳来渝学生;第四团在西安设立,主要容纳陕、晋、鄂等地从军学生;第五团主要容纳东南各省从军学生;第六团设在昆明,主要便利西南各省学生就近入伍。

　　△　国民政府以欧阳良烺近年潜入敌区,办理汉口党务,"乃以事漏被逮,备受酷刑,终遭戕害",是日予以明令褒扬。

　　△　梁寒操在中央广播电台播讲《研究宪法,实习宪法》,宣称:"研究宪法首当树立基本信念。"同时,还"应当认清本国国情","应注重国家民族利益"。又称:"实习宪法要养成守法习惯,发扬忠恕精神。绝不可为一党一派之私或为一人一己之利,不择手段以法乱纪。"

　　△　八路军冀鲁豫军区二分区一部收复山东朝城县城。

　　2 月 29 日　军政部计政会议举行大会,通过特别委员会所提重要案件多件,计《增强计政实效办法》、《核实开支办法》、《军事计政准备工作及战后复员要点》等。3 月 1 日会议闭幕。

　　△　军事委员会任命赖汝雄为第七十八军军长。

　　△　洛阳海关奉命在皖北阜阳成立分关,并将在正阳关、六安等地设立分卡。

△　缅北中国驻印军新编第三十八师左翼队攻克下马高、巴班、拉曼渣卡及瓦卡道三线地区和拉树卡、沙鲁卡道、山那卡等 30 余处日军据点,直逼孟关东南侧的瓦鲁班附近。

是月　国民政府决定将平准基金委员会并入外汇管理委员会,公债筹募委员会机构缩小。

△　中国政府征得伊朗同意,特在该国麦什特设立领事馆,并以前驻苏大使馆秘书田宝齐为领事。

△　国民政府拨款 156.6 万元,救济浙江灾荒。

△　财政部决定本年度征收土地税总额为 4.2 亿元。

△　四联总处本年度推行乡镇公益储蓄目标为 100 亿元。其中以四川省最多,为 24 亿元;山西省最少,为 1.5 万元。

△　教育部核定《大学教授、副教授自费出国进修办法》,规定:抗战期间研究社会科学之教授、副教授暂缓出国;已出国之教授、副教授,一切言行须绝对接受监督处及使馆之管理与指导。如有违背三民主义之言论及越轨行为,经查明属实,立即取消留学资格并勒令返国。

△　教育部战区学生指导处自 1940 年 7 月成立至今,共收容学生达 12 万人。

△　美国第十四航空队自成立至本月,击沉、可能击沉及击伤日船舰逾 2000 艘,约 60 万吨;毁日机 866 架,可能击毁者 420 架;本身损失116 架。

△　日本鉴于南方战局恶化,将关东军驻锦州的第二十七师团调至华中作战,驻齐齐哈尔的第十四师团调至澳大利亚北部,驻辽阳的第二十九师团调至中部太平洋岛屿。又将驻东北各师团各抽出步、炮、兵,混编成七支派遣队,开赴中部太平洋岛屿。

△　日军和伪军"讨伐"队包围伪热河省兴隆县洒河川,逮捕民众2000 余人,集体屠杀 120 人,其余均送往东北充当劳工。

△　日军强令广东、福建两省农民种植罂粟,每户须种一亩,多者不限,并以金门五星海为"示范园"。又在厦门组织株式会社,制造烟

膏,运入内地。

　　△　北平发生粮、油、煤荒,天桥一带居民有食野草、树皮者。汉奸组织"政务会"发行粮食证券,已逾二亿元,借此掠夺农产品,益增民食恐慌。

3　月

　　3月1日　中央训练团成立五周年,蒋介石对该团留渝学生发表训话,称:"我全体毕业学员,应深切反省是否达到受训之目的与本人之期望。""深望大家今后更自警惕,其对本党对国家责任之重大,发挥训练精神,培养建国能力,尤以注意纪律与组织及服务道德,以达成抗战建国之伟大使命。"

　　△　中共中央发出《关于宪政问题的指示》,指出:在国际国内形势逼迫之下,国民党不得不允许在抗战结束一年后实行宪政,并允许各地在其限制下讨论宪政问题。虽然其目的在于欺骗人民,借以拖延时间,稳固国民党的统治,但是只要允许人民讨论,就有可能逐步冲破国民党的限制,使民主运动进一步发展。中央决定参加此种宪政运动,以吸引一切民主分子在我党周围,达到战胜日帝和建立民主国家之目的。

　　△　史迪威驻华总部宣布:在广西设立云南干训团,此校为训练中国地面部队之第二所,系奉军事委员会之命为训练中国陆军军官而设。管理方面由中国陆军负责;课程方面由美国陆军军官担任。蒋介石任团长,张发奎任副团长,罗卓英任教育长。美方负责人为安默斯准将,巴斯特布鲁克副之。

　　△　国民党中央宣传部举行外国记者招待会。美国《纽约时报》记者爱金生认为中国似尚具备民主国家的形式。梁寒操答复称:很多友邦人士对于中国是不是一个民主国家,尝不免有所怀疑。其最重要的原因是因为他们自民主国家来中国,看到许多情形与他们国家颇有不同。但我可以告诉诸君,中国乃是一个正在建筑中的最民主的国家,只

是目前尚未建筑成功而已。

△　重庆《扫荡报》发表中央训练团党政班五年来训练毕业学员统计数字,计党务 2449 人;团务 718 人;行政 970 人;民政 995 人;司法 234 人;外交 56 人;金融财政 1150 人;经济建设 712 人;教育 2035 人;训练 1451 人;交通 667 人;农林 54 人;地政 21 人;社会 273 人;卫生 129 人;粮政 102 人;军事 3042 人;军法 13 人;航空 29 人;海军八人;政工 2470 人;军训 754 人;兵役 216 人。

△　八路军一部攻克河南辉县临淇镇等处日伪军据点,毙中队长以下 30 余名,俘九名,缴获各种武器 300 余件。

△　上海法商电车公司工人因资方将车票增价数倍,但工人工资增加甚微,又受日伪压迫,生活困苦,是日正式罢工,要求资方将工资按车票增价比例同增,并不得无故开除工人。

△　孙科在重庆创办《民主世界》月刊,由钟天心为社长。

△　美国对外经济局长克罗莱在众议院外交委员会谈话称:"增加对华援助终已获得成效。1943 年最后三个月中,由印度飞越喜马拉雅山之货物较以前九个月为多。"并称:"吾人唯有增加对华援助,始能打击日本之心脏。"

△　中央通讯社在宁夏设立分社,是日开始发稿。

△　伪满政府将满洲土地开发株式会社解散,设立满洲农地开发公社,投资 5000 万元。

3 月 2 日　重庆《中央日报》载:资源委员会为测勘全国矿产,在贵阳特设矿产测勘处。四年以来,在云、贵、湘、康等省概测面积达 9.796 万平方公里,详测面积 2490 平方公里,代测国营矿区 38 处,共计面积 118 平方公里。

△　大后方现有钢厂 10 家,铁厂 20 家,其中国营者仅占三分之一。不论国营、民营皆陷绝境。一钢铁专家是日在重庆对记者称:"今日钢铁问题不在技术,而在通盘配合与各部门有计划合作。"

△　延安《解放日报》发表社论《敌后军民的道路——战斗与生产

结合起来》,指出:革命军队把打仗与生产结合起来是一贯的传统,是战胜日寇灭绝人性的扫荡所造成的困难,坚持长期抗战,争取最后胜利的惟一正确道路。

△ 《中阿(富汗)友好条约》在土耳其首都安哥拉签字。

△ 澳大利亚首任驻华公使艾格斯顿爵士奉召回国述职,是日对记者谈话称:中国在极其艰难的情况下,与装备精良的日本军队作战首属英勇。并称:战争前途尚多艰苦,但胜利必属中国和同盟国家。

△ 汪伪政府聘请日本小仓正恒为最高经济顾问。4 月 17 日,小仓正恒抵南京。

3 月 3 日 新任陕西省政府主席祝绍周偕省府委员彭昭贤、刘霭如、王友直、杨尔瑛、刘楚材、孔令恂、张大同、刘恺钟及秘书长林树恩到省府履新。祝对记者谈话表示:今后民政、财政、教育、建设、役政、粮政、水利、交通等要政,悉以充裕民生,健全国防,树立民治精神,奠定宪政基础为职志。同日,西安各报发表社论,建议新政府:一、军政配合,贯彻政令;二、管制物价,安定民生;三、惩治贪污,清明政治;四、官民合作,善用民力。

△ 立法院会议通过修正《战地守土奖励条例》,其中修正后第二条规定奖励的种类为:一、晋级;二、授官授职或授官衔;三、建就纪念坊塔;四、颁给奖章;五、题赠匾额;六、发给抚恤金;七、给予奖金;八、免除子女教育费。

△ 中国访英团团员胡霖拜会美国总统罗斯福,商谈对华供应问题。6 日,该团王世杰在谈话时称:仅赖美国空运,实不足以运输中国所急需的重型机器及其他物资。

△ 军事委员会发言人向中央社记者谈缅甸战况:中国驻印军与英美军并肩作战,三周来克复塔奈河前线 75 哩之土地。一部已攻抵孟关北六哩之蒙滩;另一部已占领曼宁河南岸之占停及丁克来卡,并继续向前推进。

△ 缅北中国驻印军总指挥部命令美军第五三○七支队向瓦鲁班

攻击前进,华军新编第三十八师第一一三团向于卡日军攻击。是日攻克于卡并向瓦鲁班急进,对孟关形成深远包围。孟关日军第十八师团一部据险顽抗。

　　△　苏中如皋民兵与各界人士组成反清乡同盟,提出八条盟约:一、不伪化;二、不投降;三、不动摇;四、不逃跑;五、参加民兵斗争;六、清除汉奸特务;七、救济被难同胞,八、党政军民密切团结。

　　△　美国陆军总长史汀生在华盛顿对记者发表谈话,盛赞中国军队之英勇抗战,并称:租借装备现由中美两国飞行员飞运中国,数量日益增加。对日战争之大部责任须由中国担负。

　　△　汪精卫赴日本名古屋帝大医院就医。4 日,帝大医院为汪施行手术。

　　△　美国政府为制止美金在华黑市特发行美金新钞,只许在中国境内流通。

　　△　据中央社讯:重庆市共有 16.449 万户,95.0614 万人;男58.9489 万人,女 36.1125 万人。

3 月 4 日　军事委员会任命施中诚为第七十四军军长,李天霞为第一〇〇军军长。

　　△　中美空军混合大队袭击海南岛日军机场,炸毁日机 20 架。

　　△　华侨兴业银行兰州分行开业,协助发展西北实业。此为侨资开发西北之先声。

　　△　中国空军一队轰炸安徽芜湖,炸毁日运输舰、大轮舰各一艘,并击毁火车站,毁火车头两个。

　　△　盘踞山西柳林之日伪军进扰石家峁村,在水井里施放慢性毒药。全村 24 户人家 86 人中,有 16 户 39 人中毒,11 人死亡。

　　△　洪都拉斯废除《限制华人移民法》。

3 月 5 日　缅北孟关克复。中国驻印军新编第二十二师以强炮火力分三路向孟关发动攻击,战至下午占领孟关,歼灭日军第十八师团之两个联队主力大部,仅一部突围至瓦鲁班方向。

△　缅北中国驻印军新编第三十八师左翼部队从拉班卡分兵两路,一路进至泰诺,一路从东、南两面向西北围攻瓦鲁班,断绝由孟关南窜日军的归路。

△　中共中央政治局开会讨论宪政运动问题,提出在大后方要利用旧民主,强调国会制度,主张民权自由、开放党禁和人民自治。毛泽东在会上发言谈到时局和方针问题时指出:我们的方针是使国民党既不能投降又不能打内战。我们是不愿打内战的。去年下半年给国民党的政治攻势,逼出了国民党五届十一中全会声明对共产党问题要政治解决。现在我们还是处在困难的地位,例如经济困难、党内整风和反特斗争没有弄好,我们要有一年的和平环境才能完成上述工作。我们的七大也要抓住三民主义和四项诺言,强调避免内战,集中力量抗日,强调战后和平。

△　新四军第一师集中五个团的兵力,组成三个纵队,发起车桥战役,攻克苏北淮安县东南之车桥镇,全歼防守车桥镇的伪军。新四军第三师第七旅为配合第一师部队作战,攻克涟水、车桥之间的朱圩子。此役历时一天一夜,歼灭日军第六十五师团第七十二旅团三泽大佐以下460人,歼灭伪军780人,俘日军24人,占领日伪军据点12处。

△　八路军第一二九师一部袭击山西榆社县城,歼灭伪军赵瑞部80余人,毙30余人,俘48人。

△　由重庆各党派人士发起的宪政座谈会举行第二次会议,参加者有沈钧儒、董必武、左舜生、张君劢、梁寒操、史良等30余人。与会者认为应把《五五宪草》中规定的"中华民国为三民主义共和国"改为"中华民国为民主共和国"。梁寒操表示反对,指出:"国父对三民主义曾指出:民族主义讲自由,民权主义讲平等,民生主义讲博爱。""今日已无解释问题,而是接受问题。"

△　孔祥熙、宋子文和美国军、政两部代表安吉生、爱特拉及国民政府财政部顾问特亚德等赴昆明,代表蒋介石慰劳云南省军民,考察物价及美军供应、美金黑市等问题。

△ 重庆《大公报》载:资源委员会工矿展览会化工馆说明大后方化工生产状况:一、后方各省酒精厂计有 221 单位,生产量占全额三分之二。其中国营及公营工厂在技术及产量上均居领导地位,但多因糖蜜原酒等原料缺乏及经济困难,每年开工时间不及半载。二、后方各省汽油工业约有 90 余单位,在四川者 98 家,产量占三分之二,近期调整核准继续制造者 35 家,其中有 15 家为兵工及国营,多因价格及原料关系未能开工。

△ 日本宪兵逮捕江苏省粮食局长侯大椿及粮食部苏州办事处长胡政,称其妨碍收购军米,利用粮食谋取暴利,并提出要处以死刑。11日,汪伪政府发表声明,表示对侯、胡着即撤职,交特别法庭从严惩究。15 日,特别法庭判处侯、胡死刑,立即执行。

3 月 6 日 国民政府明令褒扬军事参议院院长陈调元,交军事委员会从优议恤,生平事迹存备宣付国史馆。

△ 考试院长戴季陶在国民党中枢纪念周报告 1943 年施政概况及 1944 年度中心工作。提出本年度中心工作为:一、建立制度;二、特别注重公职候选人考试;三、加强人事管理。

△ 军事委员会任命王缵绪为第九战区副司令长官,傅仲芳为第二十四集团军副总司令,廖震为第三十集团军副总司令。

△ 国民党中央常务委员会决议以 3 月 29 日为"青年节"。

△ 西藏驻重庆代表阿旺坚赞、罗桑札喜、土丹参烈、图登吉格等由蒙藏委员会委员长吴忠信陪同晋谒蒋介石,向蒋介石献呈贺函及藏产礼物,恭贺蒋介石就任国民政府主席之职。次日,蒋介石款宴西藏驻渝代表。

△ 教育部任命叶叔良为国立湖北师范学院院长。

△ 重庆《中央日报》载文报道中国铁储量状况:全国铁储量估计为 1.206 兆吨,其中东北四省为 0.884 兆吨,其他各省 0.322 兆吨。较之世界储量 225.689 兆吨,仅占 0.535%。

△ 国民政府以陕西省赈济委员会主任委员王典章"主持该省赈

济事务,筹维擘划,寝食俱忘,全活灾民,数逾巨万",是日予以明令褒扬。

△　重庆《新华日报》刊载《稳定粮价》一文,揭露四川省自本年1月至3月初两个月粮价上涨130%,随粮价上涨,其他物价也飞涨。

△　湖北随县伪军200余人携枪120余支,由团长周彭五率领反正,并在猩猩庙与追击日军激战一日,毙敌多名。

3月7日　行政院派李平衡、谢徵孚为政府代表,刘鸿生为资方代表,劳动协会理事长朱学范为劳方代表,出席第二十六届国际劳工会议。

△　行政院会议决议免青海省政府委员兼民政厅厅长郭荣礼本兼各职,遗缺由马绍武继任。并任命委员陈显荣兼财政厅厅长,委员刘呈德兼教育厅厅长,委员马骕兼建设厅厅长,委员马骥兼秘书长。

△　国民政府以前陪都空袭救护委员会主任委员许世英近年"主持首都空袭救护,扶危急难,辄以身先,并随时循俯灾区,解民疾苦",是日予以明令褒扬。

△　中央警政学校组织警政考察团,分两组进行考察。其中一组由该校教育长李士珍率领,是日赴陕西;另一组由内政部长周钟岳率领,14日赴成都。此次考察警政要旨为:一、各地办理新县制及推行地方自治情形;二、建设警政为目前重要工作。21日,李、周返渝。

△　农林部长沈鸿烈赴陕、豫视察春耕及蝗灾,19日返渝。沈谈此行遍历灾区十余县,其中受水患最重者为河南扶沟、西华两县,辖境多被淹没,其余各县亦甚凄凉。

△　重庆妇女界为纪念三八妇女节,发表宣言,提出健全妇女组织、积极参加地方自治工作、普遍研究宪政问题、扫除妇女文盲四要项与全国妇女同胞共策同勉。

△　缅北中国驻印军各路对瓦鲁班日军发动全面攻击。第一一三团一部粉碎日军多次反扑,歼敌300余人。第六十四团进至宁库卡,随同战车队分向昆年卡、大班前进。

△ 东南亚盟军总司令蒙巴顿与副司令史迪威视察中国驻印军孟关战场。新二十二师师长廖耀湘陪同。

△ 缅北中国远征军与美军一部在瓦拉本区会师。

△ 英国汽车制造商协会主席克利浦斯招待中国驻英大使顾维钧,认为:中国应为远东一强盛之主要民主国家,对世界极为重要。并称:英国在远东安全,亦将大部系于中国之强盛及与中国之密切联合。

3 月 8 日 国民党中央宣传部举行外国记者招待会,该部参事张平群在答复记者关于中国物价问题的询问时称:最近物价总指数约为战前之 230 倍。除黄金不由政府统制外,其余价格经调整,提高比例最多不过四五成。岚炭现为 3600 元一吨,烟煤 1700 元一吨,糖 54 元一斤,盐 38.5 元一斤,米平均价格约 110 元至 200 元一市斗。

△ 中央研究院评议会第二届第二次年会在重庆举行,讨论抗战以来的科学研究工作,决议:一、扩大训练研究人员;二、多请外国学者来华讲学;三、选派专家赴国外考察;四、战后召开全国学术会议;五、建立纯粹科学研究机关与应用科学研究机关的联系。会议建议政府应努力充实国内各研究机关及大学之设备,以建立本国科学研究之基础。10 日会议闭幕。

△ 重庆《中央日报》载:我国水利资源利用时间若为 25%,可得 2100 万马力。若利用时间为 50%,即可得 4100 万马力,在世界上可与加拿大颉颃。四川、西康、云南、贵州、广东、广西、湖南、浙江、陕西、甘肃、青海已勘测河流 37 处。

△ 国民政府令各工矿企业一律设立职工福利委员会,以推行劳工福利事业。

△ 革命先烈黄兴之妻徐宗汉在重庆病逝。10 日,吴铁城前往黄宅慰问,特致赠治丧费五万元,并代表国民党中央执委会致赠花圈。

△ 缅北中国驻印军战车第一营越过原始森林进抵瓦鲁班西北侧,与日军一部遭遇,日军在第一战车营的强火力扫射下,死伤惨重。计击毙日军作战课长与第五十六联队长等官兵 450 人。同日独立战车

第一营冲入日军第十八师团指挥所,摧毁其指挥机构。

　　△　缅北中国驻印军在印度新德里联合广场举办常德会战及印缅作战战利品展览,是日观众达数万人。

　　△　据中央社讯:日本因兵员缺乏实施"战力总动员",规定凡男子60岁以下至22岁,女子12岁至40岁者均须登记服役。同时调查人民所属产业,分定等级,强制摊派公债及国民储蓄。

　　3月9日　蒋介石及航空委员会主任委员周至柔分别致电陈纳德,祝贺美国第十四航空队成立一周年,称赞第十四航空队"年来扬威东亚,战绩辉煌,若以同等之人员器材为比例,则收获之大,应冠于世界各战场"。

　　△　史迪威在缅北利多接获攻占瓦鲁班的捷报,即下达向杰布山攻击前进的命令。其要旨为:以最大迅速,由瓦鲁班继续南下,攻取沙杜渣及两侧之杰布山高地。

　　△　缅北中国驻印军新编第三十八师攻占瓦鲁班,下午与新编第二十二师及战车第一营会师。旋新编第二十二师等部向日军追击,于15日夺取丁高沙坎,日军乃占领杰布山隘口,阻止中国驻印军南进。

　　△　国民参政会经济建设策进会举行第二次常会,张伯苓、莫德惠、邵力子、冷遹、许孝炎等20余人出席,讨论通过调整钢铁及机器工业、改善粮食征收及储运办法、加强交通运输、改善花纱布毛管理办法、调整滇省粮食、兴办云南水利等提案13项。

　　△　重庆《中央日报》发表题为《中研院评议会的使命》的社论,指出中研院的使命为:一、在革命的三民主义文化发展的过程中,发挥"指南针"作用;二、能站在学术界的最前面,作有益于抗战期间国防民生的贡献;三、能领导学术界为战后的各种国家建设预先奠定理论及技术基础。

　　△　美海军部长诺克斯在众议院会上宣称:该部将调查全世界之油源,以防止石油将来自美国运出。并称:通往中国之油管,现在正在建筑之中。

3 月 10 日　国民党中央宣传部举行记者招待会，内政部次长张维翰报告全国新县制之实施情况：目前全国除少数情形特殊之沦陷区外，其余 21 省、市均已分别拟具实施计划，积极推进，并以重庆之江北、巴县两县为示范县。并称：全国各县临时参议会本年度可普遍成立。

△　陈纳德为纪念美国第十四航空队成立一周年在昆明发表《告将士书》，宣称该队成立一年来，在中国战区抵抗数量远超我们的敌人，在扬子江、香港、广东、台湾、泰国及缅甸屡创日军运输线，炸沉日舰 27.4939 万吨，可能炸沉或伤 28.2350 万吨。在洞庭湖及常德均得到无数次的胜利。

△　中国访英团员杭立武、温源宁、王云五等应印度总督魏菲尔的邀请，是日离加尔各答前往新德里。

△　湖北松滋县士兵黄东亚入伍二年，多次致函家人变卖家产，获二万余元支援抗战。军事委员会是日特以嘉奖，并晋升三级。

△　四川省增设武隆县。

△　日本中国派遣军总司令部拟定"1 号作战计划"，其作战目的为"击败敌军，占领并确保湘桂、粤汉及平汉铁路南部沿线的要冲，以摧毁敌空军之主要基地，制止敌军空袭帝国本土以及破坏海上交通等企图，同时摧毁重庆政权继续抗战的意图"。其作战方针为："派遣军于 1944 年春夏季节，先由华北，继由武汉地区及华南地区分别发动进攻，击溃敌军，尤其是中央军，并先后将黄河以南平汉铁路南部及湘桂、粤汉铁路沿线之要地，分别予以占领并确保之"；"只要情况允许，于 1945 年 1、2 月份攻占南宁附近，将桂林至谅山通道打通并确保之"；"在进行作战时，应努力将平汉南路及粤汉两条铁路修复，如情况允许，将湘桂铁路一并予以修复。"该作战计划预定分为三步进行：第一步先实行河南作战，打通平汉铁路，时间为 1 个半月；第二步实施湖南作战，攻占长、衡，打通粤汉铁路中段；第三步在湘南、广东和越南驻屯军协助下，三方面配合，打通湘桂铁路后，再打通粤汉铁路南段。其平汉路作战称为"虎号作战"，湘桂作战称为"特号作战"。

△ 苏北东台日军一部因厌战情绪益增,且知三泽大队在车桥、芦家滩被新四军消灭,是日 12 名士兵在东台县城上海银行仓库内集体自杀。同日,该县城工艺厂内日军三人亦剖腹自杀。

△ 新疆库车、新源一带发生 7.3 级地震。

3 月 11 日 国民党中央文化运动委员会决定自本月 12 日起至 15 日在重庆举办"转移社会风气运动期"。主要内容有:由主任张道藩主讲《转移社会风气运动之意义》;《中央日报》、《大公报》出版特刊;举行广播讲演及座谈会;举办植树、街道清洁等劳动服务。

△ 立法院长孙科在重庆对记者谈宪草与地方自治问题时称:无论政府命令、人民言行,均须以法律为前提。命令不能代替法律,更不能违法。

△ 国民党广东省党部改组,王叔陶任书记长。

△ 冯玉祥前赴川西一带发动献金运动,各地官绅商民,踊跃响应。蒋介石是日分别代电自贡市余述怀等,予以嘉奖。

△ 旅居美国西部华侨筹款 50 万美元,建立一所飞机制造公司,旧金山华侨首领邝炳舜任经理。

△ 日机三架袭击桂林,在市区西南部及兴安县城投弹多枚,毁民房数间。

3 月 12 日 周恩来在延安各界纪念孙中山逝世十九周年大会上发表《关于宪政与团结问题》的演说,指出:国民党及其政府如欲实施宪政,就必须真正拿革命三民主义作基础,必须实行以下三个先决条件:一、保障人民民主自由;二、开放党禁,承认各抗日党派的合法地位;三、实行地方自治,承认各抗日根据地的民主政权。并提出将来宪法的制定亦应具备以下五个原则:一、承认非少数人能私有民权;二、承认由上而下之民主集中制;三、承认少数民族之平等与自决;四、承认中央与地方的均权制;五、承认建设之首要在民生。周恩来还指出:在国内团结问题上,国民党及其政府如真愿用政治方式合理解决国共关系,就应做到:一、承认中共在全国的合法地位;二、承认陕甘宁边区及敌后抗日根据地为国民政府之一部分;三、承认八路军、新四军及一切游击队伍、民众武装为军委会所管辖,予以接济;四、恢复新四军番号;五、撤销包围陕甘宁边区之 50 万大军。

　　△　宋庆龄为在美国举行的"孙逸仙日"发表《孙中山与中国的民主》的广播演说,指出:要了解孙中山遗嘱的意义,"首先必须了解民族或国家间的'自由'和'平等'的联系;'唤起民众'和'联合世界上以平等待我之民族,共同奋斗'的联系"。并指出:"只有当国际民主实现之后,世界上才会有巩固的和平。"

　　△　延安《解放日报》发表社论《纪念孙中山逝世十九周年》,指出:世界形势正要变到彻底民主自由的新阶段。打倒日寇,实行民主,改善民生,这是中国今天三个基本口号。全体共产党员与全体人民均应百倍努力,使孙先生革命的三民主义在人民面前得以兑现。

　　△　美国纽约举行"孙逸仙日"大会,罗斯福总统在会上称"中山先生的思想与联合国家共同目标中的基本原则是一致的"。蒋介石向美国民众发表纪念国父广播词,称:"今天美国友人为我们国父举行纪念,足证和我们并肩作战的战侣,对于国父建设新中国的方案,怀着热烈的期望。"

　　△　蒋介石为纪念国民精神总动员五周年发表广播讲演,宣称国民精神总动员应达到的目标为:一、国家至上,民族至上;二、军事第一,胜利第一;三、意志集中,力量集中。欲达此目标,对于"醉生梦死之生活必须改正;奋发蓬勃之朝气必须养成;苟且偷生之习性必须革除;自私自利之企图必须打破;纷歧错杂之思想必须纠正"。还提出思想言论方面的标准:一、不违反国民革命最高原则之三民主义;二、不鼓吹超越民族之理想与损害国家绝对性之言论;三、不破坏军政、军令及行政系统之统一;四、不利用抗战形势以达成国家民族利益以外之任何企图。

　　△　重庆各界举行国民精神总动员五周年暨孙中山逝世十九周年纪念大会,梁寒操在大会上讲话,勉励国人发扬国民精神,继续努力,齐心一致,集中于一个共同信仰之下。

△　孔祥熙在昆明答记者问称:民食供应问题政府正拟利用积谷,当无问题;盟军供应问题,政府早已有调整办法;关于通货膨胀问题,希望大家实行节约,共度难关;政府对实施宪政之准备工作,已有各种组织着手推行中。

△　重庆《大公报》载:自民国二十七年至三十二年底止,全国发明专利核准者共 334 件。其中以化学物品 94 件最多,次为机械及工具 56 件,再次为印刷及文具 49 件,交通工具 27 件,矿冶 14 件,家具 45 件,电器具 35 件,其他 28 件。以时间计,民国三十年最多,共 90 件;次为民国三十二年,为 89 件。

△　第二战区阎锡山所部攻克晋西黑龙关。

△　日机六架由河南新乡飞经平汉、陇海线侦察,下午在广武上空投弹多枚。

△　甘肃平凉至陕西宝鸡公路筑成,是日开始通车。

3 月 13 日　国民党中枢举行纪念周,由何应钦报告 1943 年度军事重要工作之检讨及 1944 年度工作之展望,其中谈及军政工作时称:军政部经营之军费收支,事前事后均同样受审计部及主计处之监督审核。关于兵工方面,各种武器弹药制造之技术,均有很大的改良进步,出产数量亦均超过预定数。

△　国民党中央执行委员会举行常委会秘密会议,决定中共代表林伯渠到重庆的对策,主要内容为:中央之对策应注意其宣传性而不期待其成功。关于对策:一、在大的原则上坚持,俾中外人士易于理解;二、对于具体细目表示无不可以商量之态度。关于宣传:一、林到渝的消息,由中宣部长在外国记者招待会上宣布简短消息;二、重庆应有一二家报纸提出对林氏来此之责问;三、在谈判已有不成之见端时,应再由中宣部在招待外国记者席发布消息;四、当林去渝时,应披露具体细目均可商决之消息,暗示中共不能接受国家纪纲完整之原则。

△　外交部政务次长吴国桢在重庆接见苏联驻华大使潘友新,对苏联军队和飞机侵犯新疆之行为提出抗议。

1944 年 3 月

　　△　《宪政》月刊社在重庆举行座谈会,由张志让主持,出席有沈志远、章乃器等 30 余人。与会者认为:国民政府"统制资本促成了商业资本畸形发展","中国经济应走向世界经济民主的趋向"。

　　△　河南唐河县士绅李天灰热心教育,创办唐河蔚文中学,捐田500 亩,捐款 210 万元,国民政府是日予以明令褒扬。

　　△　美国《新共和杂志》载《远东的混乱》一文,称:"中国国民党已投入内地的地主方面去了。该政府已为无效能与腐化所侵蚀。""更为重要的事实是中央政府在目前对打共产党比打日本更为关切。虽然对日作战实际上已停滞,重庆数十万最精锐的部队却浪费在西北共产党统治的约有五百万人民的区域的边缘上。""中国共产党虽只有有限的资源,但在抗日战争中所做的事情,却比重庆国民党政府为多。""只有专制国家内,共产党才成为威胁。那里绝大多数人的命运是十二分之贫困。只要中国向民主主义方向前进,共产党和重庆之间的矛盾是能缓和的。"

　　△　日机轰炸湖南衡阳、长沙及江西吉安、泰和等地。

　　△　英国联合援华募款会举行第二次全英"中国国旗日",并宣布该会募筹援华款额已达 100 万英镑。同日,全英工会售出中国国旗4500 枚以上。

　　3 月 14 日　行政院公布《战时田赋征收实物条例(草案)》。

　　△　史迪威在缅甸前线对中央社记者谈胡康河谷中、美军的战果,称中、美军大捷,歼敌约达 3500 人。就军事而言,中国军与中国军驾驶之坦克车队及美国作战部队,皆能合作无间,卒歼我共同之敌人,胡康河谷不久将归我军掌握。

　　△　国民政府令准免胡先骕中山大学校长职,由萧遽继任。

　　△　缅北中国驻印军新编第二十二师第六十四团及炮兵二营自10 日起与日军第五十五联队交战,至是日切断丁高沙坝北侧交通。15日,第六十四团攻占丁高沙坝。

　　△　八路军第一二九师一部克复山西晋城。

△　美国授予廖耀湘美国军团勋章,以酬其 1942 年在缅甸战役中的勋绩。此为美国给予外国部队长官之最高勋章。

△　日军令华中米粮统制委员会实行《以物交换购米办法》,规定换购大米时每担付农民 800 元的"物资券",而农民实际只得 200 元的物资,其余全被伪地方政府、奸商作为"手续费"掠去。

△　日机七架分六次袭击桂林,并以机枪扫射,在西南郊投弹数枚。同日,日机又袭击梧州,在市区投弹多枚。

3 月 15 日　蒋介石就外籍记者赴延安及林伯渠将赴重庆一事发布训示,要求国民党负责人员注重其宣传性,"各负责人员,每次与林祖涵谈话情形与内容,可逐日予以公开发表"。尤应注意对国际之宣传,注意:"(一)说明中共之国际性,使欧美人士明瞭其阴险可怕,实不同于欧美各国之共产党;(二)指出中共系百分之百的实行共产主义,其所谓奉行三民主义者,纯系挂羊头卖狗肉之伪装;(三)切实说明中共军队完全为乌合之众,实不堪一击,其到处招兵买马,添购枪炮,无非欲借数量之扩充,以补质量之低劣。"

△　国民政府明令废止《小学校法》,并公布《国民学校法》。

△　蒋介石密示张治中,令其与中共代表谈判时应"坚持军令、军政、纪律之绝对统一"。

△　军事委员会办公厅主任商震行将出任中国驻美军代表团团长,其办公厅主任之职由宪兵司令贺国光调任,贺之宪兵司令职由副司令张镇升充。17 日,蒋介石派商震任中国驻美军事代表团团长。

△　据中央社讯:陈纳德致函第九战区司令长官薛岳,对中国军民在洞庭湖作出的忠烈事迹尤感赞许,并率全体官兵捐献 54.92 万元,慰问参战将士及救济难民。

△　日军对山西柳林县兴旺村"扫荡"。村民们躲进村东南大山洞里。日军找到洞口,把干草、辣椒面堆放洞口,点火熏烧,洞内躲藏的74 人,被熏死者 72 人。

△　加拿大新任驻华大使欧德兰向蒋介石呈递国书。

　　△　日本政府任命宇佐美珍彦为驻汪伪政府公使。

3月16日　全国行政会议在重庆召开,由社会部长谷正纲主持,到会40余人。会议主要内容为健全社政机构、筹助救济经费、保护童婴、策进职业团体及国营事业、举办劳工福利及战后社会救济和复员的准备等项。20日,行政院副院长孔祥熙到会致训词,指示八点:一、社会建设要注重基层工作;二、加强农工组织;三、积极推行新生活运动;四、增进社会福利;五、倡导义务劳动;六、培养社会民主化,确立宪政基础;七、研究战后复员计划,加强国际合作;八、训练社政人员工作的修养,以提高效率。会议决定:在人民团体组训方面,注重团体组织干部健全及会员的训练;在社政机构方面,注重县社会科增设与人员充实。会议22日闭幕。

　　△　行政院通令嘉奖献金机关及倡导献金人员,其中献金最多的学校有四川省彭山女子师范学校、自贡市盐场等;协助倡导献金人员有乐山县长幸蜀峰、双流县长吕秉仁等12人。

　　△　立法院会议通过《战时征收土地税法》。

　　△　毛泽东、朱德、彭德怀电示中共山东军区的罗荣桓、黎玉等:争取国内和平,团结抗战,坚持敌后斗争是我党一贯方针。对国民党顽固派的斗争,应坚持自卫原则,决不衅自我开,保持我党经常的政治主动地位。

　　△　重庆《大公报》讯:战后公路建设计划业经有关部门草定,拟在10年内完成25.3万公里公路修筑任务,工程分为五等,以适合现代国防之用为标准。其业务以民营为原则,其属边远区者则由政府经营。

　　△　新四军淮北军区部队在淮北津浦路以东、运河以西的广大地区对日伪军发起攻势作战。历时50天,先后攻克大店集、归仁集等51处日伪据点,歼灭日伪军1800余人。

　　△　汪伪最高国防会议决定追认陈君慧兼任粮食部部长。

3月17日　罗斯福致电蒋介石,要求蒋考虑缅北中国驻印军新一军正给日军第十八师团以沉重打击,日本缅甸方面军主力已被拖在英帕尔或阿恰尔方面,英国温盖特兵团正威胁第十八师团背后的有利战机,命令"云南军司令长官发起攻势,以促良机更趋发展"。"盟军倘若失此良机,日军恐将重整旗鼓再度进攻"。

　　△　军事委员会发表一周战况,其中称:缅甸中美联军先头部队已进抵胡康河谷最后数英里地区,杰布山将被占领。

　　△　孙科在重庆对西南实业界发表谈话,称:实现民主政治与实施计划经济,以提高人民生活,须同步加紧完成。

　　△　国民党湖北省党部主任委员黄健中辞职获准,遗缺由陈绍贤继任。

　　△　山西应县清水河镇伪军李纲、梁万栋等率部500余名,携枪支300余支,马50余匹向第二战区阎锡山所部投诚。

　　△　加拿大总理向下院宣布,加国与中国将谈判互助协定。

　　3月18日　国民政府任命中央银行理事兼常务理事孔祥熙、宋子文、张嘉璈、陈行、徐堪,中央银行理事叶楚伧、钱永铭、宋子良、张群、李国钦,中央银行监事贝祖贻、李铭、虞洽卿、徐陈冕任期届满,均着连任。特派陈其采、陈辉德为中央银行理事,并指定为常务理事。特派王宠惠、朱家骅、席德懋为中央银行理事;熊式辉、顾翊群为中央银行监事。

　　△　何应钦日前赴桂林视察,是日返回重庆,对记者发表谈话称:中美混合空军合作非常密切,其患难与共之精神及相互之亲切诚恳,均显露于无形之中。

　　△　新编第三十八师师长孙立人在1942年缅甸战役中解救困于仁安羌之英缅军第一师,是日获美国军团之奖章。

　　△　中国工业合作协会在重庆举行第三届全国工作会议,到会有该会所属西南、西北、东南各区暨东南盟军服务处负责人,通过决议案百余件。25日闭会。

　　△　日机一架向赣南地区中国空军基地窥察,中国空军起而迎击,将其击落,坠于万安县境内。

　　△　日机五架轰炸长沙、衡阳。同日又轰炸河南广武、尉氏。

3 月 19 日　行政院参事室外交组黄正铭草拟《战后对日媾和条件纲要》。提出,日本除对我军费赔偿外,还应用以下方式对我予以经济赔偿:一、赔款与债权:日本对华所得赔款无论已未交付,所享债权无论有无担保,一律取消;二、损害补偿:日本非法侵略所致中国一切公私损害,日本应负赔偿之责,并以实物或金钱交付;三、投资与建设:日本在华所有投资以及在侵占或割让地区公私建设,包括路矿厂舍各种财产以及存贮物资一律交与中国;四、复兴资源:日本在若干年内应负责供应中国复兴建设所需资源及制成品;五、债票伪钞:日本及其所支持伪政权的中国占领区域内所发公债、伪钞、军用票及其他有价证券,应由日本政府以国际通货全部赎回。

　　△　缅北中国驻印军新编第二十二师突破杰布山隘后继续前进。是日分两路攻击前进,第六十六团一部攻击高鲁阳失利,被日军击毁战车七辆。

　　△　史迪威将军以中国军队坦克部队在孟关与瓦拉本间一周大战中战绩卓著,特在胡康河谷颁给中国军官七人以银星奖章。

　　△　财政部重庆市田赋管理委员会成立,由许大纯兼任处长。

　　△　冯玉祥在四川合川县白沙镇主持节约献金大会,军民总共捐献 720 万元,实物不计其数。

　　△　中国赴英访问团第一批团员王云五、杭立武、温源宁结束访英活动,是日返抵重庆。

　　△　郭沫若所著《甲申三百年祭》一文在重庆《新华日报》开始分期发表。22 日连载完。

　　△　日轮"南海丸"号由广州驶至南海、顺德交界处水面,触水雷爆炸,搭客 400 余人半数毙命。

　　△　美国佛吉尼亚州斯威特布赖埃学院募得 60 万美元,捐赠中国各大学。

3 月 20 日　美国中印缅战区副司令霍恩少将衔罗斯福之命由缅北飞往重庆,以第 163 号备忘录一件呈送蒋介石。备忘录要求:"一、请求滇西方面之远征军及时开始攻击,牵制当面敌军第五十六师团,使驻印军作战容易;二、远征军若能推进至腾冲或龙陵,则驻印军可乘机推进至密支那。"

△ 国民党中央常务会议通过《国旗党旗帜制用升降办法》。

△ 国民党中央举行纪念周,外交部长宋子文报告去年外交成就有四端:一、取消不平等条约,订立平等新约;二、美国废除限制华人移民律;三、发表四国宣言;四、参加开罗会议。提出1944年外交工作的中心为研究战后外交方案、计划战后海外贸易等。

△ 行政院副院长兼财政部长孔祥熙就日本将从中国掠夺之黄金转移他国事发表宣言,称:"对于敌国政府在其占领或控制区域以内,就各该区人民之财产或权益如有转移或交易行为,不论出诸公开劫掠与强夺之方式,或出诸形式上似乎合法,或甚至迹似由当事者自动履行之买卖方式,均保留宣告无效之权。"并指出:对于日本掠夺之中国黄金所有权的转移,中国政府现时及将来均不拟予以承认。

△ 国民参政会经济建设策进会在重庆举行会议,莫德惠任主席。讨论提案20件,内容有:增进川、康、滇运输、改善云南运输检查办法;切实执行收购棉花及奖励商人抢购办法;提倡工业;慎重税务机关人选等。

△ 第二战区司令长官阎锡山密派第六十一军军长梁培璜赴山西临汾与日军签订《各部队对日协定书》,主要内容为:为免除摩擦,协定各部队之势力范围,各予一定之地盘,各部队在该地盘内之要处构筑阵地,设哨警戒,以防共军之侵入;构筑阵地之地点及其数目据各部队之报告,由日军决定;将来于日本军讨伐或有其他理由,须要各部队之兵源时,即刻供出所需之兵源;不论在何时何地,誓必遵照日本军之指示,对于命令绝对服从之。

△ 四川江津县民众献金大会在县城举行,冯玉祥亲临并致词,是日献金总额达1300余万元。

△ 交通部公路总局在重庆举办全国公路展览会,蒋介石出席开幕式。展览共分西南、滇缅、西北、川康、综合五馆,对全国公路各干线

及后方各省之特产与文物均作具体介绍。

△　英国政府派罗克斯裴为驻中国首席代表。

3 月 21 日　吴铁城召集各党派关系小组会议。董必武重申中共拥护三民主义、拥护抗战到底的立场。指出何应钦所说边区周围已撤四个师实为换防，又换上四个师；最近又发生了压迫《新华日报》的事。

△　八路军一部克复河北赵县城。

3 月 22 日　据中央社讯：行政院会议通过 1944 年度各省推进乡镇公益储蓄款额，总额为 229 亿元，其中四川省最多共 40 亿元；山西、绥远两省各 5000 万元。

△　财政部为加强节约储金，发行收购物资及专卖物资搭销储券，搭销种类包括纱、花、布、烟、盐、糖、火柴、猪鬃、桐油等，并以法定利润搭储 20% 为原则。

△　《中加互助协定》在渥太华签字，凡 11 条，其内容与中美协定大致相同，由加方以战争供应品供给中国。

△　罗斯福致蒋介石电，对中苏边境纠纷表示关切，请允美视察员前往新疆，收集苏联军机炸射国民党部队事。

△　以日本士兵觉醒联盟和日本人反战同盟等团体为基础组成的日本人解放联盟在延安成立。其宗旨是打倒日本帝国主义，建立日本民主制度，为中日两国人民的解放事业而奋斗。

△　汪伪中央政治委员会举行临时会议，决定在汪精卫易地治疗期间，由立法院长代拆代行，最高国防会议、中央政治委员会会议、军事委员会常务会议均由陈公博主持。行政院事务、全国经济委员会事务由周佛海代拆代行。

△　日本首相东条英机在议会发表演说，承认"东亚战局已异常严重"，并称"帝国已临决战之门，其结果将决定帝国之命运"。

△　据中央社讯：四川江油县发现油矿，含油量为 70.63%。

3 月 23 日　国民政府明令公布修正《陆军抚恤条例》、《海军抚恤条例》。

△　财政部以 1942 年财政收支系统改制后,原有省财政一级已并入国家财政系统,所有省政府原投入省银行资本,已属国库所有,是日特规定该项资本非商得该部同意,不得有所变更。

△　三民主义青年团中央总干事会书记长张治中就第一届青年节发表讲话称:青年节定在 3 月 29 日,系经蒋总裁兼团长指定,盖具有勉励全国青年效法革命先烈之至意。

△　中国工业合作协会在重庆举行年会,检讨会务并对政府提出三点要求:一、各种统制之原料,希予以便利;二、豁免一切捐税;三、加拨资金。

△　兵役署长程泽润视察东南各省役政归来,是日对记者称:此行印象最佳省为广西省,在役政上可列为最优等。

△　重庆《大公报》载:汪伪江苏省长陈群任职后,广置妾 14 人,穷奢极欲。王昆山以 60 万元买得常熟县长;秦重光以 180 万元买得无锡县税务局长,并自增各县税额,以饱私囊;又密组“特工”,扩大至华中沦陷区,以替代前李士群主持的特工组织。

△　爱因斯坦以数学若干问题未能解决,特邀世界各国数学教授赴美举行讲习会,西南联大数学系教授华罗庚系应聘担任该会四指导员之一,是日离昆明赴美。

3 月 24 日　国民参政会驻委会在重庆举行常会,到会有主席团张伯苓、莫德惠、江庸及委员孔庚、杭立武、董必武、江一平等 20 余人。粮食部长徐堪报告粮政要点,提出 1944 年度粮食中心工作为建筑仓库、加强运输、预防旱灾、把握粮食。

△　中国工业合作协会理事长孔祥熙在重庆招待各界,报告该会业务概要:西南区有合作社 457 社,主要业务为麻棉丝毛纺织、造纸、制革、化学工业;西北区有合作社 325 社,主要业务为棉毛纺织、制革、机器;东南区有合作社 514 社,主要业务为纺织,其次为造纸,并积极训练荣誉军人制革、制伞等技能。

△　国家总动员会议代理秘书长端木恺在记者招待会上报告物价

管理问题,称:1943 年度物价较 1942 年度平均上涨一倍半,本年度到目前为止较 1943 年度又上涨一倍,物价上涨原因不外二端:一、成本增高;二、黑市影响。

　　△　行政院传令嘉奖办理驿运尚著成效的四川、福建、陕西等省。

　　△　民生公司"民惠"轮由四川江津下驶重庆,因船身陈旧,载重超量,在小南海险滩处,机械发生故障,致遭沉没,乘客 400 余人遇难。28日,行政院令饬交通部彻查肇事原因。4 月 2 日,交通部查明,由于水道凶恶,载客超重所造成。后经行政院核示,处以民生公司暂停重庆至江津间航线航行之处分。

　　△　汪伪军事委员会驻华北委员会主任办事处在北平成立,胡毓坤就任驻华北委员会主任委员。

　　△　美国总统罗斯福在白宫招待记者会上宣读关于轴心国罪状书时,特提及日军之南京大屠杀,提醒勿忘日军此暴行。

　　3 月 25 日　行政院正式核定 9 月 1 日为记者节。

　　△　夜,八路军山东鲁中军区和滨海军区以七个团的兵力发起讨伐伪军吴化文部战役。至 4 月 20 日,歼灭伪军 7000 余人,攻克据点50 余处。

　　△　晋军第六十一军两个师强占八路军第一二九师驻地山西浮山县的左庄、杨树掌、杜村、柏村、岭上等处。

　　△　美军方发言人对合众社记者称:美国必须立即予中国以较大援助,如能以小型舰艇为训练中国海军人员之用,则中国海军将来必能在比较接近日本之地从事海战。

　　△　侵华日军修复黄河铁路桥梁,作展开平汉线攻势准备。

　　△　前北京政府交通总长兼教育总长高恩洪在北平逝世。

　　3 月 26 日　军事委员会奉派至东南亚盟军总部的冯衍少将及其所率领的中国军事代表团抵达印度,将充任中国陆海空军之联络官。

　　△　八路军第一二九师一部收复山西榆社。

　　△　国民参政会宪政座谈会举行会议,黄炎培主持,到会有沈钧

儒、史良等50余人，一致要求"保障民权"。

　　△　重庆《大公报》讯：交通部邮政总局为增进物资进口，与苏联邮政方面商妥，由陆路互换包裹，以中苏两国互寄的包裹为限。中国方面指定以新疆省霍尔果斯局为国际包裹互换局，与苏联阿拉木图局互换包裹。

　　△　中国妇女宪政研究会在重庆成立，主席陈逸云。该会之宗旨为提高妇女之地位，发动全国妇女研究宪草，协进宪政。同时训练妇女运用四权，帮助国家实现民主政治。

　　△　中国社会行政学会在重庆成立，孔祥熙等19人为名誉理事，孙本文等31人为理事，罗鼎等九人为监事。

　　△　日机15架分六批在平汉、陇海两线窜扰，其中五架在广武县境内两次投弹。

　　△　台湾总督府命令全台日刊六个报社合并，自本年4月1日起发行《台湾新报》。

　　△　纽约《前锋论坛》发表评论，指陈日军有在中国境内发动攻势之可能。其原因为印度与其邻区陆上交通开放后，美国大量兵力、物资乃可开入南中国海及长江。日本欲破坏此种优势，则必须取得粤汉铁路，亦即再度揭开湘北大战。

　　3月27日　蒋介石复罗斯福3月20日电，明确拒绝进行滇西反攻作战的要求。其理由是："中国在过去长达七年之久的对日战争中所征之兵、物资已达到相当大的数量"，"倘若再强行投入超出本国国力的作战"，"必将招致日军入侵云南、四川以及新疆革命、山西赤化与最终全国赤化的局面，进而使我政府无法尽战争之义务，以致失掉对日作战之基地。"蒋介石还提出："权衡上述理由与中国之义务，唯有中国战区得到适当加强，方能策划自云南发起攻势。"

　　△　史迪威作出进攻缅北密支那的战略决策；以廖耀湘新二十二师进攻甘马因；以孙立人新三十八师迂回袭击孟拱；另以梅里尔准将军率领的中美联合突击兵团奇袭密支那。

△ 缅北中国驻印军新编第三十八师第一一三团一部迫近拉班以东地区,并迅速抢渡孟拱河,28 日攻占拉班。

△ 中国访英代表团团员王世杰、胡霖及秘书李惟果结束访英全部活动,是日返抵重庆。王世杰在机场对记者谈此行之观感,称在英国曾受到极热诚之接待,其原因有二:第一,中国人民坚持七年之艰苦抗战始终不渝;第二,英国人民及其领袖对于中英战后合作之重要有普遍之认识。

△ 王云五应中央广播电台之请对全国播讲《实施宪政的先决条件》,认为任何国家实施宪政的先决条件必须是"地方自治"、"法律主治"和"人民的基本自由必须尊重"。王云五深望政府早日成立各级民意机构,俾人民有练习参政的机会。尤盼各地人民与其代表克尽责任,善用职权。

△ 云南省政府向中央报告该省灾荒及盟军供应情况,谓:因去年大灾荒秋收很少,因此人民生活困苦,流离失所,甚至饿死冻死者很多,灾民用草根树皮充饥,并不稀奇。但对驻滇盟军供应,单在昆明采办的每天约需牛 40 头,猪 60 头,鸡 1000 只;猪油 2000 斤,鸡蛋六万枚,白糖 3000 斤,面粉 150 袋,水果 4000 斤,蔬菜 7000 斤,洋柿 5000 斤,柴、炭一万斤,煤 10 吨,皂 70 箱,盐 300 斤。

3 月 28 日 国民政府公布《战时征收土地税条例》。

3 月 29 日 蒋介石为第一届青年节发表《告全国青年书》,勖勉全国青年切实做到:一、竭尽天职,严守纪律,牺牲个人的自由而求取国家的自由;二、踊跃担当与接受革命成功、国家存亡、民族盛衰的责任;三、完成心理、伦理、社会、政治、经济五大建设。

△ 缅北中国驻印军新编第二十二师第六十五团攻占高鲁阳。是日又攻克沙杜渣,与新编第三十八师第一一三团会合。

△ 重庆各界在南区公园举行邹容烈士纪念碑奠基典礼。由张继主席报告邹容传略等。

△ 新中国农业建设协进会在重庆成立,主持人包望敏,该会之宗

旨为提倡改良农业生产,并将筹组农业公司。

△　美机炸南昌火车站,日机 15 架起飞迎战,被美机击落一架。

△　汪伪政府在安徽省设立第一清乡督察专员公署并开始清乡。清乡区域为芜湖、当涂两县及两县四角地带以内的区域。在两县边界线修筑封锁线和设立大小检查所 41 个,修筑碉堡 35 座。

△　据中央社讯:上海日军本年度起开始征用在华日商经营的与作战有关的物资。沪日商各大公司、行号,如资金在数千万元以上的株式会社数十家,均因物资被征一空而倒闭。

△　萨尔瓦多国政府废止《限制华人移民法》,放宽对华侨待遇,规定:一、移民禁例,华人除外;二、给予华人签证无须特许;三、废止华人登记册。

3 月 30 日　八路军太岳军区第三、四分区部队收复山西沁水县城。

△　据中央社讯称:东南学生志愿从军运动热烈兴起,800 余人已组成学生教导团,团部设江西上饶。

△　重庆市教师、学生何家、林林等 28 人捐赠八路军 4000 元,并在慰问信中称:“你们会打仗,会生产,会团结群众,真是人民的军队。”

△　汪伪中央大学校长李圣五因为日方所不满被迫辞职,由汪精卫妻弟陈昌祖继任。

△　法国民族解放委员会驻华代表团大使衔代表贝志高将军偕武官德兰拉特等抵重庆。

△　苏联与日本签订《关于库页岛日本油矿和煤矿租界区移交苏联的议定书》,规定北库页岛日本油矿、煤矿租借权移交苏联,并将《苏日渔业协定》再延长五年。

3 月 31 日　国民政府命令免军事参议院副院长王树常本职,特任于学忠为该院副院长。

△　毛泽东在延安高级干部会议上作《关于军队政治工作问题》的报告,强调政治工作是革命军队的生命线,并指出,对敌人要打击、消灭,对同志、士兵、人民要尊重说服,如果用对待敌人的态度对待同志、

士兵、人民与朋友,那就犯了极大的错误。

　　△　西南联大政治系主任张奚若在该校作题为《现代国家与宪政》的讲演,认为:"只有法治,没有民治,宪法就只有形式。"

　　△　中捷文化协会在重庆成立,孔祥熙任名誉理事长,曾养甫为理事长。

　　△　日本驻汪伪政府大使谷正之发表谈话,称:关于调整华中铁道、电气、通信、矿业、淮南煤矿、中华轮船等 11 家国策公司问题;已与汪方取得一致意见。关于调整大纲,要点为:一、各国策公司受国民政府(指汪伪政府,下同)直接指挥与监督,其经办事项依国民政府法令处理;二、各合办公司的资本及职员数目,依中国方面占半数以上为原则;三、中国方面在各国策公司中取出英、美敌产全部或一部,以增加合办公司之资本,并欢迎中国民间人士及资本加入;四、在可能范围中录用中国职员,待遇平等;五、由华中振兴公司负责对合办公司在资金、材料及技术上予以协助。

　　是月　监察院长于右任首倡之开发西北"十年万井计划",业经国民政府正式核定。计划本年度为筹备期,总经费为 440 万元,由陕、甘、新三省分担;1945 年度为试凿期,由训练毕业人员试凿 20 井,作为推行之准绳;1946 年度开始普遍期,发动三省民力从事大量凿井,预期 10 年完成 1.022 万井。

　　△　军事委员会鉴于驻外武官人士之需要,筹设训练班,名额 300 名,资格是曾在军事学校毕业而有直接指挥作战经验之军官。

　　△　是月与去年 7 月相比,各地物价增长状况为:重庆 41%,贵阳 208.4%,昆明 152.2%,西安 132.4%,兰州 28.6%。

　　△　日伪在华中抢掠米、麦、棉花及其他农产品,于本月中旬组织米粮统制委员会,实行所谓"以物资交换购米办法"。规定在沦陷区"收买"米粮时,不付以应得米价,仅每担付以"物资券"800 元。但每一万元"物资券"所得之物资,仅值 1363.2 元。以此推算,农民出售一担白米,仅得四五十元的物资。

△　汪伪在沦陷区大增"税目",名目有 300 种之多,最多者为"地方税"、"消费特税"、"墙壁广告税"。

△　日伪军万余人对热河省兴隆县进行连续 15 天的春季大"扫荡",仅中田村被日伪军杀害即达 197 人,全县被捕 3000 余人。

△　《黄陵志》编纂告成,由黎锦熙主持。该书主要部分为《黄帝本纪》参证注疏,引书 150 余种,并附有图像,为轩辕大帝传记之最详博者。

4　月

4 月 1 日　国民政府派李平衡、谢徵孚为出席第二十六届国际劳工大会中国政府代表;派李铭、朱学范分别为出席第二十六届国际劳工大会雇主方代表和劳工方代表;派于峻吉、谢嘉为出席第二十六届国际劳工大会中国政府代表顾问。同日,又任命黄同仇为安徽省政府秘书长。

△　国民政府公布《捐资兴办卫生事业褒奖条例》。

△　重庆《大公报》载:资源委员会经营的煤矿事业共有 20 单位,分布于四川、西康、云南、贵州、广西、湖南、广东、江西、甘肃九省。该会各煤矿产煤用于国际工业者占 39%,交通事业占 19%,普遍工业及电厂占 28%。

△　中国第五十师自昆明飞往印度,以应印缅战场之急需。

△　中国地质学会第二十届年会在贵阳举行,到会有名誉会长吴鼎昌、会长孙云铸等 68 人。孙云铸报告会务,提出两点意见:一、地质人才缺乏,国内各大学每年地质系毕业生仅有 60 人,供不应求;二、地质机关的联系,常为调查一地的地质,有重复几次的,浪费人力、财力。3 日,本届年会会员 60 余人由李四光率领赴贵阳地区作地质调查,后发现第四纪冰川遗迹。

△　八路军太行军区部队发起水林战役,是日一度攻入林县县城,

并切断林县至水冶公路。战至 14 日,伪军东逃,八路军共歼敌 900 余人,收复林县城及水冶以西地区。

△ 宁夏省建设厅长李翰园对记者讲述宁夏工业化问题,称该省已设有面粉、棉毛、纺织、制革、造纸、印刷、酒精、火柴、玻璃等工厂;基本工业方面,煤、铁、碱亦均设厂,本年又将设钢铁工厂一处,并着重于水力发电厂之筹设。

△ 《新华日报》(太岳版)在山西沁源县创刊。

△ 东北日伪当局为满足其战时需要,决定成立佳木斯营林局,区域包括营林局管内之东部小兴安岭和三江省地区中心的森林资源,约占全东北木材资源的四成。

4 月 2 日 由邵从恩、张澜等发起的民主宪政促进会举行宪政座谈会。邵从恩首先说明组织该会的宗旨在于促进民主宪政的早日实施。该会研究组对《五五宪草》提出三民主义共和国的意义等六个问题。张澜发言认为"《五五宪草》第一条'中华民国为三民主义共和国,不如改用《训政时期约法》第三条规定的'中华民国为永久统一共和国'为好"。

△ 司法行政部为重庆等地美军借口物品被盗滥施杀人,有损本国司法威信,致函四川高等法院,要求今后对此类盗窃案件"从严惩办"。

△ 中国政府出席第二十六届国际劳工大会劳方代表朱学范、政府代表张鸿钧、国际劳工局中国分局局长程海峰等离重庆赴美,13 日抵达华盛顿。

△ 美国第十四航空队轰炸机在中国东南海外作海上扫荡,袭击日军运输舰一艘,投弹二枚,该舰当被击沉。

△ 日机轰炸河南临汝县城,炸死居民数十人。

4 月 3 日 国民党中枢举行纪念周,财政部长孔祥熙报告财政状况,指出 1943 年政府财政概况为:推进专卖、筹募公债、管制物资、促进财务行政、整理自治财政、加强金融管制。并提出今后财政设施之五大趋向：一、力谋负担平均；二、稳定战时预算；三、建立国家基本；四、加强金融管制；五、安定国民经济。

△　《中央日报》讯：中国旅外海员约有六万人为盟军维持运输，航线所经要地为利物浦、埃及、孟买、加尔各答，并在该地成立海员分会。

△　据中央社讯：外传中国政府有没收外国教产之意，国民党中央已训令各省、市政府，对于外国教会产业，在遵守我国法令之条件下，均予妥为保护。

△　日本人民解放同盟晋察冀地区协议会成立。津田秀、宫本哲治、渡边晃、林一雄、中山太郎五人当选为联盟负责人，津田秀当选为委员长，宫本哲治为副委员长。

△　罗斯福再次致电蒋介石，要求中国远征军在滇西开始反攻。电称："我方过去装备、训练阁下之云南军，即为了在这种时机利用。""倘若云南军不用于协同作战的目的，则空运准备、提供训练教官等我方呕心沥血的广泛支援，亦将完全失去意义。"4日，罗又致蒋函，最后要求"中国应迅即越过怒江开始攻势"。

△　中国滑翔总会成立三周年纪念会在重庆举行，陈立夫、白崇禧出席，蒋介石特颁训词。该会成立以来，在全国七省一市设立分会，会员五万余人。

△　周佛海委托重庆国民党在沪情报人员葛湛侯去重庆，向蒋介石转达日本关于实现中日全面和平及蒋汪联合反共的意见。

4月4日　蒋介石以驻桂中国空军年来打击日军，战绩卓著，特饬由空军一部参谋长丁普明给予嘉奖，受奖者约20余人。

△　宪政协进小组会议在孙科寓所举行。董必武在讨论关于知识分子对国民政府不满的问题上，主张开放言论、出版自由。

△　中国驻印军下达攻占缅北卡盟为直接目标的作战令，命令新编第二十二师和新编第三十八师分兵两路沿南高江之线进攻。中国驻印军发动的孟拱河谷作战开始。

△　教育部呈文行政院，告以中正大学纪律无人过问，一片混乱；

校方贪污舞弊,横行无度;伤寒病流行,无处防治,已死学生 430 余人。

△ 《时事新报》载:汪伪中政会决定缩小省区,将江苏分为江苏、淮云、苏南三省;浙江分为浙东、浙西两省;安徽分为皖南、皖北两省。

△ 汪伪广东省长兼保安司令陈耀祖被刺毙命。

4 月 5 日 毛泽东、朱德、彭德怀致电罗荣桓、黎玉等,指出:"近日,日将库页岛权益还苏,北和苏联,南抗美、英,进攻中国(打通平汉路甚至粤汉路),'扫荡'敌后,东条此项政策,更加明显,因此日蒋冲突今年必更剧,故争取国内平静,准备拉蒋抗日,是目前政策中心。"

△ 国民政府明令公布修正《国民参政会组织条例》第 11 条条文,修正条文内容为:国民参政会每六个月开会一次,会期为 14 日。国民政府认为有必要时得延长其会期,或召集临时会。

△ 财政部为整理中国茶叶公司业务,将该公司组织为董事长制,由潘宜之任董事长,李泰初仍任总经理。是日,潘宜之就职视事,提出该公司业务以履行美销、与苏贸易、边销三大合约为目标。

△ 粮食部为掌握粮食及稳定粮价,拟定八项办法:一、追收 1943 年度欠粮;二、督促 1943 年度派募积谷;三、督促各省运用所拨资金,调剂民食;四、调整 1944 年度征粮数额;五、严禁囤积居奇;六、督促各省切实执行粮管法令;七、节约粮食消费;禁止主要粮食酿酒;八、加拨农建经费,增进粮食生产。

△ 三青团第一届干事会第二届全体会议确定十年计划总纲,要求团务工作要与党务工作密切配合,以求发展,并与学校当局联系,加强青年领导工作。

△ 《时事新报》载:缅北之新利多公路每日可筑成二英里。该路若与缅甸公路接通,中国即可每月获得多于目前六倍之供应品。

△ 据中央社讯:国立敦煌艺术研究所开始工作,并成立设计委员会,分聘张道藩、陈树人、高一涵、罗家伦、傅斯年、李书华、张大千、徐悲鸿、顾颉刚等 58 人为委员,统筹该所事宜。

△ 四川灌县都江堰举行开闸典礼,省府主席张群亲临主持并致

词。该堰可灌溉农田 8000 余亩。

　　△　新四军一部袭击安徽泗县伪军据点,毙敌 104 人,俘中队长以下 80 余人,缴获长短枪百余支。

　　△　日军战斗轰炸机 32 架袭击南宁机场,美第十四航空队即起飞迎战,击落日机 9 架,创日机三架。第十四航空队损失三架。

　　△　日本最高军事会议制定《对重庆政治工作方法》,内容为:以英、美撤出中国为条件,由中国撤退日军。除"满洲"以外,把中国的统治权交与汪伪政府。

　　4 月 6 日　内政部禁烟委员会主任委员李仲公在中央广播电台作题为《敌寇毒化罪行与损失赔偿》的广播讲演,历述日军自九一八事变后至今在沦陷区的毒化罪行:东北全境种烟面积共达 27.775 万亩,年产烟土 254.2 万斤,吸烟者达 1300 余万人;山西仅太谷一县烟田达 6000 余亩,每年勒收烟税 200 余万元,吸食烟毒达 18％以上;广州市内烟馆林立,日军勒令人民申请种烟,并规定烟亩生产,由日方官价收买。

　　△　联合国善后救济总署署长李门应中国政府代表蒋廷黻之请,派遣专家二人来华,协助中国政府计划战后救济工作,并调查中国之需要。是日抵昆明。

　　△　八路军第一二九师一部克复河北博野。

　　△　美国第十四航空队袭击日军海南岛琼山机场,对机场之设备投杀伤弹及燃烧弹 28 吨,致大机库三所、指挥塔一所、营房六所、修理厂七所受创,另有飞机二架在地面被毁;另一机队在海南岛外海面重创日军 1200 吨货船二艘。

　　△　日机轰炸河南沈丘县城,炸死民众 15 人,伤三人。

　　△　美国 1500 家进出口贸易商组成全国对外贸易协会远东委员会,由史密斯为主任,着重研究对华贸易问题。

　　4 月 7 日　中国访英团团员王世杰、王云五、胡霖、杭立武在国民参政会驻委会报告访英经过及感想,并详述英国援华总会的情况,该会共有 478 区委员会分散各地,捐款者达 3000 万以上,该会共收捐款已超过 100 万英镑。并称中英同心击溃日寇,战后盼能继续合作。8 日,王世杰、王云五、胡霖谒蒋介石,报告访英经过,并面交英首相函件。

△ 全国公路总局召开筑路座谈会,由赵祖康主持,提出在边疆筑路系当前之急务,与会者就路线辐射式、兵民农工合一、实行屯垦、中央征工筑路等问题进行讨论。

△ 国民党中央执行委员、中央公务员惩戒委员会委员长王用宾在重庆逝世。

△ 八路军太行军区八分区部队一部袭入河南温县县城。

△ 日机三架分批袭击桂林,在西南郊外投弹三次。

4 月 8 日 全国第五届兵役会议(重庆分区)召开,到会有川、康、滇、黔、鄂五省军管区参谋长等。蒋介石对会议指示五项:一、忠实检讨兵役业务;二、因地因事,切实改进缺点;三、简化兵役法令,并普及宣传;四、工作上应切取联系;五、确定工作重心及进度,按期实施。东南各省会议已分别在湖南耒阳和江西铅山两地举行。

△ 国民党陕西省党部主任委员谷正鼎,委员陈建晨、杨大乾、王德崇、高文洁、唐德源暨省府主席祝绍周,委员彭昭贤、李崇年、陈庆瑜、王友直、马师儒、刘蔼如、刘楚材、张大同、孔令恂,秘书长林树恩宣誓就职,国民党中央派蒋鼎文监誓,并致训词。

△ 国民政府公布《惩治盗匪条例》,凡 11 条。

△ 军事委员会发言人向中央社记者谈近日绥西战况:大青山游击队近来异常活跃,屡创日军,已攻克新城(包括黄河南岸)。

△ 罗斯福致电蒋介石,提出暂时搁置外蒙、新疆边境事件,以待战争结束后解决。4 月 12 日,蒋复电,认为苏联和外蒙古入侵新疆事件,恐非仅赖中国方面的"自制"所能平息,希望美国能全力支持中国处理外蒙、新疆边境事件。

△ 由缅北南高江西岸南进的中国驻印军新编第二十二师部队渡过纳姆生河和柏拉河,战至 11 日,攻占瓦康。13 日,日军退守瓦良南之河沟。15 日,肃清瓦康之敌。19 日进至瓦拉河。

△　在苏北车桥战役中被俘的日军山本一三、宫本一郎等 14 人座谈新四军优待俘虏政策,并对新四军表示衷心感谢。

△　中国国际经济协会在重庆开会,孔祥熙在会上讲战后合作问题。

△　史迪威总部发表公报:美第十四航空队先后袭击广州白云机场及南昌日军军营,予敌重创。

△　东南亚盟军总司令蒙巴顿将军致电史迪威,对中美将士在胡康河谷取得的优异战果予以嘉奖。

△　中华慈幼协会在重庆举办工作成就展览,共分行政、教养、生产、服务四部分。该会抗战以来先后救济难童达 3.59 万名,由该会直接设立教养者共 1.2 万余名。在后方所设教养院共有 10 余所。该会目前正准备战后难童复员工作,研究战后慈幼事业推行计划。

△　日本照会苏联,表示愿调解苏德战争。12 日,苏联复照日本表示拒绝。

4 月 9 日　第十战区傅作义部大青山游击支队向百灵庙进袭,18 日在山臼落花村附近与伪蒙军第三师所部 300 余人遭遇,即展开激战,至晚,敌不支溃窜冈村。11 日,傅部派精骑 40 余夜袭该村,卒将该敌第八师大部歼灭,击毙师长扎布扎青、日军教官及指导官,俘伪蒙军 45 人。

△　《宪政》月刊社在重庆邀集妇女界代表座谈宪政问题,出席者有史良、曹孟君等 30 余人。一致主张“妇女要有社会活动权和研究宪草权”,“宪法上应详细规定妇女在政治、经济、法律、教育上和男子一样平等”。

△　中国农民经济研究会在重庆举行第五届年会,讨论土地所有权问题,一致认为“土地国有是平均地权的终极目标”,并主张对《五五宪草》中有关土地各条予以修改。

△　联合国救济善后总署派农业专家陶孙及经济专家史塔雷来华,是日抵达重庆,拟在华六个月,并将赴各地考察。

△　美国务卿赫尔在哥伦比亚发表题为《美国的外交政策》的广播讲演,表示决与盟邦协力击溃德、日,并称"屹立于自由与灾祸之间,在西方仅有英国,在东方仅有中国"。

4 月 10 日　国民党中枢举行纪念周,由王世杰报告访英观感,并提出增进中英友好关系两项建议:一、两国在彼此的大中小学教科书增加有关内容,以深切相互间的了解;二、两国在关涉世界和平的重大问题上,如国际和平组织问题、国际经济合作问题、处置敌人问题等必须努力合作,采取一致的政策。

△　财政部公债筹募委员会发表《为筹募民国三十二年同盟胜利公债告同胞书》,规定总额为 30 亿元。重庆由是日起举行扩大筹募公债宣传周活动。财政部长孔祥熙发表题为《筹募三十二年同盟胜利公债的意义》演说。

△　国民政府农业促进委员会发表关于战时 13 省 169 县、市农副概况:多数农家不得不经营副业,以资补贴;但农家副业薄弱,故应推行合作制度。

△　教育部拨款 2800 万元,救济贫苦学生及加强全国各学校公利组织。

△　缅北中国驻印军新编第二十二师第六十五团一营攻占般新东北日军警戒阵地,并与日军主力激战。战至 12 日,歼敌大尉以下官兵数十人,13 日攻占柯拉卡道。

△　缅北中国远征军一部克复瓦康。

△　八路军平北支队第四十团一部在河北宣化东北 20 公里处猴儿山一带开辟工作,遭张家口、宣化等地日伪军 900 多人合击包围。激战九小时,毙伤日伪军 170 多名,黄昏时成功突围。

△　美国第十四航空队轰炸滇缅路交界处畹町南北两处之公路,使该路大规模破坏。

△　美国陆军参谋长马歇尔电令美国中印缅战区副司令霍恩少将,将对中国远征军物资暂时停拨,俟远征军出动后再予恢复。旋霍恩

命令将中国远征军 4 月份应得之 734 吨物资移拨美国第十四航空队使用。

4 月 11 日 太行八路军一部克复河南林县。

△ 军政部制订出国奖励办法,规定学生、公务人员志愿服役者,在教导团短期受训后一律赴印服务。

△ 湖南衡阳《大刚报》因发表《贪污及其他》一文揭露湘政黑暗,自是日起被湖南省政府下令停刊三日。

△ 重庆《中央日报》讯称:美国商务部下设中国法律科,主持者为斯雷帕克,该科主要业务是为美国商界和政府研究、翻译及解释中国之法律。

4 月 12 日 毛泽东在延安高级干部会议上作关于学习和时局的报告,总结抗日战争的历史经验,指出中国共产党领导的人民革命力量在抗日时期经历了上升、下降、再上升三个发展阶段,已完成打败日本侵略者、解放全中国的必要的思想准备和物质准备。

△ 行政院参事张平群招待外国记者,有记者询以教育部所订国外留学生、自费生派遣办法,其中似有统制学生思想之条文,其意义何在?张平群答称:该办法中并无统制思想之意。又有记者询以留学生是否均须入中央训练团受训?张平群答称:受训的目的无非为说明我国抗战之全盘情形,俾有充分的了解,并注重新生活之训练。

△ 国民参政会主席团举行茶会,欢迎访英团王世杰、王云五、胡霖、杭立武、温源宁五团员归来,王世杰等发表演说,称英国朝野之感情乃中国七年来英勇抗战之结果,并盼战后中英共同维持世界和平。

△ 胡适在芝加哥侨民保护协会年会上发表演说,宣称:"本届美国议会因两大立法而为中国人民所不忘,即批准中美新约废除在华之治外法权与废除限制中国移民法。因美国国会之通过此两大具有历史性之法案,遂使此两大民族传统之友谊得更加强。"

△ 缅北中国驻印军新编第二十二师与新编第三十八师第一一三团渡过南高江后,沿东岸继续前进,战至是日,共歼敌近百名。14 日攻

占丁克林、中丁克林和东丁克林等地。

　　△　八路军冀东军分区第一区队在滦县尚坨、安各庄一带击溃伪治安军第二十六团两个营的进犯,俘伪团长以下官兵 170 余人,毙伪营长以下 40 余人。

　　△　据中央社讯:日军近在平、津大肆搜捕学生,先后入狱者达 700 余人,日军称此为"思想肃正"。信件检查亦极严。

　　△　《时事新报》载:上海一金融家向报界人士谈话称:近年来日寇在上海掠夺纱布达 69 万件,在苏、浙、皖掠夺纱布达二万件。纱布被掠劫后,上海之中国商业资本即告破产,资本家致自杀者甚多。

　　△　联合国救济善后总署派遣来华专家陶孙、史塔雷抵渝后,分访国民政府各有关部门,是日拜访粮食部长徐堪,详细磋商未来工作事宜。

　　4 月 13 日　军事委员会为滇西反攻作战电令中国远征军:一、以策应驻印军攻击密支那之目的,着以第五十四军为第一线,第三十六师、第一九八师于栗柴坝、双虹桥间地区超越防守部队,渡河攻击当面之敌,向固东街、江苴街之线进击,相机攻占腾冲。二、各部队作战准备限 4 月底以前完成,待命开始攻击。三、怒江防守部队(第十一集团军)除第一线师各派一营以上之兵力,加强怒江右(西)岸游击,牵制当面之敌,使攻击部队易于进展外,其余仍负原任务。四、着第八军赴祥云、云南驿地区集结,限 6 月 5 日前到达,归卫(立煌)长官指挥。

　　△　缅北孟拱河谷中国远征军攻占瓦康丁林。

　　△　延安蒙古族同胞及各界人士百余人纪念成吉思汗,由乌兰夫主持。与会者一致表示,继承成吉思汗精神,团结中国各民族,抗日救国,争取彻底解放。同日,兰州各界亦举行致祭仪式,由甘肃省主席谷正伦主祭。

　　△　罗斯福电告蒋介石,中国战区内的美国远程作战空军由蒋指挥。

　　△　日军为加强掠劫上海物资,是日在"上海第一警局"下设"经济

保安处",名由陈公博管理,实由日本人五岛茂主持。下有"经济警察"550余名,多由日军宪兵及浪人、流氓充任。

△　美国陆军部长史汀生宣布作战以来美军兵员损失状况:陆军死伤13.4632万名,其中阵亡为2.3322万名,负伤5.5066万名,失踪2.8014万名,被俘2.8230万名。

4月14日　驻加拿大大使刘师舜与加拿大总督麦肯齐·金在渥太华签订《中加废除在华治外法权及其有关特权条约》,加拿大宣布放弃在华之治外法权。

△　军政部长何应钦在昆明向美军提出在中国远征军实施反攻时,分担下述责任:一、进攻怒江时,以渡船使五万中国军渡江;二、实施空中掩护;三、使美军炮兵协助;四、负责对云南军的补给。

△　缅北孟拱河谷中国远征军攻占孟古加拉。

△　国民政府公布修正《节约建国储金条例》第七条,规定节约建国储金,得以外国货币存储,满期后仍以外国货币偿付本息。

△　国民政府给予沈宗濂三等景星勋章。15日,沈离渝赴拉萨,就任蒙藏委员会驻藏办事处处长职。

△　蒋介石给西南联大拨款30万元、云南大学拨款10万元,救济两校贫苦学生。另孔祥熙亦对两校贷款400万元,计联大300万元,云大100万元,作两校周转金之用。

△　汪伪政府任命陈春圃为广东省长,陈君慧为建设部长。5月1日,陈春圃抵广州就职。

△　日机16架分两批袭击广东南雄及江西玉山,在郊外投弹。同日,又12架日机袭击鄂北老河口,在郊外投弹20余枚。

△　印度孟买船坞因爆炸起火,死伤300余人。中国驻东南亚盟军总部海军联络官曾万里遇难。

△　英国女议员华德访华返英后,于是日在《观察》周刊上撰文,主张战后英国将香港归还中国,并称归还香港于中国,"决不致危及英国之安全及商业利益"。

4 月 15 日　军事委员会任命周体仁为第三十四集团军副总司令，李世龙为第三军军长。

△　立法院开会通过《省政府组织法》,规定各省政府下设民政、财政、教育、建设四厅和秘书、会计二处。

△　八路军第一一五师一部袭击鲁中青龙山、黄山庄等地伪军,攻克伪军据点七处,俘伪连长以下 500 余人,缴获步枪 350 余支及弹药等。

△　皖南日军一部陷南陵。

△　日伪军在平、津地区到处捕人,是日将北平中国贫民 300 余人拘捕后押往南苑,全部烧死。

△　据中央社讯:桂林北之恭城、百寿、宜北、融县、兴安等地冰雹为灾,其中以宜北、百寿为最,损失在 500 万元。广西省政府正在救济之中。

4 月 16 日　国民党拟定《中共政治问题解决办法草案》,其中规定:一、方针:国家军令政令必须统一。二、进行步骤:第一,军令政令问题:1. 绝对服从军令,严守纪律;2. 人事应遵照中央法规办理;3. 军需必须独立,严格遵守编制、员额及给与规定;4. 军队教育应遵照中央颁行之教育纲领、教育训令实施、并由中央随时派员校阅。第二,关于第十八集团军问题:1. 第十八集团军可准增编一个军,即共编为两个军(每军三师每师三团);2. 编制按照国军通行编制,由军政部颁发;3. 不准在编制外另设支队及其他名目,以前所有者应一律取消;4. 军费由中央按照国军一般给予规定发给;5. 该集团军各级部队长、副部队长人选,准予按照人事法规呈保请委;6. 该集团军如保送干部前来西安或桂林军官训练团受训,可予照办。第三,关于政令问题:1. 严格遵守政府现行法令规章;2. 实行新县制;3. 取消现有一切破坏政令之行为。第四,关于陕甘宁边区问题;1. 名称:改为陕北行政区,其行政机构称为陕北行政公署;2. 区域:陕西省之绥德、米脂、吴堡、葭县、清涧、延长、延川、延安、保安、安定、安塞、甘泉、鄜县及定边、靖边之各一部(定边县城不在内),甘省之合水、环县及庆阳之一部(县城不在内),以上共18县(内三县系一部分);3. 隶属及管理:陕北行政公署暂隶属行政院,但归陕西省政府领导;4. 组织:区公署设主任一员,其详细组织,由政府以命令定之,县以下之行政机构,一律按照中央现行规定,不得变更;5. 人事:区公署主任由中央简派,其所辖各县县长,依照各省通例办理;6. 其他各地区所有不合法行政组织,一律取消,由各该省政府派员接管,恢复其原有之行政系统及区划。第五,以上四项如中共均能确实遵办以后,政府可准予中国共产党之合法地位。

△ 宪政座谈会第四次座谈中央政府职权等问题,沈钧儒说:"要保持三民主权在民的原则,行使四权不能妨碍此原则","地方政府应由人民自下而上选出。"刘王立明指出:"《宪草》第五十五条中表现出总统权力太大,总统好像就是'万能'。"黄炎培认为:"考试院院长应由国民大会选出。考试院的权力太大。考试制度有控制思想的趋势。"史良说:"目前保甲制实施须待研究改善,否则对人民的权利和地方自治都是很大的障碍。"

△ 台湾革命同盟会为《马关条约》四十九周年纪念发表宣言,号召台民与祖国同盟共同奋斗,争取最后胜利。

△ 成都市民主宪政促进会举行座谈会,一致希望国民政府"实施约法,实现人民的基本自由"。

△ 军事委员会重庆译员训练班685人在中央训练团受训四周后是日结业。将分派航委会、交通部、后方勤务部、战地服务团等处服务。

△ 全国基督青年学生救济委员会召开救济事工会议,全国25个分会派遣代表来重庆参加,以检讨该会以往救济学生的成绩,计划今后学生救济工作的改进,并商定战后学生救济的方针。

△ 是日、5日和8日,日机数十架两次轰炸湖南益阳城区,死伤民众数百人。

4月17日 国民党中枢举行纪念周,内政部长周钟岳报告内政概况,据称:全国实施新县制已历四年,先后实施者共计21省、1103县。

设立保民大会者共有 34.2301 万保,成立县临时参议会者共 530 所,成立乡镇民代表会议者共 1.1305 万所。

△　中央设计局分设台湾调查委员会,作为收复台湾的筹备机构,由前福建省主席陈仪任主任委员。又设东北委员会,由沈鸿烈任主任委员,以熟习东北各省情形,策划战后重建工作。

△　迁川工厂联合会在重庆举行第七届年会,由会长潘仰山主持,会议通过议案数项,要者为:一、请政府对于战时迫切需要之民营工矿事业扩充设备及新设者,均予以保本息之奖励;二、请政府从速制定工业会法;三、设筹工业联合保险公司、工业银行等。

△　重庆文艺界举行茶会,纪念老舍从事文学创作 20 年,邵力子主持,郭沫若、黄炎培、沈雁冰等发言,一致称赞老舍对国家之忠忱,对朋友之亲切,年来维持文艺界抗敌协会之苦心与努力。

△　教育部决定国立高中毕业生须服役一年,始能获得毕业证书。

△　中国远征军长官部奉军事委员会之命,拟定渡怒江作战计划。其方针是:一、远征军为策应驻印军攻击密支那,打通中印公路,以第二十集团军为攻击军,由栗柴坝、双虹桥间渡江,以腾冲为攻击目标。二、第十一集团军为防守军,负责怒江左(东)岸之防守。另以该集团军之新编第三十九师、第八十八师、第七十六师、新编第三十三师各派一加强团渡江攻击,策应第二十集团军之作战。三、攻击准备限 4 月底以前完成。

△　日伪军 4000 余进犯皖北,驻该地之第十九集团军陈大庆部由阜阳、颖上败退至河南商水地区。

△　日机分 12 批沿平汉、陇海两线侦察,其中三架在郑州投弹多枚。

△　重庆《中央日报》载《敌在台湾的战时统治》,揭露日本在台湾的"皇民奉公会"的分布情况及日本在台警察的专制统治。

4 月 18 日　日军大举进攻河南,豫中会战开始。拂晓,日军第三十七师团及独立第七旅团由河南中牟渡河,向第一战区黄泛区守备部队暂编第二十七师第一、三两团发动猛攻。至午,南渡日军在中牟南部整顿部队,工兵架起轻便桥梁,大队人马源源开过黄河。

△ 朱德致电蒋介石、何应钦、胡宗南,请制止第五十三师等部对陕甘宁边区鄜县、洛川等地进行扰乱。

△ 重庆15个文化团体举行茶会,欢迎访英团返国,到会代表共200余人,由吴铁城主持,王世杰、王云五、胡霖发表演说,共盼中英两国战后的经济、文化合作。

△ 日机13架分别从河南新乡、信阳,山西运城起飞,袭击河南广武等地,投弹多枚。

△ 汪伪政府行政院举行会议,决定成立米粮采销总管理处清理委员会,派陈君慧为主任委员。同日,汪伪政府决定发行第一期建设公债,总额三亿元。

△ 缅甸英军突击队司令林戴尼在孟拱河谷会见史迪威,两氏商定通力合作,以收复缅甸及打开对华之陆上交通。林对记者称:中美军队有争取胜利之意志,并以全力开辟雷多路及消灭日军。

△ 美国中美工商协会会长柏德生在纽约发表谈话,称:战后中国需要84万匹以上棉布或320万包棉花,作为紧急救济。然而,中国沿海一带棉织厂有2.5万架纺织机及500万枚纺锤,均在日本人手中。

4月19日 国民政府免熊斌兼陕西全省保安司令职,任命祝绍周继任。

△ 国民党中央宣传部举行外国记者招待会,部长梁寒操答记者问时称:过去数年,由于军事国防机密之故,于新闻检查办法有若干不适宜之处,致使报界感受许多烦闷。半年以来,中宣部已广泛征求各方意见,准备放宽尺度。

△ 财政部为发展对外贸易、促进民营进出口业务,规定六项办法:一、凡公司、行、号经营进出口贸易者,除依法办理公司或商业登记外,并应取得同业公会之证明,向本部贸易委员会或其各地办事处申请登记,领取登记证;二、向财政部领取特许进出口证件;三、由贸易委员会予以国外推销或采购货物之介绍;四、向贸易委员会申请进出口运输

吨位;五、得申贸易委员会协助,商请国家银行予以通融资金之便利;六、得在贸易委员会指导之下实行进出口连销运输。

△　国民政府委员、国民党中央委员、蒙古宣化师章嘉活佛抗战爆发后坚拒日伪军胁诱,毅然西行,是日与青海光迹寺朝藏呼图克图同行来渝。

△　新四军第三师第七、第十旅对苏北涟水县城西北的日伪军据点高沟、杨口发动攻势。战至 5 月 4 日结束,先后攻克高沟、杨口等日伪军据点 14 处,全歼伪军第七十二旅、保安第五大队 2000 余人。在阻援战斗中毙伤从新安镇、大伊山出援的日军 140 余人,收复六塘河两岸地区。

△　豫中战场日军突破暂编第十五军阵地后,是日分向郑州、新郑、尉氏、洧川等地突进,与第二十八集团军在上述各地发生战斗。至 21 日,日军攻陷新郑、尉氏,暂编第十五军所部及第二、第三两旅退守许昌西北地区。

△　豫北日军第一一〇、第六十二师团向第八十五军邙山方向阵地攻击,后又以步、骑兵在飞机和毒气攻击的掩护下猛扑。21 日,突破河防阵地后,分陷广武、汜水。22 日,攻陷荥阳。

△　日机轰炸河南巩县,投弹 18 枚,炸死民众 23 人,炸毁民房 79 间。20 日,又轰炸禹县,炸死民众 17 人,伤数十人。

△　占驻山东阳谷、威县、临清之日军对临清县下堡寺进行"扫荡",用枪杀、刀挑、水淹等手段,残杀无辜群众 28 人。

△　新生活运动总会盟军之友总社在重庆成立。

△　陈纳德向罗斯福告急,报告日军即将在中国发动大规模攻势,由于正集中物资在缅甸作战,对中国内部国军实没有给予援助,人员、物资、运输俱感缺乏。

△　美国驻两广总领事林华得在桂林对记者发表谈话称:本年 1 月美国运华物品较去年 1 月多 15 倍,而且按月在增多之中。

4 月 20 日　郑州失守。19 日,日军步兵第二十二联队先遣队到达郑州火车站附近后,其第三十七师团郑州挺进队主力随后赶至,与守城的第八十五军吴绍周部发生激战,战至是日下午,守军向西溃逃,郑州陷敌。

△ 军事委员会任命丁德隆为第三十七集团军总司令,刘安祺为第五十七军军长。

△ 常德会战阵亡将士公墓建成,是日常德各界人士在墓前举行追悼大会,蒋介石为大会题词"浩气丹心"。同日全市各机关、团体、学校一律下半旗志哀。

△ 国民政府明令公布《聘用派用人员管理条例》。

△ 行政院决定组设民食改进委员会,设委员 11 人,分由行政院及内政、外交、财政、经济、教育等部各派代表充任,并以行政院代表为主任委员。

△ 中华文协桂林分会在桂林开会纪念文协总会成立六周年,柳亚子、欧阳予倩等讲演,主张应把"抗战、团结、民主"作为文艺创作的三大目标,同时应该"讴歌光明,暴露黑暗"。

△ 中国访英团团员杭立武应中央银行经济研究处之约,作题为《英国战时经济情形》之讲演,对 1939 年以来英国消费、节约、增产、租税等一一概述,并称:战后英国可供中国大量机械,两国合作以保证战后世界繁荣。

△ 日机数批袭击洛阳,并在孝义、偃师、白鹤等地投弹。同日,又有日机 27 架分三批袭陕,在南郑、安康、潼关等地投弹。

△ 汪伪中央政治委员会举行会议,决定撤销军事委员会委员长驻武汉行营,设立武汉绥靖主任公署,任命杨揆一为绥靖主任。又任命陈春圃兼代广州绥靖主任。5 月 7 日,杨揆一抵汉口就职。

△ 第二十六届国际劳工大会在美国费城开幕,与会 40 余国代表参加。中国代表李平衡、谢徵孚,劳方代表朱学范,资方代表李馥荪。顾问张鸿钧等参加。大会议题为确定国际劳工组织今后之政策、工作,对同盟国推荐现在及战后之社会政策,调整由战时至和平时期之劳工组织等。

　　△　重庆《中央日报》讯：美国国会图书馆出版中国大型词典《清代名人录》第一部，内容包括名人传记 800 篇。主编为国会图书馆亚洲系主任荷美尔博士。胡适为该书作序，称该书为"国际学者合选中国历史传记的空前杰作"。

　　△　美《纽约时报》发表评论，认为日军在中国发动的新攻势，其目的在于"亟待开辟一陆上路线，以运输缅境日军所需之供应"。

　　△　韩国临时议会在重庆开会，选举临时政府主席，金九获选连任。

　　4 月中旬　为进攻缅北密支那，史迪威决定以缅北的中美军队组成中美混合突击支队，下辖两纵队：第一纵队为中国驻印军新编第三十八师第八十八团及新编第二十二师山炮连，加美军一个步兵营，由美军基尼逊任纵队长（简称为 K 纵队）；第二纵队为第十五师第一五〇团，加美军一个营和山炮一个排，由美军汉德任纵队长（简称为 H 纵队）。

　　△　日伪军在平、津地区肆虐，以文化、教育为甚，逮捕各大学教授，工商学院被迫停课，中国、辅仁两大学亦难维持。华北伪政府将故宫博物院重达 2095 斤的铜器奉送日军，熔造军火器材。

　　4 月 21 日　国民参政会驻委会举行常会，到会张伯苓、王世杰、许孝炎、黄炎培等。首由秘书长邵力子代读外交部书面报告，次由何应钦报告最近国内战场、缅甸战场及世界战场之局势，称：总观全局，各战场除曼尼坡外，均有重大进展。并称：日军在河南的攻势，其政治方面之意义，尤重于军事。

　　△　何应钦密示张治中、王世杰：中共代表林伯渠到达重庆后，应拟一谈话稿，原则是不能离开"军令政令之统一"。

　　△　社会部公布《儿童福利法》，凡六条。

　　△　冯玉祥在四川泸县主持献金大会，当地士绅刘心柏捐款 30 万元，施晋生捐款 60 万元，冯玉祥赠物予以褒奖。

　　△　滇西中国远征军奉命以霍揆彰第二十集团军为攻击集团，准备强渡怒江，向高黎贡山及腾冲方向攻击；以宋希濂第十一集团军为防

守集团,固守怒江东岸阵地;另以第一线各集团分派加强团强渡怒江,以策应攻击集团;并以美军第十四航空队配合作战。

△　日机 15 架分两批轰炸洛阳,先后在洛阳东车站一带投弹,炸死炸伤居民数十人,毁房屋百余间。同日又袭击河南临汝、登封等地。

4 月 22 日　中、美、英公布《联合国家专家建立国际货币基金之联合宣言》,其宗旨在于建立商讨国际货币问题之永久机构,以谋促进国际货币合作;便利国际贸易之扩大与平衡发展;增加会员国之信力;增进汇兑之稳定。基金之摊派,各会员国应以资金及本国货币摊派一定数额之基金,总数约为 80 亿美元。基金之管理,由各会员国组成董事会及执行委员会管理,执行委员会至少由董事九人组成,其中五人应为摊额最多之五个国家之代表。

△　财政部长孔祥熙对《联合国家专家建立国际货币基金之联合宣言》发表谈话,称:此项宣言中的建议,适合于各有关政府之考虑,希望各专家所完成之贡献,能进而产生一项协定,借以协助稳定国际汇兑制度之恢复,俾有利于国际贸易与投资之发展,而造福于全世界。

△　孔祥熙向蒋介石报告,英国 5000 万镑借款及租借协定的约稿已商妥。

△　美国财政部长摩根索在招待会上发表谈话,告以根据货币专家暂时规定之纳款数额,中国在赞成本日声明基本原则之 30 个联合国家中,将列前四名。中国将纳款六亿美元,居于美、英、苏之后。

△　国民政府追赠王立业为陆军中将。

△　孙科在重庆保险业界座谈会上作题为《必须实行民主》的讲演,认为:"宪法的功用在保障人民自由,规定国家组织,但自由与组织必须合理解决。过分强调组织,则剥夺人民的自由。"孙科指出:"中国必须实行宪政","以真正的民主应付目前的难关。"

△　为适应豫中战场的新形势,第一战区副司令长官汤恩伯将所辖兵力分为南、北两兵团:南兵团以李仙洲为指挥官,统辖部队以第十二、第二十九军为主力;北兵团以王仲廉为指挥官,指挥第十三、第八十

五军。又划分了阵地,准备"以有力之钳形态势包围由中牟及邙山头两方面之敌于许昌、襄城、禹县、密县间地区而歼灭之"。

　　△　由中牟渡河之日军万余名,在大炮配合下进至密县境内。23日由邙山头渡河之日军一部亦赶来会合。时第八十五军约千人由密县西南地区反攻,为日军打退。24 日密县失陷,第八十五军转守西方山地,阻止日军。

　　△　八路军第一二九师一部克复冀南赵县、高邑。

　　△　国民党中央党部发动全国党员储蓄,并成立党员储蓄竞赛推行委员会。是日,国民党中央执行委员会公布《各级党部经办党员竞储须知》,凡 23 条。

　　△　长沙《大公报》讯:孔祥熙的女儿孔二小姐乘飞机去美国举行婚礼,所耗费的资金可救济中国一万难民,可办一所完全的大学,其制作嫁衣的功夫可以制成两个师人的军服。

　　△　甘肃省继湟惠渠、溥济渠、兆惠渠之后,沏丰渠是日举行放水典礼。全渠长 13 公里,支渠 11 道,可灌溉农田约一万亩。

　　△　国际劳工局理事会举行会议,一致推选中国为常任理事国,以继任日本退出后之空席。朱学范、李平衡分别任理事会中的正式代表和正式劳工代表,李铭为劳工局业主组副主席。

　　△　据英国《新闻纪事报》特派员报道:战事结束后,美国将把中国作为一广大的棉织品市场。为此,联合国救济总署希望美国政府于最近非常时期救济中国难民 8400 万人。

　　△　据中央社讯:伦敦大学东方专科教授赛蒙氏出版《基本中文一千二百字》一书,以作为研究中国文字学之用。中国访英团员王云五为该书作序。

　　4 月 23 日　重庆《中央日报》载:1943 年四联总处农业贷款总额为14.5153 亿元。年底贷款结余总额共 15.2747 亿元,其中以四川省最多,贷款结余总额为 4.92 亿元。

　　△　兵役署长程泽润对记者就兵役及优待抗属等问题发表谈话,

认为中国抗属优待之责,应仿照欧美制度,以法律明定之。

△　社会部召开研究人口政策会议,全国社会学专家陈达、吴文藻、李景汉等 10 余人出席,会议拟就人口政策、纲领及实施方案内容,呈请当局核定实施。

△　豫中战事日紧,第一战区政治部是日成立战时工作总队,会同地方党、政、军、警各方发动民众致力战时工作,工作项目为救济、肃奸、协助疏散等。

△　新四军彭雪枫师在运河至津浦路 300 里外线出击,攻克日伪军据点 16 处。

△　中美工商协会会长柏德生在纽约宣布该会工作的 12 项方案,要点为:研究中国关于公司注册、商标、专利版权赋税、所有权、保险等法律暨其他商法及其对中美交易之影响;保留及修改(遇必要时)对华贸易法,作为美国商界从事对华贸易之联合工具;研究租借法案及商品借贷所予对华贸易之影响;研究中国之建设计划及经济目的与见解;拟定在美训练中国技术人员计划。

4 月 24 日　粮食部长徐堪在国民党中枢纪念周报告粮政,提出 1944 年度必须增加征收征购数额,期于足敷军需民食公粮,并有余粮调剂市场价格与积储备急。

△　行政院设立行政效率设计委员会,任命甘乃光、狄膺等 12 人为委员。

△　国民参政会经济建设策进会云南、贵州区办事处派员赴被灾地区调查,是日报告灾情称:云南曲靖、沾益等县灾情十分严重,一般人民将草根、树皮掘食一空。

△　国民参政员胡霖在重庆播讲《宪政风变》,认为民主而不宪政,则民主是空的;宪政而不民主,则宪政也是空的。并提出四点意见:服从法律、尊重自由、公道竞争、容纳异己。

△　豫东第一战区所部攻克太康县城。

△　豫中战场日军第十二军各部全部集中于密县、新郑等地。25

日,各部日军继续南犯,于 26 日到达许昌外围。

△ 豫中战场日军第一一〇师团与由开封西犯之日军会陷密阳,并继续西犯。第四集团军孙蔚如部扼守马驹岭、虎牢关之线,阻止日军第六十二师团之西进。

△ 日机 78 架分批袭击河南,在渑池、登封、偃师等地投弹。

△ 据中央社讯:联合国救济善后总署拟运生棉 320 万包及 20 万万粗码棉织品来华,救济中国难民。

△ 印度政府派遣农业访问团来渝,将依次访问四川成都、重庆、乐山、自贡、五通桥及广西桂林、柳州等处,为期两个月。

4 月 25 日 蒋介石就强渡滇西怒江作战分别致电卫立煌、第十一集团军总司令宋希濂、第二十集团军总司令霍揆彰,指出:"此次渡江出击之胜负,不仅关乎我国军人之荣辱,且为我国抗战全局成败之所系,务希各级将领,竭智尽忠,达成使命。"

△ 蒋介石电复丘吉尔 4 月 24 日预祝远征军入缅作战成功来电,表示将尽全力协助印缅盟军作战。

△ 洛阳各界发动扩大慰劳前方将士及救护难民运动,是日由第一战区政治部召集会议,决定立即募集军鞋万双,咸菜万斤,派员携往前方慰劳。

△ 晋察冀边区动委会控诉日军暴行。据不完全统计,去年秋季日军在 31 个县约 1000 万人口的地区,杀害中国同胞 6674 人,烧毁房屋 5.4779 万间,抢掠和烧毁粮食 2734 万斤。

△ 美国援华救济联合会计划主持人斯维特抵渝,并发表谈话,称该会自 1941 年以来,拨给中国款项计 1886.6717 万美元。从 1944 年 1 月至 9 月,计划汇华救济款 2.6 亿美元。

△ 日机 133 架由山西运城、河南新乡两地起飞,袭击河南各地,先后在新安、临汝、卢氏等县境内投弹。同日,又有日机 39 架袭击陕西潼关。

△ 日机 32 架分批袭陕,侵入西安上空时,在中正门内外投弹多

枚,死伤平民 10 余人,毁民房 20 余间。

　　△　日军去冬在绥西东公旗、西公旗强征壮丁 250 名,经训练编为伪警察,该警不甘受敌驱使,是日全部哗变,携械向第十战区一部投诚。

　　4 月 26 日　行政院参事张平群在答记者询美国对华援助若不能大量增加,中国对抗战能坚持多久时称:我国不仅为争民族生存而战,亦且为维护正义而战。在未有外援可期之时即已单独作战,现在倘盟邦无大量之物质援助,自亦将尽其在我继续作战,故我作战之决心无可动摇。以前国际路线完全断绝时,吾人又何曾作战稍懈?

　　△　出席国际劳工大会的中国代表朱学范、李平衡在大会发言,朱学范称:余希望各国政府与制造厂商,彼等不论在中国开创何种工业,均不应遵循帝国主义剥削中国劳工之不开明途径。李平衡指出:日军在其占领区内雇用大量工人,中国深望国劳会议能通过某种办法,使此等工人返籍。

　　△　全国慰劳总会给第一战区汇寄国币 50 万元,慰劳中原作战将士。同日又分电陕、豫两省分会,克日发动民众慰劳前线抗战将士,并扩大组织救护伤兵运动与战地服务工作。

　　△　中美工商协会发表中国政府之统计数字,表示须在 15 省内建筑新屋 1200 万所,借以容纳 8400 万难民。中国政府表示,建屋所用木材将由中国供给,其他材料须赖输入。

　　△　浙江义乌在乡军人何芸生抗战以来组合乡兵,奋起御敌,去年 5 月为日军包围,不甘作俘,自戕成仁,国民政府是日予以明令褒扬。

　　△　第一战区副司令长官汤恩伯令第三十一集团军王仲廉部主力向豫西密县、马驹岭之日军反击,压迫密县西北地区之日军改取守势。战至 30 日,日军后续兵团之第二十七师团、战车第三师团及骑兵第四旅团等陆续集结于密县、新郑等地,向禹县、许昌、襄城等地猛攻,与第二十八、第三十一两集团军激战。

　　△　豫中战场日军约六七千人到达许昌外围的石象镇、五女店、和尚桥,在飞机、大炮掩护下,向许昌附近各据点猛犯。经守军新编第二

十九师痛击,创敌甚重。

△　日机 27 架在陇海线窜扰,并在河南新安投弹三次,在洛阳投弹一次。

△　日伪在全东北进行大逮捕,大肆屠杀抗日爱国人士和进步群众。仅黑龙江双城就有 40 余人被捕,20 余人被处死。

△　绥远至重庆汽车首次通行,全程 1342 公里,约 15 日可到达。

4 月 27 日　国民政府修正公布《著作权法》,凡五章 37 条。

△　赈济委员会、新生活运动总会、中国慈幼协会、美国援华总会派代表艾莹生等前往河南黄泛区视察灾情,历时九个月,视察 40 余县,是日返渝对记者发表谈话称:自去年以来,中央拨予豫省之赈款约 3000 万元,地方赈济则侧重以富养贫。此种办法亟宜改进,地方上富者甚众,而养贫者不多。

△　蒋介石致电萨尔瓦多政府总统,对该国宣布废除对华移民限制表示感谢。

△　缅北中国驻印军新编第二十二师奉命开抵清河。5 月 1 日,该师第六十五团在北、第六十六团在东北、第六十四团在西南对英开塘形成三面围攻之势。

△　八路军冀中第九军分区一部在任丘县大队和民兵的配合下,将任丘县城包围,伪县长兼伪军联队长刘潮如等以下官兵 520 余名伪军被迫向八路军投诚,县城一度被收复。

△　浙江金华日军古内师大郎携带枪支及日军所绘中国地图一份,向中国军队一部投诚。

4 月 28 日　行政院为统筹战后救济及一切善后事宜,特设立善后救济调查设计委员会,蒋廷黻任主任委员,顾翊群为副主任委员,夏晋熊、张忠绂、洪兰友等为委员。是日,委员会召开第一次会议,讨论今后工作计划及内部组织,并请联合国救济总署代表报告总署工作情况。

△　行政院决定:1944 年度全国田赋征实数额为一亿担,比 1943 年度增加 3500 万担。

△　重庆各民主党派负责人沈钧儒、章伯钧、张申府等联合举行文化界招待会,提出言论自由、思想自由、学术自由、民主改革等要求国民党实施。

△　四川省主席张群致电冯玉祥,感谢冯在川中各县发动献金之劳。

△　中华慈幼协会河南禹县慈幼院长陈子敬抗战爆发以来,收留难童达1.4万人,并在河南筹设抗战军人子弟教养院,日前抵渝。是日甘乃光、马超俊、徐恩曾等设便宴款待。

△　中国民众教育专家晏阳初应古巴教育家与该国英美友人之请,是日由英转往古巴,开始作普及民众教育之实验,拟推行下列计划:一、基本教育;二、科学耕收;三、农村合作;四、公共卫生;五、自治。

△　八路军第一二九师一部克复冀南鸡泽、曲周。

△　新四军一部袭击江苏江阴马头镇等伪军据点,毙敌官兵20余名,俘144名。

△　一列西去特快客车行至河南新安城西铁塔山峡谷间,遭六架日机轮番轰炸。数节车厢中弹起火,旅客死伤甚众。

4月29日　国民政府明令褒扬中央公务员惩戒委员会委员长王用宾,生平事迹存备宣付国史馆,并交考试院转饬铨叙部从优议恤。

△　军事委员会任命施北衡为第十一集团军副总司令,方天为第二十集团军副总司令。

△　中共代表林伯渠偕王若飞、伍云甫以及国民政府军事委员会驻延安联络参谋郭仲容离延安,于5月2日抵达西安。国民政府代表王世杰、张治中亦于同日由重庆抵达西安,同中共代表林伯渠会谈。5月10日,中共中央书记处致电林伯渠,告诉他可按周恩来3月12日讲演中所提五条,同王、张谈判。

△　新任海关总税务司李任对记者发表谈话,详述海关税收状况,略称:1943年度海关税收总数超过10亿元,应征战时消费税物品34种。谈及海关机构,李称:共约450单位,东至温州、福州,西达新疆边

境,北起绥远,南迄法属安南之边境。

△　驻美大使魏道明访美国务卿赫尔,递交蒋介石致罗斯福函件。

△　行政院公布《学龄儿童失学民众强迫入学条例》,凡九条。

△　教育部拨款 20 万元整修敦煌千佛洞石窟,是日竣工。

△　陕西各界在西安发动募捐运动,资助河南难民,是日共募捐 500 万元。

△　中国远征军长官部与美第十四航空队初步达成滇西方面作战的协定,其要旨是:第十四航空队担任在怒江以西地区直接协助地面作战,对腾冲、龙陵、芒市之敌攻击;间接轰炸敌后交通线及八莫、腊戌、滚弄要点之仓库;并担任第一线作战军之空投补给。

△　中美混合突击支队由缅北胡康河谷之太克利出发,经库芒山区向密支那突击。

△　豫中战场许昌外围日军增至万余名,战车及汽车达 150 多辆。第三十七、第六十二、第二十七师团及独立混成第七旅团从不同方位对许昌城实施包围,切断许昌守军的退路。

△　国际劳工大会通过宣言,阐明国劳局之目标以及会员国拟订政策时应采取之原则,并声明一切人类不论其种族、信仰及性别为何,均有权在自由与尊严,经济安全及机会平等诸条件之下,获致物质幸福与精神发展。

4 月 30 日　蒋介石电令汤恩伯兵团"对窜犯许昌之敌应予严重打击,对密县之敌暂行监视,佯动牵制"。据此,汤恩伯命令新编第二十九师守备许昌;又命令李仙洲第二十八集团军两个军万余人急速向襄城、禹县方面北上,攻击南下日军侧面。

△　豫中战场许昌守军新编第二十九师三个团和补充团约 2000 人与日军在西门、北门激战。下午,日机 12 架对守军进行轰炸,炮兵也集中向西门外和城墙西南角轰击。城内多处起火,工事大部被毁。至晚,南关和西门等处相继告失,城内巷战、白刃战至烈。

△　蒋介石密派中宣部邓友德、魏景蒙、陶启湘,中央社徐兆镛,中

统局杨嘉勇,军统局任海山,军委会徐佛观监视"中外记者西北参观团",并密示他们"沿途可把握机会作适当之宣传,但不必多说话,应尽力避免故意挑剔之形式。仅遇重要之所,可略加指点,或暗示即足。切不可流露监视或干涉之态度"。

　　△　驻美大使魏道明密电蒋介石,报告与美国务卿赫尔晤谈苏联的远东政策,以及中共在美的晤谈等情况。

　　△　第九战区司令长官兼湖南省政府主席薛岳对长沙、衡阳两地报纸揭露该省暴政不满,手令两地政府严予查禁,并勒令有关杂志停刊。

　　△　八路军第一二九师一部克复山西沁水。

　　△　八路军山东纵队一部在鲁中地区歼灭伪军吴化文部四个团,俘少将以下 2000 余人。

　　△　日机 16 架分七批袭击河南,在偃师、临汝、叶县、孝义等地投弹。同日,又七架自湖北竹山西窜陕境,在安康城郊投弹。

　　是月　行政院核定绥远省新设狼山县、晏江县。

　　△　日军因准备进攻中原地区,急需大批自行车军用,在天津与日商昌和洋行勾结,出动武装,首先将春立德、华利成、同丰、兴立德、永盛合、仁利成等 6 大车行的存货全部查封,勒令自行车业公会在浙江会馆内成立"协助东亚圣战完成临时购车委员会"的代办组织,抢走自行车 1.5 万余辆,仅给 30％的代价。

　　△　日军将芜湖到湾沚间铁道全部拆毁,所有铁轨悉数运往安庆。计划利用此项旧轨建就安庆至九江之铁路。

　　△　日伪在平、津地区大肆搜捕教育界人士,辅仁大学、中国大学、工商学院等校教授及各中学校长、职员、学生等共达 200 余人入狱。

　　△　湖北省东至应山,西达郧县,北至豫边,南达长江,连遭旱、蝗、风、雹等灾,千里荒芜,灾民盈野。

5　月

5月1日　国民党中枢举行纪念周,交通部长曾养甫报告铁路、公路、驿运、航业、电信、邮政等建设与业务,提出 1944 年度的建设方针为:一、便利军运军讯;二、加强服务精神;三、规划复员复兴。

△　军事委员会任命刘祖舜为第十四集团军副总司令,郑洞国为驻印军指挥部副总指挥,孙立人为新编第一军军长,廖耀湘为新编第六军军长。

△　重庆《大公报》载:国民政府拨款 100 万元,救济云南灾荒。云南省成立赈济委员会,亦募得赈款 4300 万余元。

△　行政院副院长孔祥熙在重庆召开中国工业合作协会东南、西南、西北三区负责人及该会正、副总干事会议,商讨如何配合工作问题,并宣布蒋经国为该会常务理事。

△　闽台协会总会在柳州正式成立,推张贞为会长,吴石为副会长,将筹集基金 500 万元,创办闽台企业公司,并拟编印丛书。

△　缅北中国驻印军新编第三十八师第一一四团一部进至拉吉以西地区,8 月攻克拉吉,毙日军第五十五联队数十人。同日又攻克大弄阳,毙敌 40 余名。

△　许昌失陷。拂晓,许昌守军新编第二十九师在日军强攻下停止抵抗,向东北方向退去。至于庄附近又与日军一部相遇,师长吕公良在战斗中阵亡,该师团长以下军官伤亡三分之二以上。

△　新任法国民族解放委员会驻华大使代表贝志高抵渝,是日向蒋介石递交到任书。

△　重庆文化界人士创办的《国是》月刊正式出版。

5月2日　行政院会议通过《战区各省政府设置行署通则》、《战区各县政府组织规程》及《专利法草案》。

△　《中英财政协助协定》、《中英租借协定》在伦敦签字,英国政府

将以 5000 万英镑供应中国,用于在使用英镑区域内,购用其因战争需要之货物与劳役,并以租借物资供给中国军器。

　　△　黄炎培、王云五、莫德惠设宴招待孙科、吴铁城、邵力子、张君劢、左舜生等,黄炎培称:国民政府摧残工商业,以至从沦陷区载巨金来渝者多愿回去。孙科称:中华民国不能亡于一人之手。

　　△　缅北中国驻印军新编第二十二师三个团开抵英开塘,并实施反击,日军死守不退。史迪威乃下令使用陆、空军联合攻击。

　　△　八路军晋察冀军区第四分区一部在河北行唐县沟里镇伏击伪绥靖军第六集团军第十五团获胜,击毙日军指挥官、伪营长以下 43 人,俘伪团长以下官兵 47 人。

　　△　八路军第一一五师一部袭击鲁南伪军荣子恒部九个据点,毙伪第二师师长刘国桢,俘伪团附宋奇思以下 200 余名。

　　△　日军陷河南临颍,并以战车第三师团及骑兵第四旅团向襄城、郏县突进,以步兵万余围攻禹县。

　　△　国际妇女委员会在重庆开会,选举英驻华大使薛穆夫人为 1944 年度主席。

　　5 月 3 日　国民党中央宣传部举行外国记者招待会,部长梁寒操报告中原战况,并称:目前战争关键在于滇缅路重开。我国拥有优秀之人民与军队,一旦现代武装到手,胜利自有把握。

　　△　张治中、王世杰及胡宗南到八路军西安办事处访晤林伯渠。

　　△　三民主义青年团中央团部自去年发动"青年号"飞机团员献金运动以来,已捐得 1000 万元,是日召开结束会议,决定将全部献金呈缴委员长侍从室,转献蒋介石。

　　△　重庆文化界举行集会,张申府、曹禺、张静庐等 50 余人出席,要求言论出版自由,取消新闻、图书、杂志及戏剧的审查制度。

　　△　缅北中国驻印军新编第二十二师在美空军战斗机 36 架支援下,对英开塘之日军实行猛攻,经反复冲杀,将英开塘阵地全部摧毁。5 月 4 日,攻占英开塘,日军第五十六联队残部沿公路退守马拉高。

△　新四军第三师一部攻克江苏滨海县陈家港等日伪军据点 10 余处,歼灭伪军 800 余人。

△　拂晓,豫中战场日军以第六十二师团为主力,一万多名日军在 20 辆战车配合下,对河南禹县进行包围攻击。一天内占领了禹县县城及附近地区。第一战区守军约三万人,放弃阵地向西南方向逃去。同日,日军七八千人,在战车和大炮的配合下,猛攻襄城,至夜由南门突入,占领该城。

△　日军混成第七旅团侵犯河南省襄城地区,屠杀六王冢各村群众 2000 余人,奸淫妇女 200 余人。

△　汪伪广东绥靖军总司令黄大伟遇刺身亡。

△　英国外相艾登在下院报告《中英财政协助协定》问题,表示:中国在使用英镑区域所购用因战争需要之货物及劳役,均由以前之英方信用借款支付。并称:鉴于目前协定之订立,特先根据租借条款供给军火。

5 月 4 日　国共双方代表在西安开始正式接触。张治中首先表示,他们是代表中央政府及蒋介石来欢迎的,因为郭仲容参谋电报中说林伯渠先生有病,须乘飞机赴渝,而飞机每月只有 2 日和 6 日两次,故蒋介石派他们先来西安商量一个具体解决问题的轮廓。林伯渠说:中共中央的意见去年林彪等已谈过多次,要求国民党方面首先提出一个解决问题的具体办法。张治中表示他们不能提办法,现在亦不能向蒋介石请示,坚持要林伯渠首先提谈判方案。

△　延安各界青年代表 3000 余人集会纪念五四青年节,吴玉章讲话,称:“在边区及敌后根据地,我们在政治上实行了‘三三制’等政策,使广大人民获得了抗日民主的自由;在经济上实行了减租减息、生产运动、按户计划等新民主主义的经济政策,使人民达到丰衣足食;在文化上,我们实行了民族的、科学的、大众的新民主主义的文化。这是一个亘古未有的革命”,并号召边区及敌后各根据地的广大青年,要发扬“五四”的革命传统,打倒日本帝国主义与汉奸卖国贼!

△ 西南联大3000余师生集会纪念五四青年节,朱自清、沈从文、闻一多等教授讲话,表示要继承五四时代民主与科学的精神,为当前的民主而奋斗。

△ 第五届全国兵役会议西安区会议开幕,安徽、湖北、河南、山西、陕西、甘肃、宁夏、青海八省代表40余人出席,兵役署长程泽润主持开会。主要议题为士兵教育,充实兵源,革除弊端,优待征人家属等。6日,会议结束,通过提案百余件。14日,程泽润赴兰州视察兵役并检阅各省国民兵团。

△ 军政部颁布命令,定本年度起实行现役士兵退伍制度,时间在每年12月31日举行。

△ 教育部学术审议委员会在重庆开会,审定1943年度学术获奖者:一等奖获得者计有汤用彤、陈寅恪、陈侯功、杨钟键、杜公振、邓瑞麟等;二等奖获得者计有朱光潜、唐君毅、胡世华、闻一多、刘节等;三等奖获得者计有程伯臧、宗威、洪深、高华年等。

△ 农林部组织西南各省农业调查团,四川省分川东、川南、川西、川北四组进行,西康省调查团已于3日分两路出发。

△ 豫中战场日军第三坦克师团对郏县发动进攻,第十二军第八十一师守城应战。战至中午,10余架日机赶来轰炸,掩护地面日军部队登城,守军第八十一师伤亡惨重,向宝丰一带退去。日军占领郏县。同日,日军又占领临汝。

△ 李公朴、闻一多等在昆明创办《自由论坛》杂志。

5月5日 国民党中枢举行国民政府成立二十三周年(按:1921年5月5日,孙中山在广州就任非常大总统,宣告中华民国政府成立)纪念会。蒋介石及国府委员等200余人出席,蒋介石致词,策勉同仁"光大我们革命的事业,完成总理未竟的志事,达成我们抗战建国的使命"。

△ 中国政府与哥斯达黎加政府在圣若瑟签订《中哥友好条约》。

△ 中国教育、学术团体在重庆举行第三届联合年会,到会员200余人,陈立夫、梁寒操、朱家骅、谷正纲等出席,会议讨论通过《战后世界

和平与教育改造》、《实业计划最初十年人才培养》等。6 日会议闭幕。

　　△　中国远征军司令长官部发出攻击滇西龙陵的命令:令第二十集团军为右翼军,继续攻击高黎贡山及腾冲;令第十一集团军为左翼军,担负龙陵、芒市攻击;命第七十一军攻击龙陵,并配属第五军山炮一营。

　　△　湖北洪湖地区新四军战士救出美国飞行员叶里罗拉;7 日又在沔阳救出美机师白莱德。

　　△　中美空军混合大队袭击洛阳日军,炸毁敌货车 40 余辆,日军伤亡 300 余名。

　　△　豫中战场日军由机动步兵第三联队、坦克第十三联队和机动炮兵第三联队一部组成龙门支队,到达洛阳的南大门龙门,分三路向洛阳城发动进攻。守军第一战区所属新六师、暂第十四军所部第八十三、第八十五师与日军展开激战。至 7 日拂晓,日军占领龙门东山最高峰。守军撤至龙门伊河西岸,龙门阵地被日军突破。

　　△　豫中战场日军第二十七师团和第三十七师团部分兵力自许昌南移,向郾城方面行动,以期打通平汉线。是日由郾城东关进入城区,突破守军第八十九军新编第一师的防线,将郾城完全占领。

　　△　日机一架在安徽颍上骑兵第八师司令部投弹四枚,副师长卢文广遇难。

　　△　是日、6 日,日机连炸广东南雄、江西赣县。

　　△　日本人民解放联盟华中地方协会成立,推选香河正男为委员长,高峰红志为副委员长。下辖豫鄂边、淮南、淮北、苏中、苏北五个支部。是年秋,又成立苏浙支部。

　　△　美国陆军部长史汀生对记者发表谈话,重申将尽力加速供应品与军需援华,以驱逐日本侵略者出境。

　　△　英国外交部顾问、英情报部远东课长普拉特在远东发表演说称:英国重建远东地位,唯有借中国之富强。

　　5 月 6 日　国共双方代表继续会谈。张治中出示其去年所记的林彪所提的四项条件,要求林伯渠表示意见。林伯渠以周恩来在延安纪念孙中山逝世十九周年大会上所作的《关于宪政和团结问题》讲演中阐明的承认中共合法地位、承认边区地方政府、承认中共领导的军队、恢复新四军番号、撤销对各根据地的封锁和包围等五点要求作为这次谈判的基础,但遭到国民政府方面的拒绝。国民政府方面提出谈军事问题和边区问题,林伯渠表示同意。在谈判边区问题时,林伯渠提出,边区辖区及民主制度不变。国民政府代表则提出,把边区改为陕北行政区,直属行政院,执行国民政府的法令。

　△　国民党中央制定战时图书杂志审查标准五项:一、不得违反《抗战建国纲领》、《国民精神总动员纲领》、《国家总动员法》及《出版法》之规定;二、不得泄露国防军事机密及其有关财政、经济、交通、外交等机密事项;三、不得妨碍政府外交政策;四、不得歪曲史实;五、不得污蔑中国文化。11日,梁寒操在重庆对记者称:该审查标准"即将交十二中全会讨论。一般社会人士认为四、五两条甚难加以具体解释,然舍此殊难找到适当办法"。

　△　第二十集团军奉命担任反攻滇西怒江之任务后,是日制定作战计划,其方针是:"为策应驻印军攻击密支那,于怒江左岸之栗柴坝、双虹桥间地区集结,主力保持在左,强渡怒江,攻击当面之敌,进击固东街、江苴街之线,攻击腾冲而占领之。"

　△　中美突击支队第一纵队通过缅北南卡,是日对雷班附近日军一个加强中队发动攻击,战至9日,将该阵地击破,10日占领阿兰日机场。是役共击毙日军大尉以下80余人。

　△　八路军第一二九师一部克复河南内黄。

　△　中美空军混合大队轰炸汉口。同日,又袭击河南临汝至襄城公路日军车队,毁敌车30余辆,毙日军250余名,炸中油库一处。

　△　豫中战场日军攻陷河南登封、宝丰、鲁山,各地守军第四集团军及第九军予敌重创后,向郾城方面转移。

　△　驻防皖东含山一带之伪军长马云龙、自卫团长陈仰光等率领

全体官兵携械反正,并毙追截之敌多名。

5 月 7 日　蒋介石电告罗斯福,派商震将军为中国驻美军事代表团团长。

△　国共双方代表继续会谈。张治中最终提议以林彪提案四军 12 师为限,林伯渠同意以此作为最低条件向中共中央请示。同时,双方对军队作战区域、人事、经济、边区及党的问题等亦原则上交换了意见,张、王事实上倾向照林彪提案解决。8 日,双方继续谈判。

△　国际劳工局理事会选举中国劳工代表朱学范为该局理事。

△　驻美大使魏道明招待记者,告之华莱士副总统不日将访华,对中美两国于此重大时际之合作当极有助力。并称:新任中国驻美军事代表团团长商震将军即将抵美,其任务乃在欧战进入高潮之际,协助增加中美两国之军事合作。

△　国民党中央党部派韩振声接任山西省党部主任委员。

△　重庆《中央日报》载:中茶公司自潘宜之兼任董事长后,外销问题大体解决,本年度国销茶叶已定为 10 万包,在东南区货茶已定 1500 万元。

△　军政部教导第一团学兵举行出营典礼。参加远征军者有 1690 人,第一批 600 余人于是日出发。

△　中美空军混合大队分批在河南登封、临汝、白沙、龙门一带公路袭击日军,毁敌各种车辆 2000 余辆,毙敌百余名。

△　龙门失守,洛阳告急。第十四集团军是日命令第十五军军长武庭麟统一指挥第九十四师担任洛阳之守备;着第九十四师死守洛阳城,第十五军即占领洛阳外围既设阵地,协同第九十四师固守洛阳 10 至 15 日。

△　自许昌南下日军陷漯河。同日,自信阳北进之日军独立第十一旅团陷遂平。8 日,日军南北会攻西平,打通平汉线南段。

△　英王乔治六世授赠何应钦 K.C.B 勋章,商震 C.B 勋章,周至柔 C.O.B.E 勋章各一枚,由英驻华大使薛穆代表授予。

5月8日　国民政府明令褒扬常德会战中阵亡的第一五〇师师长许国璋、暂编第五师代师长彭士量、预备第十师师长孙明瑾,将生平事迹存备宣付国史馆,并准入祀首都忠烈祠。

△　军事委员会任命张耀明为第四集团军副总司令,唐永良为第三十二军军长。

△　教育部长陈立夫在国民党中枢联合纪念周报告 1943 年度教育工作概要,并提出 1944 年度教育工作重点为:一、督促发展工业教育和培养科学技术人才;二、普遍提高中等以上学校学生劳动服务;三、着重师资之培养与学校内部之充实;四、指导中小学教职员协助推行地方自治及举办社会服务;五、充实学校设备等。

△　据中央社讯:1943 年度全国征粮数额已达 6100 万市石,占预定总额的 95%。其中闽、皖、桂、豫等省征足数额,且多超收。粮食部正在加紧储运配拨工作,以充分供应军需民食。

△　第十军接受固守洛阳的任务后,是日研究对洛阳的布防,决定把阵地分为西工、邙岭、城厢三个地区加以固守,并分别由第六十四师、第六十五师及第九十四师担任守备任务。同日,各部全部到达新防区,进行战前准备工作。

△　第十八集团军总司令部命令八路军太行、太岳军区负责开展豫北游击战争。

△　八路军一部克复河北任丘。

△　新四军第五师第十三旅在湖北省礼山县(今大悟县)七里岗、大山寺对来犯之桂军第一八九师第五六五团、豫鄂皖边区游击第四纵队,开展大悟山自卫战,是日至 12 日,打退了桂军的进攻,毙伤桂军470 人,新四军第五师伤 328 人,死 117 人。

△　美国参议院通过《租借法案》延长一年,并发表报告运往中国的租借物资在 10 亿元以上。

5月9日　张治中、王世杰托国民参政会副秘书长雷震将国民政府整理的商谈初步意见以书面形式送交林伯渠,请其签字认可以便上报蒋介石:"一、关于军事者:(一)第十八集团军及原属新四军之部队,服从军委会之命令。(二)前项部队之编制,最低限度照 1943 年林彪所提出四军 12 师之数。(三)前项部队经编定后,仍守原地抗战,但须受其所在地区司令长官之指挥。一俟抗战胜利后,应遵照中央命令移动,以守指定集中之防地。(四)前项军队改编后,其人事准由其长官依照中央人事法规呈报请委。(五)前项军队改编后,其军需照中央所属其他部队同样办法,同等待遇。二、关于陕甘宁边区者:(一)名称可改为陕北行政区。(二)该行政区直隶行政院,不属陕西省政府管辖。(三)区域以原有地区为范围(附地图)并由中央派员会同勘定。(四)该行政区当实行三民主义,实行抗战建国纲领,实行中央法令,其因地方特殊情形而需要之法令,可呈报中央核定施行。(五)该行政区预算,当逐年编呈中央核定。(六)该行政区及第十八集团军等部队,经中央编定发给经费后,不得发行钞票,其已发行之钞票,由财政部妥定办法处理。(七)该行政区内,国民党可以去办党办报,并在延安设电台;同时国民党也承认中国共产党在全国的合法地位,并允许其在重庆设电台,以利两党中央能经常交换意见。(八)陕甘宁边区现行组织暂不予变更。三、关于党的问题者:依照《抗战建国纲领》之规定,予中共以合法地位,停捕人,停扣书报,开放言论,推行民治,立即释放因新四军事件而被捕之人员及一切在狱中共产党员,如廖承志、张文彬等,并通令保护第十八集团军及新四军之军人家属。四、其他:(一)中共表示继续实行"四项诺言",拥护蒋委员长领导抗战,并领导建国;国民党表示愿由政治途径公平合理的解决两党关系问题。(二)撤除陕甘宁边区之军事封锁,现在对商业、交通,即先予以便利。(三)敌后游击区的军事、政治、经济问题,服从国民政府及军事委员会的领导,一切按有利抗战的原则去解决。"

　　△　三民主义学会在重庆成立,名誉理事长蒋介石,名誉理事为吴敬恒、戴季陶、孙科、王宠惠、吴铁城、陈立夫、朱家骅、邹鲁、陈布雷。理事为梁寒操、潘公展、甘乃光、张铁君、陶百川等。蒋介石在成立大会上

勖勉该会以"信"、"解"、"行"、"证"之精神,努力于研究及实践,使三民主义不独普及于全国,并能弘扬于世界。

　　△　中国驻美军事代表团由商震率领离渝赴美,15日抵美迈阿密。该团将依据三项要点进行工作:一、促进中美谅解;二、为中国军队获取重装备;三、使中美两国取得更密切联系。17日,商震一行抵华盛顿,并称:来此目的"系本可能最密切之途径与美国官员合作,并竭尽绵薄,使作战努力趋向某种胜利之途"。22日,商震访美陆军部长史汀生及海军上将金氏等。31日,魏道明陪同商震谒美总统罗斯福,向罗解释中国军事形势。

　　△　第二十集团军奉命下达反攻怒江的作战命令,要求攻击军及防守军之加强团一律于5月11日开始渡河攻击。其开始时间应为白昼或夜间、拂晓。

　　△　国民党中央设计局增设东北、台湾两调查委员会,分由沈鸿烈、陈仪主持。

　　△　军政部教导第二团学生716人毕业,其中出国者605名,以志愿服务机械化兵种为最多,次为辎重、炮、通讯、化学等兵种。

　　△　中国空军一队出击河南临汝、伊川及龙门一带地区,攻击日军战车部队,在白沙北击毁日军各种战车10余辆。

　　△　豫中战场日军第一军一部为策应对洛阳的攻击,是日由山西垣曲南渡黄河,分兵向河南渑池、英豪一带进击。12日占领渑池。13日主力一部沿铁路东进,威逼洛阳。

　　△　豫中战场洛阳龙门方面日军步、骑兵共2000余人,在战车百余辆的配合下,沿公路向北进犯,另一股2000余人猛攻七里河。10日,洛阳城防警戒线被突破。

　　5月10日　国民党中宣部参事张平群在重庆就外国记者所提河南战事紧张,究竟美国训练华军成效如何时称:河南战事演变至今,并非训练问题,其主要关键仍在我军缺乏精良装备及优势武器,并表示深望盟邦今后加紧援华。关于英国援华问题,张平群称:英国5000万英镑借款,其目的与美国五亿美元借款相同,乃为增强我国战时经济。

　　△　驻美大使魏道明奉命谒罗斯福总统,报告中国战区情势,并转交蒋介石致罗斯福信函一件。

　　△　八路军一部克复河北安新。

　　△　驻河南宝丰县日军泽野大队,在观音堂、柏林一带屠杀中国民众 300 余人,其中有俘兵 200 多名。

　　5 月上旬　东南亚盟军总司令蒙巴顿致电蒋介石,要求根据重庆黄山会议记录第 30 条规定,履行将滇西中国远征军交史迪威指挥。蒋以此次向怒江西岸出击只是牵制日军,策应盟军,并非实行黄山会议决议案为由予以拒绝。

　　5 月 11 日　林伯渠将张治中、王世杰 9 日所送书面初步意见作了重要文字修改,并签字交予张、王,内容如下:"(甲)关于军事者:(一)第十八集团军暨原属新四军之部队服从军事委员会之命令;(二)前项部队之编制,最低限度照去年林彪所提之四军 12 师之数;(三)前项部队经编定后,仍守原地抗战,但须受其所在地区司令长官之指挥,一俟抗战胜利后,应遵照中央命令移动以守指定活动之防地;(四)前项部队改编后,其人事准由其长官依照中央人事法规定呈报请委;(五)前项部队改编后,其军需照中央所属其他部队同等待遇。(乙)关于陕甘宁边区者:(一)名称:可改称为陕北行政区;(二)该行政区直属行政院,不属陕西省政府管辖;(三)区域:以现有地区为范围(附地图),并由中央派员会同勘定;(四)该行政区当实行三民主义,实行《抗战建国纲领》,其地方特殊情形而需要之法令,可呈报中央核定实行;(五)该行政区预算当逐年编呈中央核定;(六)该行政区及十八集团军等部队经中央编定发给经费后,不得发行钞票,其已发行之钞票由财政部妥定办法处理;(七)该行政区内,国民党可以去办党办报,并在延安设电台,同时,国民党也承认中共在全国的合法地位,并允许在重庆设电台,以利两党经常交换意见;(八)陕甘宁边区现行组织暂不予变更。(丙)关于党的问题者:依照《抗战建国纲领》之规定,予中共以合法地位,停止捕人,停扣书报,开放言论,推进民治,立即释放因新四军事件而被捕之人员及一切在狱之共产党员,如廖承志、张文彬等(包括新疆被押人员在内),并通令保护第十八集团军及新四军之军人家属不受损害和歧视。(丁)其他:(一)中共表示继续忠实实行四项诺言,拥护蒋委员长领导抗战并领导建国,国民党表示愿由政治途径公平合理的解决两党关系问题;(二)撤销陕甘宁边区之军事封锁,现在对于商业、交通即先予以便利;(三)敌后游击区的军事、经济、政治问题服从国民政府及军事委员会的领导,一切按有利抗战的原则去解决。"12日,张治中、王世杰致电蒋介石,强调这些意见是林伯渠单方面的意见,而并非双方会谈的结果。

　　△　滇西中国远征军发起反攻怒江作战。11时,第二十集团军(即攻击军)首先以第五军第五九四团于栗柴坝、孙足渡口渡过怒江,与原在怒江西岸之预备第二师游击营配合,攻击那瓦寨,并向北斋公房之日军警戒。19日,第五十四军之第一九八师主力由勐古渡、水井渡,第三十六师由康郎渡、勐獭渡、缅戛渡、大沙坝、龙潭渡,在强大空、炮火力和工兵支援下,分别强渡怒江。至12日拂晓前,各部均已渡过怒江。

　　△　滇西中国远征军第十一集团军(即防守军)为策应第二十集团军渡江作战,以新编第三十九师加强团由惠仁渡、第八十八师加强团由打黑渡、第七十六师和第九师联合编成之加强团由罕拐渡分别渡江,因行动秘密,均未遭日军抵抗。

　　△　皖北第一战区一部击退犯阜阳日军后,乘势向颍上城垣猛攻,至晚将该城克复,残敌向东南方向逃窜。

　　△　豫中战场日军步兵千余人,在战车40余辆配合下,向第六十四师驻守的洛阳西工防区发动进攻。该防区第一九一团先后炸毁日军战车五辆,毙敌300余名,旋日军增援,不支,排长李景义及全排官兵全部殉国。12日,日军大量来援,守军伤亡亦重,奉命放弃西工阵地。

　　△　行政院会议通过《战时省县政府组织条例》。

　　△　日机三次袭击长沙,其中一架在水风井一带投弹九枚,毁店房10余栋,死亡平民32人。

5 月 12 日　张治中、王世杰从西安致电蒋介石,报告与中共代表林伯渠商谈情况。电报称:"职等 2 日抵西安,林祖涵同日到达,3 日职等偕胡副司令长官往十八集团军办事处作初次访晤,自 4 日至 11 日曾约林祖涵来职等寓所商谈,计经五次,每次半日,林于谈话中表示此来系向钧座报告情况及请示办法,职等遂详询彼对各项问题之意见,彼所提议,诸多不当。嗣经职等一再驳斥纠正,彼渐将提议降低,综计历次谈话暨林最末次提议各项摘要如下:(一)第十八集团军暨前新四军部队,服从军委会命令至少编为四军十二师,仍守原地抗战。但须受所在地区司令长官之指挥,抗战胜利后,其军需照中央所属其他部队同样办法同等待遇。(二)陕甘宁边区改为陕北行政区,直隶行政院,以现在地区为范围,实行三民主义及中央法令,但现行组织暂不予变更,以后不得发行钞票,该行政区内,中央可以办党办报。(三)希望予中共以合法地位,并盼释放被捕人员,撤除边区军事封锁,对于边区商业、交通,首先予以便利。(四)中共当表示忠实实行四项诺言,拥护蒋委员长领导抗战,并领导建国。以上为林祖涵提议之大要,所有商谈详情容再面陈,职等拟不在此间予林以书面意见,当俟回渝请示后提出,并定本月 16 日偕林祖涵及其秘书王若飞乘班机返渝,谨并陈明。"

△　国民参政会驻委会举行常会,由经济部次长秦汾报告经济设施情形,要者为:一、经济根本计划及战后建设问题;二、国营、民营问题;三、沦陷区收复后对敌伪财产处理问题;四、利用外资问题。

△　中美突击支队第一纵队到达缅北丁克路高,美军与该地日军第一一四联队二个中队遭遇,被日军包围,中国军队第八十八团闻讯驰援,13 日下午两面夹击,将日军击退,终解美军之围。

△　美军第十四航空队出动各式轰炸机袭击河南信阳铁路西北仓库区,毁日军车六辆,仓库四座,日军被扫射死伤近百。

△　据中央社讯:中美空军旬日来分批出击,予敌重创,自 6 日至是日,共击落日机七架,毁战车及各种车辆 220 余辆。

△　由龙门、伊阳犯新安、嵩县之日军,是日攻陷宜阳、洛宁。

△　豫中战场日军步兵 2000 余人,战车 70 余辆,大炮数十门,继续向洛阳七里河、兴隆寨、瞿家屯阵地发起进攻。第六十四师守军一部以手榴弹大量杀伤敌人,并多次进行白刃格斗。激战竟日,敌一部由兴隆寨与瞿家屯之间突入兰隆寨村边,切断了前进阵地与主阵地的联络,兴隆寨被敌包围。13 日拂晓,终因弹尽援绝,阵地上的第九连官兵全部殉国,阵地陷敌。

△　日军在河南嵩县杀害河南大学师生,校长王直青等数十人遇难。全校图书馆仪器全部损失。

△　在美国费城举行的第二十六届国际劳工大会闭幕。通过《费城宪章》,载明其目的是"保持全部劳力获得职业和提高全世界劳工生活水准"。并规定四条原则:一、劳工不是商品。二、劳工有言论、结社的自由。三、贫穷是繁荣的威胁。四、消灭战争。中国劳工代表朱学范被选为国际劳工局理事。国民政府代表李平衡呼吁外国以剩余资本投于中国以助工业复兴。中国资方代表李铭表示欢迎国际银行的存在。

△　截至是日,本年度迁入伪满通化、三江、龙江、奉天、东安、黑河各省的朝鲜集合、集团开拓民共 2.4 万户。

5 月 13 日　宋子文电呈蒋介石,报告美国副总统华莱士来华事宜。称华莱士希望 6 月 20 日后抵重庆,勾留三日,即赴昆明,并拟访问西南各处,再径赴成都。

△　滇西中国远征军新编第三十九师加强团渡过怒江后,于是日攻占红木树。第七十六师和第九师合组之加强团与第八十八师合攻平戛街。日军退向芒市。

△　第一战区所部克复河南遂平。

△　八路军一部克复河北肃宁。

△　豫中战场日军战车 16 辆进犯洛阳苗家沟,与第六十四师第一九二团发生激战。同时,日军战车 30 余辆由金谷园、西工分向第一九二团苗家沟阵地和第一九一团关帝庙、煤土坑阵地发动进攻。竟日激战,守军阵地失而复得者三次,敌被击退。至晚,围攻洛阳之日军步兵

已达 1.5 万余人,战车 200 余辆,各种炮 60 余门。

△ 豫中战场日军一部攻占洛阳城区之周公庙。日军派城东富绅入城劝降,遭守城官兵严词拒绝。

△ 南昌伪军一部 84 名、伪警 14 名由伪保安中队长张仁寿等率领向第九战区一部投诚,是日抵临川。

△ 美国各大学校友联合会赠宋美龄荣誉褒扬状。蒋夫人在重庆国际广播电台播送答词,称:"我们应当善自利用过去所享受的优惠,发挥我们的思想与行动,为了本国,也为了他国,导引我们的同胞向更完满的生活迈进。"

△ 日本中国派遣军总司令部宣布:日本驻华派遣军总司令畑俊六已抵河南前线,指挥豫中战事。

△ 日本在上海设立直接掠夺上海区域的"经济保安处"。

5 月 14 日 蒋介石电示第九战区司令长官薛岳、第七战区司令长官余汉谋积极备战,以防日军向粤汉路进攻。

△ 沈钧儒、黄炎培等在重庆举行宪政座谈会,立法院长孙科及董必武、章伯钧、张君劢、李璜、左舜生等 300 余人出席,孙科发言称:"要使人民力量动员起来,必须给人民以政治自由。"

△ 冯玉祥在四川隆昌主持献金大会,是日共收到献金 2552 万元,金戒指 200 多枚。

△ 滇西中国远征军第五十三军对怒江西岸大尖山、唐习山发起攻击,在优势炮、空军支援下,于 15 日将两据点攻克,并续向江苴街前进。

△ 第一战区一部围攻豫南驻马店。遇日军顽强抵抗,激战至午夜毙伤敌 500 余,残敌突围南窜,退守确山,克复驻马店。

△ 拂晓,豫中战场日军 800 余人冒雨向洛阳苗家沟第六十四师阵地、第六十五师破陵冢阵地发动进攻,守军以手榴弹先后炸毁日军战车五辆。15 日,日军施放毒气,第一九二团一连官兵除 20 余人逃生外,全部壮烈牺牲。

△ 日机一架在皖北阜阳以东三十里铺一带向中国守军阵地低飞

扫射,守军以重机枪将其击落,坠于阳明镇附近。

5月15日　毛泽东将中共中央拟定的谈判方案电告林伯渠,提出解决目前急切问题的20条意见:关于全国政治者:一、请政府实行民主政治与言论、出版、集会、结社及人身之自由;二、请政府开放党禁,承认中共及各爱国党派的合法地位,释放爱国政治犯;三、请政府允许实行名符其实的人民地方自治。关于两党悬案者17条,其要旨为应请政府将中共军队目前至少给予五个军16个师的番号;请政府承认陕甘宁边区及华北、华中、华南敌后各抗日根据地民选抗日政府为合法的地方政府,并承认其为抗日所需要的各项设施;中共军队防地,抗战期间维持现状,抗日结束后另行商定;请政府在物质上充分援助第十八集团军及新四军;同盟国援助中国之武器、弹药、药品、金钱,第十八集团军及新四军应获得其应得之一份;请政府停止对于华中新四军及广东游击队的军事攻击;请政府通令取消"奸党"、"奸军"、"奸区"等诬蔑与侮辱共产党、第十八集团军、新四军及抗日民主地区的称号;请政府停止特务人员对于共产党、第十八集团军、新四军及抗日民主地区的破坏活动;请政府释放各地被捕人员;请政府禁止在报纸、刊物上发表对中共造谣诬蔑的言论;请政府允许中共在全国各地办党办报,中共亦允许国民党在陕甘宁边区及敌后各抗日民主地区办党办报;请政府停止对重庆中共《新华日报》之无理检查,破坏发行;请政府允许恢复重庆、西安两处电台,以利通讯;请政府允许中共代表及第十八集团军办事处人员有往来于渝、延间及西、延间之自由,及允许西、渝两办事处人员有在该两地居住与购买生活物品之自由。

△　国民党中枢举行纪念周,社会部长谷正纲报告社会工作概况,提出1944年度的工作重点是积极运用社会力量,推行社会行政和发展社会事业,并准备战后复员工作。

△　缅北中美突击支队第二纵队切断密支那至孟拱间公路,16日抵达密支那西北的南圭河畔。并决定5月17日攻击密支那西机场。

△　皖北日军乘豫中大战之际,突由寿县以飞机掩护沿颍河西犯,

是日陷颍上,窥阜阳。

　　△　湖北省政府以该省两度沦陷,灾情奇重,向财政部要求免征同盟胜利公债和同盟胜利美金公债。

　　△　加拿大宣布取消华人入境限制。

　　△　苏联驻华大使潘友新返国述职。

　　5 月 16 日　中国、印度、美国、加拿大、法国等 18 国代表在伦敦签订协议书,设立联合国情报组织,其目的在交换情报与意见,中国代表为中央宣传部驻英代表叶公超。

　　△　是日为张自忠将军殉国四周年纪念日,重庆军政长官及将军生前友好前往梅花山张自忠墓前致祭。同日,重庆《中央日报》发表1940 年 5 月 8 日张自忠出师前致冯治安及致部属遗书两件。

　　△　据国民党中央宣传部新闻处报道称:四川省同胞在冯玉祥倡导的节约献金运动鼓动下,献金运动蔚然成风,自贡、成都、江津、合江、隆昌等 14 县共献金二亿元,其中泸县最多,共 5300 万元。

　　△　重庆《大公报》载西南联大李树青等五名教授联名所撰《我们对物价问题的再度呼吁》,提出解决当前物价问题的办法:一、政府宣告停止通货膨胀,停止钞票发行内运,限制银行存款、提现、放款、点现。二、改革租税制度,实行强迫借款。三、声明各业自力更生,政府不予扶助。四、继续改善推行限价与管制办法。五、调查国民财富及国民所得的分配与数额,并进行全国财产总登记。六、立即着手改善官兵实际待遇,并筹划调整公教人员的薪给。

　　△　滇西中国远征军右翼第一九八师在炮、空火力支援下,攻占怒江西岸之马面关。17 日又占领桥头。28 日日军一部反扑,桥头一度被占。6 月 2 日,第一九八师再战,摧毁日军大小地堡 20 座,歼敌一个大队。

　　△　中美混合空军大队在河南孟津上空击落日机一架,并在洛阳近郊与敌机遭遇发生空战,击落敌机一架。

　　△　汪伪政府行政院召开会议,通过调整各省政府机构案:一、决

定将各省行政权力集中于省长。二、各省普遍设立行政督察专员公署。三、撤销经济局和粮食局,将其合并于建设厅;撤销社会福利局、宣传处、卫生处,将其合并于政务厅。

5月17日　张治中、王世杰及林伯渠、王若飞同机由西安飞往重庆,继续进行国共谈判。19日,蒋介石会见董必武、林伯渠。董、林提出取消对陕甘宁边区的封锁和释放叶挺等要求。蒋答可以研究,对董、林所提党派合法问题则未作正面回答,说首先是军事问题,民主以后再谈。

　　△　国民政府特派财政部长孔祥熙为出席国际货币金融会议特命全权代表,代表团美国顾问杨格已于14日先行赴美。

　　△　中国驻美军事代表团商震等一行抵达华盛顿。据有关方面称:该团工作任务有三点:一、促进中美谅解;二、为中国军队获取重装备;三、使中美两国取得更密切之联系。

　　△　中外记者西北参观团一行21人由领队谢保樵、副领队邓友德率领,乘专机飞抵宝鸡后,乘专车前往西安,将转赴西北各地参观。

　　△　张平群在重庆中外记者招待会上谈河南战事时称:日军虽已占有若干据点,我英勇将士非但处处坚强抗敌,且已奋勇反攻,遂平、驻马店之克复即其实例。

　　△　八路军一部克复河北成安县城,歼伪军一个中队。

　　△　上午10时,缅北中美突击支队在轰炸机、战斗机的配合下,第二纵队第一五〇团冲入密支那西机场。日军守备队百余人仓促应战,被歼大部,残敌向市区窜逃。至下午3时,完全攻占西机场。

　　△　豫中战场日军步兵近千人多次向洛阳史家屯第六十五师阵地进犯,被该师第一九二团二营击退。黄昏时分,日军又向该阵地发起冲击,多次冲入外围阵地。守军官兵与敌白刃格斗,将敌击退。

　　△　日机30余架袭击衡阳,即与盟军机队发生空战,被击落四架。

5月18日　第一战区所部克复豫南西平。同日,第三战区一部克复安徽亳县。

△　中国驻美军事代表团团长商震在华盛顿对记者发表谈话,称彼来此之目的"系本可能最密切之途径与美国官员合作,并竭尽绵薄,使作战努力趋向某种胜利之途。"

△　八路军一部克复河北高邑、元氏两县城,并破坏邯郸至大名间公路 150 余里,炸毁桥梁九座。

△　中美突击支队第一纵队进抵缅北密支那以北遮巴德。同日盟军战斗机对密支那市区频繁轰炸,扫射日军阵地。

△　中美空军混合大队对河南宜阳附近日军车辆部队联合出击,毁日军卡车、装甲车及坦克车共 200 余辆。同日又对宜阳东日军停车场出击,毁车 100 余辆。

△　豫中战场日军步、炮兵 2000 余人猛攻陕县,同时陕县对岸日军亦强渡,第四十军迭次反击。至午,守军阵地多被摧毁,陕县遂被日军攻占。

△　伪第二方面军张岚峰部工兵一团在河南许昌、临颍间由团长李公敏率全团反正,接受第一战区一部改编。

△　据盟利社讯称:社会部为研究战后社会救济及设计战后社会重建方案,委派有关学术团体和社会团体搜集战区及收复区人民灾害损失资料。

△　中国艺术展览会在英国爱丁堡开幕,由顾维钧大使主持。

△　伪满协和会制定《战时工作要纲》,主要内容为:刷新市、县、旗本部,明确其机能,"练成先锋团员"。要求所属组织加强活动,支持"圣战"的完成。

5 月 19 日　驻英大使顾维钧在伦敦与英国战时运输部大臣签署中英《海员协定》,规定中、英海员待遇一律平等。

△　军事委员会任命何绍周为第九集团军副总司令。

△　国民党中央宣传部举行记者招待会,请新近由江津、泸县、隆昌各地劝导国民节约献金返渝之冯玉祥报告经过。冯略称:各地男女老幼,皆自动争先献金,此为四川之光荣,亦我国前途之光明。

　　△　豫境平汉线两侧第一战区所部第五十五军及豫南挺进军向日军不断夹击,是日连克漯河、西平、遂平、上蔡等地。

　　△　豫中战场日军向洛阳邙岭区发动总攻,先以炮火袭击,继以战车掩护步兵进犯。第六十四师、六十五师官兵待敌接近时冲出外壕,与敌激战一夜,双方互有伤亡。20日,日军施放烟幕、毒气,守军官兵坚持至午后。后洞、庄王山、史家屯各阵地失而复得数次。

　　△　缅北中美突击支队四路出击,开始争夺密支那火车站。至黄昏,第二纵队中国军队第一五〇团攻击车站附近,突破铁丝网,但被日军强火力所阻,激战至晚,第一五〇团伤亡较重。

　　△　日本人民反战同盟淮南、淮北支部举行代表大会,正式宣布解散,另行合并成立解放联盟淮北支部,选举藤勇为淮北支部长,知庄、林博为委员。

　　5月20日　中国国民党第五届中央执行委员会第十二次全体会议在重庆开幕。到会执监委员及候补执监委员153人。蒋介石主持并致开幕词,指出:现在正是抗战最后胜利以前必须作艰苦战斗的阶段,一切军事、政治、经济的设施,无论在物质方面、精神方面,都要与作战要求相配合,因此,我们必须有自信心、责任心和忍耐心,共同勖勉。

　　△　蒋介石手令第十五军"着仍固守洛阳,勿轻信谣言,至迟一星期,我必负责督饬陆空军增援洛阳"。

　　△　前武汉国民政府外交部长陈友仁在上海逝世。

　　△　《宪政》月刊社在重庆召开座谈会,讨论民生主义中保护私人企业问题,与会者认为:一、现阶段工商业遭遇严重危机,应速确定国家经济政策。二、应节制商业资本,控制金融资本,保护并发展工业资本。三、西南联大李树青等提出之解决物价办法尚欠实行之可能性。四、去年游资做美金、黄金之投机,今年则做粮食投机。五、政府宜重视私人经营独占性以外之企业之自由。六、对未来及目前之生产机构,除保护企业本身及资本家外,并应保护职工生活福利。

　　△　第一战区一部切断豫南确山至明港间交通后,即分向确山、明

港猛攻,是日克复确山,毙敌 500 余人。

△ 八路军冀中第九军分区部队在地方游击队、民兵配合下,于保定南约 90 里之芦家庄、郑庄一带伏击由蠡县南犯之日伪军 120 余人。经二小时战斗,歼敌大部,俘伪县长、特务队长以下百余人。

△ 豫中战场陷陕县日军分股南犯,其一股是日被第三十六集团军一部击退;另一股在姚凹与第三十六集团军总部遭遇,并分占附近高地包围之。第三十六集团军总司令李家钰率部与敌奋战,旋为夺取有利地形,即向西突进,至秦家坡又被日军包围,李家钰等不幸中弹殉国。21 日,第四十七军一部将敌击溃。

△ 豫中战场日军 2000 余人附战车 20 余辆向洛阳邙岭后洞猛攻。自晨至午,阵地失而复得者三次。守军副连长黄东民在战斗中冲入敌阵,炸毙日军数十人后殉国。

△ 豫中战场日军向河南卢氏县发动攻击,守军第九军据城死守不支,渐向城郊西侧山地转移,卢氏陷敌。21 日,第九军与驰援之预八师协力合攻,敌分途东窜,收复卢氏。

△ 缅北中美突击大队第二纵队第一五〇团向密支那市区及火车站攻击,曾一度攻占火车站,毙日军 100 余人。由于补给不济,通讯联络中断,日军以强炮火轰击,致该团伤亡 670 余人,被迫退守火车站附近,火车站得而复失。

△ 福建省政府决定举办纪念林森事业三项:筹募林森奖学金 500 万元;创办林森公园;创办纪念林,并拟定造林计划。

△ 日本天皇下令日本居民集体自本土向亚洲大陆迁移,借以避免被盟军包围及军需工业被毁的危险。

△ 罗斯福在白宫宣布:副总统华莱士今日启程赴华,其任务之一是收集与吾人日后和平及繁荣具有重大关系的战区消息。随华莱士同来华者有国务院中国司司长温森德、战时情报局之拉铁摩尔及对外经济联络部主任哈萨德。

△ 华莱士发表启程声明,谓亚洲对美国与欧洲同样重要,"中国

民众求取生存与抗战之意志,唯有斯大林格勒、莫斯科、列宁格勒防御战能与之比拟"。并表示美国将以一切之可能援助中国。

5月21日　国民党五届十二次全会举行第一次大会,由冯玉祥任主席。首先向全国抗战阵亡将士及国内外死难同胞致哀。次由居正作党务报告,各委员旋就党务提出质询,经由各部、会长分别予以答复。下午分组审查提案。

△　中共六届七中全会在延安召开,会议主要内容为研究中共七大的准备工作,选举毛泽东、朱德、刘少奇、任弼时、周恩来组成主席团,并分四个委员会起草"七大"文件。

△　国家总动员会议秘书长端木恺在重庆谈物价问题,认为"政府兼顾国计民生,非万不得已不应轻易过分的加重人民负担,而且法制国家一取一予,俱应依照法定手续"。

△　财政部鉴于日军急需木材建造船只,在沿海大肆收购,特订定加强管制输出办法,乃将木材改定为特许结汇出口物品,即商人报运木材出口,须先经财政部查核。

△　新疆省政府与苏联对外贸易委员会签订《承认让售苏联农具制造厂合同》,内容有:苏方将坐落在新疆迪化区内价值420万美元的头屯河农具制造厂全部建筑、水电设备、柴油机等让售予中国。

△　军事委员会发表战讯称:中美联军将守备密支那之敌截成数段后,经连日巷战,联军已占领该城三分之一及该城各重要车站。

△　缅北中美突击大队指挥部命令第二纵队第一五〇团撤至跑马堤,转任对南圭河方面的警戒。同日,第一纵队之第八十八团向密支那继续攻击,先后攻占日军据点四处,毙敌50余人。

△　滇西中国远征军第一九八师主力对怒江西岸日军重要据点北斋公房发起攻击,日军第五十六师团一部据险死守,双方形成对峙。

△　八路军一部克复河北高阳。

△　冀鲁豫军区九分区部队于河南滑县双营村战斗中毙伤伪军400余人,分区参谋长胡乃超在战斗中殉国。

△　豫中战场日军步兵 6000 余人在战车四辆掩护下,越过洛阳史家屯外壕阵地。守军第一九五团一部官兵坚持战斗,弹尽后与敌白刃格斗,阵地失而复得者二次。战至 22 日,部队伤亡过重,晚 8 时 30 分放弃史家屯阵地,固守后洞、营庄、庄王山西侧及苗家沟至西北城角一线。

5 月 22 日　国民党五届十二次全会举行第二次大会,首先举行总理纪念周,蒋介石致训词。继由国防最高委员会秘书长王宠惠报告行政、立法、司法、监察、考试五院施政概况,并答复各委员提出的质询。

△　林伯渠将《中共中央向国民党提出解决目前急切问题的二十条意见》交给张治中、王世杰,并请张、王将此文件转交蒋介石。

△　中国驻美军事代表团团长商震分别拜访美国陆军部长史汀生、陆军参谋总长马歇尔等。

△　江西省九江县党部第三区党部书记虞济民于日军占领九江后,不避艰险,屡创敌寇。今年又两次在星子县境内营救美军机师。国民党中央是日特予奖励。

△　军事委员会命令中国远征军迅速攻占滇西腾冲、龙陵,与中国驻印军会师缅北,打通中印公路。是日,第十一集团军制定了渡江攻击的计划。其方针是:“为攻略龙陵、芒市,决以主力由惠仁桥迄七道河间地区各渡口渡过怒江,重点置于右翼,向龙陵、芒市包围攻击。”并以第七十一军为右翼攻击军,第二军(欠新三十三师)为左翼攻击军。

△　豫中战场第十五军根据蒋介石 20 日手令,变更作战部署,将主力全部撤入洛阳城区,与第九十四师合力守卫城厢。

△　第一战区一部克复豫西鲁山;同日,另一部克复长葛、洧川。

△　八路军冀东军分区一部在滦县南之葛代坨、任各庄、东西沙窝伏击伪绥靖军第五团四个连,经六小时激战,毙日军三人、伪军 50 余人,俘伪营长、连长以下 150 余人,缴获枪支 150 余支。

△　豫中战场日机 30 架向洛阳邙山阵地轰炸、扫射。同日,又出动战车 50 余辆及步兵 2000 余人向庄王山攻击,守军第一九五团官兵

伤亡过重,遂弃阵地,在后洞、营庄、八里营、史家沟、烧沟至城西北角一线防守。

　　△　中外记者西北参观团访问陕西临潼、华阴等地后,是日访问大荔,并参观洛惠渠工程,下午前往合阳。

　　△　罗斯福在华盛顿就物质租借情况报告国会,其中称:吾人竭力之所能援助中国,目前每月空运至华之供应品吨数比去年增加 15 倍。

　　△　上海邮局职工要求增加米贴举行罢工,使全上海邮件大批积压。6 月 1 日,局方被迫答应工人所提条件,6 月 4 日恢复正常工作。

5 月 23 日　国民党五届十二次全会举行第三次大会,邹鲁任主席。由何应钦报告整军、军需、军械、兵工及滇西战役、中原战况、缅北战役等。

　　△　国民党第五届中央监察委员会在重庆举行第十二次全体会议,由张继宣读工作报告。旋讨论订定战时稽核党务经费原则、整顿党办事业营业机构,以发挥实际效能等六案。

　　△　林伯渠、董必武、王若飞致电中共中央书记处,报告两天来的谈判情况,并对谈判的形势作了估计。电文称:"我们从延安出发时的一些估计,必须随情况的改变而改变了,争取和平已不成基本问题,林彪过去提案已不适合今天情况,照原订之方针反被蒋利用,去加强其党内对于一党专政的信心,且作向盟邦粉饰团结的工作。同时,使英美难于说话,使小党派不敢硬挺,使国民党内以孙(科)、邵(力子)为首要求实行民主的力量也不能抬头,对于促进全国团结抗战进步绝无所得,这种情形,在西安最后数日已稍感觉,到重庆后更为清楚。"

　　△　林伯渠致电毛泽东,报告关于国民政府代表张治中、王世杰拒绝接受中共 20 条意见问题。电报称:昨日(养日)约张、王在张宅会谈,我把中央二十条交给他们,张、王看后,沉默很久,才说出以下意见:"(一)全文是宣布罪状精神,完全没有实践诺言及拥蒋表示;(二)与西安谈判内容不符,为何又不以林彪案为谈判基础;(三)你们无决心解决问题诚意;(四)是否因我们这样欢迎你,以为示软可欺;(五)我们正在

令有关各部门研究西安谈判材料,准备提示案;(六)希望你考虑修改二十条内容词句,并告你们中央。我的答复:(一)全文都是要实事求是解决问题;(二)西安初步谈判的意见,约定各向自己中央请示,并非最后决定,而且我曾提过六军18师,现在文件是五军16师,已有让步;(三)我们是真正诚意要解决问题,所以我才出来,我们中央于接到西安的谈判经过后,即来答复;(四)我们说不上欺人,只是想公平合理解决问题;(五)你们既拒绝接受我党中央文件,则你们中央的提示案,我也要请示我党中央才能决定接受与否;(六)二十条内容、字句,在此无研究修改余地。我与张、王争辩两小时,张、王最后托打电话;退到内室密商半小时,出来后,将二十条文件交还我,坚持拒受与转递给蒋。"

　　△　重庆《大公报》发表社评《论保护私人企业》,结论中称:"国家应严惩奸商投机,但应保护柔弱的公私企业,以培植工业化的根芽。"

　　△　史迪威偕新一军军长郑洞国、新三十师师长胡素、第五十师师长潘裕昆等亲往密支那前线,组织临时指挥所。同时,史迪威宣布:解除梅利尔的突击队指挥官的职务,送回雷多,由柏特诺接替梅利尔的职务。并正式发布命令:美军第五三〇七支队麦根少将,负责密支那区并指挥该区内所有各部队;胡素少将负责指挥新三十师第八十八、第八十九两团;潘裕昆少将负责指挥第五十师第一四九、第一五〇两团及第十四师之第四十二团;中美混合突击支队第二纵队长韩特上校负责指挥美军第五三〇七支队。

　　△　豫中战场中日两军争夺洛阳城厢的战斗全面展开。日军向洛阳城区西关、周公庙、苗家沟、庄王山、上清官、五里铺及东、西车站实行炮击,一天内发炮8000余发。至晚,攻城日军增至3.5万余人,战车400余辆,各种大炮120门,各种汽车1000余辆。

　　△　日军为向湖南发起进攻,将第十一军司令部由汉口迁至蒲圻。25日,中国派遣军总司令官畑俊六亦从南京进驻到汉口的前进指挥所。

　　△　日军向晋察冀边区北岳区易县狼牙山地区"扫荡",八路军冀

中军分区第二十九团第三连第四班后撤时担任掩护,最后被日军包围,战至粮尽弹绝,在班长耿五华带领下,战士孙红喜、刘金、苏士文、贾振武砸毁武器,跳下深崖,贾振武受伤生还,其余四人壮烈牺牲。

△ 日伪军2000余人"扫荡"湖北黄陂地区,新四军鄂豫皖军区第一、四军分区主力部队在反"扫荡"中歼灭伪军第十一师一部,俘日军顾问渡八次郎及伪军官兵32人,毙伤伪师长李宝连以下官兵90余人。

△ 中国全国工业协会、迁川工厂联合会、中国西南实业协会、中国生产促进会联名向国民党中枢提出"解决当前政治经济问题方案之建议",建议分为:一、对于当前局势之分析;二、关于政治之建设;三、关于货币财政之建议;四、关于物资补充、调剂、分配之建议等。

△ 据中央社讯:日军近月来在华北大肆逮捕青年男女,平、津各大学教授、学生被捕者已达6000余人。

△ 罗斯福在致英国大使馆函中谈及美国援华问题,宣称:吾人可将中国需要之租借物资尽量涌入中国,使中国军队与其他联合国家军队结为一体,以达到完全击溃日本之最后目的。

△ 据中央社讯:美国加利福尼亚州北部20华侨团体代表开会,拟于下月起募集100万战时公债,购置美陆军运输机八架,派往中缅战场服务,各机将被命名为"北加州华侨精神"号。

5月24日 国民党五届十二次全会举行第四次大会,由李文范、叶楚伧任主席,听取外交部长宋子文关于外交的报告;旋由国家总动员会议代秘书长端木恺报告物价管制问题。最后由浙江省主席黄绍竑、甘肃省主席谷正伦、福建省主席刘建绪、四川省主席张群等分别报告各该省施政概况。

△ 国民党中央宣传部长梁寒操在招待外国记者会上称:林伯渠已于19日晋谒蒋介石报告一切。关于河南战事,中央宣传部次长吴国桢称:如盟邦予我以更多武装接济,我作战定将有更惊人之表现。

△ 史迪威视察密支那附近各部后,于是日晚下达攻击密支那的命令,指出:"以新三十师为主,攻击密支那西郊之日军;以第五十师第

一五〇团及第六十四师第四十二团一部于跑马堤附近构筑阵地,并不惜任何牺牲确实固守该地。"

△　八路军一部在河北滦县西南的葛代坨、任各庄等处伏击伪军,毙、伤、俘伪团主任教官等 200 余名,缴获步枪 140 支。

△　中美混合空军大队出击山西运城,对运城火车站及发电厂给以猛烈轰炸。同日又对河南洛宁以东及陕县、渑池间公路上日军骑兵及各种车辆予以攻击,毙敌 70 余人,毁坦克车六辆。

△　延安大学举行改组后的开学典礼,毛泽东、朱德、周扬等出席。毛泽东在讲话中指出:凡是我们的盟邦,都喜欢抗日根据地,因为根据地打了 58% 的日军和 90% 多的伪军。没有根据地,就不能打倒日本帝国主义。大家要学习为根据地工作。朱德在讲话中号召要学习当前的实际,把学与用联系起来。

△　中国西南实业协会、迁川工厂联合会、中国全国工业协会等团体代表 50 余人在重庆举行宪政座谈会,到会者一致认为:一、政治民主化为实现民生主义之先决条件,亦为抗战胜利之先决条件;二、现阶段之国营事业流弊颇大,工业界须负责促进其向正当途径发展;三、在工业未发达以前,平均地权应重于节制资本;工业发达以后,节制资本应重于平均地权。四、国营、民营事业之间应有妥善之计划,求其协调互助,共谋发展。到会者还建议:国民代表大会三年召开一次,相隔时间太长。

△　中国驻美军事代表团团长商震在华盛顿招待记者,并发表谈话,认为同盟国唯有攻入日本本土,始能击败日本。又表示日本决不能打倒中国,使中国退出战争。同盟国收复密支那之后,即可居于有利地位。

△　新任巴西驻华大使游兰略抵渝。

5 月 25 日　国民党五届十二次全会举行第五次大会,由孔祥熙、何应钦任主席。首先通过全会慰勉前方将士、沦陷区同志、海外侨胞、全国人民暨慰问抗战将士家属及遗属电。旋通过提案 16 案,计军事类二案、经济类 11 案、党务类三案。另通过对于政治、军事、教育、党务报告之决议案四件。

　　△　洛阳失陷,豫中会战结束。日军以第六十三师团和坦克第三师团为主对洛阳城发动总攻击。先以飞机轰炸、扫射,后以 120 门火炮向城内轰击。至午,在飞机、火炮掩护下,日军战车 300 余辆,分六路向城区猛攻。战至下午 3 时,守军第九十四师防地东北城角和第六十五师防地西北城角被攻破。至晚,守军各部弹药将尽,各区通信断绝。各部按计划夺路出城,在城外集结待命,洛阳遂告不守。

　　△　中国驻印军左翼新编第三十师在炮火掩护下,向缅北密支那日军发动攻势,终日激战,该师第八十九团遇敌坚固工事,攻击火力不强,攻势受挫。

　　△　中国空军一队出击中原,在洛阳上空击落日机一架。

　　△　日机 24 架袭击长沙,投弹多枚。

　　△　由中国政府聘请的资源委员会顾问美籍水力发电专家萨凡奇抵重庆,为期半年,将于 31 日起在金陵大学理学院举行会议三日,讨论大渡河等各重要水力计划,随后往大后方视察各地水力工程。

　　△　中外记者西北参观团访问陕西韩城,并谒司马迁墓。旋北上黄龙县,参观黄龙山垦殖区。

　　△　为发动湘桂作战,日本侵华派遣军在汉口成立前进司令部。

　　△　重庆《大公报》载文称:陕西水利工程居全国之冠。全省 12 渠,计秦岭南三,渭南四,渭北三,陕北二,可灌溉农田 250 万亩。

5 月 26 日　国民党五届十二次全会举行第六次大会,由孙科任主席。首先通过加强管制物价方案紧要措施案,并决议稳定经济、管制物资,亟应特设一强有力之机构,俾得集中统一指挥,交中央常会迅速决定办法施行,又通过对于财政、经济、交通、农林、水利、粮食、地政各部门工作报告之决议案及大会宣言。最后以中央组织部长朱家骅恳请辞职,由大会改选陈果夫继任。旋由蒋介石任主席,举行闭幕典礼。

　　△　国民参政会驻委会举行常会,首由邵力子代读外交部书面报

告,继由交通部长曾养甫报告交通施政暨视察西北交通情形,并答复参政员的质询。

　　△　中国驻印军右翼第一五〇团由缅北密支那西机场出发,向密支那南郊攻击,是日抵达南毕塔。27 日该团在南毕塔工厂南端被日军优势兵力包围,营长欧阳中弹殉国。

　　△　缅北中国驻印军新编第三十八师攻取瓦兰日军各据点后,其第一一二团沿蒙古河、西凉河谷开辟前进,是日强渡孟拱河,27 日攻占西汤,并向南、北进攻。

　　△　中美空军混合机队数批出动,出击河南陕县西日军车队,毁油车 5 辆。又在济宁附近击毁卡车三辆,杀伤敌兵员 60 余人。

　　△　商震在华盛顿发表广播讲演,表示中国坚具决心,竭其全力与盟友继续联合作战,直到最后胜利之时为止。

　　△　中外记者西北参观团自陕西宜川渡黄河入晋,抵吉县兴集,当晚第二战区司令长官阎锡山设宴招待。27 日举行座谈会,讨论“兵农合一”及“新经济政策”。28 日致祭故山西省主席赵戴文,参观电厂、纺织厂、经济管理社等。

　　5 月 27 日　日军分三路大举南下,向长沙方面发动进攻,长(沙)衡(阳)会战开始。通城方面为东路,由日军第三、十三师团组成;新墙河方面为中路,由第六十八、一一六师团组成;湘西方面为西路,由第四十师团组成。同日,日军第十一军司令官横山勇另以步兵第二一八联队及海军为先导,亦从岳阳出发,准备在营田登陆,截断第二十七集团军的退路。第四十四军主力在通城、平江方面阻滞日军东路进攻;第二十军在新墙河一线阻滞日军中路,第九十九军第九十二师在常德以北阻滞日军西路部队。

　　△　国民党中央作出决定:一、非中央委员不得任省、市党部主任委员;二、中央各主管人员均不得兼任职务,以求精力集中。

　　△　国民党中枢提出改进教育三点意见:一、改善学校教职员及学生之生活;二、提倡体育;三、动员知识分子协力扫除文盲。教育部次长

余井塘对记者称:教部历年救济战区学生已达 12 万人,今年可救济五万人。

△ 美国陆军参谋长马歇尔电示史迪威,优先建立盟军在中国的空军实力,并准备设法打通中国陆上交通。

△ 重庆《中央日报》载:日伪勒令闽、粤沿海各地民众每户栽种罂粟一亩,尤以闽之金门壶江、粤之南澳为甚,并以金门五里海为"示范罂粟园"。刻下苗高六寸,将近收割,日军又在厦门组织"南方株式会社",图将全部收获物制成烟膏或烈性毒品运往各地,毒害中国人民。

△ 日机 16 架袭击鄂北老河口,在郊外投弹 10 余枚。

5 月 28 日 第一战区所部再克河南鲁山。

△ 新四军浙东游击纵队一部在墨城湖一带截击从诸暨出犯的伪军独立第四旅。激战五小时,将该部伪军击溃,共毙伤伪军副旅长以下官兵 200 余人。

△ 中美混合空军大队第二队中国飞机师辛仲连不幸失事,坠入长江,被新四军皖中部队救出,治疗痊愈,是日返队。

△ 重庆《大公报》载:盟机轰炸九江,将九江车站全部炸毁,毙敌近百人。

△ 日军再度侵占湖北通城县城、九岭,进犯湖南,沿途烧毁民房 1094 间,屠杀百姓千余人。

△ 进攻长沙的中路日军第六十八、第一一六师团分六股渡过新墙河,向守军第二十军阵地进攻。第二十军利用新墙河南岸纵深阵地与敌战至 29 日,旋按照战区部署向平江以东地区实行逐步转移。

△ 自湖北崇阳南下之日军东路部队一路 4000 余人向通城东南、一路 2000 人向通城西南分进合击。30 日合股,31 日进至长寿街一带,守军第七十二、第二十军等部遇敌不支,长寿街失陷。

5 月 29 日 国民党中枢举行纪念周,出席者有在渝的各省、市政府主席等。蒋介石致训词,指示加强推行地方自治,实施新县制、中央与地方行政关系及行政三联制。

△　国民党中央秘书长吴铁城应邀在重庆记者招待会上作报告，称："本党及政府对目前物价之管制现象不满，因我国管制物价无成轨可循，政府缺乏管制经验，人民亦无接受管制之习惯，故实行以来，未见大效。"又称："本党自立党迄今，对言论之自由，始终尊重，并加以保障。"

△　国民政府明令公布《专利法》，凡四章133条。

△　陈纳德致电史迪威要求增供物资。6月3日，蒋介石急电召史迪威返回重庆。5日，史到重庆会见蒋介石，蒋要史为陈纳德增供飞机和物资。6日，史飞抵昆明会见陈纳德，对增供事宜作了安排，晚赶回缅甸前线。

△　八路军第一二九师一部夜袭冀南清丰城，毙日伪军10余人，俘伪冀南道尹薛兴甫、伪清丰县长张裕元、伪邯郸县长午纯一等10余人及其他伪官兵共千余人。缴获战马百匹、步枪700余支，其他战利品甚多。

△　八路军太行军区第四、七、八分区主力克山西郎待岗、杨寨等据点，全歼日军一个小队及伪军500余人。

△　进攻长沙的东路日军第三、十三师团在通城、平江方面由东向西，中路日军第六十八、一一六师团在新墙河南岸由西向东，向正在转移的第九战区第二十军实行包围。30日，包围态势形成。

△　土耳其新任驻华大使陶盖抵渝。

△　川、皖、陕、豫四省参加远征军人员抵渝，重庆各界人士数千人集会欢送。

△　全国行政会议在重庆开幕，到会者共120余人。会议主旨为：一、中央与地方行政关系事项；二、加强地方自治之推行事项；三、安定物价，稳定经济事项；四、战后复兴事项等。6月1日会议闭幕。

5月30日　蒋介石电令驻美军事代表团团长商震，要求美方速增第十四航空队实力，以阻日军打通粤汉路。

△　重庆《中央日报》载：社会部合作事业管理局成立已届五年，在

全国已成立各种合作社 17.2 万余所，社员 1500 万人，以信用合作社最为发达。该局局长寿勉成向记者称：该局的工作目标为动员整个体系力量；健全合作行政；巩固合作运动基础；建树合作金融制度等。

△　中华职业教育社领导人黄炎培在重庆复旦大学发表讲演，批评国民党将民国招牌挂了 30 多年，没有颁布宪法，没有实施宪政。并称："政治问题不是少数人可以解决的。少数人来'求'也不成，必须成为一个大的运动才行。"他提醒大家要"为民主而战，还要反对假的主义"。要求当局"不能再用恐怖手段"，"因为法西斯才用恐怖政策"。

△　军政部教导第一团第一、二、三营志愿从军赴印学生 1550 人全部抵达昆明。不日将开往印度从事战地工作。

△　昆明学术界宪政研究会发表题为《我们在实施宪政前的要求》的宣言，指出："真正的民主国家，主权应在人民手里，政治由人民管理。人民必须享有言论、集会、结社、出版、人身、居住等自由权利。"

△　缅北中国驻印军总指挥部下达命令，令各部向密支那发起攻击。其中，第一五〇团及第八十九团向北攻击，务须竭力进攻；第四十二团及新三十师第八十八、八十九团无论在任何情况下，不得由其阵地撤退一步。

△　第一战区所部克复河南嵩县。

△　湖南战场日军第一一六师团向南突进至湘北汨罗河，另以第六十八、第三师团包围我第二十军。第二十军主力第一三三师和新编第二十师在平江陷入困境。经战竟日，军长杨汉域率领新二十师突围，第一三三师被日军分割包围在平江山地，与军部失去联系。

△　日机 21 架分三批袭击长沙、湘潭、衡山、湘阴、宁乡等地。

△　驻美大使魏道明应美国邀请，奉命参加中、美、英、苏在华盛顿举行的建立战后国际和平机构之非正式会议。

△　美国务卿赫尔在华盛顿与英驻美大使哈里法克斯、苏驻美大使葛罗米柯及中国驻美大使魏道明会谈建立国际和平机构问题。

5 月 31 日　蒋介石下达长衡会战计划，命令第九战区以现有兵力准备于长沙附近与北犯之敌决战,第七战区应以现有兵力以曲江为中心与北犯之敌决战,第六战区应拒止沿湖西犯之敌,策应第九战区作战。为防止日军一部奇袭衡阳,蒋命令第十军方先觉部固守衡阳;为保护湘江通往衡阳的交通线,命暂编第三军守株洲、渌口。蒋将第十、暂二军交给第九战区指挥,但规定"不得用于长沙之会战"。同日,第九战区司令长官薛岳根据蒋介石的部署,命令第四军死守长沙、第四十四军死守浏阳,第五十八军死守醴陵。

　　△　中国民主政团同盟发表《对目前时局的看法与主张》,认为国共两党谈判短期内不可能结束。强调要使中国"成为一个十足道地的民主国家",并提出实现民主的起码条件是国民党"放弃十余年来的特殊地位","无保留无犹豫给予人民以各项基本自由"。并联合苏、美、英,整饬财政。

　　△　国民党中央宣传部长梁寒操、次长吴国桢在重庆外国记者招待会上表示,完全赞同美国务卿赫尔关于建立国际和平机构的主张。

　　△　缅北中国驻印军各部再度向密支那周围发起攻击,战至6月14日,右翼第一五〇团及第四十二团先后将密支那市南区日军坚固防线之高公路突破并占据。左翼第八十八团则沿铁路攻击前进。在日军火力封锁下,强行通过开阔地,进至密支那市东北隅。

　　△　八路军一部攻克河北河间县城。

　　△　商震谒美国总统罗斯福,商讨中美军事。商震代表蒋介石向罗斯福提出:一、加强美第十四航空队,使输送补给的总吨数增到每月一亿吨;二、将B29飞机储存在成都的汽油、零件和飞机交第十四航空队,用于平汉线;三、加强中国空军;四、拨交国军8000门火箭炮,每门配弹100发,增加地上部队火力。商震电呈蒋介石,报告美国决定增加第十四航空队吨位至万吨。

　　△　中外记者西北参观团从山西平渡关西渡黄河,进入陕甘宁边区。6月2日,八路军第三五九旅旅长王震向记者介绍开发建设南泥湾经过。3日,参观团到达延长,参观延长油矿。

　　△　第一战区攻克遂平后,先后俘日军 12 名,是日解抵南阳。日俘备受优待,表示对侵华战争极为厌恶,均愿早日退出中国,恢复和平。

　　△　南昌伪保安队百余人携械反正,是日接受第九战区一部改编。

　　△　日机炸湖北老河口、均县、郧县等地。

　　△　汪伪军事委员会委员黄大伟在上海遇刺毙命。

　　是月　八路军冀中第八军分区第三十七区队一部在内线配合下,攻克献县以北之日军臧桥镇据点,伪水警队 130 余人全部就歼。

　　△　侨务委员会成立战后侨务筹划委员会。

　　△　伪《满洲日日新闻》与《满洲新闻》合并为《满洲日报》。

6　月

　　6 月 1 日　全国行政会议闭幕。蒋介石致闭幕词,强调抗战期间最重要者为实行全国总动员。会议通过各项提案 70 余件,要者为:重申法治精神,以利宪政实施;加强物价管制方案紧要措施;加强推行地方自治;确立中央与地方行政之关系等。

　　△　滇西方面中国远征军第十一集团军各部向怒江西岸发动攻击。至 3 日,各部分别由惠通桥、毕寨渡、三江口各附近渡过怒江。其新编第二十八师(欠第八十四团)于 4 日攻克腊勐,向松山进攻。

　　△　八路军太行军区一部袭入山西陵川县城。驻高平日伪军 300 余人来援,被歼 100 多人。

　　△　平江失陷。由鄂南南下日军进抵湘北平江,在城北、东北面与守军第七十二军等部展开激战,因日军主力火力强大,伤亡较重,其中第一三三师被日军包围在平江西北的山地,几被全歼,平江遂陷。日军随即往南、西分路突击。5 日,抵浒市、官渡一带,遭守军第四十四军、第三十军的抵抗。

　　△　日军独立第八旅团纠集伪绥靖军、伪保安队、日本关东军及伪满军等部约 1.7 万余人,开始对冀东迁安、滦县、丰润、承德、兴隆、玉田

等地进行大规模"扫荡"。6月3日，八路军冀东军分区第十三团和第二区分队分别在平谷土门、熊儿寨，将前来奔袭的日军二个中队、伪满军四个大队和四个特务队共1100余人包围，经10小时的激战，毙、伤、俘日伪军500余人。

　　△　美国第十四航空队轰炸汉口日军白露洲机场及洞庭湖之日舰。

　　△　据中央社讯：美国第十四航空队日前远征北平，袭击北平铁路线，炸毁或重创火车头22辆。空战中击落日机一架。

　　△　重庆《大公报》载：该报为纪念国民党创立五十周年（即1894年兴中会成立），编辑《中国国民党丛书》，内容有国民党历史之文献；孙中山与诸先烈发表之革命理论；中外学者发扬三民主义之论著等。

　　△　邹韬奋在昏厥数日后是日深夜苏醒，口述遗嘱，称目睹中共领导的抗日根据地人民的伟大斗争，使他看到新中国光明的未来。呼吁全国坚持团结抗战，早日实行真正的民主政治，建设独立自由幸福的新中国。并向中共中央提出请求，追认他为中共党员，骨灰迁葬延安。

　　△　汪伪政府任命项致庄为陆军第十二军军长。

　　△　美国拟定战后世界和平机构草案，共分五个要点：一、成立联合委员会，由中、英、美、苏四国之代表及联合国大会选出三个或四个小国代表组成之；二、联合国大会由35个联合国组成，各国在大会中有同等发言权及主权；三、大会之军力主要由四大强国之军队组成；四、设立国际法庭，处理国际间所有之法律问题。

　　6月2日　蒋介石致电罗斯福总统，支持建立联合国组织。表示：中国向来主张早日成立维持世界和平之国际机构，并望在战争结束以前成立。

　　△　重庆《大公报》发表社评《论豫湘战事》，认为"只要大家坚定信心，统帅运筹帷幄，将士效命疆场，军民协力奋斗，湖南一定会有第六次的光荣胜利"。

　　△　八路军太岳军区部队发起济（源）垣（曲）战役。首先攻击济源以北伪军，然后打击王屋地区伪军。8月29日至30日，又以主力在济

源以南展开攻势,攻克陈岭。是役共歼灭日伪军800余人,攻克据点20余处。

△　美国众议院拨款委员会称:美下半年援华之租借法案项,将为1.49亿美元。

△　英国红十字会医疗队长韩正义以外籍人员在华服务医疗工作有年,"急难扶伤,忠勇任职",国民政府是日特予明令褒扬。

6月3日　蒋介石训示薛岳:此次长衡作战"为国家存亡之关键,亦即我革命军人成功立业之时机,务望同心同德,上下一致,争取最后胜利。凡命令规定固守之阵地,不得擅自弃退,违者勿论何人,一律照连坐法处置,并由该长官全权处理,彻底执行"。

△　军事委员会任命赵锡田为第一〇〇军副军长。

△　中共中央致电林伯渠、董必武、王若飞,同意他们对时局的估计与谈判的方针,同时将修改后的提案12条和口头八条一并电告,指示据此同张治中、王世杰谈判,并望告诉即将来华的美国副总统华莱士和各民主党派人士。

△　蒋介石为"六三禁烟"纪念日特颁训词,提出三点禁政措施:一、彻底肃清后方各地之残余烟毒;二、防遏日寇烟毒侵入战区省份;三、规划收复沦陷区之除毒工作,并完成其应有之准备。

△　国民政府明令褒扬黄兴之妻徐宗汉及前国民参政会参政员郭英夫、蒙民伟。

△　八路军太行军区第七分区部队一部克河南辉县之薄壁镇及庙岗据点,歼伪军50余名。

△　重庆《大公报》载:中美混合空军大队近日扫射山西临汾日军机场,毁在场日机六架。同日,该队又袭击山西河津日军机场,击毁敌机一架。

△　据中央社讯称:英国教育部将中国文化名著及地理、日常生活之名著100种,作为英国标准教育课程之一部。

△　日本从南京向重庆发出诱降广播,宣称蒋介石经十数年苦心

育成的精兵 200 万,已在第六、第九战区被日军消灭,日本对华之"新政策"为中国开辟"独立自由途径","目前为重庆当局下一最大决心之时,重庆所必须者,既非武器,亦非借款,而为适应世界潮流之决心和勇气",企图诱使蒋介石集团放弃"以不变应万变"之政策,转为与日本"合作"。

6 月 4 日　全国县政检讨会议在重庆开幕,由内政部长周钟岳主持。会议检讨要目有 10 大项,要者为:一、县各级组织之改进;二、县与乡(镇)权责之划分;三、四权行使之训练;四、县长任用与考核办法之改进;五、户政、警政之推行等。

△　湖南战事日紧,第九战区司令长官薛岳是日发出手令,激励所部,令称:"把握战机,忠勇战斗,誓灭此寇,毋使生还。须知我不杀敌,敌必杀我;我不畏敌,敌必畏我。中华民族,在此一战,愿与我袍泽共勉之。"

△　湖南战场日军一部渡过洞庭湖,突向沅江,另一部向南侧迂回,与守军第九十二、第一九七师等在沅江城郊一带接触。5 日夜,日军冲入城内,并截断郊外与城内的联系,沅江城陷敌。

△　日军犯豫中,各地学校颇遭损失,师生多逃往后方。河南省当局是日向中央请拨 1000 万元作为救济专款,分别用于收容逃出师生及各校就读。

△　滇西中国远征军第十一集团军新编第二十八师向松山日军发动第一次进攻。晚,攻克竹子坡,旋以一部迅速沿腊勐以南迂回,切断腊勐至龙陵间的滇缅公路。

△　中共中央任命宋任穷为八路军冀鲁豫军区司令员,王宏坤、杨勇为副司令员,黄敬为政治委员,苏振华为副政治委员。

△　蒋介石电贺世界基督教青年会创立一百周年。

△　新疆省河南县改宁西县。

6 月 5 日　国共双方在重庆再次举行谈判。国民政府代表张治中、王世杰将《中央对中共问题政治解决提示案》送交中共代表林伯渠。

关于军事问题共七条,主要内容有:第十八集团军及其在各地之一切部队,合共编为四个军 10 个师,其番号以命令定之;该集团军之员额,按照国军通行编制,不得在编制外另设纵队、支队或其他名目,以前所有者,应依照中央核定之限期取消。关于陕甘宁边区问题共九条,主要内容有:该边区之名称定为陕北行政公署。公署直隶行政院,该行政区主席由中央任免,其所辖专员、县长等可由该主席提请中央委派;其他各地区所有中共自行设立之行政机构,应一律由各该省政府派员接管处理。关于党的问题;在抗战期内,依照《抗战建国纲领》之规定办理。在战争结束后,依照中央决议召开国民大会,制定宪法,实施宪政,中共应与其他政党遵守国家法律,享受同等待遇。

　　△　中共代表林伯渠将中共中央《关于解决目前若干急切问题的意见》面交国民政府代表张治中、王世杰,共 12 条:一、关于全国政治者:(一)请政府实行民主政治,保障言论、出版、集会、结社及人身之自由。(二)请政府开放党禁,承认中共及各抗日党派的合法地位,释放爱国政治犯。(三)请政府允许实行名副其实的人民地方自治。二、关于两党悬案者:(一)请政府对中共军队目前至少给予五个军 16 个师的番号。(二)请政府承认陕甘宁边区及华北根据地民选抗日政府为合法的地方政府,并承认其为抗战所需要的各项设施。(三)中共军队防地,抗战期间维持现状,抗战结束后,另行商定。(四)请政府在物质上,充分接济第十八集团军及新四军。(五)同盟国援助中国之武器、弹药、药品,应请政府公平分配于中国各军。第十八集团军及新四军应获得其应得之一份。(六)请政府饬令军政机关,取消对于陕甘宁边区及各抗日根据地的军事封锁与经济封锁。(七)请政府饬令军事机关,停止对华中新四军及广东游击队的军事攻击。(八)请政府饬令党政机关释放各地被捕人员。(九)请政府允许中共在全国各地办党办报,中共亦允许国民党在陕甘宁边区及敌后各抗日民主边区办党办报。

　　△　军事委员会任命陈金城为第九军军长,张弛为第六十四军军长。

　　△　国民党中央文化运动委员会在重庆举行守法运动座谈会,发

言者一致认为中国下层人民无大问题,上层实应以身作则,并对当局提出三点意见:一、法令应简单划一,不要乱下命令;二、赏罚分明;三、宣传法令,尊重正当舆论。

　　△　中共中央发出关于城市工作的指示,强调不占领大城市与交通要道,就不能驱逐日寇出中国。根据地游击战争应采取各种妥善办法向城市四周与要道两侧逐渐逼近,在那里建立隐蔽的游击区,以利城市与要道工作的进行。

　　△　第五战区一部克复湖北公安县。

　　△　由鄂南南下的日军第三、十三师团抵达浏阳东北之达浒市附近,图攻浏阳。第九战区遂决定将日军歼于浏阳以北,随后调集第五十八、七十二、二十六、四十四、二十等军及新编第十三师等部于浏阳北方设防。

　　△　滇西中国远征军第十一集团军第七十一军主力第八十七、第八十八师沿白泥潭、咬郎及大小河一线向黄卓坝、龙陵攻击;新编第七十六师一部围攻平达,以该师主力和第九师攻击象迈、油菜地,向芒市推进。

　　△　滇西中国远征军新编第二十八师第八十二团对松山附近阴登山发起攻击。日军工事坚固,火力严密,致第八十二团攻击部队伤亡惨重。

　　△　行政院长蒋介石、副院长孔祥熙致电各省、市、县政府,嘉勉乡、镇各级自治负责人。

　　6 月 6 日　粮食部公布《粮食征购办法》,规定自本年度起,粮食征购一律改为征借,办法为:征购改为征借,不再配发现款,并将粮食库券废止,即于粮票内载明数额,代作凭证,借粮不给利息。自第五年起,分五年平均偿还,或抵纳当年新赋。

　　△　军事委员会任命刘戡为第三十六集团军总司令。

　　△　林伯渠致函张治中、王世杰,指出国民党 5 日提送的《提示案》与中共的 12 条意见"相距甚远",但仍允将《提示案》转交中共中央,也

要求张、王将中共中央 12 条意见转交国民党中央,并声明西安谈话记录是"为最后共同作成的初步意见"。

△　行政院以湘战又起,战地难民待赈,特拨 1000 万元,交湘省府办理湘北急赈。

△　中外记者西北参观团到达延安县南泥湾的金盆湾。7 日,参观南泥湾伤兵医院、八路军第三五九旅开展大生产运动的成果、南泥湾军垦区和干休所等。

△　蒋介石手令内政部转饬各省、市、县,限于本年度内完成户籍登记工作。

△　中美商谈战后航空问题的代表张嘉璈对记者谈话称:中国政府准备与美国及其他国家合作,消除战前各种阻止国际航空之障碍。并表示赞同成立国际性之航空协定。

△　美国第十四航空队飞机两架炸正太路,一架受伤落于北岳区,飞行员被八路军营救脱险。

△　盟国军队在法国诺曼底半岛登陆,开辟欧洲第二战场,使德军陷入两面作战的局面。同日,何应钦为此对中央社记者发表谈话,称:"欧洲第二战场的开辟,对于日寇的打击极大,可以加速日寇的崩溃。"

6 月 7 日　蒋介石分别致电罗斯福、丘吉尔,祝贺盟军在西欧登陆成功。

△　国民政府明令褒扬前湖北省政府主席严立三等。

△　梁寒操在重庆招待外籍记者,抨击友邦人士对国民政府的批评,称:"吾人确信其带有偏见或感情冲动之言论,必将为冷静的理智所否定。如其为不符事实与别有作用之言论,亦必将为历史的事实所粉碎。"

△　滇西中国远征军新编第二十八师第八十二团对阴登山再次发起攻击,收复阴登山。8 日后,双方继续进行拉锯作战。至 7 月初,新编第二十八师在松山地区先后收复三座高地,歼敌 500 余人,全师伤亡 1600 余人。

△　湖南战场日军第三、第十三师团进抵湘北浏阳东北古港附近。9 日,第七十二、第五十八、第四十四、第二十等军展开攻击,先后击破古港及东门市之日军。旋日军以其主力向第五十八军反击。11 日,日军突破第五十八军石湾附近阵地,续向南突进。

△　湖南战场日军紧逼湘中,守军第十军一部自动炸毁衡阳湘江大桥。

6 月 8 日　行政院成立战后救济调查设计委员会,派蒋廷黻为主任委员,顾翊群为副主任委员。委员会下分 10 组进行工作。

△　张治中、王世杰复函林伯渠,指出中共 6 月 5 日所提 12 条意见因与前边所提"出入太大,不能转呈";"西安谈话记录,既经你修改、签字,应作为你的意见,且已将此件上报,政府《提示案》已尽量容纳了你的意见"。

△　兵役署负责人对《中央日报》记者发表谈话,告之该署发动全国各分署募款献机以来,至今已募得 200 万元,拟购飞机 10 架。

△　据中央社讯:教育部从今年下半年开始,培养战后十年建设所需人才,其工作重心是大量造就技术干部,扩充职业学校,在大工厂及产业机关附设职业训练。

△　蒋介石致电长沙前线各部将士,策勉"各就岗位,各尽职责,争取胜利"。

△　第九战区所部收复湖南南县。

△　湖南战场日军两个师团强渡捞刀河往南突击,又跨过浏阳河向长沙守军阵地猛扑。同日,又两个师团西渡湘江,湘阴守军迎敌不支,伤亡较重,县城告失。至中旬,进至长沙市郊,开始对岳麓山主阵地发动攻势。

△　日军将冀东划为"特别行政区",建"特区公署",实行"军、政、会一体化"。由汉奸姜鹏飞任"行政长官"兼"行营主任"和"新民会总裁",负责调整中、日、"满"关系。

6 月 9 日　中外记者西北参观团到达延安,八路军总参谋长叶剑英等设宴招待。10日，朱德等在王家坪礼堂设宴招待，周恩来、叶剑英、徐向前、贺龙、林彪、博古（秦邦宪）等出席。爱泼斯坦代表外国记者讲话称：只有团结，中国才能成为四大强国之一。孔昭恺代表中国记者讲话称：我们一定要把所见到的一切，忠实地报道给全国。11日，记者团的中国记者参观新华社、解放日报社及中央印刷厂。

　　△　据守缅北北斋公房的日军第五十六师团第一四八联队实行反击。中国远征军以第三十六师主力复攻击桥头等据点，以配合第一九八师的攻击。战至16日，在第一九八、第三十六师和预备二师的配合下，终将北斋公房攻克，残敌向腾冲方面溃退。是役共击毙日军大队长以下官兵300余人，远征军亦伤亡较多，团长以下官兵阵亡数百人。

　　△　国民参政会举行常会，由财政部长孔祥熙报告财政近况，提出1944年度财政设施为改进田赋征收、改善直接税稽征手续、取消货运登记、食糖盐专卖改为征实、筹备参加国际货币会议、严格管制银行等八项。

　　△　中美混合机群联合出击，轰炸宜昌日军据点，多处起火，返航途中与日机遭遇，发生空战，日机被中国空军击落二架。同日，又出击湘江上日舰，击沉多艘，并有五艘起火。

　　△　美国政府对外经济处根据租借协定，拟就在美训练中国专门人员，使其从事战时主要服务工作之计划。计划规定本年度训练中国铁路工程师100名、军医40名等。1945年度训练专门人员1200名。1944年度需经费73.2万美元，1945年度需经费480万美元。

　　6月10日　蒋介石为第三十六集团总司令李家钰在豫中会战中殉国，特致电李家钰家属节哀。22日，国民政府追赠李家钰为陆军上将。

　　△　滇西中国远征军第七十一军主力第八十七、第八十八师等部，沿毕（寨渡）龙（陵）道路南侧地区向龙陵突进，是日进抵龙陵近郊。12日向龙陵日军发起攻击。第八十八师主力即攻克龙陵城郊之广林坡、老东坡、风吹坡、三观城。第八十七师攻克文笔坡及龙陵老城。日军据

守城内外据点顽抗,双方陷入苦战。

　　△　八路军冀中第八军分区第三十七区队和饶阳、武强两县大队袭入武强县城,并摧毁小范镇、簸箕厂、铺头三个伪军据点,俘伪军官和伪组织人员 500 余人。

　　△　日军汽船 30 余艘在长沙以北的丁字湾向白沙洲偷渡,遭中国空军猛烈轰炸,击沉其中 23 艘,日军死亡 300 多人。

　　△　日军一部由浙江金华进犯,是日晚陷汤溪。

　　△　日机七架由湘北南窜,四架在衡阳投弹,三架在零陵投弹。

　　△　桂林文化界扩大动员抗战宣传工作委员会,经李济深、黄旭初等发起,是日正式成立。决议设戏剧、美术、宣讲、编撰、电影、音乐、广播、义卖、总务等委员会。

　　6 月 11 日　林伯渠再次致函张治中、王世杰,对他们拒绝接收中共意见书转报国民政府提出抗议。信中说对他们 8 日来函,"有两点甚难理解"。第一,谈判是两党的公事,非个人的私事,我们彼此都是要遵照各自中央的意见去和对方谈判,并将对方的意见,详细报告自己的中央,最后得到双方中央的一致意见,才能使问题真正获得解决。今天,你们承认我是中共中央的代表,而又拒绝接收和转报中共中央正式提出的意见,只是片面地要求我个人接受你们党中央的《提示案》,试问我个人如何能作主,谈判又如何能够进行? 第二,中共中央所提的 12 条与西安初步商谈的意见是略有出入,比如编军数目,我首先提出要六军 18 个师,你们只允四军 12 个师,我未坚持己见,同意将你们所提的最低限度的数目向我党中央请示,现在中共中央提出的不是六军 18 个师,而是五军 16 个师。但是,你们的《提示案》与你们在西安所谈的也有出入,你们原说给四军 12 个师,现《提示案》又只允四军 10 个师。当时在西安都曾声明那只是初步交换的意见,不是最后决定,商定各自向其中央报告请示后,到重庆再谈。所以,这种谈判过程中的出入,是双方都有的,是不足为异的。现在彼此所应重视与继续谈的是双方中央提出的正式意见,而你们拒绝转交中共中央提出的 12 条意见,这是很难理解的。林伯渠在信中最后说,今天全国人民和盟邦人士均希望中国能够实行民主团结,国共关系能够很好解决,以便动员全国抗日力量,配合盟邦向敌后反攻,使中国获得自己解放。因此,中共对此次谈判是不惜委曲求全,竭诚求得合理解决。同时,也盼二位将中共中央的12条意见转报你们中央,以利谈判之进行。

△　宪兵学校学员队毕业,军士队入学典礼在重庆举行,校长蒋介石到会讲话,勉励宪兵不徇情,不自私,以竟整军饬纪之全功。

△　中国造船工程学会举行年会,代理事长徐祖善宣读孔祥熙训词,提出战后10年内建造商船300万吨的任务。

△　中国驻印军总指挥部下达攻击孟拱的作战命令:一、着新编第三十八师(欠第一一二团)由西北方向孟拱进攻,并占领之,与正在东南方进攻孟拱之英印军会合。二、着英印军第三十六师以其第七十七旅由东南方攻击孟拱并占领之,与新编第三十八师会合。

△　湖南战场第七十二军主力及第五十八军协力尾追并截击向南突进的日军;第二十军及第四十四军转向浏阳方面,阻击日军。

△　河南灵宝、闵乡失陷,潼关告急。第三十四集团军转进西南。

△　日机分批扰湘,二架在长沙投弹,另一批在浏阳投弹。同日,日机14架在江西遂川投弹。

6月12日　毛泽东由周恩来陪同,在延安杨家岭中央大礼堂接见中外记者西北参观团,并致欢迎词,在谈到国内外形势时指出:"中国人民非常需要民主,因为只有民主,抗战才有力量,中国内部关系与对外关系方能走向轨道,才能取得抗战的胜利,才能建设一个好的国家。亦只有民主才能使中国在战后继续团结。"在谈到统一时,指出:"无论什么都需要统一。但是,这个统一应该建筑在民主基础上。只有民主的统一,才能打倒法西斯,才能建设新中国与新世界。"晚,毛泽东欢宴记者团。

△　林伯渠、董必武、王若飞、张晓梅、张申府、刘清扬等在重庆曾家岩50号讨论国际形势及国内政治、军事、经济情况等问题。

　　△　广西省各界发起"保卫东南半壁河山"运动,是日重庆各界纷纷响应,力主用民主的方法,组织人力、物力,坚持到底。

　　△　湖南战场日军第三、第十三师团击溃第九战区第五十八军后,是日直扑浏阳县城。防守城北的第四十四军第一五〇师被日军围困,陷于苦战。

　　△　加拿大战时情报局宣布:根据中加互助协定,迄今为止,加拿大曾以大炮、高射炮、勃伦枪、斯丹枪、无线电器材及车辆援助,数量相当可观,约值加币 400 余万元。

　　△　巴西、土耳其两国首任驻华大使游兰略、陶盖分别向蒋介石呈递国书。

6 月 13 日　《中挪条约》在重庆互换批准书。

　　△　益阳失守。湖南战场日军占领湖南沅江后,直向益阳城进击,守军第七十七师于城郊内外展开阻击,苦战数日。是日,日军突破城东南角进入城区,益阳遂告不守。

　　△　八路军冀鲁豫军区第十分区部队一部在河南东明之郝庄歼灭伪军赵云祥部 200 余人。

　　△　山西省解县县长马文彬率领地方武装民众与日军激战,被掳后不屈遇害,是日,国民政府予以明令褒扬。

　　△　《宪政》月刊社在重庆举行座谈会,讨论"私人企业与宪政"问题。发言者一致要求减低工商业之税捐负担,并认为当前经济危机不能离开民主政治以谋解决。孙科在会上讲话,指出当前唯有实行民主政治,以达政治统一之目的。

　　△　重庆《中央日报》载:侨务委员会委员长对记者称:目前海外侨胞共有 1100 万人,已归国者 100 万人左右。教育部与侨委会合办之华侨教育事业,以及在国内各地设立的侨生机构收容侨生万余人。该会的工作重心,为计划战后如何使侨民复员,各安工作。

　　△　全国慰劳总会以近来中原、湘北、鄂西、滇西各地前线将士英勇抗敌,至为艰辛,是日在全国各地发动捐献劳军运动,并要求运用各

种机会和方式举行劳军宣传。

　　△　重庆市警察局长徐中齐招待新闻记者，报告就任以来之警政，称重庆市人口 90 余万，居民职业商人最多，全市不识字者占 30%，同期内共发生重要案件 7035 件，其中以盗窃案为最多，烟毒案次之。

　　△　日机 32 架袭扰江西、福建等地，在福建建瓯郊外投弹。

　　6 月 14 日　重庆各界 500 余人集会纪念"联合国日"，由重庆市党部主任杨公达主持。同日，美国国务院远东司长格鲁为纪念"联合国日"，发表对华广播，保证美国与中国、英国合作到底，"非至完全击败并消灭日本军国主义决不休止"。

　　△　延安各界四万余人举行庆祝"联合国日"及保卫大西北动员大会。大会通电要求国民党当局满足全国人民的团结、民主要求，并通电要求国民党当局给八路军、新四军发饷、发弹、发药，释放叶挺将军及八路军、新四军一切被捕将士。中外记者西北参观团亦出席参加。

　　△　浏阳失守。湖南战场日军第三、第十三师团猛扑浏阳城区，与守军第四十四军在城内巷战。同日，日机多架临空扫射，城内大火四起，军长王泽俊率部突围，浏阳遂告不守。15 日，由通城、平江南下的日军经浏阳渡过浏阳河。

　　△　李济深在桂林"联合国日"纪念会上号召广大人民"组织起来，武装起来，保卫东南半壁河山"。同日，宋美龄在重庆发表"联合国日"纪念广播演说，称："不论是国家或个人，惟有精神上保持自由不受束缚，即能抗御任何不人道的打击，克服任何的变动与困难。"

　　△　宪政实施协进会在重庆举行全体会议，兼会长蒋介石到会讲话。会议通过黄炎培所提关于滥用职权押捕久禁情形事，整肃改善方法建议案；张君劢所提扩大国民参政会职权，以养成宪政习惯案；张志让所提建议保障言论自由办法案等。

　　△　粮食部公布 1944 年度粮食征借额为 9572 万担。其中征实总额为 6100 万担，借征总额为 3472 万担。

　　△　日机九架分批在衡阳市东郊投弹 18 次。同日，日机 20 架分

两批在福建建瓯市郊投弹 60 余枚,伤三人。

6 月 15 日　张治中、王世杰复林伯渠 6 月 11 日函,对中共正式提出的意见发表看法。认为国共谈判必须共同遵循军令政令统一之原则,为改善现状,增加团结的前提。至于中共正式提出之意见,认为对如何实行国民政府之军令政令和改善措施、整编部队等,均未提及。

　　△　蒋介石纪念中央军校(其前身为黄埔陆军军官学校)成立二十周年,发表《告历届同学书》,勖勉学生修身、立志、自爱、自强,发扬黄埔光辉,完成革命大业。

　　△　国民政府特派钱泰为驻北非之法兰西民族解放委员会大使待遇代表。

　　△　李济深、柳亚子等组成桂林长老团,向全市富商大户登门劝募,支援湖南抗战。

　　△　陕甘宁边区政府、八路军留守兵团司令部、中共中央西北局以潼关危急,西安吃紧,民族危机空前严重,是日联合发布保卫西北训令,号召西北军民保卫西安,保卫陕西,保卫西北。

　　△　第一战区第十六、第四十军克复豫西灵宝。

　　△　湖南战场日军第五十八师团向长沙守军第四军主阵地红山头、黄土岭猛攻。至午,守军伤亡较多,阵地被日军占领。16 日,日军以红山头、黄土岭为突破口,向城区核心阵地妙高峰、天心阁方面猛扑。至 17 日,两阵地失去大半,守军亦伤亡很大。

　　△　滇西方面日军 1500 余人自腾冲向龙陵增援,是日越过龙川河。中国远征军第七十一军以第八十七师主力迎击,双方激战于龙陵北侧地区。同日,芒市方面日军 600 余人也向龙陵增援,与新编第二十八师一部激战于放马桥附近。

　　△　美国 47 架重型轰炸机"超级空中堡垒"自成都起飞,轰炸日本东京、门司、八幡、小仓等地。

6 月 16 日　国民政府明令派行政院副院长兼财政部长孔祥熙为出席国际货币金融会议全权代表。同日,又明令公布《省防空司令部组织条例》。

　　△　国民党中央任命韩振声为山西省党部主任委员。

　　△　旅渝台湾革命同盟会开会纪念台湾沦陷四十九周年,定是日为"抗日反帝纪念日",并发表宣言及《告台湾同胞书》,鼓励台胞倍加努力奋斗,协助盟军打倒倭寇。

　　△　湖南战场日军主力一部分兵向宁乡展开进攻,是日同宁乡守军第五十八师在城郊一带展开争夺,并以大量毒气弹突破守军的防守,攻入城区。旋南下往湘乡方面进击。

　　△　湖南战场日军第三十四师团向长沙岳麓山发动进攻,占领守军第九十师前沿阵地。至晚,日军步兵开始向岳麓山主峰发起攻击,经第九十师反击,日军被压迫于山下。

　　△　滇西中国远征军第七十一军第二六〇团于邦乃附近与日军腾冲援军发生激战;第八十八师与日军增援部队发生激战,双方伤亡惨重。

　　△　鉴于龙陵地区敌情骤变,第七十一军遂决定暂时停止龙陵攻坚战,转入阻敌援兵战。旋远征军长官部急调第八军荣誉一师主力和新三十九师增援第七十一军。

　　△　中国驻印军新编第三十八师攻占缅北加迈。

　　△　八路军第一二〇师师长贺龙在延安举行招待会,宴请中外记者西北参观团,并观看电影及活报剧等。

　　△　日机15架分三批袭击河南内乡,其中一架在城西郊投弹。

　　△　罗斯福发表讲演,向全世界阐述成立世界机构之计划,称:此组织中设有一委员会,由代表一切国家之机构每年选举一次,其中应包括四大国家。此会将负责解决国际纠纷,并维持相当武力,以应防止战争之需要。

　　△　民盟成员、西南联大教授罗隆基在云南大学政治系作题为《中国需要什么样的民主》的讲演,称:"我们所需要的民主,必须建立在'政治平等'、'经济平等'的基础之上。在政治上必须保障人民有言论、出

版、思想、研究、集会、结社的自由；在经济上必须做到生产手段公有。"

△　李济深在桂林发表广播演说，呼吁铲除失败主义，加强民主，组织民众，实行抗战。

△　美国哥伦比亚广播公司前驻重庆特派员司徒华就"超级空中堡垒"炸日本本土事播讲，称："中国西部某区今日已成为美空军集中之处。此种庞大机场系由 43 万中国农民所建立。诸机场所用之碎石，足修 20 尺宽、60 里长美国公路一条。"

△　伪天津市政府强迫妓女 86 人赴河南"慰劳"日军。

6 月 17 日　国民政府明令公布《减刑办法》，并修正公布《邮政储金法》。

△　蒋介石以四川省各界人民抗战以来"出钱出力，有功国家，粮政、役政之负担，甲于各省，增产、运输、购债、献金等一切有关抗战之工作，莫不有最佳之表现"，是日特予以嘉慰。

△　国家总动员会议为充实四川省经检力量，加强经检机构，将原有重庆、成都、自贡三个经检队及宜宾、万县经检支队改为第一、二、三、四、五大队，并将全川划为五个经检区。

△　故第三十六集团军总司令李家钰灵榇由陕运川，是日抵成都，各界数千人前往恭迎。

△　缅北中国驻印军新编第三十八师以第一一四团为先头，全速在孟拱以东地区渡河，于是日进抵孟拱东北之康堤及其以南地区，第一一三团进抵孟拱巴陵附近地区。

△　自是日起，滇西中国远征军第七十一军先后重新集结于预定阵地，对龙陵发起第二次攻击。18 日，龙陵日军对第七十一军空树坡等地区发动猛攻，第七十一军即展开反击，日军被击退。同日，象达方面日军亦被远征军第二军击溃。

△　薛岳命令第四军："长沙确保与否，是国家民族存亡的关键所系，望该军晓谕各级将士，奋勇杀敌，虽战至最后一兵一卒，亦要确保长沙。"

△　湖南战场日军第三十四师团占据长沙岳麓山下一小阵地,对主峰云麓宫攻击,第九十师组织多次反攻,均未成功。中午,日机数十架前来助战,日军步、炮兵协同猛攻,岳麓山阵地告急,师长陈侃请求第四军军长张德能派兵救援。

△　湖南战场湘江东岸日军一部先头部队3000多人,进抵株洲东南一带,随后又逐渐增加兵力。守军暂编第七师不支,遂放弃株洲。同日,日军另一部进抵湘潭,守军三个师不战而退,日军兵不血刃而下湘潭。至此,长沙陷于日军的夹攻之中。

△　日军第一一四师团及伪第二方面军各一部共5000余人"扫荡"冀鲁豫第九分区之卫河南侧地区。

6月18日　长沙失陷。日军第六十八、第五十八、第一一六及第三十四师团全部进入攻击长沙和岳麓山的战斗。凌晨6时,日军第三十四师团第二一六联队一部冲上岳麓山顶,占领顶峰云麓宫阵地,控制主峰。同时,日机30多架轮番轰炸,低空扫射;日炮兵也进行猛烈轰击。市区守军在失去红山头等主阵地后,纷纷向浏阳方向突围而去。下午,长沙城陷敌。

△　滇西中国远征军第六军预备第二师占领怒江西岸明光、固东街。20日,第三十六师攻克瓦甸。21日,第五十三军攻占江苴街。旋各部于龙川江东岸集结,准备向腾冲攻击。

△　英印军第七十七旅被日军围困,请求中国驻印军新编第三十师救援,师长孙立人即命该师第一一四团强渡南高江增援,19日到达孟拱东方。

△　孙科在重庆对记者谈话,谓:"欲谋亚洲之安全及不使日本帝国主义再抬头,必须中苏亲密合作。"

△　中国空军一队及中美空军混合机队联合出击湘中,在湘阴北炸中日军船队,并于长沙上空发生空战,击落日机一架。同日,另一批中美机队出击山西永济车站及日军机场。

△　日机袭击湖南常德、桃源。

　　△　东北四省抗日协会根据国民党中央命令,为积极准备复员工作,扩充常务理事名额为 11 人,计有洪钫、张振鹭、李锡恩、刘风竹、师连航、赵宪文、武尚权、马亮、陈先舟、吴焕章、谭文彬等。选单成仪为总干事,卡宗孟、王汉倬、毛春圃为副总干事。

　　△　桂林文化界抗战工作协会正式成立,李济深任会长,李宗仁、欧阳予倩、陈劭先等 27 人组成工作委员会。

　　△　美国副总统华莱士由西伯利亚抵达新疆迪化,蒋介石特派王世杰及新疆省主席盛世才等到机场迎接。19 日,参观新疆学院及新疆女子学院。

6 月 19 日　中国驻印军新编第二十二师各部迫近缅北卡盟西、北两侧地区,完成对日军第十八师团第五十五、五十六两联队的包围,是日开始全面攻击,攻入卡盟。日军残部 1500 余人向南溃退。

　　△　全国慰劳总会以湘北战事甚烈,保卫长沙将士忠勇牺牲,可歌可泣,是日致电慰勉,并电各省、市分会加紧推进劳军运动,支援湘战,尽歼敌寇。

　　△　兵役署长程泽润为继续征集青年服兵役事,对记者谈第二期征集计划:6 月宣传;7 月各地策应;8 月 1 日至 15 日集体入营。全国共编 10 个教导团。

　　△　水利委员会主任委员薛笃弼在中枢纪念周报告 1943 年度水利建设施政状况:完成整理航道 2788 公里;完成水利放水工程 34.3860 万亩,完成整理水利工程 324.1308 万亩。

　　△　中、美、苏三国在华盛顿举行航空会议。

6 月 20 日　华莱士由王世杰及美国驻华代办艾其森等陪同,由迪化抵达重庆。蒋介石、孙科、何应钦、宋子文等国民政府要人 30 余人到机场迎接。随同华莱士来华者有国务院中国科科长范宣德、战时情报局太平洋分局局长拉铁摩尔、对外经济处对苏供应科首席联络官查德等。华莱士在机场发表了书面谈话。

　　△　军事委员会下达保卫衡阳的作战部署:"以阻敌深入,确保衡

阳为目的,于渌口、衡山东西地区持久抵抗,以主力由醴陵、浏阳向西,由宁乡、益阳向东夹击深入之敌而击破之。"命令第七十二、第五十八、第二十六、第二十、第四十四军在醴陵东北方和北方攻击;第三十七军及暂编第二军等在渌口、衡阳间坚守抗阻;第七十三、第七十九、第九十九、第一〇〇军及第四军余部在湘江右岸担任攻击;第十军、暂编第五十四师等固守衡阳;第六十二军在衡阳西南待机行动。

△　军事委员会任命陈大庆为第十九集团军总司令。

△　日军第十一军下达进攻衡阳的部署:第六十八、第一一六两师团应迅速攻占衡阳;攻占衡阳前,第六十八师团先占领粤汉铁路长衡段和衡阳飞机场,第一一六师团先在衡阳西南地区歼灭守军。第三十四师团在长沙外围清除残敌,第五十八师团协助在长沙、湘潭设立飞机场,第三师团集结萍乡以南地区,搜索和打击长、浏东北山地前来进攻的中国军队。

△　日军攻占湖南醴陵、株洲、渌口、湘潭。

△　缅北中国驻印军新编第三十八师第一一四团攻击日军之侧背,解英军第七十七旅之围,并掩护其安全后撤。旋与第一一二团及第一一三团相配合,对孟拱守敌形成三面包围之势。

△　日军第五十三炮兵联队 1000 余人由缅北南堤返援孟拱,与新编第三十八师第一一四团发生激战,该团将敌击溃。

△　日军一部在河南巩县蒋岗把俘虏的抗日游击队重伤战俘 30 余名集中起来,全部用机枪射死。

△　航空委员会制定三项办法,以预防日降落伞部队降落,滋扰后方。

△　国民政府明令公布《战时出版品审查办法》、《禁载标准》及《战时书刊审查规则》。

△　由张澜等人组成的成都民主宪政促进会召开成立大会,提出《对国是之十项主张》,强调"非立即实行民主,不足以团结各方,争取胜利"。要求国民党切实实施约法,尊重人民的自由权利;刷新政治,革除目前征兵、征实、征税中的各种弊端;给予各级民意机关以必要的权利,

实行全民动员和武装。

6 月 21 日　蒋介石在重庆曾家岩官邸与华莱士进行单独会谈。华莱士转达罗斯福关于国共关系的意见,称:共产党人和国民党的党员终究都是中国人,我们基本上是朋友,"朋友之间总有商量的余地",如果双方不够一致,我们可以"找一个朋友来",并且表示他可能充当这个朋友。关于中苏关系,华莱士认为:任何足以造成中苏两国不睦的问题都不应悬而不决。蒋介石表示愿意与苏联取得友好谅解,并建议由罗斯福出来担任中苏两国之间的仲裁者或"中人"。

△　张平群在外国记者招待会上就长沙失陷事表示:"长沙现已失守,但我军地面部队及中美空军确已竭全力之所及,达成消耗敌军之任务,尽其保卫职责。"

△　日军攻占湖南湘乡。23 日攻占萍乡。24 日攻占衡山。

△　第一战区一部克复河南嵩县。

△　滇西龙陵方面日军约 5000 余人分向中国远征军第七十一军各师反击,战斗至烈,双方陷入对峙。22 日,荣誉第一师加入第七十一军对龙陵的攻击,战局得以稳定。

△　中苏文化协会会长孙科致电斯大林,对苏联抵抗纳粹强盗侵略,发动伟大爱国战争之第三周年表示敬慰。

△　中外记者西北参观团赴陕北安塞参观八路军兵工厂、被服厂等,是日返延安。

△　据中央社讯:山西省战区辽阔,年来灾情严重,国民政府特拨 2800 万元赈灾,并派查放主任委员邓鸿懋赴晋办理急赈。

△　上海电车公司全体职工不堪日伪压迫,实行总罢工。28 日,伪警察按职工住址分往拘捕工人 50 余名,并强制复工。

6 月 22 日　蒋介石与华莱士进行第二次会谈,中国方面有宋子文、王世杰及宋美龄,美国方面有范宣德、拉铁摩尔、哈沙德。关于中国抗战和美援问题,蒋介石称:他曾期望缅甸战役能够展开一个全面战争,这样将使得中国军队得援助和喘息。但缅甸战役没有全面发动起来,对中国士气有着决定性影响。中国人感到是他们被抛弃了。关于美国在华军队问题,蒋介石认为美军军官明显地表示对中国缺乏信心;并言及史迪威,称其不合作的态度是难于进行工作的,他对史的判断没有信心。关于中共问题,蒋介石建议美国对共产党采取"冷淡"态度,并请美国认清共产党在抗日战争中没有什么多大的用处。

　　△　八路军参谋长叶剑英在延安招待中外记者西北参观团,介绍八路军、新四军战绩,指出:"七年中,八路军、新四军大小战斗 9.1594 万次,毙、伤敌伪 83.2815 万名,俘敌伪军 18.5548 万名,敌、伪投诚反正 7.3822 万名,缴获长短枪 2.2995 万枝、轻、重机枪 3000 挺,各种炮 509 门。我军伤、亡 40.2567 万名(其中阵亡团级以上干部 555 名),敌我伤亡比例为 2.1:1。"并说明 1941 年、1942 两年日寇以在华六分之五的敌、伪兵力压在敌后解放区,致战斗残酷异常。解放区人口由一亿降至 5000 万。军队、土地面积亦趋缩小。"但共产党人毫不动摇,坚持斗争,执行党的十大政策,发起广泛进攻,自 1943 年以后,解放区又趋扩大,人口已增至 8000 万,军队已至 47 万,民兵更达 200 万"。在华北敌后建立五大块根据地。政令所及的人民 5000 多万,占全华北一亿人口 51%"。"华中敌后战场建立了八个抗日民主根据地,包括江、浙、皖、赣、鄂、湘七省地区,政令所及的人口 3000 万,占华中沦陷人口的 50%"。"华南敌后战场有两处:一在海南岛,该岛大部为我控制;另一处在广九路沿线及广州四周,并在香港进行秘密活动"。下午,八路军留守兵团政治部主任谭政与中外记者团座谈军队政治工作问题。

　　△　延安《解放日报》统计今年上半年五个月中日军"扫荡"次数:1月份内,1800 人"扫荡"北岳区,1000 余人"扫荡"山西北部第八分区,1800 人"扫荡"冀东,4000 余人"扫荡"苏南,1.5 万人"扫荡"河北白洋淀地区,2000 余人"扫荡"山西太行。2月上中旬,在鲁西进行了 8000 余人连续四次"扫荡",在豫中,3000 余人连续进行两次"扫荡"。1.5 万人"扫荡"热河中部。2月下旬至 3月,3000 余人在苏北进行 10 次"扫荡",5000 人"扫荡"苏中,7000 人"扫荡"淮海区。4月,5000 人"扫荡"

鲁中,2000 余人"扫荡"冀中两次,2000 人"扫荡"晋北两次。4 月下旬至 5 月上旬,5000 人"扫荡"鲁中,3000 人"扫荡"平北区,3000 人"扫荡"胶东,2000 人"扫荡"太行区,2000 人"扫荡"冀南。在以上比较大的"扫荡"中,日军所用兵力约 13 万人,八路军、新四军作战 1.4 万余次。

△　粮食部长徐堪在成都发表粮政问题讲话,提出如下要求:一、必须实物入仓,不能代以金价;二、征实要如期完成。

△　鄂豫皖解放区举行第一届临时参议会,到会代表共产党员 42 人,国民党和其他各党派和无党派人士 112 人。大会主席由国民党员、解放区行署副主任杨经曲担任。杨在会上讲话指出:"今天只有实行民主,中国方有办法,才能顺利地进行反攻。"新四军第五师师长李先念代表全师指战员在会上表示:"誓愿坚决为保卫民主、保卫团结而奋斗到底。"中共华中局代表郑位三讲话,指出:中国共产党一贯为新民主而奋斗。会议选举郑位三、陈少敏、涂云府为解放区临参会正、副议长。

△　缅北日军由沙貌派出增援部队 600 余人对中国驻印军新编第三十八师第一一三团发动攻击,被该团击退。同日,该师第一一四团攻破建支,毙敌 96 名。23 日该团又攻占孟拱外围汤包、来生、雷鲁等重要据点,并将孟拱公路及铁路截断,完成了对孟拱城的包围。

△　重庆市临时参议会开会,各参议员就重庆市种种苛政提出严厉批评。会议通过修筑成渝铁路案。

△　四川省内江县 50 余万民众举行献金大会,一日内献金总额达 5400 余万元。

6 月 23 日　蒋介石与华莱士进行第三次会谈,中国方面有董显光、王世杰,美方有拉铁摩尔、范宣德。关于中苏关系问题,华莱士表示美国不可能参与中苏之间的协商,蒋介石完全同意,并称中国政府会及早与苏政府进行会谈。关于共产党问题,蒋介石要求华莱士应该明白,共产党必须受国民政府军事委员会的支配,而不受美国陆军支配。共产党应该听从中国政府的条件。关于中国经济状况问题,华莱士表示希望政府必须赶紧采取步骤来改进中国的经济状况。末了,蒋介石提到中国经济困难是缺乏消费品,要求增加"飞越喜马拉雅山驼峰"的吨数,每天供给 2000 吨民用物品,包括布匹、药品和零件。华称要劝服美国陆军准许航运民用物品不是容易的事。

　　△　华莱士在重庆举行中外记者招待会并发表谈话,称与蒋介石晤谈三次。谈及援华问题,华氏称:目前必须先打通滇缅路,恢复海上交通极为重要。并称战后美国将以大批机器援华。

　　△　国民政府特派覃振兼任中央公务员惩戒委员会委员长。

　　△　孔祥熙率领出席联合国国际货币金融会议代表团抵华盛顿。24 日在招待会上称:此次来美主要任务,为出席联合国货币金融会议,并与美国领袖讨论战后问题。

　　△　缅北中国驻印军新编第三十八师对孟拱城发动总攻。该师集中大炮摧毁城外铁丝网等障碍物,经六小时激战,相继攻入市区,巷战至烈。

　　△　新四军苏中军区主力及第一、第二、第三军分区,为配合第四军分区的反"清乡"斗争,集中兵力进攻日伪军的"清乡"封锁线。同日,新四军第一师第三旅第七团在如皋以东的海河滩全歼日军一个中队、伪军一个大队,击毙日军百余人,俘日军 14 人,击毙伪军 200 余人,俘伪军 200 余人。

　　△　湖南战场日军第六十八师团在衡阳附近渡过湘江和耒水,开始对守军第十军方先觉部第一九〇师和暂编第五十四师阵地攻击。24 日,日军第一一六师团先头部队亦到达衡阳外围,逐渐对衡阳形成包围之势。

　　6 月 24 日　华莱士离重庆赴昆明。行前就中美互助对日作战,中美、中苏友善谅解及复兴中国经济,发展中美商务等问题与蒋介石发表联合声明。

　　△　国民参政会驻委会举行会议,由司法行政部长谢冠生报告司法行政设施及改进计划,拟以督促各县成立监所促进会,推行公证等作为本年度工作重心。

△ 孔祥熙访晤美国务卿赫尔,并讨论中美两国利益及未来两国之合作等问题。

△ 湖南战场日军渡过耒河,进攻五马归槽第一九〇师阵地,被击退。25 日再攻,续战至 26 日中午,五马归槽失守。

△ 川康经济建设服务社在重庆成立,张群任理事长,徐堪、康心如、胡子昂、卢作孚为常务理事。该社旨在联合川、康两省生产、贸易、金融、交通等项事业,首求解除目前困难,进谋将来协调发展。

△ 宪政实施协进会举行常务会议,讨论王造时所提迅速健全临时民意机关人选并提高其职权案,张君劢所提扩大国民参政会职权案,张志让所提保障言论自由案。

△ 延安文艺界 50 多位作家举行集会,招待中外记者西北参观团,由陕甘宁边区文协负责人柯仲平介绍边区文化运动概况。华北联大校长成仿吾介绍晋察冀边区文化工作情形。随后,丁玲、吴伯箫、艾青、萧军回答了记者的提问。

△ 湖南战场经醴陵南进之日军陷攸县,直趋安仁。

△ 中美空军混合团驱轰联合机队轰毁黄河铁桥,同日,又轰炸洛阳车站,击毁日军汽车 11 辆。

6 月 25 日 缅北中国驻印军攻克孟拱。24 日新编第三十八师攻占孟拱火车站和部分城区,入夜日军反扑,双方再次激战,至是日,日军伤亡过半,纷纷跳入南恩河泅水南逃,被伏击部队歼灭。下午 5 时,孟拱城被新编第三十八师攻克。是役共毙日军 1500 余名,生俘 21 名。新编第三十八师亦伤亡 247 人。

△ 滇西中国远征军第五十四军和第五十三军分别自龙川江西岸、清水河南岸向腾冲推进。26 日,第三十六师之先头部队越过老祖坟,继续向南推进,预备第二师到达那寨、宝华之线,准备向宝凤山攻击。左翼第五十三军进至千榨山、杭勐山之线。

△ 湖南战场日军第六十八师团组织千余名决死队员乘夜潜入衡阳机场周围高地。26 日,突然发炮轰击,并将机场完全占领。该师团

主力乘势渡过湘江。27 日,第六十八师团与第一一六师团在衡阳南部会合。

　　△　华莱士在昆明参观西南联大、云南大学,向两校 5000 多名师生讲话,希望中美两国尽心互助,积极进行对日作战。并希望中国成为一个强大、民主、自由的国家。

　　△　朱德、叶剑英在延安会见英国记者史坦因,朱德称:我们和盟国都是为着打倒法西斯这个共同目的,都要争民主。并称:只要中国内部政策改变,把广大人民组织起来,力量就大了,中国是有希望的。

　　△　第四届诗人节在重庆举行,胡风主席并致词称:诗人节不一定仅为纪念屈原,也可以借此检讨抗战以来之诗歌写作。

　　6 月 26 日　军事委员会副参谋总长白崇禧致电蒋介石,提出保卫桂林、柳州的作战意见,主要内容为:固守桂林,应彻底集中兵力,予进攻之敌以反击。为收歼灭之效起见,拟以第七战区总司令所部担任粤汉路以东之作战,俾抽调第七战区主力之两个军,控制于龙虎关、富川、贺县一带;第六十二军掩护桂林,相机进击桂林、全县以东地区,侧击进攻桂林之敌;另密调第三十一军之第一八八师及第一三一师集结柳州。又南宁机场及其附近之警卫,由原有第一七五师之两团担任。一俟敌进入我桂林核心阵地,受我相当消耗后,即以第七战区主力之两个军进入恭城附近,第三十一军于柳州分途推进,适时由东南、西南方面转移攻势,将敌人夹击而歼灭之。

　　△　湖南战场日军从西、南两面将衡阳守军第十军包围,并展开攻势。军长方先觉命令湘江东岸部队撤回城区,并将作战中心转入城区。

　　△　陈纳德发布命令,饬部属用其空中实力予中国陆军以极大之协助,继续威胁及消耗日方供应线之交通。

　　△　重庆《中央日报》讯称:敌犯中原,豫民受灾颇重,国民党中枢先后拨款 4100 万元,救济灾民及公教人员、学生,并将特派大员前往抚慰。

　　△　河南唐河县李子炎捐资 783 万元,捐助河南蔚文私立中学,国

民政府是日明令嘉奖。

△　盘踞在河南商水县周家口的日伪军 1000 余名,乘夜闯入焦芦埠口集,残杀豫鲁苏皖第四纵队官兵 120 余人,寨内无辜被害者 37 人,其中有五户人家被杀绝。

△　美国新泽西州立师范学院宣布:自是日至 7 月 8 日止,在该院设立中国文化研究班,邀请中国文化界名流及教育家出席演讲。

6 月 27 日　孔祥熙访美总统罗斯福,谈中国战局、经济情形等问题,并递交蒋介石给罗的亲笔函件,保证中美合作。同日,孔又与中美工商协会会长柏德生会谈,并发表声明,表示赞成罗斯福及赫尔所提倡互惠及多面贸易的原则,欢迎美国人与中国人的经济合作,促使中国经济之现代化。

△　华莱士在桂林与中、美将领商讨中国抗战形势,并听取军事委员会副参谋总长白崇禧、第四战区司令长官张发奎介绍战区战况详情。

△　缅北中国驻印军新编第三十八师第一一三团向孟拱至密支那铁路上日军重要据点南堤发动攻击,于是日突破敌阵。28 日上午占领南堤,截获日军火车车厢 300 余节。7 月 11 日,到达密支那附近,与围攻密支那城的第三十师会合。

△　湖南战场日军第六十八师团长佐久间为人与第一一六师团长岩永旺协商,从 6 月 28 日开始,第六十八师团从南、第一一六师团从西两面对衡阳发动总攻。

△　滇西日军由龙川江东岸后撤,退守腾冲城郊附近地区。

△　驻冀东平谷、顺义、密云、三河、蓟县的日伪军约千余人,合围冀东军分区第十三团和第二区队驻地平谷县的岳各庄、赵各庄,激战终日,毙伤日伪军 300 余名。

△　据中央社讯:粤南第七战区一部向雷州半岛之洋鞍、乌蛇岭、中伙等日军据点发动突击,共计毙伤日军 300 余名,毁仓库多所。

△　驻山东茌平、博平、聊城、阳谷日军对茌平城南进行扫荡,残杀无辜群众 134 人。

　　△　汪伪政府行政院举行会议,通过调整商业统制总会机构和人选案,决定在该会下设棉业、米粮、粉麦、油粮、日用品五个统制委员会,分别办理物资统制事宜。总会理事长闻兰亭,监事长唐寿民。

　　6月28日　国民党中央宣传部长梁寒操在外国记者招待会上发表谈话,谈中国战局及中共问题,称:衡阳附近战事日来已臻剧烈。中国陆军与中美联合空军正竭尽其一切可能之努力,予敌寇以打击。关于中共问题,梁称:中央政府始终诚意执行其采用政治方法解决之决议,已提出具体条件,静待中共之答复。并称:只要中共能遵守法律,其军队能服从统帅之命令,则一切问题皆迎刃而解。

　　△　立法院会议通过《强迫入学条例》、《战区各省府设置行署条例》、《出国护照条例》及《中央图书杂志审查条例》等案。

　　△　中共代表林伯渠在重庆答《新华日报》记者关于国共谈判的问题时称:"只要有利于团结抗战,中共无不可以商讨。"

　　△　孔祥熙在驻美大使魏道明陪同下再访罗斯福,商谈中美经济合作等问题。

　　△　华莱士致电罗斯福,报告在华访问观感及史迪威已不为蒋介石所信任,请另派人接替。

　　△　第三战区所部克复浙江衢县。

　　△　凌晨,湖南战场日军第六十八、第一一六师团依据27日协定,同时对衡阳发动总攻。第六十八师团以太田旅团主力攻击停兵山预十师阵地,防守停兵山的该师一部以手榴弹和刺刀打退了日军的数次冲击。日军志摩支队在西北侧的进攻亦受挫。

　　△　滇西中国远征军第二十集团军令进至宝凤山北端之线的第五十四军主力沿公路以西地区,先攻占宝凤山、来凤山,再协助第五十三军攻击腾冲城。

　　△　是日至30日,滇西中国远征军第七十一军各部对龙陵日军防御阵地进行全线攻击,并恢复了第一次攻击时围攻龙陵的态势。

　　△　八路军太行军区第八分区沁河支队王遵部挺进道清路南,在

河南武陟遭日伪军夹击,伤亡 150 余人。

△ 是日至次日,中美混合空军不断出击,轰炸洞庭湖至衡阳间日军供应线。

△ 日机 15 架袭击闽东沿海,向宁德东部港口及三都澳投弹 20 余枚。

6 月 29 日 军事委员会复电令白崇禧并转俞飞鹏、张发奎、余汉谋,策定关于桂林、柳州作战的部署,主要内容是:国军决固守桂林,依第六、第九战区之夹击及第七战区之协力,先击灭进攻湘桂路之敌。第四十六军之主力固守桂林,一部在黄沙河担任桂林之掩护;第三十一军主力即秘密开柳州待命,准备参加桂林会战;第六十二军暂位于祁阳附近,掩护湘桂路及零陵机场,依状况转移全州,参加桂林会战;第七战区应秘密准备一个军,转移连山方面,参加桂林会战。

△ 湖南战场预十师一部在衡阳五桂岭、江西会馆阵地打退日军数次进攻。30 日下午,日军又对五桂岭南端阵地连续炮击,并趁势发射毒气,守军官兵 80 余人中毒死亡。

△ 日军陷江西萍乡。

△ 攻击缅北腾冲的各部队迫近腾冲外围据点,正准备攻击之际,中国远征军司令长官卫立煌令第二集团军对部署稍加修正,将攻击重点移于左翼。

△ 据中央社讯称:乌兰察布盟公旗沦陷区参领达赖鄂森不、佐领尺格达色等不堪日伪之压迫,率所属苏目蒙民向第八战区投诚,傅作义派员前往善丹庙安置。

△ 美国军事评论家威尔讷著《中国的防御是能够加强的》一文,称:在整个反轴心联盟中,中国战场最危急。日本利用了中国的缺点,进行了这次打击。"中国共产党创造了游击战,这对于中国的战略具有十分巨大的贡献"。

6 月 30 日 军事委员会以桂林以北之黄沙河、大溶江地形险要,可以逐次阻击敌人,电令白崇禧、第四战区及第六十二军,饬即在该两地设施阵地,并预行研究阵地编成要领,以使尔后第六十二军得以随时进入阵地,能为适当之利用。第四战区遂遵令于黄沙河、大溶江各地构筑阵地。

△　毛泽东关于国共谈判问题致电林伯渠、董必武,指出:现梁寒操已发表谈话,应以林伯渠、周恩来名义分别在延安、重庆两地发表公开谈话以答复之,文稿另电告。关于谈判事,可利用美机来延安机会,请张治中、王世杰两人或一人偕林伯渠来延安商谈国民政府提示案。如张、王均拒绝,则林单独回延安讨论,好作具体回答。

△　国民党中央宣传部颁布《战时出版品审查办法及审查标准第十条各项之解释》,其中关于"违背我国建国之最高原则者"解释为:一、挑拨离间国内各民族之团结者;二、鼓吹侵略者;三、鼓吹法西斯主义或阶级独裁理论者;四、鼓吹私人垄断政策者;五、鼓吹阶级斗争者。关于"危害国家利益,破坏公共秩序者"解释为:一、侮辱国家元首者;二、响应汉奸敌人谬论者;三、恶意抨击政府既定政策与现行命令者;四、挑拨党、政、军、民感情者;五、对于地方治安、粮荒纠纷或其他骚动作不符合事实之报道或挑拨煽动之言论者。

△　湖南战场日军增派黑赖联队,并增炮数十门向衡阳城南张家山高地猛攻,终于攻占张家山两个据点,守军预十师一个营大部伤亡。7月1日晨,援军到达张家山,将日军赶至山下。

△　国民党中央文化运动委员会约集兵役署、教育部、政治部、军训部、社会部、三青团等机关在重庆举行"学生从军座谈会",一致认为青年学生参军"国内训练时间缩短为一个月,出国行军时间一个月"即从事作战。

△　财政部田赋管理委员会举行本年度征实征借业务会议。据悉:1943年度征实3360余万担,征购及征借2955余万担,共计6316余万担,较之1942年度减少。其原因系由于湖南战事及灾害之影响。

△　华莱士经昆明、桂林、成都飞抵兰州。

△　中韩人民联盟代表韩吉沫在渝称:日政府为制止朝鲜爱国志

士的秘密活动及破坏,刻正准备恢复朝鲜之君主政治,成立类似"满洲国"政府及"南京政府"之傀儡政府,以收买朝鲜诸领袖。

△　美国陆军部决定晋升史迪威为上将,并赞扬他克服种种困难,在缅甸组建了一支有战斗力的中国部队。

6 月下旬　中国远征军司令长官部电令第二十集团军兵分三路,主力保持在右,向腾冲攻击。为避免日军利用既设工事阻击攻击部队前进,应先以一部由左翼迂回奇袭腾冲。

△　新四军第三师第七旅及盐阜区地方武装,先后攻克日伪军沿海的重要据点大兴镇、合顺公司等,共毙、伤、俘日伪军 655 人。

△　日军第三十三军向缅北密支那日军下达命令:一、军企图向靠近龙陵方面之敌发起攻势,仍继续防卫八莫、南坎地区。二、水上少将死守密支那。

是月　美国第十四航空队飞机二架在飞经正太路轰炸日军运输列车时,其中一架受伤,降落于北岳区,受到八路军一部营救脱险。后陈纳德和美驻华大使高思先后致函朱德,表示感谢。

△　李济深、柳亚子等倡议在广西成立抗战动员宣传工作委员会和桂林文化界抗战工作协会,主张立即动员民众,坚持抗战。

7 月

7 月 1 日　新华社记者为国共两党谈判事走访周恩来,询其究竟,周恩来答称:国共两党谈判由西安谈到重庆,已历时两月,一切问题尚在继续商谈。尽管政府提案与我党的书面意见内容相距很远,中共中央现在正研讨复案,期谋合理解决。所谓合理解决,"即是于团结抗战及促进民主有利,在此原则下,我们无不乐于商讨"。

△　国民政府发行《民国三十三年度同盟胜利公债》,定额为国币50 亿元,按票面额十足发行,年息六厘,每六个月付息一次。该公债自1947 年 6 月起开始还本,分 30 年还清。

△　中国国防物资供应公司撤销,改组为中国供应委员会,由驻美大使魏道明兼任主任委员,毛邦初、江彪、黄汲青、刘瑞恒、王国华、谭绍华为委员。毛邦初主持航空,江彪主持军火,黄汲青主持实业与矿业,刘瑞恒主持医药,王国华主持交通。

△　中共中央发出《关于整训部队的指示》,指出:全军目前 47 万,民兵 210 万,要担负最后驱逐日寇出大城市与交通要道,并对付可能的突然事变,非有一倍至数倍于现有的军事力量不能胜任。要求各中央局作出全盘计划,在一年内利用一切可能间隙,轮番整训部队。

△　美国副总统华莱士抵甘肃铺隆山,向成吉思汗陵致祭,并参观"工合"工厂及国际合作节举办的产品展览会。晚,在兰州致电蒋介石、宋美龄,表示将为"加强中美及盟邦合作当继续尽力",希望中美两国"在重庆交换的意见能产生积极而有建设性的结果"。

△　中外记者西北参观团参观延安大学,校长周扬介绍延大的历史和现状。下午参观鲁迅艺术学院。

△　第九战区司令长官部电令各兵团乘敌后空虚击破进犯之敌,电称:国军决乘敌深入,后方空虚,并使用正面阻止及侧背猛攻而击破之;除已令第十军固守衡阳外,即督促所部集结兵力,各向当面之敌猛攻而击破之;饬对沅江、益阳、宁乡方面之部队,应主动袭击敌后交通,牵制敌兵力,协助主力作战。

△　湖南战场日军黑赖联队步炮兵、速射炮两个中队同时向衡阳张家山阵地发动猛攻,至下午 5 时,张家山阵地的碉堡均被破坏。守军预十师以迫击炮对射,日军伤亡惨重,其一个中队全部被炸死。入夜,日军组织突袭,又被守军击退,一个大队全部伤亡。

△　滇西中国远征军对龙陵发起第三次攻击。第七十一军荣一师、第八十八师分向回头坡、空树坡日军阵地攻击。3 日后,第七十一军转入攻势,分路向退却日军进行追击。至此,第七十一军攻击部队全线进入围攻龙陵城郊各据点的作战位置。

△　是日至 4 日,日伪军一部开至广东三灶,焚毁民房 531 间、学

校三所、商店 41 间,死亡民众 700 余人,受伤 44 人。

　　△　《武汉日报》(敌后版)在湖北黄冈县三里坪创刊。

　　△　国际货币金融会议在美国布里敦森林开幕,出席者共 44 国代表,美国财长摩根索任主席,中国代表团孔祥熙等参加。会议主要讨论未来经济合作与和平进步的永久计划,项目为:一、拟定平准基金计划,稳定世界币制。二、组织从事战后复兴的国际银行。会议拟以 80 亿美元国际货币基金推进战后世界贸易。

　　7 月 2 日　蒋介石出席中央政治学校成立第十七周年纪念会,并发表训词,策勉本校师生"必须人人自勉为建国之基本干部,努力修养为健全之政治人才"。

　　△　华莱士及其随员拉铁摩尔、范宣德、哈查德等离兰州返国。行前,华对中央社记者发表书面访华观感,认为"中美两军的关系,完全基于自然的合作精神,尤为欣慰"。

　　△　滇西中国远征军第二十集团军经过准备,向腾冲外围各据点发起攻击。第五十四军预二师一部越过大盈江向芭蕉关攻击;第一九八师一部向蜚凤山攻击。第五十三军第一一六师一部向飞凤山发动奇袭,经三小时激战,遂将该山占领。

　　△　八路军冀鲁豫军区一部发起的湖西战役结束。此役攻克日伪军据点和碉堡 97 处,歼灭日伪军 1300 余人。

　　△　湖南战场日军连日屡攻衡阳张家山不克,是日以大量毒瓦斯助战,并以数十人为一组,分头向张家山阵地攻击。预十师守军官兵中毒昏迷,张家山阵地陷敌。师长葛先才闻讯,亲率师部工兵连和搜索连增援反击,再次将日军击退,夺回张家山阵地。

　　△　赈济委员会为救济豫省寇灾,特拨款 1000 万元作救济专款。

　　7 月 3 日　军事委员会特派陈诚为第一战区司令长官及兼任冀察战区总司令。

　　△　林伯渠约见张治中、王世杰,对 6 月 5 日《国民政府对中共问题政治解决之提示案》提出两点意见:第一,希望国民政府"将民主尺度

放宽";第二,希望将八路军按五个军 16 个师扩编;并转告中共中央邀请张治中、王世杰到延安去谈判。张、王表示,关于民主问题,我们将采取各种措施;关于军队问题,不同意扩编;访问延安问题,只有中央谈出结果之后,方可考虑。

△　孔祥熙在美向《纽约时报》记者发表谈话,强调国际货币金融会议为战后国际合作的基石。该报报道,孔特别重视各国不得以基金项下的外汇或银行贷款用于其他琐碎目的,而必须用于能增加债务国生产机构的生产量及收入。

△　行政院以各地兵役仍多弊端,妨碍役政前途,特通电各省、市、县转饬办理役政人员,恪守法令,如予违犯,决严厉处分。

△　日机向衡阳市区实施轰炸,并投掷大量烧夷弹,城内守军屯粮、弹药多被焚毁。至 5 日,大火未熄。同日,日机分八批袭击湖南芷江,投弹 11 次。旋又袭击常德。

△　美国财政部货币金融顾问怀特发表谈话,表示计划之中的 80 亿美元国际货币平准基金,将用以协助中国及其他国家建立健全货币制度,重建国民经济及外汇之安定。

△　联合国货币金融会议选举蒋廷黻为国际货币基金宗旨政策及责任委员会主席。

7 月 4 日　林伯渠、董必武致电毛泽东称:在目前时局下,谈判绝无解决希望,启封电台及放人等小问题也不可能解决。蒋介石要谈判,不敢公开和中共破裂,是在故作姿态,欺骗舆论,即令谈判破裂,好把责任尽量推在中共。真正解决具体问题的时机,还有待于时局更大的发展。我们对谈判仍是不抱任何幻想,而把主要精力用在向各方宣传和推进大后方争取民主运动及研究上。我们已将双方条件的主要内容及蒋无诚意谈判的事实告诉了关心这一问题的中外人士。我们也认为根据今天的情况,不能采取退回《提示案》,拒绝商谈的形式。

△　孔祥熙在招待记者会上详述中国经济情形,并欢迎外资帮助中国战后之建设,尤盼与美国之资本与技术合作。

　　△　延安各界举行应祝美国独立一百六十八周年纪念大会。周恩来在大会上讲话，赞扬美国国内团结、民族团结的精神，表示希望到会的中外记者参观团成员把八路军、新四军关于在团结、民主基础上来求得战争胜利的要求转达给国民政府。

　　△　延安《解放日报》发表题为《祝美国国庆日——自由民主的伟大斗争》的社论，指出："民主的美国已经有了它的同伴，孙中山的事业已经有了它的继承者，这就是中国共产党和其他民主的势力。我们共产党人现在所进行的工作乃是华盛顿、杰斐逊、林肯等早已在美国进行的工作，它一定会得到而且已经得到民主的美国的同情……。"

　　△　为迅速扫荡腾冲外围日军，达到攻占腾冲之目的，滇西中国远征军第二十集团军命第五十四军攻击来凤山、来凤寺，确实扫荡城外残敌。第五十四军即令预二师、第三十六师、第一九八师向老草坡、龙光台、毗卢寺及忍娘娘庙、董库日军发起攻击。第五十三军除固守飞凤山阵地外，即以全力攻击芹菜塘、大董、倪家铺、满金邑等地。

　　△　美国第十四航空队改组成立两周年纪念，发表两年来战绩中说：共出击 2.5 万架次，毁敌机 1004 架（此外尚有 464 架或亦被毁），伤敌机 282 架。

　　△　日机二架袭击成都，中美空军混合机队当即升空，将其击落一架。

　　△　马歇尔等向罗斯福建议，"要求蒋委员长任命史迪威统率中国全部军队"，因为"仅有史迪威是能够统率中国军队与日人对垒的唯一人物"。为了提高史的威望，"减少对内外之困难"，还建议"晋升史迪威为陆军上将"。

　　7 月 5 日　蒋介石主持召开国家总动员会议常委会，申明凡限价物品及政府国营公共事业之价格，必须力求稳定；其他议价物品自应相互配合，不准任意调整加价。

　　△　史迪威在缅甸前线对中央社记者发表纪念抗战七周年讲话，盛赞"中国士兵品质优良"，虽历尽艰辛，而最后胜利的信心从未动摇。

　　△　第九战区以日军连日攻击衡阳受挫,仅以小股部队干扰,特调整作战部署:一、以岳屏山高地和回雁峰沿城墙至北门为第一线;二、以距辖神渡约三公里处至城西南约三华里的高地及张家山和东山两高地区、铁路北侧之线为第二线。并强调第二线为全军的生命线。

　　△　滇西日军一部由腾冲大道急进,企图增援蜚凤山日军,经中国远征军第五十四军各师打击后,仓皇退入腾冲城内。同日,第二十集团军攻占腾冲城外围 5138 高地大部,残敌逃往密林之中。

　　△　日本情报局以“帝国政府”名义发表声明,宣称日军进攻河南、湖南之目的在于“粉碎美、英的侵犯和制霸的企图”,中国是与我为友而拒绝与英美合作的,日本是不以中国为敌。同日,东京广播电台广播,称日本政府的声明是“对重庆方面予以一种猛省的机会”。

　　△　汪伪政府发表声明,宣称决与日本合作,“根据大东亚共同宣言,使中国之自由独立早日奠定,以安定东亚”。

　　7 月 6 日　中共中央发布《关于抗战七周年纪念口号》,凡 24 条,主要内容为:全国军队必须积极作战,加强团结,粉碎敌人的新进攻;全国人民动员起来,保卫西南,保卫西北;要求国民政府改革军事机构,提高军纪和战斗力;要求国民政府改革内政,立即实行民主,保护大后方正在兴起的人民民主运动;停止对八路军、新四军的进攻。

　　△　孙科为纪念抗战七周年对美国发表广播讲话,宣称抗日战争结束后,中国的首要任务“就是完成国际和平和国内的真正的永久和平”。并称,要实现国内和平,只有以自由讨论方式谋求解决。中国“已经决定在战争结束后一年内建立宪政”。

　　△　陈纳德为纪念中国抗战七周年特发表纪念词,称:在不到一年的时间内,我们便会将日本驱逐出中国,使我们两国共享康乐与和平。

　　△　林伯渠与王世杰会谈。林询问对中共中央提案的答复,再请张治中、王世杰去延安,并就梁寒操在《大美晚报》的造谣提出质问。王世杰表示:中共提出的民主自由问题,我们是想办法解决;关于中共军队扩编四个军 10 个师,请重新考虑;关于启封电台和放人等小问题,待

大问题解决后都可解决。他们二人去延安事,要待重庆谈出一点结果来后才能去。

　　△　林伯渠、董必武两次致电毛泽东,汇报是日国共双方代表会谈情况。电报说:"目前谈判绝无望具体解决问题,但他们总要故意做出谈判姿态,不完全拒绝去延安,也不让我们离渝。"电报提出:现在我们的原则是,一方面要求张治中、王世杰对我提案逐条提出具体意见;另一方面访问国民党的一些中央常委,如孙科、邵力子、吴铁城、邹鲁、居正等。

　　△　国民政府明令开征 1944 年度各省征粮配额,规定各省、市应储备积谷 1800 万市石。

　　△　中国驻美军事代表团团长商震在纽约接见记者,证实日军 1943 年在湘省西北部使用芥子气,致中国军队死 200 余人,伤 800 余人。

　　△　滇西中国远征军第五十四师为继续扫荡腾冲外围之日军,其预二师越过大盈江攻击来凤山;第三十六师向杨家坡、干龙东西之线推进。7 日,第五十四军所属各师部分部队进至马鞍山、松园后山、金堂坡之线。

　　△　缅北中国驻印军新编第三十八师第一四九团攻克那汉,至 10 日,击溃阻击之日军,与第一一二团会合,并打通了卡孟公路。

　　△　新编第一军军长郑洞国抵达缅北密支那前线督战,是日晚下达为纪念抗战七周年之总攻击命令,决定于 7 月 7 日对密支那日军发动全线攻击,并在攻击成功后施行果敢之追击。

　　△　日机乘夜侵袭衡阳上空,并向市区投放大量烧夷弹,若干建筑物起火燃烧。其步兵以密集队形向城郊中国守军猛扑,预十师一部在炮火掩护下与日军搏斗,将其击退,大火亦被扑灭。

　　△　伪军陈立德部奉孙良诚之命,出动 4000 余人由山东东明南犯至裴子岩一带,八路军一部及民兵对其发动攻势,战至 8 日晚,将其大部歼灭,俘副司令李英及参谋长、副团长以下千余人,收复小井集、裴子岩等据点。

△　英国联合援华募款运动委员会顾问委员会举行会议,讨论分配救济金办法,宋美龄及英国驻华大使薛穆等出席,决议将救济金14.3万英镑大部分用于中国战区的紧急救济。

7月7日　蒋介石为纪念抗战七周年发表《告全国军民书》,宣称中正对国家、对军民"负有领导复兴之责任,对我阵亡袍泽与死难同胞,负有雪耻复仇的责任"。愿我全国军民同胞"生死一致,安危与共,以达我驱除敌寇,收复河山的初衷"。

△　延安各界隆重集会,纪念抗战七周年,大会向国民政府要求:一、实行民主政治,像陕甘宁边区一样,老百姓有说话、开会、抗战等自由;二、开放党务,各抗日党派有合法存在的自由;三、实行地方自治;四、改进八路军、新四军的装备。

△　毛泽东复电林伯渠、董必武,指出:关于国共谈判,现在应"是要求和张、王见面,在见面时声明提示案已转交中央,中央来电认为双方意见相距尚远,为求进一步商谈计,邀请张、王偕林来延一行。如张、王拒绝来延则林回延报告谈判经过,以便讨论对提示案之复案。如彼方既不派张、王来延,又不让林回延作详细报告,则继续商谈无法进行,对于提示案之复案亦无从作出,谈判拖延之责全在彼方,我方不任其责"。

△　国际金融货币会议举行中国抗战七周年纪念会,孔祥熙发表演词称:"盟国以供应品运华越快,则中国最后胜利的时期也越早。"表示战后中国"除使农业现代化外,还将实行工业化的广大计划。中国希望获得现代化配备技术援助和资本,以加强战后发展"。

△　驻美大使魏道明在旧金山发表演说,向联合国家提出警告,称:勿以为德国失败后日本即可自动投降。日海军受盟军重压,其陆军仍企图在大陆巩固地位以作最后挣扎。唯有完全击败日本陆军,始能使日本无条件投降。

△　胡适就联合国召开货币金融会议发表演说,强调中国"对友邦与同盟国之坚定信念,故不惜七年来忍受长期艰苦"。指出:"此次联合

国货币金融会议倘能为未来新世界秩序之具体证明,则中国之作战即非徒然。"

△　朱德发表《八路军新四军的英雄主义》一文,号召全体将士更加奋勉,创造出更多的英雄,以进一步提高工作,加强斗争,担负起目前战争形势所赋予的战斗任务,最后战胜与消灭日本侵略者。

△　朱德、叶剑英在延安再次接见英国记者史坦因,朱德对史称:中国抗日战争需要盟国帮助,同时盟国也需要中国抗战,这是相互帮助的。

△　滇西中国远征军第七十一军再次对龙陵城发动攻势,战至是日,予日军以重大打击,日军被迫逐次向龙陵城郊撤退,第七十一军迫近城郊,与日军对峙。

△　滇西中国远征军第八军主力第八十二师和第一○三师由昆明驰抵松山。是日,第八军开始投入攻击松山的战斗。由于日军防守严密,在各处无法立足,致攻击失利。

△　13 时,缅北中国驻印军各部在炮兵掩护下,向密支那发动全线攻击。战至 18 时,右翼第一五○团进展约 140 米;第四十二团将火车修理工厂全部占领。另第四十二团一部亦由利多空运到达前线,进迫市区,攻占八角亭据点。是日共击毙日军 200 人以上。

△　缅北中国驻印军新编第三十八师第一一三团为打通孟拱至卡盟公路,经四个小时跋涉,是日分别向卡盟公路南北两侧发动攻击,至 10 日,攻克卡孟公路上日军最大据点曼卫特飞机场,毙敌 227 名,并攻占平道。

△　云南大学、中法大学、西南联合大学等校师生 3000 余人联合举行时事座谈会,闻一多在会上讲演,指斥当前的所谓"太平景象"正如"肺结核患者脸上的红晕",是"将死前的回光返照",号召青年打破"可怕的冷静"。

△　罗斯福鉴于中国军事形势告急,致电蒋介石称:"据我目前所了解的危急情况,亟需委派一人,授以调度中国境内所有盟军武装力

量,包括共产党军队在内。"并称:"我正将史迪威将军提升为上将。我建议,请你急迫地予以考虑,将他自缅甸召回,在你的领导下,统率中美一切军队,授以全责与全权,以调度和指挥必需的行动,阻止敌军的深入。"还称:史迪威的"优越判断与其组织训练之能力,均已在此次华军作战中表现","足以抵御日敌所施之威胁"。

△　美国务卿赫尔发表声明,重申美国政府将对中国"永久支持","并对它能够度过可怕艰危的精神抱着信心"。

7月8日　蒋介石复电罗斯福,对其将史迪威召回中国,统帅中国一切军队的建议"原则赞成"。但有一巨大障碍不能立即实行,"即中国部队和他们的国内政治情况不像其他国家那样简单"。"他们不像现时在缅甸北部作战,为数有限的中国部队那样易于指挥"。故这一建议匆匆付诸实施,不仅于战局无所帮助,亦"会引起误会和混乱,因而损害中美合作"。希望罗斯福派遣一位"完全信任的、具有政治远见和能力的、有影响的个人代表,授予他全权,经常和我合作,并能调整我和史迪威之间的关系"。

△　蒋介石复美副总统华莱士6月27日来函,告中国正竭尽一切方法以谋抗战力量的增强,并请商承美国总统罗斯福派一私人全权代表来华,以实现彻底合作。甚望阁下大力促成中美合作大业。关于派遣我全权代表常驻美国问题,在宋子文一时未能赴美之前,决派孔祥熙充任此职。

△　蒋介石电在美的孔祥熙注意史迪威控制中国全部租借物资,若再统率国共军队的后果。并于10日再电孔,要孔向罗斯福进言,说中国军队抗战七年之所以维持不颓,决非如其他国家军队可由一纸命令与纪律,或仅凭能力与学问所能指挥。中国国内的军队性质复杂,不能贸然交史迪威指挥。

△　国民政府明令褒扬故陆军上将、第三十六集团军总司令李家钰。令称:李家钰"抗战军兴,奉命出川,转战晋豫,戍守要区,挫敌筹策,忠勤弥励。此次中原会战,督部急赴前锋,喋血兼旬,竟以身殉。为

国成仁,深堪轸悼"。应予明令褒扬,交军事委员会从优议恤,并入忠烈祠,生平事迹存备宣付国史馆。

　　△　董必武向中共中央报告日寇迫近衡阳,桂林正作疏散,柳亚子、何香凝均向桂东南八步转移,李济深拟向梧州撤退。

　　△　滇西中国远征军第二十集团军开始向腾冲城区实施包围。第三十六师攻克观音堂。第一九八师攻至距腾冲约 300 米之线。10 日后,该集团军基本控制了除来凤山外的腾冲外围大部分地区,即将转入对来凤山和腾冲城区的攻击。

　　△　中国驻印军总指挥部命令第一线各部(除第四十二团外)各抽调一个营兵力,至后方进行短期对日军据点攻击演习;其第一线其余攻击部队从继续对日军展开掘壕攻击,并不断抢筑工事,以对日军防御阵地进行包围。同日,炮兵第十二团一部亦由雷多空运至密支那前线,以增强对据点之攻击火力。

　　△　缅北中国驻印军新编第三十八师第一一四团攻克孟拱城后,沿铁路线继续攻击,是日攻占卡孟公路间火车站日军据点,至 11 日,进至山克浪之线,将威苏、卡西、恩康、山克浪日军全部击溃。

　　△　重庆文化界知名人士沈钧儒、郭沫若、张申府、邓初民、张志让、茅盾、夏衍、胡风、侯外庐、宋之的、叶以群等联名致电广西党、政、军、学界人士,指出敌寇图犯广西,我们决响应保卫西南的号召,力主采取民主办法,组织人力物力,坚持抗战到底。

　　7 月 9 日　延安观察家发表声明,驳斥日本政府 5 日发表的诱降声明,指出今日日本看到希特勒即将灭亡,太平洋美军杀进日寇防线,我国军民坚持抗战已历七年,自己死亡迫近,"企图再用诱降手段,以求找到万一的出路,只是徒劳的"。

　　△　湖南战场日军第一三三联队再次向衡阳张家山发动猛攻,预十师一营官兵与敌冲杀 10 余次,伤亡大半,乃于 10 日拂晓退至萧家山至市民医院之线。

　　△　华莱士抵西雅图发表演说时称:美国愿意帮助中国,但必须确

定中国内部及中苏间不发生争端。中国要实行土地改革和新政。

△　驻墨西哥大使程天固在国际民主联盟大会上发表演说称：中国目前正迫切需要美国有力之援助及大量租借物资，以对抗日军。

7 月 10 日　国民党中央常务会决议：中央财务委员会主任委员孔祥熙出国期间，由居正暂为代理；中央组织部设立组织委员会，朱家骅、陈立夫、谷正纲、叶秀峰等 15 人为委员；中央组织部副部长张强辞职，遗缺由余井塘继任。

△　军事委员会任命第二十八集团军副总司令孙元良兼第二十九军军长，张文心任第八十五军副军长。

△　何应钦在国民党中枢纪念周报告中原会战之经过及长衡会战之战况，并对作战之得失作了检讨，称：日军在豫、湘蠢动系最后之挣扎，我须努力度此最后艰苦阶段。

△　驻美大使魏道明电呈外交部长宋子文，报告美国务卿赫尔面告，关于战后和平组织事，昨接苏联答复，愿与美、英开始讨论，借口苏、日关系尚未决裂，坚不与中国会商。现美、英、苏定于 8 月 3 日在美开始谈判，美希望中、美、英三国谈判亦能于此时间中分别进行。蒋介石批示：应可赞成。

△　中共中央军委电示新四军第五师，应相机沿平汉铁路两侧向北发展，争取与华北八路军打通联系。

△　缅北中国驻印军新编第五十师师长胡素接替美军麦根准将，负责指挥密支那地区作战。

△　重庆各界举行七七劳军献金大会，是日献金总数为 8500 万元。

△　湖南战场日军为对衡阳再次发动总攻击，从后方输送的火炮和弹药到达衡阳前线，第六十八师团新任师团长堤三树男亦就职到任。

△　华莱士在白宫向罗斯福汇报访华时指出：蒋介石政府是一个由地主、军阀和银行家支持的落后无知的政府，根本得不到广大人民的信任。"现在，除了支持蒋介石外，似乎没有其他选择……不过我们可以在支持蒋介石的同时，通过各种途径对他施加影响"；"与此

同时,我们的态度应当具有足够的灵活性,以便使我们能在更有希望的领导人或集团出现时利用他们"。又指出:"蒋介石充其量只是一笔短期投资。他没有治理战后中国的才能和政治力量。战后中国领导人要么从演进中产生,要么从革命中产生。现在看来更有可能是从革命中产生。"

7月上旬 沈钧儒、邓初民、史良、陶行知等发表联合通电,主张立即动员民众,坚决抗战,铲除失败主义,并希望采取民主办法,组织人力物力,坚持到底。

△ 滇西日军第三十三军派出第五十六师团主力、第二师团第十六联队及第二十九联队第三大队,步、炮兵共 7000 余人,由芒市增援龙陵。

△ 日机轰炸湖南桃江、益阳城,总计炸死民众 30 余人,毁民房 13 间。

7月11日 蒋介石出席重庆市党员代表大会并发表训话,指出:党员应效法总理及革命先烈的革命牺牲精神,为党尽忠诚,为国争光荣。各代表之生活行动、言论、态度,均应为全国党员作模范。

△ 国民政府公布湖北省第二届参议会议长名单:议长沈肇年。

△ 孔祥熙同罗斯福举行会谈,就中美关系、世界战局及战后若干问题交换了意见。

△ 冀东八路军两个连在唐山北约 70 里之小松林、城北寨设伏,将伪绥靖军第二集团军七个连击溃,毙伪营长以下 70 余人,伤百余人,俘 52 人。

△ 中美空军混合团机队轰炸湖南湘阴东北之新市,在空战中击落日机一架。

△ 湖南战场日军第一二〇联队和第二联队在炮兵支持下,猛攻衡阳西南虎形巢,飞机轮番轰炸并投掷烧夷弹,许多建筑物被毁。预十师第二十九团阻敌前进要隘,敌施放毒气,预十师守军官兵多中毒昏迷,唯仍坚守,战至 12 日终不支而退,虎形巢为敌所占。

7月12日　蒋介石下令对衡阳解围,主要内容为:一、决加强外围兵力,速解衡阳之围;二、着李玉堂督率第六十二军即由衡阳西南迅速猛攻敌背,务期一鼓歼灭围攻之敌;第七十九军应协同第六十二军向衡阳西北郊猛攻,并以第六十三师由北向南协助永丰方面之攻击,以资策应;三、湘江东岸各军亦应向预定目标猛攻,配合作战。

△　孔祥熙再次拜见罗斯福,讨论史迪威指挥中国军队问题。罗说他当时考虑就顾虑到事实上的困难,并说派代表驻重庆问题则甚觉人选困难。

△　湖南战场日军一部2000人越过湘桂铁路,突至衡阳五桂岭南街。守军第三师一部冒毒反攻,将突入之敌歼灭过半,敌残部被驱返到湘桂铁路地区,战斗彻夜未停。

△　苏北新四军一部配合地方武装攻克如皋西石庄镇,毙、伤伪军孟宪平部全部,俘伪区长以下150余名,缴获长、短枪百余支。

△　中外记者西北参观团中国记者离延安返渝,25日到达重庆。8月30日,外国记者在王世英、朱明、王再兴等陪同下东渡黄河,到晋绥边区继续参观访问。

7月13日　林伯渠与张治中、王世杰谈判,林伯渠申明中共所提12项意见之原意,希望国民党方面对中共所提各项作出答复。张、王未作具体答复,商定改期再谈。

△　中央设计局台湾调查委员会召开第一次座谈会,讨论台湾接收及复员纲要草案有关问题。本月21日开第二次会议,进一步讨论收复台湾有关问题。

△　滇西中国远征军各部攻击龙陵外围的勐连坡、红土坡、山神庙等要地。

△　罗斯福致电蒋介石,敦促其采取一切步骤为史迪威尽早承担指挥权铺平道路。

△　湖南战场日军在炮火掩护下向衡阳张家山、萧家山附近猛扑,并有一部突入新街,第三师师长周庆祥亲自指挥官兵与敌白刃搏斗,将

突入新街之敌悉数歼灭。下午,日军再攻张家山前两高地,守军第三师第八团组织反击,因日军大量增援,守军无力夺回,张家山阵地失守。

△　滇西中国远征军第八军第一〇三师等在猛烈炮火掩护下,向松山滚龙坡地区发动再次攻击。官兵虽反复冲击,终被日军击退,攻击受挫,伤亡 150 余人。

△　缅北中国驻印军各部及美军加拉哈德团在空军 39 架重型轰炸机和重炮的支援下,对密支那发动全线攻击。战斗中美空军共投弹754 吨,连攻三日,密支那城几乎全被炸毁。城街道路大部被毁,日军弹药库、汽油库以及停车场均被击中。

△　西南联大教授陈寅恪荣膺英国研究院通讯研究员。

7 月 14 日　国民政府以老同盟会员、国会议员景耀月“抗战以来,困处北平,屡遭敌伪威胁利诱,不为所屈;且于沦陷区协助抗战工作,志节坚卓”,是日明令褒扬。

△　湖南战场第六十二军黄涛部、第七十九军王甲本部奉命向衡阳进发,是日到达衡阳外围,与日军发生战斗。16 日夜,第六十二军第一五七师一部进攻衡阳附近的谭子山,18 日攻占两母山。20 日攻占火车南站。

△　中美空军混合团以大队机群数次轰炸岳阳白螺矶和长沙北之许家洲日机场。在岳阳炸毁场内日机 20 余架,炸伤 10 余架。在空战中击落日机一架。

△　罗斯福致电蒋介石称:“关于目前正在进行的与中共的谈判,你要诚意以政治方式求得解决”;关于中苏两国代表之谈判,我们正在慎重考虑。

△　汪伪外交部长褚民谊与意大利驻汪伪政府大使戴良谊签订关于《意大利交还天津租界,撤废在华治外法权及放弃驻兵权协定》及其《了解事项》和《附属议定书》。

7 月 15 日　孔祥熙奉蒋介石指示建议罗斯福:中国军队情况复杂,须依个人情感为维系,统率人选之威望、资格与人事关系极为重要,不是由一个外国将领发号施令即可收效的。中美合作重在政治,恐怕史迪威难孚此重望。

　　△　国民政府特任原驻巴西大使陈介为驻墨西哥特命全权大使,原驻墨西哥公使程天固为驻巴西特命全权大使。

　　△　国民政府训令行政院、军事委员会颁布《保障人民身体自由办法》,定 8 月 1 日起施行。

　　△　国民党中央派沈鸿烈为中央设计局东北调查委员会主任委员。

　　△　东北高级干部会议在重庆召开,到会有吴铁城、陈立夫、莫德惠、王家桢、高惜冰等 10 余人。会议就准备收复东北,以及反攻期间军队之挺进、警察人员之储备、后方青年之救济等问题进行了商讨。

　　△　军政部将广西学生军 2000 余人编为教导第八团,以武装全省学生,保卫国土。

　　△　缅北中国驻印军各部攻取密支那郊外各据点,日军残敌退入市区顽抗固守。将城区分为城北、城中左、城中右、城中南四个守备区。16 日晚,中、美军攻击部队开始迫向市区,并形成三面包围之态势。

　　△　湖南战场日军从湘潭、衡山调来大量生力军,对衡阳守军第三师、预十师施行步、炮兵压制性射击,其步兵侵入江西会馆、外新街等地。经第三师、预十师联合夹击,一度收复。终因兵力薄弱,无法持久,乃将第三师左翼与预十师右翼衔接。

7 月 16 日　滇西腾冲外围日军据点大部被攻克。中国远征军第二十集团军为尽快攻克腾冲,是日召开各军、师长作战会议,下达新的作战命令:以攻占腾冲城为目的,决定消灭来凤山之敌,再以全力攻略腾冲而占领之。

　　△　湖南战场日军以 40 多架飞机对衡阳萧家山高地进行俯冲轰炸,以掩护地面步兵的冲锋。下午 4 时,日军攻占市民医院,旋又攻占了萧家山、枫树山等据点。

　　△　中国教育学术团体联合办事处改组为中国教育学术团体联合会,由张伯苓任理事长,常道直为总干事。

　　△　据中央社讯：美对外经济处长克罗莱发表声明，称：自太平洋战争开始至今年 5 月 1 日，美国运往中印缅战区之租借物资，共约值 14 亿美元。其中四分之三的物资乃供给中英印军用之飞机、坦克、大炮及其他配备。

　　△　国际金融货币会议通过货币基金总数及派额，总数为 88 亿美元，由联合国及 44 个赞助国认缴，中国政府派额为 5.5 亿美元。20 日，又增派额为六亿美元。

　　7 月 17 日　何应钦密呈蒋介石，建议将重要战区的军队分为攻击兵团（第一线部队）和守备兵团（第二线部队），攻击兵团由每个战区拨出二至五个军组成，拨归史迪威指挥，其编制、装备与后方勤务皆由美方负担，其兵员补充及人事配备，仍由中方掌管。第十八集团军则不应列入该部队。如果美方不同意此案，亦不予迁就。至于守备兵团，仍归委员长直接指挥。

　　△　军事委员会发言人就日本当局否认在侵华战争中使用毒气一事发表声明，予以斥责，并揭露在近月长衡会战中屡放毒气的事实。

　　△　湖南战场日军在其空军掩护下，两度进袭并轰炸衡阳市区西南平地据点和主阵地之岳屏山，市区东北部之防御设施均被毁。

　　△　交通部设滇缅公路运输局，以葛沣为局长。

　　△　湖南省政府为适应战时需要，特在沅陵设立行署，由毛秉文兼署主任。

　　7 月 18 日　行政院会议通过改组河南、湖北两省政府。免李培基河南省政府委员、主席职，任命刘茂恩为河南省政府委员、主席；免陈诚湖北省政府委员、主席职，任命王东原为湖北省政府委员、主席。免国立西北大学校长赖琎职，任命刘季洪为西北大学校长；国立湖南大学校长李毓尧呈请辞职，准予免职，任命鲁荡平为湖南大学校长。

　　△　国民政府明令改陕西中部县为黄陵县。

　　△　奉命增援衡阳的第六十二军先头部队第一五一师通过何家桥、许家冲之线，向欧家町攻击。19 日，该军第一五七师亦攻黄泥坳，

遇日军第四十师团增援,双方激战,第一五七师被迫转至黄泥坳以南地区。

△　湖南战场日军复以最大火力向衡阳郊区发起攻势,第十军守军官兵被围,乃抱定必死之决心,与敌肉搏。至晚,日军彻夜向易赖庙、杨林庙、接龙山及五桂岭猛扑,至次日晨,守军予敌以重创。

△　滇西中国驻印军对密支那再次发动攻击,重点保持在第五十师方面,步兵在强大空军、炮兵火力的支援下,逐步进攻。同时,迫击炮亦参加炮兵支援射击,日军阵地顿成一片火海,各攻击师步兵随炮兵延伸射击,逐巷、逐屋进攻。

△　中国空军及中美空军混合团轰炸河南新乡西南忠义亢村日军油库,适遇日机六架,双方空战,日机被击落二架。

△　日本陆军省宣布:免东条英机兼陆军参谋长职;由关东军司令梅津美治郎继任。任命山田乙三为陆军航空教育总督兼陆军航空司令部司令,任命杉山元为陆军教育总监。

△　日本东条英机内阁向日天皇提交总辞呈。20日,日天皇召朝鲜总督小矶国昭和前首相米内光政合作组织新阁。

7月19日　周恩来就中外记者团访问延安的情况致电董必武:经过月余的参观、谈话,中国记者"一致承认我党组织力强,与人民打成一片,军事不可侮,生产成绩好,文化方向对","公开表示,国共决不能打,只能政治解决"。

△　国民政府公布《战区各省省政府设置行署条例》,凡六条。

△　国际货币金融会议宣布:中国被推选为世界建设及开发银行12董事之一。

7月20日　军事委员会任命郭寄峤为第一战区副司令长官,卫立煌为中国远征军司令长官,张雪中为第四集团军副总司令,刘祖舜为第二十六集团军副总司令,鲁应禄为第三十三军副军长,阙汉骞为第五十四军军长,陈素农为第九十七军军长。撤销刘茂恩第十四集团军总司令职务。

△ 湖南战场增援衡阳之第六十二军进抵火车西站,日军集中主力向该军猛攻。22 日,第六十二军因受优势日军的反击,且粮弹告竭,乃将主力南移至硫子坑、盘古岭、侍郎铺附近整顿。

△ 八路军鲁中军区部队向诸城、临沂地区发动攻势,攻克伪军刘家旺、太和、口头等据点,守敌全歼。22 日继向王坟、劳凹、张庄等据点进攻,俘伪军 214 人。

△ 胶东平度、胶县日军及伪治安军第二十二团王铁汉部南犯,八路军一部对敌展开出击,战至 8 月 1 日,连克兰底、外刃家等日伪军据点,毙伤伪军 500 余人,俘伪副大队长以下 400 余人。

△ 汪伪最高国防会议特任陈恩普为司法行政部部长,钟洪声为最高检察署检察长,乔万选为特别法庭庭长。

7 月中旬 蒋介石接受何应钦建议,决定如下方案:史迪威担任中国战区统帅部参谋长兼中美联军前敌总司令。史迪威应秉承蒋介石的命令,负指挥中国战区前线各军作战之全责;凡中国战区列入战斗序列的前线各部队,皆归史迪威指挥;前线部队的作战地区及战斗序列另定。前线部队的所有军需,凡中国国内所缺乏者,概由《租借法案》内供应,此等租借物品的支配,全按中国政府命令行之;中国战区内(包括东北、台、澎等地)各级地方行政与人事概由中国政府管理;中国军队的人事行政应按中国法规及行政系统处理。

7 月 21 日 蒋介石在黄山整军会议上发表训示,指出目前军队中的通病为:军事主管思想落伍,精神涣散,不求长进;高级主官不讲气节廉耻;军事机关弊端丛生;军队荣誉丧失殆尽;兵役办理不良等。勉励与会人员人人负责知耻,尽职服务,务使军事机关与部队朝气蓬勃,面目一新。

△ 八路军参谋长叶剑英发表声明,驳斥日本中国派遣军否认在华使用毒气的谎言,指出:数年来日军在敌后战场使用毒气,据不完全统计,不下 10 次之多。

△ 东江纵队五少年英雄黄友(班长)、李查礼(副班长)、傅天聪、

尹开、赖志强在广九路平湖地区阻击日军藤本大队 400 余人,掩护主力转移,光荣殉国。

　　△　桐柏山南麓四十里冲农民 7000 余在王川等组织下,反对第五战区军队抓丁拉夫,摊派粮款,攻入驻扎在豫、鄂边天河口的第五战区豫鄂边游击总指挥部。总部特务连、工兵连、机枪连和第一大队全部被缴械。总指挥何章海被暴动的民众活捉,主任副官何堃被处死。

　　△　八路军山东军区一部及清东独立团等将伪灭共建国军王道部驻区益都、寿光、临淄、广饶四县边区的 11 个据点包围。王部 1600 余人起义,广饶伪军一个中队也同时反正。王部起义后,被改编为山东军区独立第一旅。

　　△　汪伪全国经济委员会拟定《乡村建设大纲》,选定江宁、昆山、当涂、嘉兴、南汇五县为实验县,并成立乡村建设实施委员会,由陈君慧任秘书长。

7 月 22 日　第九战区司令长官部电令衡阳外围援军,应集中全力,先突破衡永公路附近之虎形山及汽车西站以西敌人阵地,再图扩张战果。并令空军应集中力量轰炸虎形山及汽车西站以西之敌阵地,期发挥陆、炮、空协同战斗之全力,得突破之迅速成功。

　　△　湖南战场日军停止对衡阳城的第二次总攻后,开始将主攻目标转向增援衡阳的第六十二、第七十九军,是日攻占第六十二军阵地雨母山;前线指挥所亦受到日军炮火袭击。23 日,双方在火车南站激战,第六十二军军部被袭击,军长黄涛命所部撤出南站。

　　△　中印缅战区司令部派遣的第一批美军观察组(又称迪克西使团)成员抵达延安。观察组组长为包瑞德,成员有谢伟思、戴维斯等。

　　△　国民政府明令公布《出国护照条例》、《国产烟酒类税条例》。

　　△　冯玉祥发动的节约献金大会在四川自贡市蜀光中学举行,参加群众 3.5 万人,献金 1.3 亿元,金戒指 130 个,金镯八只,布鞋一万双。其中个人献金最多者为王德谦,达 1500 万元。

　　△　日本新内阁组成。首相小矶国昭,海相米内光政,陆相杉山

元,外相兼大东亚大臣重光葵,藏相石渡庄太郎。下午,全体阁员谒日天皇。同日,小矶向全国发表声明,宣称将努力使政府和大本营团结一致,并以坚决的意志加强国策的执行,借以争取战争的胜利。并称将加强和德国的关系,追求共同的目标。

△ 汪伪政府为日本小矶内阁组成发表声明,称:小矶内阁的成立,"必将有更强力之新姿态出现,以适应此新局面。我国民政府对此,当仍本过去同盟道义之精神,集中人力物力,共同向击灭英美之途迈进"。

7 月 23 日 蒋介石致电罗斯福,提出史迪威自缅甸调回重庆担任新职务之前的三个条件:一、中国共产党不得处于史迪威权力之下,一直要到他们同意服从中国政府的行政和军事命令时才能这样办;二、明确规定史迪威的职责、权力、名义和对大元帅的关系;三、《租借法案》安排之下的一切军事供应物资的分配和处理,完全处于中国政府或其总司令权力之下。

△ 林伯渠致函张治中、王世杰,询其对中共 6 月 4 日所提 12 项意见是否已请示答复,并邀请他们到延安商谈。

△ 湖南战场第六十二军从衡阳火车南站撤走后,军事委员会是日再令该军及第七十九军速解衡阳之围,并指示"第六十二军应以一部监视衡阳以南之敌,集中步、炮主力向虎形巢及其东南之敌阵地突击";"第七十九军应集中兵力由贾里渡方面向汽车西站以西之敌阵地突击,以收突击之效"。

△ 缅北中国驻印军第十四师第四十二团一部于密支那市区以南强渡伊洛瓦底江,切断密支那至八莫的公路,以阻止日军增援。

△ 中美空军混合团第三大队出动飞机 21 架,第一大队出动飞机六架,轰炸日军仓库和岳阳羊楼司车站,返航至岳阳洞庭湖上空,先后与日机约 40 架遭遇,空战中击落日机 10 架。

△ 八路军太行军区六分区部队邢(台)沙(河)攻势作战结束,历时七天,攻克德旺、范下曹等敌据点 12 处,摧毁敌邢、沙第二道封锁线。

△ 八路军山东滨海军区部队向盘踞在诸城、胶县、日照三县边缘地区的伪军李永平部发起进攻战役,战至 8 月 4 日,攻克据点 40 余处,歼灭日伪军 680 余人。

△ 是日至月底,第五战区司令长官部对桐柏山农民暴动进行镇压,第二十八师在该地大肆屠杀民众。仅天河口一带,凡在 10 岁以上的男女均未幸免,被杀害者达 5000 余人,被烧、被抢的人家不计其数。

△ 国际货币金融会议闭幕,与会 44 国代表团团长和丹麦观察员在最后决议书上签字,并通过《国际建设开发银行章程纲要》。

7 月 24 日 国民党中央执行委员会通过《民国三十四年党务方针》,要点为:一、发扬革命精神,集中党的力量,贯彻三民主义;二、加强战地党务,巩固敌后政权;三、加强基层组织,扩大民众组训;四、充实海外党务,辅导侨民事业。

△ 国民党中央常务委员会通过:派方治为重庆市党部主任委员,陈沣岭为河南省党部主任委员,中央训练团教育长王东原调任鄂政,遗缺由陈仪继任。同日,国民党中央特派段锡朋为中央训练委员会主任委员。

△ 国民政府派陈大齐为民国三十三年第二次高等考试再试典试委员会委员长,陈立夫、程天放、叶秀峰等为委员。

△ 邹韬奋因病在上海逝世。9 月 28 日,中共中央致电邹韬奋家属,对邹韬奋一生的事业予以热烈赞扬,并追认他为中国共产党党员。

△ 中国空军数度出击衡阳,协助地面部队作战,在西北之小高地及太子码头附近炸毁日军工事多处。

△ 中美空军混合团出击岳阳白螺矶日军机场,炸毁场内日机 30 余架及场外油库四处。

7 月 25 日 林伯渠和张治中、王世杰会谈,张、王对中共之 12 项意见作了口头答复,并告林伯渠,中央提出的《提示案》即系中央的具体意见,要求中共中央对《提示案》作出具体答复。

△ 中共中央决定派出八路军、新四军各一部四路进军河南敌后,

发展河南敌后抗日根据地。具体行动为：从太行、太岳抽调精干部队进入豫西；以冀、鲁水东区部队作策应，以新四军第五师一部从平汉路北上配合行动。从华中抽调新四军第四师一部西进豫皖苏边，首先恢复萧（县）永（城）夏（邑）宿（县）根据地，然后打通与睢杞太地区之联系，相机控制新黄河以东地区。

△ 国民政府特派潘公展为中央图书杂志审查委员会主任委员。

△ 滇西中国远征军第七十一军进迫龙陵市区。时日军千余自芒市经象达东南地区入平戛，会该地日军向西北出击。第七十一军侧背受敌，第二军增援向日军夹击。出击之日军退回芒市。

△ 外交部宣布：中国与捷克斯拉夫（今译捷克斯洛伐克）使节升格为大使。

△ 中外记者西北参观团领队谢保樵、副领队邓友德及本国记者九人、外国记者一人返抵重庆。

△ 据中央社讯：赈济委员会积极救济湘省灾民，呈准行政院增拨1000 万元，并饬所属妥善救济难民。

7 月 26 日 国民党中央宣传部长梁寒操在记者招待会上发表谈话，称：国共谈判已谈了三个月，"国共问题已经有了一部分解决了"。又称：国共关系"极本解决问题的障碍，是在于中共党人一方面宣称他们有意合作，但事实不然，他们所做的事情和他们说的话相反"。

△ 毛泽东出席为美军观察组第一批人员到达延安举行的晚宴。席间，毛同坐在身旁的观察组成员、美国驻华大使馆二等秘书、中缅战区司令部政治顾问谢伟思进行交谈。在交谈中，毛泽东提出美国是否有可能在延安建立一个领事馆的问题，并说他提出这一问题，是因为考虑到在抗日战争结束后美军观察组会立即撤离延安，而那时正是国民党发动进攻和打内战的最危险的时机。

△ 蒋介石致电第十军军长方先觉，嘉勉所部坚守衡阳。

△ 缅北中国驻印军第五十师逼近密支那市中心，第八十九团一部向日军阵地实施猛攻，激战至晚，与第八十八团一部会合于密支那公

路与铁路交汇点。同日,新编第三十九师第九十团亦空运至密支那,第一四九团抵达城郊,并部分投入战斗。

△ 中国空军重轰炸机 30 架、轻轰炸机 18 架对滇西来凤山等日军据守地进行轰炸。炮兵以一天 5000 发炮弹的数量向来凤山射击。战至 15 时,将营盘坡完全占领。

△ 国民党中央宣传部举行外国记者招待会,有记者询问日本新闻是否向中国试探和平。张平群答称:据吾人所知,并无此试探。我政府素视与日寇商谈和平无异与虎谋皮,不仅无得,且遭反噬。

△ 前金陵大学校长包文博在美国洛杉矶病逝。

△ 汪伪政府最高国防会议特任华北政务委员会委员长王克敏兼任教育总署督办。

7 月 27 日 周恩来同谢伟思在延安会谈。在谈到国共谈判时,周说:国民党是利用谈判来捞宣传上的好处,主要是为做给美国舆论看;国民党希望战争结束时能把共产党一举歼灭;它会继续不断地衰落。另外,周还就美军在太平洋的进展和美国未来对日的战略,以及中国大陆战场的重要性等问题同谢伟思交换意见。

△ 孔祥熙在纽约美国工商界欢宴会发表演说,欢迎美国与中国经济合作,称:中国不仅有一良好的市场,且为维持远东和平之必要条件。

△ 军事委员会调第四十六军、第七十四军投入增援第六十二军、第七十九军的战斗。战至 8 月 2 日,第七十四军第五十八师占领衡阳西之鸡窝山,第四十六军攻占雨母山。

△ 军事委员会任命第二十七集团军副总司令欧震兼任第四军军长。

△ 第九战区司令长官部电令衡阳前线部队:衡阳周围之敌,久战疲惫,我应趁后续部队之到达,先将鸡笼街之敌歼灭,继续增援前线,击破衡阳以西地区敌人,以贯彻打开敌围,与第十军会合之目的。

△ 滇西腾冲城内日军 200 余人深夜冒雨由文笔坡地区向中国远

征军第二十集团军所部发起突袭。经预二师猛烈回击,日军放弃来凤山高地,向腾冲城内逃窜,来凤山终被攻占。

△　日军为死守密支那城,将缅北八莫之第一一四联队第一、三大队 2000 余人及汽车 200 余辆运密支那增援。同日,英军一个营开进密支那机场。

7 月 28 日　蒋介石主持黄山整军会议,称这是国家和军队起死回生的一次会议,指示调整部队、确定补给制度、整饬风纪、改善新兵待遇及接送征补办法。勉励打破畏难却顾心理,养成任劳任怨精神,以自力更生的决心,改造军队,充实力量,完成此次会议使命。8 月 18 日,蒋在黄山整军会议上再次指示调整机构、部队及整军的重点,在于分别裁撤业务重复与充实重要而人力不足的单位,并注意被裁减人员的安置。9 月 6 日,蒋在黄山整军会议上再作指示,提出了反攻时如何注意组织地下部队为国军应援,与利用伪军的问题。

△　国民政府公布《外国人在华充任律师办法》,规定:外国人经许可在中国充任律师者,应遵守中国关于律师之一切法令。

△　中美空军混合团驱轰联合大队出击岳阳白螺矶日军机场,击毁地面日机 34 架,日军飞行员等 100 余人被炸死。

△　湖南战场日军对衡阳赖庙前街、西禅寺、五显亭、岳屏山等发动进攻。至次日,敌占西禅寺、五显亭、岳屏山,炮、空联合炸射,第三师阵地大部被摧毁,官兵死伤较重。

7 月 29 日　军事委员会任命李兴中为第四集团军副总司令。

△　在中美空军掩护下,缅北中国驻印军各部再次发动攻势,其右翼第一四九团攻入密支那火车站;第一九〇团占领市区第五条马路;左翼第八十九团在重炮掩护下进至新街市。

△　美机 70 余架轰炸大连、鞍山,昭和制钢所炼焦炉和高炉附属设施被破坏。31 日,美机又轰炸鞍山、抚顺、本溪。

△　据中央社讯:日军进犯长沙时肆意行虐,凡 70 岁以下妇女多被奸淫。将该战区之男女分组捆缚手足,五人相连,强其修筑公路,并

不与饮食,任其自毙,稍有拂逆,即被绞杀。

7月30日　衡阳守军血战月余,蒋介石命令空投食品。

△　第二十四集团军总司令王耀武电令增援衡阳各军,全力攻击日军。

△　缅北中国驻印军第一五〇团通过密支那城区第六条马路;第一四九团全部攻克火车站。至此,密支那市区大部为驻印军占领。

△　八路军冀鲁豫军区一部在湖西地区对苏北挺进军发起反击作战。至8月17日,将其四个纵队大部歼灭。

7月31日　军事委员会致电各战区司令长官、各省政府主席,告以张治中、王世杰与中共代表谈判的情形,并宣称:"凡中共方面意见,中央政府所能容纳者,该提示案已尽量予以容纳,希望中共能接受提示案,并提出确切之答复。"

△　国民政府授予何键一等云麾勋章。

△　八路军冀鲁豫军区一部攻克山东莘县县城。8月1日,又攻克该县西吴家、燕店等日伪军据点,伪军400余人向八路军一部投诚。

△　新四军第一师第三旅第七团在地方武装配合下,攻克位于山东附近的日伪军重要据点西团,全歼守敌。

△　陈纳德率美第十四航空队机群一队轰炸岳阳白螺矶日机场,毁地面日机18架。

△　日机10余批分头袭击广西柳州、梧州、平南等地,在平南投弹两次。

7月下旬　蒋介石电告孔祥熙并转罗斯福:史迪威在中国军队的中下级军官中难孚重望,故特须谨慎从事,周到准备,操之过急恐致意外之失败;史迪威要指挥作战,必须明确其职权与范围,并尊重统帅,租借物资须交由统帅支配,否则中国军民对史迪威的误会与反感必将与日俱增;中国经济困难,官兵给养必须保证,共产党的军队不可交由史迪威指挥。

△　活动在平绥线张家口附近的平西八路军,救出1941年5月晋

南中条山战役中被日军俘虏去作苦工的政府官员 33 人,送到晋察冀军区。

△　豫南数万农民反抗第五战区第二十八师对民众的血腥镇压,将该师全部缴械,杀死师长,组成豫南农民救国军,活动于回望山、吴家大店、天河口、应家店一带。

是月　行政院设立战区失学失业青年招训委员会,陈立夫兼任主任委员,钱大钧、顾毓琇任副主任委员。

△　教育部决定:河南大学文、理、医三院迁往陕西城固,与西北大学联合办理。广西大学由桂林迁往融县。

△　三民主义青年团中央团部设立青年奖学金,旨在"鼓励全国各专科以上学校学生进德修业",每期 2000 元,学生 500 名。

△　北岳区八路军攻克易县、徐水、蔚县等县城。

△　日军在平、津各大学逮捕男女青年及教授达 6000 余。北平辅仁大学工商学院中外籍教师大部分被捕。

8　月

8 月 1 日　蒋介石就征收民国三十三年田赋指示如下方针:财政、粮食两部按照各省赋额,核定军、公、民粮,复实配定;征购改为征借,不发券款,不计利息;注重征借大户,以期负担公开;各省除征实、征借外,不得私立名目;因灾减免应据报灾情。

△　交通部两南进口物资督运委员会在贵阳成立,是为中美增强运输合作、军事与交通密切联系,便利迅速运输进口作战物资的强力督运机构。

△　湖南战场第十军军长方先觉致电蒋介石,告之该军固守衡阳将近月余,"幸我官兵忠勇用命,前仆后继,得以保全"。并申述该军面临之困难一为无医药治疗,二为官兵伤亡惨重,弹药缺乏,空投补给有限。

　　△　湖南战场日军集中炮火攻击衡阳杏花村141高地与西禅寺，战至2日拂晓，141高地守军第三师第二营第五连全连官兵壮烈殉国。入夜，敌又攻西禅寺，三次突入，第三师第三营营长赵寿山发起逆袭三次，卒将突入之敌悉数歼灭。

　　△　缅北密支那残敌开始渡江向伊洛瓦底江东岸逃窜，其指挥官水上源藏自戮身亡。

　　△　缅北中国远征军一部攻占密支那市区第七条横马路、十字路口、日军营房修械所等。

　　△　美总统罗斯福晋升史迪威中将为上将。2日，蒋介石致电祝贺史迪威。

　　△　孔祥熙在纽约接见记者，宣称：中国乃美国投资与扩充市场之理想处所，中国对美人投资公私企业均有保障。

　　8月2日　国民政府特派朱家骅为民国三十三年第二次高等考试典试委员会委员长，邵力子、史尚宽、顾毓琇、钱天鹤等为委员，陈大齐为试务处处长。派郭有守、欧元怀、徐箴、王友直为成都、贵阳、福州、西安办事处处长。

　　△　国民政府派胡世泽为英、美、中三国战后和平机构会议出席代表。

　　△　行政院参事张平群在记者招待会上答记者问美驻华军事代表派员赴延安观察一事时称：该团系分赴我国各地，不仅延安一处，其任务为：一、促进陆、空部队之联系，探采有关情报；二、搜集气象资料。

　　△　滇西中国远征军第二十集团军及空军对腾冲城发动攻击。经两日激战，攻占城垣及城外堡垒七个。日军猛烈反扑，并施放毒气，攻击部队伤亡较重，攻击失利。

　　△　缅北中国驻印军第五十师为攻克密支那城北日军据点，组成104人参加的"敢死队"，在当地爱国华侨的引导下，接近市区日军最后坚守的两条马路，并破坏了日军全部通讯设施。3日，炸毁大部日军工事，日军仓皇后撤，跳入伊洛瓦底江逃命。

　　△　日军第十一军司令官横山勇经多日准备后,于是日偕同僚自长沙飞抵衡阳,亲自指挥第六十八、一一六、四十、五十八、十三等师团对衡阳发动第三次总攻击。

　　△　美国驻华大使高思致函朱德、彭德怀,对八路军在正太路营救美国飞行员表示谢意。

　　8 月 3 日　蒋介石电示在美的孔祥熙,从速解决中美币值交涉,"如能于法币百元至百廿元之间换得美币一元亦可"。

　　△　国民政府授予陆军第四十七军、第五十七师荣誉旗,晋给孙连仲一等云麾勋章、薛岳一等宝鼎勋章;给予郭忏青天白日勋章;晋给王敬久、周嵒二等云麾勋章,冯治安、王耀武二等宝鼎勋章。

　　△　缅北中国驻印军各部向密支那发动最后攻击。第十四师副师长率部先后攻占宛貌、息东。自北向南进攻的美军亦进至西大坡。日军残部数百人于 4 日渡伊洛瓦底江逃至江东岸丛林,在马杨高地集结,后逃往八莫。

　　△　滇西中国远征军第八军第一〇三师攻击松山滚龙坡。

　　△　滇西中国远征军第三十六师一部从腾冲城西南角突入城内,并利用烟幕、云梯攀登城墙,攻击敌人。

　　△　八路军冀中第九军分区部队在地方武装配合下,第二次收复肃宁县城,俘伪军 600 余人。

　　△　八路军一部攻克河北雄县城。

　　△　八路军冀鲁豫军区以三个团、五个县大队的兵力在北线担任主攻任务,以一个团、二个县大队的兵力在南线阻援,向山东郓城至鄄城间日伪军封锁线上各据点发起进攻,历时七天,共攻克据点 36 处,歼灭伪军近 3000 人。

　　△　湖南战场第六十二军被日军阻止于衡阳洪山庙附近,第四十六军先头部队被阻于雨母山附近。同日,日军又向天马山、西禅寺、苏仙井、杏花村附近高地进攻,守军牺牲甚众,西门和北门相继失守。

　　△　湖南战场日机六架乘夜对衡阳中心和南侧地区实行轰炸。4

日拂晓又轰炸岳屏山高地中心据点,飞行第四十四战队轰炸城西北及南侧高地。

8月4日 军事委员会公布:在历时两个半月的雨季丛林战斗中,中国军队将攻克密支那,中印交通即可打通,已歼日军3000人。并称:本年内缅北战场已消灭日军四个师团,计五万人。

△ 湖南战场日军对衡阳发动第三次总攻击。清晨,日军五个师团附各种火炮100多门,炮弹四万余发,在横山勇统率下,向衡阳西南阵地发动进攻。守军第十军因大炮多已埋藏,无法对日军进行还击,任凭日军狂轰滥炸。至黄昏,预十师伤亡将尽,防守第一线的任务由第三师接替。第三师第八团在五桂岭北部,第九团在天马山附近,第七团在杨家庙附近,预十师余部在岳屏山附近阵地与日军搏杀。

△ 日本大本营联席会议决定《关于设立最高战争领导会议案》,规定最高战争领导会议的方针为"负责策划决定领导战争的根本方针,配合调整政略和战略"。其成员由参谋总长、军令部总长、内阁总理大臣、外务大臣、陆军大臣、海军大臣组成。在审议重要案件时得奏请天皇亲临会议。

8月5日 王世杰与董必武、林伯渠谈话,问双方谈判的根本问题在哪里?如派人到延安是否有把握解决问题?林、董回答根本问题在于实现民主和军队数目与驻地问题,欢迎他们去延安。王说,双方互对对方提案提出答案,然后同林到延安,再约周恩来同时出来会谈。

△ 缅北密支那克复。中国驻印军第一五〇团攻占密支那市中心,并与西大坡方面进军的美军第五三〇七支队会师。新编第三十师、第十四师各部均攻占指定目标。至此,密支那城区攻坚战结束。

△ 史迪威对记者发表谈话,称:一年来在缅境击毙之日军相当于四师团之众。

△ 美军B—25型飞机终日轮番轰炸滇西腾冲城垣,13处被炸塌。6日,美机32架又轰炸腾冲。

△ 湖南战场第十军军长方先觉在军指挥所召集紧急会议,所部

第三师师长周庆祥、第一九〇师师长容有略以无可抽调之兵,弹药亦将告罄主张突围。唯方先觉因伤患 6000 余难以随军行动,挥泪宣布继续死守衡阳。

△ 湖南战场日军继续以强大火力向衡阳城区攻击,守军第十军阵地几被全毁,遂转至天马山、五桂岭、岳屏山一带,伤亡较大。至晚,日军攻占第十军第二线主阵地大部分,守军士兵仍顽强拼杀,终于阻止日军的深入。

△ 山东郓城八路军一部及地方武装向伪军刘本力部发动进攻。战至 11 日,解放村镇 600 余,摧毁敌据点 37 处,平毁日伪军封锁大堤200 余里,毙伤伪大队长以下官兵 300 余名,俘虏 2300 余名。

△ 孔祥熙访问罗斯福,商谈中国战局及国共谈判问题。

8 月 6 日 毛泽东致电林伯渠,指出:"(一)梁寒操对外记者所谈,我们决定暂时不理,俟九月底外记者从晋西北返延时将向他们发表谈判经过。(二)国民党将阎锡山与外记者所谈诬蔑我党的全部谬论在西安报上发表,我们决定日内将叶剑英六月二十二日与记者团谈话登报并广播,同时发表文章、消息,揭穿阎锡山。"

△ 湖南战场日军由衡阳演子坪向城区突进,旋向第十军军部前进,形势危急。军长方先觉与所部师长致电蒋介石,称:"敌人今晨由北城突入以后,即在城内展开巷战,我官兵伤亡殆尽,刻再已无兵可资堵击,职等誓以一死报党国,勉尽军人天职,决不负钧座平生作育之至意,此电恐为最后一电,来生再见。"

△ 湖南战场衡阳城北蒸水南岸第一九〇师演武坪阵地被日军攻破,守军全亡。师长容有略请方先觉派特务营反攻,又中日军埋伏,伤亡过半,反攻失败。日军继续向市中心突进。当日上午,日军发起全面攻击,守军阵地多夷为平地,战斗兵员所剩无几。同日,第三师第八团一部在市民医院阵地与敌拼杀,敌第五十七旅团长志摩原吉少将被炸死。

△ 缅北中国驻印军第八十九团奉命渡伊洛瓦底江向卡卒追击日

军;第四十二团及第四十一团一个营攻克腕貌、满那后,于 11 日返回密支那。

△ 蒋介石致电史迪威和蒙巴顿,对其率部克复缅北密支那表示祝贺。

△ 重庆《大公报》载:河北省历受寇、旱、蝗、水之灾,人民流离,中央特拨款 300 万元作救济之用。

8 月 7 日 湖南战场日军第十一军司令官横山勇令所部炮兵部队的所有野战重炮、加农炮、榴弹炮向衡阳城区轰击,全城火光四起,建筑物全毁。日军从小西门等突破口不断涌入市区,巷战至烈。傍晚,日军再次发起总攻,第十军军部指挥所国旗举目可见,守军仍在各地与敌进行拉锯战。

△ 以包瑞德为团长的美军观察组第二批一行 18 人抵达延安。

8 月 8 日 蒋介石电示在美的孔祥熙,成都机场经费即照美方所提在 1.25 亿美元之内方案从速处理。

△ 衡阳陷落,长衡会战结束。日军于黎明前分向衡阳市中心突进。迨 4 时,第十军军部指挥所、中央银行周围枪声逼近。清晨,日军攻占第十军军部指挥所,军长方先觉率军参谋长孙鸣玉和四位师长周庆祥、葛先才、容有略、饶少伟等会见日军师团长,日方提出无条件投降的要求,方先觉表示答应。后方先觉逃出,4 个月后辗转到重庆。衡阳战役中第十军守军苦守 47 天,伤亡共 1.5 万余人,其中阵亡 7600 余人;日方死伤 1.938 万余人。

△ 国民政府任命顾毓琇为国立中央大学校长,原任校长朱经农改任为教育部政务次长。

△ 据中央社讯:晋东南各县灾情严重,人口锐减。晋城县原有人口 36 万,现不足 13 万。长治、屯留县十室九空,民众无米无炊,牲畜、野草均被食尽;饿毙妇女婴儿,随处皆是。

8 月 9 日 中国驻印军总指挥部副总指挥郑洞国在重庆发表演说,报告中美联军在缅北作战状况,并称收复密支那的原因有四:一、主动进攻;二、运动迂回的战略;三、官兵士气旺盛;四、盟军配合作战。

△　八路军一部对山东菏泽、定县、曹县边日军封锁线发动攻势,战至 11 日,攻克据点七处,碉堡 12 个,俘伪中队长以下 160 余人,光复国土 700 平方公里。

△　军事委员会以第一战区副司令长官胡宗南在豫中会战中指挥失利,予以撤职。

8 月 10 日　国民政府代表王世杰、张治中致函中共代表林伯渠,函称:"从 5 月 3 日在西安晤面起,已逾三月;自 6 月 5 日弟等以中央政府提示案面交先生,为时已二月有余,迄今尚未得到中共方面之切实答复,此等情形超出弟等意料之外。政府在提出提示案以前,特命弟等赶赴西安与先生晤谈至两周之久,借以充分洞悉中共方面之意见,用意已见慎重。政府提示案之内容,不但对于去岁中共代表林彪师长所请求,基本范围已全部容纳,即对先生最近在西安所表示意见,亦已大部容纳。这是事实,只须将有关文件略予比较、分析,即可知。然立意政治解决既为中共所表示赞同,团结与统一又为中共所宣言拥护,弟等今兹实不能不敢请先生向中共主持诸公,剀切敷陈,促其接受政府提示案,并速予答复。至 6 月 5 日先生交来中共方面十二条意见,弟等于 6 月 15 日业就政府指示及弟等观感,以书面送达左右,兹因先生一再敦促弟等为更详尽之答复,因将政府意见再为先生详谈。"关于实行民主政治,保证自由,承认中共合法地位与地方自治问题,函称:"对于此类问题,政府提案中业已剀切申示两点,即在抗战期内厉行中共暨一切党派所已接受之抗战建国纲领,在抗战结束后一年内实行宪政,予各党派以同等地位。"关于军队编制数额,军队驻地,医饷军械问题,函称:"十八集团军过去规定编制,原为 4.5 万人,政府提示案允许编为四军 10 师,确属从宽核定。带兵官自行扩编军队,其事原不可为训,且政府正厉行精兵政策,一般军队,均在裁减单位,于此时期独允许十八集团军扩编为四军 10 师,自属委曲求全之至。并于军队驻地,政府亦正考虑至再,提示案一面指示集中使用之原则,一面规定在未集中使用前,受所在地战区司令长官之整训指挥,原则与事件实情兼顾。……至于军饷,提示案业允许第十八集团军享有与一般国军相同之待遇。"关于要求政府承认"陕甘宁边区"及"华北根据地民选抗日政府"问题,函称:"陕北边区问题,政府愿予考虑,并已于提示案中提出十分宽大之办法,借以容纳中共之意见;至其他任何地区之行政机构,自当依照提示案之指示,由各该地省政府接纳,以免分歧而杜流弊。"

△ 国民政府令改湖北宜城县为自忠县,以纪念故陆军上将张自忠将军。

△ 中美空军混合团袭击日军太原机场,毁飞机 25 架。

△ 黄炎培致函陈布雷、邵力子,为萨空了被羁兴隆场战时青年训导团事,请蒋介石特准恢复其自由。

△ 日本驻汪伪政府大使谷正之在上海对记者谈话时称:小矶内阁对华政策不变,日本在政治、经济、文化、教育、外交方面与中国协力迈进。今后惟有根据既定方针,逐步求其实现。

△ 罗斯福致函蒋介石,提出派赫尔利作为他的私人代表到中国,以调整蒋介石与史迪威的关系。派纳尔逊偕赫尔利到中国,以处理租借与其他经济事务。

8月上旬 军事委员会为准备桂柳作战,调第九十三军陈牧农部自四川綦江至湘桂路方面,即以警戒部队推进至湘、桂边境之黄沙河,主力布防于湘、桂要冲之全县周围,占领防御阵地。

8月11日 国民政府令改福建省闽侯县为林森县,以纪念故国民政府主席林森。

△ 国民政府授予何应钦一等景星勋章;授予程泽润二等景星勋章。

△ 调查抗战损失委员会召开会议,由翁文灏主持。会议决议:将抗战时期分为两个阶段调查,即自九一八事变至七七事变前一日,自七七事变至抗战结束。调查区域分沦陷区、战区及后方。必要时派员分赴指定地点,实际督导各级政府调查损失。

△ 周佛海自名古屋抵东京,与日本外相重光葵会谈,讨论对国民党诱降及实现全面和平问题。

8 月 12 日 周恩来在延安答新华社记者问时指出:国共谈判迄今还无结果,"根本障碍在国民党固执一党统治与拖延实行三民主义"。只有国民党"立即实行民主政治,并从民主途径中公平合理的解决国共关系,才能得到效果"。周恩来还指出,国内军事冲突并未停止,内战危机并未过去。要战胜日本帝国主义,国共两党必须团结,国共之间存在的问题必须从速解决,而要解决,"只有国民党的统治人士立即放弃一党独裁政治,立即放弃削弱与消灭异己的方针,立即实行民主政治,并从民主途径中公平合理的解决国共关系,才能得到效果"。

△ 国民政府派顾维钧、魏道明、商震为英、美、中三国战后和平机构会议出席代表,派毛邦初、刘田甫为专门委员。

△ 蒋介石复罗斯福 10 日电,称:赫尔利与纳尔逊"两君才誉卓越,余甚为欢迎"。

△ 滇西中国远征军第五十四军为尽快击破腾冲守敌,乃重新调整部署,加强了炮兵火力。入夜,日军向第三十六师登城部队反扑五次,均被击退。

△ 日机 10 余架三批袭陕,其九架在西安上空投弹,二架在南郑上空投弹。

△ 周佛海分别拜访日首相小矶国昭、海相米内光政、陆相杉山元、藏相石渡庄太郎、军令部长及川古志郎、参谋总长梅津美治郎等,分别讨论对国民党诱降及汪精卫死后人事安排问题。

8 月 13 日 司法行政部部长谢冠生在中枢纪念周报告施行《保障人民身体自由法》要旨:一、事前防范;二、事后结束;三、临时救济;四、行政监督。

△ 军事委员会任命胡琏为第十八军军长,罗广文为第八十七军军长。

△ 中共代表和各民主党派代表在重庆举行各党派临时会议,就

各党派国民参政员应取得密切联系,采取一致行动,增加民主同盟力量诸问题进行讨论,一致要求国民政府必须切实实行民主。

　　△　第九战区一部克复江西莲花县城。

　　△　意大利向汪伪政府交还天津租界,是日履行交接手续。16日,褚民谊主持交接仪式。

　　8 月 14 日　蒋介石电示在美的孔祥熙,史迪威的名称为"中国战区统帅部参谋长兼中美联军前敌总司令",职权则以承中国战区最高统帅之命,负指挥本战区前线各军的全责。至于战区内地方行政权,仍以由中国政府直接管理为要。

　　△　是日为空军节。国民政府授勋空军将士:授予周至柔、张廷孟、王叔铭、毛邦初、高又新青天白日勋章。

　　△　重庆市各界举行空军节庆祝大会暨国民兵团第三届献机典礼,到会 2000 余人,市长贺耀组致词。献机 50 架。

　　△　连绵淫雨过后,滇西中国远征军第七十一军对龙陵日军再次发起攻击。在炮火和空军的支援下,第七十一军左翼队新二十八师攻占老东坡。旋日军使用化学武器,新二十八师攻击受阻。18 日,在第八十八师一部增援下,终将老东坡攻占。

　　△　美机 24 架联合机群轰炸滇西腾冲城中东门日军守备队本部,步兵第一四八联队长藏重康美被炸死。

　　8 月 15 日　八路军山东鲁中军区以四个团的兵力,在地方武装及民兵配合下,发起沂水战役。以两个团进攻由伪军驻守的沂水城,以一个团进攻由日军驻守的南关。攻城部队从四面突入城内,至 16 日全歼守城伪军 1000 余人。与此同时,攻击南关的部队攻破日军围寨,全歼守敌,毙 31 人,俘 20 人。此役使鲁中、滨海两个根据地连成一片。

　　△　山东八路军一部攻克利津县张许伪军据点,俘伪营长以下 400 余名。17 日,克复利津县城,毙、伤、俘日伪军团长以下 1600 余名。

　　△　彭雪枫率所部新四军第四师主力五个团及地方武装一部由淮北地区向豫皖苏边进军。

8 月 16 日　国民政府决定有权逮捕人犯及协助逮捕机关：(甲)军事机关：(一)有权逮捕机关：军法执行总监部、战区司令长官部、卫戍总司令部、省保安司令部、戒严司令部。(二)协助逮捕机关：宪兵司令部、警察机关。(乙)司法机关：(一)有权逮捕机关：最高法院临察署、高等法院、地方法院、县司法处、兼理司法之县政府等。(二)协助逮捕机关：司法警察、司法警察官。

△　参谋总长何应钦发表广播讲话，呼吁南洋侨胞奋起抗日，并准备参加战后一切复兴工作。

△　国民参政员、陕西省临时参议会议长李元鼎在故里陕西蒲城病逝。

△　日军在河南周口县南寨决开沙河砖堤，河水泛滥，周口、商水、沈丘尽成泽国，淹死、失踪 200 余人，二万多人无家可归。

8 月 17 日　国民政府明令派顾维钧为英、美、中三国战后和平机构会议首席代表，派朱世明、张忠绂、宋子良、刘锴、李干等为专门委员。

△　孔祥熙电呈蒋介石，报告与罗斯福私人代表赫尔利晤谈经过，强调了要维持世界和平，美国必须有力扶助中国，始克达此目标。

△　新任国立中央大学校长顾毓琇对《大公报》记者申述其办学宗旨：一为注重学术研究，提高研究风气。二为改善研究人员的待遇，校政以教授为第一，尊重教授的地位及其学术成就。

△　日机七架分批窜扰闽西南各地，其中五架向建瓯郊外投弹20 枚。

8 月 18 日　中共中央发出《关于外交工作的指示》，规定中共对外政策的基本立场，对国际统一战线的内容和同外国交往的具体政策。说明这次外国记者和美军人员来边区访问和考察，是对新中国有初步认识后的实际接触的开始，是我们国际统一战线的开展和外交工作的开始。提出我们外交工作的中心应放在扩大影响和争取国际合作上面。

△　关于第三届第三次国民参政会问题，毛泽东致电董必武、林伯

渠,指出:"参政会开会,你们可仍持去年出席的态度。小党派如有民主提案,我们可副署,但不单独提案,表示在政治解决未达到目的前,一切提案都无从说起。"如林伯渠未离渝可出席。何应钦、俞鸿钧等如向我进攻,"我取针锋相对态度还击之,并对外发表抗议"。

△　河南杞县、睢县八路军一部及地方游击部队摧毁日伪军据点九座,击溃增援敌军 300 余名,俘伪中队长以下 148 名。

△　苏北解放区军民集会追悼邹韬奋,新四军代军长张云逸、代政治委员饶漱石致词,称邹韬奋"是坚持进步的模范"。邹韬奋生前好友范长江、钱俊瑞、于毅夫等作了讲演。

△　罗斯福根据蒋介石的要求,决定派赫尔利少将作为其私人代表前往中国。罗斯福是日在白宫与赫尔利谈话,讨论派赫尔利到中国的事宜,罗斯福交予赫尔利书面"训令",指出赫尔利到中国的任务是:一、担任总统派往蒋委员长的私人代表;二、增进蒋与史迪威将军间的和谐关系,并使后者对其所辖的中国军队便于指挥;三、另负若干关于军事补给方面的责任;四、与高思大使保持密切的联系。同日,罗又在白宫召见纳尔逊,向他下达了赴华的重要使命。并将决定派纳尔逊作为自己私人代表同赫尔利一起赴华的消息正式电告蒋介石。

△　伪湖北省省长、伪武汉绥靖主任杨揆一和伪江西省省长、伪九江绥靖主任高冠吾,与武汉日本最高指挥官佐野忠义签订《关于武汉地区治安肃正之现地协定》及《附属了解事项》。

△　陕西省政府委员会决定,将西安市政处改组成立西安市政府,任命陆翰芹为首任市长。

8 月 19 日　滇西中国远征军第五十四军变更作战部署,集中兵力于城南方面,突破腾冲城垣。20 日,该军各师先后突入城街市区,终日巷战,城南日军大部被歼,53 名日军向远征军投降。

△　八路军胶东军区发起大规模秋季攻势,历时五周。24 日夜,连克大泽山周围日伪军据点。30 日,解放文登县城。9 月 3 日,荣成伪军 600 余人反正,并解放该城。9 月 8 日至 23 日,八路军向烟(台)青

（岛）路出击,攻克敌伪据点多处。此役共歼敌 5000 余人,解放国土 5000 余平方公里,胶东解放区四个分区连成一片。

　　△　日军轮船一艘,帆船 400 只,满载抢劫物资自湘江北运,行至岳阳,被美机全部炸毁。

　　△　续范亭撰《寄山西土皇帝阎锡山的一封五千言书》,表示:"我虽不是共产党员,但我十分同情并拥护共产党的办法,因为他们真正实行了三民主义。我所以反对阎锡山,是因为他背叛了三民主义,并无私人的恩怨。"

　　△　日本御前最高战争领导会议决定《世界形势的判断及战争指导大纲》,要旨为:全力发挥日军战斗力,与美国决战,避免日、苏战争,离间美、英、苏、华之间的关系。对于中国,一面重视日本和汪精卫政权及"满洲国"合力开发资源,"促进贯通日、满、华地区和南方地区的自给自足,独自作战的阵势";一面对重庆"迅速发动有计划的政治工作",加紧对蒋介石的诱降,促进蒋、汪合作,"设法解决中国问题"。

　　△　罗斯福致函蒋介石,指出派赫尔利到中国的任务是,"调整作为军队总司令的你(你当然是整个地区的总司令)所领导下的整个军事局势,协助解决你与史迪威将军之间的一切问题"。

　　8 月 20 日　滇西中国远征军第七十一军第八十八师攻占龙陵城区文昌宫、余家寺、桅杆坡、钟山、张家寨等日军据点。日军困守西山坡、黄土坡、伏龙寺等处待援。

　　△　八路军冀中第九军分区主力部队一部在肃宁县游击队配合下,在河(间)肃(宁)公路上的白家村、张庄、大史庄伏击向河南赴肃宁之日军,毙、伤、俘日伪军 200 余人。

　　△　新四军一部及地方武装攻克江苏盱眙县城。

　　△　日军 5000 余人,伪军 6000 余人由济南日军第十二军司令官统率,对山东滨海地区进行"扫荡"。到 31 日,滨海地区军民粉碎了日伪军的"扫荡",攻克日伪军据点 25 处。

　　8 月 21 日　滇西中国远征军对腾冲再次发动总攻击。中美空军出动飞机达 100 多架次,投弹多达 1.5 万枚。第五十四军围城部队全力扫荡城上日军,并向城内发起攻击。22 日,中国空军出动飞机 60 架,分五批轮番轰炸日军据点。

　　△　财政部专卖事业管理局成立,刘鸿生任局长,陈公亮任副局长,下设营业、财务、总务、会计四处及技术、人事两室。

　　△　八路军一部攻克河北枣强县城,摧毁日军碉堡 10 余座,解决伪新民社、工作社、合作社等,俘伪组织人员 300 余名。

　　△　苏、美、英三国代表为组织国际和平机构,在华盛顿巴敦橡树园举行会议。29 日,三国代表发表联合宣言。

　　8 月 22 日　毛泽东复电林伯渠、董必武、王若飞,对他们 16 日来电提出的在国共谈判中关于军队数目应如何措词问题答复如下:"应作如下措词:为了准备配合盟国反攻,敌后四十七万军队,不仅不能减少,而且应奖励它,装备它,增强它,政府首先应全部承认它的合法地位,承认其一部取消其大部的想法是违反抗战需要的,而且是办不到的。我们在建议书中请求政府给予四十七个师的番号,所谓五军十六师是暂时至少数目,其余三十一个师仍请政府继续给予番号,决不是可以取消这些军队,也决不是不再请求给予番号。盟国援华物资一定要公平合理分配。这样说,和建议书原意是适合的。"

　　△　蒋介石以中印缅战区美国空运大队维持中国之供应线,并与中国部队配合作战,深为嘉许,特授予奖状。

　　△　中美空军混合第三大队出动飞机八架在湖北嘉鱼江面上空袭击日船,旋遇日机 12 架攻击,双方空战 15 分钟,日机被击落二架。

　　△　台湾总督府召开警备、防务会议,宣布台湾全岛进入战争状态。

　　△　罗斯福正式宣布派美国战时生产局局长纳尔逊赴华,协助国民政府工作。纳尔逊访史汀生时称:此行的使命"含有研究中国复兴"之重要一项。

　　△　美国官方宣布:截至本年 6 月 30 日,美国运往中国之租借物

资总值为 1.5 亿美元;运往各国者总值为 282 亿美元;英联合王国所获物资总值 93.2 亿美元。

8 月 23 日　　毛泽东、周恩来同谢伟思就国共关系问题进行长时间谈话。谢伟思告诉毛泽东,美国政府训令高斯大使,要其促成中国的联合政府,他问毛泽东的意见当如何实现。毛泽东指出:国共两党关系的状况是解决中国问题的关键。我们共产党人深知内战的惨痛经验。对中国说来,内战将意味着长年累月的破坏和混乱,中国的统一,它对远东的稳定作用,以及它的经济发展,统统会推迟下去。中国防止内战的希望在很大程度上有赖于外国的影响。在这些外国中,尤其最重要的是美国,国民党在今天的处境下必须看美国的脸色行事。毛泽东表示:国民党必须改造自己和改组他的政府。目前的方法是,国民党应该立即召开一次临时(或过渡的)国民大会,应邀请一切团体派代表参加。在人数分配方面切实可行的妥协可以是,国民党大概占代表数的一半,所有其他代表占另一半,蒋介石将被确认为临时总统。这次临时国民大会必须有全权改组政府并制定新的法令——保持有效到宪法通过之时为止。周恩来阐明,对于美国来说,赢得中国抗日战争的决定性胜利而又避免内战的惟一办法是既支持国民党,又支持共产党。

　　△　粮食部颁发《粮食征借大纲》:一、征借划分计算,合并办理;二、征实标准,由省田赋粮食管理处查考上年度情形切实改进,订定计算之公平标准;三、借粮标准,仍按田赋银额计算。

　　△　教育部在重庆召开训导问题研讨会,教育部长陈立夫任主席。会议议题包括生活管理、清洁卫生、劳动服务、学生组织、训导处与导师的联系、学校训导与家庭社会的联系等。

　　△　罗斯福致电蒋介石,敦促蒋尽快任命史迪威统率中国军队,并称:如再延误,对扭转中国战局、对盟国早日打败日本的计划来说,都是悲剧性的军事灾难,甚或已为时过晚。罗还建议用一个新的安排以处理《租借法案》事务,免除史迪威的负担。

　　△　滇西中国远征军第二十集团军继续向腾冲城区攻击。日军利

用街巷堡垒,处处设防,致远征军在争夺战中伤亡异常严重,各部每日伤亡均在 400 至 500 名以上。24 日,远征军一部攻占腾冲西门。

△　新四军第十六旅发动苏南长兴战斗,战至次日,歼伪军一个营部及两个连,俘一个连。25 日攻入长兴县城,守敌退至吴兴。26 日,敌大举增援,重占长兴。

△　日军偷袭河北肃宁县丰乐堡,烧死、杀死、打死村民 87 人,其中妇女和 10 岁以下孩子约 80 人(八年间,该村被日军屠杀 150 余人),烧毁房子 710 间。

△　法国内地军解放巴黎。28 日,蒋介石致电罗斯福、丘吉尔和戴高乐,祝贺巴黎之捷。

8 月 24 日　军事委员会制定桂柳会战各战区作战指导要纲。在第一期作战中,要求第九战区湘江东各军以现态势续行攻夺要点,牵制消灭敌人,并相机击破之。要求第四战区第四十六军之一个师调柳州后,将第三十一军移驻桂林,担任固守;第九十三军以一部占领黄沙河阵地,以主力防守全州。要求第七战区以现态势防阻敌人,以六个团兵力固守曲江;依状况先抽调两个师,秘密开赴连山、梧州构筑工事,并固守之。在第二期作战中,要求第九战区李玉堂所率第三十七军转移湘江西岸,第六十二军、第七十九军转移湘桂路以南地区,而王耀武直属各军则在湘桂路以北地区,并以邵阳为根据地积极夹击,侧击西犯之敌。要求第四战区第九十三军以一部占领黄沙河,以主力死守全州;敌如钻隙深入桂林附近,则适时抽调第四十六军及第七战区转用之两个师,协力守军包围而歼灭之。要求第七战区准备以一军长率领两个师,适时参加桂林决战;梧州仍留一个师固守之,并另以西江两侧之挺进队部队及地方团队,准备攻击沿西江进攻之敌。

△　蒋介石密电王世杰,提出国共谈判中的宣传方式,共三条:"(一)在行动上,表示中央对中共问题之解决期待殷切,拟请程潜、王世杰先生等加紧联络林祖涵,或于宴席上无形间充分表示中央之真诚热望,促其迅速答复中央 6 月 5 日之提示案。凡各党各派及无党无派之

重要人物，均可设法使其参加。（二）在文字上，拟由《中央日报》以及其他报纸、刊物，从正面或侧面撰拟论文，诉诸社会，热烈期望中共倾诚答复，速谋解决与自拔之方。（三）逐渐发表谈判情形，表示中央本不愿将其经过发表，乃为中共某种言论行动所迫，不得不令社会洞悉其真相。"

△　孔祥熙在美国参议院发表演说，申述中国政府愿以所有的力量支持适应局势发展的世界和平组织，"对于国际合作问题和美国的政策，无不表示赞同"。强调中国政府决"执行民主计划，向完全发达之民主国家迈进"。

△　八路军冀鲁豫军区第十分区一部攻克山东曹县之古营集，歼伪曹县警备大队1200余人。

△　日军第二师团第十六联队及第四联队之一部6000余人到达滇西芒市东北地区。25日又日军一部约200余人由象滚塘附近击破中国远征军第七十一军一部，进入龙陵。

△　周佛海与日外相宇垣一成会谈。宇垣声称：他始终一贯希望实现全面和平，更盼望在国际和平会议召开以前，直接和中国政府会谈。他扬言："中国若不看清东亚大局，日本经过若干时间准备后，将对重庆实行彻底的进击。"

8月25日　国民参政会驻会委员会举行会议，讨论本届驻会委员会向下次大会提出的会务报告和检讨三届二次大会后各项建议案政府实施情形的报告草案。并请求政府拨款二亿元，赈济湘省灾民。

△　顾维钧、魏道明、商震等飞抵华盛顿，出席世界和平机构会议。30日，拜访美国务卿赫尔，谈中美关系等问题。

△　滇西中国远征军第九师、第三十九师在龙陵桐果园、一丘田、张金山、南天门等地与来犯的日军激战。日军一部突破远征军防线进入龙陵城内与守军配合，其援军主力则继续向双坡、三官坡、锅底塘进攻。27日，新三十九师伤亡惨重，全师战斗兵员仅剩100余人，师长洪行单人突围，向昆明方向逃生。

△　八路军一部攻克山东沾化之下洼、张王庄、黄升镇等日伪军据

点,俘伪军前线总指挥赵立善及团长王亚山以下 230 余人,毙伤 130 余人。

△　第九战区第四军军长张德能奉命固守长沙,因作战不力,终致岳麓山失陷,长沙为之弃守。军事委员会以张"贻误戎机,情节重大",依法判处死刑,是日执行枪决。

△　中美空军混合团第三大队飞机五架在郑州、洛阳一带侦察敌情,在郑州上空与日机八架遭遇,击落日机二架,击伤一架。

△　日本海军陆战队 200 余人及伪军 300 余人,在海、空军掩护下,进攻浙东岱山以西的大鱼岛。守岛的新四军浙东海防大队一部与敌激战七小时,毙伤日军 40 余人、伪军 20 余人。

△　汪伪中央储备银行总裁周佛海与日本银行总裁结成签订《借款契约书》。借款总数四亿日元,五年内分期付给。

8 月 26 日　第九战区司令长官部对长衡会战作出检讨,认为此次会战该军的优点在于能够破坏敌之交通,攻袭敌后;突围巧妙;始终维持指挥系统,行有组织之战斗;利用地形,坚守阵地;经常实施尾击、侧击;陆空协同,良好空中补给确实。劣点为逐次使用兵力步调不齐;缺乏机动;各兵团战斗未形成重点;弃阵地与敌争夺,致增伤亡;守军与野战军不配合;纪律废弛,战志不旺;装备劣,兵员少;补给不灵活。

△　蒋介石密电第九十三军军长陈牧农,令该军应以一部占领黄沙河阵地,以主力固守全州,确实掌握要地,与铁路两侧友军配合,阻敌西犯。

△　孔祥熙访罗斯福,面递蒋介石亲笔函,并对美国政府派赫尔利、纳尔逊来华致谢。罗告孔称:吾深知中国物资之困难,故纳尔逊使华的重要任务在于经济计划,确切协助中国。只要是"以纳主管范围内,可尽量供给中国,增强抗战及复兴之用"。

△　黄炎培往访董必武、林伯渠,就国内外形势及国共关系问题进行了长时间的深入谈话。

△　华南东江游击纵队一部配合民兵进攻广州市郊之新造,解决

伪军垦区区署及联防队等九个伪机关,俘伪军官兵 50 余名。

△　日本最高战争领导会议决定,关于对重庆国民政府的政治工作,在中央由首相与外相协商确定,在当地则指导汪政府负责实施。

8 月 27 日　国民参政员邵从恩上书国民政府,恳请三届三次国民参政会能在保障人身自由、言论自由等方面有些成就,并将民国三十一年度购谷本息归还人民。

△　董必武约见张治中,表示欢迎张和王世杰到延安商谈。

△　军法部以第四军团长、长沙紧急疏散城防队队长杨震,第四军军部副官处长潘孔昭,第四军副官处中校陈继虞滥用军权,枉法贪污,是日在湖南前线执行枪决。

△　滇西芒市日军主力沿芒(市)龙(陵)公路,向包围龙陵之中国远征军第七十一军部队袭击,击破围攻部队之一部,打通由芒市至龙陵之交通线。

△　中美空军混合团第五大队飞机 13 架,出击湘潭至长沙公路上之日军车辆,焚敌车 30 余辆,旋又袭击湘潭日机场,毁敌机一架。同日,该团第一大队又分批夜袭岳阳、广州、衡阳等地。

8 月 28 日　中央社记者就美国派赫尔利、纳尔逊来华事专访翁文灏,翁称:"纳尔逊是罗斯福手下最得力的助手,罗派这样有见解有能力的人来华,足以证明美国援华之决心。"并称:"中国战时及战后经济,需要彻底而大规模之建设,确为一刻不容缓之举,瞻望纳尔逊与蒋主席之会谈,对于中国经济之前途,必有莫大之裨益。"

△　董必武致电中共中央,报告龙云曾催华岗提出民盟、滇、川康、李济深及中共五方面的问题,与龙云、朱蕴山(代表李济深)数度磋商,归纳为五条:一、实行民主政治,废除一党专政。二、驱逐日寇出中国,恢复我国领土主权的完整。三、保障人民身体、信仰、言论、出版、集会、结社的自由。四、实行中央、地方分权制,在民主基础上完成国家统一,加强与美、苏、英及其他同盟国家的邦交,共同消灭法西斯,争取实现世界民主与正义和平。五、因电台未通,不及事先商妥,这一初步纲领草

案,望五方面各派正式代表,择地再度会商,以便确定。

　　△　八路军晋绥军区部队开展以攻歼忻(县)静(乐)离(石)岚(县)公路沿线之敌为重点的秋季攻势。先后切断静乐至宁化堡的公路交通和离岚公路,攻克汾阳外围据点。至9月30日,攻势作战结束,共歼日伪军2000余人,攻克和逼退日伪军据点48处。

　　△　八路军渤海军区一部克复山东乐陵县城。29日又攻克日伪军下弦、张王庄等据点,俘伪团长以下230余名。

　　△　中美空军混合团第五大队分批袭击湖南岳阳、白螺矶日机场,与日机在石首上空遭遇,双方空战,中国空军击落日机五架。

　　△　美机轰炸上海,电力公司被炸,死一人,伤八人。工人要求躲避空袭,被日本厂方拒绝。

　　8月29日　国民政府明令裁撤新疆省边防督办公署;新疆省政府主席兼边防督办盛世才调任农林部部长,任命吴忠信为新疆省政府主席,未到职前,派朱绍良暂行兼办。30日朱绍良飞抵迪化。

　　△　军事委员会任命宋瑞珂为第六十六军军长,方靖为第七十九军军长。

　　△　滇西中国远征军第八军攻占松山主阵地最高点音部山,在作战中该军伤亡200余人。

　　△　国民政府任命徐思平为军政部兵役署署长。31日,徐对记者称,今后推进兵役的方针为"贯彻抽签法令","扩大知识青年从军运动"。

　　△　八路军冀中军区一部在地方武装和民兵配合下,向肃宁县城发起猛攻,30日攻入城内,全歼守敌,俘伪军600余人。

　　△　八路军太岳军区第二、四分区向豫北发动攻势,攻克济源西南之陈岭。伪济源保安联队司令王奠甫和伪自卫团长马明山率部反正。

　　△　江苏溧水县地方武装攻入溧水、溧阳县城。

　　△　中美空军混合团第三大队飞机13架轰炸湖北沙洋日军仓库、车厂等,旋日机15架在嘉鱼上空拦截,双方空战20分钟,中国空军击

落日机五架,美机被击落三架。

△　重庆《中央日报》载:日军犯豫西,致国立河南大学损失严重,图书、仪器全部毁坏,教职员、学生大部分被俘充当苦力,部分被杀害。

△　中华农学会举行年会,讨论农村民治推进问题,由吴藻溪主持。发言者认为推进民治首需农村工业化,加强农村组织,发展农村交通及教育。一致主张废除农村保甲制度,实行土地国有,成立县级以下的民意机关,如乡议会、村议会等,实行普选。

△　谢伟思从延安发出军事观察第 16 号报告,称"美国陆军与中国共产党部队开始合作"。批评了国民党虚弱、无能、不合作、反民主,赞扬中共得到人民支持,反对内战,扼守着抗日前线战略阵地据点,英勇善战。建议把美国的军事援助扩大予中共军队。

8 月 30 日　林伯渠致函张治中、王世杰,并转蒋介石及国民党中央,指出:国民政府《提示案》与中共提出的书面意见 12 条及口头意见八条,在原则问题上相距太远,中共无法接受。希望中央政府在解决全国政治问题与国共关系上,应把整个国家民族的利益放在首位,从有利于全国团结抗战,有利于促进民主出发,只有这样,才能使双方的谈判易于接受。林伯渠在信中再次邀请王、张赴延安继续谈判,以便看看中共是怎样忠实实行四项诺言与彻底实行三民主义的。

△　蒋介石在重庆黄山官邸约见美驻华大使高思。高依美国务院指示,请蒋调整对苏联与中共的关系。蒋提出中共应服从国民政府。

△　蒋介石电示第八战区司令长官朱绍良派兵驻防甘肃马鬃山,以保护当地蒙族居民。

△　中外记者西北参观团中的外国记者到达晋绥边区,受到各界热烈欢迎。晋绥军区参谋长陈漫远向记者介绍了根据地各阶段的军事概况。9 月 4 日,记者赴第八分区参观。

△　秘鲁首任驻华大使贝多亚抵重庆。31 日,双方商定两国使馆升格为大使馆。

△　八路军渤海军区一部克复山东文登县城。31 日,继向莱阳城

西北之马连庄日军据点攻击,两日歼灭日伪军 1100 余名,俘虏 450 余名。

△ 周佛海结束在日本的活动回到上海。是日,周对记者发表谈话,称:此次去日本,分别拜访了日本新旧内阁成员和其他朝野人士,并举行会谈,"大抵均确实表示中日关系决不致因新内阁成立而有所变更既定政策,今后当切实加以执行"。

△ 日本最高战争领导会议决定《对中国政治工作实施纲要》。关于对重庆国民政府的诱降工作,"驻华大使"和陆海军最高指挥官,只能指导南京汪政府采取"自己发动的方式"进行,而不能直接实施。

△ 纳尔逊、赫尔利离美抵莫斯科。31 日,拜访莫洛托夫,纳尔逊称赴中国的目的是改进中国对经济问题的处理及其前景。为实现这一目的,中国必须统一。莫洛托夫对纳尔逊的谈话及到中国的行动表示赞许,并称:如果美国帮助中国和中国人民改善他们的经济状况,取得军事上的统一,并选择最佳人选担当此任,苏联人民感到非常高兴。

8 月 31 日 行政院、军事委员会通令军政机关,在实施《保障人民身体自由办法》,逮捕人犯之前,应将人犯之姓名、性别、年龄、籍贯、住所、逮捕地点及逮捕原因分别报告行政院和军委会。

△ 《宪政》月刊社举行时政座谈会,讨论保障人身自由问题。黄炎培指出人身自由是民主政治的首要条件,是每个公民的基本人权。"我们主张认真实施约法;要法治,而不要人治"。沈钧儒指出:"我们主张法权一元化,拘捕一元化,审判一元化","一切拘捕人犯必须在二十四小时内交法院,否则拘捕机关即以侵害人身自由论罪"。

△ 行政院参事张平群答记者问称:8 月份重庆市零售物价总指数,较 1937 年增加 441 倍。

△ 卫立煌电令第八军军长何绍周务必于 9 月 2 日内将滇西松山及大寨之敌全部肃清,不得借口先后及顾虑任何牺牲。"如逾期限未能达成任务,着将负责之师、团长一齐押解长官部以军法从事,该军长亦不能辞其责"。

△　日本对台湾实施征兵制和学生劳动令。

△　高思致电美国务院,提出美国宜予中国政府以绝对之同情与支持。

8 月下旬　日军大本营颁布命令,在中国派遣军之下新设第六方面军,以冈村宁次为司令官,司令部设于衡阳南岳。下辖第十一军、二十三军、三十四军及第二十七、六十四、六十八师团等。

△　八路军冀东军分区第十一团和第四、六两个区队,在司令员李运昌率领下,分两路向蓟县、玉田、宝坻一带挺进,相继攻克蓟县孔子庄、三岔口、六百户、下仓镇等日伪军据点,毙敌 400 余人,迫使蓟县日伪军退守县城及马伸桥、邦均等据点。

是　月　中国空军为击破日军进攻桂林、柳州之企图,确保湘西,制定作战计划。规定作战兵力继续使用长衡会战之原轰炸机队。梁山、恩施地区部队之行动,由第一路司令张廷孟指挥;中美混合团之行动,由副司令张辅翼及摩斯共同指挥;美空军之行动由陈纳德统辖指挥。

△　国民政府制定推动乡镇公益储蓄办法,规定大县一亿元到 5000 万元,中县 5000 万元到 3000 万元,小县 2000 万元到 500 万元,全年总数为 200 亿元。

△　1 月至是月,粮食部办结粮政贪污和违反粮管政令案件,计判处死刑者四人,无期徒刑者五人,10 年以上徒刑者 25 人,予以撤职和行政纪过处分者 82 人。

△　北野政次接任日军“731 部队”队长。本年内,日本大本营决定将“731 部队”研制的钢笔式喷射器投入生产,作为连、排必备武器装备部队。

△　伪满国务院向各省发出《关于刷新强化地方行政的指令》,要求在省级行政机构中,进一步加强日本官吏的地位,各省设日本人主任参事官。由省次长、主任参事官、各厅长组织省政会议,决定省政的最高方针。并将全伪满分为东、南、中、北、兴安五个地区,由总务长官分区加以监督。

　　△　晋南新绛、汾城、万泉、荣河等 17 县蝗害为灾，饥民达 18 万余人。

9　月

　　9月1日　中共六届七中全会主席团会议，毛泽东提议讨论联合政府问题，并谈及 8 月 23 日同谢伟思谈话的情形。周恩来发言说，要在国民参政会上提出扩大参政会名额和权利的问题。"如果不解决，明年我们可组织解放委员会，在解放委员会未成立前，先把救济委员会成立起来"。会议决定成立城市工作委员会，彭真为主任，周恩来、刘少奇、康生、高岗、刘晓为委员。

　　△　中共中央决定由第一二〇师第三五九旅主力组成八路军南下支队，王震为司令员、王首道为政委、王恩茂为副政委，挺进湘南、粤北，开辟以衡山山脉为中心的华南敌后抗日根据地，逐步与鄂豫皖、湘赣抗日根据地连成一片，并打通与东江抗日根据地的联系，以便配合盟军的反攻与可能的在中国东南沿海的登陆。

　　△　滇西中国远征军第二十集团军攻城部队攻克腾冲东南角日军阵地。同日，又攻占城内武侯寺、城隍庙、秀峰山、文星楼、县政府等日军主要据点。

　　△　日军独立步兵第十旅团一部千余人，对太行区二分区和顺县之横岭、双峰一带"扫荡"，被八路军第一二九师及地方部队击溃。

　　△　中国新闻学会及重庆各报联合委员会举行记者节纪念会，到会 50 余人，大会发表宣言，阐明"厉行法治，保障人权；尊重舆论，宣达民隐，以慰国民之愿望"。

　　△　国民党中央宣传部公布，全国计有通讯社 177 家，报社 889 家。

　　△　黄炎培、张志让等 30 人联名在《宪政》月刊发表《民主与胜利献言》，陈明对时局的九项建议，要者为："实施人民渴望的民主制度"；

"严厉告诫文武官员,一切设施,力行法治,有犯必惩";"切实开放言论";"给学生以言论与人身自由";"行政机关,自中央至基层,一切政令皆须绝对公平,与民更始。"

　　△　豫湘战后,日军图攻桂省,是日,《广西日报》发表社评《号角与警钟》,指出:中国"军事、政治方面的弱点已绝不能再事讳饰,而亟须实行动大手术"。

　　9 月 2 日　蒋介石密电第九十三军军长陈牧农,令该军迅速完成桂柳作战的诸项准备。工事之构筑务加紧实施;并要求各据点能独立作战,并能互相支援。

　　△　八路军冀中第七军分区部队在地方游击队配合下,攻入深泽县城,毙、伤、俘日伪军 170 余人,摧毁伪县政府、伪新民会等,并从监狱中救出抗日干部、群众百余人。

　　△　胶东荣成县伪军六个中队及伪官员、士兵 160 余人向八路军一部投诚。

　　9 月 3 日　滇西中国远征军各部向松山发起第九次攻击。第八军各官长严督猛扑,士兵奋勇搏战,遂攻克大寨据点,歼灭日军 300 余人。

　　△　国民党中央派邵华为湖北省党部执行委员会主任委员。

　　△　蒋介石致电丘吉尔等,对欧战五周年致祝颂之忱,希望中英两国建立持久之友好和平。

　　△　国民参政会三届三次大会主席团开会,到会 112 人,江庸主持,讨论大会议程及有关提案。褚辅成发言称:"对于国家的重要问题,我们要有勇气,有话就讲,不要讲空话。"

　　△　伪满洲国举行联协会议,"国务总理"张景惠宣布国政方针,宣称:"吾满洲国决成为建设大东亚之先驱,不达击灭英美之目的,誓不终止。"

　　9 月 4 日　蒋介石密电第九战区司令长官薛岳等,要求第二十七集团军李玉堂部应在湘桂路两侧及湘江南岸,竭力迟滞敌之西犯,以掩护全州构筑工事;第二十四集团军王耀武部应在现阵地竭力拒止敌人,确保邵阳,并相机侧击沿湘桂路西进之敌。

△　中共中央关于改组国民政府问题给林伯渠、董必武、王若飞发出指示,提出改组国民政府的主张及其实施方案,认为目前向国民党及国内外提出改组政府主张,时机已经成熟。其方案为要求国民政府立即召集各党、各派、各军、各地方政府、各民众团体代表,开国是会议,改组中央政府,废除一党统治。然后,由新政府召开国民大会,实施宪政,贯彻抗战国策,实行反攻。这一主张,应成为今后中国人民的政治斗争目标,以反对国民党一党统治及其所欲包办的伪国民大会和伪宪法。

△　军事委员会任命高树勋为冀察战区代总司令。

△　中央设计局秘书长在中枢纪念周报告民国三十四年(1945)国家施政方针,共95项,要点为:本"军事第一、胜利第一"之旨,一切施政均与此配合;健全并发展各级民意机关,促进地方自治,厉行法治,奠定宪政基础;注重物价稳定,贯通内外交通运输;加强控制物资,扩大征收实物;稳定财政。

△　中外记者西北参观团外国记者参观晋西北后发表观感,认为"这里的军民团结抗日是中国旁的地方所没有的。我们在这里所见到的一切,充分证明在延安时所听到的是千真万确的"。

△　重庆教育、文化、法律、工商、金融各界代表人士黄炎培、张志让、江恒源、王云五、吴蕴初、卢作孚、胡西园等人发表对时局的主张,提出九项建议,迫切主张真正实行民主,与民更始。

△　国民参政员张澜对记者陈述对当前国是的意见,认为当前的急务,"第一在如何使人才集中;第二在如何使己意表现;第三在如何使党争停息。此三点一言以蔽之,即迅速实施民主政治"。

△　伪满国务院为适应战争需要,制定《金融事业整顿法》,规定伪经济部为调节金融事业,可对金融机关命令其转让或合并。如有违令者,可令其停止。

△　据中央社讯:平、津日军近日大举拉夫,北平搜拉6000余人,天津搜拉万余人,仍在继续中。

9 月 5 日　　国民参政会三届三次大会在重庆军委会大礼堂举行。出席参政员、国民政府要员、各国驻华使节等 500 余人。大会中心议题为宪政与经济建设。蒋介石致词，宣称："目前我国军事上的危险已过去了"，"我们国家现在需要的是统一"。参政员林虎致答词，指出政府"万不可专靠盟国的胜利当胜利，当前军事、政治情形令人隐忧"，"若将此状拖延下去，前途是不堪设想的"。下午，举行首次会议，何应钦报告军事，谓"各战场攻守兼施，将随时予敌以严重消耗"。参政员郭仲隗目睹豫战惨状，对此予以反驳。参政员徐炳昶要求枪毙汤恩伯，并交出国民党党证，表示不要党籍。

　　△　大后方报界为国民参政会三届三次大会召开，纷纷发表社论、社评，重庆《大公报》希望这次大会"把应该讲的话讲出来"，"少开秘密会，多容纳旁听人"，"多有些民主的气象"。《云南日报》指出目前最根本的问题是加强民主团结，"应根据约法和抗战建国纲领，实现抗战中最大限度的民主自由"。6 日，重庆《新华日报》指出，应该"在政治、经济、军事、文化政策等方面，实行彻底转变，毅然改弦易辙"，"把一切不能适应抗战要求以至阻碍抗战进行的政策和行为，勇敢加以革除"。

　　△　蒋介石密电第七战区司令长官余汉谋，令该战区应先抽一个师的兵力，速开广西连山防守，并准备两个师由连山方向参加桂林附近之决战。

　　△　由八路军太行军区第三团和新编第三十五团组成的豫西抗日游击支队（即第一支队）由林县出发。22 日，在济源西南的渡口击退日军河防部队，渡过黄河，进入豫西。

　　△　八路军一部在鲁中追击伪军陈三坎部，毙、俘伪军官兵 1600 余人。

　　△　日本最高战争领导会议决定《实施对重庆政治工作方案》，其方针为："为了完成大东亚战争，必须使重庆政权迅速停止对日抗战。"关于当前的工作目标，汪精卫政权应与重庆方面进行活动，"制造彼此之间直接会谈的机会"，如有可能，使汪精卫政权"派遣适当人员到重庆

去"。关于中日"全面合作"的条件,共八条。"全面合作"后,美、英驻华军队必须"自动撤退";蒋介石返回南京,"建立统一政府";汪、蒋直接谈判,调整关系;如果美、英军队撤退,"帝国也撤退全部军队";废除《日华同盟条约》;重新缔结友好条约;"满洲国"的现状,不得变更;蒙疆以中国的内政问题处理;香港归还中国,南方地区的权益另行考虑等。

9月6日　国民参政会三届三次大会举行第二、第三次会议,翁文灏、张厉生、徐堪分别报告经济、总动员会工作及粮政。参政员黄炎培质询称:"从前是人民囤积,现在是政府囤积;从前是人民居奇,现在是政府居奇。囤积居奇犹可,却不该官吏趁此发国难财。"参政员傅斯年要求政府彻底肃清贪污,"办贪污首先从最大的开刀"。参政员王云五要求政府彻底惩治粮政弊端。参政员邓飞黄揭露花纱布管理局霉烂布匹价值3.6亿元。

　△　美国总统罗斯福的特使赫尔利及纳尔逊由印度飞抵重庆,宋子文、何应钦等往机场迎接。下午,赫尔利晋谒蒋介石。

　△　林伯渠、董必武、王若飞致电中共中央,请示指出改组政府成立联合政府之主张的办法。

　△　新四军第三师第十旅及淮海区地方武装在淮海区发动攻势作战,连夜奔袭宿迁县东南60里的日伪军据点林公渡。9日,攻克该据点,毙日军中队长金井以下66人,毙、俘伪军90余人。

　△　日军一部陷湖南祁阳,并继续西犯。

9月7日　国民参政会三届三次大会举行第四、第五次会议,首由俞鸿钧报告财政,继由参政员提出口头、书面质询。参政员郭仲隗以中原战场所见,质询中原会战失职军官的惩处、官兵待遇的改善及新兵的加强等,何应钦对此作保密性答复。

　△　蒋介石召见史迪威,告诉史今后作为中国军队司令官应注意工作的政治性,并强调必须在共产党承认军委会权力之后才能使用共产党军队。同日,又召见赫尔利,要求中共军队的装备必须在其接受政府管辖之后才能进行。赫告蒋,美国政府仍竭诚支持蒋介石及其政府。

△ 中共中央复电林伯渠、董必武、王若飞,指出同意用中共中央的名义致函国民参政会,并利用林在参政会作报告的机会,提出中共关于改组政府之主张和步骤的办法,并联系说明这是中共原来提案中三条政治主张的具体解决方案。

△ 赫尔利、纳尔逊举行中外记者招待会,赫尔利称此次来华的目的"是使我们计划怎样在最短期内打垮日本"。在华期间"对于目前军事和战后经济问题的商讨,完全根据这种目的作出发点"。同日,蒋介石与赫尔利、纳尔逊会谈,对中国军事、经济及中美合作等交换意见。

△ 孔祥熙在美报人俱乐部演说,认为盟邦对国民政府的批评是"误解和缺乏认识",并否认中国政府将盟国租借供应品"移作对日作战以外之用"。

△ 军事委员会公布:日军犯湘使用兵力达 11 个师团,共 25 万人。

△ 湖南战场日军第十三师团犯零陵,守军第七十九军与敌在冷水滩之线激战。旋日军用大炮轰击,又发起冲锋。守军军长王甲本率部抵抗,不幸身中数弹,仍奋力督战,与敌肉搏,头、背、手、足均遭敌刺,壮烈殉国。

△ 日伪军千余人"扫荡"太行军区第四分区长治、潞城和襄垣地区;11 日,敌 6000 余人又分两路"扫荡"太行军区第五、七分区林县、辉县地区。根据地军民以地道战、冷枪战和窑洞保卫战抗敌,取得了反"扫荡"斗争的胜利。

9 月 8 日 滇西克复松山。中国远征军第八军军长何绍周下令将松山顶峰筑成的炸药室起爆,刹时松山顶峰浓烟四起,日军第一一三联队一部全部被炸死,联队长切腹自杀。松山战役结束,是役全歼松山守敌 3000 余人。

△ 国民参政会三届三次大会举行第六、第七次会议,周钟岳、雷法章、曾养甫分别报告内政、农林和交通。有参政员质询财政部统制政策不合理,政府专卖机关贪污事件甚多;政府严厉禁烟,而在重庆烟案

累累,内政部管的是什么? 参政员卢前指出政府任用人员太糟,"用人讲究私人关系,有钱人更有办法"。参政员刘蘅静称:"现在从省府主席到保甲长,层层都有问题,内政部责任大,只管小问题。"参政员黄炎培质询:"各地交通官长贪污事件甚多,为什么报告中没有提到?"

　　△　是日至 12 日,中美双方就史迪威指挥权问题进行谈判,双方最后议定:由史迪威担任中国陆空军前敌总司令,指挥作战,但作战计划须给蒋介石核准,对部队的任免须依中国法令行事。在谈判中,宋子文提出中国必须控制《租借法案》物资,美方表示不同意。双方还议定在重庆设立美国委员会,中方可派人出席,但一切决定须由美国裁定。

　　△　蒋介石与赫尔利、史迪威会谈。蒋介石要史迪威将密支那的中国驻印军调动支援龙陵的中国远征军,被史拒绝。同日,赫尔利、史迪威又拜访何应钦、翁文灏、曾养甫、俞鸿钧,对一般军事、经济问题进行交谈。

　　△　中共中央致电董必武,请董代表中共中央及军队欢迎赫尔利等来延安。

　　△　在滇西腾冲方面作战的中国远征军第三十六师一部自腾冲南下,越过龙川口,10 日到达邦乃,立即参加作战。

　　△　沿湘桂路进攻之日军抵达东安附近,第四战区司令长官张发奎即电令第九十三军以一部在黄沙河占领阵地阻敌西进。至晚,敌迫近黄沙河附近。

　　△　八路军第一二九师发起青浮反击战,经四天激战,全歼阎锡山部第七十二师,收复浮北地区。

　　△　八路军一部攻克山东临城县城,毙、伤、俘日伪军 260 余名。

　　△　美机 100 架轰炸鞍山、本溪。

　　△　美《纽约时报》评论中国政局,认为中国需要盟邦"政治上、经济上的巨大援助,但较为重要的是中国需要内部的团结"。

　　9 月 9 日　蒋介石训令滇西中国远征军第二十集团军:松山阵地 9 月 7 日已被第八军攻占,甚为欣慰,应着手防备来自龙陵方面敌之反攻。务须于 9 月 18 日国耻纪念日前夺回腾越。同日,又电令第四战区司令长官张发奎死守全州。

△　国民参政会三届三次大会举行第八、第九次会议,谷正纲、宋子文分别报告社会行政、外交和司法行政。参政员许德珩发言称政府长官的报告都是"一只鸡两只蛋——太长",《大公报》称其为"疲劳报告"。参政员黄起立报告:现在的士兵生活不如狗,大腿只有拇指粗,政府应着力解决这些"严重而严重的问题"。参政员周炳琳称:在昆明街头天天可以见到死尸,但无人料理。多数参政员发言要求惩治战争罪犯、保障人民身体自由、改善法官待遇、加强中苏邦交等。

△　军事委员会政治部致函蒋介石,报告胶东地方游击部队兼任行政官长者"拥兵割据,互相磨擦",建议"增设特工监视"。

△　第十六集团军总司令夏威令第九十三军黄沙河部队即日进入阵地,对敌攻击。下午,日军便衣队攻周庙头,被第九十三军一部击退。10 日黄昏,又有日军步、骑兵千余人由东湘桥西进,与第九十三军第二十九团遭遇,我军逐步抵抗后退至栗山阵地,与敌对峙。

△　滇西中国远征军新二十八师在华坡、老东坡地区与日军激战。战至 12 日,全师仅余战斗兵员 120 余人,遂奉命撤出战场。龙陵城郊大部分据点又陷敌手。

△　日军第十三军一部攻占浙江温州。

△　日本最高战争领导会议决定《对中国政府传达有关〈实施对重庆政治工作方案〉的要点》。《要点》规定:由中央派遣适当人选,并会同在华机关,共同向国民政府传达。

△　美国务卿赫尔致电美驻华大使高思,称:他和罗斯福总统都认为高思关于在中国建立一个各党派联合委员会的建议"既合时宜,又切实际,值得予以审慎的考虑"。

9 月 10 日　国民参政会三届三次大会举行第十次会议,陈立夫报告教育行政及各级教育推动情形。参政员陈逸云质询时指出:"现在小学程度低落,教科书编得太坏,印刷又糟。"卢前指出:"现在教育质量低,学生程度差,学校里不读书。""大学讲师、助教的待遇和部队士兵的待遇一样,受尽穷苦。"周炳琳要求国民政府"对大学校长都应当郑重选定"。

△　张治中、王世杰复林伯渠 8 月 30 日函,称林的来函"为夸张抹煞之词"和"不实之言",且"要求与时俱增"。仍要求中共切实拥护国民政府的统一,"切实实行军委会之指挥",希望中共再派代表至重庆谈判。

△　邵力子到曾家岩 50 号与董必武、林伯渠晤谈,提出如董回延安,要偕五参政员一起返重庆,表示民主和联合政府都愿意赞成,但必须有步骤。

△　滇西龙陵外围据点部分被日军夺回。是日复向荣誉第一师攻击,经该师反击,日军攻击受挫。

△　桂林城内开始疏散人口。11 日,广西省政府机关撤离。15 日城内大火四起,北面自东钲路燃至北极路,毁屋近 2000 间;东面自中正桥东烧至花桥西左右两边,毁屋近 2000 间;西面自西门外烧至五里圩,全城约毁房屋六七千间。

△　日本第六方面军司令部于武汉成立,指挥湘桂第二期作战。

△　日机 10 余架袭击滇西腾冲,中国空军迎击,日机被击落四架。

△　日本利用一贯道进行间谍活动,陆续由京、沪入川,国民政府是日电饬各地严密查禁。

9 月上旬　蒋介石两次电令第四战区司令长官张发奎,要点为:"全州工事及其他作战诸准备应迅速完成","国军以乘敌突进与以打击之目的,决在黄沙河及全县附近夹击之。"并要求第二十七集团军总司令杨森率第二十、第二十六、第四十四、第三十七军在道县集结,攻击敌之侧背,集团军副总司令李玉堂率第六十二、第七十九军、新编第十九师等,转向新宁附近对敌之右侧攻击。

△　鲁南八路军一部攻克临城车站,毁敌兵栈,毙伤日伪军 260 余名。

　△　衡阳方面日军以第十一军为主力,以第三、第十三、第三十四、第三十七、第四十、第五十八等六个师团为基干,沿湘桂路附近及其以东地区,向广西全州、桂林方面攻击前进;另以第二十三军之第一〇四、第二十二师团及独立混成第二十二旅团自广东之清远、三水、新会方面,沿西江方面西进,向桂林、柳州方面攻击前进。

　△　宪政实施协进会将全国划为七区,派员分驻各地考察地方民意机关设立情形及有关宪政法令的实施状况。

　△　纽约外交政策协会宣布:美国政府愿采取积极的措施,使重庆政府与中共协调。并称:美军代表团到达延安访问,"意味着美国打破了使美国部队和中国战斗游击队隔离的障碍"。

　△　赫尔利声明来华之使命为:一、阻止国民政府之崩溃。二、支持蒋委员长为中华民国国民政府主席及统帅三军之委员长。三、协调蒋介石与美军统帅的关系。四、促进中国军用物资之生产,并阻止其经济崩溃。五、统一中国所有军事部队,以达成击败日军之目的。

　△　盘踞粤中之日军第二十三军各部为进攻柳州,先后西犯。其在清远方面之第一〇四师团分兵两路,由清远西进;一部向山地迂回,于 9 月 12 日占领怀集。

　9 月 11 日　国民参政会三届三次大会政府各项施政报告全部结束,分别交付审查。是日起分作军事国防,外交国际,内政,内地,蒙藏,财政经济,教育文化,物价,司法,社会,救济,医药卫生等组审查议案。

　△　桂境栗山方面日军 300 余及步、骑兵 700 余分向黄沙河附近港底村、茶园岭、青木塘侧背猛攻,守军第九十三军第二十九团一部驰往堵击,被击退,被迫向下改州附近转移。同日,黄沙河方面亦有日军千余向第九十三军阵地进迫,军长陈牧农以前进阵地被敌突破,乃饬第二十八团退守和好铺东、西之线,黄沙河守军撤退。旋日军占领黄沙河。

　△　新四军第四师彭雪枫部挺进河南敌后的部队,在夏邑县八里庄遭国民党第二十八纵队第八十二支队攻击,新四军予以还击,歼其支

队长以下 600 余人。师长彭雪枫在指挥战斗中牺牲。

　　△ 经济部统计:截至本年 6 月底,已登记之公、民营工厂共 4346 家,其中在重庆者为 1228 家,其他四川各地者共 729 家。各项工厂中以化学工业为最多,共 1209 家,其次为纺织、机器、饮食、五金、冶炼、服装、烟业、电气制造等。

　　△ 美总统罗斯福和英首相丘吉尔率双方高级军政人员在加拿大的魁北克举行会议,研究对德、日作战问题。会上制定了美、英军队对德作战计划;达成积极参加对日作战的协议,规定从德国失败到打败日本的期限为一年半。会议于 9 月 16 日结束。

9 月 12 日 蒋介石与赫尔利会谈,就史迪威的职务名称及职权范围达成协议:一、史迪威的职务名称为中华民国陆空军前敌总司令;二、其职权范围为受最高统帅(委员长)之命令;商承军事委员会之同意,指挥中国陆空军对日作战。作战计划之制成,须经军事委员会核议。对于所辖部队,有依据中华民国法令执行奖惩任免之权。

　　△ 赫尔利、史迪威等美国官员磋商后,向蒋介石递交十点大纲,内容为:一、中美合作的首要目的在于促成所有在华军队之统一,立即打败日本;二、中美合作,使其对苏、对英关系更臻密切协调;三、在蒋介石指挥之下统一所有军队;四、集中中国所有的资源以供作战需要;五、支持蒋介石在民主的基础上关于政治联合的努力;六、提出目前和战后的经济计划;七、确定史迪威前线指挥的权限;八、确定史迪威为蒋介石参谋长之权限;九、准备提出指挥系统表;十、讨论将来在华租借物资的控制问题。

　　△ 史迪威于 11 日转呈罗斯福来电,说,据麦克阿瑟将军称,为加速新几内亚前进,亟需大量后勤部队,能否自中国征集民工五万名,组织临时后勤队。蒋介石于本日复电罗斯福,以桂、柳告急,国内亦感人力不足婉拒。

　　△ 国民政府派罗良鉴代理蒙藏委员会委员长。

　　△ 蒋介石电令张发奎:第九十三军留一部坚守全州,不得已时节

节抵抗,支持两星期以上时间,主力转移桂、柳方面。

△ 广东雷州半岛方面之日军独立混成第二十三旅团并附伪军一部,为参加桂柳会战,向北进犯。9 日,到达廉江附近,与守军第一五五师激战,战至是日,突破第一五五师阵地,廉江遂告失守。桂柳会战开始。

△ 日军进攻桂境全州的先遣部队出没于全州城郊附近,黄昏时进攻七里桥、江家村、金背岭阵地。

△ 中美空军混合团第五大队出动飞机八架,轰炸长沙至湘潭间公路之日军,至湘潭上空与日机六架遭遇,双方空战,中国空军及美军各击落日机二架。同日,该队又在衡山上空与日机 12 架激战,击落日机二架。

9 月 13 日 国民参政会三届三次大会举行第十一次会议,熊式辉报告国民政府交议之民国三十四年度(1945)国家施政方针。参政员刘风竹继之质询,认为:"方针只表示了政府的志愿,而没有提供达成的保证,关键是没有国家的总预算。"傅斯年称:"方针是静态,不能应付活生生的场面。"

△ 国民参政员王云五、胡霖向国民参政会主席团建议,请国民政府派员向大会报告国共两党谈判之经过,并希望中共代表林伯渠亦作同样之报告,当经大会通过。

△ 蒋介石接见赫尔利、纳尔逊,继续商讨当前经济及战后建设问题。

△ 白崇禧根据蒋介石的指示,作出保卫桂林、柳州的部署:一、第九十三军推进全州固守其阵地,非有命令不得撤退;二、杨森率第二十、第二十六、第四十四军取道零陵、宁远间向道县前进侧击敌人,阻敌西窜,并准备参加桂、柳之决战;三、李玉堂率第十、第六十二、第七十九军于湘桂路沿线迟敌行动,诱敌至全州附近时向北转入湘西山地中,侧击东安向资源窜犯之敌,掩护全州守备军左翼之安全;四、第三十一、第四十六军迅速集结桂林机动控置,并于城郊构筑永久工事,相机击破突入桂境之敌。

△　桂境全州失陷。日军第十三师团攻破黄沙河阵地后,是日在大炮、战车的配合下向全州境内第九十三军防守的阵地扑来。14 日,军长陈牧农所部撤守城防,退至郊外及兴安附近。日军遂从东、北门进入城区。撤退前,守军焚毁了全部军需物资,城内大火十余日未熄。

△　滇西中国远征军第五十四军第三十六师由腾冲南下,加入龙陵作战。14 日,日军攻击部队被迫退回。

△　中共中央军委任命张爱萍为新四军第四师师长,韦国清为副师长。命令韦国清赶赴津浦路西,指挥路西部队继续西进,恢复豫皖苏边区。

△　山东八路军一部攻克临邑县城,守敌大部被歼。

△　八路军晋绥军区一部在民兵配合下攻克方山县城。

△　新四军第三师第十旅一部攻克淮海区灌云、新安镇之间的伪军据点三里沟,全歼伪军 200 余人。

△　日本陆军省次官柴山兼次郎到南京,向陈公博、周佛海传达《实施对重庆政治工作方案》。陈公博提出以“反共问题作为南京政府与重庆政府相接近的方法”,并声称:“现在能作为两方的共同目标的就是反共。”

△　史迪威致函马歇尔,称:中共代表已经和我联系过了,“他们表示愿意在我的指挥下进行战斗”;“我们总得想办法把武器交给共产党,他们是要打仗的”。

9 月 14 日　滇西腾冲克复。13 日,中国远征军攻城部队加强对腾冲的攻势。日军大尉太田率残兵作最后挣扎,全部被歼。是日上午 10时,攻城部队完全占领腾冲。

△　国民参政会三届三次大会举行第十二次会议,讨论各项提案,与会者对改善兵役问题尤为重视,计通过提案 33 项。是日,大会致电湘桂抗日前线将士,对其“以血战之勋名”,“捍卫西南要冲,巩固反攻基地”表示嘉慰。

△　军事委员会任命王毓文为暂编第一军军长。

△ 第九十三军抵达桂境兴安后,是日依照预定计划,以第十师占领井上田、七家岭、飞龙殿、五旗岭之线,以新编第八师占领大溶江附近,准备拒敌西犯。

△ 桂境日军第十三师团一部进占灌阳,主力东移湖南道县,进攻湘桂路正面的作战任务改由其第五十八师团担任。

△ 日军一部侵入广西陆川县清湖,占据 33 天,杀害民众 1320 人,伤 830 余人。

△ 军事参议院参议李纯如呈文政治部,检讨河南战役失败之原因为:指挥命令不能统一与贯彻;军官舞弊,克扣薪饷;军队掠夺百姓,引起民愤。建议政府派员入豫,恢复机构。

△ 汪伪最高国防会议举行会议,决定:一、任命傅式说为建设部长,项致庄为浙江省省长,孙良诚为苏北绥靖主任,庞炳勋为开封绥靖主任;二、设置蚌埠绥靖主任公署和杭州绥靖主任公署,任命罗君强为蚌埠绥靖主任,项致庄为杭州绥靖主任;三、撤销第五集团军番号。

△ 柴山兼次郎和周佛海、陈公博继续会谈。周佛海表示对日本的意图遵命照办,并决定由陈公博返上海后约周作民、李思浩详细商量办法,选择适当人员去重庆,转达日本新提出的实现中日和平的条件。

9 月 15 日 国民参政会三届三次大会举行第十三次会议,林伯渠作《关于国共谈判的报告》,向大会介绍了四个月来国共谈判中的主要问题、重要分歧、事实真相及挽救抗战危局准备反攻的救急办法等。他郑重要求召开各党、各派、各抗日部队、各地方政府、各人民团体代表参加的紧急国是会议。并作了废除国民党一党专政,组织各抗日党派联合政府,以求国内政治问题根本解决的详细报告。他在讲到谈判的重要问题时说:我们所要求于国民党中央的,首先是在全国实行民主政治。其次从国共两党关系上说,希望解决一些悬案,主要是有关军队、政权与党三个方面的问题。我们经过七年多的作战,正规军已增加到 47.75 万人,并组织了民兵 220 万人。我们要求政府发给我们五个军 16 个师的番号;在敌后已建立了 15 个抗日根据地,人民选举了自己的政府,管辖了 8800 万人口,我们希望政府承认这些抗日民主政权,并撤销对陕甘宁边区的军事、经济封锁;在党的方面,我们要求政府给中共以公开合法的地位,对其他党派也是如此。林伯渠在报告谈判的重要分歧时指出:在西安谈判时,我只提出请国民政府暂编六个军 18 个师,后又提出先给五个军 16 个师的番号,而国民政府只答应给四个军 10 个师,并要"限期集中",将编余的人员"限期取消";我方要求国民政府承认敌后民选的抗日政权,而国民政府却要"取消";关于要求给我党和各党派以公开合法地位,给人民言论、集会、结社及人身自由,释放叶挺、廖承志及其他政治犯,国民政府都未能做到。下午,举行第十四次会议,由张治中作《关于中共问题商谈经过》报告,认为"中共对于服从军令政令的根本观点,只是片面的要求"。希望中共"以事实和行动来践履诺言,实现国家真正的统一"。

△ 国民参政员王云五、胡霖对林伯渠、张治中的报告发表意见。王云五认为"目前最重要的问题,一个是政权公开,一个是军令统一"。希望政府与中共继续谈判,以"国家至上,民族至上"的精神,求得问题的解决;希望政府采用宽大政策,向宪政的道路上迈进。胡霖认为"中共发言要求促进民主政治,这是四亿五千万中国人的心愿"。

△ 毛泽东复林伯渠、董必武、王若飞 14 日来电,指出:一、关于美国物资分配,不管将来事实上之结果如何,我们应在原则上主张按抗战成绩(我军打击敌伪六分之五)为标准,不应按照现有两党军队数量为标准,因此我们应主张至少两党平分援助物资,前电所说至少三分之一不恰当,请改正。二、小党派既不赞成我党单独向参政会提出改组政府,即请作罢。至于林报告谈判经过时是否应当顺便提到此点则请你们酌情决定,但在再复张治中、王世杰的信中则必须正面提出。

△ 国民参政会三届三次大会决议,以参政员冷遹、胡霖、王云五、傅斯年、陶孟和组织延安视察团,其任务为"赴延安视察,并于返重庆后,向政府提出关于加强全国统一团结之建议"。同日,又通过关于物价与物资、从速承认韩国临时政府等议案。

　　△　国民政府特任驻荷公使兼代捷克公使馆务金问泗为驻比利时国、挪威国特命全权大使。

　　△　史迪威自桂林前线返回重庆,与赫尔利会见蒋介石。蒋介石要求密支那部队向八莫进攻,以增援龙陵,否则他即将中国远征军撤回怒江东面以保卫昆明。史迪威表示异议,称:密支那的中国军队必需休养。如需援军,可调在陕西方面监视共军的胡宗南部队来援,云南的远征军不宜撤回。

　　△　史迪威、赫尔利与宋子文会谈,宋要求租借物资由中国控制,称这涉及一个大国的尊严。赫反驳道:这是我们的物资,这也涉及 1.3 亿美国人的尊严和他们子孙后代的尊严。史就指挥权问题告诉宋称:他并不想要这个可憎的职务,但是如果接受了,就必须拥有全权。否则就不干。

　　△　史迪威致电马歇尔,指出:蒋介石要将缅甸远征军调回昆明,"则多年来为打通滇缅路的血汗将无法保持,而会前功尽弃。蒋委员意在避免战争,保全实力,等待美国击败日本"。

　　△　张发奎电令第九十三军"须沿铁路线逐次极力拒止敌人,以全县、兴安、大溶江各附近地区为第一、第二、第三抵抗线,非有本部命令不得撤退,并限 9 月 27 日前不得使敌突破大溶江抵抗线"。下午 2 时,日军便衣队一部推进至咸水附近,被第九十三军警戒部队击退。

　　△　滇西中国远征军荣誉第一师及第二〇〇师之一团在炮、空火力支援下再兴攻击,将龙陵北侧之外围据点全部夺回。

　　△　中央、中国、交通、农民四行及中央信托局开办黄金及法币折合黄金储蓄。

　　△　延安知名人士评论盟国援助物资分配问题,指出这种援助,决不能以国共两党所拥有军队之数量作标准,而应以抗战能力、抗战成绩作标准。"国民党军队虽多,但仅仅打了六分之一的敌伪军,共产党军队则抵抗了六分之五的敌伪军,应按这个标准公平地分配同盟国援华物资"。

　△　日伪军集中六万多兵力对冀东进行大规模"扫荡",冀东抗日军民采取内线与外线、军事斗争与政治斗争、主力与民兵密切配合的战法,展开长时间的反"扫荡"作战。直至 1945 年 1 月,反"扫荡"结束,共歼日伪军 3200 余人,攻克据点 58 处。

　△　新四军谭震林师攻克江苏江阴之申港、利港等伪军据点,击溃伪申港"清乡"行动总队特务大队及伪警察署等,俘伪官兵 62 人。

9 月 16 日　国民参政会三届三次大会举行第十五次会议,蒋介石发表关于政治、外交、军事及经济情况的报告,强调中国现正处在最艰苦的时期,必须加强战斗力,因此,军令必须统一,一切军队必须听命于军委会的调遣,第十八集团军不要再扩大编制,更不可在正规军以外另立其他名目,就地筹饷派款。在谈到中共问题时,强调中共必须服从军令、政令、法纪。并称只有在"军令统一"、"政令统一"、"法纪统一"之下,中共问题才能获得解决。又称林伯渠 15 日的发言"态度很好",表示继续以政治方法解决中共问题,可以考虑第十八集团军扩编为 12 个师,俟依法核编完成,就照国军一样发给饷械及医药用品。

　△　林伯渠、董必武致电中共中央,报告张治中、王世杰本月 10 日给林的复信的用意及林、董准备回答的信函内容。18 日、27 日,毛泽东先后两电林伯渠、董必武,指出张、王 10 日信函是无理取闹,应严肃批评,非如此不足以杀彼辈之气焰。仍可请五参政员及张治中、王世杰来延,但不必再催,来与不来,或迟或早来,听其自然。同时将修改后的给张治中、王世杰的复信电告林、董。

　△　国民政府命令:国民参政会第三届参政员任期届满时,应照新定名额进行改选,限于民国三十四年(1945)1 月底改选完竣。至第三届参政员之任务,即延至第四届参政会第一次大会召集之日为止。

　△　国民政府明令公布《国民参政会组织条例》。并决定参政员名额由原来的 240 名扩充到 290 名,驻会委员由 25 名扩充到 31 名。

　△　桂境日军一部利用黄昏攻击全州、兴安方向之新板山警戒阵地,激战竟夜,为守军第九十三军一部击退。17 日拂晓,日军附炮二门

向警戒阵地猛扑,我守军抵抗,毙日军大队长以下 300 余后,旋向主阵地撤退。18 日,日军进占新板山。

△　中美空军混合团第五大队飞机 16 架轰炸长沙北许家洲日机场。旋在湘潭西上空与日机 12 架遭遇,中国空军击落日机四架,美军击落日机一架。

△　重庆《大公报》发表社评《中共问题之公开,民主统一之进步》。指出:在目前我们所要求的有三件东西:一、国家的统一,是国民政府的立场,凡属反统一的现象都应消除;二、中共应尊重国家的统一,服从国民政府的军令、政令;三、国家的一切军队应统筹调遣,划一军令,赶快打击敌人,抢救湘桂线。

△　美国陆军部宣布,在中国成立指挥官及参谋人员学校,由卫立煌任校长。

△　罗斯福与丘吉尔致电蒋介石,告知对缅作战的决定,说蒙巴顿元帅在北缅的作战将继续并予扩大;一旦欧洲战场发展顺利即准备在孟加拉湾发动两栖作战;将加紧对太平洋日军的进攻,包括打通一条通往中国的海路。

△　正在魁北克出席美英首脑会议的马歇尔将史迪威 15 日电报向罗斯福作了汇报,罗指示回电致蒋:若撤回中国远征军,正中敌军奸计,“我们必将失去打通中国陆路交通线的机会,并直接危及驼峰线的安全。阁下必须接受由此产生的一切后果,并承担全部责任”。并指出:“必须立即委托史迪威将军授以全权指挥中国全部军队。此步骤之实现,将更增美国援华之决心。”最后警告:如果再来拖延,你们和我们拯救中国所作的一切努力将付之东流。

9 月 17 日　国民参政会三届三次大会举行第十六、第十七次会议。讨论国民政府交议的改善官兵生活的议案及蒋介石 16 日的报告,江庸、褚辅成等 80 名参政员对此提出如下意见:一、加强同美、苏、英的关系;二、改善军队官兵生活;三、扩大国民参政会的职权;四、加强军政国家之完全统一与团结。同日,又通过建设统一的现代国防军,确立军人不干涉政治之制度,救济湘省寇灾、湖北旱蝗灾等提案。

△ 是日,日军迫近桂林,美第十四航空大队炸毁桂林机场西撤。

△ 美《纽约时报》记者、重庆外国记者俱乐部主席爱迪生抵延安访问。

9月18日 国民参政会三届三次大会举行第十八、第十九次会议,通过刷新政治、改善抗战阵亡将士遗属救济、改善公教人员待遇等提案以及加强中苏合作案。通过对于政府施政报告的决议。选举褚辅成、林虎、孔庚、王云五、冷遹、左舜生、董必武、杭立武、李中襄、王启江、张君劢、陈博生、许孝炎、胡霖、钱公来、郭仲隗、江一平、王普涵、许德珩、李永新、罗衡、陈启天、朱贯三、胡健中、黄炎培25人为驻会委员。下午,大会闭幕。

△ 蒋介石致函罗斯福,说明与赫尔利会谈军事合作情况,表示凡足以增强对日军事力量的一切规划,必不失时间与赫充分洽商并迅付实施;希望在最短时间内仍令美战时生产局长纳尔逊来华工作。

△ 国民政府公布《赈济委员会组织法》,由23条。

△ 国民政府公布陕西省第二届临时参议会议长、副议长名单:议长王宗山,副议长李梦彪。

△ 驻印军与远征军在滇缅边界高良工山口会师,打通了自陆上通往中国本部的供应路线。

△ 中国驻印军总部总结缅北作战的经验教训,主要有:森林战法;防敌埋伏;防树上敌;防敌假冒;人人自卫;曲射炮使用;训练重于作战;注意方向;开辟道路;提高下级干部能力等。

△ 原在粤西的第七战区第三十五集团军邓龙光部奉军事委员会电令,率第六十四军之第二六六、第四七六两团由广东沿西江及其两侧入桂,归入第四战区序列。

△ 滇西芒市日军向中国远征军第七十一军侧背袭击,被击退。23日,平戛之日军向芒市撤退,第七十六师收复平戛。

△ 日本大本营给关东军总司令部下达命令:一、为完成大东亚圣

战之任务,确保大日本帝国之国防圈,必须破坏敌人之战斗意志,下半年以后,要摧毁美军主力进攻,对苏要极力防止战争发生;二、关东军总司令官负责满洲与关东的防卫,同时要支援太平洋战争,根据北方形势的变化,作必要的对苏作战的准备;三、关东军总司令官根据需要可以指挥朝鲜军司令官。

9 月 19 日　中国民主政团同盟全国代表会议在重庆举行。会议决定更名为中国民主同盟,取消"政团"二字。盟员以个人名义加入,并选举产生了中央领导机构,张澜、左舜生、章伯钧、梁漱溟、张君劢等 36 人为中央委员。推举张澜为主席,左舜生为总书记,下设组织、宣传、国内关系、国际关系、文化教育、财务六个委员会,其中章伯钧为组织委员会主任委员,梁漱溟为国内关系委员会主任委员,张君劢为国际关系委员会主任委员。会议还通过了《中国民主同盟纲领草案》,包括政治、军事、经济、外交、教育、社会六个部分,凡 46 条。

△　国民政府明令公布《战时田赋征收实物条例》,凡 26 条。规定征收的实物指各地主产的稻谷或小麦。不产稻谷或小麦之地方,得由省、市田赋机关呈财政部、粮食部折征杂粮。盛产棉花的地方,得将应纳田赋改征棉花。其有特殊情形的地方,得呈行政院核准,按当地市价折收国币。田赋征收实物应依各省、市、县册载赋额为基础,征收稻谷区域,按赋额每元折征稻谷四市斗;征收小麦区域,按赋额每元折征小麦二市斗八升;征收棉花区域,按赋额每元折征皮棉五市斤。赋额较轻或较重的区域,粮棉价格相差过甚的地方,经行政院核定酌量增减其征率。还规定:田赋征收实物应于农产物收获一个月内开征,自开征之日起,满三个月收齐。否则,分别加额 5%、10%、20%。在征收中,征收人员如有利用职务刁难舞弊者,依法从重处罚。

△　蒋介石与纳尔逊进行两次会谈,上午纳尔逊就发展战时生产提出了种种补救办法,并就成立战时生产局诸问题陈述了意见;蒋介石同意纳尔逊的意见,并希望其能来华主持中国经济。下午的会谈中双方讨论了战后中美经济合作问题。

　　△　下午 4 时,蒋介石与赫尔利、宋子文、何应钦等商议任史迪威为前敌总司令之发布手续,以及签署中美协定之事,适史迪威接 18 日罗斯福致蒋介石电,即晋见蒋介石。蒋与赫尔利会谈遂即而散。当晚,蒋介石与赫尔利共进晚餐。

　　△　罗斯福致电蒋介石,要求蒋增加在萨尔温江的中国兵力,加强攻势,否则蒋要担负其所发生后果之责任。同时,要求授予史迪威不受限制的指挥中国所有军队之权力。

　　△　大后方报界为实施民主宪政,纷纷发表社评、社论,成都《华西日报》社评《论民主、团结和胜利的关系》指出:"一切问题靠民主解决,一切危机靠民主克服。挟少数人的偏私,与人民为敌,必定失败无疑。"《云南日报》社论《民主与统一》指出:"不循民主路线而谈统一,将永远无法获得统一。"国家青年党机关报《新中国日报》指出:"民主宪政,不仅是中共而且是中共以外其他政党一致的主张。只有民主宪政,方能解决国家一切问题。"

　　△　新四军一部在江苏高邮伏击歼灭伪军顾树森部 100 余名,俘伪连长以下 100 余名。

　　△　中美空军混合团第五大队飞机 16 架袭击湖南归义至长沙公路之日军,炸毁日军卡车、炮车 14 辆,伤 31 辆,毙敌 60 余人。

　　9 月 20 日　蒋介石会见宋子文,讨论对罗斯福 18 日来电要求授权中国战区参谋长史迪威指挥中国军队问题的处置方针,蒋要宋转告赫尔利与纳尔逊,对罗斯福的要求很不满。同日,赫尔利与纳尔逊前来辞行,蒋在谈话中说中国军民恐不能长此忍受史迪威等的侮辱,"此足为中美两国合作之障碍"。

　　△　梁寒操在外国记者招待会上谈国民参政会国共问题讨论观感,宣称:"政府唯一顾虑的问题,厥为军令政令之不统一。盖此一条件不能实现,势必大大减损对敌反攻之力量,且此恶例一开,又使中国陷于分崩离析之局面。""除此而外,政府对中共更无其他之苛求。"他否认曾以英文发表谈话时说中共问题"一部分是不能解决的"等语。

△ 军事委员会任命孙蔚如为第一战区副司令长官。

△ 军事委员会以第九十三军军长陈牧农擅弃全州阵地,判处死刑,是日执行枪决。

△ 延安《解放日报》发表延安权威人士对国共谈判的评论,指出中共在谈判中表现了"对国家民族的重大责任感及大公至诚的态度"。而国民党"对目前危局,熟视无睹,轻率乐观,对于贻国家民族于此危急之局,毫无引咎自责之意。在整个谈判中,抱着自大与武断之精神。企图以国民党一党一派之私利,超越于民族利益之上,而强迫他人服从之"。评论指出:"我们是最坚决地拥护政令军令的统一的,但是这政令须是代表人民意志的政令,这军令必须是有利抗战的军令。相反,如果这政令是引导国家走向法西斯暴政的政令,这军令是致使抗战失败的军令,则为任何中国的爱国者和民主战士所不能服从,亦绝不容许其统一的,中国人民是严肃的鄙视这种反革命的'统一'滥调的。""今日欲谈军令政令之统一,必须彻底改变军令政令之性质,必须彻底改变国民政府执行的军事、政治、经济、文化等项政策,必须彻底改组政府与统帅部,把那些投降派、失败主义者、专制主义者与法西斯分子赶出去,由真正能代表人民利益的人去掌握政令军令,使其能代表全国各方面的力量及人民的意志。必如此方能真正挽救目前的危机及争取抗战胜利。必如此方能谈得到军令政令之统一。必如此军令政令之统一才于国家民族有利。关于改组现在抗战不力腐败无能之国民党寡头专制政府这一点,林伯渠同志于其在参政会报告中提出,可谓恰合时宜。"

△ 冀中八路军一部克复河北肃宁县城,摧毁伪县政府。10 月 1 日,高阳日伪军 600 余反扑,遭八路军阻击。毙日军顾问一名及伪队长以下 20 余名。

△ 粤中日军第二十二师团陷新兴县。

△ 八路军太行军区第七分区一部于林县西南王家掌伏击"扫荡"之日伪军,毙伤 70 余名。

△ 宇垣一成来华策划对重庆国民政府的诱降工作。尔后,在南

京、上海、北平等地和陈公博、周佛海、周作民、颜惠庆、缪斌、郑洪年、王克敏、王揖唐等人会谈。

9月21日　延安观察家撰文评国内战局,指出国民党战场节节败退,自本月2日湖南敌人进陷常、宁后12日间,造成日丧一城的失败。因此,中心问题是应立即召集各党、各派、各界、各军、各人民团体、各地方抗日力量的紧急国事会议,废除一党专政,改组国民政府及统帅部,将一切卖国贼、投降派、失败分子、法西斯分子全部清除出去,并交于人民惩办。由代表抗战利益与人民意志的人们去掌握政令,军令,才能阻止敌人前进,挽救国家危局。

△　赫尔利、纳尔逊谒蒋介石,表示定日后纳尔逊即启程返美,向罗斯福报告会谈之经过,并履行和蒋介石商定的经济计划中的美国部分。蒋介石表示采纳纳尔逊关于中国军事的建议。纳尔逊称:美国今后空运将尽量供应中国所急需而不能生产的物资,同时树立战后发展工业所必需的良好基础。

△　董必武、林伯渠接见记者,表示代表中共中央欢迎冷遹、王云五、胡霖、傅斯年、陶孟和五位参政员去延安视察。

△　宪政实施协进会在重庆举行全体会议,张伯苓、莫德惠、王世杰、董必武、王云五等出席,会议提出应充实人民个人和团体发表意见的权利;修正《五五宪章》;注意地方民意机关的土劣势力,并通过《扩大言论自由案》。蒋介石到会勉各会员鼓励知识青年从军。

△　中美空军混合团第五大队出动飞机15架,轰炸湖南宁乡及新市日军高炮阵地和仓库,毁仓库四座及高炮六门,旋在新市上空遇日机10架攻击,中国空军击落日机二架,美军击落日机一架。同日,该团第一大队又袭击河南广武黄河铁桥,桥被炸毁后遭日机攻击,双方空战,中国空军击落日机一架,伤二架。美机一架被击伤。

△　美国第十四航空队司令陈纳德致函罗斯福,报告中国军情危殆,检讨中国华东战役失利原因之一是物资严重不足,挽救中国之道在于全力支持重庆,并力促国共统一。

△　日本最高战争领导会议通过《德国屈服时的国内措施纲要》，要点为：德国屈服时，应采取指导措施，制止国内动摇，同时下决心使一亿国民全部投入战争。

△　国民党中央宣传部批准北平《世界日报》在重庆复刊。

9 月 22 日　国民政府明令褒扬旅美华侨领袖、国民参政员谭赞，令称：谭赞"抗战后屡输巨款，救国救民，群情钦慕"，"应予明令褒扬，以资矜式"。23 日，国民党中枢及重庆各界公祭谭赞，蒋介石挽曰："功在党国"。

△　经济建设策进会召集国民参政会驻委会及各区办事处正、副主任举行座谈会，讨论献粮及征实问题，通过如下议案：一、根据政府原案，献粮仍拟就地出售。二、各县拟定派额后，应交由党团机关、县参议会审核。三、经收机关应采公开方式，层层公开，以期涓滴归公。以上各点将交驻委会常委会，作成共同意见书，提交军政当局商讨。

△　第九十三军一部克复桂境兴安城及东亚村、富贵村、鸡坝山、南元村之线，并着各部队在原阵地酌留有力一部，保持与日军接触。

△　粤中日军第一〇四师团进袭广西梧州。其第二十二师团到达梧州南之岑溪，并继续向丹竹、平南前进。是日陷郁南、德庆、云浮等地。

△　儿童福利工作人员会议举行会议，李德全呼吁抢救战区儿童。熊芷要求政府增加儿童工作经费，供给生活教育的人才和教材。25日，会议闭幕，通过大会宣言及决议多项。

△　于斌在梵蒂冈会见天主教皇，被任为教廷行政官。

9 月 23 日　何应钦告诉史迪威，指挥权问题谈判陷于僵局，主要是因为租借物资问题。史为了打破僵局，起草了一份建议书交赫尔利，提出："派我去延安向共产党提出以下建议：a、共产党承认大元帅的最高权力，通过我接受命令。b、在黄河以北使用共产党部队，与中央政府不相接触。c、提供 5 个师的装备和军火，并给予大炮支援。d、使这些共产党的师始终保持充分的实力。e、国共双方在打败日本之前停止讨论政治事务。"租借物资交大元帅按以下原则分配：驻印军与远征军有第一优先权,共产党部队有同等优先权。

　　△　桂境第九十三军第十师除留有力一部于原阵地与日军接触外,主力于黄昏后移占兴安、畔塘、鸡坝山之线。

　　△　廉江方面日军独立混成第二十二旅团经石角、陆靖圩、黎村等地向北进犯,是日攻陷广西容县,守军第一五五师向北转进,沿陆川、郁南道依次阻击日军。

　　△　山东八路军一部进击泰安天宝寨日伪军,俘伪大队长以下433名,毙日军九名。

　　△　据中央社讯:湘桂战区扩大后,灾民纷至金城江及独山一带,颠沛流离。国民政府特饬财政部拨款2000万元予以赈济。

　　9月24日　蒋介石与赫尔利会谈,蒋告之已决定要求召回史迪威,因史向他递交最后通牒,严重损伤了他的威望。若任命史,中国军队将会叛变。蒋将回复罗斯福的信函交赫,赫认为措辞对罗不敬,要求修改。蒋当晚重新修改后又交赫。回函中坚决反对给史以指挥权,但愿意接受另一位美军人员来担任此职。

　　△　董必武作关于国民参政会的报告,指出国民参政会三届三次大会为其自身性质所限,不能解决积极配合盟邦反攻的重大问题,但由于时局的迫切,国民党当局不能不在此次参政会上更加逼真地玩弄"民主"。在国民党这种"决策"下,这次参政会表现了一个特点:说话的人多,而且说的比较露骨;其次这次参政会也提出并通过了一些好的议案,如加强中苏合作,改善公教人员待遇,改善官兵生活,加强总动员,刷新政治等案。

　　△　延安《解放日报》发表社论《评此次国民参政会》。社论指出:国民参政会三届三次大会"是一次不平常的会议。它表现了国民党寡头专制统治的军事、政治、经济各方面的深刻危机,反映了全国人民对于国民党误国政策之愤怒,暴露了国民党内部各集团之互相倾轧和斗争,也揭破了国民党统治集团玩弄'民主'的卑鄙伎俩"。社论正告国民党统治集团及蒋介石:"'不变应万变',固然不行,'万变保不变',亦一

样不行。现在需要彻底的一变,即将寡头专制变为真正的民主政治。"

△　重庆各党、各派、各界代表冯玉祥、邵力子、覃振、孔庚、邓初民、屈武、沈钧儒、董必武、黄炎培、张申府、章伯钧等 500 余人集会,要求改组国民政府及其统帅部,成立联合政府。沈钧儒发起成立重庆民主促进会,并提议钟天心、王昆仑、司徒德、屈武等为筹备人,当经大会通过。

△　桂境日军第十三师团一部 4000 余人,附炮 10 余门,大举进攻兴安东北之八甲村、界首之线。25 日,第九十三军与日军在五旗岭、飞龙殿之线激战终日,成对峙状态。

△　粤中日军第二十二师团一部陷罗定县城。

△　纳尔逊携带与蒋介石商定的《中国工业力量计划书》自重庆返抵华盛顿。

9 月 25 日　蒋介石再度召见赫尔利和宋子文,嘱赫向罗斯福转达下列三点意见:"一、我国立国主义,即三民主义,不能有所动摇;故不能任共产主义之赤化中国。二、立国命脉,即国家主权与尊严,不能有所损伤。三、国家与个人人格不能污辱,即不能接受强制式之合作也。否则,任何牺牲均所不恤。"

△　蒋介石以"备忘录"送赫尔利并转电罗斯福,称:史迪威在华两年间,对于中美合作极少贡献,拒绝畀予史迪威以指挥全部华军之重任,请"指派任何美国将领富于友谊合作精神者,以接替史迪威","予必竭诚欢迎,且将以全力支持其作战"。

△　蒋介石电孔祥熙说明撤换中国战区参谋长史迪威原委。28 日又电嘱孔勿在美要求任何接济,并令速行回国。孔接蒋 25 日电,于 27 日约见白宫助理霍普金斯谈话后,即于 28 日电告蒋,罗斯福有意召回史迪威,惟尚须与马歇尔商酌再复。

△　国民政府明令免李培基、陈诚河南省、湖北省兼保安司令职;任命刘茂恩、王东原兼河南省、湖北省保安司令。

△　国防最高委员会决议设置兵役部,直隶行政院和军事委员会。

△　伊朗首任驻华公使欧林沙抵重庆。

△　中国飞机制造公司在美国成立,邝炳舜为总经理,资本为50万美元。

△　美、英、苏世界和平机构会议第一阶段结束。第二阶段即为中国与英、美两国的会谈。

△　延安《解放日报》载:西安发动"清共"运动,特务机关设立监狱很多,仅柏树林公字一号,入狱者即达300人之多。

△　周佛海以《国民公论》杂志"捏造事实"、"诬蔑政府"、"煽惑人心"为由,令伪南京警察总监部查封,永远禁止发行。

9月26日　白崇禧偕第十六集团军总司令夏威到桂境兴安视察阵地,第九十三军代军长胡栋成面告兴安阵地过广,兵力不敷分配。白崇禧即指示以兴安城为搜索警戒据点,俾阵地正面缩小,并抽调一个团兵力至老堡村南北之线构筑预备阵地。

△　民盟等组织共同召集宪政座谈会。董必武在会上介绍中共中央关于召开国是会议,改组政府、建立联合政府的主张。

△　行政院决议免黎照寰国立交通大学校长职务,遗缺由吴保丰继任;免王广庆国立河南大学校长职务,遗缺由张广兴继任。

△　国民参政员张澜、邵从恩、李璜、刘王立明离渝抵蓉,对记者谈话,力主改变国民党寡头政权为各党派、无党派的联合政权。李璜称:"国际的希望,国内的需要,均不能不立即实行民主政治。"刘王立明认为:"今天中国的问题,最迫切的是民主,要诚,要为公着想","最好是召集国民大会。"

△　史迪威致电马歇尔称:"蒋介石对于进行(抗日)战争没有作进一步努力的企图";"他无意建立任何真正的民主制度,或与共产党组织联合阵线。他本身是中国统一和真正为抗日而合作的主要障碍。""我现在确信,蒋介石掌权一日,美国就不能从中国得到真正的合作。我相信,他只会继续运用他的故伎与拖延,同时攫取贷款与战后援助,以维持他现有的地位。"

△　日本东京电台广播称,日本为开发华北和内蒙古的资源,将由日本矿务工业会社率金属工程专家 20 余人前往勘探。

9 月 27 日　毛泽东关于复张治中、王世杰 9 月 10 日给林伯渠的来信问题,致电林伯渠、董必武,指出:由于美国的需要与国民党情况的危急,国民党急于按照他们自己的愿望解决问题,张、王 10 日信又最无理取闹,复张、王信原稿语气欠健,不足以杀彼辈之气焰,故修改如另电。你们收到并交张、王后,请在报上发表,如不能发表,则印单张广为散发,并多送外国人。毛泽东重新起草的林伯渠复张治中、王世杰信,再次强调指出:"现在唯一挽救时局的办法,就是要求国民政府与国民党立即结束一党专政的局面,由现在的国民政府立即召集全国各抗日党派,各抗日部队,各地方政府,各民众团体的代表,开紧急国是会议,成立各党派联合政府,并由这个政府宣布并实行关于彻底改革军事、政治、经济、文化各方面的新政策。"并指出:"我们这个建议,实是代表全国人民的要求,即贵党中亦有不少人士同具此心。""此计不决,则两党谈判即使可能解决若干枝节问题,至于关系国家民族的重大问题,必不能获得彻底解决的。"

△　中共中央指示华中局:日军目前已进占衢县、丽水、温州等地,其目的在控制浙江海岸以预防盟军登陆。我军为了准备反攻,造成配合盟军条件,对苏、浙、皖地区工作应有新发展的部署,特别是浙江工作应视为主要发展方向。

△　美国第二十轰炸机总队轰炸东北之鞍山、大连及河南之开封、洛阳。

△　法国民族解放委员会以一直停泊在重庆江面上的航江浅水炮舰"柏年号"赠送中国,本日在王家沱该舰上举行隆重接赠典礼。外交部次长吴国桢、欧洲司司长梁龙、法国科科长郑向举等参加。新任舰长陈嘉桦率部登舰。

△　据中央社讯:晋南蝗灾严重,田禾被蚀,以晋城、高平、阳城、沁水等县灾情尤重,灾民达 36 万余人。晋省府及赈务办事处呈请行政院

及赈委会设法救济。

9 月 28 日　蒋介石致电白崇禧,拟调整第四战区指挥系统,由韦云淞指挥桂林防区之第三十一、四十六两个师。左地区部队由李玉堂指挥,右地区部队由杨森指挥。

△　桂境日军独立混成第二十三旅团自广西容县北进,分兵两路,一路与梧州之第一〇四师团协力攻击丹竹机场,与守军第一三五师一部激战,至是日,因双方力量悬殊,丹竹机场陷敌。同日,另一路日军攻占平南。

△　军委会第一侍从室林蔚告诉史迪威,他推测麻烦出在共产党身上,若史不坚持武装共产党,蒋可能会同意对他的任命。史即建议暂不讨论使用共产党部队问题。

△　丘吉尔在下院报告世界战局,评论中国战局时称:“尽管美国给予中国以丰实的援助,但那个庞然大国仍遭受了严重的军事挫败”,“这是最大的,令人失望和烦恼的事。”10 月 3 日,国民政府发言人发表声明称:“美国对中国东部军队之‘过分援助’,自珍珠港事件至今,其实际数量不足供给英、美军队一个师作战力量一星期之用。”“中国东部所得唯一外来切实之援助,乃为十四航空队之空中助战。”

△　美国旧金山广播电台称:中国只有蒋介石下定决心,改革现在政府之成分,形成联合政府,并把中共和其他党派团结到政府中来,中国的局面才能改变。

△　美国新闻处广播称:“中国形势甚为严重,亟需成立联合政府。”

9 月 29 日　顿巴敦橡树园世界和平机构会议的第二阶段,中、美、英三国会议开幕,会商战后世界和平组织的有关问题。中国首席代表顾维钧发表演说,表明中国参加这次战后国际和平机构会议的目标,是希望维持中国作为世界第四大国的地位,并在这基础上同英、美合作。在成立新国际组织的问题上,中国的立场有:一、成立一个有效的组织;二、保证这个组织所有成员独立自主及领土完整;三、经公正原则及国际法作为解决国际争端的基础;四、本着促进和平的利益修订国际法,并促进各国之间的文化合作;五、中国能继续得到小国的同情;六、力持安全理事会常任理事国的一致原则。

　　△　中共中央军委命令太行八路军入豫部队应以嵩山为枢纽,建立根据地;冀鲁豫军区派一部渡黄河,在水西开辟根据地。

　　△　八路军冀中第九军分区第二十四团、第三十四区队在肃宁、高阳、蠡县、博野县大队和民兵配合下,乘夜攻入肃宁县城,至 30 日下午 1 时,全歼城内守敌,并将城周围日伪据点全部攻克。

　　△　八路军太行军区第七分区部队在河南辉县勒江口伏击"扫荡"日军,歼敌 200 余人。

　　△　据中央社讯:腾冲克复后,由滇西保山至密支那之国际通路已着手兴修。该线全长 300 余公里,由滇缅路工程局负责逐段兴工。

9 月 30 日　中共中央下达关于河南发展各部队行动的指示,要求迅速加强水东地区的领导与实力,至少增派一个团,渡河向西发展,并控制泛滥区之大小洲。太行南进支队,应以嵩山为枢纽,在登封、密县、禹县、临颍、宝丰、襄城敌后建立根据地。

　　△　以孙科为会长、邵力子为副会长的中苏文化协会举行茶会,讨论促进中苏邦交、沟通中苏文化问题,对参政会通过促进中苏邦交各案表示赞助,建议政府早日实施。郭沫若、林伯渠等先后致词,强烈呼吁为消灭法西斯、实现民主政治而奋斗。

　　△　《中阿(富汗)友好条约》在土耳其京城换文。

　　△　汪伪政府任命王克敏兼任伪北京大学校长。

　　△　盘踞山西岚县东村的日伪军侵入西川蔡家庄,一部分老弱病残的男女躲在地洞里,约近 50 人。日军用毒气、浓烟熏死 24 人。接着日军又在边家庄纵火烧死村民 20 多人。

是月　国民参政会三届三次大会主席团向大会印发国共谈判双方来往的七个重要文件:1943 年林彪在重庆所提的四项、1944 年 5 月林伯渠在西安签字的国共两党谈判记录、中共中央向国民政府提出之意见书、国民政府代表王世杰、张治中致中共中央代表林祖涵的信（1944年 8 月 10 日）、中共中央代表林祖涵致国民政府代表王世杰、张治中的信（1944 年 8 月 30 日）、9 月 10 日张治中、王世杰给林祖涵的信。

　△　周恩来致史迪威说帖，主要内容是：一、中国正面战场，尤其是国统区存在着政治、经济、军事的空前危机，这完全是"由于国民党实行法西斯化的政令和失败主义的军令所造成的"。我们坚决主张国民政府立即召集国是会议，取消一党专政，成立联合政府；二、"内战危机亦依然存在"，我们坚持要求"制止这种内战危机"，以便将全国力量都投入抗战；三、我们要求国民政府和同盟国给予我军应得之供应和援助，"至少应获得美国和租借法案分配于中国的军火、物资全数的二分之一"。

　△　美国战时生产局长纳尔逊完成出使中国任务后辞职，由柯鲁格继任。

　△　史迪威发表声明，认为"蒋介石无意为抗战付出更大的努力"，"无意建立真正的民主制度，或者和共产主义者建立共同作战"。"中国统一和真正抗日的主要障碍就是他自己"。

　△　教育部制定《从军歌》，鼓励知识青年从军，歌词为："教崇射御礼乐，宏书数。六艺备成才，好男儿经文纬武。唐隆宋替，积弱近千年，黄龙取，金瓯补。黄龙取，金瓯补，还我河山主。龙蟠虎踞，龙蟠虎踞，五业恢明祖。总理覆清廷，建中华，群尊国父。总裁抗战，唤起我青年。从军旅，争先赴，从军旅，争先赴，万里长空舞。"

　△　因战事影响，国立河南大学迁至荆紫关，广西大学迁往融县，中山大学文、理、师各院迁临武，法、工、医各院迁东陂，农学院迁坪石。

　△　皖省自 5 月以来连遭旱、蝗、水、风四灾袭击，受灾达 30 余县，其中以宿松、六安等 13 县受蝗灾、太湖等县受风灾尤甚。

　△　鄂省自 6 月以来遭受蝗、风、雹灾，灾民达 8.2 万余人。

10 月

10 月 1 日　宋子文通知赫尔利,蒋介石已收到孔祥熙从华盛顿发来的电报,称:霍普金斯告诉他,罗斯福已准备接受蒋的请求,召回史迪威,另派一美国官员代替史。同日,赫将此消息转告史。

△　新任新疆省政府主席吴忠信偕民政厅长邓翔海、秘书长曾小鲁离重庆抵迪化履新。

△　重庆数千人举行追悼邹韬奋大会。黄炎培主祭,郭沫若致哀词,称邹韬奋"生前致力于民主、团结和进步文化事业,他是为民主而死的"。沈钧儒、林伯渠、褚辅成等致词,力争民主自由,呼吁向法西斯进军。

△　八路军一部攻克河北平谷县城,毁敌碉堡 10 余座。

△　八路军冀东军分区一部攻克兴隆县日伪军重要据点前苇塘,歼灭讨伐队 100 余人,击毙日军副大队长增田茂。

△　广西兴安失陷。日军第五十八师团进攻兴安,守军第九十三军与敌激战竟日,不支,乃放弃兴安,退守大、小溶江附近。

△　日军第三十四师团一部陷湖南常宁。

△　美国务卿赫尔接见记者,对国民政府发言人 9 月 29 日声明中提到美国对华作战援助都是很少一节表示遗憾,并称:这不是美国缺乏合作精神,只是由于空运的实际困难。

△　《解放日报》发表社论《新四军的胜利出击与中国的救国事业》,说:今年 1 至 6 月,新四军作战 1000 余次,俘敌伪军一万余人,缴枪 1.1 万余支,攻克敌伪据点 420 座。7 月以来的三个月中,进行大战役 13 次。总计今年新四军的胜利出击,解放国土 10 余万平方公里,人口 500 万以上。

△　伪上海市保安司令部成立,陈公博、熊剑东分任司令和参谋长。

△ 伪蚌埠绥靖主任公署及安徽保安司令部成立，罗君强就任绥靖主任和保安司令。

10月2日 蒋介石在国民党中央执委会常务委员会上讲话，指责美国在史迪威指挥权问题上侵犯了中国主权，是新型帝国主义，并声称不怕美国取消对中国的援助。

△ 对外贸易货物委员会函告行政院，第三次中苏信用借款交于中国的兵工器料、汽车、飞机等物资，价值4.8982亿美元。

△ 新四军军部召开该军成立七周年纪念大会，副军长张云逸、代政治委员饶漱石等致词。大会发出通电，提出立即改组国民政府，组织真正的国民联合政府；改组失败主义的统帅部，成立坚决抗战的联合统帅部；驱逐何应钦、孔祥熙、陈立夫等失败主义者；承认八路军、新四军及解放区民选政府；立即释放叶挺军长。

△ 东江抗日游击纵队全体官兵电唁邹韬奋，对邹逝世表示哀悼，决定在全区举行追悼邹韬奋大会，并呼吁民主自由，革新政治。

△ 湘境日军第三十七、第一一六师团自衡阳方向向邵阳攻击，守军第二十四集团军一部与敌激战三日，战力不敌，是日邵阳城终告失陷。

△ 中外记者西北参观团外籍记者离晋西北，渡黄河返延安。

△ 顾维钧在中、英、美三国世界和平会议上提出14个问题，英、美两国代表分别予以答复。下午，起草委员会及三国军事专家分别详细讨论中方提出对草案应补充各点，美、英接纳三点：一、处理国际争议应注重正义与国际公法原则；二、国际公法的发展与修改，应由大会提倡研究并建议；三、经济社会委员会应促进教育及其他文化合作事业。

10月3日 林伯渠致函张治中、王世杰，指出：目前国内不论在军事上、经济上、文化上、政治上，到处都存在着严重的危机。造成这些危机的最根本原因，是一党独裁制度。因此，克服时局危机，挽救国家民族的惟一办法，就是立即结束一党专政，成立民主联合政府，实行新政策。要求国民政府按中共所提方案，承认打日寇有功之第十八集团军和新四军及一切抗日的军队,承认他们收复的国土。指出:目前国内还有一部分人在继续准备打内战,而且随着抗战形势的发展愈益加紧。按照他们的计划,是要把对日反攻与反共合并举行,以达其所谓一举两得的目的。对蒋介石在参政会上表示将继续用政治方式解决中共问题表示欣慰,对参政会所组织的延安视察团表示欢迎。仍请张、王到延安一行。至于延安是否派负责代表到重庆事,林伯渠答复说:这要看延安谈判结果如何而定。只要还有一线希望,我们总是有人来谈判的。

　　△　军事委员会就丘吉尔 9 月 28 日在英下院发表演说中谓,虽有美国过分援助,中国军事仍遭受严重挫败之事,发表声明予以澄清,并说在缅北彪炳战绩的记录中,中国先人后己,仗义增援,宁受其东部一时之失败于不顾,此种事实自有公论,不计较一时毁誉。

　　△　国民政府令派李迪俊为庆贺古巴国新总统就职典礼专使。

　　△　国民政府晋予第二战区副司令长官杨爱源一等云麾勋章。

　　△　中国进出口贸易协会在重庆成立,由邹琳主持。

　　△　重庆《大公报》发表社评《向人民申诉! 向世界控诉》,抨击丘吉尔 9 月 28 日在下院的演说,指出中国曾得到苏、英、美三大友邦的援助,而同时也遭受过英国封锁滇缅路的苦难,也挨过以美国钢铁造成的炸弹、以美国汽油驾驶来的日本飞机的轰炸。又指出:美国《租借法案》的供应,中国确有一份,中国所得只有百分之一二,而英国则所得占30%以上。

　　△　晋冀鲁豫边区政府举行时事座谈会,到会各党、各派、各名流人士均作了发言,集中对改组国民政府及统帅部等问题进行讨论,一致要求立即改组国民政府及统帅部。

　　△　罗斯福在白宫记者招待会上,针对丘吉尔所说美国对中国的过分援助和中国军事委员所说美援“数量之少出人意料”问题,发表正式声明,称:“美国对华空运物资,一年前每月二三千吨,现在每月增至二万吨,仍感不足。”“其运输总量的大部分,除供给陈纳德超级空中堡垒外,其余物资绝大多数供给中国军队。”罗斯福对国民政府军事发言

人 10 月 3 日声明中"美国予我援助数量之少出人意料"之语表示遗憾。

△　日军独立步兵第十旅团一部对八路军太行第二分区和顺县之横岭、双峰地区"扫荡"。同日,"扫荡"林县、辉县之日伪军撤退,八路军歼敌 700 余人。

△　顾维钧、魏道明、商震谒罗斯福,建议成立六个国际委员会,处理经济协定、劳工社会福利和国际法等问题。

10 月 4 日　孔祥熙与罗斯福会商中国战局,认为日军在中国境内发动新攻势目的有四:一、鼓动士气。二、建立通往南部占领区之陆上交通线。三、阻止美机自中国机场出动轰炸。四、阻挠美国打通中国海港,从而以大量物资供应中国军队之计划。孔又称:美国援华空运物资大部分供给美国空军所急需,"中国军队所得者数量极微"。同日,罗斯福告孔,美国准备召回史迪威。

△　国民党中央宣传部举行外国记者招待会,记者询及国民政府对成立联合政府有何意见,行政院发言人张平群答称:此说不值讨论,吾人也不拟讨论。10 月 8 日,新华社发表述评,指出张的发言是对一切爱国同胞及盟邦人士一致呼声的蔑视。

△　国民政府明令公布广西省、绥远省临时参议会议长、副议长、议员名单:广西省议长李任仁,副议长陈锡珖,议员陈雄、马保之等 36 人;绥远省议长张钦,副议长阎肃,议员张登鳌、印明星等 190 人。

△　秘鲁新任驻华大使贝多雅、伊朗首任驻华公使纳塞尔向蒋介石递交国书。

△　陕甘宁边区政府为纪念"双十节"发表纪念口号,主要有:立即结束国民党一党专政、成立联合政府与联合统帅部、收复一切失地,打倒日本帝国主义等。

△　成都四川大学、金陵大学、燕京大学等五大学的七个学校团体在华西坝体育馆共同举行国是座谈会,到会者 2000 余人,到会者一致呼吁结束国民党一党专政,成立联合政府。

△　八路军太行军区第四、六、八分区各一部攻克河南博爱北之汉

高城、柏山镇、坛庙等日伪军据点,歼灭伪河南保安第一师 300 余人。

△　日本《朝日新闻》发表评论称:"日本当局已发表声明,日军目前在中国的作战是针对英、美军队,而不是重庆。""日军作战的主要目标是消灭以中国为基地的美国空军。"

10 月 5 日　国民政府明令部分改组新疆、湖北省政府:任命邓翔海、彭吉元、许莲溪、佘凌云、周昆田、张宣泽、阿西木、太平、加里木汗、于达为新疆省政府委员,任命邓翔海、彭吉元、许莲溪、佘凌云分别兼任民政、财政、教育、建设厅长;任命钱云阶为湖北省政府委员兼教育厅长。

△　出席国际通商会议代表陈光甫、卢作孚、范旭东及顾问王志华离重庆赴美。

10 月 6 日　罗斯福复电蒋介石,对蒋介石取消对史迪威的任命表示"惊讶和遗憾",认为中国局势的恶化,使美国政府不能再承担任命官员指挥中国军队的责任,表示"接受阁下之建议,解除史迪威为阁下参谋长之职务,并已决定不再使其担负有关租借物资之事务;但中国驻印军与远征军之训练指挥,则仍交史迪威管理"。

△　河北文安县伪军柴恩波部 2330 余人出犯至安祖店,八路军及地方武装一部急袭,毙伤 40 余名,俘伪大队长等以下 168 名。

△　据中央社讯:日军犯广西全州,万余民众逃匿山洞中,被敌包围纵火焚烧,逃出者剥衣枪杀,遇难者逾半。

10 月 7 日　中、美、苏三国顿巴敦橡树园会议结束,通过《国际和平组织及机构计划大纲》,并发表联合声明。顾维钧发言,希望中、美、英、苏四国会议在不久的将来举行。会议发表联合声明:"三国为维护世界和平与安全,业已议定国际组织与机构之计划大纲。"

△　蒋介石与赫尔利续谈撤换史迪威之事。蒋表示:"史迪威将军既不能服从余之命令,又缺乏与中国合作之精神,故不能委以指挥中国战区任何军队之名义与职务,其继任人选,惟有请另派来华。"赫氏认为撤换史迪威只可说"此乃仅对史迪威将军个人不赞同,而词意之间,不

致得罪罗斯福大总统"。蒋表示同意。

　　△　军事委员会任命李玉堂为第十军军长。

　　△　奉命固守广西平南县之第四〇五团团长曹震,于敌骑犯境之际,擅自放弃阵地,失地辱国,经军事当局判处死刑,是日晚在前线执行枪决。

　　△　据中央社讯:湘省耆绅郑家溉于日军犯湘乡时为敌所俘,劝其出组伪维持会,郑氏骂敌不屈,遂遇害殉难。湘省府给予特恤五万元,旅渝湘人程潜、章士钊、何键、贺耀组等发起举行追悼大会。

　　△　苏鲁战区挺进第十纵队王洪九部在山东临沂投降日军。14日,八路军山东军区第二分区出师讨王,毙王部官兵40余名,俘虏200余名。

　　△　日机10余架夜袭四川后返掠陕境,在南郑、西乡、汉阴及西安市郊投弹。

　　△　美陆军部发表援华物资空运情形:印华区从印度经喜马拉雅山最高峰到中国空运的物资,一个月中达4600万磅,包括飞机、军需品、汽油、卡车、吉普车。

　　△　法国驻中国政府经济代表毕威廉抵重庆。

　　10月8日　延安评论家就国民政府发言人驳丘吉尔在下院报告发表评论,指出国民党当局把他失败的责任推诿给盟国,认为是由于同盟国对华物资援助不足,于丘吉尔对国民党当局所遭受的严重军事挫败"极大遗憾"表示不满。评论强调国民党专制主义、法西斯主义、失败主义、官僚主义的寡头政治不加以根本改变,再多的援助也是无济于事的。

　　△　成都民主宪政促进会举行座谈会,国民参政员邵从恩、张澜、李璜出席。李璜称"要实现民主政治,就要有真正的民意机关"。与会者提议立即发动组织各种职业的民主组织,发动全民的民主运动,扩大民主宪政促进会组织等,当经会议通过。

　　△　顾维钧在美国接见中央社记者,宣称"新国联能行使有效之职

权,因为责任集中在大国,世界武力将以大国为主要组成分子,还打算设立国际空军"。强调中国"所提各项建议,非纯以国家性之原则为出发点,系以世界观点为根据"。

△　重庆《大公报》载:地主、绅富献粮献金办法业由财政、粮食两部草成。地主献粮以其收益累进,50 亩之户献总收益 5% 为起点,累进至收益 25% 为最高点。献粮献金总额预定为 400 亿元。

△　广西省政府为应付非常,加强自卫力量,成立广西省民团指挥部,以张发奎为总指挥,黄旭初为副总指挥。划全省为 17 区,由各专员和遴员任区指挥。

△　中美空军混合大队成立一周年,是日,陈纳德致函中美混合大队司令莫斯,报告该部一年来之战绩:出击 5000 余次,击毁、创伤敌机 420 架,击沉敌船 1305 艘,击毙敌军 5.7 万余名,军马 7310 匹。

△　史迪威对美广播声明:中国西南部怒江区域及缅北之美、英、中军队,刻已进至利多公路与旧滇、缅衔接处,其结果将造成通往中国更佳之供应路线。

△　日伪军千余对八路军太行区第四分区黎城庄苗、北庄镇地区"扫荡"。

△　陈公博、周佛海决定派朱文雄去重庆,向蒋介石送交日本关于实现中日全面和平的条件。14 日,朱文雄离上海,转道去重庆。

10 月 9 日　国民政府公布中、美、英、苏和平会议通过的《国际组织建议案》,凡 12 条,内称国际组织名称:联合国。国际组织之宗旨:一、维持国际和平与安全,采取有效及集体步骤,防止并消除对于和平之威胁;二、发展国际友谊关系,并采取其他适当步骤,以加强普遍和平;三、在国际经济、社会、人道等方面,求国际之合作;四、在一定时期内,以本组织为中心,协调各国行动,以达上述目的。国际组织之原则:以一切爱好和平国家主权平等为基础,各尽其责,保障会员国权利与利益。主要机构有:大会、安全理事会、国际法院及秘书厅。

△　蒋介石复电罗斯福,坚决拒绝给予史迪威以任何中国军队的

指挥权,声称不仅不信任史,而且对他的军事能力也无信心。认为史虽然收复了密支那,但对几乎失去整个华东有不可推卸的责任。

　　△　蒋介石致书美国援华总会,并告美国热心援华人士,对其七年来从精神上物资上援助中国抗战,表示忠诚之感谢,并愿两国同声相应,造福于人类,贡献于世界。

　　△　国民政府特派王宠惠为中国出席联合国战罪审查委员会远东及太平洋分会代表。

　　△　军事委员会政治部发表《告全国青年文告》,号召知识青年从军,提出"丢下书本,背上枪炮!""丢下职业,跨入军营!""出了学校,走上战场!""一寸山河一寸血,十万青年十万军"等口号。

　　△　晋察冀边区各界人士举行座谈会,到会百余人力主改组国民政府及统帅部,成立联合政府;挽救危局,惩办法西斯分子、失败主义者、投降派和卖国贼。

　　△　第四战区为保卫桂林、柳州,下达第一号作战命令,其作战指导方针为:战区以确保桂柳之目的,以必要兵力固守桂林,另以有力一部,配置于桂平、江口附近地区,相机先行击破西江方面之敌,主力控置于阳朔、荔浦、修仁间地区,乘敌深入,于荔浦、平乐间地区包围歼灭之。

　　△　重庆《大公报》载:日军占洛阳后,初改洛阳为浮阳,认为欠妥,复于最近改为福阳。在洛阳之日军大量收买废铜碎铁,连同城关之军需物资、工业器材,被运走一空。

　　△　据中央社讯:前甘肃省会宁县长王一恕、前张掖县长张戈、前甘谷县长戴海林,庇纵贪污、囤积居奇、扣发公粮,被分别判处有期徒刑10年、12年、15年。

　　△　美海空军联合行动,开始连续袭击台湾日军基地。至14日,击毁日机600余架,击毁、击沉日舰70余艘。

　　10月10日　国民党中央及国民政府联合举行国庆纪念典礼,蒋介石及党政军500余人参加。同日,重庆各界1500余人举行纪念大会,并分别电慰前方将士及沦陷区同胞。下午7时,蒋介石对全国军民发表广播讲演,勖勉全国军民于时局艰难困苦之际,奋勉自强,尽最大的努力,作最后的奋斗,来争取我们最后的胜利。

　　△　蒋介石电告孔祥熙,说罗斯福于本月6日给蒋的复电仍要求留史迪威指挥我滇、缅军队,对此蒋已复电罗,坚持要求撤换史,说无论其派美军官指挥中国全线军队或滇、缅一部军队,我都可接受其建议,但其人选必须为我信任而能与中国合作者。如孔在美以此事为难,可置之不问,以蒋未有通知来推托。

　　△　延安各界举行纪念"双十节"大会。周恩来在大会上作题为《如何解决》的重要讲话。周恩来说,由于国民党长期坚持错误的失败主义和反动的法西斯主义政策,致使国民党战场在敌人的进攻面前节节败退,国民党统治区域呈现出"抗战以来空前未有的军事、政治、文化各方面的严重危机"。他指出在欧洲战场节节胜利的情况下,中国正面战场却节节败退,而敌后战场是节节胜利。正面战场失败的原因,"是由于国民党政府历来片面抗战、消极抗战、依赖外援、制造内战的失败主义政策所造成","是由于国民党在其统治区域实施一党专政、排除异己、压迫人民、横征暴敛的法西斯主义的政策所造成"。周恩来在讲演中强调:挽救目前危机的惟一正确方案是由国民政府立即召集全国各方代表开紧急国是会议,取消一党专政,成立各党派联合政府。他要求国民党承认敌后全部抗日部队和各级民选政府,并且指出中共所提出的12条与委托林伯渠口头提出的八条,"仍应成为今后国共谈判的根据"。希望张治中、王世杰能到延安"观察和谈判"。他急切呼吁,时机太紧迫了,希望国民党当局、全国爱国志士、全国人民,奋起急图,抓住关键,扭转时局。

　　△　中国民主同盟发表《对抗战最后阶段的政治主张》:一、贯彻抗战国策,切实整理军队,以期加强反攻,争取最后胜利。二、立即结束一党专政,建立各党各派的联合政权,实行民主。三、确立亲邻的外交政策,加强对英、美、苏及其他盟邦之联系。四、确立战时经济、财政之合理机构及政策。五、革新目前的教育、文化政策。

　　△　西南联合大学、云南大学及昆明各界6000余人举行保卫大西南群众大会,闻一多、李公朴等相继发言。大会发表宣言,响应中共提出的结束国民党一党专政,成立民主联合政府的号召,并提出坚持抗战,实行民主,保障人民民主政权,成立各党各派联合政府,动员一切爱国力量,保卫大西南的主张。

　　△　复旦大学师生千余人举行国庆纪念晚会,检讨目前时局,教授张志让指出:"唯有刷新政治,团结全国,抗战危局方可克服。"教授周谷城指出:"在这空前危机的时候,应该团结各种力量,才能渡过困难,但这就必须首先实行民主。"学生发言指斥正面战场的溃败局面及大后方的黑暗统治,喊出:"要大胆的说话,勇敢地行动。"

　　△　孙科发表《民主世界中的民主中国》,认为建设国内民主的条件,须有四个起码的条件:一、人民基本自由的法律保障;二、民间政治团体的合法存在;三、军队武力的绝对国家化;四、国家行政的完美无缺。

　　△　第十六集团军副总司令韦云淞为防守桂林,是日策定作战计划,其方针为:以确保桂林之目的,以主力固守城北要点及杉湖、榕湖以北城区为核心阵地;以一部固守近郊各要点,掩护核心,采取持久防御,吸引胶着敌人于桂林近郊,俾与我外线兵团协力合击敌人而歼灭之。

　　△　中国驻印军总指挥部下达攻击缅北八莫的作战命令:一、本军分三纵队于10月15日开始,向南攻占印道、杰沙、瑞古之线而确保之。二、英军第三十六师为右纵队,10月19日以前肃清和平之敌,占领英杰、印道地区而确保之。三、新六军之新二十二师为中央纵队,于10月19日到达和平,22日前肃清和平之敌,经摩面前进,占领伊洛瓦底江以南之瑞古地区。四、新一军为左纵队,迅速向八莫推进,击灭或包围八莫至曼西地区之敌。五、第十四师、第五十师及美军第一四八团为总预备队。六、暂编第一战车队为本军机动部队。

　　△　美海空军特种部队联合袭击台湾日军基地,毁日机221架。12日又袭,击落日机百余架。

△ 史迪威致电马歇尔,认为他与蒋介石矛盾僵局的症结在于蒋介石无意作出任何自愿的军事努力,要求召回他不过是蒋介石的拖延策略。

△ 纳尔逊在美国援华总会报告访华经过,认为中国的情势"非常严重","这不但和中国人民而且和每个美国人有重大的关系"。

10 月上旬 戴维斯建议罗斯福、马歇尔"将在欧洲战场掳获的武器拨给共军使用,令其攻夺江南地区,而以承认中共独立政府为报酬"。此即所谓"戴维斯计划"。

△ 河南延津、新乡伪自卫军一部 300 余人向八路军反正。

10 月 11 日 国民党中央召集三青团及有关部门,各省、市政府、党部、团部、教育界人士召开发动知识青年从军会议,通过如下决议:一、成立远征军,名额 10 万人,从军年龄在 18 岁以上,35 岁以下。二、征集时间为民国三十四年(1945)1 月 1 日至 3 月底。三、10 万人编成 10 个师,分驻贵州独山、扎佐,四川绵阳、成都、万县,陕西汉中等地。四、全国设立知识青年从军指导委员会,省、市、县设立征集委员会。会议 14 日结束。

△ 国民政府向联合国救济总署发表战时救济计划,请联合国在中国所需经费总额 35 亿美元中,拨九亿美元以上之数供救济之用。要求总署派遣专家 2300 人赴华,协助进行复兴经济工作,并供应中国 4.61 亿人民之日常生活必需品。

△ 新华社发表由毛泽东起草的《评蒋介石在双十节的演说》的评论,指出:蒋介石的双十节演说空洞无物,没有答复人民所关切的任何一个问题。这就说明了蒋介石坚决反对人民改革政治的要求,仇视中国共产党,勾结日本帝国主义,进行反共反人民的罪恶活动。为此,评论要求全国人民提高警惕,认清中国的内战危险不但存在,而且在发展。

10 月 12 日 立法院会议通过《兵役部组织法》,规定该部直隶行政院,兼受军事委员会指挥监督,掌管全国兵役行政事宜。下设役政、征补、国兵、总务、人事、督察等处。25日,国民政府明令公布。

△　周恩来同谢伟思在延安会谈。周指出:蒋介石10月10日的演说标志对中共态度又趋强硬,眼前不存在国共谈判取得成果的希望,也不存在所许诺的改组政府的希望;政府必须全面改组,共产党人将会仔细考虑任何建议,并不一定就是拒绝。

△　董必武电告中共中央,报告目前美、蒋关系,称:从6日蒋介石约孙科等谈话透露,中美商谈濒于破裂。蒋说,史迪威袒共,要求美国撤换史迪威,还说美国压迫已超过极限。

△　桂境桂平、蒙墟失陷。广西平南、丹竹之日军独立混成第二十三旅团到达桂平郁江东岸后,于11日强渡郁江,守军第一五五师仓促迎击,阻敌不力,日军分头由官江、社步、夏湾等地渡过郁江,向桂平城进犯,与守军巷战,桂平遂于是日沦陷。同日,由社步、官江渡江之日军突破守军沿江之警戒线,与第一五五师主力在蒙墟血战至晚,该师伤亡过重,奉命西移至官桥。蒙墟亦告不守。

△　日伪军万余人分别对八路军冀鲁豫军区一分区之长清地区,九分区之南乐、清丰、濮阳地区,十分区之曹县东北地区"扫荡"。至31日,被八路军击溃,收复日伪军据点30余处。

△　汪伪中央政治委员会召开会议,决定成立撤废各国在华治外法权委员会,任命褚民谊、罗君强分别为正、副委员长。

△　美国《新政治家》周刊社评批评国民党"日益反动且多束缚",认为"中国内部的经济及社会情形较之日本更为可怕",但有希望的一件事是:随着军事危机的增长,将如同战争初期一样,政府被迫依靠人民的力量。

△　联合国善后救济总署署长李门宣布,任命吉塞为中国分署主任,并负责成立分署。

10月13日　林伯渠致函国民政府代表王世杰、张治中,明确表示:"现在唯一挽救时局的办法,就是要求国民政府与国民党立即结束一党专政的局面……成立各党派联合政府","此计不决,则两党谈判即使可能解决若干枝节问题,至于关系国家民族的重大问题,必不能获得彻底解决。"

△　赫尔利就蒋介石与史迪威矛盾致电罗斯福,认为:"蒋介石对史迪威谋合作,史迪威对蒋介石则谋屈服,而史迪威之误,想屈服一革命家。""窃以为如我总统支持史迪威将军,则将失去蒋介石,甚至还可能失去了中国。"并请罗斯福派与蒋介石能够合作的年轻将领来华。

△　国民政府为完成地方自治,通令全国各县、市一律裁撤县政府军事科,或市警察局之军事科,其一切业务归并国民兵团办理(按:国民兵团为地方自治系统中之治安力量,由保甲及乡公所直接指挥)。

△　新疆同乡会发表对宪草的意见,请确定新疆民族为突厥民族;在宪法中规定突厥民族自治之条款;增加"中华民国疆域内各民族在政治、经济、教育、文化、宗教、社会、语言、文字各方面一律平等"等条款。

△　第四战区策定桂柳会战作战计划,其方针为:以确保桂、柳,并掩护柳州空军基地为目的,决以有力兵团于荔浦、桂林各附近地区,拒止湘桂路及龙虎关方面之敌,以优势兵力集结于武宣东南附近地区,先击破西江之敌,以利尔后作战。西江方面会战日期,预定 10 月 20 日以后。

△　晋绥边区各界人士举行国是座谈会,呼吁驱逐国民政府中的法西斯分子、投降派和亲日派,改组国民政府及统帅部,成立民主联合政府。

△　美国新闻处广播中国局势,认为中国有改变局势的必要,最好的办法是迅速组织联合政府。

10 月 14 日　蒋介石致函罗斯福,建议在帕资、魏德迈、顾律格三名美籍将领中,选一人为中国战区参谋长。

△　国民政府明令修正公布《战时管理进口出口物品条例》。

△　白崇禧发表《告桂民书》,要求年龄在 10 岁至 45 岁之壮丁加入民团,每乡成立一大队,每县集中使用一至三个大队,由县长兼民团司令,统归黄绍竑指挥。

△ 全国知识青年从军指导委员会成立,何应钦、吴铁城、陈立夫、张治中、白崇禧、陈果夫等为常务委员,张伯苓、莫德惠、蒋梦麟、顾毓琇等为委员。

△ 中共中央发出《关于巩固中条山阵地,建立沁河豫北基地的指示》,要求太岳区目前极应巩固中条山已得阵地,积极发展汾河以东(三角地区)、沁河以西广大地区,特别是豫北之沁阳、济源、孟津等县,山西之垣曲、平陆、芮城三县,以及黄河与铁道间,使华北与中原密切联系。

△ 毛泽东、朱德发布《关于华北准备反攻工作的指示》,指出:目前应尽量消灭伸入抗日根据地的日军及其小据点,扩大抗日根据地,建立游击队,加强民兵组织,并利用冬季认真练兵,以准备敌人严重的"扫荡"。

△ 国民参政员傅斯年向监利社记者谈中国局势,认为近来有人主张发动各种政治社会势力共商国计,"其结果将造成克伦斯基式政府,而陷中国于大乱之局面"。

△ 史迪威飞赴柳州,同白崇禧、张发奎共商反攻的计划。下午飞成都。15日返重庆。

△ 桂境日军第五十八师团一部300余人沿湘桂公路向大溶江警戒线阵地进攻,渡河之际,守军新编第八师第二十二团乘机攻击。下午,日军突入大溶江阵地,与第二十二团激战,该团伤亡较重,旋退守大溶江。同日,日军第五十八师团另一部陷松江口。

△ 日本任命西春彦为驻伪满洲国特命全权大使。

10月15日 战后建设协进会在重庆成立,选吴铁城、潘公展、杨虎、吴开先、吴蕴初、姜豪、卢绪章等31人为理事,俞鸿钧、韦以黻、毛应祥、龚学遂等九人为监事。

△ 军事委员会任命甘丽初为第十六集团军副总司令兼第九十三军军长。

△ 《国是》月刊社举行国是座谈会,胡秋原、龚德柏、孔庚、莫德惠及文化界180余人出席。与会者认为发动知识青年从军应力求普遍,

要人应送子入伍,以为表率;国民总动员应以实施宪政为先决条件,实施宪政,应从地方自治着手。

△ 美国政府宣布在《租借法案》下拨款训练中国各项技术人员 1200 名,其 20% 计 240 名由考选委员会考选,11 月分别在重庆、成都、贵阳、昆明、西安举行考试。

△ 柳州《大刚报》迁贵阳出版。

10 月 16 日 全国知识青年志愿从军指导委员会举行会议,讨论知识青年从军征集办法、编练计划等,并决定各省、市征集额:一、200 人至 1000 人以下者西康、青海、宁夏。二、1000 人至 2000 人以下者甘肃、浙江、云南、重庆市。三、2000 人以上 3000 人以下者贵州、湖北、广西、安徽、江西、广东。四、3000 人以上 4000 人以下者湖南、陕西、河南、福建。五、四川为 8000 人。

△ 第四战区为保卫桂林、柳州,下达第二号作战命令,其要旨为:战区以确保桂林及柳州空军基地之目的,决以有力兵团拒止由龙虎关方面及湘桂路进攻之敌,以优势兵力集结于武宣东南地区,先击破由西江进犯之敌,俾利尔后之作战。

10 月 17 日 中共代表林伯渠、董必武与罗斯福的私人代表赫尔利就解决国共两党关系,立即结束一党专政,成立民主联合政府等问题举行首次会谈。在林、董首先陈述了国共两党在政治、军事等问题上的严重分歧和中共中央对于解决两党关系的既定主张之后,赫尔利说:他约林、董谈话是蒋介石允许的,蒋也允许他必要时去延安;中共军队组织、训练都好,力量强大,是决定中国命运的一种因素;蒋介石为抗日的领袖,是全国公认的事实;中国现政府不民主,等等。董、林在致中共的电报中指出:"蒋见我态度强硬,怕我们不承认他是抗战领袖。"

△ 1944 年度后方经理会议开幕,参谋总长何应钦主持并致词,说此次会议将就加强经理权责、迅确查报人马、核实发放薪饷、按期依法报销、彻底革除积习等中心项目,研讨具体方案,以配合整军作战要求。

△　陈光甫率国际通商会议中国代表团离重庆赴美。

△　八路军太行军区第四分区一部配合地方部队攻克山西翼城北常镇伪军据点,攻克碉堡 12 座,毙伪军中队长以下 30 余名,俘伪大队长以下 56 名。

△　桂境占领大溶江之日军经连日袭击,顿呈不支,新编第八师第二十二团是日以空军及炮火掩护,奋勇攻击,攻克大溶江,将敌驱至江边。

△　日军大举进犯河南长垣县前后小渠一带,惨杀民众 690 余人。

△　汪伪行政院举行会议,任命孙福基为杭州市市长,并决定将首都警察总监署直隶于内政部。

△　中央社讯:伪华北政务委员会设立献铜献木委员会,将北平故宫明代铜缸 66 只,铜炮三尊,准备献敌。另以天坛、先农坛、西山等处古木编号砍伐备献。

10 月 18 日　罗斯福致电蒋介石,决定正式宣布召回史迪威,并针对蒋指责史反攻缅北得不偿失进行辩护,称反攻缅北是由英美联合参谋委员会作出并得到丘吉尔和罗本人批准的,是为维持中国供应线所必须进行的。重申美国不再为中国部队作战承担指挥责任。

△　赫尔利与林伯渠、董必武再度进行会谈。赫尔利称:蒋介石在10 月 15 日与其谈话时专门说,他个人对中共的观点已经完全改变,但部下还不明了。国共合作后,中共应取得合法地位,有言论、出版、集会等自由,在军事领导机关中也应有中共党员参加,分配军事物资也不应偏于哪一党派。他计划先约张治中、王世杰与林、董谈,得出两党合作的初步结果后由他同蒋介石商量,蒋同意后他便到延安和毛泽东谈,求得双方合作的基础。最后蒋介石、毛泽东见面,发表宣言,实现合作。

△　国民政府明令公布《盐专卖条例》,规定:食盐未经政府许可,不得擅自制造;产盐区及每年产盐数量由政府统一规定;制盐人未经许可不能停业;成品盐必须于限期内交存于政府指定的仓坨和其他指定地点,由专卖机构收购;盐的运销由专卖机关办理,价格由财政部核定。

　　△　军事委员会制定《陆军官佐退役俸给与办法》,规定一次给予退役金额,上将为 19.2 万元,中将 12 万元,少将 7.68 万元;上校 5.06 万元,中校 4.08 万元;少校 3.24 万元;上尉 1.92 万元,中尉 1.44 万元,准尉 7680 元。

　　△　据中央社讯:1943 年度田赋征实最后核定总额麦谷 6316.867 万市石,已征收 6356 余万市石,超额 1% 以上。新、闽、皖、赣、桂、甘、宁、湘八省皆超定额,绥、豫、粤、川等省达预定目标。

　　△　占领桂境蒙墟之日军以步兵千余,附炮二门,向第一五五师之清泉、官桥、全塘阵地进犯,该师起而迎战,至午后敌未得逞,仓惶回窜,守军乘势追至石塘附近,是役共毙敌百余名。

　　△　纳尔逊在中美工商协会理事会演说,认为中国"目前最要紧的是增加生产",并称"美国正考虑派遣工商界代表团前往中国,和中国领袖会商加强政府的谈判问题"。

　　10 月 19 日　下午,赫尔利谒见蒋介石,转达罗斯福最后决定召回史迪威的电报:"余现在颁发命令,将史迪威自中国战区召回,及指派魏德迈。目下美国驻中、缅、印战区应分二——中国为一方面,印缅为另一方面。印缅区由索尔登中将指挥,中国区由魏德迈指挥。陈纳德将军之第十四航空队仍留中国,受美军司令魏德迈之指挥。"

　　△　史迪威接到马歇尔来电,获知召回他的命令已下达。同日,史约见美国记者白修德和爱金生,向他们介绍了围绕指挥权问题与蒋介石斗争的经过,指斥蒋介石"从来不想打日本","这场战争中每次犯下的大错误都可以直接从蒋介石那里找到根源"。

　　△　桂境第四战区为击破桂平方面之日军,命令第三十五集团军各部队于是日作好攻击准备。命令第六十四军于 20 日晨开始向蒙墟之敌攻击;命令第十六集团军以一部向桂平之敌攻击。

　　△　新四军鄂豫皖湘军区成立,第五师师长李先念兼军区司令员,郑位三兼任政治委员,刘少卿兼任参谋长。

　　△　重庆文化界人士举行纪念鲁迅逝世八周年茶会,宋庆龄、沈钧

儒、茅盾、孙伏园等出席。孙伏园发言称赞鲁迅"爱人民,爱自由,爱民主,是全中国、全世界人民深爱的"。

　　△　国立西北大学教授兼北平文治中学校长郁士元决心投笔从戎,前抵重庆准备入营训练,蒋介石是日召见郁,对其从军志愿备加赞赏,唯念郁士元年已逾龄,特令担任政治工作,以示慰勉(郁为大学教授从军者第一人)。

　　△　中央政治学校教育长程天放在校报告知识青年从军,即遭学生反对,大部退出会场。20日,该校训导主任徐志明组织人员拘捕学生16人。

　　△　据中央社称:女性青年从军后,拟组织服务队,随同青年远征军担任政治工作及医务工作。初期计划征集2000人。

10月20日　蒋介石派军事委员会一官员向史迪威授予青天白日勋章。史通过一美国官员拒绝接受。下午,史迪威由赫尔利陪同向蒋介石辞行,蒋对史说:"余不能与君共事到底,殊为无上之遗憾。但我们二人之性格各有所长,不如分地工作,互展其长,继续为打倒共同之敌人而努力。"同日,史向宋庆龄告别,并电告朱德,"以不能共事为歉"。

　　△　蒋介石电复罗斯福,完全同意任魏德迈为中国战区参谋长,并授予索尔登以指挥在缅华军之全权,"唯如缅甸战略与所在中国部队有关时,索尔登应与中国战区统帅随时协商"。

　　△　军政部制定《优待知识青年从军办法》,凡八条,要者为:保留职务、学籍;薪津照发;入伍前奖金;留学考试优先录取。

　　△　军政部开会讨论兵役问题,提出兵役之要项为充实抗战兵员,发动知识青年从军,改善新兵待遇及革除兵役弊端等。

　　△　第六十四军下达攻击桂平、蒙墟日军的命令。第一期攻击目标为乌阳村、500高地、蓝山、猛风坳之线,重点攻击指向500高地;第二期攻击目标为西山南北之线至桂平城,攻击重点指向桂平城。攻击时间为10月22日上午8时。

10月中旬　滇西中国远征军第十一集团军经调整部署后,以主力向三宣坡、庙房坡、锅底坡、双坡攻击；以荣一师向观音寺、红土坡攻击；以第二〇〇师由左翼攻击篱芭坡、一碗水至张金山一线，与第三十六师共同封锁龙陵城区日军。

10 月 21 日　国共双方应赫尔利要求，分别提出国共合作书面原则。国民政府坚持军令、政令统一原则，必须是中共先将军队缩编，听受军事委员会指挥，而后方可议及中共军队保留数目；在政治方面愿承认中共为合法政党并开放政府某些职位予中共党员。中共则坚持基本政策及政府人事的改革，结束一党统治，召开国是会议，由全国各党派代表组织联合政府，承认占领区的中共部队及其政权。

△　内政部为考核各省、市 1944 年户政，决定组成户政督导团，前往川、康、滇、贵、陕、甘、宁、青、鄂、重庆等省、市实施督导，并在兰州、成都、昆明三地召开户政实施会议，由部长周钟岳兼任团长。

△　华北联大举行时事座谈会，要求改组国民政府及统帅部，罢免陈立夫等，保障大后方青年学生的思想、学习、言论、集会自由，改善学习生活。

△　桂境第六十四军各部以飞机多架为掩护，向蒙墟方面推进。第一五五师在炮兵支援下，攻占古城、古狂之线，日军第八十四联队退据 500 高地西麓一带；第一五九师占小东村、良秀村一带，对蒙墟形成包围态势。第一五六师亦向兴隆推进。军指挥所进至古铜村附近。

△　缅北中国驻印军新编第三十八师以第一一三团为前导，向八莫方面攻击前进，主力分两纵队前进。其右纵队于 27 日进抵太平江北岸之大利。

△　史迪威飞离重庆。22 日飞抵滇西保山，会见美军驻中国远征军总联络官多恩准等官员，向七名联络飞行员授奖。旋又飞抵缅北密支那。11 月 2 日，回到美国。

△　美国政府任命赫尔利代替高思为驻华大使；任命魏德迈代替史迪威为美军中国战区司令兼盟军中国战区总司令蒋介石的参谋长。

10 月 22 日　蒋介石发表《告知识青年从军书》，告勉"全国同胞互相督促,父谕其子,兄勉其弟,妻劝其夫,朋友相规,师生相勉,藉以志愿从军为光荣,以规避兵役为耻辱,恢复我民族尚武的德性,改造我们社会颓靡的风气","整我军旅,而灭彼敌寇"。

　　△　军事委员会公布《知识青年从军办法》,凡八条。规定:知识青年(男性)年满 18 岁至届满 35 岁,曾受中等教育,体格健全者,均得志愿参加。女性青年征集办法另订。数额暂定为 10 万人。集中时间,自 1945 年 1 月 1 日至 3 月底。服役时间为两年,期满退伍。

　　△　第六十四军军长张弛指挥所部在步、炮兵协力下,向桂境蒙墟方面日军发动攻击。第一五五师攻占苏塘村、新龙、林村,日军退至该地东侧高地一带;第一五九师攻克良秀村以北村落之大部。桂绥第一纵队攻占新德村、新洞村、沙洞之线,日军向岭脚、赵李坳退却。

　　△　新四军第三师第八旅一部攻克苏北日伪屯垦区重镇合德镇,全歼日伪守敌 800 人。

10 月 23 日　赫尔利同林伯渠、董必武举行第三次会谈。赫尔利称:蒋介石 10 月 21 日交他一方案,被他当场退回。至于方案的内容,他保守秘密。他只打了一个比喻说,蒋叫你们在前面打,他们在后面打,意思就是要消灭你们。他问蒋介石为什么不可以和共产党并肩作战？他已告蒋,要马上行动,实行民主,释放政治犯,不能再等了。

　　△　外交部正式照会法国驻重庆代表,承认戴高乐领导的法国临时政府。同日,美、英、苏三国亦同时正式予以承认。

　　△　国防最高委员会特任鹿钟麟为兵役部部长。24 日,鹿对记者称:役政改革"须从治本、治标两方面着手,治本要以认真的精神研讨釜底抽薪的计划。治标要彻底查出目前役政中的弊病,对症下药,扫除一切病象"。

　　△　军事委员会任命傅立平为暂编第九军军长。

　　△　重庆《新华日报》发表社论《知识青年从军问题》,指出:目前开展的知识青年从军运动,当局认为是"挽救危局最有效的方法之一",其实,挽救目前危局最根本、最重要的办法,"是政治上有一个全面的彻底

的革新"。我们认为"知识青年从军,不失为提高军队素质和作战力量的方法之一"。

△ 据中央社讯:重庆市保甲整编办理完竣,全市计有 18 区,408保,7177 甲,16.9127 万户,人口 100 万以上。

△ 桂林方面第六十四军各部继续向日军攻击,第一五九师攻克永和乡、良秀村间六个村落据点,并向蒙墟外围迫进。第一五五师攻克500 高地,日军残部退至东北方向。旋盟机多架助战,该师为策应第一五九师作战,乃将主力转向蒙墟、罗扬村实施攻击。

△ 桂境郁江右岸之日军第二十二师团一部由社步渡江,进至曹村附近。邓龙光得悉敌情,即令第一八八师派兵进出镇隆乡附近,策应第六十四军之作战。

△ 桂境第十师及新编第八师之第二十四团克复松江口,第十师以一部将日军尾追至界脚底附近,毙敌第五十八师团第一○六大队长今掘少佐以下 400 余名。

△ 新四军一部在南京、溧阳间对日伪军展开攻势,激战竟日,歼灭伪第一方面军第二师第四团全部,俘伪团长以下官兵 600 余名,毙伤日军 40 余名。

△ 中外记者西北参观团外国记者离开延安,回到重庆,结束了历时半年的参观访问。

10 月 24 日 国立中央大学校长顾毓琇、国立交通大学校长吴保丰、国立复旦大学校长章益、国立重庆大学校长张洪元等 24 校院长联名电呈蒋介石,表示拥护知识青年从军,指导青年踊跃应征,以雪国耻。同时通电全国专科以上学校校长,望能一致倡导,发动全国知识青年从军。

△ 国民政府特任保君建为驻秘鲁国特命全权大使,原任李骏另有任用,应免本职。

△ 重庆《中央日报》载:发动女青年组织军中服务队办法,已经知识青年从军会议通过,要点为:一、对象:18 岁以上、35 岁以下受初中以

上教育的健康女青年。二、人数:暂定 1000 名。三、工作范围:暂定救护、卫生、缝纫及文书等。四、服务期限:暂定二年。

　　△　桂林方面第六十四军桂绥第一纵队在陆、空军协同下攻占脚岭;第一五九师策应桂绥第一纵队先后攻达罗阳村、新施村北侧高地之线。

　　△　桂境日军第二十二师团一部乘第六十四军各部不断进展之际,是日向桂平附近推进。

　　△　汪伪政府对重庆发表诱降声明,宣称"现在中国已到了最危险的关头","希望贤明的蒋委员长认清时局,自动停战,为保卫民族国家而崛起"。

　　△　美国借轻型舰艇八艘、英国借三艘与中国。

　　10 月 25 日　桂境第六十四军各部向蒙墟发动重点进攻。桂绥第一纵队到达大化、佛子,日军退向荔枝洞,第一五九师一部乘势攻占新、旧乌阳。

　　△　桂境大溶江附近西安乡日军进占反璧江、油路界之线,向第十师第二十八、二十九团攻击。27 日,第九十三军奉命转至大庙墟、大泉墟之线。

　　△　中韩文化协会开会,选举孙科等五人为常务理事,梁寒操等为常务监事。

　　△　美机轰炸连云港。

　　△　康青公路修筑完竣,全长 500 公里。是日,行政院派交通部公路总局专门委员容祖诒前往接收。26 日,西宁至玉树段开始通车。

　　10 月 26 日　国民政府特任鹿钟麟为兵役部部长;特派陈立夫为派遣国外实习农工矿业技术人员考试典试委员长。

　　△　外交部宣布承认意大利政府。外交部已电示驻罗马教廷公使谢寿康正式通知意大利政府。同日,美、英、苏亦正式予以承认。

　　△　捷克斯洛伐克兼任驻中国大使米诺夫斯基向蒋介石呈递国书。

△　八路军冀中第七军分区一部和安平县大队攻入安平县城,歼伪治安军团部和一个大队,并将伪县政府解决,伪县长以下人员全部被俘,俘伪军 200 余人,缴长、短枪 300 余支。

10 月 27 日　张发奎电令防守柳州的第六十二军军长黄涛派遣所部第一五七师堵击自金田村附近进犯之日军第一〇四师团一部。29 日到达东乡。30 日占领香信、界顶、双髻山之线阵地,阻止由三江墟西进之敌。

△　日军向桂境大溶江一带发动总攻击。28 日,攻破守军第七十九、第九十三军阵地,全线危急。守军遂向桂林、永福一带退去。29 日,日军五六千人分三股攻占高上田,2000 人向灌阳西北攻击,占领铁坑附近。30 日到达桂林火车站附近。

△　八路军冀中第八军分区一部及饶阳、献县大队在当地游击队配合下,乘夜袭击献县城,毙伤日军 30 余人,俘伪县长以下 200 余人。

△　三青团中央团部举行知识青年从军广播讲演大会,分由张伯苓、邵力子、蒋梦麟、王世杰、罗卓英主讲。

△　中美空军混合团出击荆门、嘉鱼、土地堂,击落击毁日机 19 架。

△　日机六批乘夜在恩施和成都近郊投弹。29 日晚又袭恩施,被第六战区防空部队击落一架,坠于巫山境内。

10 月 28 日　赫尔利提出国共两党谈判的五点建议,内容是:"一、中国政府与中国共产党将共同合作,实现国内军队统一,以便迅速打败日本和解放中国。二、中国政府与中国共产党均承认蒋介石为中华民国的主席及所有中国军队的统帅。三、中国政府及中国共产党将拥护孙中山之主义,在中国建立民有、民治、民享的政府。双方将采取各种政策,促进和发展民主政治。四、中国政府承认中国共产党为合法政党,所有国内各政党均予以平等、自由及合法的地位。五、中国只有一个中央政府和一个军队。中国共产党的官兵,经中央政府整编后,将根据其等级,享受与政府军队同等的待遇,其各单位军火和军需的分配,亦享受同等待遇。"

　　△　日军从北、东、南三面向桂林外围发动攻击,企图将第四战区桂林防守部队向西压迫,使桂林陷于孤立。桂林守军第九十三、第七十九军等部为避免态势不利,奉命向桂江西岸转移,准备作战。

　　△　桂境第六十四军各部以炮、空军助战,主力向蒙墟围攻,日军凭断墙顽守待援。战至是日,第一五九师攻入蒙墟城内。同日,第一五五师主力亦向罗阳村、新施村附近之敌猛攻,战至入暮,各占领村落一半,巷战至烈。

　　△　桂境日军第一〇四师团突破黔江北之金田村附近阵地,沿三江墟、东乡大道西攻,柳州东南重镇武宣告急。第三十五集团军为减少损失,集结兵力准备转用计,即停止对当面之敌攻击,下令以第四十六军接替第六十四军。第六十四军集结向武宣方向转进。

　　△　缅北中国驻印军新编第三十八师第一一三团驱逐日军警戒部队,攻占庙堤,将太平江北岸之日军全部肃清。

　　△　教育部制定《从军学生学业优待办法》,凡九条,要者为:中等学校学生应届毕业者,准免试升学;参加留学考试者,准备优先录取;志愿参加国内外军事学校,以及出国研究国防科学者,由政府择优优先保送。

　　△　日本政府设立临时内阁顾问,由有田八郎、小野实信、末次信田、丰田贞次郎等12人组成。

　　10月29日　蒋介石以中国战区盟军最高统帅名义发布命令:任魏德迈为中国战区统帅部参谋长,任索尔登为中华民国驻印军总指挥。

　　△　桂林方面桂江东守备队在普陀山以东与日军先头部队发生战斗,临桂之大村、大河墟、大面墟及乌石街以北均有日军出现。入夜,第四战区出击部队于城东郊及北郊与日军均有战斗。

　　△　滇西中国远征军第十一集团军各部在炮、空军的配合下,对龙陵发起最后攻击。左翼攻击其芒市以北之红岩山,右翼攻击龙陵以西之黎巴坡。战至31日,左翼完全占领红岩山,攻抵木康,封锁住龙芒公路。

△　周恩来同戴维斯谈战后中国建设问题。周称:中共进入城市后将派一些具有实践经验的人去美国学习技术,还将招聘一些外国专家和顾问;贸易方面,中国需要大量的在沿海航行的船只等。

△　伪满国务院广播声称:"满洲为大东亚战争的兵站基地,与亲邦日本结为一体",要努力增产粮食、煤、铁,以完成"圣战"。

10 月 30 日　桂境第三十五集团军指挥所到达武宣,11 月 1 日,第六十四军将防务交接完毕,亦分由新隆乡及奇石向武宣前进。攻击蒙墟、桂平之战斗结束。

△　平南西北雷日军第一〇四师团一部,向双髻山东侧守军第一五七师阵地袭击,主力占领界顶,该师于 31 日拂晓向敌反攻,收复界顶。

△　晚,桂林东郊之日军约 300 人袭击星子岩、申山等处,被守军第七十九军击退,被歼数十人。

△　重庆《大公报》载:财政部去年烟类专卖超收甚巨,至今年 5 月,除去开支,总额达 8.1062 亿元,较年度预算超收 1062 万元。

10 月 31 日　魏德迈抵重庆,就任中国战区统帅部参谋长职。

△　国民政府明令派张嘉璈、毛邦初为出席国际民用航空会议特命全权代表。

△　何应钦发表谈话,说明青年远征军之编制与装备,"拟完全与我国驻印军相同",并称:青年从军之待遇"除享有国家各项优待外,其衣食住行之设备及供应,在国家财政可能范围内,当尽力设法改善"。

△　山东省各界集会,呼吁国民政府立即改弦更张,实行民主,成立联合政府及统帅部。省临时参议长范明枢病中投书称:"江河日下,国势垂危,当局毫无改过之意,将置国家于何处?!"

△　成都市立中学学生 800 余举行反对特务统治的大罢课。午后,成都市警察局长方超亲率警察近千人包围并冲进该校,打伤学生 20 余名,捕去 40 余名。

△　八路军冀鲁豫军区第八分区主力一部攻克河南濮阳县城,伪

军孙良诚部在日军掩护下撤退。八路军收复城郊柳下屯、胡庄、徐镇集、文留集等据点 30 余处。

△ 桂林灵田墟日军约 300 余人攻占笔架山。城北日军三个突击队攻占凤凰山、虞山及吕祖山,守军第七十九军一部与敌激战竟日,敌受创不支,各循原路退去,死伤 50 余人。

△ 日伪军 5000 余对山东渤海地区"扫荡",八路军渤海军区一部与敌战至 12 月 10 日,反"扫荡"获胜,毙日伪军 300 余名,歼灭伪军七个中队。

△ 罗斯福对记者称:史迪威之更调,因彼与蒋介石之意见不合,其起因由史本人负责。此事"纯系于人事之关系","并不牵涉战略,亦与中美两国之政治无关"。又称:史与蒋意见不合,"蒋要求撤换,美国政府不能不答应"。罗斯福还宣布:"美国驻华大使高思曾表示有退休之意,此与史迪威召回无关。"

△ 美《纽约时报》发表文章,评论蒋介石与史迪威之间的矛盾和斗争,认为史迪威是在中国最优秀的战地指挥官,史、蒋矛盾是积极对日作战与囤积美援物资用于反共内战的矛盾,召回史迪威"表示一个垂死的反民主政权的政治胜利"。

10 月下旬 新四军第十六旅向苏南溧阳日伪据点发动攻势,先后攻克周城、社渚、南渡三个据点,歼灭伪军第二师第四团 700 余人。

△ 陕甘宁边区政府决定设立邹韬奋出版奖励基金,共 1000 万元,专门用于奖励对办报、办刊及出版事业、发行事业有特别成绩者。

是月 社会部电告各地社政团体:一、加强人民团体组织,扶助民意机关,培养人民民主精神;二、消敛豪绅势力,递增民主势力,运用新的社会力量,促进民主之实施。

△ 行政院通令各级政府:一、迅速督促所属青年公务员踊跃入伍,藉示倡导;二、青年从军所需之营舍、交通工具,必须事先妥善筹划,必要时酌量征用。

△ 晋察冀边区政府决议设立晋冀区、冀察区、冀中区、冀热辽区

四个行政公署,分由杨耕田、张苏、罗玉川、李运昌任行署主任。

△　湖北省第四届参议会选举李荐延、李四光、孔庚、杨一如、石信嘉、张难先、喻育之、饶凤瑛、黄建中、刘叔模为第四届国民参政会参政员。

△　美国战略情报局局长多偌万和国民党"军统"戴笠签订关于中美合作所的补充合同,规定美国为国民党军队培训美式特务并向"军统"提供美式刑具;美国为中美合作所提供大卡车 2000 辆、中小吉普车 500 辆、病床 1000 张,以及医药器材等。此后,在重庆、安徽、湖南、河南、绥远、贵州、江西、福建、浙江等地开办了中美特种技术训练班,培训特种警察人员。

△　自夏秋以来,湖北 10 余县发生旱、蝗灾,受灾面积 858 万余亩,灾民 274.8555 万人,待赈者 168.97 万余人。

11　月

11 月 1 日　国民政府任命吴忠信兼新疆省保安司令。

△　八路军南下支队在延安机场举行誓师阅兵大会。以第一二〇师第三五九旅为主组建八路军第一游击支队,王震任司令员,王首道任政治委员兼军政委员会书记。下辖六个大队。毛泽东亲临大会讲话。

△　中共中央军委致电滕代远、邓小平、杨立三,告王震、王首道率 4200 余人由延安出发南下,令做好接应工作。

△　中国童子军总会成立十周年纪念,会长蒋介石、副会长戴季陶颁词勖勉:"忠勇为爱国之本","助人为快乐之本"。据报载:全国童子军计有男童子军 383 团,2.9546 万人;女童子军 28 团,6593 人;幼童子军 10 团,1561 人。

△　桂林城北日军步兵四五百人附炮二门、战车三辆,向第七十九军第一三一师阵地攻击,守军战约二小时,敌不支退去。同日,又有日军 300 余人进攻北极山,被击退。

　　△　日军开始对桂林外围发起进攻,中国守军一部托石岩洞进行抗击。日军对七星岩中国守军施放毒气,守军 300 余人惨死洞内。

　　△　桂境平南界顶附近日军分股向第一五七师第四六九团阵地进攻,均被击退。旋第三十五集团军总司令邓龙光电令该师西撤,至晚,主力经三里墟撤至二塘附近,集结待命。

　　△　滇西龙陵战事由城郊转入市区。中国远征军第七十一军在 300 门重炮和山炮及空军的支援下,占领市区核心阵地观音寺和段家祠堂。敌据守段家公馆抵抗,激战两小时,被击退。

　　△　缅北中国驻印军新编第二十二师进至伊洛瓦底江岸,2 日攻占叶克、摩首,3 日攻占八佛因。

　　△　新四军一部攻入江苏阜宁县城,毁敌据点七处,俘伪中队长以下 30 余名。

　　△　日本中国派遣军第六方面军制定打通粤汉铁路南段作战计划,决定于 1945 年 1 月中旬,以第二十军及第二十三军攻占粤汉路南段,同时以有力一部摧毁遂(川)赣(州)地区的美国空军基地。并规定第二十军以第十师团集结道县、零县附近,1 月中旬开始行动,攻占韶关以北粤汉铁路;第二十七师团集结攸县、茶陵附近,1 月中旬进入遂川、赣州地区,消灭该地区美国空军基地;第二十三军以有实力的一个兵团集结清远,1 月中旬开始作战,攻占韶关以南铁路。

　　△　汪伪政府最高军事顾问矢崎由东京返回南京,会见周佛海。称其在东京期间,先后会见首相、陆相及参谋总长,讨论如何实现全面和平问题。并称:日本政府希望南京政府打通与重庆的联系。

　　△　国际民用航空会议在芝加哥开幕,51 个国家的代表 700 余人出席,中国代表张嘉璈、毛邦初出席,并发表声明称:在国家安全不受威胁,国家主权不受影响和本身民用航空发展不受阻碍的原则下,欢迎国际航空线扩展到中国。同日,会议选中国首席代表张嘉璈为大会副主席,指定中国代表张定为世界航空机构副主席。

　　11 月 2 日　滇西中国远征军第七十一军第八十七师占领庙房坡

第四号山头;第三十六师占领锅底塘坡和庙坊坡,控制西南制高点;第三十六师另一部攻占龙芒公路上重要据点查庙房,完全控制了滇缅路交通;荣一师占领城内重要据点大奎阁。

△ 桂林城北莫路村、乌石街方面日军集结兵力万余人,东郊同主村、冰水塘一带日伪军集结 4000 余人。第四战区炮兵集中向乌石街轰击,空军亦飞临助战,敌死伤甚多。至晚,城北、城东、城南及西北部各正面阵地均遭袭击,四郊有激战,桂林核心战斗逐次展开。

△ 重庆《大公报》载:经济部花纱布管制局与云南省建设厅合组云南木棉公司,资本为二亿元,官方认股 6000 万元,余招商股。

△ 汪伪中央政治委员会举行会议,通过调整军政机构人选案:选任江亢虎为政府委员。特任陈群为考试院院长,任援道为江苏省省长。设置军事委员会驻苏州绥靖主任公署,特派任援道为主任;特派凌霄代理海军部部长。

△ 美白宫宣布:纳尔逊奉罗斯福之命,将再赴华,协助中国政府建立战时生产机构。同日,罗斯福宣布:任命纳尔逊为其私人外交、内政顾问。

11 月 3 日 滇西龙陵克复。中国远征军各部先后占领龙陵城区和郊区各重要据点后,日军退守西山坡、红土坡、伏龙寺等处,处于三面被围境地。是日拂晓沿滇缅公路逃向芒市。至凌晨,远征军克复龙陵。龙陵战役结束。

△ 张发奎为确保柳州及黔桂路之安全,令防守柳州的第六十二军归第三十五集团军指挥,调赴武宣、来宾以南地区,阻击日军。并命令第二十六军丁治磐部担任柳州防务,5 日抵达柳州。同日,又调在修仁、蒙山方面作战的第二十七集团军回防柳州。

△ 桂林四郊之日军仍不断进袭,大部被守军击退,唯西北郊之日军以优势兵力攻占笔架山。城南方面之日军曾向将军山进攻未逞,旋在斗鸡山以南之开阔地利用耕牛 300 余头,以侦察及触发守军之预设地雷区。

△　山东费县伪军荣子城部千余人奉命调兖州,途中遭八路军伏击,毙伤50余名,俘伪少校团附以下158名。

△　日军陷广西贵县。

11月4日　外交部长宋子文对美记者谈话,称史迪威奉召回国之事,"纯为军事方面之人事问题","与中美两国政策绝对无关"。关于军事、政治、经济之政策,"中美两国意见完全一致"。"深信今后两国关系,将较以往臻了解,更趋密切,更有效果"。

△　毛泽东致函美总统罗斯福,表示深愿经过罗斯福的努力与成功,得使中、美两大民族在击败日寇,重建世界的永久和平以及建立民主中国的事业上,永远携手前进。

△　国民政府任命王东原为湖北省县长考试典试委员会委员长。

△　军事委员会成立知识青年从军编练总监部,以罗卓英兼任总监。

△　全国知识青年从军指导委员会制定《妇女服役办法》,规定征集女青年2000名,分两期进行;定名为知识女青年志愿服务队,应征年龄在18岁以上,35岁以下。服务二年,不得自由离队。

△　董必武致电中共中央,建议:一、在西南加强同地方实力派的联系,促使他们向蒋介石要求民主,但不公开反蒋;二、组织联合政府问题,也要在川、康、滇酝酿起来;三、请党中央速与昆明龙云通电,并转告刘文辉。

△　中国科学社三十周年纪念大会暨第二十四届年会,假成都华西大学举行。蒋介石电颁训词,希望更注意于现实的社会问题,使今后科学的发达能与社会实际进步相配合。

△　成都国民党特务乘黄包车不付车资反而殴打车夫致死。5日,全市黄包车夫罢工,抗议特务暴行。经调解,国民党当局答应惩办凶手,给死者家属丧葬费和抚恤金。7日复工。

△　桂林东郊之日军在炮火掩护下,攻至中正桥头,与守军第一七○师逆袭部队激战。城南将军山方面日军亦乘虚侵入,当即被守

军击退。西北郊守军第一三一师屡次进攻笔架山,终因伤亡过重而致攻击受挫。下午 5 时,日机八架在桂林上空投弹 10 枚,弹落南门及文昌门附近。

　　△　桂境日军第十三师团突破永福阵地,向西进犯,守军第九十三军主力新编第十九师与敌陷于苦战;由湘桂路西侧前进之日军第四十师团亦乘机南下,图攻中渡,出柳城;其第三师团则由修仁西攻,为守军第一八八师所阻。

　　△　桂境日军第一〇四师团突破傜獞山地,越过花雷高地,迂回攻击武宣。第六十四军兵力薄弱,战力不支,日军于是日攻占武宣。

　　11 月 5 日　美驻华大使赫尔利与中国战区参谋长魏德迈晋见蒋介石,商谈调停国共问题。

　　△　缅北中国驻印军新编第二十二师渡过伊洛瓦底江,击破日军第二师团及伪缅军一部,7 日攻占瑞古。

　　△　桂林东郊日军数百以炮火助战,向申山、七星岩、星子岩猛攻,守军第一三一师耗手榴弹 200 余枚,终未将敌击退,星子岩顶及东南麓被日军攻陷,并侵入普陀山东端。北郊方面日军以重炮四门向桂林各要点轰击,其步兵在战车六辆支援下向虞山、吕祖山攻击,守军第一七〇师一部在炮兵支援下,予以还击,敌受创溃退。

　　△　桂境西江方面日军第一〇四师团及第二十二师团分别突至武宣及来宾以南地区;湘桂路方面日军第十三师团攻陷永福,并向南进犯,图攻柳州;平乐方面日军第三师团被阻于修仁附近。第二十七集团军总司令杨森为固守柳江西岸要地,电令第二十军由修仁方面经四排墟、连江向柳州转移,第三十七军由蒙山向象县转移,占领沿江要点,阻敌西进。

　　△　中国著作人协会在重庆成立,张道藩任会长,于右任、吴敬恒、孙科、张继等为名誉会长。张道藩报告该会筹备经过和成立意义,一面在使著作家如何能贡献于国家,一面在帮助著作家解决困难。

　　△　山东威海卫、刘公岛伪海军 600 余向八路军一部投诚。10

日,荣成附近龙须岛伪军六七十人反正。以上两部合编为八路军胶东军区海防支队,郑道济为上校支队长。

11月6日　军事委员会决定由第六战区抽调第九十四、第八十七军至黔东黄平、镇远集结,并由第八战区抽调第二十九、第九十八军两个军及第一战区之第九、第十三、第五十七军三个军集结于贵阳、马厂坪、都匀、独山间,准备夹击入黔之日军。

△　为防守柳州,第二十六军军部抵达柳州南岸之马鞍山;第四十四师进至雒容附近占领阵地,阻击进攻之敌。同日,第四战区又急调第一八八师赴柳城,以事阻击。

△　桂境西江方面日军一部在象县附近渡过柳江,与第一五七师在鸡沙附近激战。平乐方面日军陷修仁,并以一部进攻榴江。永福方面日军亦由矮岭墟至黄冕,西渡洛清河,直迫柳州。其第四十师团则趋中渡,指向柳州。

△　日机七架向桂林城区投弹多枚,数处起火。城北日军乘势以战车12辆突破平头山阵地;城东日军在猫儿山与守军第一三一师一部发生激战,经往返冲锋,守军全部殉国。同日城西磨盘山、茅头山,城西南猴山两侧高地为日军攻陷,日军一部突抵三仁村、四义村。

△　缅北中国驻印军新编第三十八师第一一二团攻占太平河南岸高地,并掩护后续部队安全。该师另一部攻克莫马克以东的卡五,并完全攻克莫马克以北至苗境间公路东侧的日军据点,形成对八莫的钳形攻势。同日,该师第一一三团渡过太平河,沿密支那至八莫公路,直扑莫马克和马于滨等地,并将八莫外围的大小村落和两个飞机场完全占领。

△　滇西中国远征军第八十八师攻克龙芒公路西侧重要据点张金山、南天门等地。

△　由八路军太岳军区第十八、第五十九团等部组成的豫西抗日游击支队(即第二支队)渡过黄河,在歼灭伪军一个河防中队后,进入新安、渑池、陕县南北建立了抗日根据地。

△　日伪军千余对江苏丹阳北进行"扫荡",新四军一部与敌战至19 日,收复敌据点 11 处,俘伪连长以下 200 余人。

△　汪伪政府为纪念《大东亚宣言》发表一周年发表声明称:为进一步协助日本,民国政府当倾其全力,共同对英、美作战。同日陈公博亦发表广播讲话,声称目前战争形势正面临着紧要关头,必须竭尽东亚整个的总力,争取最后的胜利。

11 月 7 日　国民政府拟定国共谈判的《协议之基本条件》,共五条:"一、中央政府与中国共产党将共同合作,求得国内军队之统一,期能先迅速击败日本并建设中国。二、中国共产党之军队应接受中央政府及军事委员会之命令。三、中央政府及中国共产党将拥护孙中山之主义,在中国建立民有、民治、民享之政府。双方将采取多种政策,以促进及发展民主政治。四、中国仅只有一个中央政府及一个军队。中国共产党军队之官兵经中央政府编定后,将依其职阶享受与国军相同之待遇,其各单位对军火及军需品之分配,亦将享受相等之待遇。五、中央政府承认中国共产党并使之为合法之政党,所有在国内之各政党将予以合法之地位。"后来,蒋介石修改为:"一、中央政府与中国共产党将共同合作,以求国内军队之统一,期能迅速击败日本与解放中国。二、中国共产党之军队应接受国民政府军事委员会之指挥。三、中央政府及中国共产党将拥护孙中山之主义,在中国建立民有、民治、民享之政府,双方将采取各种政策以促进及发展民主政治。四、中国仅只有一个中央政府及一个军队。共产党之军队经中央政府编定后,将享受按照国军之同样待遇,其各单位对于军火及军需品之分配上,亦将有相等之待遇。五、中央政府承认中国共产党并使之为合法之政党,所有在国内之各政党,将予以合法之地位。"

△　中共中央致电林伯渠、董必武、王若飞:如董必武能同林伯渠一道回延安,仍望王若飞留重庆主持工作。在王若飞主持下,可组织工作委员会,以王若飞、刘少文、徐冰、钱之光、熊瑾玎、潘梓年、童小鹏七人为委员。

△　林伯渠偕赫尔利由重庆飞抵延安,周恩来、包瑞德等前往机场迎接。董必武本拟与林伯渠同机返延,因国民党当局阻挠未能成行。

△　第四战区为保卫桂林、柳州,下达第三号作战命令,其要旨为:战区以确保桂、柳,并掩护黔桂路之目的,各以有力一部固守桂、柳,主力沿红水河及其以北地区占领阵地,吸引敌人于柳州附近,转移攻势而击灭之。

△　桂林外围日军已达二万余人,桂林城核心战斗骤剧。城北日军一万余人在重炮、战车支援下,向平头山第一三一师一部阵地猛攻,被击退。旋日军又攻,战车、机炮、平射炮齐发,守军全部牺牲。城东屏风山、普陀山方面守军第一七〇师一部与日军激战两日后,伤亡惨重,屏风山陷敌,普陀山亦进入混战状态,电信中断。另日军一部步兵百余人经月牙山突进至中正桥,被守桥部队击退,并将该桥破坏。

△　桂境第二十军杨汉域部、第二十六军丁治磐部到达柳州。旋丁治磐闻由象县附近渡河之日军已渐向柳州逼近,湘、桂之日军攻陷黄冕,第十三师团、第四十师团分别南下、西进等情况,乃决定转向南方,准备作战,保持重点于柳州东、西两端。

△　桂境黄冕方面日军一部5000人攻陷中渡,图趋柳城。

△　新任中印缅战区总指挥索尔登抵达缅甸前线,是日发表广播讲演,表示史迪威去职后,其“任务不变,战略也不变”,目前最紧迫和最具体的任务是打通滇缅路。

△　美驻延安观察组成员戴维斯致信罗斯福,称中共“已经历了十年的内战和七年的抗日战争。他们不仅遭受了比中央政府军队所曾受的更大的压力,而且还遭到蒋(介石)的严密封锁”。但是,“他们生存了下来,并且壮大了”。

△　美军C—87型运输机,装载美国钞票公司为中国政府印制的关金券3.5亿元,自檀香山起飞,赴中国重庆途中,是日(美国时间),在四川汶川县三江乡上空盘龙山(海拔3970米)坠落失事,机上四名机组人员全部遇难。半年之后,重庆国民政府获悉此事,派人赴飞机失事地

点搜索,一无所获。

　　△　合众社电称:纳尔逊不久再赴华,任务为协助国民政府成立战时生产局。随纳尔逊前往中国的美国专家计有:匹兹堡·琼斯劳佛林炼钢公司研究室主任格拉汉姆,宾夕法尼亚州新堡联合工程冶炼公司冶炼总监其尔,匹兹堡美国炼钢公司军需物资主任史特伦,战时生产局钢铁科科长华尔施密特。

　　△　美国大选揭晓。罗斯福以 1974 万票压倒杜威,第四次当选总统。

　　11 月 8 日　上午,中共与美国开始第一次会谈。中共方面参加的有毛泽东、周恩来、朱德。美国方面参加的有赫尔利、包瑞德、一名译员和一名秘书。赫尔利首先说明自己是受罗斯福的委托作为他的私人代表,来谈判关于中国的事情。这次来延安,还得到蒋介石的同意和批准。赫尔利表示:美国无意于干涉中国的内政,而只是打算做那些可能有助于最后打败日本人的事情。他声称:蒋介石同意由一个美国调解代表团来促进民主,并通过“统一中国的军事力量”来加速打败日本的步伐。赫尔利说:为了达到这个目标,蒋介石准备承认共产党和各少数党派的合法地位,允许共产党以某些形式参加军事委员会。接着,他宣读了一份他于 10 月 28 日起草、经蒋介石修改过的题为《为着协定的基础》的文件。内容是:“中央政府与中国共产党将共同工作,来统一在中国的一切军事力量,以便迅速击败日本与重建中国。二、中国共产党军队,将遵守与执行中央政府及其全国军事委员会的命令。三、中央政府和中国共产党将拥护为了在中国建立民有、民治、民享的孙中山的原则,双方将遵行为了提倡进步与政府民主程序的发展的政策。四、在中国,将只有一个国民政府和一个军队。共产党军队的一切军官与一切士兵当被中央政府改组时,将依照他们在全国军队中的职位,得到一样的薪俸与津贴,共产党军队的一切组成部分将在军器与装备的分配中得到平等待遇。五、中央政府承认中国共产党的政党地位,并将承认共产党作为一个政党的合法地位。中国一切政党将获得合法地位。”

　　△　下午,中共与美国双方举行第二次谈判。毛泽东首先表示欢迎赫尔利来延安。接着毛泽东说:中国需要在民主的基础上团结全国抗日力量。首先希望国民政府的政策和组织,迅速来一个改变。这是解决问题的起码点。如果没有这一改变,也可能有某些协定,但是这些协定是没有基础的。因此必须改组现在的国民政府,建立包含一切抗日党派和无党派人士的联合国民政府,改变现在政府的不适合于团结全中国人民打日本的老政策。关于改组军队,"我以为应当改组的是丧失战斗力、不听命令、腐败不堪、一打就散的军队,如汤恩伯、胡宗南的军队,而不是英勇善战的八路军新四军。在不破坏解放区抗战力量及不妨碍民主的基础上,我们愿意和蒋介石取得妥协,即使问题解决得少一些、慢一些也可以,我们并不要求一下子解决所有的问题。但是要破坏解放区抗战力量和妨碍民主,那就不行了。"然后,毛泽东对《为着协定的基础》提出具体修改意见,主要是:增加将现在的国民政府改组为包含所有抗日党派及无党无派政治人士的代表的联合国民政府、改组统帅部为包含所有抗日军队代表的联合统帅部的条文;将原条文中的中国共产党的军队要遵守和执行国民政府及其军事委员会的命令,共产党军队的一切军官和士兵要接受国民政府的改组,修改为一切抗日军队应遵守与执行联合国民政府及其联合统帅部的命令,并应为这个政府及统帅部所承认;增加保障人民各种自由权利的规定;要求承认中国共产党及一切抗日党派的合法地位。他说:"关于如何解决,赫尔利将军今天上午提出的五点建议,希望作为形成协定的基础。我们感到需要讨论一些与这个基础有关的问题。至于具体条款,我还不准备提出。大多数中国人民,包括我们共产党人在内,首先希望国民政府的政策和组织迅速来一个改变,不可能达成什么协定。没有这一结果,协议没有稳固的基础。因此必须改组现在的国民政府,以便建立包含一切抗日党派和无党派人士的联合国民政府。同时,现在政府的不适合于团结全中国人民打日本的老政策,必须有所改变,以适合于团结全中国人民打日本的政策。"毛泽东指出:"改组政府,最重要和最必要,它是挽

救国民党直接统治区域的军事、政治、财政、经济各方面的严重危机的首要问题。解放区尽管面临困难,但没有危机。如果不改组国民政府,就无法振作大后方军队的士气,就无法挽救国民党统治区域的严重危机,虽有大量坦克、飞机等新式武器,也是无济于事的。国民党统治各种机构,腐化达于极巅;改组政府,首先是为挽救国民党统治区域的危机,如果国民党自以为大权在握,不肯改变,它自己的危机便会无法挽救。关于'政府民主程序'的问题,我党认为似乎首先应当改组国民政府,成立联合政府,改变政策。可是蒋先生历次所表示的,却是想拖,拖到战争结束一年后,才来办这件事;有人向他提出改组政府和成立联合政府,他便一巴掌打回去。如果按蒋先生的办法,只有把危机拖长和扩大,使国民政府有崩溃之危险。对于这一危险,不只我们共产党人,就是外国朋友,如许多外国记者,都是感觉到的。如果蒋先生坚持拖延到战后解决危机,并违背建议改组政府的人民,危机将会拖延和扩大,政府会面临崩溃的危险。"

　　△　桂境第二十七集团军总司令杨森以日军向柳州进逼,令柳州西站附近之第二十军以第一三四师在柳江西岸鹅冈屯、渡口屯之线担任防务,并派出有力一部占领鹅山阵地,协助第二十六军作战。

　　△　桂境柳州榴江方面日军第三师团一部 700 余人进至三门江附近一带,准备渡江,被第四十一师警戒部队驱逐。同时,象县方面由鸡沙渡过柳江之日军,陆续增加,突破第一五七师之阵地,至晚攻陷马坪墟,图攻桂林。中渡方面日军攻占马泉。

　　△　桂林城北日军以炮空火力掩护,以战车分组向守军第一三一师北极路阵地终日猛攻。城西南之猴山隘、两路口阵地大部被日军攻陷。城东方面之日军在炮火支援下,分乘竹筏渡过桂江,向中正桥、伏波山间登岸,守军第一七〇师主力迎战。至晚,日军攻入城内,与市区守军发生街市战。

　　△　桂境日军一部向桂林七星岩第一七〇师第三九一团阵地进攻,守军坚守不降,毙敌甚众,团长覃泽文战死岩洞口。敌久攻不下,乃

以毒气弹、燃烧弹攻击,洞内守军及伤员、医务人员千人罹难。

△　八路军冀鲁豫军区第七分区部队收复山东莘县城。

△　新四军第五师游击兵团挺进第四团在河南舞阳县西南的辛集附近与日军展开遭遇战,经五小时激战,将日军击溃,毙日军20人。

△　据延安《解放日报》载:史迪威奉召归国后,美国舆论界哗然,认为改变中国的局势,必须改组国民政府及统帅部,罢免何应钦。

△　魏德迈在驻华军总部首次招待记者,称其今后拟训练更多之中国军官,同时"予士兵以基本训练","力求中美之友谊及有效之合作"。并称:"中美间政策及设施并无变动,联合国家之战略毫不动摇。"

11月9日　下午,中共与美国进行第三次会谈,讨论经过修改后的协定草案。会谈一开始,中共方面提出经过修改的协定草案。赫尔利看过后表示:这个方案是正确的。他将尽一切力量使蒋介石接受。他提出了一些具体意见。会议按照他的提议作了修改。毛泽东说:"我们所同意的方案,如蒋介石先生也同意,那就非常好。"赫尔利说:"我将尽一切力量使蒋接受,我想这个方案是对的。"赫尔利还说:"如果蒋先生表示要见毛主席,我愿意陪毛主席去见蒋,讨论增进中国人民福利、改组政府和军队的大计。"毛泽东说:"我很希望在赫尔利将军离开中国以前见蒋先生。"赫尔利主张毛泽东立即去重庆同蒋介石会见。他将"以美国(的)国格来担保毛主席及随员在会(见)后能安全地回到延安"。"不管毛主席、朱总司令或周副主席,无论哪一位到重庆去,都将成为我的上宾,由我们供给运输,并住在我的房子里"。接着,毛泽东说:"这次赫尔利将军回去,可以把我们所同意的要点,征求蒋先生的同意。……就是说,在见面以前,实际问题早已解决。这样的步骤比较适当吧。"赫尔利建议毛泽东在协定上签字,并表示他也要签字,题目定为《中共与中国政府的基本协定》。双方商定,今天把文件准备好,明天签字。

△　军事委员会任命鲁崇义为第三十军军长。

△　国民政府令内政部常务次长兼禁烟委员会主任委员王德溥专

任禁烟委员会主任委员,免内政部常务次长本职。

　　△　突入桂林城内之日军与守军第一三一师在皇城、东环路展开激战。城北日军 700 余人利用战车、火焰放射器及炮、空火力之支援,攻古清潭山、龙山、虞山、吕福山等据点,守军第一三一师一部全部牺牲。城西日军自晨到晚先后攻占两路口、猴山隘、中心山、阳家山各地。城南将军山方面守军激战竟日,至夜弹药耗尽,遂放弃阵地。

　　△　柳州四面受敌,战局告急。柳城方面日军第四十师团突破东泉第一一八师阵地,并压迫至柳城西南之流山墟附近,柳城遂告失守。湘桂路方面,柳江北岸日军 300 余人亦先后占领兵营岭、凤凰岭阵地。三门江方面日军于 10 日渡过柳江。陷修仁之日军第三师团主力经江口墟附近进至鸡拉街对岸,至晚渡过清江,向大桥屯进攻,旋与陷马坪墟之日军第一〇四师团一部会合,向柳州守军猛攻。

　　△　由八路军第一二〇师第三五九旅一部改编的国民革命军第十八集团军第一游击支队(又称南下支队)共 4000 余人,在司令员王震、政治委员王首道率领下从延安出发,经绥德东渡黄河,沿汾阳、平遥、垣曲、渑池、鲁山、确山南下,1945 年 1 月 27 日在湖北大梧山与新四军第五师会合。29 日,在陈家湾广场举行誓师大会。

　　△　中美空军混合团第五大队出动飞机 12 架袭击衡阳西北之日军车场,炸敌车四辆后与日机四架遭遇,中美空军共击落日机三架。

　　△　日伪军 6000 余对淮南解放区"扫荡",新四军及地方民兵与敌战至下旬,将其击溃。

　　△　成都市大、中学校学生万余人为抗议警察局 10 月 31 日武装镇压学生运动,组成请愿团,向四川省政府提出六项要求,要求立即公布镇压学生运动事实真相,撤职查办凶手及帮手等。

　　11 月 10 日　上午 10 时,中共与美国进行第四次会谈。毛泽东首先说明:"(一)关于我们所同意的文件,请赫尔利将军转达罗斯福总统。(二)关于我们与赫尔利将军商谈的纲领协定,我们已取得中国共产党中央委员会的同意并授权我代表中国共产党中央委员会在这个文件上签字。(三)我今天还不能和赫尔利将军同去重庆。我们决定派周恩来和你同去。总之,我们以全力支持赫尔利将军所赞助的这个协定,希望蒋先生也在这个协定上签字。"赫尔利也说:"毛主席,你当然理解,虽然我认为这些条款是合理,但不敢保证委员长会接受它。"

△　赫尔利与毛泽东在延安签署《中国国民政府、中国国民党与中国共产党协定》,内容为:"一、中国政府、中国国民党与中国共产党应共同工作,统一中国一切军事力量,以便迅速击败日本与重建中国;二、现在的国民政府应改组为包含所有抗日党派和无党无派政治人物的代表的联合国民政府,并颁布及实行用以改革军事、政治、文化的新民主政策,同时军事委员会应改组为由所有抗日军队所组成的联合军事委员会;三、联合国民政府应拥护孙中山先生在中国建立民有、民治、民享之政府的原则,联合国民政府应实行用以促进进步与民主的政策,并确立正义、思想自由、出版自由、言论自由、集会结社自由、向政府请求平反冤抑的权利人身自由与居住自由,联合国民政府亦应实行用以有效实现下列两项权利,即:免除威胁的自由和免除贫困的自由之各项政策。四、所有抗日军队应遵守与执行联合国民政府及联合军事委员会的命令,并应为这个政府及其军事委员会所承认,由联合国得来的物资,应被公平分配。五、中国联合国民政府承认中国国民党、中国共产党及所有抗日党派的合法地位。"赫尔利、毛泽东签名后,在上方给蒋介石留出签名的位置。

△　赫尔利和周恩来同机飞离延安赴重庆,同行的还有包瑞德上校。次日,赫尔利将与中共签署的协定交与蒋介石。

△　毛泽东应赫尔利的建议,写信给罗斯福,信中称:"我很荣幸地接待你的代表赫尔利将军。在三天之间,我们融洽地商讨一切有关团结全中国人民和一切军事力量击败日本与重建中国的大计。为此,我提出了一个协定。""这一协定的精神和方向,是我们中国共产党和中国人民八年来在抗日统一战线中所追求的目的之所在。""我现托赫尔利将军以我党、我军及中国人民的名义将此协定转达于你。"同日,又致电

罗斯福,祝贺他第四次连任美国总统。

△　桂林失陷。桂林四郊之日军均突入城区。守备部队四面受敌,仍作寸土之争,终至弹尽粮绝,大部战死,部分被俘,各阵地相继失陷。守军第一三一师师长阚维雍率部喋血苦战,见将士伤亡殆尽,乃自戕殉国。11 日,桂林守城部队余部奉命突围,桂林城陷敌。

△　张发奎电令第二十六军:桂林情况已不明,该军应避免无谓牺牲,着即适应情况开放西侧道路,配属之野炮营应撤至大塘,河北市区之一个团,可撤至南岸,对所有仓库应遵前令彻底破坏。

△　柳江北岸之日军第十三师团以一部于渡口屯渡河后,向鹅山要点攻击,另部千余人以炮火掩护,向柳州北市进攻。由三门江渡河之日军第三师团一部突破马草塘、天长岭阵地,旋与援军一部合攻蟠龙山、独登山,守军第四十一师第一二一团退至柳州南市。

△　桂林城防司令韦云淞在鹦鹉洞内司令部召开紧急会议,决定守城各部弃城突围。至夜,韦等突围西走,守军仅存三分之一。

△　日机五架临空轰炸柳州,各据点及核心阵地工事多被炸毁。守备北岸之第四十四师第一三一团第三营,经与敌激战至 11 日全部牺牲。守备南岸市区之第四十一师第一二一团遭敌轰炸,死伤亦重,11日夜,由团长赵风铭率余部突出重围,至 15 日始脱离战斗。

△　新疆暴民攻占伊宁行政专员公署,宣布成立伪“东土耳其斯坦共和国人民委员会”。

△　汪精卫在日本名古屋帝国大学医院病死。

△　汪伪政府建设部分别与日本派遣军总参谋长及舰队参谋长签订《关于华中铁道股份有限公司之军事上协定》及《关于华中轮船股份公司之军事上协定》。两个协定分别规定:日本陆军及海军最高指挥官,对于华中铁道及轮船股份有限公司,得直接行使军事上的要求与监督权。公司有关日本军事机密事项由日本籍副董事长单独处理。

11 月上旬　中国驻印军新一军军长孙立人以该部新三十八师一部越过缅北太平河,在海拔 2000 米以上的布兰丹及黄龙卡巴一线对八莫、曼西作迂回攻击,以截断日军退路。

　　△　据中央社讯:日小矶内阁设立三个新作战委员会,组成集体独裁力量,第一个为最高政治会议,第二个为顾问委员会,第三个为综合计划局。

　　△　山东省各界人士 51 人致电新华社,并转傅斯年及旅外同乡,申明改组国民政府及统帅部的主张,要求国民政府立即召开国是会议,厉行真正的民主政治;承认各地抗日民主政权,大量扩充并装备八路军、新四军;将误国罪魁何应钦、孔祥熙、陈立夫及祸鲁元凶沈鸿烈等撤职查办。

　　△　中国战区参谋长魏德迈向蒋介石建议,准备将在缅甸作战的中国五个师抽调两个师返回阻击日军,旋蒋介石召集政府要员开会商讨,几经磋商,与会人员主张以第一、第八等战区部队增援,尚能堵击犯敌。军政部长陈诚则竭力支持魏德迈的建议,始行通过。并决议以后战局恶化,则必需将缅甸作战之远征军全部调返。

11 月 11 日　柳州失陷。第四战区司令长官张发奎以桂林失陷,柳州已无固守之必要,当令第二十六军向西转移,该军乃于 9 时率领郊外部队西移至六道墟附近集结。又命令杨森指挥第七十九、第二十、第二十六军移至六塘、中脉、小长安之线占领阵地。第三十七军亦于是日向西转移。桂柳会战结束。

　　△　柳州守军各部逐次转移。第二十七集团军向宜山东北地区转移;第十六集团军撤至宜山以东地区;第三十五集团军撤向大塘附近。同时,柳州附近日军各部亦分头西进。柳城之日军第四十师团以有力一部向柳城北方向突进;柳州方面日军第十三、第三师团沿黔桂路及其南侧地区向西攻击前进;来宾、迁江之日军第二十二师团及独立混成第二十三旅团,各以有力部队向西及西南方向分途攻击前进。

　　△　第四战区为继续阻击日军、确保宜山及掩护黔桂路之安全,下达第四号作战命令,其要点为:邓龙光右兵团主力转移渡口、忻城、大塘附近之线占领阵地,阻敌西进;夏威中央兵团主力即于冷水、三岔附近

之线占领阵地,阻敌西进;杨森左兵团主力于六塘、中脉、小长安附近之线占领阵地,阻敌西进。

△　缅北中国驻印军新编第三十八师主力与第一一三团在柏坑会合,随即转入对莫马克的攻势。14 日攻占沙王加荡和莫以克,切断八莫至南坎的惟一通道。17 日攻占曼西。

△　国民政府特派陈肇英为安徽、江西监察区监察使,杨亮功为福建、浙江监察区监察使。

△　成都四川大学、华西大学、金陵大学、燕京大学等校学生 7000余人举行示威游行,声援 10 月 31 日成都学生运动,要求民主自由,要求国民党当局惩凶、恤伤、保障人身自由等。学生至四川省府门前,要求面见省主席张群,张群出面允诺学生的要求。

△　中美空军混合团第五大队出动飞机 11 架,炸衡阳日军机场,击毁日机八架。

△　美 B—29 式"超级空中堡垒"袭击南京、上海码头区及堆货栈。

△　汪伪建设部与日本派遣军总参谋长签订《关于通信之军事上协定》,规定:日本陆军及海军最高指挥官对于华中通信股份有限公司,得直接行使军事上的要求及监督权,公司有关日本军事机密事项,由日本籍副董事长单独处理。

△　项致庄、任援道分别就任伪浙江省、江苏省省长职。

11 月 12 日　国民政府明令昭告全国军民,在纪念国父诞辰之日,应切实"念国父遗教之谆切,知国家创业之艰难,法先烈为国牺牲之忠勇,合全国亿兆之同胞,成一德一心之团结","奋起迈进,以竟国父与一切先贤忠烈将士未竟之志,而成革命建国之功"。

△　蒋介石为孙中山诞辰及中国国民党建党五十周年纪念日发表纪念词,宣示:一、本党旨在救国,50 年来一贯相承;二、三民主义适合国情,为我立国之最高原则;三、国民革命成败关系整个国家,愿爱国同胞天下为公,共负革命的责任;四、认识义务责任,决不丝毫放弃规避;

五、争取抗战胜利要铲除自私。

　　△　国民政府明令实施《特种案件诉讼条例》，并充实各地法院，每院增员一至三组。

　　△　重庆《大公报》载：国民政府决定加强沦陷区各省政府工作，实行党政一元化，各配属以相当之武装力量，并饬相机进入敌后省境，建立根据地，治理省政。东北各省政府，除黑龙江省政府已在绥西外，其余吉林、辽宁等省政府亦将移往接近前线之地工作。

　　△　武汉大学师生举行时事座谈会，要求国民政府走民主的道路，挽救国内危局。学生们表示：不管政府当局怎样镇压学生运动，后方青年学生都依然炽热于民主救国。

　　△　为配合缅北中国驻印军新三十八师对八莫的攻击，新二十二师攻占曼大。17日两师会合于八莫以西的马哈。30日两师合兵截断八莫至南坎公路。八莫陷入驻印军的四面合围之中。

　　△　八路军一部在河北枣强歼灭抢粮日伪军180余名，俘伪县府秘书长以下150余名。

　　△　新疆伊犁、塔城、阿山三区临时革命政府在伊犁成立。

　　△　归国侨领侯西反乘机由成都赴昆明，途中失事罹难。

　　△　云南省知识青年从军征集委员会成立，龙云任主任委员，赵澍、裴有藩任副主任委员。

　　△　汪伪中央政治委员会召开紧急会议，推选陈公博为伪行政院院长、代理伪国民政府主席兼军事委员会委员长及新民运动促进委员会、经济委员会委员长。16日，东京广播，陈公博所遗伪上海市市长职由吴皋代理。

　　11月13日　国民政府军事委员会政治部文化工作委员会举行宴会。周恩来应邀出席，并向在座100多位文化界人士介绍时局和国共谈判问题。

　　△　罗卓英对中央社记者谈知识青年志愿军编练方针：以高度学术研究为训练最高原则；以先经选择而训练，再在训练中选择为"编"之

方针,以热诚、负责、活泼、确实为"训"之原则。

　　△　桂境柳城方面日军第四十师团先头部队约 300 余人,由柳州西北之大浦向宜山北侧急进,与铁路正面之日军协力迫近宜山。同日,铁路正面之日军第十三师团亦突破第十六集团军之三岔阵地,直趋宜山。15 日日军陷宜山。

　　△　伪淮海省保二旅刘然部及伪军一部 1500 余人,配合日军向苏北邳县"扫荡",占领铁佛寺、朱红埠等地。16 日,八路军一部强袭铁佛寺,毙敌 80 余名。

11 月 14 日　外交部宣布:中国政府正式承认叙利亚及黎巴嫩二国。

　　△　行政院核颁《中华民国境内出入及居留规则》。

　　△　中共中央致电林平,提出迅速向桂林、柳州发展力量,今后主要发展方向是向广西与南路。

　　△　柳州附近之日军第一〇四师团与其由迁江渡河之第二十二师团,分由南、北向第四战区第六十二、第六十四军攻击,15 日陷思练,16 日陷忻城,旋继续进入拉烈、金钗,与第六十二、第六十四军隔红水河对峙。

　　△　八路军山东滨海军区集中一个独立旅另四个团和七个营,共一万人的兵力,内应外合,攻入莒县城。城内伪军 3500 余人反正,日军50 余人就歼,其余日军于 29 日弃城逃走。

　　△　八路军冀鲁豫军区第八分区一部攻克山东菏泽东北舜城集、刘庄、徐胡同及定陶东北半截堤等据点。

11 月 15 日　国民政府向赫尔利提交关于国共两党谈判的反建议,共四条。内容为:"一、中央政府承认中共军队,并认为此种承认为必要。中共军队应当遵守和执行中央政府及其国防军委会的命令。二、中国共产党和中国国民党将共同支持孙逸仙的原则,在中国建立一个民有、民治、民享的政府。两党将制定政策,促进政府民主程序的进步和发展。根据《抗战建国纲领》的规定,言论自由、出版自由、集会和结社自由及其他民事权力的开放，在战争期间将以不妨碍孙逸仙的三民主义原则和有效进行战争为限，予以保证。三、中国只有一个国民政府和一个军队，经中央政府整编后，中共军队的官兵在薪饷、津贴、军火及其他配备方面，享受与其他部队同等待遇。四、中国共产党和中国其他政党将取得合法地位。"

　　△　周恩来会见中缅印战区美军司令兼蒋介石参谋长魏德迈，商议成立联合政府事宜。

　　△　国际太平洋学会定明年 1 月 5 日至 15 日在美国开会，讨论朝鲜之前途、对日本的处置及中国的合作等。国民政府派蒋梦麟为中国代表团团长。

　　△　重庆《大公报》报道称：中国主要产棉区大部沦陷后，唯陕西省棉产供给后方军民。至去年底，陕西棉田由 30 万亩增至 207 万亩，皮棉产量由 31 万担增至 54 万担。

　　△　滇西中国远征军所部第五十三、第七十一、第六、第二军等分别向遮放东北的三台山、芒市、马鞍山、诸葛营、五峰山等地区攻击前进。战至 18 日，复将来劳山、张隈终山及共球附近之日军击退，并继续向老城搜索前进。

　　11 月 16 日　赫尔利致电罗斯福，报告他于 10 日在延安同毛泽东签订的五条协定草案和国民党人的反应称："在和共产党完成这个建议案并返回重庆后，我发现国民党和国民政府根本不接受这个提案。不过几天来国民党、国民政府和委员长一直在为修订或提出建议而工作。我与两党一致同意，在没有达成一致意见或最终否决之前，要对建议案的条款保密。局势非常困难。蒋介石似乎认为，建议案最终会导致共产党控制政府。我认为，他不能证明他的观点是正确的，我正不断与委员长和他的助手磋商，可能会使他们认识到，与共产党达到合理的协议是必要的。蒋宣称，他希望统一中国军队，在政府中给中共代表席位，并为便于组成民主政府，进行一定的改革。但是，他希望这一切不能好像是受共产党所迫而为之。我相信蒋介石本人是急于和所谓的共产党达成协议的。国民党和蒋介石政府中的许多高级官员,以及他的私人助手都强烈反对他这样做。我想你明了,建议案中几乎所有的基本原则都是我们的,仍在寻找一个方案,实现统一,却不出现打败任何重要派别的现象。这本身就是个大难题。从统一中国军队和军事形势的严重性来看,我知道时间是决定性因素。尽管如此,我仍尽可耐心地与各方会商,而且正不懈地努力争取尽早达成协议,对言论自由、出版自由、集会结社自由以及其他公民自由权予以保障。各项自由权利,仅受抗战期间各种军事需要之限制。"

　　△　蒋介石与魏德迈研究中国战区统帅部组织方案及西南作战计划。蒋称赞魏直谅坦诚,与史迪威相反。

　　△　周恩来在曾家岩 50 号宴请美国新闻处外宾,董必武、王若飞、徐冰、王炳南等陪同。

　　△　兵役部正式成立,部长鹿钟麟称该部主要使命有三:一、革新役政;二、充实兵源,准备反攻;三、奠定平时役政基础。

　　△　战时生产局正式成立,翁文灏任局长,彭学沛任副局长,下设秘书、优先、材料、制造、军用器材、运输、采办等处及审议、技术委员会。

　　△　纳尔逊再度来华,是日抵重庆,偕来美国专家 13 名,计钢铁专家五名,酒精专家一名,其他专家七名。同日,纳尔逊对中央社记者称:"吾人将以筹划全力战时生产之经验,贡献于中国。"

　　△　桂境宜山之日军进攻怀远,第四十八师之战车营及战防炮营与敌隔龙江对战至 18 日,终使日军渡河未逞。

　　△　陈光甫在国际通商会议记者招待会上声明,中国政府"愿与各国开辟经济合作之路,希望各国外商以赊帐方式向中国投资"。

11 月 17 日　国民政府再次向赫尔利提交关于国共两党谈判的反建议,内容为:"一、中国国民政府为迅速打败日本和战后重建中国,希望保证有效地统一中国的所有军队。作为战时立法,在国民参政会开会期间,立即承认中共为合法政党。中共军队作为政府军队之一部,在薪饷、津贴、军火和其他分配方面,享受与其他部队同等的待遇。二、中国共产党在爱国战争中和战后重建中充分支持国民政府,将其全部军队交于国民政府和国防军事委员会控制。三、国民党的目标——中国共产党亦表赞成——是实行孙逸仙的原则,建立一个民有、民治和民享的政府,并将制订政策,促进政府民主程序的进步和发展。根据《抗战建国纲领》的规定,对言论自由、出版自由、集会结社自由以及其他公民自由权利予以保障。各项自由权利,仅受抗战期间军事需要之限制。"

　　△　蒋介石接见罗斯福私人代表、美战时生产局局长纳尔逊,商讨使中国新设的战时生产局迅速获得重大效果的步骤。

　　△　周恩来、董必武、王炳南出席美驻重庆广播记者福尔门、劳工记者爱泼斯坦、《纽约杂志》记者白修德、国际宣传处顾问夫聪等举行的宴会。

　　△　新四军黄克诚师一部进攻江苏淮阴北朱集镇,歼伪淮阴保安队第一大队第四中队,俘中队长夏瑟夫以下 89 名。

　　△　金陵大学学生发表声明,反对政府当局发动知识青年从军,并称:知识青年志愿军不应作为私人或党派的工具,入营后应有救国言论、行动的绝对自由。

　　△　汪伪最高国防会议决定,特派傅式说为全国经济委员会常务委员。

　　11 月 18 日　罗斯福电令赫尔利转告蒋介石,为求迅速有效击败日本,美国及苏联皆期望国、共能早日达成协议。

　　△　日军攻占桂境宜山西之安马,直扑金城江。19 日,守备金城江之第二十七集团军一部向西转移,日军乘隙攻占金城江。

　　△　汪伪中央政治会议特任梁鸿志为伪立法院院长,顾中琛为监察院院长、徐苏中为副院长,周佛海为军事委员会副委员长,周隆庠为国民政府文官长。会议修正军事委员会组织法,将副委员长改为一人。

　　11 月 19 日　18 日至是日,赫尔利与蒋介石在重庆长谈,赫将 11 月 10 日与毛泽东签署的五项协议案送交蒋介石,蒋介石予以拒绝。是日另提出《三点提示案》交于赫尔利,内容为:"一、国民政府为达成中国境内军事力量之集中与统一,以期实现迅速击溃日本,及战后建国之目的,允将中国共产党军队加以整编,列为正规国军,其经费、饷项、军械及其他补给与其他部队受同等待遇。国民政府并承认中国共产党为合法政党。二、中国共产党对于国民政府之抗战及战后建国,应尽全力拥护之,并将其一切军队移交国民政府军事委员会统辖。国民政府并指派中共将领以委员资格参加军事委员会。三、国民政府之目标,本为中国共产党所赞同,即为实现孙总理之三民主义,建立民有、民享、民治之国家,并促进民主化政治之进步及其发展之政策。"

△　周恩来接待英国军官哈米士、英国驻渝使馆秘书赫戈登和赫尔利的华人副官伍汉民来访,向他们介绍了解放区的成绩,强调成立联合政府的必要。

△　国防最高委员会核定《知识青年从军优待办法》,其要点为:一、知识青年自入伍之日起,原任职于党政、教育机关者,保留其职务;原从事于国营公共事业者,由原机关保留其职务;原肄业于各级学校者,保留其学籍;二、从军知识青年之家属,继续享受原优待职员家属之各项待遇;领取入伍补助金;三、知识青年退伍后,在升迁、升级考试、留学、参加国内外军事学校等方面,政府择优,优先保送。

△　滇西中国远征军第十一集团军各部在炮、空军火力掩护下,对芒市发起全线攻击。其中,第六军右翼第二○○师以主力由北向南,一部由东北向西南夹攻青树坪子日军,并攻占该地八个山头;左翼预二师以主力攻击大湾东山,以一部攻击蛮燕后山;第二军则以第九师攻击松园包、大洞坡日军阵地,经反复争夺,夺取日军堡垒五座。新三十三师攻击右家坟、回旋山,下午将各该地占领。

△　日军第三、第十三师团所部进至黔、桂边境,黔桂湘边区总司令汤恩伯指挥新到达之第九十七军推进至南丹东南之野东河、那地州之线占领阵地,准备迎敌。

△　绥西、东公旗伪军队长任德全率部 120 余人反正。

　　△　　中印油管敷设工程大部完竣,可将汽油及柴油自加尔各答输入中国。

　　11 月 20 日　　国民党中央临时常委会及国防最高委员会常委会决议:选任宋子文、周钟岳为国民政府委员,周钟岳为考试院副院长。陈立夫任组织部部长,王世杰任宣传部部长,梁寒操任海外部部长,张厉生继周钟岳为内政部部长,陈诚继何应钦为军政部部长,俞鸿钧继孔祥熙为财政部部长,朱家骅继陈立夫为教育部部长。

　　△　　中国战区美军司令部宣布:任命麦克鲁为中国战区参谋长,陶思为华军训练作战部司令。

　　△　　中国新闻学会举行第三届年会,陈立夫、梁寒操等出席。大会通过发表声明响应新闻自由案。

　　△　　美水力发电专家萨凡奇,在考察长江及其支流各处水电工程并拟就《扬子江三峡计划初步报告》后,本日飞赴印度,转返美国。

　　△　　第四战区以桂林、柳州失守,日军西进,战况恶化,指示各部队行动概要:一、右兵团在现地极力拒敌进攻,必要时向果德、隆安附近转进,掩护南宁通百色间大道。二、中央兵团在平保墟以西地区占领地拒敌。三、左兵团占领思恩要地,以掩护黎明关之安全。

　　△　　滇西中国远征军第八十八师、荣一师向遮放、芒市间三台山发动攻击,战至 21 日,荣一师攻占三台山;第八十八师将邦歪、蛮红占领,并逼近囊左寺附近地区。28 日攻占南座寺。

　　△　　山东八路军一部发动对临(沂)费(县)边日伪军攻势,战至 27 日,攻克据点四处,毙伤日伪军 170 余名,俘虏 500 余名。

　　△　　燕京大学学生举行座谈会,讨论抗战建国及知识青年从军,与会者认为,开展抗战救国工作的先决条件,是必须争取救国工作的自由权。要求国民政府放弃对各党派的成见,一致对外,挽救危局。

　　△　　宁夏省政府划银川市为省垣。

　　△　　陈公博就任伪行政院院长、代理伪国民政府主席职,并发表就职讲话,宣称今后要以汪精卫"手定之政策"为他奉行的政策。

　　11 月中旬　国民政府改军事委员会运输局为战时运输管理局,并划归交通部公路总局,所有业务由龚学遂主持。

　　△　成都市立中学学生为 10 月 31 日惨案通电全国学界,控诉成都警察局残杀、迫害学生的罪行,要求国民政府将制造惨案的元凶成都市长余中英、成都警察局长方超撤职查办;保障人权,保障人身自由。

　　11 月 21 日　国民政府再次向赫尔利提交关于国共谈判的三点建议,内容为:"一、国民政府,因欲有效完成所有国内武力之统一与集中,俾能从速战胜日本,且对中国之战后复兴,寄其厚望,故愿将中国共产党之武力,于改编后收编为国军之一部分,此后该共产党武力,在薪饷、津贴、军火及其他配备方面,即取得与其他部队之同等待遇,并承认中国共产党之合法地位。二、中国共产党应在抗战建国方面竭诚拥护国民政府,并经由军事委员会将其所有部队,交由国民政府统一指挥。国民政府愿就中国共产党之高级军官中遴员参加军事委员会。三、国民政府愿遵孙中山先生所倡导并经中国共产党表示拥护之三民主义,创设一民治、民享、民有之中国政府。国民政府并愿采取政策,以策进步而促进政府之民主程序。兹依《抗战建国纲领》之规定,对言论自由、出版自由、集会结社自由以及其他公民自由权利,予以保障。各该自由权利,仅受抗战期间军事安全需要之限制。"

　　△　周恩来会见赫尔利。赫尔利在自己的办公室向周恩来宣读了国民政府 11 月 17 日提出的三点反建议。赫尔利在宣读后即向周说明:在你们所提方案中,我认为最重要者,就是承认共产党的合法地位以及参加决策机构。但他们认为承认共产党合法地位是违反孙中山的原则的,我已经争过了。但蒋委员长现在还是只肯承认共产党的合法地位,不愿承认其他党派的合法地位。他们开始也不愿意你们参加中枢机构,因为这是神经中枢,一切军队调动和外国物资的来源与分配都要经过那里。我也说服他们接受了。至于联合政府,他们是怕你们插进一个脚趾,会把他们挤掉,我叫他们不要怕,他们认为我从延安回来就被共产党包围了,所说的都是共产党的话。但蒋仍告诉我:他允许他

们参加政府,但不愿写在这个建议上。赫尔利解释说,我原来不知道实际情形,所以在延安时,毛泽东提出意见后我也添上一大堆,现在看来,也许他们这个建议是谈判的基础。赫尔利的意思很明白,即他试图告诉周,他已经为共产党争到了所有目前可以争到的东西。但周当场表示:共产党只参加军事委员会而不参加政府,结果仍然不能参加决策,军事委员会的委员都是挂名的,不但没有实权,而且从不开会。

△ 下午,周恩来与董必武再度拜会赫尔利。周恩来向赫尔利提出:第一,蒋介石对联合政府态度如何? 赫尔利回答说:"这件事已经过去了",作为一个见证人而不是当事人,他不能使用同意这个字眼儿,但他认为联合政府的主张是适当的和民主的,问题在于国民党不能接受"联合"这个字眼儿,而他也不能单方面表示同意共产党方面的意见,所以他只能转而劝共产党与政府间取得谅解。第二,中共代表只参加军事委员会而不参加政府,仍不能参加决策。赫尔利解释说,蒋介石和国民党代表对此均有承诺,允许共产党参加政府,只是不愿写在纸上。第三,军事委员会的委员徒有虚名,并无实权,而且从不开会,冯玉祥、李济深便是先例。赫尔利回答说,军事委员会应该行使权力,而且能够行使权力,因为军事委员会将成为最高统帅机关。

△ 新任内政部长张厉生对新闻界宣布其施政方针:一为训练人民,实现民主。二为加强中央与地方联系,执行地方自治工作。

△ 桂境宾阳失陷。占据柳州南来宾之日军独立混成第二十三旅团沿公路西进,是日与攻占忻城、迁江之第二十二师团主力会合,攻陷宾阳,继沿邕宾公路向南宁进攻。

△ 滇西腾冲至龙陵公路通车,全长 90 公里。

△ 侵占山东高青县的日伪军组织特务部队包围田镇东北的尹家、傅家。次日冲入村内,残杀男女老幼 34 人。

△ 中国战区美军司令部宣布:作战参谋队与在中国军中服务之美军联络人员、医药、信号及训练组织,业已并入中国战区。前作战参谋部司令杜恩被任命为中国军队之训练与作战司令。23 日魏德迈对

记者称:"他提出的建议,原则上业已被蒋委员长采纳。"同时,成立第一个空运大队,负责中印间及国内的空中运输。

△ 美国白宫宣布:罗斯福已任命纳尔逊为其"个人之外交内政顾问,授阁员衔,有利用所有现行政府机关的无限权力"。美报界报道:纳尔逊已定明年 2 月中旬自华返美,出任总统顾问。

11 月 22 日 周恩来和董必武到赫尔利寓所会见王世杰,宋子文参加。周恩来说,他这次代表中共中央出来谈判,目的在实现民主的联合政府,以谋全国团结,抗战胜利。而国民党方面的协定草案没有这个精神,我们是不同意和不满意的。但由于中国人民的需要,友邦的好意,抗战反攻的急迫,我们仍坚持联合政府的主张,并愿为之继续奋斗。接着周恩来向王世杰问道:"政府准备采取何种措施,使党派合法?"王世杰回答:"现在政府还没有具体考虑这个问题,并无具体计划。"周恩来又问:"根据政府的建议,足以表示国民党并不准备放弃一党专政。王先生的意见如何?"王世杰回答:"这首先是一个法律问题。在法律上,目前无从宣布废止党治。""不过政府在实际上并非不准备容纳党外人士。"周恩来请王世杰明确回答:"如果邀请中共代表参加政府,请问这种代表是属观察者的性质,还是有职有权?"王世杰说:"这一点我不能具体答复,因为没有讨论。"周恩来再问:"如果共产党代表参加军委会,其实际职权如何? 王先生是否能够见告?"王世杰说:"现在军委会每周至少开会一次。"周恩来称:"这是汇报,不是开会。""我们要提醒王先生几句,汇报不是开会,譬如冯玉祥、李济深将军就从没参加开会。"王世杰表示不准备放弃一党专政。周恩来不同意国民党的协定草案,坚持联合政府主张,但愿从双方协定中找出共同点,为成立联合政府作准备步骤。

△ 周恩来、董必武应约同蒋介石会面。蒋介石表示希望毛泽东和朱德来重庆。周恩来回答说:"我们对于联合政府的主张,是仍坚持的,并愿为它奋斗到底。"但他也留了余地:"民主联合政府是指政府的性质,并非要改国民政府的名称。"蒋介石忙着说:"好,我们革命党就是

为实现民主的,我做的就是民主,不要要求,我自会做的。如果要以要求来给我做,那就不好了。"周恩来称:"我应该声明:对三民主义国家及实行三民主义的元首是应该尊重的,但政府并非国家,政府是内阁,政府不称职是应该调换的改组的。提到要求,一个政党总有自己的要求",当着"不能向政府直接要求时,只有向人民公开说话"。蒋介石回答:"是的,是的。"

△　赫尔利约见周恩来,将国民政府19日所提的《三点提示案》递交于周。周即对赫尔利表示,国民政府背弃了在延安签订的协定,要求中印缅战区司令部提供飞机送他回延安。

△　翁文灏、纳尔逊在中外记者招待会上报告战时生产局之任务,翁称该局的任务是"督导各生产机构对战时必需的物资,发挥最大生产能力",同时,"对公私战时生产机构负有指挥监督及联系之责"。纳称:战时生产局与美国租借法案"两者有密切联系,租借法案下的物资,战时生产局可以尽量运用"。

△　延安权威人士评论国民党党政人事的局部更动,指出:这是"今日国民党统治方面危机深化的反映,企图以此缓和各方面批评,拖延时日,仍想维持其一党专政的寡头统治",因此,"此次更调不能不是表面的、不彻底的,用以敷衍一时的"。

△　日机数架乘夜扰川西,被美机击落二架。

△　日本陆军省宣布:前中国派遣军总司令畑俊六大元帅转任陆军教育总监,遗缺由现任华北派遣军最高指挥官冈村宁次大将继任。现任西部军司令官下村定继任华北最高指挥官,横山勇继任西部军司令官。

11月23日　蒋介石颁发文告,勖勉全国医药界青年及地方医师应征投辕,献身军旅,"行湛深之医术,维将士之健康,增强抗战武力,争取胜利肤功"。

△　军事委员会任命张雪中为第三十一集团军副总司令,裴昌会为第四集团军副总司令。

　　△　行政院设立国际捐赠财物接收监理委员会,由外交、内政、交通、农林等部及军事委员会、红十字会等机构代表组成。

　　△　朱家骅辞考试院副院长职,改任国民政府委员。

　　△　中国全国工业协会、迁川工厂联合会、国货厂商联合会、西南实业协会、中国生产促进会五工业团体举行招待翁文灏、纳尔逊茶会。会上,五团体向战时生产局建议:增加工业资金;调整国营、民营工厂之器材原料;工业专业化、标准化;与生产界联合设立生产设计委员会,研讨各项生产问题。并请求翁文灏准许该五团体派遣代表参加战时生产局中美经济委员会。

　　△　陕西省临时参议会三届四次大会选张凤翙、高文源、李芝亭、张丹屏、赵和亭、张守约、王维之、杨大乾为第四届国民参政会参政员。

　　△　魏德迈举行记者招待会发表盟军对日战略谈话,表示盟军将在中国登陆,由大陆击溃日本。

　　△　中国国际联盟同志会举行年会并庆祝该会成立二十五周年,朱家骅、王世杰、王正廷等到会讲话。

　　△　河南省初夏以来遭受寇祸,入秋前后又蝗、旱、风、雹接连为患,受害达数十县。严冬即届,灾民衣食无着。河南省政府是日投书重庆大公报馆,呼吁社会各界劝募,以济灾民。

　　△　汪精卫遗体于 11 月 12 日运回南京,是日葬于南京梅花山。

11 月 24 日　南宁失陷。日军第二十二师团一部约 3000 人由桂境隆山南下,经上林,陷武鸣,是日与其师团主力及独立混成第二十二旅团协力攻占南宁。另一部经罗墟陷果德、隆安。

　　△　周恩来在南方局工作人员会上报告大后方形势,指出目前民主运动有五个特点:一、强调联合政府;二、具有广泛性;三、全国要求的一致性;四、有同盟国赞成;五、处在两种力量极大变化之时。

　　△　八路军冀鲁豫军区一部于单县东北插花刘楼歼灭伪山东挺进军第二十九纵队 200 余人,单县日伪军来援,被歼 400 余人。

　　△　西南联大教授张奚若在昆明讲演《国事出路》,指出解决国事

的出路,"只有彻底更弦易张,立即召集各党、各派、各人民团体间组成的国事会议",并应"紧急处置"。

△　美"超级空中堡垒"对日本东京航空工业区发动首次猛袭,西郊中岛飞机场六处起火。

△　陈公博在南京召开军政会议,声称汪精卫"手订之政策,皆为公博奉行之政策";汪精卫"生前之设施,皆为公博今日之设施","不标新立异,另订方针",各省长、市长、绥靖主任、方面军司令等在会上作军事情况报告。会议决定实行军政一体化。26日结束。

△　美国医药、科技界华侨发起成立中美药厂,支援祖国抗战,负责人为侯德榜。

11月25日　国民政府聘请纳尔逊为高等经济顾问,孔莱为战时生产局顾问。

△　山东八路军一部攻克寿张县城。27日复陷。12月5日,八路军再度收复,俘日伪军400余人。

△　交通部重新划分全国电信管理机构,浙、赣、闽、皖等省各局合并为东南电政管理局,设于泰和,王若僖任局长;黔、桂、湘等省各局合并为西南电政管理局,设于贵阳,陈树人任局长;陕、甘、宁、青、新、豫等省各局合并为西北电政管理局,设于西安,聂传需任局长;川康、云南两局维持原状。

△　罗斯福另一私人代表孟斯菲尔特日前自密支那抵昆明,是日对中央社记者称,吾人来华系奉罗总统命,"研究中国政治经济现状,以求中美间进一步合作"。26日抵重庆,谒蒋介石。

△　伪华北政务委员会经济署督办汪时璟与日本顾问旬松前往东京,商讨中国钢铁、煤炭、棉花、白矾、食盐输入日本等问题。

11月26日　中国战区美军司令部宣布:麦克鲁少将已被任命为中国战区美军司令部参谋长;陈纳德将军于原任美第十四航空队司令外,兼任中国战区美军司令部之空军顾问。

△　蒋介石派外交部顾部事务处长卜道明前往迪化与苏联领事交

涉伊宁事件。允诺只要能与我开诚合作,使早日恢复秩序,于我领土与主权无损,则在新疆的经济合作尽可商讨。

△　河南省临时参议会以嵩县、广武、洧川、临颍等县县长罗渭滨、赵希贤、张延龄、姜萃俭、阎受典于中原战役时放弃守城职责,携带地方巨款先逃,特请省府分予通缉,归案法办。

△　汪伪国民党中央执行委员会召开临时会议。会议发表宣言,声称反共为其"基本国策"和"一贯政策",号召党员"苦其心志,劳其筋骨,以完成汪先生未竟之志"。希望"重庆同志解脱美英之桎梏,与共产党搏斗,以获全面之和平"。

△　日军一部"扫荡"河南上蔡县蔡沟、高庙一带,俘获高庙村自卫队员 112 人,将 110 人用铡刀铡死、钢刀砍死,仅二人生还。

11 月 27 日　新任财政部长俞鸿钧就职,并向记者谈其施政方针:一方面协助稳定物价,"切实整顿统制,加强金融管理";一方面"筹供经费并扶助生产"。

△　桂境池河失陷。金城江方面日军于 22 日沿黔桂路进攻第九十七军阵地,战至是日,阵地被敌突破,池河失陷。同日,思恩方面之日军第三师团亦突破第二十七集团军阵地,攻占思恩,又经黎明关攻占荔波、三合,守军不支,乃转向都江方面,待机侧击日军。

11 月 28 日　国民政府任命钱泰为驻法国大使,徐谟为驻土耳其大使。

△　孔祥熙自华盛顿电呈蒋介石,报告与美洽商解决美军垫款问题,美方允拨付 2.1 亿美元,成都机场之款答应记入互惠租借项下,将来清算。

△　第九十七军以腹背受敌,乃逐次向桂境南丹、六寨方向转移,是日日军第三师团一部攻占三合、六寨,另一部向都匀迂回。

△　驻越南之日军第二十一师团分路向桂南进攻,其一部以小川支队(含伪军)五六千人,由谅山、同登入镇南关。29 日陷凭祥。

△　继康青公路试车之后,青藏公路试车成功。青藏公路为国防

大动脉,由玉树出发,越横断山脉经长江、黄河分水岭及巴颜喀喇山,海拔4960米,为世界最高公路。

11月29日　周恩来将所拟准备向国民政府提出的谈判复案及其"备忘录"电告毛泽东。其主要内容如下:一、国民政府为达成中国境内军事力量之集中与统一,以实现迅速击败日本与重建中国之目的,允将国防最高委员会改组为包含所有抗日党派和无党派政治人物的代表的联合的国防最高委员会,并由这个联合的国防最高委员会决定和颁布用以改革军事、政治、经济、文化的新民主政策,并改组行政院使之成为各抗日党派的联合内阁,改组军事委员会使之成为各抗日军队代表所组成的军事委员会。二、中国共产党对国民政府之抗战及战后建国,决全力拥护之。其一切军队应遵守与执行改组后之国防最高委员会及军事委员会的命令,同时国民政府允将中国共产党军队编列为正规国军,由联合国得来物资应被公开分配。三、国民政府之目标,为实现孙中山先生之三民主义,建立民有、民治、民享之国家,并实行用以促进民主与进步的政策,因此,国民政府承认中国共产党及其他抗日党派为合法政党,释放爱国政治犯,并在有利于抗战的前提下确立正义、思想自由、出版自由、言论自由、集会结社自由、人身自由、居住自由、免除威胁自由及免除贫困自由等。如国民政府一时不能改组其国防最高委员会及其行政院与军事委员会,中国共产党愿提出"备忘录"三点:一、中国敌后解放区根据战争之需要与人民之要求,将先组成中国解放区联合委员会,以统一敌后各解放区政府军事的领导,并便于参加今后的联合国防最高委员会。二、为适应目前战争最迫切之需要,中国战场应设立联军统帅部,由美国方面的代表担任统帅,中国所有抗日军队应有负责代表参加此统帅部以统率在中国战场的所有抗日军队,并负责进行各军的编制、装备、训练和补给。三、中国共产党及其军队愿重申诺言,坚持彻底的抗战胜利,坚决反对内战,保证决不向中国任何抗日部队进行军事挑衅,并保证在陕甘宁边区及敌后解放区彻底实行孙中山先生的三民主义,彻底实行民主政治,给一切抗日党派以合法权利,保障一切抗日人民的人权、政权、地权、财权及言论、出版、集会、结社、信仰、居住之自由。周恩来还在电报中说明复案采纳了孙科的意见,"是用现有形式放进我们内容"。如原则同意,提议由董必武先回延报告,他拟将复案交赫尔利转蒋。

　　△　国民政府颁布《优待从军知识青年家属办法》10 条,要者为:减免临时捐款及劳役;子女弟妹入公立学校,免交学费。债务未清者,可展至服役期满后二年清偿;承租之耕地房屋,出租不得收回改租他人;出征期间,其妻或未婚妻不得离婚或解约;无耕地者,可申请分地供种。

　　△　国民参政会举行茶会,招待纳尔逊、翁文灏。纳尔逊致词称:"中国如果能在战时获得内部合作,举国一致,向建设性目标迈进,世界各国对中国的态度将得到良好反应。"并指出:中国目前的重大问题是"如何遏止敌人前进,和取得生产、供应战斗的胜利"。

　　△　山东八路军一部再度克复莒城。

　　△　联合国战罪审查委员会远东及太平洋分会在重庆成立,王宠惠为分会主席,张平群为秘书长。

　　11 月 30 日　国民政府特派兼驻哥斯达黎加公使涂元檀为互换《中哥友好条约》批准约本全权代表。

　　△　战时生产局设立中美联合生产委员会,翁文灏、纳尔逊为正、副主任。

　　△　驻美大使魏道明发表演说,希望美国政界人士"应彻底了解中国,不应以误解或偏见而减弱两国友谊"。并称:美国对中国时局的大量批评,"吾人已注意"。

　　△　中美文化协会欢迎罗斯福私人代表纳尔逊及同行专家。副会长陈立夫致词后,纳在致词中称战时中美合作所产生的力量是抵抗敌人争取胜利不可少的力量,也是战后维持世界和平、增进人民幸福、提高生活水平的力量。

　　△　魏德迈在其总部招待重庆市中外记者,对中国战局发表评论,承认战局日趋紧张,但"正采取有效之补救办法,以期局势好转"。

　　△　重庆《大公报》载：中央研究院已派定 10 名专家赴美考察，计有柳大纲（化学）、周行（工程）、斯行键（地质）、喻德渊（地质）、张天佑（地质）、倪达书（动物）、林树堂（物理）、朱恩隆（无线电）、张宝堃（气象）、单人骅（植物）。

　　△　中国新任驻墨西哥大使陈介呈递国书。

　　△　滇西中国远征军第六军各部向遮放市区及其西南方面实施猛攻。第五十三军占领来劳山西南高地、老城、蚌哈外以及所有在芒市大河西岸的日军据点。

　　△　缅北日军下达守备八莫的命令：由山崎支队长指挥一部兵力，由南苗方面突破八莫之中国军队背后，以利八莫守备的突破退出。第十八师团以其主力向北采取攻势，牵制八莫方向之敌，以利八莫守备队的突破。

　　△　越南方面日军第二十一师团一部约千余人由爱店北进，是日攻陷桂南宁明、明江。12 月 3 日陷思乐。

　　是月　国民党中央常委会通过：免新疆省党部执行委员会主任委员盛世才职，奉调离新，遗缺由吴忠信继任；派蒋经国为中央训练团副教育长。

　　△　中国民主同盟与中共签订合作协定，要点为：双方如有谈判，得互相通知；互相同意后始得与国民党成立协议；凡中共所有主张，不违背民盟原则者，民盟有支持义务，如双方主张意见有相左者，不公开发表。

　　△　是月至 1945 年 3 月，美军驻延安观察组一行四人在晋察冀边区进行考察。他们分赴冀晋、冀察和冀中三个二级军区，以考察军事为主，同时在中心区也考察了边区经济及民主建政等情况。

　　△　急救战区儿童联合委员会成立，许世英为主任委员，陈铁为副主任委员。

　　△　中国民主同盟四川省支部在成都成立，李璜为主任委员，并成立了邛崃、南充、江津、大邑、内江等 10 余个县分部。全省约有盟员 2000 人。

△　国民政府通令确定数位以万万为亿。

12　月

12 月 1 日　中共中央军委致电新四军第五师,同意其"停止北进,集中力量巩固占领地"的方针。此后,该师派一部兵力深入河南临颍、上蔡地区活动,策应冀鲁豫军区部队西进水西地区;派另一部兵力向襄城、郏县地区活动,准备迎接八路军南下支队。

△　毛泽东电复周恩来:一、国民党方面的对案同五条协定距离太远,联合政府和联合统帅部是解决目前时局的关键,既不同意,则无法挽回时局;二、国民党态度至今未变;三、党中央须召开会议讨论。电报说:过早交复案不利,应坚持五条协定,俟"七大"开后再议复案,请周恩来、董必武同时回延,并告赫尔利,周不能原机返渝。

△　蒋介石主持军事会报,促参谋总长何应钦即驰赴贵阳前线,并嘱戒勉各军事主管面对紧张战局,各本良知,负起责任,不为中外人讪笑。

△　魏德迈致蒋介石建议贵阳防守作战计划备忘录,指出当务之急,即将中国所有可资运用的部队全部立刻加以组织,攻击并切断日军在长沙地区以及通往南方与西南方的交通线。

△　川康绥靖公署主任邓锡侯在成都发表讲话,宣称:桂林、柳州陷敌,宜山失守,安定川、康后方是我们天职,并提出加强军队训练,建立民众武力等主张。

△　梁寒操辞海外部长职,遗缺由陈庆云代理。

△　国民参政会驻委会举行会议,张伯苓、莫德惠、王世杰、江庸、邵力子等出席。会议通过冷遹提中印公路即将通车,请政府迅与美军合组运输机构案。

△　滇西中国远征军第十一集团军中央攻击部队第七十一军第八十八师攻占遮放新城;第八十七师攻占遮放老城;荣一师攻占鸭子塘、

蛮大以及一碗水。同日,该集团军右翼第五十三军第一三〇师攻占来劳山、蚌哈、蛮里、红球山南侧高地。

△　据中央社讯:盘踞福州的日军月来洗劫商号、住宅在 3000 家以上,其中粮食、五金、皮货等被劫一空。

12 月 2 日　周恩来将毛泽东 1 日来电中提出的三点意见转告赫尔利,并称:第一,政府三项与延安三条距离太远,我们认为联合政府与联合军事委员会是解决时局问题的关键。这既不能获得蒋介石的同意,因此无法挽救危局。第二,国民党的态度至今未变,梁寒操三天前在记者招待会上宣称,中国目前所需者只是军令统一,党派合法问题须留待战后一年再讲。第三,根据目前形势,中共中央必须召开会议,再行讨论,因此他将留在延安,不再来到重庆。赫尔利对周恩来说:"请你告诉毛主席,梁寒操的话不能算数,他根本不懂委员长的意思。委员长说过,他愿意现在承认共产党的合法地位。""务必参加进来,你们是同我——美国政府合作。只要我们合作,我们就能逐步改组政府。"周恩来回答:"也许我们之间对于联合政府的提议有不同的了解。参加并无实权,并非联合政府,这就是关键的所在。"

△　国民政府明令修正公布《蒙藏委员会组织法》,凡 28 条。

△　魏德迈建议蒋介石实施阿尔法计划,以确保昆明地区及重庆地区的安全,制止日军向贵阳地区推进。并建议对中共部队进行补给,利用空中运输提供武器、军需与装备。

△　沿黔桂路西进的日军第三师团一部攻占贵州八寨,另一部到达上下司附近,与增援之第二十九军第九十一师遭遇,激战竟日,日军以一部迂回至独山城郊,经第九十一师主力部队反击,日军前进受阻。

△　越南方面日军第二十一师团由塔溪侵入桂南水口关,与其由凭祥北进之部会攻龙州,即与当地地方团队发生激战,是日攻陷龙州。

△　纳尔逊离开重庆前往成都。4 日飞赴印度。

△　日军华北方面军总司令再次更换,下村定就任,冈部直三郎去职。

△　汪伪最高国防会议召开临时会议,决定由陈公博兼任中央陆军军官学校校长及中央将校训练团团长。并决定成立军事委员会禁烟总监署,由陈公博任总监。

△　美战时情报局宣布:日军兵额至少有 400 万人,一半被牵制于中国大陆。

12 月 3 日　缅北中国驻印军新编第三十师越过曼西,其先头一部是日分别在康马西北地区以及南于一带山地与日军发生遭遇战。战至 5 日,第九十团占领八莫至南坎公路西侧的 5338 高峰,旋被日军夺回,集中数十门火炮对新三十师阵地猛攻。

△　滇西中国远征军第六军第二○○师攻占猛古街。5 日,攻占拱择。

△　中国空运大队成立,由勒恩少校统率。

△　八路军冀鲁豫军区第二分区一队攻克河北尧山县城。

△　日军为掩护伪军孙良诚部主力南下盐阜地区,以第六十五师团及伪军 6000 余人"扫荡"苏北。新四军第三师第八旅、第十旅及地方武装进行反"扫荡",破袭交通,阻止孙部伪军南下。经过八日数十次战斗,毙伤日军 147 人、伪军 622 人,俘日军二人、伪军 284 人。

12 月 4 日　国防最高委员会决议:国民政府主席兼行政院院长蒋介石"事务繁冗,不能兼理院务",由宋子文代理行政院院长,仍兼外交部部长。

△　周恩来同赫尔利、魏德迈、麦克鲁、包瑞德进行会谈,赫尔利等尽力想说服周恩来接受蒋介石政府的三项建议,均被周拒绝。会谈时,赫尔利首先提出要求:"联合政府目前尚不可能。参加政府,参加军事委员会,蒋委员长则已答应。我希望你们参加进来,然后一步一步改组。你认为如何?"周恩来回答道:"联合政府本为毛主席在延安向赫尔利将军所提出者,赫尔利将军亦认为合理。至于参加政府及军事委员会之举,即令做到,也不过是做客,毫无实权,无济于事。"赫尔利说:总希望你们参加,"先插进一只脚来"。周恩来回答:"关于参加政府问题,我

们素有经验。先拿别人的经验而言,白崇禧不止参加政府,而且是军训部长,结果毫无实权。我自己从西安事变以来,八年之中近七年时间是留在国民政府所在地。我做政治部副部长时,每星期有三次参加军事汇报,有意见也无法讨论,即令提出,蒋委员长也不过说好好而已。老实说,我对这样做客,实在疲倦了。"赫尔利又说:"只要参加政府,就可获得承认。就可获得美国军队帮助训练和作战,就可获得物资的供给。你们拿到这些东西,就可以强大起来。为什么一定要改组政府呢?"周恩来严正回答:"这是一个救中国的问题。抗战不仅要军事,而且要政治、兵役、粮食、供养,乃至生产,都要政府来办理。政府不改组,就无法挽救目前的危局。""参加的一面是不能在政府中有任何作为;另一面就要受牵制,一切不好的军令政令都来了。"魏德迈的参谋长麦克鲁也参加劝说:"我们美国有句话,叫要舍身救火。现在一把火烧起来了,你们得救。"周恩来回答:"不错,火应当救。但是要两只手能动,才能救火。现在请我们来做客,也只能坐在旁边看火。"赫尔利又改换一种方式继续劝说周恩来:"如果你们在不满意的条件之下,竟能参加政府,那就表示你们是最大的爱国者。"周恩来回答说:"我们参加政府,就要替人民负责。现在我们参加进去,不能负责。这样的政府,我要参加,我就是不信上帝,我的良心也过不去。譬如政府要我参加,我党要我考虑,我个人都要拒绝。"

△　蒋介石侍从室主任林蔚调任军政部次长,遗缺改派钱大钧继任。

△　陕甘宁边区第二届参议会第二次会议在延安举行。到会议员187 名,华中、华北各解放区代表参加会议。朱德、陈云、董必武、彭德怀、陈毅、任弼时等分别在大会上讲话。

△　据中央社讯:敌人罪行调查委员会自本年 2 月成立以来,征集到敌人罪行资料 3000 余件,正在审核和编译之中。

12 月 5 日　国民政府明令公布《省参议会组织条例》,凡 26 条;《省参议员选举条例》,凡 31 条。

△　行政院会议决议:任命吕炯为中央气象局局长,徐诵明为国立

同济大学校长,杭立武为教育部常务次长,何廉为经济部常务次长。

△　蒋介石致电罗斯福,说明孔祥熙虽辞财政部长兼职,仍全权代表中国政府在美经办财政、金融、经济等要务。

△　自桂、黔沿线到达贵州都匀附近之第九十八军第一六九师一部,将进攻之日军第三师团击退,是日克复八寨,6 日又收复三合。

△　伪军孙良诚率第二方面军 1.6 万余人向新四军苏北根据地进犯,苏北各据点伪军近万人同时开始"扫荡",企图占领东沟、益林、东坎等镇。新四军第三师及苏北地方武装经一周奋战,毙、伤、俘日伪军1040 余人。

△　重庆《新华日报》载:华中沦陷区月来物价飞涨,平均涨至战前的 2000 倍左右,其原因是日伪军搜括物资和滥发钞票。

12 月 6 日　国民政府特任罗良鉴为蒙藏委员会委员长;原任吴忠信另有任用,应免本职。同日,派蒋梦麟、吴文藻、杨云行、邵毓麟、张君劢、宁思承、钱端升为出席太平洋学会代表。

△　中共中央军委为准备反攻,增加装备,由游击战转入运动战,决定在延安创办第一所炮兵学校。1945 年 3 月,学校正式开学,郭化若为校长,丘创成任政治委员,全校编为三个大队,10 个中队,学员1000 余人。

△　龙州方面日军一部沿左江南岸向东进攻,是日陷响水,7 日陷崇善,10 日陷扶南。

△　日本在东京召开兴亚运动协议委员会议,讨论《兴亚运动纲要》和确立东亚各国体制问题。东亚联盟中国总会副秘书长、伪南京市市长周学昌等参加。

12 月 7 日　周恩来、董必武等乘飞机由重庆回到延安。

△　中共六届七中全会决定成立解放区联合委员会,由陕甘宁边区参议会发起,委员会由党内周恩来、林伯渠、高岗、薄一波等 142 人,党外由李鼎铭、续范亭等 19 人组成。

△　中国、中央、交通、农民四行联合总处理事会决定:拨专款 100

亿元,交战时生产局支配,扶助战时工业。

12月8日　毛泽东和周恩来同包瑞德进行会谈,坚决拒绝蒋介石的三点建议,批评赫尔利背弃与中共签署的五点建议并为蒋介石的反建议作说客。毛泽东说:蒋介石提出的三点建议等于要我们完全投降,交换的条件是他给我们一个全国军事委员会的席位,而这个席位是没有任何实际作用的。赫尔利说我们接受这个席位,就是"一只脚跨进大门",我们说如果双手被反绑着,即使一只脚跨进了大门也是没有任何意义的。我们欢迎美国的军事援助,但不能指望我们付出接受这种援助要由蒋介石批准这样的代价。美国的态度令人不解,五点建议是赫尔利同意的,现在他又要我们接受牺牲我们自己的蒋介石的建议。在五点建议中,我们已作了我们将要作的全部让步,我们不再作任何进一步的让步。由于蒋介石已拒绝成立联合政府,我们决定成立解放区联合委员会,这个委员会是组成独立政府的初步的步骤。

△　周恩来写信给赫尔利,说明不能再去重庆谈判的理由,称:国民党方面"既拒绝我党五条最低限度提案,而政府所提三条又明显不同意联合政府、联合统帅部的主张,使我们实无法找得两方提案的基本共同点。因此,我实无再去重庆谈判之可能"。他在信中表示为了击败共同敌人,始终愿同美方继续磋商军事合作的具体问题,并同美军观察组保持密切联系。

△　董必武在陕甘宁边区二届二次参议会上作题为《大后方近况》的报告。

△　国民参政会驻会委员会举行第五次会议,军政部长陈诚报告军政情况。新任行政院代理院长宋子文以午餐招待参政员并听取对行政兴革的意见。

△　兵役部长鹿钟麟为革新役政弊端,通令所属严饬奉行三事:一、与士兵共甘苦,不准虐待凌辱;二、严禁克扣中饱;三、切实优待出征军人家属。

△　贵州独山方面日军第十三师团所部,经第二十九军第九十一

师增援部队袭击及空军扫射轰炸,乃开始撤退,该师是日克复独山,旋跟踪追击,进击六寨。

　　△　新四军第七旅向淮北路永城东北的大茴村、吕店子伪军窦殿臣部发动攻势,经两日激战,将其大部歼灭,共歼伪军 1160 余人。

　　△　美国第十四航空队袭击香港、南京、安庆等地日军机场和军事设施。在香港击沉日驱逐舰一艘;在安庆机场,毁地面日机 14 架;在南京击毁地面日机 20 架。

　　△　陈公博发表对国民党诱降的讲话,宣称:"国人现立南京及重庆二立场,我们南京者,对重庆同志最近的艰难,俱衷心谅解及深为同情。""望速舍过去一切,与我们向统一之途迈进。"

　　△　伪满国务总理张景惠发表讲话,鼓吹"与亲邦日本共存亡",要求"国民应各尽其本分,忠其职责,忍苦含辛,直待战局完全胜利"。

　　12 月 9 日　周恩来在陕甘宁边区二届二次参议会上报告时局及国共谈判的经过。同日,又出席延安青年学生及各界代表举行的"一二九"九周年纪念会,号召:沦陷区青年回到沦陷区去,参加敌后的抗日战争! 青年们回到各地乡村去,为人民服务! 在交通线附近的青年,就近抵抗敌人!

　　△　陈诚宣布:准备在美国的协助下,装备和训练 30 个新式战斗师。

　　△　缅北中国驻印军新编第三十师主力与增援八莫的日军混合支队在南于附近发生激战,该师与敌战至 13 日,阵地被攻破,师指挥所亦遭袭击。旋新一军军长孙立人赶至南于,指挥战事。14 日战局得以稳定。

　　△　缅北八莫日军山崎支队向中国驻印军南茴高地发起猛攻,一度占领了高地。11 日,驻印军转入全线反攻,并派出一部进入伊洛瓦底江南岸预伏,截阻流窜的日军。

　　12 月 10 日　赫尔利函复周恩来,阻止中共公布五项协议。称五点协议和三点反建议案都是谈判的基础,可以修改,"在双方谈判尚未终结之前,该项协议草案,不宜遽即发表。"又称:"三点反建议也不是国民政府的最后一言",希望周恩来再次来渝谈判。

　　△　中国政府决定在锡兰(今名斯里兰卡)科伦坡设立领事馆,首任领事为杨冕璜。

　　△　南宁方面日军第二十二师团一部及独立混成第二十三旅团,经吴村墟沿邕龙路南下,是日与由思乐北上之日军第二十一师团一部在绥渌会师。至此,日军完成打通大陆与法属中南半岛交通之目的,桂境重大战斗暂告结束。

　　△　第九十八军第一六九师一部克复贵州荔波。另一部克复六寨。

　　△　武汉大学举行时事座谈会,与会者一致要求最高当局采取紧急办法,挽救目前危局,政治上要实行民主;军事上要改善士兵待遇,发动民众力量,真正做到军民合作;经济上严格分别公私经济,平均战费负担;外交上,应该与平等待我之民族共同奋斗。

　　△　黄炎培病中投书《大公报》,深感"国家大局艰危之至",认为"第一件大事是打退敌人。国军当然尽力,但民众不来合作,中原及湘桂之覆辙,大可引为鉴戒"。

　　12 月上旬　魏德迈建议蒋介石,为防贵州万一陷落,应作由重庆迁都昆明的准备。蒋介石表示:"余纵在渝被敌包围,亦决不离渝一步。"

　　△　赫尔利与蒋介石会谈。赫尔利告诉蒋介石,如果政治上不妥协,就不能统一中国军队和"在战争中产生一个强大、自由、统一和民主的中国"。旋与蒋介石共同制订了一个新的谈判方案:"(一)成立包括共产党和其他非国民党人士参加的战时内阁;(二)建立一个由政府代表、共产党代表和美军军官组成的三人委员会,制订出中共军队编入国民政府军队的详细计划;(三)由一名美军军官统帅共产党的部队;(四)承认共产党为合法政党。"

　　12 月 11 日　云南省主席龙云在昆明发表演说称:日军已占湘、

桂,滇省将成前线,号召全省军民发奋图强,加强防御力量,人人要准备作战,要准备自卫,一切牺牲都在所不惜。

　　△　冯玉祥应中国战时社会问题研究会之邀,在重庆作《敌之总崩溃与最近战局》的讲演。

　　△　滇西中国远征军第六军第二〇〇师攻占拱撒、蛮蚌。芒市、遮放战役结束。是役共歼日军 1014 人,俘日军 20 人。

　　△　美国第十四航空队袭击广州天河机场,击毁日机九架,击伤八架。

　　12 月 12 日　毛泽东、周恩来致电在渝与国民党谈判的王若飞,并转告包瑞德、戴维斯,指出:一、我们毫无与美方决裂之意,五条协议草案赫尔利不愿发表,我们即可不发表。我们想发表的仅是我们向蒋建议的五条;二、牺牲联合政府,牺牲民主原则,去几个人到重庆做官,这种廉价出卖人民利益的勾当,我们决不能干;三、解放区联合委员会,等"七大"会后再说。

　　△　赫尔利致电罗斯福,报告国共谈判的情况,称"现在蒋介石授权行政院院长宋子文和有关人与共产党商谈,找出解决办法。并要求我从中斡旋,重新开始与共产党谈判"。并称:蒋介石多次向我保证,他现在决心把与共产党达成协议的工作放在首位。还希望我向您转达他的保证。

　　△　蒋介石召见从衡阳出逃归来的第十军军长方先觉,听取守城及脱险经过报告。

　　△　是日至 20 日,滇西畹町日军以城郊各据点为基地,屡向第十一集团军第五十三军正面弄坎阵地,第六军正面排那、小湾山、天盘山、虎尾山阵地,第二〇〇师正面六丁西南、拱撒西南、双坡南、谢边西南、猛占街附近阵地猛攻。

　　△　第二十九军第九十一师克复广西南丹,继向河池进击。

　　12 月 13 日　军事委员会任命李汉章为暂编第五军军长。

　　△　经济部长翁文灏在重庆外国记者招待会上说明战时生产局是

一个取得美国租借物资的管制机关,研究国内生产和国外输入的物资,为反攻作准备。翁又宣布:中美专家已成立钢铁制造和液体燃料两顾问委员会,加强该两项生产。

△ 罗斯福致函蒋介石,赞扬中国人民的长期抵抗敌人侵略,已奠定了民主势力的基石。并称:"对于中国军事方面的成就表示满意。"中美将"共同迎接胜利"。

△ 中法科学合作委员会在重庆成立,其宗旨为沟通中法两国文化,任务是交换教授,选派留学生赴法等。李石曾、吴稚晖任名誉会长,王宠惠、张继、王世杰等为中方委员。

△ 新任瑞典驻华全权公使亚勒德抵渝。是日接见记者,称:他来华的重要任务是谈判取消治外法权的问题。

12月14日 缅北中国驻印军新编第三十八师在中美空军的猛烈轰炸掩护下,攻夺八莫城北监狱、宪兵营和旧炮台。同时,又展开对日军腹廓核心阵地的攻击,击毙其城防指挥官原好三大佐。

△ 日军以密集部队向缅北5338高地发起猛攻,一日之内发射炮弹3000余发,新编第三十师第九十团第三营阵地全被摧毁。双方死伤惨重,日军死伤1260余人,其中少佐以下军官达40名。

△ 是日至16日,日军先后侵占广西罗城、天河,其间对该地烧杀抢掠。天河县民众被杀1802人;罗城县民众被杀1158人。

△ 山东八路军一部在胶东路南侧对日伪军发动攻势,占领高崖、寺台、高家庄等10余处日伪军据点。同日,冀中八路军一部攻克石家庄日军监狱,救出抗日干部、群众8000余人。

△ 胶东八路军一部克复山东栖霞县城。

△ 江西省临时参议会选举张国焘、李中襄、王又庸、杨不平、王冠英、甘家馨、王德舆、吴健陶、熊在渭、王枕心为国民参政会参政员。

△ 衡阳《大华晚报》因战事影响,是日迁贵阳出版。

12月15日 毛泽东在陕甘宁边区二届二次参议会上发表《一九四五年的任务》的演说,指出:我们惟一的任务是配合同盟国打倒日本帝国主义。必须使全国人民明白,用人民力量,促成由国民党、共产党、其他抗日党派及无党无派人士,在民主基础上召集国是会议,组织联合政府,才能统一中国一切抗日力量,反对日本侵略者的进攻,并配合同盟国驱逐日本侵略者出中国。中国人民不论在大后方,在沦陷区,在解放区,都要为此目标而奋斗。毛泽东强调:"1945 年应该是中国人民抗日战争更大发展的一年。"

△　毛泽东、朱德、周恩来、叶剑英同美国战略情报局柏德上校磋商美军在山东半岛登陆后的军事合作问题。中缅印战区参谋长包瑞德上校在座。美就中共在美军登陆时所可能提供的合作与援助作了试探。

△　王若飞会见孙科。孙科认为中共关于改组政府和统帅部的要求是合理的,但实行须有步骤,并提议国防最高会议如有委员 30 人,可考虑国民党 15 人,军队 10 人,各党派五人。蒋介石曾表示可以考虑此种方案。又说,蒋无良策解决中国问题,可能愿意接受此种方案。

△　美国新任驻华大使赫尔利在重庆招待记者,在谈及中美关系时称:中美间志同道合,惟一的目标是打击敌人,希望中国所有力量能团结一致,为打击敌人而使用。

△　美驻苏联大使哈里曼电呈罗斯福,报告苏联提出了对日作战所要求的代价。斯大林宣称,希望再能租借中国旅顺、大连两港及其周围地区和租借中东铁路,并要求承认外蒙古现状。

△　中国儿童福利协会举行成立大会。

△　缅北八莫克复。14 日夜,中国驻印军新编第三十八师对八莫再次实施夜间攻击,日军残敌拼死顽抗。战至是日晨,日军不支,500余人的守备队除残部 60 余人利用夜暗泅水向南坎逃脱外,其余全部就歼,驻印军完全占领八莫城。八莫攻坚战结束。

△　新四军第十六旅一部发起泗安战斗,攻入浙江长兴县泗安镇,全歼伪和平建国军第五集团军第三十四师三个营,俘伪官兵 400 余名。

△　四川省临时参议会选举王国源、郭湘、丘薵双、彭革陈、余若

南、高秉生、夏良工、李琢仁、李鬐仪、傅况麟为国民参政会参政员。

　　△　陈公博、褚民谊、林柏生等去日本,是日抵东京。16日,陈等拜会日本天皇和陆相杉山元、参谋总长梅津美治郎。

　　12月16日　周恩来复信赫尔利,指出国民党对中共的五点建议出乎意外的直截了当的拒绝,使谈判完全陷于停顿,我回重庆已无所裨益。表示接受赫尔利的要求,暂不公布五点建议,但坚持将在适当的时机予以公布。周恩来明确指出:有关这次谈判的基本困难就是国民党不愿意放弃一党专政和接受成立民主联合政府的建议。针对赫尔利认为最近国民政府的人事调整表示国民党在走向民主的看法,指出:"在国民党一党政治下的任何人事变动,都不可能变更目前国民政府的制度和政策。"

　　△　国民政府公布《战时生产局组织法》,凡23条。规定该局为综理战时生产事务之最高机关,隶属行政院,并受军事委员会之指导监督。

　　△　国民政府以四川自贡市私立中学校董余述怀捐助国币100万元,作为该校基金,是日予以明令褒扬。

　　△　日首相小矶设宴招待陈公博。陈在席间讲话称:"今日中日两国之利害安危已不可分,我们唯有本于汪先生昭示我们的由同甘共苦,以至同生共死之决议,勇往迈进。"

　　12月17日　张伯苓、胡适、于斌、胡霖、蒋梦麟、林语堂、吴蕴初、钱永铭等21位实业、文化、教育界人士发表《联合宣言》,要求盟国修改战略,立取有效之军事行动,在中国战场打击敌人。

　　△　华西大学邀加拿大文幼章作题为《以民主来抢救中国》的讲演,指出:十多年来的历史告诉我们,政治不民主,经济不民主,社会不民主,国家永不会强,年青人永不得出路。要达到民主世界,唯有靠广大民众的力量,"唤起民众"是当前最急切最正当的工作。

　　△　新任比利时驻华大使德尔富抵达重庆。

　　△　缅北中国驻印军新编第三十八师第八十八团奉命从蚌家塘越

过 5220 高地,向日军后方推进,迂回至卡的克后面的马支,于是日攻占马支。19 日攻占日军主要阵地卡的克。至 22 日,完全击溃日军主力,残敌向南溃退。

12 月 18 日 国防最高委员会决议:行政院设立善后救济督办总署,并任蒋廷黻为督办。同日又决议:赈济委员会委员长孔祥熙辞职照准,特任许世英为赈济委员会委员长。21 日,国民政府明令公布。

△ 法新任驻华大使贝志高昨日抵达重庆,是日对记者谈话,称其来华的主要任务在促进中法关系,并与中国政府谈判治外法权问题。

△ 美国第二十轰炸总队及第十四航空队全部飞机 250 余架联合出动,轰炸汉口及岳阳日军供应基地、军事设施,空战中击落日机 15 架。

△ 日机数架自鄂入川,在梁山、万县及成都等地投弹。

12 月 19 日 美国空军轰炸汉口,造成民众生命财产惨重损失。19 日,蒋介石以事先未得同意,特嘱宋子文转告美驻华大使赫尔利,美军应尊重战区纪律。赫即进见蒋,作出保证,以后美军轰炸中国城市前必得蒋的认可。对国共谈判事,蒋告赫,"军事取严,政治放宽",允赫再约周恩来来重庆谈判。

△ 蒋介石以第一战区司令长官陈诚调任军政部长,派副司令长官胡宗南代理司令长官职。

△ 陕甘宁边区参议会二届二次大会闭幕。大会通过要求改组国民政府及统帅部、迅速成立联合政府及统帅部案;要求国民政府释放叶挺、杨虎城、张学良等抗日将领及一切爱国政治犯案;加强边区武装力量,准备反攻案及 1945 年边区经济建设方案等。

△ 罗荣桓、黎玉向八路军总部和中共中央军委报告:从 7 月至 12 月,山东根据地共扩大面积 2.9 万平方公里,村庄 1.29 万个,人口 583.5 万人。文登、栖霞、乐陵、利津、沂水、莒县六县城均为我控制。

△ 行政院会议决定盐政司、盐务局合并改组为盐政局。

△ 中美混合空军机队轰炸汉口日军机场,日机四架起飞迎战,中

美空军击落其中二架。

　　△　美第十四航空队袭击香港附近日军启德机场,在空战中击落日机二架,击毁地面战斗机三架。

　　△　重庆《新华日报》载:日军占领衡阳、长沙、宝庆等处后,将占领区分为长岳、潭宝、衡永郴三个伪省,并分由唐蟒、唐生明、黄政民任伪省主席。

　　12 月 20 日　瑞典驻华公使亚勒德向蒋介石递交国书,并表示瑞典愿意放弃在华治外特权,并与中国缔结平等新约。

　　△　冀鲁豫区八路军一部攻克山东肥城。

　　△　英外相艾登在下院就中国战局发表声明,称:蒙巴顿、尼米兹、麦克阿瑟给公敌的协同打击,可以使日寇全部崩溃和中国收复失地的日期加速到来。

　　12 月 21 日　赫尔利致电复周恩来,希望他来重庆谈判。并称,他相信共产党建议的一般原则的成功机会,将"较以前任何时候光明"。

　　△　卫立煌转达蒋介石"着远征军迅速攻击畹町之敌,并限期占领"的命令,并命令第十一集团军"即就现属各部队积极部署,攻占畹町"。

　　△　蒋介石以黔桂战事中前方将士英勇作战,是日派员携巨款前往贵阳犒赏前线将士。

　　△　兼川省主席张群邀请战时生产局局长翁文灏、副局长彭学沛及川、康生产界、金融界人士数十人商讨增加战时生产问题。与会人员一致对于管制机关太多、借款手续太多、子金太贵等提出意见,希望设法解决。

　　△　美魏德迈将军的参谋长麦克鲁对记者发表谈话,宣称:这次中美机队轰炸汉口,是今后共同努力出击的先声。并表示:我们将用可能出动的最大数目之飞机,以及最大吨数的炸弹,轰炸敌人在中国本土的每一供应港口。

　　△　美机机群袭击沈阳"满洲飞机公司",击毁地面机 15 架,击伤

七架。同日,又袭击济南日机场,击毁日机五架。

12 月 22 日　毛泽东致电赫尔利称:周恩来正从事重要会议的筹备工作,难以离开延安,并且国民政府并未表示充分诚意,以保证在五点建议的基础上继续谈判。他提议在延安举行一次会谈。

△　毛泽东致信晋陕绥边区总司令邓宝珊,对其在抗战中支撑北线,保护陕甘宁边区的功绩给予赞扬。略谓:"去年时局转换,先生尽了大力,我们不会忘记。八年抗战,先生支撑北线,保护边区,为德之大,更不敢忘。"

△　行政院令饬各部、会、署暨省、市政府,遵行肃清贪风整饬吏治办法四项,要求严格执行"惩治贪污条例";"惩办贪污案件,得随时宣布社会,使其发生示儆作用"。

△　马寅初在重庆星期五聚餐会上发表题为《中国工业化与民主不可分割》的演说,指出:"今日唯有从速组织联合政府,召开国是会议,开放言论,确立各党派合法地位,中国的工业化才有可能。"

△　缅北中国驻印军新编第三十八师第一一二团越过南王河,进抵拉康地区与日军对峙,其另一部沿南宛河西岸向东猛进。23 日,将八莫至南坎公路切为数段,并包围了南开地区日军。

△　八路军冀热辽一区一部六个连及民兵千余人,在长期潜伏在伪绥靖军内部的敌工干部配合下,一枪未放,拿下乐亭县刘各庄日伪军据点,将伪绥靖军第五团 1500 名官兵全部俘获。

△　新四军淮南津浦路东军分区来安支队,在六合县以北羊山头地区,伏击伪军警卫第三师一个营和日军一个小队,全歼该部日伪军。

△　美财长摩根索宣布:以 1.5 万美元的支票交给孔祥熙,偿还美军在华建筑空军基地费用。

12 月 23 日　国民政府公布《改善士兵待遇献粮献金办法》,凡 24 条,训令通饬施行。

△　国民政府任命刘季洪为国立西北大学校长。

△　汪伪最高国防会议召开会议,任命赵尊岳为中央政治委员会、

最高国防会议秘书长。

12 月 24 日　缅北中国驻印军新编第三十八师第一一二团向拉康南之日军发起攻击,并击溃日军两个中队的援军,是日占领南开。26 日另一部占领曼切姆和马王。

12 月 25 日　蒋介石召集军政、兵役两部主管,会商征集新兵 30 万办法。要求两月内征集完成。

△　中国陆军总司令部在昆明成立,何应钦任总司令,龙云、卫立煌为副总司令,负责西南地区各部队统一指挥及整训。

△　中共中央发出《关于目前形势与任务的指示》,指出:罗斯福总统的代表赫尔利于 11 月来延,目的在于调停国共关系。国共谈判尚无结果,但未关闭谈判之门。国民党军队溃败不堪,重庆及国统区人心惶惶,各界人士希望共产党拿出办法来,使我党在国统区人民中威信极大提高。最近八个月来,中国政治形势起了大变化。国共几乎平衡,并正在走向共强国弱的状况。中共现在已确实成了抗日救国的决定因素。1945 年的任务,各地应按照自己的特点部署,特别要注意抓好发展生产、城市工作以及扩大解放区三个方面,争取明年军民生产的一个普遍的高涨,由现在的克服困难,走向将来的丰衣足食;努力在敌占大城市及交通要道中普遍建立地下组织,发展广大的地下军,并在将来占领大城市;扩大解放区的面积和人口。数年以后如能达到 100 万至 150 万有纪律有训练的军队,中国的命运就可由我们掌握了。完成 1945 年的任务,一切决定于任务的提出与政策的恰当,精密地掌握政策的执行。

△　中国西部科学博物馆在四川北碚开馆典礼暨中国科学社三十周年在北碚区纪念会联合大会举行。主席翁文灏致词,中国科学社社长任鸿隽解释西部科学院的工作。科学研究者 300 余人出席。

12 月 26 日　蒋介石接见赫尔利,告知坚拒中共所提联合政府主张。

△　国民政府公布《县长考绩条例》,凡 21 条。

△　重庆市商会、中国全国工业协会、迁川工厂联合会、中国生产

促进会、中国西南实业协会、国货厂商联合会发表对时局的主张,期望国民政府:一、实施宪政,厉行民治,以发挥天下为公之精诚;二、厉行监察制度,加强法制精神;三、容纳人民公意,裁减政府不必要之机关与冗员,并简化行政手续,提高行政效率;四、提高士兵待遇,扫除中饱,整饬军纪;五、免除一切不必要之猜防,贯彻民官合作、军民合作之精神。

　　△　军事委员会任命陈武为第九十七军军长。

　　△　福建省临时参议会选举李黎洲、康绍周、石磊、李钰、林学渊、叶道渊、梁龙光、黄哲真为国民参政会参政员。

　　△　美国第十四航空队袭击济南日机场,击毁地面战斗机九架。同日又在台湾海峡击落日机二架。

　　△　汪伪政府行政院举行会议,特任周佛海为伪上海市市长兼保安司令,林柏生为伪安徽省省长兼保安司令。

12 月 27 日　国民政府派蒋梦麟、赖琏、陈东原为出席联合国教育会议代表。

　　△　军事委员会任命李玉堂为第三十六集团军总司令,方先觉为副总司令兼第十军军长。

　　△　毛泽东、朱德、周恩来、叶剑英同包瑞德会谈,就美方所提在欧战结束后美军一个空降师在山东沿海登陆时要求中共暂时提供后勤供应,进行磋商。

　　△　缅北中国驻印军新编第三十八师第一一二团攻击南开附近之劳文机场和垒允第一飞机制造厂。28 日占领彭坎,1945 年 1 月 6 日攻占曼温。至此,基本完成了对南坎的包围。

　　△　新四军第一师三个团南下部队在师长粟裕率领下,分两路渡长江南下。1945 年 1 月上旬于长兴地区与第十六旅会合。

　　△　汪伪最高国防会议召开会议,任命林柏生兼蚌埠绥靖公署主任,赵尊岳为中央宣传部部长。

　　△　美国第十四航空队袭击广州白云、天河和黄埔机场,空战中击毁日战斗机九架,伤七架。毁地面日机一架。

12月28日 周恩来致函赫尔利,说明中国共产党不愿在关于"联合政府"问题上"继续进行抽象的探讨"。向国民政府提出四点要求:一、释放全国政治犯;二、撤退包围陕甘宁边区及进攻华中新四军华南抗日纵队的国民党大军;三、取消限制人民自由的各种禁令;四、停止一切特务活动。对此要求,蒋介石视作"趁火打劫"。赫尔利亦复电表示"至感遗憾","因与吾人原定先谋原则上之同意,再讨论细节之程序相违"。为促使双方再度商谈,赫尔利在周不愿前往重庆的情况下,经国民党当局同意,提议:"(一)行政院宋代院长子文、王世杰博士、张治中将军及余本人,同赴延安,作短期之勾留,与阁下面商一切;(二)若原则上已获同意,则毛主席及周将军应与吾人同回重庆,以完成协定。"

△ 行政院训令贵州省政府,自即日起,贵州省党政归参谋总长兼陆军总司令何应钦指导。

△ 重庆市临时参议会第九次会议选举潘昌猷、邓华民、胡仲实、陈介生为国民参政会参政员。

△ 滇西中国远征军第十一集团军各军在炮、空火力掩护下,向畹町东、北、南三面发起攻击。第五十三军进至上寨、萌龙寨西南、遮勒、蛮信、户弄以北地区,先后攻占景坎、户下、蛮信、蛮良、户三、遮勒等地;第二军攻占谢连、户蚌;第六军在进攻中受回龙山日军阻击,与日军在虎尾山、蛮蚌南端森林附近对峙。

12月29日 原中国战区美军陆军参谋长麦克鲁出任中国战区统帅蒋介石之副参谋长兼中国陆军总司令部作战司令;美国陆军供应部队司令齐夫斯出任中国陆军司令部后勤司令。

△ 国防最高委员会常委会通过《第一期经济建设原则》,凡7条。指出中国实业之开发,应分两项进行,第一项为民营企业;第二项为国家经营。规定:一、由政府独营之经济事业,包括五大类:邮政电讯、兵工厂、铸币厂、主要铁路、大规模水力发电厂等。二、未经指定政府独营之事业,均可由人民经营。三、凡民力不足,或政府认为须特别重视之事业,如大规模石油矿、钢铁厂及航运事业等,政府乃得单独经营,或与

民资、外资合办。四、政府与民资、外资合办之事业,应采用公司制度。政府除依法行使监督权外,对于公司业务、财务及人事之管理权,应以股东地位行使。五、政府经营的事业,除第一条独营者外,无论单独经营或与民资、外资合办,其具有商业之性质者,均与同类民营事业之权利义务同一待遇。还规定民营重要事业之创设,依法经政府按照建议总计划予以审核;民营工业合乎工业建设计划之规定者,政府应特别奖掖资助,并予以技术上及运输上的便利,使之依照计划如期发展。对于外人在中国直接单独经营的事业,应依照中国法令办理。对于外资的利用,应依照平等互惠、国际合作的原则,在不妨碍主权及计划实施的前提下,以各种方式加以吸收。

△ 国民参政会驻委会举行会议,莫德惠主持。由财政部长俞鸿钧报告今后施政方针、最近金融财政重要设施以及 1945 年度收支预算。

12 月 30 日 国民政府任命何思源为山东省政府主席兼保安司令;原任山东省政府主席兼保安司令牟中珩免本兼各职。

△ 战时生产局招待中外记者,首由局长翁文灏报告该局成立以来之工作实况,继由顾问孔莱发表谈话,称:中国兵工厂和战时生产局所担任的军火增产计划,是一个真正的开始。中国制造的战地臼炮、炮弹、地雷、刺刀,甚至斧头、镰刀和锄头等,都将早日准备作对日抗战之用。

△ 中苏文化协会举行招待会,招待西南战区来渝文化人士和在渝文化界人士,会长孙科发表讲话,称:中国今天先要真正的实现三民主义,要使主权在民,而不能再是一个阶级,或者一派少数人把持包办的国家。号召文化界人士为实现民主而奋斗。冯玉祥、邵力子、郭沫若等相继发言,表示赞同。

△ 重庆《中央日报》讯:全国知识青年从军人数总数为 12.2572 万人。

△ 滇西中国远征军第十一集团军展开对日岗、蛮蚌、黑猛龙地区的攻坚作战。第五十三军在景坎阵地抗击日军的反扑,并克复猛戛、户

栏山、日背及龙川江右岸渡口;第六军进至蛮蚌附近地区;第二军攻占上下蛮卯等地。

△ 据东京广播称:台湾陆军指挥官安藤利吉兼任台湾总督,前总督长谷川充任最高军事参议官。

12 月 31 日 延安《解放日报》发表《敌后战场伟大胜利的一年》,指出:一年来,中国共产党领导的敌后战场对敌作战二万余次,毙、伤日伪军 22 万余名,俘获各种炮百余门,收复县城 16 个,攻入县城 47 个,光复国土八万余平方公里,解放同胞 1200 万人。同时,正规军由过去的 47 万增加到 65 万,民兵由 200 万增加到 220 万,解放区人口由 8000 万增加到 9200 万,增强了反攻的力量。

△ 坚守衡阳抗战的将领方先觉、李玉堂、周庆祥、孙鸣玉等应山东旅渝同乡会之请,在重庆报告衡阳作战及脱险之经过。

△ 美第十四航空队战斗机袭击汉口附近日机场,在空战中击毁日机二架,毁地面日机二架。

△ 由王正廷任团长的湘桂难胞慰问团由重庆出发,前往贵阳。

△ 日机轰炸鄂北老河口。

是月 中国青年党发表对时局宣言,要求国民党在军事上应以争取胜利为前提,改正种种错误;政治上应立即宣布结束党治,以民主的政制代替现存的官僚政制;经济上以提高生产力为前提,停发纸币,扩充战费;外交上推进与英、美、苏的关系。

△ 黄炎培、褚辅成及重庆各界人士 60 余人联合发表对时局的献言,要求国民党与各党各派在野学者与领袖互相推诚,切实合作,并要求切实保障人身、言论、出版、新闻自由,准许人民对政治发表意见,以开言论。

△ 美军在云南建成六个军事人员培训中心:参谋学校、步兵学校、阵地炮兵学校、摩托学校、翻译学校、兵工培训学校,学员近万人。

△ 11 月至是月,日军为阻止华中新四军的攻势作战,防止盟军可能的登陆作战,在华中大量增兵,除原有的五个师团和六个混成旅团

外,又增加三个师团、七个混成旅团,以加强沿海地区及城市、重要交通线的守备。

△ 据统计,截至是月,日军在冀、热、辽地区抓捕 14 万青壮年去东北充当劳工,80％以上的人被虐杀于苦役之中。另外,日伪军强行扩大罂粟种植面积,仅围场一县就种植 13 万亩。热河全省本年度计划征收数为 600 万两,实际超过 1000 万两。

△ 据伪满洲国国务院弘报处《旬报》载:截至 1944 年末,日本开拓移民占地共达 152.1 万公顷,约占当时全东北耕地面积的十分之一。

是年 国民政府财政总支出为 1716.89 亿元,其中军费为 1310.8 亿元,占总支出的 76.3％。

△ 全国田赋征实、征购总额为 9572 万市石,较 1943 年增加 54％。

△ 资源委员会统计,本年度事业解缴资本官息为 1496 万元;股东红利为 3453 万元。

△ 春,中共琼崖特委根据中共中央命令,将琼崖人民抗日游击队独立总队改编为广东省人民抗日游击队独立纵队,冯白驹任司令员兼政治委员,下辖四个支队,共 4000 余人。

△ 伪满中央银行本年度货币发行总额为 58.76 亿元,略低于发行货币量多的 1941—1943 年的三年货币发行量的总和。

△ 全东北煤炭总产量为 2562.7 万吨,其中"满炭"系统为 1529 万吨,"满铁"系统为 646.3 万吨,其他煤矿为 387.4 万吨。

△ 日军在华北成立特别警备队,由驻华北宪兵司令加藤泊次郎兼任队长,下辖七个情报队及 10 个侦谍队,人数为一万至 1.5 万人,任务为调查、破坏华北地下抗日组织。